edition suhrkamp 2221

Entgrenzte Räume werden maßgeblich die Politik im 21. Jahrhundert bestimmen. Sie sorgen für eine grundlegende Umstrukturierung der Koordinaten des politischen Handelns. Die alten Schablonen der Politik passen nicht mehr auf die neuen Verhältnisse. Dieser Strukturwandel der Politik zeigt sich in einer Vielzahl von neuen Fragen, für die Antworten gefunden werden müssen. Es geht um Fragen wie die Ordnung transnationaler Märkte, neue soziale Verwerfungen in den Wohlfahrtsstaaten, Transformation in Mittel- und Osteuropa, Entwicklung und Nachhaltigkeit, globale Gerechtigkeit, Demokratie und aktive Bürgergesellschaft, Sicherheit im internationalen System oder Regieren in entgrenzten Wirtschaftsräumen. In diesem Band haben sich namhafte Expertinnen und Experten zusammengefunden, um in ihrem jeweiligen Forschungsgebiet nach tragfähigen Antworten auf die neuen Fragen der Politik zu suchen. Sie wollen einem breiten Leserkreis helfen, ein Verständnis des komplexen Strukturwandels der Politik im 21. Jahrhundert zu gewinnen.

Claus Leggewie ist Professor für Politikwissenschaft an der Justus-Liebig-Universität Gießen.
Richard Münch ist Professor für Soziologie an der Otto-Friedrich-Universität Bamberg.

Politik im 21. Jahrhundert

Herausgegeben von Claus Leggewie und Richard Münch

Suhrkamp

edition suhrkamp 2221
Erste Auflage 2001

Erstausgabe

Satz: Jung Crossmedia, Lahnau
Druck: Nomos Verlagsgesellschaft, Baden-Baden
Umschlag gestaltet nach einem Konzept
von Willy Fleckhaus: Rolf Staudt
Printed in Germany

2 3 4 5 6 – 06 05 04 03 02 01

Inhalt

Claus Leggewie und Richard Münch
Einleitung: Politik in entgrenzten Räumen 9

I. Transnationale Märkte:
Ökonomische Chancen und Herausforderungen

Carl Christian von Weizsäcker
1. Der kapitalistische Wachstumsprozess der Weltwirtschaft 15

Johann Engelhard und Silvia Hein
2. Globale Unternehmungen 27

II. Gesellschaftliche Herausforderungen der Globalisierung I: Sozialer Wandel und soziale Verwerfungen in den Wohlfahrtsstaaten

Richard Münch
3. Die neue Arbeitsgesellschaft 51

Michael Vester
4. Von der Integration zur sozialen Destabilisierung: Das Sozialmodell der Bundesrepublik und seine Krise . . . 75

Hans-Georg Betz
5. Rechtspopulismus und Ethnonationalismus: Erfolgsbedingungen und Zukunftschancen 122

III. Gesellschaftliche Herausforderungen der Globalisierung II: Transformation, Entwicklung und Nachhaltigkeit

Christiane Lemke
6. Transformation der politischen Systeme in Mittel- und Osteuropa 141

Heinz Theisen
7. Wo endet Europa? Grenzen der Integration und Möglichkeiten der Kooperation mit Osteuropa 159

Franz Nuscheler
8. Wird der Süden abgehängt? 172

Claudia von Braunmühl
9. Nachhaltigkeit 186

IV. Gerechtigkeit im globalen System

Stefan Leibfried
10. Nationale Wohlfahrtsstaaten, Europäische Integration und Globalisierung – Perspektiven für den westeuropäischen Wohlfahrtsstaat 197

Carsten Helm und Udo E. Simonis
11. Verteilungsgerechtigkeit in der Internationalen Umweltpolitik. Theoretische Fundierung und exemplarische Formulierung 211

Brigitte Hamm
12. Die Achtung der Menschenrechte als Grundlage für politische Gerechtigkeit im 21. Jahrhundert 228

V. Demokratie

Manfred G. Schmidt
13. Vom Glanz und Elend der Demokratie nach 1989 245

Arthur Benz
14. Postparlamentarische Demokratie und kooperativer Staat 263

Barbara Holland-Cunz
15. Perspektiven der Verhandlungsdemokratie – Governance-Prozesse aus frauenpolitischer Sicht 281

VI. Aktive Bürgergesellschaft

Herfried Münkler und Skadi Krause
16. Der aktive Bürger – Eine Gestalt der politischen Theorie im Wandel 299

Dieter Rucht
17. Soziale Bewegungen als Signum demokratischer Bürgergesellschaft 321

Göttrik Wewer
18. Kleiner Mann ganz groß? Verwaltung und ihre Klientel im 21. Jahrhundert 337

VII. Sicherheit im internationalen System

Berthold Meyer
19. Kollektive Sicherheit oder Weltinnenpolitik? Die Suche nach den globalen Dorfpolizisten 359

Mathias Albert
20. Hegemonie und Multipolarität unter den Bedingungen von Entgrenzung 375

Peter Waldmann
21. Terrorismus – unterschätzte oder überschätzte Bedrohung? 390

VIII. Regieren in entgrenzten Wirtschaftsräumen

Hermann Lübbe
22. Politische Organisation in Modernisierungsprozessen. Verfassungspolitische Aspekte 407

Michael Zürn
23. Regieren im Zeitalter der Denationalisierung 423

Susanne Lütz
24. Globalisierung und die Regulierung von Finanzmärkten im politischen Mehrebenensystem 443

Claus Leggewie
25. Das Erasmus-Programm. Gibt es eine transnationale Bürgergesellschaft? 458

Die Autoren 481

Claus Leggewie und Richard Münch
Einleitung: Politik in entgrenzten Räumen

Einen Band unter dem Titel *Politik im 21. Jahrhundert* herauszugeben ist sicherlich ein gewagtes Unternehmen. Wissen wir überhaupt, wie sich Politik im Laufe dieses gerade angefangenen Jahrhunderts entwickeln, welche Herausforderungen sie zu bestehen haben und wie sie organisiert sein wird? Was wir kennen, sind die gegenwärtigen Entwicklungstendenzen, Herausforderungen und sich herausbildenden Organisationsformen. Von diesen nehmen wir an, dass sie das 21. Jahrhundert zumindest über weite Strecken bestimmen werden. So viel der unmittelbar bevorstehenden Zukunft scheint auf jeden Fall klar zu sein, dass die stattliche Reihe von Kolleginnen und Kollegen, die wir nach ihrer Sicht der Problematik in ihrem jeweiligen Spezialgebiet gefragt haben, sich nicht mit dem Hinweis verweigerten, die wesentlichen Entwicklungstendenzen, Herausforderungen und Organisationsformen nicht darlegen zu können. Es besteht offensichtlich ein weitgehender Konsens darüber, dass wir gegenwärtig einen Umbruch der Politik erleben, der durchschlagend ist und auf lange Sicht die Fragen beherrschen wird. Was uns die Experten in ihren Berichten vorlegen, sind dementsprechend mehr Problemstellungen als fertige Lösungen, allenfalls Skizzierungen möglicher Entwicklungswege und Ansätze zur Lösung von Problemen.

Allen ist klar, dass Politik im 21. Jahrhundert mehr als je zuvor oberhalb, zwischen und unterhalb ihrer etablierten Formen in den Nationalstaaten und zwischen den lokalen, subnationalen, nationalen, transnationalen und supranationalen Ebenen, also in einem Mehrebenensystem stattfinden wird. Was weniger bestimmbar ist, das ist die Gestalt dieser Politik auf und zwischen mehreren Ebenen. Es schält sich immerhin die Meinung heraus, dass die Nationalstaaten in diesem Mehrebenensystem nicht verschwinden werden, aber sich ihre Rolle verändern wird, und dass sich die Politik in diesem Mehrebenensystem nicht in die herkömmlichen Formen nationalstaatlicher Repräsentativdemokratie gießen lassen wird. Diese Frage wird in diesem Band insbesondere in den Beiträgen zu den Themen »Demokratie« und »Regieren in entgrenzten Wirtschaftsräumen« bearbeitet. Dass Politik im 21. Jahrhundert in offenen Räumen betrieben wird, ist aber eine Prämisse, die allen Teilen und einzelnen Beiträgen dieses Bandes zu Grunde liegt.

Wir beginnen in Teil I mit zwei Beschreibungen transnationaler Märkte, die nach den Chancen und Herausforderungen für die Weltwirtschaft, die nationale und supranationale Wirtschaftspolitik und die in diesen Märkten operierenden Unternehmen fragen. Welcher Einschätzung man dabei auch folgen mag, ob man mehr Chancen als Risiken sieht oder umgekehrt, so herrscht doch Konsensus darüber, dass es keinen Weg zurück zu geschlosseneren Märkten gibt und dass die mit dem Weltmarkt verbundenen Wachstumschancen natürlich auch jede Menge an neuen Risiken mit sich bringen, neue soziale Verwerfungen und ökologische Belastungen entstehen, die es zu bewältigen gilt. Das wird auch aus einer eher wirtschaftsliberalen Perspektive nicht bestritten.

Der soziale Wandel und die sozialen Verwerfungen, die von transnationalen Märkten in den etablierten Wohlfahrtsstaaten erzeugt werden, sind dementsprechend Gegenstand der folgenden Beiträge von Teil II. Es geht um die Zwänge und Entwicklungschancen der neuen Arbeitsgesellschaft, um die Krise des deutschen Sozialmodells und um die rechtspopulistischen und ethnonationalistischen Reaktionen auf eine Politik offener Grenzen.

Die Wohlfahrtsstaaten durchlaufen einen Prozess der Transformation und Restrukturierung, dessen Ende noch nicht abzusehen ist. Da sie sich selbst im Wandel befinden, können sie nicht mehr als klar und eindeutig bestimmbare Leitbilder für die Transformation der Nachfolgestaaten des Sowjetimperiums in Mittel- und Osteuropa und für die Entwicklung der unterentwickelten Länder dienen. Hier setzen die Beiträge von Teil III an. Im Einzelnen gilt das Augenmerk der Transformation der politischen Systeme in Mittel- und Osteuropa, der Kooperation zwischen den westeuropäischen und den mittel- sowie osteuropäischen Ländern, der Kooperation des Nordens mit dem Süden und der Nachhaltigkeit von Entwicklung.

Weil transnationale Politik nicht mehr allein internationale Politik zwischen souveränen Staaten ist, sondern auf einem immer dichteren Geflecht von transnationaler Arbeitsteilung, zivilgesellschaftlichen Vereinigungen und kultureller Kommunikation aufbaut und dieses Geflecht zu gestalten hat, spielt zwischenstaatliche Machtpolitik nicht mehr eine so dominante Rolle. Sie wird vielmehr zunehmend eingebettet in globale Diskurse, die nach Gerechtigkeit im transnationalen Maßstab fragen. Dieser Problemstellung sind die drei Beiträge von Teil IV gewidmet. Zur Debatte stehen Perspektiven für den westeuropäischen Wohlfahrtsstaat, Verteilungsgerechtigkeit in der internationalen Umweltpolitik sowie die Achtung der Menschenrechte und ihre weltweite Durchsetzung.

Die bis dahin aufgezeigten Veränderungen bilden den Rahmen, innerhalb dessen sich Demokratie als Regierungsform verändert. Das ist die Frage der drei Beiträge zu Teil V: die Ausbreitung von Demokratie nach 1989, postparlamentarische Demokratie und Verhandlungsdemokratie.

Der Wandel des demokratischen Regierens schließt ein verändertes Verständnis der Rollen von Regierung, Verwaltung und Bürger ein. Die viel beschworene aktive Bürgergesellschaft soll einerseits die geringere Aktivität des Staates kompensieren, andererseits der gewachsenen Partizipations- und Selbstorganisationsfähigkeit der Bürger Rechnung tragen. Die Beiträge zu Teil VI sind dementsprechend dem aktiven Bürger, den sozialen Bewegungen und dem selbstbewussten Klienten öffentlicher Verwaltungen gewidmet.

Die Teile VII und VIII wenden sich schließlich den Fragen transnationaler Politik als solcher zu. In Teil VII steht die Sicherheit im internationalen System auf dem Programm. Es geht um kollektive Sicherheit oder Weltpolitik, um Hegemonie und Multipolarität unter den Bedingungen von Entgrenzung und um Terrorismus als unterschätzte oder überschätzte Bedrohung.

Im abschließenden Teil VIII soll schließlich annäherungsweise erfasst werden, wie Regieren in entgrenzten Wirtschaftsräumen möglich ist. Zur Debatte stehen die Verfassung transnationaler Politik, Regieren unter Bedingungen der Denationalisierung, die Regulierung von Finanzmärkten im politischen Mehrebenensystem und transnationale Gemeinschaftsbildung.

Die 25 Beiträge zu diesem Band bieten einen breit ausgefächerten Einblick in die Probleme der Politik im 21. Jahrhundert unter den strukturellen Bedingungen entgrenzter Wirtschaftsräume. Gleichwohl können sie nur einen Teil der gesamten Problematik abdecken, und dies wiederum nur aus der jeweiligen selektiven

Perspektive der einzelnen Autorinnen und Autoren. Es gibt noch andere Probleme und Perspektiven, die wir in dem gesteckten Rahmen nicht alle aufgreifen konnten, weil wir damit die Grenzen der ökonomischen Vernunft auf dem Buchmarkt gesprengt hätten. Von den ursprünglich mehr als 40 geplanten Beiträgen konnten am Ende nur 25 in diesem Buchprojekt realisiert werden. Aber auch mit 40 Beiträgen hätten wir die Politik im 21. Jahrhundert und alle möglichen Perspektiven auf diese Politik nicht erschöpfend behandelt. So hoffen wir, mit unseren 25 Beiträgen einen zwar selektiven, aber doch thematisch und perspektivisch überzeugenden Zugang zur Politik im 21. Jahrhundert eröffnen zu können.

I.

Transnationale Märkte: Ökonomische Chancen und Herausforderungen

Carl Christian von Weizsäcker
Der kapitalistische Wachstumsprozess der Weltwirtschaft

1. Die Wachstumsdynamik der Weltwirtschaft

Ein Gespenst geht um in Europa: das Gespenst der Globalisierung. Es ist ein Markt für Angst-Bücher gegen die Globalisierung entstanden. In dieser Arbeit betone ich die positiven Perspektiven der Globalisierung, aufbauend auf umfangreicheren Arbeiten zu diesem Thema (Weizsäcker 1999). Neben diesem ökonomischen Ansatz hat sich die Soziologie ebenfalls mit diesem Thema befasst (Beck 1997, Münch 1998).

Nach den Berechnungen der Weltbank beträgt das Weltsozialprodukt pro Kopf zurzeit ungefähr 6000 US-$. Das deutsche Sozialprodukt pro Kopf liegt ungefähr sechsmal höher. Noch vor 50 Jahren, in der Mitte des abgelaufenen Jahrhunderts, war das Sozialprodukt pro Kopf in Deutschland größenordnungsmäßig so hoch wie das heutige Weltsozialprodukt pro Kopf. Verglichen mit dem Durchschnitt der Welt hat Deutschland damit einen Vorsprung von ungefähr einem halben Jahrhundert. Sieht man sich die Entwicklung des Weltsozialprodukts in den vergangenen zehn Jahren an, so spricht vieles dafür, dass der durchschnittliche Lebensstandard in der Welt im Jahre 2050 den heutigen Lebensstandard in Deutschland größenordnungsmäßig erreicht hat. Da die Weltbevölkerung in den kommenden 50 Jahren noch weiter um ungefähr die Hälfte wachsen wird, setzte dies ungefähr eine Verzehnfachung des Weltsozialprodukts voraus. Einer Verzehnfachung in 50 Jahren entspricht ein jährliches Wachstum von fünf Prozent. Kann das Weltsozialprodukt so rasch wachsen?

Im Verlauf der neunziger Jahre, seit dem Zusammenbruch des zentralplanwirtschaftlichen Systems im Sowjetbereich, ist das Sozialprodukt der Dritten Welt mit einer jährlichen Rate gewachsen, die bei ungefähr vier Prozent lag. Die letzte Dekade des 20. Jahrhunderts war der erste Zehn-Jahres-Abschnitt der Weltgeschichte, in dem mehr als die Hälfte der Weltbevölkerung in Ländern lebte, deren wirtschaftliches Wachstum vier Prozent pro

Jahr überschritt. Vieles spricht dafür, dass sich das weltwirtschaftliche Wachstum beschleunigt.

Das weltwirtschaftliche Wachstum war auf die verschiedenen Weltregionen sehr ungleich verteilt. Die eigentlichen Wachstumspole waren einerseits die angelsächsische Welt und andererseits die ostasiatischen Schwellenländer. Demgegenüber verlief das Wachstum in Kontinentaleuropa wesentlich langsamer. In Lateinamerika waren die Wachstumserfahrungen sehr ungleich und durch Finanzkrisen unterbrochen. Das wirtschaftliche Wachstum im ehemaligen Sowjetbereich war in der ersten Hälfte der neunziger Jahre negativ und ist in deren zweiter Hälfte schwach positiv. In Afrika hat das Wachstum des Bruttosozialprodukts kaum mit dem Wachstum der Bevölkerung Schritt gehalten.

Der empirische Befund lässt sich recht einfach interpretieren. Das Wachstum war dort besonders groß, wo man konsequent auf Liberalisierung, Privatisierung und Deregulierung gesetzt hat. Die Befreiung der unternehmerischen Initiative von der staatlichen Bevormundung hat enorme Wachstumskräfte freigesetzt. Das gilt für die USA, für Großbritannien, Australien und Neuseeland, es gilt aber auch für einen großen Teil der ostasiatischen Länder, insbesondere China, Vietnam und die Tigerländer. Auch in Indien hat man auf Grund einer Zurücknahme der staatlichen Intervention positive Wachstumsimpulse setzen können.

Es besteht also kein Zweifel, dass der Lebensstandard der Weltbevölkerung sich in den letzten zehn Jahren im Durchschnitt erhöht hat. Allerdings haben davon nicht alle profitiert. Ohne Zweifel gibt es sowohl in Afrika als auch im früheren Sowjetblock heute große Teile der Bevölkerung, denen es materiell schlechter geht als vor zehn Jahren. Dort, wo das Wachstum stark war, wie z. B. in den Vereinigten Staaten oder in China, ist zwar gleichzeitig auch die Ungleichheit der Einkommen gestiegen, aber dennoch sind die Familieneinkommen sämtlicher Einkommensschichten heute höher als vor zehn Jahren. Das liegt in den Vereinigten Staaten nicht zuletzt daran, dass die Zahl der Arbeitsplätze heute wesentlich höher ist als vor zehn Jahren. Der Reallohn pro Stunde ist bei den weniger qualifizierten Arbeitskräften kaum gestiegen, zu Beginn des Jahrzehnts z. T. sogar gefallen. Aber die Möglichkeiten, Arbeit zu finden, sind heute wesentlich besser als früher. Für die weiße Bevölkerung der USA gilt heute: Wer gesund und nicht vorbestraft ist, kann sich ohne weiteres von seiner Lohnarbeit ernähren. Man sollte dieses Faktum nicht verschweigen, wenn in den Medien ganz überwiegend nur davon die Rede ist, dass die Ungleichheit der Einkommen in den USA angestiegen ist.

China, nach den USA schon heute das zweitmächtigste Land der Welt, hat ebenfalls eine starke Zunahme der Ungleichheit der Einkommen erlebt. Dennoch besteht gar kein Zweifel, dass selbst für diejenigen Teile der chinesischen Bevölkerung, deren Lebensstandard nicht mit dem Durchschnitt mitgehalten hat, die Situation heute wesentlich besser ist als vor zehn Jahren. Die Einkommen in der Landwirtschaft liegen heute wesentlich höher als damals, und selbst die Einkommen der heute als arbeitslos geführten Personen sind heute höher als der Lohn, den sie vor zehn Jahren in den Staatsbetrieben empfangen haben.

Im Folgenden werde ich zuerst auf die hauptsächlichen Antriebskräfte dieses wirtschaftlichen Wachstumsprozesses eingehen und danach die Risiken für eine Fortsetzung dieses Wachstumsprozesses besprechen.

2. Ursachen für den gestiegenen und weiter steigenden Lebensstandard der Weltbevölkerung

Schon Adam Smith hat im Jahre 1776 die Arbeitsteilung als den Hauptverursacher eines gestiegenen Lebensstandards gesehen. Dieser Prozess zunehmender Arbeitsteilung und Professionalisierung hat auch das Wirtschaftsleben des 20. Jahrhunderts gekennzeichnet. Wenn heute der materielle Lebensstandard in Mitteleuropa ungefähr zehnmal höher liegt als vor 100 Jahren, dann ist ein wesentlicher Teil dieser Lebensstandardsteigerung auf die weitere Ausdifferenzierung der Arbeitsteilung, die weitere Ausdifferenzierung der Märkte und die weitere Spezialisierung der Arbeitskräfte zurückzuführen. Im Vergleich zu den entwickelten OECD-Ländern ist die wohlstandssteigernde Kraft der Arbeitsteilung in der Dritten Welt noch weit weniger stark ausgenutzt worden. In Ostasien haben die Schwellenländer, inklusive China, allerdings gezeigt, welche Fortschritte man in kurzer Zeit hier erzielen kann. Der Bildungseifer der dortigen Bevölkerung mag auch aus kulturellen Quellen gespeist sein, er ist aber sicher auch in hohem Maße durch das Wissen motiviert, dass es den Kindern dann bessergehen wird als den Eltern, wenn diese besser ausgebildet sind.

Bei Adam Smith findet sich aber auch schon die Erkenntnis: Die Arbeitsteilung ist begrenzt durch die Größe des Marktes. Kleine, abgeschottete regionale Märkte zwingen die Menschen, vieles zu tun, weil die Nachfrage nach einer sehr spezialisierten Leistung nicht groß genug ist. So erklärt Adam Smith den zivilisatorischen und Wohlstandsvorsprung der maritimen Länder vor den Kontinentalländern aus den niedrigeren Transportkosten zu Wasser als zu Lande. Der Seeschifffahrt und dem Kanalbau im 18. Jahrhundert entsprach im 19. Jahrhundert die Eisenbahn. Durch sie vermochte sich ein höherer Lebensstandard von den Küstenregionen ins Binnenland auszudehnen. Im 20. Jahrhundert kamen die Autostraßen, der Luftverkehr und das Telefon hinzu, durch die sich die Märkte geografisch vergrößert und so das Potenzial für weitere Differenzierung und Spezialisierung des Wissens geschaffen haben. In den letzten beiden Jahrzehnten des abgelaufenen Jahrhunderts begann die Informationstechnologie die Wirtschaft zu revolutionieren und weitere Potenziale der Produktivitätssteigerung durch Professionalisierung und Markterweiterung zu nutzen.

Der zunehmende Spezialisierungs- und Professionalisierungsgrad im Gesundheitswesen ist ganz wesentlich mit verantwortlich für die steigende Lebenserwartung in all jenen Ländern, in denen man sich ein solches Gesundheitswesen leisten kann. Die zunehmende Professionalisierung im Energiesektor führt dazu, dass man pro Sozialproduktseinheit immer weniger Energie benötigt, dass die Energieproduktivität ständig steigt. Die durch den Computer und die Kommunikationsnetze ermöglichte weitere Spezialisierung auf dem Gebiet der Finanzmärkte hat es erst möglich gemacht, dass heute institutionelle Investoren auf den Aktien- und Devisenmärkten den Ton angeben. Sie sorgen für eine rentablere Anlage der Vermögenswerte, sie sorgen für die Durchsetzung des so genannten Shareholder-Value-Prinzips. Dadurch wächst der Kapitalstock, der der Weltwirtschaft zur Verfügung steht, schneller, als er es sonst täte, und dadurch kann die Zahl der Arbeitsplätze, die produktiv sind, weil sie gut mit Kapital ausgestattet sind, in der Weltwirtschaft steigen.

Die Globalisierung der Waren- und Dienstleistungsmärkte, die Globalisierung der Finanzmärkte schafft durch die Marktvergrößerung einen wesentlichen Teil des Wachstumspotenzials der Weltwirtschaft im 21. Jahrhundert. Die Globalisierung ist damit eine der wesentlichen Triebkräfte des weltwirtschaftlichen Wachstums und der Wohlstandssteigerung für die Weltbevölkerung.

3. Vorteile der Globalisierung für Deutschland

Auch für ein Land wie Deutschland bringt die Globalisierung v. a. Vorteile.

Es gibt ein Weltbeschäftigungsproblem. Das Arbeitsangebot ist in der Welt größer als die Arbeitsnachfrage. Demgegenüber ist der komplementäre Faktor Kapital knapp. Die Spar- und Investitionstätigkeit der Weltbevölkerung hat in der Vergangenheit nicht ausgereicht, um genügend Kapital für genügend zahlreiche rentable Arbeitsplätze zur Verfügung zu stellen.

Kapital, das knapp ist, ist nicht nur Sachkapital, sondern auch Humankapital. Die Marktlöhne für schlecht qualifizierte Arbeit sind niedrig. Die Marktlöhne für gut qualifizierte Arbeit sind hoch. Dort, wo die staatlichen Vorschriften und gewerkschaftlichen Einflüsse eine große Lohnspreizung, also Marktlöhne zulassen, wie in den USA, gibt es genug Beschäftigung für niedrig qualifizierte und zugleich sehr gute Löhne für richtig qualifizierte Arbeitskräfte. Die Globalisierung steigert die Knappheitsprämie für richtig qualifizierte Arbeitskräfte. Deutschland ist vergleichsweise gut ausgestattet mit Humankapital. Die hohen deutschen Durchschnittslöhne sind Folge einer hohen Produktivität der deutschen Industrie und vieler deutscher Dienstleistungsbranchen. Und diese hohe Produktivität ist Spiegelbild der guten Ausstattung mit Humankapital. Je höher die Rendite für Kapital, also auch für Humankapital, desto höher sind die Durchschnittslöhne in Deutschland. Deutschlands komparativer Vorteil in der Weltwirtschaft liegt bei den Investitionsgütern, deren Herstellung viel Humankapital erfordert. Je intensiver die Lohnkonkurrenz im Weltmarkt, je höher die Gewinne in der Welt, desto höher die Investitionen in Anlagen, Maschinen und Automobile, desto besser für die Exporte Deutschlands, desto höher die Durchschnittslöhne hierzulande. Der deutsche Arbeitnehmer kann im Durchschnitt von der Globalisierung nur profitieren. Der qualifizierte deutsche Arbeitnehmer ist v. a. eins: Kapitalist, genauer: Humankapitalist. Er profitiert von der Überlegenheit des Kapitals in der gegenwärtigen Weltlage.

Wenn aber die deutschen Arbeitnehmer im Durchschnitt von der Globalisierung profitieren, wenn die deutschen Unternehmer von der Globalisierung profitieren, dann gilt dies über das Umverteilungssystem in Deutschland für alle Einwohner. Durch die höheren Einkommen der Besitzer von Kapital und Humankapital sind die Abgaben an den Fiskus und die Beiträge zur Sozialversicherung höher. Und so kann der Sozialstaat alle mit höheren Leistungen beglücken. Es ist sehr unwahrscheinlich, dass der Lebensstandard der Geringverdiener in Deutschland höher läge, wenn mangels der Vorteile der Globalisierung für die Durchschnittseinkommen die Staatseinnahmen und die Einnahmen der Sozialversicherung wesentlich niedriger wären als heute. Wenn durch die Globalisierung in Deutschland mehr Ungleichheit entstanden sein sollte, dann nicht dadurch, dass die Einkommen der Geringverdiener abgenommen, sondern dadurch, dass die Einkommen der Gutverdiener zugenommen haben.

4. Kapitalbildung und Marktöffnung als Bedingung für mehr Beschäftigung in der Welt

Ich kehre zurück zum Weltbeschäftigungsproblem. Es geht um die Schaffung von Arbeitsplätzen, die einen Lohn ermöglichen, der zum Leben reicht. Solche Arbeitsplätze haben insbesondere zwei Dinge zur Voraussetzung. Einerseits eine hinreichende Kapitalausstattung: Ohne Maschinen und Instrumente kann ein Arbeiter nicht produktiv sein. Andererseits aber einen Markt, in dem anspruchsvolle Kunden das Unternehmen und seine Arbeitnehmer dazu disziplinieren, gute Ware zu liefern, sodass man gerne als Kunde wiederkommt.

Damit die erste Bedingung erfüllt werden kann, muss der Kapitalstock in der Weltwirtschaft massiv wachsen. Theorie und Erfahrung lehren uns, dass Unternehmen nur florieren können, wenn sie über genügend Eigenkapital verfügen. Der Kapitalstock eines Unternehmens kann nicht zu 100% durch Kredite finanziert sein. Ein wesentlicher Teil des Kapitals muss als Risikokapital im Eigentum des Unternehmers stehen. Wo aber kommt dieses

Eigenkapital her? Die klassische Quelle von Eigenkapital sind Gewinne, die die Unternehmer in früheren Perioden gemacht haben. Hohe Gewinne in der Weltwirtschaft sind also die Voraussetzung dafür, dass der Eigenkapitalstock der Weltwirtschaft rasch genug wächst. Es ist kein Zufall, dass Zeiten hohen wirtschaftlichen Wachstums – wie die neunziger Jahre – einhergehen mit hohen Gewinnen. Und es ist vollkommen utopisch zu meinen, man könne diesen Wachstumsprozess aufrechterhalten, wenn man versuchen wollte, diese Gewinne durch Besteuerung oder auf andere Weise umzuverteilen. Ungleichheit ist eine notwendige Voraussetzung hohen wirtschaftlichen Wachstums. Das hat die historische Erfahrung immer wieder gelehrt.

Die zweite Voraussetzung für produktive Arbeitsplätze in der Weltwirtschaft sind, wie gesagt, wettbewerbliche Märkte, in denen die Kunden den Unternehmer und seine Arbeitnehmer zu guter Qualität disziplinieren. Der Weltmarkt ist der beste Lehrmeister, um diese Voraussetzung zu schaffen. Die Erfahrung des 20. Jahrhunderts ist ganz eindeutig, dass diejenigen Volkswirtschaften prosperieren, die sich den Zwängen und den Chancen des Weltmarktes aussetzen und sich nicht abkoppeln.

5. Das Bevölkerungsproblem

Es leben heute sechs Milliarden Menschen auf der Welt. Die UNO schätzt, dass die Weltbevölkerung bis zum Jahre 2025 auf acht Milliarden und bis zum Jahre 2050 auf 9,4 Mrd. steigen wird. Dabei sind diese Zuwachsprognosen schon um einiges niedriger als frühere Prognosen für dieselben Zeitpunkte. In den vergangenen 20 Jahren konnte man nicht nur in den hochentwickelten Ländern, sondern auch in den meisten Ländern der Dritten Welt eine kontinuierliche Abnahme der Geburtenraten pro Frau beobachten. Die Feststellung, dass es sich hier um einen weiter extrapolierbaren Trend handelt, hat die UNO-Fachleute veranlasst, die Bevölkerungsprognosen nach unten zu revidieren.

Sieht man sich die veränderten Fruchtbarkeitsziffern der Dritten Welt genauer an, dann stellt man fest, dass eine enge Korrelation besteht zwischen dem Wachstum des Lebensstandards und dem Sinken der Geburtenraten. In Asien, das für die meisten Länder heute einen höheren Lebensstandard verzeichnet als vor

20 Jahren, ist die Abnahme der Fruchtbarkeitsziffern am eindeutigsten. Ich möchte ausdrücklich darauf hinweisen, dass der Lebensstandard nicht nur in den Ländern Ostasiens, sondern auch in Ländern wie Indien, Bangladesch, Pakistan gestiegen ist. Andererseits ist in Afrika, wo der Lebensstandard stagniert, z. T. sogar zurückgeht, von einer abnehmenden Fruchtbarkeit der Frauen nicht viel zu sehen.

Die Verbindung zwischen Lebensstandard und verminderter Bevölkerungszunahme wird somit nicht nur in der europäischen Geschichte bestätigt, sondern auch in der heutigen Zeit und für alle Erdteile. Natürlich gibt es daneben andere Einflussfaktoren auf die Geburtenrate. Aber es erscheint als wenig aussichtsreich, die Weltbevölkerung auf friedlichem Wege zu stabilisieren, wenn deren materieller Lebensstandard nicht steigt. Die Stabilisierung der Weltbevölkerung ist aber die wichtigste Voraussetzung dafür, dass die Ökologie des Globus nicht einer Katastrophe entgegengeht.

6. Das ökologische Janusgesicht wirtschaftlichen Wachstums

Natürlich ist es bisher der Normalfall, dass ein höherer Lebensstandard auch mit einem höheren Verbrauch von Ressourcen einhergeht, die die Natur zur Verfügung stellt. Die vom Club of Rome vor bald 30 Jahren auf den Weg gebrachte Studie über die »Grenzen des Wachstums« hat mit neuen Methoden und neuer Schärfe die schon oft gestellte Frage nach den naturbedingten Grenzen des Wirtschaftens gestellt. Sie hat eine radikale Wende der Wirtschaftspolitik von dem damals unangefochtenen Wachstumskurs empfohlen. In den Köpfen der meisten Menschen stehen seither wirtschaftliches Wachstum und Umweltschutz in einem scharfen Gegensatz zueinander. Die Katastrophenprognosen der damaligen Studie sind zwar nicht so wie vorausgesagt eingetroffen. Viele hätten nämlich schon vor dem Ende des Jahrhunderts eintreffen sollen. Solange aber der Gedanke richtig ist, dass wirtschaftliches Wachstum den Ressourcenverbrauch erhöht, bleibt diese Spannung bestehen.

Viele Menschen aus den industrialisierten Ländern haben diese aufgerufen, ihre Wirtschaftsweise radikal zu ändern, und sie haben gleichzeitig die Länder der Dritten Welt aufgefordert, die Fehler der industrialisierten Welt nicht nachzumachen. Diese Rufe haben aber letztlich keine große Wirkung gezeitigt. Da die akuten Katastrophen bislang ausgeblieben sind, hat sich die Mehrheit der Wählerbevölkerung in den reichen Ländern gesagt: »Für uns scheint ja vorerst genug an Natur vorhanden zu sein. Vielleicht können es nicht alle so gut haben, wie wir es bis jetzt hatten, aber wir sind nicht bereit, große Opfer für die übrige Menschheit zu bringen.« Und die Menschen in der Dritten Welt sagen: »Ihr könnt uns nicht die Enthaltung predigen, die ihr selbst nicht praktiziert.«

Die »theoretische« Moral des Einzelnen in der industrialisierten Welt ist wesentlich benevolenter. Er sagt in der Regel: »Ich bin zu Opfern bereit, wenn dies wirklich etwas nützt, d. h. wenn auch alle anderen zu gleichen Opfern bereit sind.« So entsteht die Aufgabe, diese gemeinsame Opferbereitschaft in die Tat umzusetzen.

Das aber misslingt, weil die Politik hier versagt. Der politische Prozess ist charakterisiert durch eine starke Status-quo-Orientierung. Das Interesse an diesem gemeinsamen Opfer aller Menschen der OECD-Welt lässt sich deshalb schwer organisieren. Es ist überlagert vom Verteilungskampf innerhalb des eigenen Landes. Es fällt zurück gegenüber der leichter organisierbaren Vertretung egoistischer Interessen kleinerer Gruppen. Dieses gemeinsame Opfer bedeutete z. B. Verzicht auf wirtschaftliches Wachstum in der hergebrachten Form. Die europäischen Sozialsysteme sind aber auf wirtschaftliches Wachstum angelegt. Ihre Finanzierbarkeit hängt von anhaltendem wirtschaftlichem Wachstum ab. »Status quo bei der Sozialpolitik oder Beendigung des wirtschaftlichen Wachstums mit entsprechenden Veränderungen und Opfern beim sozialen Netz?« Wenn diese Alternative in der europäischen Politik zur Wahl gestellt würde, dann hätte das Nullwachstum keine Chance. Eine echte Nullwachstumsstrategie einer politischen Mehrheitskoalition wäre in Europa politischer Selbstmord.

Die in ihrer Struktur angelegte Status-quo-Orientierung der Politik verdammt die Industrieländer zu einem Kurs des wirtschaftlichen Wachstums. Damit aber ist auch die ganze Welt auf Wachstumskurs. Denn wenn man nicht einmal bei einem Sozialprodukt von 25 000 US-$ pro Kopf auf Wachstum zu verzichten in der Lage ist, dann wird ein Land mit einem Sozialprodukt von

5000 US-$ oder 1000 US-$ pro Kopf Appelle der reichen Länder, auf Wachstum zu verzichten, nicht ernst nehmen.

Wenn wir uns deshalb im Folgenden damit abfinden, dass eine Nullwachstumsstrategie in absehbarer Zeit politisch völlig irreal ist, dann entsteht die Frage, ob denn Wachstum so eindeutig ökologisch schädlich ist. Der höhere Verbrauch natürlicher Ressourcen ist sicher problematisch. Andererseits hatten wir oben gesehen, dass Wachstum des Wohlstands sich günstig auf die Geburtenraten und damit günstig auf die Entwicklung der Weltbevölkerung auswirkt. Das Wachstum des Lebensstandards in der Dritten Welt ist auch deshalb von Bedeutung, weil es das Verständnis für die Weltprobleme des Ressourcenschutzes und der Umwelt steigert. In der Fachsprache des Ökonomen ausgedrückt: Die Nachfrage nach Umweltgütern hat eine hohe Einkommenselastizität. Wer arm ist, dem liegen andere Dinge näher als eine intakte Umwelt. Wer genügend zu essen hat, wer Kleidung und eine auskömmliche, geheizte Wohnung hat, beginnt sich für die ja auch gesundheitsrelevanten Umweltprobleme zu interessieren, zuerst auf lokaler, dann auf nationaler, dann auf Weltebene. Auch hier gibt es deshalb einen nicht nur negativen, sondern auch positiven Zusammenhang zwischen Ressourcenschutz und wirtschaftlichem Wachstum.

Kann man durch rasches Wachstum der Weltwirtschaft die Weltbevölkerung stabilisieren, bevor der ökologische Kollaps eintritt? Ist es daher vernünftig, Wachstum zu stimulieren, um letztendlich damit den langfristigen Ressourcenverbrauch in zuträglichem Rahmen zu halten? Diese Frage kann heute sicher nicht beantwortet werden. Aber indem wir sie stellen, können wir zu einer Debatte darüber beitragen, wie eine langfristig ökologisch verträgliche Wachstumsstrategie aussehen könnte.

7. Ressourcenschonendes Wachstum der Weltwirtschaft

Untersuchungen von Wissenschaftlern aus der Ökonomie und aus anderen Disziplinen zeigen, dass die Opfer, die die Weltwirtschaft bringen müsste, um mit einem geringeren Ressourcenaufwand auszukommen, geringer sind, als man bei oberflächlicher Betrachtung vielleicht annehmen würde. Der Grund liegt darin, dass sich die Technik im Wachstumsprozess wandelt, wobei sie sich an die jeweiligen Knappheitsverhältnisse anpasst. Die Unternehmen, die für die Umsetzung neuer Techniken in die Praxis zuständig sind, versuchen, Kosten zu sparen. Sie richten ihr besonderes Augenmerk auf die Einsparung solcher Produktionsfaktoren, die teuer sind. In den vergangenen 200 Jahren ist die menschliche Arbeit im Vergleich zu Boden, Rohstoffen und Kapital immer teurer geworden. Das hat dazu geführt, dass es besonders attraktiv wurde, arbeitssparenden technischen Fortschritt zu entdecken und zu entwickeln. Ein Mähdrescher als Substitut für menschliche Arbeit wäre bei den Löhnen der Erntearbeiter im 19. Jahrhundert nicht rentabel gewesen. Schon deshalb ist er erst bei wesentlich höheren Löhnen entwickelt und in den Markt gebracht worden.

Denselben Optimismus kann man hegen bezüglich der Entwicklung von Technologien, die die Güter unseres Bedarfs mit wesentlich geringerem Aufwand an natürlichen Ressourcen herstellen. Dabei ist es nicht so sehr Aufgabe des Staats, die Entwicklung solcher Technologien zu fördern. Die Erfahrung zeigt, dass dies in der Regel zu den Ressourcenverschwendungen führt, die man auch bei anderen staatlichen Subventionen als Normalzustand registrieren kann. Die Aufgabe des Staates ist es vielmehr, dort Knappheitssignale aufzubauen, wo diese bisher nicht existierten. Die Privatwirtschaft kann diese Knappheitssignale viel besser verarbeiten als der Staat selbst. Sie wird von sich aus die Richtung des technischen Fortschritts verändern, weil sie daran ein Eigeninteresse hat.

Wenn also im Rahmen eines internationalen Klimaschutzabkommens mit echten Sanktionswirkungen der Preis für Emissionsrechte seine angemessene Höhe erreicht hat, so werden Technologien entstehen, die dasselbe Sozialprodukt mit wesentlich weniger Kohle, Öl und Gas erzeugen werden. Die Einführung von nationalen Steuern auf fossile Energieträger wird im Rahmen eines solchen internationalen Abkommens ein sinnvolles Verfahren sein, mit dessen Hilfe der Staat seine Emissionsreduktionsverpflichtungen auf die Wirtschaftsteilnehmer abwälzt. Da im Rahmen eines solchen Abkommens alle Staaten vor den gleichen Sanktionen stehen, ist zu erwarten, dass sich die entsprechenden Aufschläge für Preise fossiler Energieträger auf der ganzen Welt ergeben werden. Es gibt dann die Wettbewerbsverzerrungen nicht, mit denen man sich zurzeit in Deutschland anlässlich der Einführung der Ökosteuer herumschlägt.

Ein Wachstum der Weltwirtschaft kann also ressourcenschonender verlaufen, als es das zurzeit angesichts sehr niedriger Rohstoffpreise tut. Ein Wachstum des Lebensstandards in der Dritten Welt ist Voraussetzung für eine humane Form der Stabilisierung der Weltbevölkerung. Es ist darüber hinaus Bedingung dafür, dass das Verständnis der Bürger der Dritten Welt für Umweltprobleme größer wird.

Literatur

Beck, U.: *Was ist Globalisierung?*, Frankfurt/M. 1997

Münch, R.: *Globale Dynamik, lokale Lebenswelten. Der schwierige Weg in die Weltgesellschaft*, Frankfurt/M. [2]1998

Weizsäcker, C. Ch. von: *Logik der Globalisierung*, Göttingen 1999

Johann Engelhard und Silvia Hein
Globale Unternehmungen

1. Ambivalenz der Globalisierungsdiskussion

Globalisierung ist ein stark widersprüchlich diskutiertes Thema. Während einerseits in der Globalisierung eine wesentliche Ursache für gravierende Entwicklungen wie die Schaffung von Billigjobs mit ausbeuterischen Arbeitsbedingungen und rechtlosen Arbeitern in Entwicklungs- und Schwellenländern, ein massiver Arbeitsplatzabbau in Industrieländern sowie die Erosion nationalstaatlicher Macht gesehen wird, wird sie andererseits als Chance begriffen, einen notwendigen Strukturwandel herbeizuführen und überflüssigen »Sozialklimbim« abzuschütteln. Globalisierung fördert demzufolge eine Welt der Gegensätze zu Tage: Im Zuge einer internationalen Arbeitsteilung verlagern Unternehmungen aus Industriestaaten einen Großteil ihrer arbeitsintensiven Fertigung in Entwicklungsländer und lassen dort unter Arbeitsbedingungen produzieren, die in englischen und deutschen Betrieben während der Jahrhundertwende herrschten (vgl. Fischermann 1999, S. 28). Zeitgleich realisieren diese Unternehmungen wachsende Gewinne und werden von den Akteuren auf den Finanzmärkten dank steigender Börsenkurse gefeiert; ihre Wertschöpfung kann sogar das Sozialprodukt einzelner Staaten übersteigen. So entspricht etwa der Jahresumsatz von General Motors dem Bruttosozialprodukt Belgiens (vgl. Großfeld 1995, S. 5). Als Folge dieser Entwicklungen wird v. a. darauf verwiesen, dass unternehmerische Entscheidungen immer weniger daran gemessen werden, inwieweit sie ihrer gesellschaftlichen Verantwortung gerecht werden, sondern vielmehr an ihrem Potenzial zu einer kurzfristigen Vermögensmehrung der Anteilseigner. Ferner wird postuliert, dass Unternehmungen einen Machtzuwachs verzeichnen, der traditionelle politische Formen wie souveräne Nationalstaaten in ihrer künftigen Existenz bedroht. Im Rahmen dieser Diskussionen werden jedoch häufig tatsächliche und potenzielle Entwicklungen miteinander vermengt, sodass Aussagen über den Status quo und Aussagen über Tendenzen, die noch im Gange sind und sich noch nicht vollständig durchgesetzt haben, schwer auseinander zu halten sind. Darüber hinaus bleibt an vielen Stellen unklar, was die Kennzeichen so agierender Unternehmungen sind und welchem Betätigungsmuster sie folgen.

Ziel dieses Beitrags ist zunächst eine Klärung des vielfach unpräzise verwendeten Globalisierungsbegriffs aus einer betriebswirtschaftlichen Perspektive (2. Kapitel). Auf dieser Grundlage werden die Charakteristika globalisierender Unternehmungen als eine spezifische Form der internationalen Unternehmenstätigkeit herausgearbeitet (3. Kapitel). Überlegungen zu Chancen, aber auch Grenzen einer Globalisierungsstrategie aus Unternehmungssicht bilden den Schluss dieses Beitrags.

2. Phänomen »Globalisierung«

2.1 Begriffliche Annäherung

Kaum ein Schlagwort findet derzeit so intensive Verwendung in den Medien und der Politik wie »Globalisierung«. Die Vielzahl der Diskussionsbeiträge und Abhandlungen aus der Perspektive unterschiedlicher Wissenschaftsdisziplinen mag hierfür als Beleg gelten (vgl. Koitsch 1999, S. 23; Fuchs 1998a, S. 4). Als Folge des geradezu inflationären Wortgebrauchs sowie der Vielfalt möglicher Betrachtungsweisen ist eine nicht zu übersehende Vagheit hinsichtlich des Globalisierungsbegriffs zu konstatieren (vgl. Riedl 1999, S. 9). So finden sich in Abhängigkeit vom Standpunkt der jeweiligen Autoren z. T. erhebliche Definitionsunterschiede. Eine Gemeinsamkeit zwischen den unterschiedlichen definitorischen Ansätzen ist jedoch darin zu sehen, dass Globalisierung zumeist als ökonomische, politische, soziale und kulturelle Entwicklung und somit als umfassender Veränderungsprozess verstanden wird. Globalisierung bezeichnet folglich keinen Istzustand, sondern einen Prozess (vgl. Fuchs 1998b, S. 6; von Plate 1999, S. 3).

Im Folgenden soll Globalisierung ausschließlich aus einer betriebswirtschaftlichen Perspektive heraus beleuchtet werden. Um diese Dimension zu erschließen, kann auf die originäre Bedeutung des Begriffs »global« im Sinne von »die ganze Erde betreffend« verwiesen werden. Demnach kommt in der Globalisierung eine weltumspannende, d. h. alle Länder dieser Erde erfassende wirtschaftliche Verflechtung zum Ausdruck, wobei diese auf eine spezifische Ausprägung wirtschaftlicher Austauschbeziehungen abstellt (vgl. Germann/Rürup/Setzer 1996, S. 23; Jungnickel/Keller 1997, S. 327). Die beiden Begriffskomponenten »weltumspannend« sowie »Verflechtung« bzw. »Vernetzung« finden sich demzufolge auch in zahlreichen Globalisierungsdefinitionen wieder. So steht Globalisierung für das Zusammenwachsen von Produktmärkten über nationale Grenzen hinweg und damit für eine immer stärkere internationale Produktions- und Handelsverflechtung (vgl. Fuchs 1998a, S. 5; Sherman 1996, S. 4; Messner 1997, S. 136; Beyfuß et al. 1997, S. 5; Riedl 1999, S. 9). Die Organization for Economic Cooperation and Development (Organisation für wirtschaftliche Zusammenarbeit und Entwicklung; OECD) definiert Globalisierung als einen »Prozess, durch den Märkte und Produktion in verschiedenen Ländern immer mehr voneinander abhängig werden – dank der Dynamik des Handels mit Gütern und Dienstleistungen und durch die Bewegungen von Kapital und Technologie«.

Angesichts der Tatsache, dass Globalisierung einen zentralen Begriff in *aktuell* geführten Diskussionen darstellt und v. a. zur Erfassung *gegenwärtig* ablaufender gesellschaftlicher und ökonomischer Prozesse herangezogen wird, drängt sich die Frage auf, ob diese derzeit zu beobachtenden Prozesse ein wirklich neues Phänomen verkörpern oder ob es sich beim Globalisierungsbegriff nur um ein Modewort handelt. Diese Überlegung scheint überaus angebracht, zumal sich wirtschaftliche Tauschbeziehungen, also Vernetzungen, schon immer in weiten Teilen der Welt abzeichneten und sich Handelsbeziehungen bereits im Altertum über den gesamten, jeweils bekannten Teil der Welt erstreckten (vgl. Kohler-Koch 1996b, S. 88). Auch der Welthandel, als ein Indikator für die grenzüberschreitende ökonomische Verflechtung, hatte zu Beginn dieses Jahrhunderts ein Niveau erreicht, das von einer ausgeprägten Verflechtung zeugt (vgl. Messner 1997, S. 136). Daher gilt es zu klären, wo die zentralen, charakteristischen Unterschiede zwischen der grenzüberschreitenden ökonomischen Tätigkeit in vergangenen Epochen und in der heutigen weltwirtschaftlichen Situation liegen.

Ein wesentlicher Unterschied kann darin gesehen werden, dass grenzüberschreitende wirtschaftliche Aktivitäten vor dem Zeitalter der Industrialisierung zwar existent, aber für die Konstitution der damaligen Gesellschaften noch nicht von Bedeutung waren. Erst in der Phase der Industrialisierung kam der grenzüberschreitenden Tätigkeit eine für den (Fort-)Bestand der Volkswirtschaften kritische Schlüsselrolle zu:

»Die These ist, dass erst der Übergang zur industriellen Produktion die Ausweitung des Wirtschaftskreislaufes über die Grenzen der jeweiligen ›Volkswirtschaften‹ hinaus notwendig machte. ›Not-wendig‹ in dem Sinne, dass gesellschaftliche Wohlfahrt und in ihrer Folge politische Stabilität von der eigenen Einbettung in die internationalen Wirtschaftsbeziehungen abhängen« (Kohler-Koch 1996b, S. 88).

Damit wird die gegenseitige Abhängigkeit einzelner Volkswirtschaften untereinander, d. h. die »internationale Interdependenz« (ebd., S. 89), zum entscheidenden Kriterium im Hinblick auf eine Charakterisierung der gegenwärtigen, durch Globalisierung geprägten Situation. Damit gilt es zu spezifizieren, auf welche Weise sich das Kriterium der internationalen Interdependenz konkretisiert. Ausdruck ausgeprägter wirtschaftlicher Abhängigkeitsbeziehungen zwischen einzelnen Volkswirtschaften sind zum einen intensive Außenhandelsbeziehungen und zum anderen v. a. die Durchführung von Auslandsdirektinvestitionen.[1] Es ist empirisch evident, dass sich beide Interdependenzdimensionen durch eine im Zeitablauf zunehmende Intensität auszeichnen. So ist der Welthandel seit den achtziger Jahren zunehmend expandiert, und auch der weltweite Bestand an Auslandsdirektinvestitionen ist zwischen 1980 und 1998 von 500 Mrd. US-$ auf 2900 Mrd. US-$ angestiegen. Damit hat die für die Feststellung von Interdependenzen zwischen Ökonomien besonders aussagekräftige Auslandsdirektinvestitionstätigkeit erheblich zugenommen, was etwa auch darin zum Ausdruck kommt, dass sich das Verhältnis zwischen dem weltweiten Bestand an Auslandsdirektinvestitionen und dem Weltsozialprodukt im Zeitraum von 1980 bis Mitte

1 Unter Auslandsdirektinvestitionen sind sämtliche Kapitalanlagen im Ausland wie der Aufbau einer eigenen Tochtergesellschaft, der Erwerb eines ausländischen Unternehmens oder kooperative Engagements zu subsumieren. Kennzeichen einer direktinvestiven Tätigkeit ist die Absicht, auf die Geschäftstätigkeit des kapitalempfangenden Unternehmens Einfluss im Sinne einer Managementkontrolle auszuüben (vgl. dazu etwa Dieckheuer 1990, S. 516).

der neunziger Jahre verdoppelt hat (vgl. Härtel et al. 1996, S. 73; Messner 1997, S. 142). Neben dieser rein quantitativen Entwicklung ist seit den neunziger Jahren auch eine strukturelle Veränderung im Welthandelsmuster zu beobachten, die die These einer zunehmenden Interdependenz untermauert: Im Gegensatz zu früher, wo Handelsbeziehungen zwischen in unterschiedlichen Ländern angesiedelten Unternehmungen das Bild dominierten, bilden sich neuerdings verstärkt über Ländergrenzen hinweg vernetzte Produktionsstrukturen heraus, die mit einem ausgeprägten unternehmungsinternen Handel einhergehen und somit die Tendenz zu einer grenzüberschreitenden Ansiedlung einzelner, stark voneinander abhängiger Wertschöpfungsaktivitäten belegen (vgl. Messner 1997, S. 136, 143).

Trotz dieser empirisch zu beobachtenden Entwicklung bleibt zu klären, ob die intensivierten Interdependenzen zwischen einzelnen Ökonomien bereits ein Ausmaß erreicht haben, welches es gerechtfertigt erscheinen lässt, von Globalisierung zu sprechen. Damit drängt sich die Frage nach der Existenz eines kritischen Schwellenwertes auf, ab dem »jener Qualitätssprung eingetreten [ist], der eine neue Ära, nämlich die der Globalisierung eröffnet hat« (Kohler-Koch 1996b, S. 89; vgl. ferner Germann/Rürup/Setzer 1996, S. 24). Für das Globalisierungsphänomen konstituierend wären nicht nur intensive, sondern sich auch *weltweit* abzeichnende Interdependenzen. Somit spielt die geografische Erstreckung von Handelsbeziehungen und insbesondere der Auslandsdirektinvestitionstätigkeit eine maßgebliche Rolle. In diesem Zusammenhang fällt jedoch auf, dass sich die Auslandsdirektinvestitionsflüsse auf wenige Länder konzentrieren und es v. a. die Länder der OECD sind, innerhalb derer Auslandsdirektinvestitionen getätigt werden (vgl. Messner 1997, S. 143). Die Vorstellung einer vollständigen Globalisierung mit wirklich weltumspannenden Interdependenzen, in der einzelne nationale Standorte lediglich ein Glied in der die Erde umspannenden Vernetzungskette darstellen, entspricht folglich nicht dem Bild der Realität. Stattdessen lassen sich folgende Szenarien erkennen (vgl. hierzu Messner 1997, S. 146):

- Die Auslandsdirektinvestitionstätigkeit konzentriert sich auf ausgewählte, technologisch tendenziell hoch entwickelte Standorte. So finden Auslandsdirektinvestitionen im Bereich F&E v. a. in der Triade statt.

- In Entwicklungsländer dagegen werden primär nur technologisch wenig anspruchsvolle Arbeitsprozesse ausgelagert.
- Regionale Verflechtungen sind für die meisten Sektoren typischer als weltumspannende. So wächst der regionale Handel innerhalb einzelner Wirtschaftsblöcke nach wie vor stärker als der Welthandel.[2]

Diese Entwicklungen mögen verdeutlichen, dass der Globalisierungsprozess noch lange nicht an sein Ende angekommen ist, wobei der Frage, ob das Prozessende überhaupt jemals erreicht werden kann, mit Skepsis begegnet wird:

»Genau betrachtet stellt die absolute Globalisierung einen nie zu erreichenden, rein theoretischen Zustand dar, da nie alle Länder und Märkte der Erde von einer wirtschaftlichen Verflechtung erfasst werden können« (Germann/Rürup/Setzer 1996, S. 24).

Interessant wäre die Entwicklung eines Messkonzepts, anhand dessen, etwa auf der Grundlage festgelegter Schwellenwerte bezüglich des realisierten ökonomischen Interdependenzniveaus sowie der geografischen Verbreitung von Interdependenzen, bestimmt werden könnte, welcher Prozesszustand gerade als erreicht gelten kann. Ohne Rückgriff auf ein derartiges Messkonzept kann der gegenwärtige Globalisierungszustand dadurch charakterisiert werden, dass (noch) nicht alle Staaten in gleicher Weise von der ökonomischen Globalisierung erfasst sind, sich aber insbesondere in Industriestaaten und auch Schwellenländern massive Veränderungstendenzen abzeichnen, die die Verwendung des Globalisierungsbegriffs gerechtfertigt erscheinen lassen:

»Die Veränderungen der letzten fünfzehn bis zwanzig Jahre sind in vielen Feldern so groß [...], dass Konzepte wie Internationalisierung und Multinationalisierung sich als ungeeignet erweisen, derzeitige Entwicklungen und ihre Bedeutung angemessen zu beschreiben. Die Popularität neuer Begriffe wie Globalisierung ist daher keine bloße Modeerscheinung. In ihnen drückt sich das Bedürfnis aus, Prozesse zu verstehen, die im Sinne traditioneller Konzepte bedeutungslos oder unsichtbar bleiben« (Die Gruppe von Lissabon 1997, S. 48, 50).

2 So werden 92 % aller Waren und Dienstleistungen, die in der Europäischen Union produziert werden, auch dort gehandelt und konsumiert.

Diese Veränderungen sowie die hierfür entscheidenden Rahmenbedingungen sind Gegenstand des folgenden Abschnitts.

2.2 Rahmenbedingungen der Globalisierung

Der oben beschriebene Prozess einer zunehmenden internationalen Produktions- und Handelsverflechtung und damit eines schrittweisen Zusammenwachsens einzelner Ländermärkte zu einem Weltbinnenmarkt wird als Folge sich massiv verändernder Rahmenbedingungen gesehen. In diesem Zusammenhang wird v. a. auf den forciert betriebenen Abbau von Handelsschranken, die gestiegene Mobilität von Kapital sowie gewaltige technische Fortschritte in den Bereichen Informationstechnik, Kommunikation und Transport verwiesen (vgl. Fuchs 1998, S. 5; Theurl 1999, S. 29).

Die *handelspolitische Deregulierung und Liberalisierung* geht mit einer zunehmenden *Entgrenzung* von Angebot und Nachfrage einher. Das hat zur Folge, dass ein tendenziell wachsender Kundenkreis unter immer mehr Anbietern wählen kann, was sich schließlich in einem intensivierten Wettbewerb sowie einem steigenden Welthandelsvolumen konkretisiert (vgl. Stykow/Wiesenthal 1996, S. 118). Die kanalisierende Lenkungswirkung von Staatsgrenzen für Anbieter-Nachfrager-Beziehungen wird im Zuge dieser Veränderungen immer unbedeutender. Vielmehr sind Kunden auf der Suche nach dem weltweit günstigsten Angebot. Anbieter sehen sich folglich auch auf ihrem Heimatmarkt weltweit tätigen Konkurrenten gegenüber, wodurch der Zwang zur Steigerung der Produktionseffizienz und zu Innovationen erheblich zunimmt. Diese Entgrenzungen dürfen aber nicht darüber hinweg täuschen, dass zugleich *neue Begrenzungen*, etwa neu aufkommende nationale Rückbesinnungstendenzen bezüglich der Konsumgewohnheiten von Verbrauchern, stattfinden. So erscheint es vielmehr angebracht, von einer zweiseitigen Entwicklung zu sprechen, wobei Entgrenzungserscheinungen allerdings die dominierende Entwicklungslinie markieren.

Die Deregulierung bezieht sich nicht nur auf Produkt-, sondern gleichermaßen auf Kapitalmärkte. Im Zuge der in den letzten zehn bis 15 Jahren konsequent betriebenen *Deregulierung nationaler Kapitalmärkte* sind weltumspannende, von nationalen Regelungen weitgehend unabhängige Finanzmärkte entstanden, die nahezu überall die Verfügbarkeit von Kapital garantieren (vgl. Riedl 1999, S. 28). Hinzu kommt, dass der Wegfall von Kapitalverkehrsbeschränkungen dem Kapital eine besonders hohe Mobilität verleiht und Unternehmungen deshalb besser zwischen verschiedenen Standorten abwägen können (vgl. Franzmeyer 1999, S. 18; Trabold 1999, S. 38). Länder, die im so erzeugten Standortwettbewerb keine – aus Unternehmungssicht – attraktiven Standortbedingungen aufweisen, laufen Gefahr, Kapital an ausländische Standorte zu verlieren.

Die Austragung eines derartigen Standortwettbewerbs wird durch *neue Informations- und Kommunikationstechniken* unterstützt. Diese neuen Techniken bieten kostengünstige Optionen zur Überwindung räumlicher sowie zeitlicher Grenzen und ermöglichen über entsprechende kommunikative Infrastrukturen erst eine umfassende Vernetzung der auf verschiedene Standorte verteilten unternehmerischen Aktivitäten und Ressourcen (vgl. Wiesenthal/Stykow 1996, S. 4; Engelhard 1999, S. 321). Die Möglichkeit eines nahezu uneingeschränkten, von der geografischen Entfernung unabhängigen Austausches von Informationen aus unterschiedlichen Bereichen treibt die weltweite Verteilung von Produktionsstandorten voran und schafft damit die Voraussetzung für die Etablierung globaler Produktionsnetzwerke (vgl. Kohler-Koch 1996b, S. 95, 98).

Die eben skizzierten Veränderungen, die ihren Ausdruck v. a. in der politischen Beseitigung von Grenzen auf Güter- und Faktormärkten sowie in der Senkung der Kosten für die Überwindung von Raum und Zeit durch neue Technologien finden, bieten Unternehmungen neue Handlungsmöglichkeiten (vgl. Theurl 1999, S. 30). Es sind aus betriebswirtschaftlicher Sicht in erster Linie *globalisierende* Unternehmungen in Verbindung mit global agierenden Nachfragern, die sich diese Veränderungen im Rahmen ihrer Aktivitäten zu Nutze machen und damit ihr Handlungsspektrum ausweiten. Auf diese Weise entsteht ein »neuer« Typus von Unternehmungen, eben der der globalisierenden Unternehmung, welcher bei der Ausrichtung und Durchführung grenzüberschreitender Aktivitäten einem bestimmten, im Folgenden näher zu charakterisierenden Muster der strategischen Orientierung folgt. Dem Prozesscharakter von Globalisierung entsprechend befinden sich »globalisierende« Unternehmungen auf dem Wege hin zu einer »globalen« Unternehmung. Dieser prozessualen Logik folgend, dürfte von der »globalen Unternehmung« nicht die Rede sein, da der Endzustand der Globalisierung (noch) nicht erreicht ist.

3. Globalisierende Unternehmungen

3.1 Globalisierungsstrategie: spezifische Ausprägung einer Internationalisierungsstrategie

Unternehmungen, die sich durch eine Globalisierungsstrategie auszeichnen, verfolgen eine spezifische Form einer Internationalisierungsstrategie.[3] Globalisierende Unternehmungen können dementsprechend als Subkategorie internationaler – im Sinne von nicht-nur-national, sondern eben grenzüberschreitend tätiger – Unternehmungen aufgefasst werden.[4]

Die konkrete Ausgestaltung der grenzüberschreitenden Tätigkeit kann unterschiedliche Formen annehmen. Ein mittlerweile weit verbreitetes gedankliches Gerüst zur Unterscheidung und Typologisierung verschiedener Varianten der Internationalisierung ist das von Fayerweather entworfene Konzept von »fragmenting influences« und »unifying influences« (vgl. Fayerweather 1981, S. 21). Danach werden Internationalisierungsmuster nach dem jeweiligen Ausmaß der Nutzung von Integrationsvorteilen einerseits sowie der Berücksichtigung von Differenzierungsnotwendigkeiten andererseits charakterisiert (vgl. Engelhard/Dähn 1997, S. 27). Integrationsvorteile resultieren aus einer zunehmenden Homogenisierung der Märkte, die eine Standardisierung etwa der Produktion erlaubt und sich folglich in Kostenvorteilen niederschlägt. Differenzierungsnotwendigkeiten sind dagegen auf landesspezifische Wert- und Bedürfnisstrukturen zu-

3 Der Strategiebegriff umfasst zum einen die Festlegung, in welchen Märkten und Geschäftsfeldern sich eine Unternehmung künftig betätigen möchte, und zum anderen die Entscheidung darüber, mit welchen Mitteln der Wettbewerb dort bestritten werden soll. Eine Internationalisierungsstrategie stellt entsprechend auf diese Aspekte vor dem Hintergrund einer grenzüberschreitenden unternehmerischen Betätigung ab. Vgl. Steinmann/Schreyögg 1993, S. 149ff.

4 Vgl. Perlitz 1995, S. 11f. Ein Überblick über Kriterien und Ansätze zur Abgrenzung nationaler von internationalen Unternehmungen findet sich z. B. bei Eckert 1997, S. 13ff.

rückzuführen und zielen auf eine Anpassung von Produkten und Strategien an lokale Gegebenheiten ab. Eine zusätzliche Möglichkeit zur Abgrenzung unterschiedlicher Internationalisierungsvarianten stellt beispielsweise eine Differenzierung zwischen direktinvestiv gestützten Engagements im Ausland und weniger intensiven, etwa nur auf einer reinen Exporttätigkeit beruhenden Auslandsengagements dar. Auf diese Überlegungen rekurrierend, kann z. B. eine als »ethnozentrisch« zu bezeichnende Internationalisierungsstrategie, die durch eine Präferenz heimischer Märkte und damit geringe Auslandsumsätze sowie einen weitgehenden Verzicht auf eine Anpassung von Produkten und Managementtechniken an Auslandsmärkte gekennzeichnet ist, von einer als »multinational« zu bezeichnenden Internationalisierungsstrategie abgegrenzt werden. Letztere zeichnet sich dagegen durch direktinvestive Auslandsengagements, eine ausgeprägte Unabhängigkeit zwischen den in- und ausländischen Unternehmungsteileinheiten sowie eine starke Anpassung an die jeweiligen landesspezifischen Gegebenheiten aus (vgl. etwa Macharzina 1996, S. 203, 206f.). Die Globalisierungsstrategie verkörpert eine von diesen beiden Strategiealternativen klar abzugrenzende Internationalisierungsvariante. Die Herausarbeitung der zentralen Elemente einer Globalisierungsstrategie ist Gegenstand des folgenden Abschnitts (vgl. dazu Engelhard/Gerstlauer/Hein 1999, S. 294ff.).

3.2 Charakteristika der Globalisierungsstrategie

3.2.1 Bedeutungsrückgang der Besonderheiten einzelner Ländermärkte aus unternehmungsstrategischer Sicht

Im Gegensatz zur starken Betonung einer durch die Unterschiedlichkeiten abgrenzbarer Ländermärkte bedingten länderspezifischen Anpassung der Marktbearbeitung im Rahmen der multinationalen Strategie zielt die Globalisierungsstrategie auf eine Ausnutzung von Gemeinsamkeiten einzelner Ländermärkte ab. Die mit dem Bedeutungsrückgang einzelner Ländermärkte als individuell zu bearbeitende Einheiten einhergehende Konzeption des Weltmarktes als einheitliche Gesamtheit basiert in erster Linie auf einer Wahrnehmung vielfältiger Konvergenztendenzen. Auf eine zunehmende Homogenisierung des weltweiten Konsumverhaltens (Konvergenzthese) machte v. a. Levitt aufmerksam. Kern der Konvergenzthese ist die Annahme, dass der technologische Fortschritt und insbesondere die mit neuen Kommunikationstechnologien einhergehende Vervielfachung der Medienreichweite und -verfügbarkeit zu einer Vereinheitlichung (Homogenisierung) des weltweiten Konsumverhaltens führen.[5] Damit verschwinden nationale und regionale Unterschiede im Nachfrageverhalten, sodass eine Berücksichtigung länderspezifischer Gegebenheiten obsolet wird. Konvergenz wird zudem durch weltumspannende Transportsysteme sowie sich grenzüberschreitend angleichende soziodemografische Entwicklungen[6] vorangetrieben. Allerdings sind neben der Vereinheitlichung nationaler Konsumgewohnheiten auch Gegenströmungen in Form von nationalen Rückbesinnungstendenzen sowie eines Strebens nach Individualität sowie kultureller Eigenständigkeit festzustellen (vgl. Kreutzer 1989, S. 55). Levitt erkennt entsprechend an, dass länderspezifische Unterschiedlichkeiten nicht völlig eliminiert werden, jedoch dominiert auf Grund der dargestellten Konvergenztendenzen die Entwicklung hin zu einer zunehmenden, länderübergreifenden Annäherung der Präferenzstrukturen. So kann zwar (noch) nicht von einem einheitlichen Weltmarkt gesprochen werden, allerdings sind vielfältige Angleichungsprozesse im Konsumentenverhalten sowie parallele Entwicklungen in einzelnen Ländern zu beobachten (vgl. zu dieser Diskussion Kreutzer 1989, S. 38ff., 57f.). Vielfältige Annäherungen zeichnen sich v. a. zwischen westlichen Industrienationen, aber auch innerhalb von Entwicklungs- und Schwellenländern sowie zwischen diesen und den westlichen Industrieländern ab. Es sollte jedoch im Rahmen der Wahrnehmung konvergierender Entwicklungen stets kritisch hinterfragt werden, inwieweit es sich hierbei um eine tatsächliche Annäherung von Werten und Einstellungen oder nur um eine Annäherung äußerer Erscheinungen handelt, die jedoch auf völlig

5 Vgl. Levitt 1983, S. 92. Dies kommt z. B. in der weit verbreiteten Präferenz bestimmter Kleidungs- und Schuhmarken zum Ausdruck, die als Repräsentanten eines bestimmten anzustrebenden Lebensstils in unterschiedlichen Ländern nachgefragt werden.

6 Vgl. hierzu etwa die Überalterung der Bevölkerung in Industrieländern auf Grund eines stagnierenden Bevölkerungswachstums sowie einer steigenden Lebenserwartung oder die tendenzielle Zunahme der Anzahl von Haushalten, die immer kleiner werden.

anders gearteten kognitiven Strukturen basieren (vgl. Kreutzer 1989, S. 59).

Hervorzuheben ist ein gewisser Selbstverstärkungseffekt innerhalb der spiralförmigen Entwicklung hin zu zunehmender Konvergenz: Sofern Unternehmungen diesen Vereinheitlichungstendenzen folgen, indem sie eine entsprechend ausgerichtete Strategie der einheitlichen Marktbearbeitung wählen, wird die Konvergenz über Ländergrenzen hinweg auf diese Weise weiterhin forciert.

3.2.2 Standardisierung von Produkten und Prozessen der Produktion und Vermarktung

Aus den oben beschriebenen Konvergenztendenzen sowie der Weltmarktorientierung erwächst für globalisierende Unternehmungen die Chance und zugleich die Notwendigkeit, Produkte in vereinheitlichter, d. h. standardisierter Form anzubieten.[7] Auf diese Weise können Skalenerträge[8] und Synergieeffekte[9] realisiert werden. Produktstandardisierung bezieht sich in einem erheblichen Maße auf den Produktkern. Im Rahmen der Standardisierung sind jedoch gegebenenfalls weiterhin verbliebene länderspezifische Unterschiede etwa bezüglich rechtlicher Anforderungen oder der Verwendungsgewohnheiten zu berücksichtigen. So werden etwa Kühlschränke in Westeuropa und Nordamerika rein zu Kühlungszwecken eingesetzt, während Kühlschränke in Mexiko

7 Dabei kann zwischen unterschiedlichen Intensitäten einer Standardisierung unterschieden werden. Während sich bestimmte Produkte tatsächlich durch eine vollkommen weltweite Einheitlichkeit auszeichnen (z. B. Getränke wie Remy Martin, Parfüms wie Chanel No. 5 oder Schreibgeräte wie die von Lamy), ist bei anderen, ebenfalls als standardisiert zu bezeichnenden Produkten unter Umständen ein geringes Maß an länderspezifischer Anpassung erforderlich (z. B. länderspezifische Variation des Zuckergehalts beim Erfrischungsgetränk Coca-Cola).

8 Unter Skalenerträgen sind Kostendegressionseffekte, d. h. »Größenvorteile« im Sinne sinkender Stückkosten bei zunehmender Produktionsmenge zu verstehen.

9 Unter Synergieeffekten sind im Allgemeinen positive Verbundwirkungen zu verstehen, die sich durch Integration zweier/mehrerer zuvor getrennter Operationen ergeben. Im Zusammenhang mit Produktstandardisierung lassen sich Synergieeffekte etwa dadurch erzielen, dass keine isolierte, länderspezifische Produktgestaltung mehr erforderlich ist. Auf diese Weise können etwa produktpolitische Aktivitäten zentralisiert und damit kostengünstiger durchgeführt werden.

zugleich als Prestigeobjekt gelten. Somit werden dort aufwendigere Modelle, die besonders sichtbar im Wohnraum platziert werden, präferiert. Der globalisierenden Unternehmung muss es demnach gelingen, die noch bestehenden Unterschiede bei der Produktkonzeption in der Art zu berücksichtigen, dass sich das Produkt möglichst in der Schnittmenge der Präferenzen befindet (transnationale Käufersegmente). Zudem werden auch die Markenbildung, Verpackung, Gebrauchsanweisungen oder die Distributionskonzeption[10] von Standardisierungstendenzen erfasst (vgl. Kreutzer 1989, S. 283 ff.). Eine wichtige Rolle nimmt die Kommunikationspolitik einer globalisierenden Unternehmung ein. Über diese können zum einen aus Media-Overspill resultierende Synergieeffekte realisiert werden, zum anderen kann in der Kommunikationspolitik ein bedeutendes Mittel zur bedingt noch notwendigen Differenzierung gesehen werden.[11]

Über diese produktorientierte Standardisierung hinaus ist die weltweit einheitliche Gestaltung spezifischer Abläufe und Prozesse, z. B. des Produktionsprozesses und der zugehörigen angewandten Technologien, ebenfalls ein wesentlicher Bestandteil der Globalisierungsstrategie. Damit verbunden ist die Anforderung einer Zentralisierung bestimmter Unternehmungsaktivitäten. So sollte etwa geprüft werden, ob innerhalb der Unternehmung ein weltweit einheitlicher Bedarf an bestimmten Produktionsfaktoren besteht, um über eine zentralisierte Beschaffung Kosteneinsparungspotenziale freizusetzen. Eine wichtige Voraussetzung für die Umsetzung der Produkt- und Prozessstandardisierung ist in den bereits erwähnten neuen Informations- und Kommunikationstechniken zu sehen, zumal eine weltweite Vereinheitlichung erfordert, dass Daten, Technologien sowie Informationen grenzüberschreitend und mit möglichst geringem Aufwand zwischen den weltweit verstreuten Unternehmungsteileinheiten transferiert werden können.

Die mittels Standardisierung geschaffenen Skalenerträge und Synergieeffekte versetzen die globalisierende Unternehmung in die Lage, bei hoher Qualität von Produkten und Prozessen lang-

10 Beispielhaft sei hier die Eignung eines Franchise-Systems angeführt.

11 So kann für ein identisches PKW-Modell eines Automobilherstellers in einem Land insbesondere unter Verweis auf dessen Wirtschaftlichkeit, in einem anderen Land dagegen unter Betonung seiner Robustheit und Prestigewirkung geworben werden.

fristig die Kostenführerschaft zu übernehmen und damit Preisvorteile gegenüber Konkurrenzunternehmungen zu realisieren. Durch Standardisierung zu erreichende Kosteneinsparungen und Preissenkungen können als tragende Kernelemente der Globalisierungsstrategie betrachtet werden.

3.2.3 Aktiver Gestaltungsanspruch gegenüber der Umwelt

Wie obige Beispiele verdeutlichen, kann nicht davon ausgegangen werden, dass sämtliche länderspezifischen Unterschiedlichkeiten weitgehend eingeebnet sind. Ziel einer globalisierenden Unternehmung ist es jedoch nicht, sich auf die jeweils noch bestehenden, länderspezifischen Unterschiedlichkeiten in den Präferenzstrukturen einzustellen. Statt dessen wird unternehmungsseitig der Versuch unternommen, die Präferenzen im Hinblick auf eine Verwirklichung des Standardisierungsziels zu beeinflussen, d. h. aktiv auf eine Vereinheitlichung hinzuarbeiten. Aus der Sicht globalisierender Unternehmungen sind Präferenzstrukturen folglich nicht als unveränderliche Umweltgegebenheiten zu akzeptieren, sondern es wird von der Möglichkeit ausgegangen, diese auf dem Wege einer aktiven Einflussnahme zu gestalten. Den so agierenden Unternehmungen kommt in diesem Kontext die Rolle eines *Cross Cultural Change Agents* zu. Es gilt hierbei aber zu berücksichtigen, dass Präferenzstrukturen auf zeitlich zumeist relativ stabilen Verhaltens- und Wertemustern basieren und entsprechende Einwirkungsmaßnahmen keinesfalls schnelle Erfolge zeitigen werden.

Derartige Maßnahmen dürften mit einem hohen Marketingaufwand einhergehen, da es der globalisierenden Unternehmung gelingen muss, eventuell bestehende Deckungslücken zwischen den angebotenen standardisierten Produkten und den tatsächlich nachgefragten Produkten unter Rückgriff auf kommunikationspolitische Maßnahmen zu überbrücken. Das Ausmaß der durch Standardisierung zu erreichenden Rationalisierungseffekte wird jedoch als so hoch eingestuft, dass diese in der Lage sind, den dabei entstandenen Mehraufwand (etwa für kommunikationspolitische Aktivitäten) auszugleichen. Zudem erlauben die durch Standardisierung geschaffenen Skalenerträge die Realisierung von Preissenkungen. Somit kann über den daraus resultierenden Vorteil einer aus Käufersicht attraktiven Preisgestaltung der Nachteil einer unzureichenden Berücksichtigung noch existenter Unterschiedlichkeiten zwischen den länder- und kulturspezifischen Präferenzstrukturen kompensiert werden.

3.2.4 Geografische Streuung von Wertschöpfungsaktivitäten

Eine globalisierende Unternehmung ist sowohl angebotsseitig als auch auf den Prozess der Leistungserstellung bezogen auf einer Vielzahl von Märkten – im Idealfall weltweit – präsent (vgl. Parker 1998, S. 55). Kennzeichnend ist der Aufbau zahlreicher geografisch gestreuter Standorte, an denen spezialisiert unterschiedliche Wertschöpfungsaktivitäten ausgeübt werden (vgl. hierzu Macharzina 1996, S. 207f.). Mit der ausgeprägten Tendenz zur geografischen Streuung von Aktivitäten des Leistungserstellungsprozesses wird das Ziel verfolgt, komparative Kostenvorteile[12] einzelner Standorte zu nutzen und somit aus der Spezialisierung resultierende Effizienzgewinne in einzelnen Bereichen der Wertschöpfungskette zu realisieren. Durch die zeitgleiche »Abdeckung« unterschiedlicher Standorte kann ein aus Gesamtunternehmungssicht optimaler Länderausgleich herbeigeführt werden.[13] Somit eröffnet sich für globalisierende Unternehmungen die Möglichkeit, flexibel auf eine Verminderung der Standortattraktivität zu reagieren, indem etwa einzelne Unternehmungsaktivitäten auf günstigere Standorte (teil)verlagert werden. Zudem erlaubt die Wahrnehmung des erweiterten, quasi weltweiten Betätigungsfeldes einen Gewinn- und Verlustausgleich zwischen einzelnen, in unterschiedlichen Ländern angesiedelten Unternehmungseinheiten. Auf diese Weise können etwa Aktivitäten

12 Komparative Kostenvorteile stellen darauf ab, dass die an einzelnen Standorten anfallenden Produktionskosten unterschiedlich hoch sind. Diese Unterschiede in den länderspezifischen Kosten können etwa auf Produktivitätsunterschiede oder die unterschiedliche Ausstattung von Standorten mit Produktionsfaktoren zurückgeführt werden. Komparative Kostenvorteile können realisiert werden, wenn an einzelnen Standorten eine Spezialisierung auf solche Produktionen bzw. Produktionsabschnitte erfolgt, die dort jeweils relativ kostengünstig durchgeführt werden können.

13 Vgl. hierzu Kreutzer 1989, S. 29; Macharzina 1996, S. 210. Dieser Überlegung liegt das von Kogut propagierte Konzept der »operationalen Flexibilität« zu Grunde, wonach über Arbitragestrategien v. a. Kostenunterschiede zwischen einzelnen Standorten vorteilsbringend genutzt werden sollen. Vgl. hierzu Welge/Holtgbrügge 1998, Kapitel 3.2.4.

zur Verbesserung der Wettbewerbsposition auf wichtigen Schlüsselmärkten finanziell unterstützt werden.

Die geografische Streuung der Wertschöpfungsaktivitäten hat demnach zur Folge, dass die einzelnen Unternehmungseinheiten nicht unabhängig innerhalb ihrer jeweiligen Landesgrenzen agieren, sondern in ein eng vernetztes System der länderübergreifenden Arbeitsteilung eingebunden sind. Die konsequente Umsetzung dieser Strategiekomponente globalisierender Unternehmungen hat ausgeprägte Liefer- und Leistungsbeziehungen innerhalb des Unternehmungsverbundes zur Folge. Mit der geografischen Vernetzung von Produktionsaktivitäten geht eine deutliche Veränderung der in der Vergangenheit dominierenden lokalen Betätigungsmuster internationaler Unternehmungen einher.

3.3 Konsequenzen der Globalisierungsstrategie für die Koordination des Unternehmungsverbundes

Da für globalisierende Unternehmungen grundsätzlich alle weltweit zur Verfügung stehenden Ländermärkte als potenzielle Orte für die Produktion als auch den Absatz von Waren und Dienstleistungen in Frage kommen, kann Globalisierung mit einer drastischen Erweiterung des Betätigungsfeldes von Unternehmungen gleichgesetzt werden (vgl. Wiesenthal/Stykow 1996, S. 5). Vor diesem Hintergrund dürfte deutlich werden, dass aus der Durchführung und Implementierung einer Globalisierungsstrategie zwar unterschiedliche Managementprobleme resultieren, eine zentrale Problematik jedoch im Zusammenhalt des Unternehmungsverbundes zu sehen ist.

Aus der für eine Globalisierungsstrategie typischen Nutzung des vergrößerten Handlungsraumes resultiert die Präsenz einer Unternehmung an zahlreichen verschiedenen Standorten, welche ein hohes Maß an gegenseitigen Abhängigkeiten und vielfältigen Austauschbeziehungen zwischen den einzelnen Unternehmungsteileinheiten begründet. Die dem Prinzip der optimalen Arbeitsteilung folgende Ansiedlung einer jeweils spezifischen unternehmerischen Kompetenz an einzelnen Standorten löst im Gegenzug jedoch Bemühungen zur Integration aus, um die nachteiligen Folgen dieser bewusst herbeigeführten spezialisierten Verteilung von Kompetenzen zu überwinden. Die sich hieraus für globalisierende Unternehmungen ergebende Herausforderung ist in der Wahl geeigneter Abstimmungsmaßnahmen zu sehen, die zum einen eine reibungslose Gestaltung der vielfältigen Austauschbeziehungen gewährleisten und zum anderen dem länderübergreifenden, d. h. weltweiten Zusammenhalt des Unternehmungsverbundes dienlich sind.[14] Zur Handhabung der Verknüpfungen zwischen den einzelnen Aktivitäten über Ländergrenzen hinweg stehen der Unternehmung unterschiedliche Koordinationsinstrumente zur Verfügung.[15] Es gilt hierbei allerdings zu bedenken, dass derartige koordinierende Aktivitäten neben den unmittelbar mit dem Koordinationsinstrumenteneinsatz verbundenen Kosten weitere Kosten wie Kompromisskosten entstehen lassen. Letztere fallen etwa an, wenn Produktkonzeptionen auf Grund national unterschiedlicher Verwendungsgewohnheiten an divergierenden Anforderungen auszurichten sind und deshalb nicht mehr auf jedem Ländermarkt eine Ideallösung verkörpern (vgl. Kreutzer 1989, S. 260).

4. Globalisierung: Unternehmungsstrategische Chancen und Grenzen

Konsequenzen der Globalisierung werden aus unterschiedlichsten gesellschaftlichen Blickwinkeln betrachtet. So werden Globalisierungsfolgen etwa im Hinblick auf Umweltschutz, Menschenrechte, Armut, Kultur und Sicherheit in aller Regel kritisch diskutiert. Dabei stehen z. B. globalisierungsbedingte Umweltprobleme wie steigende Verkehrsaufkommen und ein damit einhergehender Anstieg umweltbelastender Emissionen oder ungelöste Probleme negativer Verteilungswirkungen der Globalisierung im Vordergrund. Die folgenden Überlegungen beziehen sich jedoch nur auf die unternehmungsstrategische Sicht.

Aus ihrer Fähigkeit zu weltweiter Präsenz sowie ihrer großen Mobilität hinsichtlich der räumlichen Allokation von Investitio-

14 Hierin ist die zentrale Aufgabe der Koordination im Unternehmungsverbund zu sehen. Vgl. dazu etwa Riedl 1999, S. 13.

15 Ein Überblick über Koordinationsinstrumente findet sich z. B. bei Macharzina/Oesterle 1997, S. 615 ff. Häufig wird zwischen strukturellen, technokratischen und personellen Koordinationsinstrumenten unterschieden.

nen resultiert für globalisierende Unternehmungen die *Chance*, sich dem Machtbereich eines bestimmten Staates zumindest in gewissen Grenzen zu entziehen. Angesichts der Tatsache, dass globalisierenden Unternehmungen auf Grund ihrer ausgeprägten grenzüberschreitenden Handlungsfähigkeit ein wachsender geografischer Handlungsspielraum in Verbindung mit wachsenden Machtpotenzialen gegenüber staatlichen Akteuren zur Verfügung steht, während sich staatliches Handeln vorwiegend nur innerhalb der jeweiligen nationalstaatlichen Grenzen entfalten kann, stellt sich Frage, inwieweit das Macht- und Handlungspotenzial nationalstaatlicher Autorität durch die fortschreitende Entwicklung globalisierender Unternehmungen eingeschränkt wird (vgl. hierzu etwa Brozus/Zürn 1999, S. 59ff.). Aus den bereits diskutierten Charakteristika einer Globalisierungsstrategie ließen sich viele Beispiele ableiten, die auf einen tendenziellen Verlust an Handlungs- und Kontrollmöglichkeiten seitens der Nationalstaaten und zugleich auf neue Handlungsperspektiven globalisierender Unternehmungen hinweisen.[16] So dürfte u. a. die geografische Streuung von Wertschöpfungsaktivitäten dazu beitragen, dass die autonome Steuerpolitikformulierung seitens des Staates durch einen von globalisierenden Unternehmungen ausgelösten Inter-Staaten-Wettbewerb erschwert wird. Die geografische Streuung von Aktivitäten und die damit einhergehende Mobilität erlauben es globalisierenden Unternehmungen, das internationale Steuergefälle zu ihren Gunsten zu nutzen, indem bei unattraktiven steuerpolitischen Maßnahmen eine Standortverlagerung angedroht bzw. durchgeführt und damit das nationale Steueraufkommen entsprechend verlagert wird.

Mit dem Zugewinn an Machtpotenzial ergeben sich folglich für globalisierende Unternehmungen neue Perspektiven. So können über die Androhung von Desinvestitionen etwa in Form von Arbeitsplatzverlagerungen hin zu auflagenarmen, investitionsfreundlicheren Standorten Nationalstaaten unter Druck gesetzt werden. Damit erwachsen für Unternehmungen Möglichkeiten hinsichtlich der Gestaltung maßgeblicher Rahmenbedingungen wirtschaftlichen Handelns. Hieraus leitet sich die große gesellschaftspolitische Aufgabe ab, Überlegungen darüber anzustellen,

16 Beispiele hierfür finden sich bei Engelhard/Gerstlauer/Hein 1999, S. 305ff.

auf welche Weise eine geeignete Gegenmacht installiert werden könnte. Eine Antwort hierauf bieten etwa neue Politikformen, die einerseits sowohl auf zwischenstaatlicher Kooperation als auch auf Kooperation zwischen globalisierenden Unternehmungen und Nationalstaaten sowie andererseits auf Verhandlungen beruhen (vgl. Kohler-Koch 1996a, S. 141; Varwick 1998, S. 55). Wesentliches Charakteristikum dieser Politikformen ist die Abkehr von einer primär hierarchischen Politikorganisation hin zu einer v. a. die Beziehungen zwischen Staat und Unternehmungen in den Vordergrund stellenden verhandlungsorientierten Politikkonzeption.

Die *Grenzen* einer Globalisierungsstrategie dürften v. a. darin zu sehen sein, dass eine weltweite Angleichung der Konsumpräferenzen nicht in der von Levitt postulierten Intensität beobachtet werden kann. Die Wettbewerbsfähigkeit von Unternehmungen ist demzufolge nicht ausschließlich über eine konsequent betriebene weltweite Standardisierung sicherzustellen. Dementsprechend suchen Unternehmungen nach Lösungen, die unterschiedlichen strategischen Erfordernissen – etwa auch der in gewissen Fällen erfolgversprechenden Nutzung von Länderunterschieden – gleichermaßen gerecht werden und eine Balance aus Integration und Differenzierung erlauben. Ideen für eine derartige organisatorische Mischkonzeption bieten v. a. Fähigkeitsansätze des internationalen Managements wie die »Transnational Solution« von Bartlett und Ghoshal.[17] Ziel dieses Organisationskonzeptes ist es einerseits, durch weltweite Standardisierung und Integration der Aktivitäten zwar Rationalisierungsvorteile zu erzielen, andererseits sind aber auch solche Kräfte zu berücksichtigen, die eine Differenzierung der Leistungen und eine Anpassung an einzelne Ländermärkte erfordern. Um die simultane Herausbildung von globaler Effizienz und lokaler Anpassungsfähigkeit zu gewährleisten, bedarf es eines besonderen organisatorischen Aufbaus. Dazu sind hoch interdependente, spezialisierte Unternehmungseinheiten weltweit zu streuen. Diese weit gestreuten Tochtergesellschaften der Unternehmung werden als strategische Partner im Gesamtunternehmungsverbund betrachtet. Über eine bedeutungsbezogene Differenzierung der einer Unternehmungseinheit zugewiesenen Rolle sowie eine relativierte Bedeutung der

17 Vgl. zum Konzept der Transnational Solution etwa Dähn 1996, S. 108 ff.

Unternehmungszentrale sollen schließlich weltweite Marktnähe und Flexibilität erzeugt werden.

Literatur

Beyfuß, J. et al.: *Globalisierung im Spiegel von Theorie und Empirie, Beiträge zur Wirtschafts- und Sozialpolitik* – Institut der deutschen Wirtschaft, Köln 1997

Brozus, L./Zürn, M.: »Globalisierung – Herausforderung des Regierens«, in: *Informationen zur politischen Bildung*, Nr. 263, 1999, S. 59-66

Dähn, M.: *Wettbewerbsvorteile internationaler Unternehmen – Analyse-Kritik-Modellentwicklung*, Wiesbaden 1996

Die Gruppe von Lissabon: *Grenzen des Wettbewerbs. Die Globalisierung der Wirtschaft und die Zukunft der Menschheit*, München 1997

Dieckheuer, G.: *Internationale Wirtschaftsbeziehungen*, München 1990

Eckert, St.: *Kapitalstrukturgestaltung von Auslandsgesellschaften. Relevanz – Ziele – Strategien*, Wiesbaden 1997

Engelhard, J.: »Virtualisierung der internationalen Unternehmenstätigkeit – Zum Einfluss der Informations- und Kommunikationstechnologie auf das Arrangement Internationaler Unternehmen«, in: Engelhard, J./Oechsler, W. A. (Hg.): *Internationales Management – Auswirkungen globaler Veränderungen auf Wettbewerb, Unternehmungsstrategie und Märkte*, Wiesbaden 1999, S. 317-342

Engelhard, J./Dähn, M.: »Theorien der internationalen Unternehmenstätigkeit – Darstellung, Kritik und zukünftige Anforderungen«, in: Macharzina, K./Oesterle, M.-J. (Hg.): *Handbuch Internationales Management. Grundlagen – Instrumente – Perspektiven*, Wiesbaden 1997, S. 23-44

Engelhard, J./Gerstlauer, M./Hein, S.: »Globalisierende Unternehmen und Nationalstaaten – Überlegungen zur Redistribution von Staats- und Unternehmensmacht«, in: Kumar, B./Osterloh, M./Schreyögg, G. (Hg.): *Unternehmensethik und die Transformation des Wettbewerbs*, Stuttgart 1999, S. 291-318

Fayerweather, J.: »A Conceptual Framework for the Multinational Corporation«, in: Wacker, W. H./Haussmann, H./Kumar, B. (Hg.): *Internationale Unternehmensführung – Managementprobleme international tätiger Unternehmen*, Berlin 1981, S. 17-31

Fischermann, T.: »Leiden für Reebok«, in: *Die Zeit*, Nr. 47, 18. 11. 1999, S. 28

Franzmeyer, F.: »Welthandel und internationale Arbeitsteilung«, in: *Informationen zur politischen Bildung*, Nr. 263, 1999, S. 8-21

Fuchs, G.: »Globalisierung – (mehr als) Wirtschaft ohne Grenzen«, in: *Praxis Geographie*, Heft 7-8, 1998a, S. 4-10

Fuchs, G.: »Unsere Zukunft – ›Made in the World‹«, in: Flath, M./Fuchs, G. (Hg.): »Globalisierung« – *Beispiele und Perspektiven für den Geographieunterricht*, Gotha/Stuttgart 1998b, S. 4-6

Germann, H./Rürup, B./Setzer, M.: »Globalisierung der Wirtschaft: Begriff, Bereiche, Indikatoren«, in: Steger, U. (Hg.): *Globalisierung der Wirtschaft: Konsequenzen für Arbeit, Technik und Umwelt*, Berlin et al. 1996, S. 18-55

Großfeld, B.: *Internationales und Europäisches Unternehmensrecht*, Heidelberg [2]1995

Härtel, H.-H./Jungnickel, R. et al.: *Grenzüberschreitende Produktion und Strukturwandel – Globalisierung der deutschen Wirtschaft*, Baden-Baden 1996

Jungnickel, R./Keller, D.: »Bedeutung unterschiedlicher Internationalisierungsformen für die Wirtschaft der Bundesrepublik Deutschland«, in: Macharzina, K./Oesterle, M.-J. (Hg.): *Handbuch Internationales Management. Grundlagen – Instrumente – Perspektiven*, Wiesbaden 1997, S. 325-347

Kohler-Koch, B.: »Der Nationalstaat im Übergang zum 21. Jahrhundert: erfolgsträchtig oder überholt?«, in: Armingeon, K. (Hg.): *Der Nationalstaat am Ende des 21. Jahrhunderts – Die Schweiz im Prozess der Globalisierung*, Bern et al. 1996a, S. 127-147

Kohler-Koch, B.: »Politische Unverträglichkeiten von Globalisierung«, in: Steger, U. (Hg.): *Globalisierung der Wirtschaft: Konsequenzen für Arbeit, Technik und Umwelt*, Berlin et al. 1996b, S. 83-114

Koitsch, G.: »Aspekte der Globalisierung«, in: *Ulmensien-Schriftenreihe der Universität Ulm, Globalisierung und Soziale Marktwirtschaft*, Ulm 1999, S. 23-30

Kreutzer, R.: *Global Marketing – Konzeption eines länderübergreifenden Marketing*, Wiesbaden 1989

Levitt, T.: »The Globalization of Markets«, in: *Harvard Business Review*, o. Jg., 1983, S. 92-102

Macharzina, K.: »Globalisierung als Unternehmensaufgabe – Strategien und Organisation, Kriterien für Standortentscheidungen«, in: Steger, U. (Hg.): *Globalisierung der Wirtschaft: Konsequenzen für Arbeit, Technik und Umwelt*, Berlin et al. 1996, S. 199-215

Macharzina, K./Oesterle, M.-J.: »Bestimmungsgrößen und Mechanismen der Koordination von Auslandsgesellschaften«, in: Macharzina, K./ Oesterle, M.-J. (Hg.): *Handbuch Internationales Management. Grundlagen –Instrumente – Perspektiven*, Wiesbaden 1997, S. 609-640

Messner, D.: »Ökonomie und Globalisierung«, in: Hauchler, I./Messner, D./Nuscheler, F. (Hg.): *Globale Trends 1998 – Fakten, Analysen, Prognosen*, Frankfurt/M. 1997, S. 135-167

Parker, B.: *Globalization and Business Practice – Managing Across Boundaries*, London et al. 1998
Perlitz, M.: *Internationales Management*, Stuttgart/Jena [2]1995
Riedl, C.: *Organisatorischer Wandel durch Globalisierung – Optionen für multinationale Unternehmen*, Berlin/Heidelberg 1999
Sherman, H.: »Globalisierung: Transnationale Unternehmen auf dem Vormarsch«, in: *IFO Schnelldienst*, Nr. 23, 1996, S. 3-13
Steinmann, H./Schreyögg, G.: *Management – Grundlagen der Unternehmensführung. Konzepte – Funktionen – Fallstudien*, 3. überarbeitete und erweiterte Aufl., Wiesbaden 1993
Theurl, T.: »Globalisierung als Selektionsprozess ordnungspolitischer Paradigmen«, in: Berg, H. (Hg.): *Globalisierung der Wirtschaft: Ursachen – Formen – Konsequenzen*, Berlin 1999, S. 23-49
Trabold, H.: »Gesellschaftliche Auswirkungen internationaler Wirtschaftsentwicklungen«, in: *Informationen zur politischen Bildung, Globalisierung*, Nr. 263, 1999, S. 31-41
Varwick, J.: »Globalisierung und ›Global Governance‹ – Möglichkeiten und Missverständnisse bei der politischen Gestaltung des Globalisierungsprozesses«, in: *Gegenwartskunde*, 47. Jg., 1998, S. 47-59
von Plate, B.: »Grundelemente der Globalisierung«, in: *Informationen zur politischen Bildung, Globalisierung*, Nr. 263, 1999, S. 3-7
Welge, M./Holtbrügge, D.: *Internationales Management*, Landsberg/Lech 1998
Wiesenthal, H./Stykow, P.: »Politische Probleme der ökonomischen Globalisierung: Eine Bestandsaufnahme«, in: Max-Planck-Gesellschaft zur Förderung der Wissenschaften e.V. Berlin (Hg.): *Transformationsprozesse in den neuen Bundesländern*, Berlin 1996, S. 3-21

II.

Gesellschaftliche Herausforderungen der Globalisierung I: Sozialer Wandel und soziale Verwerfungen in den Wohlfahrtsstaaten

Richard Münch
Die neue Arbeitsgesellschaft

In der modernen Gesellschaft ist die Erwerbsarbeit zum zentralen Integrationsmedium des menschlichen Zusammenlebens geworden. Der Status des Einzelnen in der Gesellschaft bestimmt sich durch seine Leistung für die Gesellschaft, die ganz überwiegend durch Erwerbsarbeit dokumentiert wird. Dieses Faktum wird ganz auffällig auch dadurch bestätigt, dass die nicht erwerbstätigen Mitglieder des Familienhaushalts ihren gesellschaftlichen Status von demjenigen des Hauptternährers der Familie (ganz überwiegend der Ehemann) ableiten. Ihr Lebensstandard und ihr Prestige ergeben sich in der Regel aus dem Berufsstatus des so genannten erwerbstätigen Haushaltsvorstandes. Übt die Ehefrau eine Teilzeiterwerbstätigkeit unterhalb des Einkommens und des Prestiges des Ehemannes aus, dann definiert das Prestige des Hauptverdieners den Familienstatus. Die wachsende Gleichstellung der Frauen, die Angleichung des Bildungsniveaus zwischen Männern und Frauen und die zunehmende Teilnahme der Frauen am Erwerbsleben haben die Statuszuschreibung und die damit verbundene Inklusion in die gesellschaftlichen Aktivitäten weiter individualisiert. D. h. dass die Ehefrau ihren Status nicht mehr aus demjenigen des Ehemannes schöpfen kann, sondern selbst durch Ausbildung und deren Umsetzung in Berufstätigkeit erwerben muss. In der bürgerlichen Kleinfamilie waren die von der Ehefrau und Mutter erbrachte Hausarbeit und Kindererziehung ein Beitrag zur Reproduktion des vom männlichen Haushaltsvorstands durch Erwerbsarbeit erreichten gesellschaftlichen Status. Sie hat daraus ihren Sinn und Wert erhalten. Dieses Familienmodell hat inzwischen seine verbindliche Geltung eingebüßt. In Konkurrenz mit ihren berufstätigen Geschlechtsgenossinnen hat die »Nur-Hausfrau« an Status verloren, weil sie ihren Status nicht durch selbständige Erwerbstätigkeit erwirbt, sondern »nur« am Familienstatus partizipiert, der vom männlichen Haushaltsvorstand bestimmt wird. Zusammen mit den wachsenden technischen Möglichkeiten, die Hausarbeit zu rationalisieren und die Kindererziehung an Institutionen außerhalb der Familie abzugeben, ergibt sich so zwangsläufig eine zunehmende Beteiligung der Frauen am Erwerbsleben. Für die Frauen ist das einerseits eine Befreiung aus den Fesseln der Familie, andererseits ein neuer Zwang, ihren sozialen Status selbst durch Erwerbstätigkeit sichern zu müssen. Die Frauenbewegung hat dabei einem von der Aufklärung vorgezeichneten geschichtlichen Entwicklungsprozess zum Durchbruch verholfen. Dieser Trend wird sich nicht mehr umkehren lassen. Gleichzeitig hat die von der Marktkonkurrenz forcierte technische Rationalisierung den Bedarf an Arbeit zur Herstellung eines gegebenen Quantums an Produkten beständig gesenkt. Die Marktöffnung durch Europäisierung und Globalisierung erschließt außerdem ein immer größeres Arbeitskräftepotenzial, sodass weltweit im Verhältnis zum verfügbaren Kapital ein Überangebot an Arbeitskräften insbesondere im Segment geringer Qualifizierung entsteht. Aus dieser Konstellation wird in der gegenwärtigen Diskussion häufig geschlossen, dass Erwerbsarbeit in Zukunft nicht mehr das alleinige Integrationsmedium sein kann, wenn soziale Integration in der globalen Moderne überhaupt noch möglich sein soll. Dabei ist Integration in der globalen Moderne nicht nur eine Sache des Nationalstaates, vielmehr muss sie sich von der lokalen über die regionale und nationale bis zur europäischen und globalen Ebene erstrecken.

Müssen wir uns also von der Zentralität der Erwerbsarbeit als Integrationsmedium verabschieden? Welche Alternativen gibt es? Und wie tragfähig sind diese Alternativen? Diesen Fragen sind die folgenden Überlegungen gewidmet. Ich beginne mit einer kurzen Darlegung der typischen Argumentation für einen Abschied von der Zentralität der Erwerbsarbeit als Integrationsmedium (These 1) und erörtere dann systematisch die Tragfähigkeit dieser Argumentation (Fragen 2 bis 7). Danach werde ich die Grundlinien des von der Globalisierung erzwungenen Strukturwandels der Vergesellschaftung aufzeigen (Thesen 9 bis 12).

1. Abschied von der Erwerbsarbeit als zentrales Integrationsmedium?

Die Argumentation für einen Abschied von der Zentralität der Erwerbsarbeit als Integrationsmedium lautet wie folgt (Gorz 1989, 1996, 1998; Rifkin 1998; Giarini/Liedtke 1998; Beck 1999):

• Mit der Globalisierung wächst die Konkurrenz, aus der sich ein verstärkter Zwang zur Produktivitätssteigerung ergibt.

• Produktivitätssteigerung führt zu einem Rationalisierungsüberschuss und damit zur dauerhaften Freisetzung von Arbeitskräften.

• Deshalb kann soziale Integration nicht mehr vorwiegend durch Erwerbsarbeit erreicht werden.

• Die Fixierung auf Erwerbsarbeit als Integrationsmedium muss ersetzt werden durch eine breitere Definition von Arbeit, die Eigenarbeit und Bürgerarbeit (Gemeinwohlarbeit) einschließt.

• Die Verlagerung von Tätigkeiten von der Erwerbsarbeit zur Eigen- und Bürgerarbeit hilft, den Arbeitsmarkt zu entlasten, und eröffnet jedem Chancen zu sinnvoller Tätigkeit, diesseits und jenseits von Erwerbsarbeit.

• Die Tätigkeitsgesellschaft löst so die (Erwerbs-)Arbeitsgesellschaft ab.

• Der Weg in die Tätigkeitsgesellschaft kann durch folgende Maßnahmen geebnet werden:

– Verringerung der Arbeitszeiten (ohne Lohnausgleich),
– Angebot von mehr Teilzeitarbeit,
– Umverteilung der knappen Arbeit auf mehr Köpfe,
– Einführung eines erwerbsunabhängigen Bürgergeldes (Grundsicherung),
– Staatliche Unterstützung und Förderung von Eigenarbeit,
– Staatliche Unterstützung und Förderung von Bürgerarbeit.

Die folgenden Überlegungen dienen einer systematischen Erörterung der dargelegten Argumentation für einen Abschied von der Zentralität der Erwerbsarbeit als Integrationsmedium.

2. Vernichtet Produktivitätssteigerung unwiederbringlich Arbeitsplätze?

Die Prämisse der Argumentation für eine Bedeutungsminderung der Erwerbsarbeit muss in Frage gestellt werden: Produktivitätssteigerungen haben in der Vergangenheit zwar die Zeit zur Herstellung gegebener Produkte beständig verringert, gleichzeitig ist die freigewordene Kapazität (Zeit, Kapital, Arbeit) in immer wieder neue Produkte und Dienste gesteckt worden. Die These vom

Ende der Arbeit durch Produktivitätssteigerung geht von der falschen Prämisse einer Konstanz der Bedürfnisse aus. Die Geschichte lehrt jedoch, dass die menschlichen Bedürfnisse bisher jede traditionelle Grenze überschritten haben. Neue Angebote von Produkten und Diensten haben stets einen Markt geschaffen, auf dem sie abgesetzt werden konnten. Weltweit gesehen ist diese Sättigungshypothese angesichts der Milliarden von Menschen, die nicht nur als Produzenten, sondern auch als Konsumenten in den Markt hineingezogen werden, ohnehin unzutreffend, aber auch für die hoch entwickelten Länder ist sie nicht stichhaltig, weil die Bedürfnisse der Menschen unbegrenzt sind und dementsprechend immer wieder neu von neuen Angeboten auf dem Markt angeregt werden. Natürlich wird nicht endlos mehr vom Selben konsumiert, sondern stets Neues, wobei eine zunehmende Diversifizierung und Verfeinerung des Konsums eintritt.

Die These vom Ende der reinen Erwerbsarbeitsgesellschaft beruht außerdem auf einer unzulässigen Verallgemeinerung eines singulären Trends in einigen kontinentaleuropäischen Wohlfahrtsstaaten, die seit Anfang der neunziger Jahre ein sinkendes Beschäftigungsvolumen bei hohen Arbeitslosenraten von über zehn Prozent aufweisen. Dazu zählen insbesondere Deutschland, Frankreich, Italien und Schweden. Dagegen ist in anderen Ländern in demselben Zeitraum sogar ein erhebliches Beschäftigungswachstum zu verzeichnen. Das gilt v. a. für Irland, die Niederlande, Österreich, Dänemark, Großbritannien und die USA. Dieser konträre Trend zeigt sich sowohl bei den Arbeitslosenraten als auch bei den Beschäftigungsindikatoren der Beschäftigtenzahl, des Jobwachstums, der Beschäftigung von älteren Erwerbsfähigen zwischen 55 und 64 Jahren und der Beschäftigungsdiskrepanz zwischen Männern und Frauen (EU 1998, S. 13; OECD 1998, S. 4, Tabelle A 1). In der Europäischen Union ist die Beschäftigungsquote zwischen 1975 und 1993 im Durchschnitt von 64 auf 60 % gesunken und seitdem wieder leicht auf 61 % angestiegen, in den USA jedoch von 1975 bis 1997 von 63 auf 74 % angewachsen, in Japan von 69 auf 74 % (OECD 1998, S. 4).

3. Zunehmende Erwerbstätigkeit von Frauen – abnehmende Bedeutung von Erwerbsarbeit?

Weiter spricht gegen die These von der abnehmenden Bedeutung der Erwerbsarbeit, dass weltweit die Erwerbstätigkeit der Frauen ungebrochen zunimmt und der Nachholbedarf der Frauen in dieser Hinsicht keineswegs befriedigt ist. Die Frauenerwerbsquote hat in fast allen EU-Mitgliedsländern kontinuierlich zugenommen und liegt jetzt im Durchschnitt bei 50,5 %. Gegenüber der Frauenerwerbsquote von 67,5 % in den USA zeigt sich da noch ein erheblicher Nachholbedarf, der sich nicht künstlich drosseln lässt. Mit welchem Recht will man Frauen mit ständig verbesserter Ausbildung die Umsetzung ihrer erworbenen Qualifikationen in einer dafür angemessenen Beschäftigung verwehren? Den größten Nachholbedarf haben hier die noch wenig entwickelten EU-Mitgliedsländer (ebd., S. 6).

4. Dienstleistung – ein unerschließbarer Sektor der Erwerbsarbeit in Europa?

Ein Blick auf die sektorale Verteilung der Beschäftigung weist auf einen weiteren Nachholbedarf der EU-Mitgliedsländer gegenüber den USA hin. In der EU sind von den 15- bis 64-Jährigen drei Prozent in der Landwirtschaft beschäftigt, 17,8 % in der Industrie und 39,7 % im Dienstleistungssektor, 39,5 % sind nicht in das Erwerbsleben einbezogen. In den USA sind zwei Prozent in der Landwirtschaft, 17,7 % in der Industrie und 54,3 % im Dienstleistungssektor tätig, 26,0 % sind nicht erwerbstätig (ebd., S. 10). Dieser Vergleich bringt unmittelbar zum Ausdruck, wo die Beschäftigungslücke der EU-Mitgliedsländer zu verorten ist: im Dienstleistungssektor. Nun wird gegen diesen Hinweis in der Regel der Einwand erhoben, dass es sich dabei überwiegend um schlecht bezahlte McJobs handelt, die weder materiell noch ideell ein menschenwürdiges, dem Europäer angemessenes Leben ermöglichen. Diese Behauptung ist in ihrer Allgemeinheit falsch. Die vergleichsweise umfangreichere Beschäftigung im Dienstleistungssektor in den USA äußert sich nicht nur in Billigjobs, sondern sogar überwiegend in anspruchsvollen Beschäftigungen in den Bereichen von Finanzdienstleistungen, Immobilien, EDV,

Forschung und Entwicklung und Beratung, aber auch in kommunalen Dienstleistungen, insbesondere im Bereich Gesundheit und Sozialarbeit (OECD 1998: Tabelle 5).

Auch das neuerdings ins Spiel gebrachte Argument, dass die Dienstleistungslücke zwischen Europa und den USA ein statistisches Konstrukt sei, weil viele Dienstleistungen, die in Europa innerhalb von Industriebetrieben erbracht werden, in den USA ausgelagert sind und den Dienstleistungssektor aufblähen, sticht nicht. Es wird dabei übergangen, dass es weniger um den Inhalt der Tätigkeit geht als um die vertragliche Form, in der sie erbracht wird: als Teil der Güterproduktion oder eben als eine davon rechtlich getrennte reine Dienstleistung, die selbständig auf dem Markt agiert und durch Werbung einen dynamischen Effekt auf die Nachfrage nach Dienstleistungen ausübt.

Über den Sinn und Wert für den Anbieter und Nachfrager von Dienstleistungen mag man sich im Einzelnen streiten. Wo will man da aber anfangen, wo aufhören, wenn es darum geht, was zugelassen werden soll und was nicht? Man begibt sich da schnell in eine Zone des Verbietens, was völlig gegen das eher noch stärker gewordene Recht der freien Wahl des eigenen Lebens und des damit verbundenen Angebots und Konsums verstößt. Gegen die bezahlte Kinderbetreuung wird man kaum mit dem Argument ankommen, dass Elternbetreuung am besten für das Kind ist, weil die Umsetzung von Ausbildung in Selbstverwirklichung durch Beschäftigung zu einem für beide Geschlechter verbindlichen Leitbild geworden ist. Und den Wert einer noch so einfachen Dienstleistung – z. B. Einpacker im Supermarkt oder Parkwächter – kann man überhaupt nicht in Frage stellen, weil sich für diese Dienstleister daraus Einkommen, soziale Kontakte, Status und ein größeres Selbstwertgefühl ergeben als im Falle von Erwerbslosigkeit. Außerdem muss es sich dabei nicht bei allen um Dauerpositionen handeln. In den meisten Fällen werden solche Tätigkeiten in Übergangsphasen ausgeübt. Sie halten die Menschen jedoch in einem Netzwerk, das ihnen das Leben in der Gesellschaft eher erleichtert als die Arbeitslosigkeit. Trainingsprogramme können explizit darauf abzielen, Chancen auf bessere Jobs zu eröffnen. In materieller Hinsicht könnte eine negative Einkommenssteuer die Existenzsicherung auch für Geringverdiener gewährleisten. Eine Anrechnung des Zuverdienstes zu nur 50% würde Anreize zur Erwerbsarbeit auch für die am meisten von der Arbeitslosigkeit bedrohten Geringqualifizierten schaffen und sie auf diese Weise in die Gesellschaft eingliedern, statt in die Dauerarbeitslosigkeit auszusondern.

5. Deregulierung des Arbeitsmarktes – eine Voraussetzung für Beschäftigungswachstum?

Die Strategie der Erweiterung des Angebots von Beschäftigung erzwingt allerdings den Abbau von Hindernissen für flexible Beschäftigung. Im internationalen Vergleich zeigt sich, dass diejenigen Länder, die am wenigsten die Beschäftigung flexibilisiert haben, das geringste Beschäftigungswachstum oder sogar einen Beschäftigungsrückgang aufweisen: Deutschland, Frankreich und Schweden sind dafür die prägnantesten Beispiele. Dagegen haben Länder mit mehr Flexibilisierung der Beschäftigung ein deutliches Beschäftigungswachstum erzielt: Nicht nur die USA, sondern auch Großbritannien, die Niederlande und Dänemark beweisen diese Hypothese. Dabei zeigen die Niederlande und Dänemark, dass der Weg zur Flexibilisierung der Beschäftigung nicht zwangsläufig mit einer dem Modell USA entsprechenden Beseitigung sozialer Absicherung und einer korrespondierenden Lohnspreizung verbunden sein muss. Das Erfolgsrezept in den Niederlanden war ein Pakt zwischen Arbeitgeberverband und Gewerkschaften auf dem Höhepunkt der Beschäftigungskrise im Herbst 1982, der für einen langen Zeitraum deutliche Lohnzurückhaltung, eine starke Erweiterung der Teilzeitarbeit auf inzwischen 38 % und eine Erhöhung der Frauenerwerbsquote von 34,7 auf 55,0 % zwischen 1983 und 1996 implizierte; gleichzeitig ist die Erwerbsquote älterer Erwerbsfähiger im Alter von 55 bis 64 Jahren gesenkt worden, was langfristig ein Problem der Rentenfinanzierung mit sich bringt. Das Beschäftigungsvolumen ist jedoch insgesamt gestiegen (EU 1998, S. 43-47; Visser/Hemerijck 1998, S. 40-70). Gleichzeitig ist die Beschäftigungsvermittlung aktiviert worden. Die staatliche Arbeitsvermittlung ist darauf eingestellt worden, Arbeitslosenunterstützung für einen möglichst kurzen Zeitraum zu zahlen und Arbeitslose möglichst schnell wieder in ein Beschäftigungsverhältnis zu bringen. Private Vermittlungsagenturen, Beschäftigungsgesellschaften und Leiharbeitsfirmen haben die Beschäftigungsvermittlung erheblich dynamisiert. Hinzu kommen Weiterbildungs- und Umschulungsprogramme und gezielte Arbeitsangebote für die Empfänger von Wohlfahrtszahlungen. Im internationalen Vergleich verfügen die Niederlande immer noch über ein hohes Niveau der sozialen Absicherung. Steuern und Sozialabgaben liegen bei 45,9 % des Bruttoinlandsproduktes. Im EU-Vergleich befinden sich die Niederlande damit an sechster Stelle, und zwar vor Deutschland, das mit 41,6 % an zehnter Stelle steht. Die Sozialschutzausgaben pro Kopf sind mit 5762 KKS die fünfthöchsten in der EU, kurz nach Deutschland mit 5797 KKS und Luxemburg, Dänemark und Schweden mit 7725, 6391 und 6061 KKS an der Spitze (Eurostat 1998a: Memo 22/98). Die entscheidende Differenz zu den anderen Ländern mit ähnlich hohem Sozialschutzniveau besteht in den strengeren Vergabekriterien und den stärkeren Anreizen für die Arbeitsaufnahme. Das ist offensichtlich auch in Dänemark der Erfolgsschlüssel.

6. Prekäre Beschäftigung – verhindern oder fördern?

Die neuen Strategien zur Dynamisierung des Arbeitsmarktes implizieren allerdings nicht die Rückkehr zur Vollbeschäftigung im Normalarbeitsverhältnis auf breiter Front. Vielmehr verbreitert sich die Zone der prekären Beschäftigung. Das ist eine zwangsläufige Folge der Flexibilisierung von Beschäftigung. Diese Flexibilisierung beginnt schon mit flexiblen Arbeitszeiten innerhalb von erheblich erweiterten Arbeitszeitkorridoren. Sie wird allein schon durch den globalen Wettbewerb erzwungen. Ein deutsches Maschinenbauunternehmen konnte beispielsweise in der Vergangenheit seine gleich bleibende Beschäftigung bei gleichen Arbeitszeiten durch das Horten von Aufträgen und entsprechend lange Lieferzeiten sichern. Auftragstäler konnten so durch Abarbeiten alter Aufträge ohne Arbeitszeitverkürzung durchschritten werden. Heute kann ein Abnehmer per Internet sehr schnell ermitteln, wo ein Produkt in kürzester Zeit zu haben ist; er wird sich also nicht mehr in die Warteschlange eines angestammten Lieferanten stellen, zumal die Qualität der Produkte weltweit immer mehr aneinander angeglichen wurde. In dieser Situation kann das Unternehmen nur dann auf die schneller wechselnde Nachfrage reagieren, wenn es einen größeren Spielraum der Arbeitszeiten hat (Leibinger 1999).

Die vom härteren Wettbewerb auf dem globalen Markt erzwungene Flexibilisierung greift darüber hinaus noch tiefer in die Beschäftigung ein. Für kurzfristig erhöhte Nachfrage ergibt sich ein größerer Bedarf an kurzfristiger Beschäftigung. Dazu kommt der wachsende Anteil von Projektarbeit. Für ein Projekt wird Beschäftigung nachgefragt, die nach Abschluss des Projektes wieder beendet wird. Weiterhin werden Tätigkeiten durch Outsourcing aus Unternehmensorganisationen ausgegliedert und dadurch flexibilisiert. Es hat wenig Sinn, diesen Trend nur als Abschied vom Normalarbeitsverhältnis zu betrauern und als »Scheinselbständigkeit« zu verurteilen. Es zeigt sich hier ein allgemeinerer Trend der Umstrukturierung von Arbeit weg von starren Organisationsformen zu flexibler, selbstverantwortlicher und selbständiger Projektarbeit. Diese Entwicklung durch Gesetz – wie es die neue Bundesregierung getan hat – zwangsweise zu stoppen und die so genannte Scheinselbständigkeit wieder in ein versicherungspflichtiges Beschäftigungsverhältnis umzuwandeln, wird den neuen Anforderungen an den Arbeitsmarkt nicht gerecht. Gewiss nutzen Unternehmen diese Beschäftigungsform, um Kosten zu sparen. Sie per Gesetz zu verbieten wird aber keine versicherungspflichtige Beschäftigung schaffen, sondern zur Übertragung von solchen nicht fest einplanbaren, optimaler von draußen geholten Dienstleistungen auf darauf spezialisierte Firmen führen, wodurch den neuen Selbständigen eine Chance genommen wird. Außerdem wird das Gesetz in keiner Weise den neuen Arbeitsformen in den neu entstehenden Dienstleistungsbereichen von Softwareentwicklung, EDV-Beratung, Unternehmensberatung und dergleichen gerecht. Es nimmt das Normalarbeitsverhältnis der industriellen Massenproduktion zum Maßstab und ist nicht auf die neuen Verhältnisse von weit flexibleren Arbeitsformen in den Wachstumssektoren eingestellt (Deckstein 1999, Meyer-Timpe 1999).

Das krampfhafte Festklammern an den Arbeitsmarktinstitutionen der industriellen Massenproduktion ist ein Hindernis für die Entwicklung der neuen, flexibleren Arbeitsformen der Informationsgesellschaft. Offene und individualisierte Vertragsverhältnisse zu unterbinden, um an der Fiktion des Normalarbeitsverhältnisses festhalten zu können, ist langfristig keine tragfähige

Strategie, weil damit die Beschäftigungsdynamik auf Kosten hoher Arbeitslosigkeit gebremst wird. Die Folge davon ist die dauerhafte Spaltung der Gesellschaft in arbeitende und nicht arbeitende Erwerbsfähige. Das ist kein Weg zur Wiedergewinnung von sozialer Integration unter den Bedingungen des globalen Wettbewerbs.

7. Kann Eigen- und Bürgerarbeit die Erwerbsarbeit ersetzen? Kann die (Erwerbs-)Arbeitsgesellschaft von der Tätigkeitsgesellschaft abgelöst werden?

Auch die Ersetzung von Erwerbsarbeit durch Eigen- und Bürgerarbeit kann die neue Spaltung der Gesellschaft nicht überwinden, weil alle Erfahrung beweist, dass ganz überwiegend durch Erwerbsarbeit oder zumindest die Erwerbsarbeit des Ehegatten – fast ausschließlich des Ehemannes – das soziale Kapital an Beziehungen und Status erworben wird, das zu ehrenamtlicher Tätigkeit motiviert und die entsprechenden Türen öffnet. Das wird durch Befragungen immer wieder bestätigt (Gaskin et al. 1996, Anheier et al. 1997, Triller und Zimmer et al. 1997). Angefangen von der klassischen Studie über *Die Arbeitslosen von Marienthal* aus dem Jahre 1933 bis in die Gegenwart ist immer wieder über die demotivierenden, demütigenden, isolierenden und deformierenden Effekte der Arbeitslosigkeit berichtet worden, sodass es geradezu leichtsinnig ist, auf das Pferd der Umwandlung von Arbeitslosigkeit in Bürgerarbeit zu setzen (Jahoda/Lazarsfeld/Zeisel 1975 [1933]). Bürgerarbeit braucht aktive, selbstbewusste und qualifizierte Menschen. Die Masse der Dauerarbeitslosen zeichnet sich nun gerade nicht durch diese Qualifikationsmerkmale aus. In der Tendenz ist längerfristig Arbeitslosigkeit das Los der am wenigsten qualifizierten Menschen, denen man mit Bürgerarbeit keine lukrative Alternative zur Sozialhilfe (zum Wohlfahrtsscheck) bieten kann.

Für die Unterhaltung eines Heeres von Arbeitslosen werden aber in Zukunft die Ressourcen kollektiver Solidarität und der darauf gestützten Umverteilungskraft des Nationalstaates fehlen. Die auf eine Reduktion der Nachfrage nach Arbeit zielenden Strategien der kollektiv geteilten Arbeitszeitverkürzung, der kollektiv geteilten Arbeit und der Ersetzung von Erwerbsarbeit durch Eigen- und Bürgerarbeit sind noch in der Illusion der Fortsetzung und sogar Steigerung nationalstaatlicher Kollektivsolidarität gefangen. Nur ein starker Nationalstaat verfügt über diejenige Kollektivsolidarität und Umverteilungskraft, die notwendig wären, um eine gleiche Verteilung von Erwerbsarbeit, Eigen- und Bürgerarbeit jenseits der individuellen Differenzierung nach Leistungskraft durchzusetzen. Spontan kann sich eine solche Gleichverteilung nicht entwickeln, sie müsste zwangsweise durchgesetzt werden. Es müsste per Gesetz eine Verteilung vorhandener Erwerbsarbeit auf mehr Köpfe und auch die entsprechende Teilnahme an der Bürgerarbeit verordnet werden. Die These vom Ende der Erwerbsarbeitsgesellschaft und dem Anbrechen der Tätigkeitsgesellschaft träumt den von Marx geträumten Traum weiter und müsste bei ihrer Verwirklichung in demselben Fiasko enden wie die Umsetzung des Marx'schen Traums im sowjetischen Realsozialismus. An die Stelle der spontanen Marktkräfte müsste die zentral geplante Verteilung von Arbeit treten. Der Gegensatz zwischen Markt und Plan lässt sich auch im globalen System nicht ohne weiteres auflösen. Was gefunden werden muss, ist ein neuer Kompromiss jenseits des Wohlfahrtsstaates. Dabei wird es nicht möglich sein, das Niveau wohlfahrtsstaatlicher Regulierung einfach auf die europäische oder globale Ebene zu heben. Dazu fehlen die notwendigen Ressourcen kollektiver Solidarität.

Der neue Traum von der Tätigkeitsgesellschaft jenseits der Zwänge des Marktwettbewerbs wiederholt exakt den Denkfehler, den schon Marx gemacht hat (Beck 1999). Marx meinte, dass die Menschen auf der Grundlage gesteigerter Produktivität die Arbeit auf ein planmäßig organisiertes Minimum reduzieren und die freigewordene Zeit zum Jagen, Fischen, Kritisieren oder was auch immer nutzen können. Die gesteigerte Produktivität beendet nach Marx' Auffassung den Kampf um knappe Ressourcen, hebt somit den Antagonismus zwischen den Menschen auf und ermöglicht ihnen, sich um die Gestaltung des guten Lebens zu kümmern (Marx 1962a [1867], S. 92-93; Marx 1962b, S. 21; Marx/Engels 1969 [1846], S. 33-35). Der Denkfehler in dieser Idee beginnt schon mit der Unterstellung einer Konstanz der Bedürfnisse, die bei zunehmender Sättigung nicht weiter zu Kämpfen um knappe Ressourcen Anlass geben. Die Geschichte beweist jedoch, dass erstens weltweit längst noch nicht einmal die elementarsten Bedürfnisse der Menschen gedeckt sind und dass zweitens der Entwicklung neuer Bedürfnisse keine Grenzen gesetzt sind, und wenn es dabei noch so absurde Erscheinungen geben mag wie das gesteigerte Bedürfnisse nach Ruhe, das aus dem Anwachsen von Verkehrslärm resultiert und mit noch mehr Verkehr, nämlich der Reise in die entlegensten Winkel der Erde, befriedigt wird. Diese Bedürfnisdynamik könnte nur gebremst werden, wenn sich alle Menschen weltweit darüber verständigen würden, was ein gutes Leben ist und welche Bedürfnisse in dessen Rahmen als vernünftig betrachtet werden können. Das mag noch in einer abgeschiedenen Gemeinde vergangener Jahrhunderte mit dem entsprechenden – nur von Außenseitern gespürten – Kollektivzwang möglich gewesen sein. In der globalen Moderne ist dies eine absurde Idee, deren Verwirklichung eine Erziehungsdiktatur verlangte, die noch über das hinausgeht, was im sowjetischen Realsozialismus am Ende gescheitert ist.

Auch die Verteilung der Arbeit in einem solchen geschlossenen und konstanten System erfordert ein außergewöhnliches Maß des Zwangs, wenn sie nicht höchst ungleich verteilt sein soll. Bei spontaner Verteilung würden die Qualifiziertesten die technisch anspruchsvolle Arbeit leisten, während die Unqualifizierten durch technische Anlagen ersetzt würden. Damit würde sich die Gesellschaft in eine Leistungsintelligenz und eine Masse von Müßiggängern aufspalten, was weder ihrer Integration noch ihrem »guten« Leben zuträglich wäre. Soll diese Konsequenz vermieden werden, dann müsste die reduzierte Arbeitsmenge auf alle Köpfe gleich verteilt werden, womit man schnell mit den unvermeidbaren Qualifikationsunterschieden in Konflikt käme. Außerdem müssten die Leistungsfähigen und -willigen mittels Zwang davon abgehalten werden, ihre Leistungsstärke in eigene Vorteile umzusetzen. Wieder wäre ein Kollektivzwang erforderlich, der mit unseren etablierten Freiheitsvorstellungen nicht vereinbar ist. Die Idee der Tätigkeitsgesellschaft jenseits der Zwänge von Erwerbsarbeit, die heute erneut in die Diskussion gebracht wird, folgt genau dem Denkmodell von Marx und ist mit genau denselben Denkfehlern behaftet. Sie ist insofern eine reine Illusion, deren Verwirklichung in genau denselben Kollektivzwang hineinführen müsste wie die Umsetzung der Marx'schen Utopie im sowjetischen Realsozialismus.

8. Gibt es in der globalen Moderne noch Platz für starke Kollektivsolidarität, kollektive Definition des guten Lebens, kollektive Verteilung von Arbeit und ihren Resultaten?

In der globalen Moderne gibt es weder Platz für Bedürfniskonstanz noch für starke Kollektivsolidarität, noch für gemeinsame verbindliche Vorstellungen vom guten Leben, noch für starken Kollektivzwang, noch für starke kollektive Verteilung von Arbeit und ihren Resultaten. Auf diese Ressourcen müsste sich jedoch der erneuerte Marx'sche Traum von der Tätigkeitsgesellschaft jenseits der Zwänge von Erwerbsarbeit stützen. Die Entwicklung geht genau in die entgegengesetzte Richtung: Die Bedürfnisse entwickeln sich – natürlich angestachelt durch den gesteigerten globalen Wettbewerb – immer dynamischer; die historische Epoche starker nationalstaatlicher Kollektivsolidarität, kollektiver Definition des guten Lebens, kollektiver Verteilung von Arbeit und ihren Resultaten nähert sich ihrem Ende. Die europäischen Nationalstaaten hatten sich in der Neuzeit durch äußere Abgrenzung in kriegerischen Auseinandersetzungen und durch innere – oft zwanghafte – Homogenisierung durch Herrschaftszentralisierung, bürokratische Durchdringung, rechtliche Vereinheitlichung, nationalstaatlich verdichtete Arbeitsteilung, nationale Produktions- und Wertschöpfungsketten, Massenbildung und Massenkommunikation herausgebildet. Sie haben nationale Einheit mit territorialer Herrschaft mittels Gewaltmonopol verknüpft. Im Zuge ihrer Demokratisierung und ihres wohlfahrtsstaatlichen Ausbaus haben sie innere Differenzen zwischen Regionen, Klassen und Schichten überbrückt und ein historisch einmaliges Maß der Kollektivsolidarität geschaffen. Sie haben auf diese Weise die »negative Integration« in Form des Absteckens von freien Handlungsspielräumen mittels Zivilrecht durch ein außergewöhnlich großes Maß der »positiven Integration« auf der Basis von kollektiver Solidarität und Umverteilungsstärke des Staates mittels Sozialrecht ergänzt. In Emile Durkheims Begriffen haben die europäischen Wohlfahrtsstaaten trotz innerer und äußerer Handelsverflechtung und Arbeitsteilung sowie organischer Solidarität und deren Ordnung durch Verträge und Vertragsrecht ein relativ hohes Maß der mechanischen Solidarität durch umfangreiche soziale Absicherung und Umverteilung erreicht

(Durkheim 1973 [1893]). Nimmt man den von Esping-Andersen angewandten Maßstab der Entkopplung des Lebensstandards von der individuellen Wettbewerbsfähigkeit auf dem Markt – Dekommodifizierung –, dann reicht das Spektrum der mechanischen Solidarität von 13,0 und 13,8 in Australien und den USA über 23,4 in Großbritannien und 27,5 bzw. 27,7 in Frankreich und Deutschland bis zu 32,4 in den Niederlanden und 38,1, 38,3 sowie 39,1 in Dänemark, Norwegen und Schweden. D. h. dass die soziale Absicherung auf der Basis von kollektiver Solidarität in Deutschland doppelt so hoch und in Schweden dreimal so hoch wie in den USA ausgeprägt ist (Esping-Andersen 1990, S. 52).

Die Wohlfahrtsstaaten bildeten einen nationalen Wohlfahrtsverbund mit begrenzter Lohnspreizung und Differenzierung des Lebensstandards. Von den Standortvorteilen konnten alle durch im internationalen Vergleich hohe Individualeinkommen und durch ein hohes Kollektiveinkommen mit entsprechenden sozialen, für alle zugänglichen Einrichtungen, vom Kindergarten bis zur Universität, profitieren. Standortvorteile wirkten sich nicht nur in den Taschen derjenigen aus, die ein hohes Maß zur Wertschöpfung beitrugen, nicht nur im Einkommen des Maschinenbauingenieurs, sondern auch im Einkommen des Pförtners im Maschinenbauwerk.

9. Das Fortschreiten der internationalen Arbeitsteilung: ein Vehikel der sozialen Integration jenseits des staatlichen Gewaltmonopols

Die Globalisierung sprengt jetzt die Fesseln nationalstaatlicher Solidarität. Durch die Ausbreitung, Beschleunigung und Verdichtung von Transport und Kommunikation schrumpfen die räumlichen Distanzen. Dadurch erweitern sich die Handlungsspielräume, zugleich wächst aber auch die Konkurrenz, weil jetzt jeder Angebote aus aller Welt prüfen kann. Die Folge der verkürzten Distanzen und der damit einhergehenden Verschärfung des Wettbewerbs um Abnehmer von Produkten besteht darin, dass an die Qualität, den Vertrieb und begleitenden Service von Produkten und Dienstleistungen immer höhere Anforderungen gestellt werden und jede Möglichkeit der Erschließung neuer Märkte genutzt werden muss, um überhaupt auf dem Markt überleben zu können. Der erhöhte Konkurrenzdruck zwingt zur Spezialisierung und zum weltweiten Absatz spezialisierter Produkte und Dienste. Dasselbe gilt für die innere Arbeitsteilung von Unternehmen. Sie muss ihre Teilprodukte von dort herholen, wo dies am besten und/oder kostengünstigsten geschieht, die Arbeitsteilung also unabhängig von nationalen Grenzen entwickeln. So wächst die internationale Arbeitsteilung als Folge der Verkürzung von Distanzen und der damit einhergehenden Steigerung des Wettbewerbs (Durkheim 1973 [1893]).

Das weltweite Bevölkerungswachstum fügt dieser Qualitätskonkurrenz noch die Konkurrenz um einfache Arbeit und die Erweiterung des weltweiten Absatzes von Massenprodukten hinzu. Jeder Chinese ist ein potenzieller Autofahrer, aber auch ein potenzieller Autoproduzent. Er ist insofern für einen weltweit operierenden Automobilkonzern ein Abnehmer und ein Produzent seiner Produkte, also eine Chance des Wachstums, für den europäischen Arbeitnehmer für eine begrenzte Zeit noch ein Abnehmer seiner Produkte, aber auf lange Sicht ein Konkurrent um seinen Arbeitsplatz. Der europäische Arbeitnehmer kann nur dadurch dem erzeugten Lohndruck ausweichen, dass er mittels Technologie und Organisation eine höhere Produktivität erreicht oder sich auf die Herstellung von Produkten und Dienstleistungen umstellt, die in China noch nicht produziert werden können. Der Produktivitätsvorsprung schmilzt indessen mit der weltweiten Verbreitung von Technologie, Know-how und intelligenter Organisation durch die transnationalen Konzerne dahin. Auch die Verlagerung auf Hochqualitätsprodukte wird nur für eine begrenzte Zeit Erfolg sichern. So bleibt als tragfähige Strategie allein die beständige Produktinnovation, die Verbesserung vorhandener und die Einführung neuer Produkte, Schumpeters schöpferische Zerstörung (Schumpeter 1993 [1950], S. 134-142). Für die Arbeitnehmer bedeutet dies lebenslanges Lernen und Umstellen auf neue Arbeitsanforderungen. Für sie wirkt sich die Globalisierung in einem verschärften Qualifikationswettbewerb aus, der beständig die Besseren prämiert und die Schlechteren durch verringerte Beschäftigungschancen und Bezahlung bestraft. Der Strukturwandel beschleunigt sich und wird fast zum Dauerzustand, sodass ein Gleichgewicht von Angebot und Nachfrage auf dem Arbeitsmarkt kaum noch hergestellt werden kann. Nur lernfähige, lernbegierige und flexible Menschen haben noch gute

Chancen, dagegen verschlechtern sich die Chancen für die weniger wettbewerbsfähigen Menschen (Sennett 1998). Der globale Wettbewerb und die globale Verflechtung wie auch die damit einhergehende innere Differenzierung durch fortschreitende Arbeitsteilung entzieht indessen den Nationalstaaten die kollektive Solidarität, mit Hilfe derer die weniger wettbewerbsfähigen Branchen, Regionen und Arbeitnehmerschichten auf einem hohen Niveau des kollektiven Wohlstands gehalten wurden. Man kann diese Auflösung der nationalen Kollektivsolidarität gut an der vom Eurobarometer ermittelten Identifikation der EU-Bürger mit Europa oder ihrer Nation beobachten: Elf Prozent sehen sich nach einer Befragung im Herbst 1997 in der Zukunft entweder ausschließlich oder in erster Linie als Europäer, ca. 40 % in erster Linie als Mitglieder ihrer Nation und in zweiter Linie als Europäer, ca. 45 % allein als Mitglieder ihrer Nation. Die restlichen vier Prozent können keine Angaben machen (Europäische Kommission 1997, S. B 74-75). Gleichzeitig ist zu erkennen, dass die Identifikation mit Europa und die Befürwortung der fortschreitenden Integration Europas sehr deutlich mit dem Einkommen, der Bildung und dem Berufsstatus, also mit der Wettbewerbsfähigkeit und den daraus folgenden Chancen in der Zukunft wachsen (ebd., S. B 28-31). Nach außen nimmt also bei den Wettbewerbsfähigen die Bereitschaft zur Solidarität zu, nach innen nimmt sie aber zwangsläufig ein Stück weit ab. Gleichzeitig findet innen mit der fortschreitenden Differenzierung und Spezialisierung der Erwerbstätigkeit und mit ihrer Verlagerung aus den Massenproduktionsstätten heraus und in die spezialisierten Dienste hinein sowie mit der Differenzierung der Lebensverläufe eine Differenzierung der Solidarität statt. Die einheitliche, von den Gewerkschaften repräsentierte Kollektivsolidarität der Arbeitnehmerschaft schwindet ebenso dahin wie die Einheit der Arbeitgeberschaft, die ebenfalls einem Differenzierungsprozess je nach Größe, Standort und Spezialisierung unterworfen wird.

10. Die globale Ökonomie bewirkt eine wachsende Einkommensdifferenzierung nach Regionen, Branchen und Qualifikationen

In der differenzierten Arbeitswelt gibt es immer weniger Platz für den Flächentarifvertrag mit einem hohen Sockel gleicher Bezahlung. Die Interessen differenzieren sich nach Regionen, Branchen, Betriebsgröße, Betriebsspezialisierung und Arbeitnehmerspezialisierung. Das Festhalten am Muster des Flächentarifvertrags mit hohem Sockel behindert die Einstellung von Betrieben und Arbeitnehmern auf die neue Realität differenzierter Anforderungen des Marktes, von Interessen und Solidaritäten. In diesem Zusammenhang lohnt sich noch einmal ein vergleichender Blick auf die Entwicklung in verschiedenen Ländern. Es zeigt sich nämlich, dass die Anpassung an die neuen Realitäten bei hohem Niveau der sozialen Absicherung und noch geringer Lohnspreizung nur in kleinen Ländern gelungen ist: in den Niederlanden, in Dänemark und in Österreich. In Großbritannien wurden die Beschäftigungsgewinne jedoch mit größerer regionaler Differenzierung, geringerem Niveau der sozialen Absicherung und größerer Lohnspreizung erreicht. Das gilt erst recht für die USA. In den USA ist die Beschäftigung zwischen 1982 und 1995 um knapp 30% gewachsen, gleichzeitig hat die Einkommensungleichheit um knapp 40% zugenommen. In den Niederlanden ist die Beschäftigung in demselben Zeitraum um knapp 20% erweitert worden, die Einkommensungleichheit hat sich jedoch nur um zwei Prozent erhöht (Visser/Hemerijck 1998, S. 64). Gegenwärtig liegt das Verhältnis des Einkommensanteils des oberen Fünftels zum Anteil des unteren Fünftels in Dänemark bei 3,1, der niedrigste Wert in der EU, in den Niederlanden bei 3,5, in Deutschland bei 4,9, in Großbritannien bei 5,6. Nur die noch mehr von traditioneller Sozialstruktur geprägten Länder Portugal (7,1), Griechenland (6,6), Spanien (6,0) und Irland (5,9) erreichen größere Einkommensdiskrepanzen als Großbritannien (Eurostat 1998b: News release 69/98).

Die Einkommensdifferenzierung wird offensichtlich zunächst von einer traditionellen Sozialstruktur, dann von der Wirtschaftsdynamik, weiterhin von der Größe eines Landes, von der fortschreitenden Arbeitsteilung und schließlich auch von der herrschenden Philosophie (Traditionalismus, Liberalismus, Sozialismus) geprägt. In Großbritannien paart sich der Traditionalismus mit dem Liberalismus, der Größe und der neuen Wirtschaftsdynamik. In den USA kommen Liberalismus, Größe, Wirtschaftsdynamik und Arbeitsteilung zusammen, um eine stärkere Einkommensdifferenzierung zu bewirken. In einem so großen Land wie den USA sind schon die regionalen Unterschiede beträchtlich. Sie werden durch die Wirtschaftsdynamik und die Philosophie der Selbstverantwortung des Einzelnen noch weiter verstärkt. Allein der Binnenmarkt der EU wirkt auch in Europa durch seine schiere Größe auf eine stärkere regionale Differenzierung des Wohlstandes hin. Einerseits sind Länder mit sehr großem Leistungsunterschied in den Markt einbezogen. In Luxemburg betrug das Bruttoinlandsprodukt pro Einwohner 1993 insgesamt 22 210 US-$, in Griechenland nur 8300 (Zukunftskommission der Friedrich-Ebert-Stiftung 1998, S. 95). Andererseits verschärft der Binnenmarkt den Wettbewerb und begünstigt die starken gegenüber den schwachen Regionen und Branchen. Die Strukturhilfen der EU werden langfristig – v. a. auch angesichts der Erweiterung nach Osten – nicht überall die bislang v. a. in den kleineren hochentwickelten Nationalstaaten gewohnten gleichen Lebensverhältnisse schaffen können. Schon heute stellen wir große regionale Unterschiede in den größeren Mitgliedsstaaten fest. So reicht die Quote der Arbeitslosigkeit in der gesamten EU von 2,5 % in Luxemburg bis 32 % in Andalusien. Aber auch innerhalb der größeren Mitgliedsstaaten bestehen große Unterschiede, etwa zwischen 3,8 % in Trentino-Alto Adige und 26,1 % in Campania in Italien oder zwischen 4,8 % in Oberbayern und 21,5 % in Dessau in Deutschland (Eurostat 1998c: News release 75/98).

11. Die globale Ökonomie erzwingt einen Strukturwandel von Märkten, Institutionen, sozialer Integration und Kultur

Aus diesen Beispielen können wir erschließen, dass die Öffnung der Märkte zu einer größeren Differenzierung der Leistungen und der daraus erzielten Einkommen führt, die in den großen Einheiten nicht mehr so umfassend aufgefangen werden kann wie in den hochentwickelten kleineren Wohlfahrtsstaaten, weil sich die Solidaritäten ausdehnen und zugleich nach innen differenzieren. Die Marktöffnung erweitert einerseits für alle die Handlungsspielräume, verschärft aber andererseits den Wettbewerb, der eine stärkere Differenzierung in Gewinner und Verlierer mit sich bringt. Die neuen Markt- und Wettbewerbsrealitäten der globalen Moderne erzwingen einen Strukturwandel, der sich auf drei Ebenen abspielt (Parsons 1972):

(1) Auf der Ebene der Institutionen erfordert der Strukturwandel eine vertikale und horizontale Differenzierung. Im Bereich der industriellen Beziehungen äußert sich dieser Strukturwandel in der Ersetzung von kollektiver Arbeitnehmervertretung in Großunternehmen und von Flächentarifverträgen durch eine Individualisierung von Interessenvertretung und Vertragsgestaltung auf betrieblicher und sogar einzelvertraglicher Ebene. → Individualisierung der industriellen Beziehungen.

Die Beschäftigungssicherung wird Abschied vom Modell des Normalarbeitsverhältnisses nehmen müssen und sich statt der Beseitigung prekärer Beschäftigung mit dem »Erfolg« gesteigerter Arbeitslosigkeit der Flankierung einer breiter werdenden Zone prekärer Beschäftigung zuwenden müssen. Zwischen das Normalarbeitsverhältnis und die Erwerbslosigkeit wird sich eine immer breitere, normal werdende Zone der Teilzeitarbeit, der zeitlich befristeten Projektarbeit, der kurzfristigen und/oder geringfügigen Beschäftigung, der Scheinselbständigkeit und der sich entwickelnden Selbständigkeit schieben, die sich gegen starre Regulierung sperrt. Sie bedarf einer flexiblen sozialen Absicherung, die sich auch schnell an den Wechsel zwischen voller, halber, geringfügiger und fehlender Beschäftigung anpasst; sie muss insbesondere auch Anreize für Tätigkeiten mit nicht existenzsichernder Entlohnung bereithalten. Die Einführung einer negativen Einkommenssteuer scheint diesen neuen Anforderungen der Absicherung statt Beseitigung prekärer Beschäftigung am ehesten gerecht zu werden. Sie müsste eine Grundsicherung auf Sozialhilfeniveau (gegenwärtig etwa 1110 DM monatlich für eine Einzelperson) ansetzen und eigenes Einkommen bis zur doppelten Höhe des Existenzminimums, also bis zu 2200 DM monatlich, nur zu 50% besteuern. In diesem Fall würden für die Empfänger von Wohlfahrtszahlungen mehr Anreize zur Arbeitsaufnahme und für Unternehmen mehr Anreize zum Arbeitsangebot entstehen (Zukunftskommission der Friedrich-Ebert-Stiftung 1998, S. 249-268). → Flexibilisierung der Vertragsverhältnisse und der sozialen Absicherung.

Im Bereich der Arbeitsvermittlung müssen die staatlichen Arbeitsämter durch erfolgsabhängig arbeitende private Vermittlungsagenturen, Beschäftigungsgesellschaften und Leiharbeitsfirmen ergänzt werden. → Dynamisierung der Beschäftigungsvermittlung.

Die Beschäftigbarkeit von Erwerbslosen muss durch Trainingsprogramme verbessert werden. → Steigerung von Qualifikationen.

An die Stelle der inhaltlich-rechtlichen Integration durch allgemeines Gesetz tritt die formalrechtliche Integration im Rechtsverfahren durch die Vertretung von Rechtsinteressen, gestärkt durch *public interest groups*. → Formalisierung der rechtlichen Integration.

Der Staat muss sich auf kooperatives Konfliktmanagement zurückziehen und bedarf der Ergänzung durch eine Aktivierung der Zivilgesellschaft mittels Vermehrung und Pluralisierung von Verbänden, Vereinigungen, Vereinen und Selbsthilfegruppen (z. B. im Bereich der Wohlfahrt). Der Staat muss sich auf die Schließung der von den freien Vereinigungen belassenen Lücken spezialisieren. → Flexible Steuerung.

(2) Auf der Ebene der sozialen Integration erweitern sich die Solidaritäten nach außen, und sie differenzieren sich nach innen. An die Stelle der *substantiellen* Integration durch starke Kollektivsolidarität tritt die *formale* Integration durch die gegenseitige Respektierung gleicher Rechte. Die negative Integration gewinnt an Bedeutung, während die positive Integration ein Stück weit zurückgeht. Erweiterte Inklusion bei gleichzeitiger Pluralisierung geht auf Kosten von starker Kollektivsolidarität.

(3) Auf der Ebene der Kultur ist ein Wertewandel in die Richtung von Wertegeneralisierung erforderlich. D. h. dass sehr verschiedene Interessen und Vorstellungen von gutem Leben unter einem Dach Platz finden müssen. Im Kontext der Gerechtigkeit zeigt sich dieser Wertewandel in der Verdrängung der Idee der Gleichheit im Sinne von gleichen Lebensbedingungen für alle ungeachtet ungleicher Leistungen (Resultatsgleichheit) durch die Idee der Gleichheit im Sinne von Fairness, d. h. von Chancengleichheit für alle, ungeachtet der aus dem Wettbewerb hervorgehenden ungleichen Resultate. Solidarische Unterstützung soll nach dieser Vorstellung die Wettbewerbsfähigkeit aller sicherstellen und die Resultate des Wettbewerbs nur in dem Maße korrigie-

ren, in dem dies zur erneuten Herstellung von Chancengleichheit notwendig ist. In diesem Punkt gibt es natürlich einen Spielraum für Interpretationen, der zu einer desto größeren Unterstützung der Schwachen führt, je kleiner die solidarische Einheit ist, je weniger die Wirtschaftsdynamik greift, je weniger die Arbeitsteilung fortschreitet und je lebendiger die Wohlfahrtstradition gehalten wird. Die so genannte »Pfadabhängigkeit« von Entwicklungen sorgt für eine entsprechende Differenzierung des Weges in die globale Moderne, kann aber den Zug dorthin nicht aufhalten.

Mit der Wertegeneralisierung in die Richtung von Gerechtigkeit als Fairness treten wir nicht einfach aus den gleichen Lebensbedingungen der Wohlfahrtsstaaten heraus und in eine Welt größerer Ungleichheit hinein. Das gilt nur, wenn man die Welt aus den Augen des privilegierten Bürgers eines Wohlfahrtsstaates betrachtet. Aus globaler Perspektive wird die mit dem System der Nationalstaaten verbundene Differenzierung zwischen Binnen- und Außenmoral – große Gleichheit nach innen, große Ungleichheit nach außen – aufgehoben und durch eine einheitliche grenzüberschreitende Moral ersetzt, freilich auf Kosten ihrer Umstellung von materialer Gerechtigkeit in formale Rechtlichkeit, von Gerechtigkeit als Gleichheit der Lebensbedingungen auf Gerechtigkeit als Fairness. Wir durchlaufen auf einer neuen Entwicklungsstufe der endlosen Modernisierung exakt denselben Prozess, den Max Weber schon für die Herausbildung des modernen Kapitalismus aus den Fesseln des Traditionalismus beschrieben hat: von der Brüderlichkeit nach innen bei gleichzeitiger Unbrüderlichkeit nach außen zur formalen Rechtlichkeit nach innen und außen gleichermaßen (Weber 1924, S. 303-304).

12. Nicht der Fortschritt und das wachsende Glück der Menschen motivieren zur internationalen Arbeitsteilung, sondern die wachsende globale Konkurrenz

Zum Schluss könnte man fragen, welche Kräfte die beschriebene Entwicklung – Marktöffnung, institutionelle Differenzierung, formale Inklusion und Wertegeneralisierung – vorantreiben. Nach der Ricardianischen Lehre der komparativen Kostenvorteile ist es der für alle Beteiligten gesteigerte Nutzen, der die internationale Arbeitsteilung forciert (Ricardo 1922). Es wächst das

Weltsozialprodukt, d. h., weltweit stehen immer mehr Güter und Dienstleistungen zum Konsum zur Verfügung. Darin könnte man einen Fortschritt erkennen, wenn man bereit ist, Fortschritt allein an der Menge verfügbarer Güter und Dienstleistungen zu messen. Man könnte aber auch fragen: Braucht der Mensch das alles, um glücklich zu sein? Man weiß ja, dass das subjektiv empfundene Glück nicht mit der Menge zugänglicher Produkte steigt. Es verringert sich dagegen mit der Diskrepanz zwischen den faktisch zugänglichen und den nur potenziell erreichbaren Produkten, der Diskrepanz zwischen den Dingen, die man hat, und den Dingen, die man haben könnte. Hinzu kommt, dass mit der Menge der Produkte und ihres weltweiten Konsums andere Dinge knapper werden: unverbrauchte Natur, Ruhezonen, traditionale Lebenswelten, vertraute Verhältnisse, konstante Beziehungen zu anderen und dergleichen. Mit der Beschleunigung des Strukturwandels ergeben sich Begleiterscheinungen der ökologischen Zerstörung, der Unsicherheit, der Anomie, der Desintegration und des Geltungsverlustes von Werten und Normen. Diese Kosten können für viele Menschen die Gewinne des Strukturwandels mehr als zunichte machen, insbesondere für die weniger wettbewerbsfähigen und flexiblen unter ihnen. Emile Durkheim hat deshalb gesagt, dass man das Fortschreiten der internationalen Arbeitsteilung nicht mit der Steigerung des menschlichen Glücks erklären kann (Durkheim 1973 [1893]). Statt dessen führt er diese Entwicklung auf die stetig wachsende Konkurrenz um knappe Ressourcen zurück, die nach seiner Auffassung von der beständigen Verringerung der Distanzen zwischen den Menschen forciert wird. Und diese Verringerung der Distanzen ergibt sich zum einen aus dem Bevölkerungswachstum, zum anderen aus der Entwicklung von Verkehrs-, Transport- und Kommunikationsnetzen. In dieser Situation des sich beständig verschärfenden Wettbewerbs ist die fortschreitende Arbeitsteilung der einzige Weg, der das Zusammenleben der Menschen jenseits der Errichtung eines globalen Gewaltmonopols in friedliche Bahnen der Kooperation lenkt (ebd.). Ob die globale Moderne ein Fortschritt gegenüber der nationalstaatlich dominierten Moderne ist, lässt sich nicht verbindlich beantworten. Was wir verbindlich sagen können ist jedoch, dass uns gar nichts anderes übrig bleibt, als den vorgezeichneten Weg der fortschreitenden internationalen Arbeitsteilung zu gehen. Und in diesem Kontext wird die Erwerbsarbeit nichts von ihrer zentralen Bedeutung für die soziale Integration verlieren, weil die Arbeitsteilung das zentrale Vehikel der sozialen Integration gerade in der globalen Moderne ist.

Literatur

Anheier, H. K. et al.: *Der Dritte Sektor in Deutschland. Organisationen zwischen Markt und Staat im gesellschaftlichen Wandel*, Berlin 1997

Deckstein, D.: »Megatrend und Mikrounternehmen«, in: *Süddeutsche Zeitung*, Nr. 94, 23./24. 4. 1999, S. 25

Durkheim, E.: *De la division du travail social*, Paris 1973 [1893]

Esping-Andersen, G.: *The Three Worlds of Welfare Capitalism*, Cambridge 1990

EU: *European Union: 1998 Joint Employment Report*, Brüssel 1998

Europäische Kommission: *Eurobarometer Nr. 47*, Brüssel 1997

Europäische Kommission: *Eurobarometer Nr. 48*, Brüssel 1998

Eurostat: *Memo 22/98*, Luxemburg 1998a

Eurostat: *News release 69/98*, Luxemburg 1998b

Eurostat: *News release 75/98*, Luxemburg 1998c

Gaskin, K. et al.: *Ein neues bürgerschaftliches Europa. Eine Untersuchung zur Verbreitung und Rolle von Volunteering in zehn Ländern*, Freiburg 1997

Giarini, O./P. Liedtke: *Wie wir arbeiten werden. Der neue Bericht an den Club of Rome*, Hamburg 1997

Gorz, A.: *Kritik der ökonomischen Vernunft. Sinnfragen am Ende der Arbeitsgesellschaft*, Berlin 1989

Gorz, A.: »Zur Zukunft der Industriegesellschaft«, in: Werner Fricke (Hg.): *Jahrbuch für Arbeit und Technik 1996. Zukunft der Industriegesellschaft*, Bonn 1996, S. 149-158

Jahoda, M./P. Lazarsfeld/H. Zeisel: *Die Arbeitslosen von Marienthal*, Frankfurt/M. 1975 [1933]

Leibinger, B.: »Unternehmensführung im Zeichen der Globalisierung«. Vortrag beim XXXVII. Kolloquium der Walter-Raymond-Stiftung »Politik und Wirtschaft im Zeichen der Globalisierung«, Dresden, 14.-16. 3. 1999

Marx, K.: *Das Kapital*, Bd. 1. *MEW* 23, Berlin 1962a [1867]

Marx, K.: »Kritik des Gothaer Programms«, in: *MEW* 19, Berlin 1962b

Marx, K./F. Engels: *Die deutsche Ideologie. MEW* 3, Berlin 1969 [1846]

Meyer-Timpe, U.: »Alle in einen Topf«, in: *Die Zeit*, Nr. 17, 22. 4. 1999, S. 37

OECD: *Employment Rates Report 1998. Employment Performance in the Member States*, Paris 1998
Parsons, T.: *The System of Modern Societies*, Englewood Cliffs, NJ 1972
Priller, E. und A. Zimmer: »Ehrenamtliches Engagement in Deutschland – Defizite, Chancen und Potenziale«, in: Bank für Sozialwirtschaft (Hg.): *BS-Informationen* 10, 1999, S. 13-16
Ricardo, D.: *Grundsätze der Volkswirtschaftslehre und Besteuerung*, Jena 1922 [³1821]
Rifkin, J.: *Das Ende der Arbeit und ihre Zukunft*, Frankfurt/New York 1998
Schumpeter, J. A.: *Kapitalismus, Sozialismus und Demokratie*, Tübingen/Basel 1993 [1950]
Sennett, R.: *Der flexible Mensch. Die Kultur des neuen Kapitalismus*, Berlin 1998
Visser, J./A. Hemerijck: *Ein holländisches Wunder? Reform des Sozialstaates und Beschäftigungswachstum in den Niederlanden*, Frankfurt/M. 1998
Weber, M.: *Wirtschaftsgeschichte. Aus den nachgelassenen Vorlesungen.* Hg. v. S. Hellmann und M. Palyi, Tübingen 1924
Zukunftskommission der Friedrich Ebert Stiftung: *Wirtschaftliche Leistungsfähigkeit, sozialer Zusammenhalt, ökologische Nachhaltigkeit. Drei Ziele – ein Weg*, Bonn 1998

Michael Vester

Von der Integration zur sozialen Destabilisierung: Das Sozialmodell der Bundesrepublik und seine Krise

Seit den neunziger Jahren hat sich der Streit um das sozialstrukturelle Modell der Bundesrepublik wieder zugespitzt. Dabei geht es nicht mehr um die Frage, wie viel soziale Ungleichheit und Unsicherheit unsere Gesellschaft hinnehmen kann, wenn sie ihre Integrationskraft nicht verlieren will. Es geht darum, wie viel Ungleichheit und Unsicherheit sie *braucht*, um in der internationalen Konkurrenz noch leistungsfähiger zu werden. Dass eine größere »Spreizung« der Einkommen und sozialen Lagen notwendig sei, wird dabei vorwiegend aus ökonomischen Sachgesetzlichkeiten erklärt, für die die Politik keine Verantwortung trage. Die politischen Eliten betonen, dass ihnen die Globalisierung der Märkte keine Alternative lasse. Wie anders sollten sie die Menschen, die sonst träge in der bequemen Hängematte des Wohlfahrtsstaates liegen blieben, zu mehr Leistung motivieren?

Mit dieser Sichtweise kontrastiert die Erinnerung an die gesellschaftspolitische Verantwortung der politischen Eliten, die Max Weber vor 100 Jahren anmahnte:

»Das *Drohende* unserer Situation aber ist: dass die bürgerlichen Klassen als Träger der *Macht*interessen der Nation zu verwelken scheinen und noch keine Anzeichen dafür vorhanden sind, dass die Arbeiterschaft reif zu werden beginnt, an ihre Stelle zu treten. *Nicht* – wie diejenigen glauben, welche hypnotisiert in die Tiefen der Gesellschaft starren – bei den *Massen* liegt die Gefahr. Nicht eine Frage nach der *ökonomischen* Lage der *Beherrschten*, sondern die vielmehr nach der *politischen* Qualifikation der *herrschenden und aufsteigenden* Klassen ist auch der letzte Inhalt des *sozial*politischen Problems. Nicht Weltbeglückung ist der Zweck unserer sozialpolitischen Arbeit, sondern die *soziale* Einigung der Nation, welche die moderne ökonomische Entwicklung sprengte, für die schweren Kämpfe der Zukunft« (Weber 1988a [1895], S. 23, Hervorh. b. Weber).

Ausdrücklich machte Weber weder die ökonomistische noch die massenpsychologische Zeitmode mit, sondern verwies darauf, dass die »Systemintegration« von der politischen Kultur und v. a. den Regulierungskonzepten der gesellschaftlichen Eliten und Gegeneliten abhänge.

1. Vertikale Integration: Leistung gegen Teilhabe

Als Versuch, aus der Unverantwortlichkeit der Vergangenheit zu lernen, entstand nach 1945 in der Bundesrepublik ein neues Modell gesellschaftlicher Konfliktregulierung und Integration. Die Regulierung der Klassengegensätze beruhte auf einer relativ umfassenden korporativen und parteipolitischen Repräsentation und Aushandlung der Konflikte zwischen den sozialen Gruppen. Sein Erfolg wurde möglich durch den langen Aufschwung des Nachkriegskapitalismus und durch die Entlastung der Nachfolgestaaten des Deutschen Reiches von früheren großen regionalen, wirtschaftsstrukturellen und konfessionellen Konflikten.

Die konservativen Regierungen Konrad Adenauers entwickelten nicht nur die Kompromissfähigkeit zwischen den bürgerlichen Parteien, sondern auch mit der Arbeiterbewegung. In den fünfziger und sechziger Jahren konnten sich die Arbeitnehmer die Teilhabe am ›Wirtschaftswunder‹ durch Arbeitszeitverkürzungen sowie höhere Lohn-, Konsum-, Sozial- und Bildungsstandards erkämpfen. Während die traditionellen Agrar- und Industrieberufe der körperlichen Arbeit radikal schrumpften, wuchs die Mitte der Facharbeiter und qualifizierten Angestellten. Die Klassengesellschaft *enttraditionalisierte* sich. Nicht nur die ständisch-kleinbürgerlichen Strukturen, sondern auch die schroffen Klassenspaltungen aus der Zeit der Industrialisierung bauten sich ab. Für die *Arbeiter* schwanden die alten Merkmale der so genannten »Proletarität«, d. h. die unsichere Beschäftigung, die soziale Rechtlosigkeit und die eher geringe Fachqualifikation. Durch erkämpfte Rechte, hohes Fachkönnen und relative soziale Sicherheit erlangten sie ihrerseits Standards der sozialen »Mitte«. Die ›Entproletarisierung‹ war jedoch nicht rückwärts, auf eine ›kleinbürgerliche‹ oder ›mittelständische‹ Einordnung gerichtet, sondern auf ein modernes, »meritokratisches« (Young 1958) Bewusstsein, d. h. das Prinzip »Leistung gegen Teilhabe«: Für die

Bereitschaft zu hoher Arbeitsleistung wurde eine umfassende Teilhabe an den sozialen Chancen verlangt.

Trotz gewichtiger Unterschiede gab es hier auch Gemeinsamkeiten mit der DDR-Gesellschaft. Diese war, wie Wolfgang Engler es nennt, eine *»arbeiterliche Gesellschaft«* (Engler 1999, S. 173-208). In beiden Gesellschaften war, wenn auch unter verschiedenen politischen Regulierungsformen, die Arbeiterklasse in die Mitte aufgerückt, deren sichere soziale Standards zuvor dem alten Mittelstand (den kleinen Eigentümern) und dem neuen Mittelstand (den »besseren« Angestellten) vorbehalten gewesen waren.

Das neue Modell der regulierten Klassengesellschaft lag jenseits der alten Alternative zwischen ständischer Harmonie und schroffen Klassengegensätzen. Einerseits waren die Klassengegensätze jetzt eindeutiger, weil die ständischen Zwischenschichten dahinschwanden. Andererseits waren sie durch das Aushandlungsmodell des »institutionalisierten Klassenkonfliktes« (Geiger 1949, Dahrendorf 1957), das die Chance zum Kompromiss bot, entschärft. Das Modell war relativ unabhängig von direkter staatlicher Intervention. Das »korporatistische Dreieck« (Kreckel 1992) von Staat, Unternehmern und Gewerkschaften sicherte zwar nicht eine gleiche, aber doch eine bedeutsame Teilhabe der Arbeitnehmer an der Gesellschaft.

Diese Stärke wurde später auch zur Schwäche. Intern ermöglicht die institutionelle Bürokratie häufig zu wenig Beweglichkeit, Partizipation und Elitewechsel. Extern verlor sie an Repräsentativität, insbesondere für Frauen, Ausländer, gering Qualifizierte, Jugendliche und Rentner. Das Sozialmodell hatte darin seine Grenzen, aber es war doch modernisierungs- und konfliktfähiger als das staatsbürokratische Modell, das nach 1945 mit Hilfe der Sowjetunion in Ostdeutschland installiert wurde. So konnte die Regierung Willy Brandts, die 1969 von modernisierten Arbeitnehmer- und Jugendmilieus an die Macht gebracht wurde, das Sozialmodell wesentlich erweitern und auch durch die Versöhnung mit dem Osten außenpolitisch absichern. Nach seinem großen Wahlsieg von 1972 sprach Willy Brandt vom Modell der »Arbeitnehmergesellschaft« (Lepsius 1973b).

2. Horizontale Differenzierung: »Postindustrielle Wissensgesellschaft«

Dieses Integrationsmodell war allerdings um 1970 bereits durch neue wirtschaftliche Strukturverschiebungen herausgefordert, die mit der so genannten Tertiarisierung identifiziert wurden. Die Daten (vgl. Rudzio 2000, S. 430) scheinen eindeutig: Von 1950 bis 1997 sank die Beschäftigung in der Landwirtschaft von etwa 25 % auf etwa drei Prozent, in der Industrie von etwa 43 % unter 38 %. Die Freigestellten wurden, jedenfalls bis 1973, meist nicht arbeitslos, sondern wechselten in andere, wachsende Branchen. Die Beschäftigung stieg in den öffentlichen und privaten Dienstleistungen von etwa 18 % auf etwa 40 %, in Handel und Verkehr von etwa 14 % auf etwa 23 %.

Vor diesem Hintergrund proklamierte Daniel Bell bereits 1973 die *»postindustrielle Wissens- und Dienstleistungsgesellschaft«* als einen Epochenbruch, der die Wirtschafts-, Herrschafts- und Mentalitätsstrukturen unaufhaltsam und grundlegend ändere (Bell 1985 [1973]). Er begründete dies mit drei Tendenzannahmen: (1) *Tertiarisierung*, d. h. Verdrängung der zuvor dominanten Industrie durch den Dienstleistungssektor; (2) *Wissensgesellschaft*, d. h. Ablösung der Macht des Kapitals durch die legitime Autorität des Wissens; (3) *Postmaterialistischer Wertewandel* (Inglehart 1977), d. h. als Folge der Sättigung der materiellen Bedürfnisse durch den Wohlfahrtsstaat, die Verdrängung der »materialistischen« Werte der (ohnehin verschwindenden) Arbeiterklasse durch die postmateriellen Werte der modernen Dienstleistenden.

Über Ulrich Beck (1983, 1986) und Anthony Giddens (1999) ist diese Deutung inzwischen zum Mainstream, zu einer neuen Integrationsideologie geworden. Sie legitimiert eine moderne Elite (des Wissens), die im Bündnis mit anderen Eliten (innovatorischen Unternehmern, Medienleuten und Politikern) und produktiven Leistungsträgern (den modernen Dienstleistenden) steht, vereint durch gemeinsame (postmaterialistische) Werte und Ideale.

Die Beschreibung bleibt allerdings an der Oberfläche der Erscheinungen. Die Industrie ist nach wie vor bedeutsam, wenn auch *neben* den Dienstleistungen. Die Wissenschaftler sind nach wie vor dem Kapital untergeordnet (Baethge u. a. 1995). Und die Dienstleistenden sind, wie auch die Industriebeschäftigten, überwiegend Arbeitnehmer. Tertiarisierung, Wissensgesellschaft und Wertewandel beschreiben daher keinen Epochenbruch, der die Herrschaftsverhältnisse ändert oder die Industrie zur Bedeutungslosigkeit verdammt, sondern eine horizontale Differenzierung, die die Produktivkräfte vielfältiger und intelligenter macht. (Auf diese Differenzierung sind die Institutionen der »Arbeitnehmergesellschaft« bisher tatsächlich nicht alle gleichermaßen eingestellt.)

Entstanden ist damit nicht ein neue herrschaftsfreie Welt, sondern eine neue Konfliktkonstellation. Der Widerspruch zwischen den modernisierten Produktivkräften und den gesellschaftlichen Kommandoverhältnissen wird zurzeit in den sozialen Kämpfen zwischen Kapital, Staat und Arbeit neu ausgetragen. Dabei konkurrieren zwei Alternativen der Modernisierung miteinander. Die heute herrschende Politik versteht unter Innovation die Stärkung der Autorität der Spitzen, d. h. der »unternehmerischen« Eliten in der Wirtschaft wie in den öffentlichen Bürokratien bis hin zu den Universitäten. Die Gegenseite betont, dass die gestiegene Differenzierung und Fachkompetenz nach flacheren Hierarchien und mehr Entscheidungskompetenz am Arbeitsplatz verlangt. Die Autoritäten wiederum werten diese Ansprüche von unten als Behinderung der Leistungsfähigkeit in der globalen Konkurrenz der Märkte und fordern daher den Abbau sozialer Rechte.

3. Umformung der Klassenmilieus: Individualisierung und Generationenwechsel

Die These der Auflösung sozialer Identitäten und Kohäsion beruft sich heute v. a. auf Ulrich Beck. Dieser leitet aus dem Übergang zur Dienstleistungs- und Wissensgesellschaft die so genannte *Individualisierung* ab (Beck 1983, 1986). Er stützt sich dabei auf drei Tendenzannahmen: (1) die *Heterogenisierung* der sozialen Lagen durch entstandardisierte Lebenslaufsmuster und durch neue Ungleichheiten nach Geschlecht, Alter und Ethnie; (2) den *Bindungsverlust*, d. h. die Ablösung der neuen Generation von den traditionellen Herkunftsmilieus infolge der Mobilität in neue Wohnorte, Berufe und Ausbildungen, wo die Bindungen lockerer und frei wählbar sind; (3) das *neue Politikmodell*, d. h. – als Folge der Erosion alter Bindungen – den Zerfall der Großgruppenzusammenhänge, vornehmlich des sozialen Katholizismus und der Sozialdemokratie, der Hauptträger des Modells der »Arbeitnehmergesellschaft«. Deren Politik der materiellen Umverteilung wird durch ein neues Politikmodell »jenseits von rechts und links«, in der es um postmaterielle Werte und um Lebensstile geht, ersetzt (Beck 1983, 1986; Giddens 1999).

Abb. 1: Traditionslinien sozialer Milieus und ihre Veränderung in Westdeutschland (1982-2000) und in Ostdeutschland (1991-2000)[1]

Die vertikalen Milieustufen und ihre horizontale Differenzierung nach Traditionslinien	Differenzierung der Traditionslinien nach Untergruppen (–) bzw. Generationen (a, b, c) in Westdeutschland (1982-2000)	Differenzierung der Traditionslinien nach Untergruppen (–) bzw. Generationen (a, b, c) in Ostdeutschland (1991-2000)
1. **Obere Milieus** (zwischen 22 % und 26 %)		
1.1. Traditionslinie von **Macht und Besitz**: Milieus der wirtschaftlichen und hoheitlichen Funktionseliten (ca. 10 %)	Konservativ-technokratisches Milieu (ca. 9 % - ca. 10 %)	– Rationalistisch-technokratisches Milieu (ca. 6 % - ca. 0 %) – DDR-verwurzeltes Milieu (ca. 0 % - 7 %)
1.2. Traditionslinie der **Akademischen Intelligenz**: Milieus der humanistischen u. dienstleistenden Funktionseliten (ca. 10 %)	Liberal-intellektuelles Milieu (ca. 9 % - ca. 10 %), mit zwei Teilgruppen: – Progressive Bildungselite (ca. 5 %) – Moderne Dienstleistungselite (ca. 4 %)	Bürgerlich-humanistisches Milieu (ca. 10 % - ca. 8 %)

1 Die Zuordnung der westdeutschen Milieus ist, auch mittels der repräsentativer Befragungen, näher untersucht (Vester u. a. 1993/2001). Die Prozentsätze stützen sich auf Daten des ›Sinus‹-Instituts (SPD 1984, Becker u. a. 1992, Flaig u. a. 1993, ›Spiegel‹ Verlag 1996, ›stern‹ 2000). Die Zuordnung der ostdeutschen Milieus ist unsere Hypothese auf Basis neuerer ›Sinus‹-Untersuchungen (›Spiegel‹ Verlag 1999, ›stern‹ 2000).

Die vertikalen Milieustufen und ihre horizontale Differenzierung nach Traditionslinien	Differenzierung der Traditionslinien nach Untergruppen (–) bzw. Generationen (a, b, c) in Westdeutschland (1982-2000)	Differenzierung der Traditionslinien nach Untergruppen (–) bzw. Generationen (a, b, c) in Ostdeutschland (1991-2000)
1.3. Traditionslinie der kulturellen **Avantgarde** (ca. 6 %)	– Alternatives Milieu (ca. 5 %-0 %) – Postmodernes Milieu (0 %-ca. 6 %)	Linksintellektuell-alternatives Milieu (ca. 7 %-ca. 7 %)
2. »Respektable« Volks- und Arbeitnehmermilieus (zw. 64 % und 66 %)		
2.1. Traditionslinie der **Facharbeit und der praktischen Intelligenz** (zw. 27 % und 30 %)	(a) Traditionelles Arbeitermilieu (ca. 10 %-ca. 4 %) (b) Leistungsorientiertes Arbeitnehmermilieu (ca. 20 %-ca. 18 %) (c) Modernes Arbeitnehmermilieu (0 %-ca. 8 %)	(a) Traditionsverwurzeltes Arbeiter- und Bauernmilieu (ca. 27 %-ca. 13 %) (ba) Aufstiegsorientiertes Pioniermilieu (0 %-ca. 7 %) (bb) Modernes Arbeitnehmermilieu (0 %-ca. 9 %)
2.2. **Ständisch-kleinbürgerliche** Traditionslinie (zw. 32 % und 22 %)	(a) Kleinbürgerliches Arbeitnehmermilieu (ca. 28 %-ca. 14 %) (b) Modernes bürgerliches Milieu (0 %-ca. 8 %)	(a) Kleinbürgerliches Milieu (ca. 23 %-ca. 14 %) (ba) Status- und karriereorientiertes Milieu (ca. 9 %-ca. 9 %) (bb) Modernes bürgerliches Milieu (0 %-ca. 8 %)

Die vertikalen Milieustufen und ihre horizontale Differenzierung nach Traditionslinien	Differenzierung der Traditionslinien nach Untergruppen (–) bzw. Generationen (a, b, c) in Westdeutschland (1982-2000)	Differenzierung der Traditionslinien nach Untergruppen (–) bzw. Generationen (a, b, c) in Ostdeutschland (1991-2000)
2.3. Avantgarde der **Jugendkultur** (ca. 10%)	* Hedonistisches Milieu (ca. 10%-ca. 12%)	– Subkulturelles Milieu (ca. 5%-0%) – Hedonistisches Milieu (0%-ca. 9%)
3. Traditionslinie(n) der **unterprivilegierten Volks- und Arbeitnehmermilieus** (zwischen 8% und 13%)	Traditionsloses Arbeitnehmermilieu, mit drei Teilgruppen: – Statusorientierte (ca. 3%) – Resignierte (ca. 6%) – Unangepasste (ca. 2%)	– Traditionsloses Arbeitnehmermilieu (ca. 8%-ca. 12%) – Hedonistisches Arbeitermilieu (ca. 5%-ca. 0%)

Abb. 2: Traditionslinien sozialer Milieus in Italien, Frankreich und Großbritannien[2]

Italien (1991)	Frankreich (1991)	Großbritannien (1991)
1.1. Neo Conservatori (ca. 10%)	1.1. Les Héritiers (ca. 4%)	1.1. The Upper Classes (ca. 8%)
1.2. Borghesia Illuminata (ca. 10%)	1.2. Les Managers Modernes (ca. 11%)	1.2. Progressive Middle Class Milieu (ca. 11%)
1.3. Critica Sociale (ca. 5%)	1.3. – Les Néo-Moralistes (ca. 10%) – Les Postmodernistes (ca. 4%)	1.3. – Socially Concerned (ca. 8%) – Thatcher's Children (ca. 4%)
2.1. (a) Cultura Rurale Tradizionale (ca. 7%) (b) Cultura Operaia (ca. 12%) (c) Crisalidi (ca. 10%)	2.1. Les Laborieux Traditionels (ca. 28%)	2.1. (a) Traditional Working Class Milieu (ca. 21%) (b) Progressive Working Class Milieu (ca. 14%)
2.2. (a) Piccola Borghesia (c. 23%) (b) Rampanti (ca. 11%)	2.2. (a) Les Conservateurs Installées (ca. 16%) (b) Les Nouveaux Ambitieux (ca. 15%)	2.2. (a) Traditional Middle Class Milieu (ca. 19%) (b) Social Climbers (ca. 6%)
2.3. Edonisti (ca. 7%)		
3. Sottoproletariato Urbano (ca. 6%)	3. – Les Oubliées (ca. 7%) – Les Rebelles Hedonistes (ca. 5%)	3. British Poor (ca. 9%)

2 Die Zuordnungen sind Hypothesen von uns, gestützt auf Daten des ›Sinus‹-Institutes (Homma/Ueltzhöffer 1991).

Abb. 3: Die Milieus der alltäglichen Lebensführung im sozialen Raum Westdeutschlands 1982

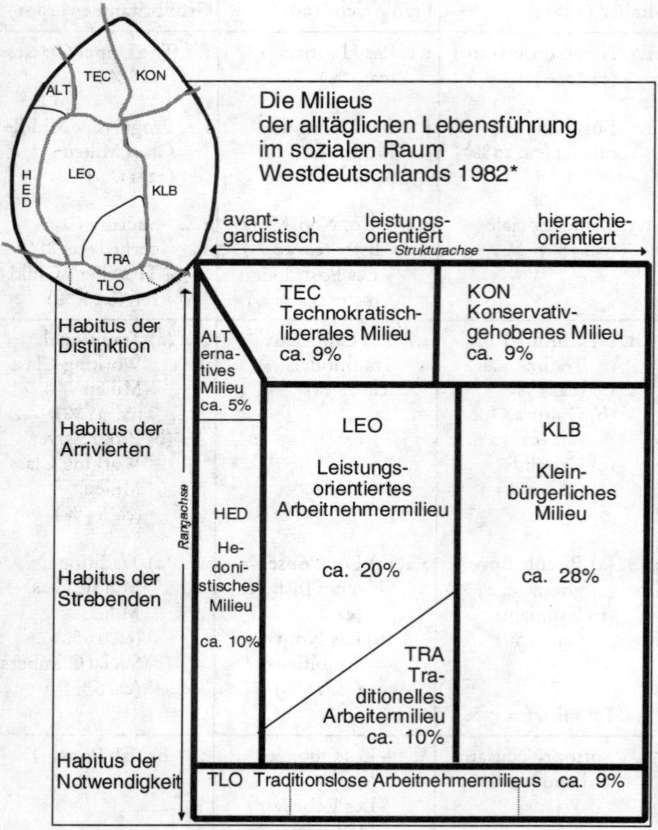

* Größengerechte Rangordnung nach Vester u. a. 1993/2001, Becker u. a. 1992, Flaig u. a. 1993 und Der Spiegel 1996 im Raum des Habitus nach Bourdieu 1982.

Abb. 4: Die Milieus der alltäglichen Lebensführung im sozialen Raum Westdeutschlands 2000

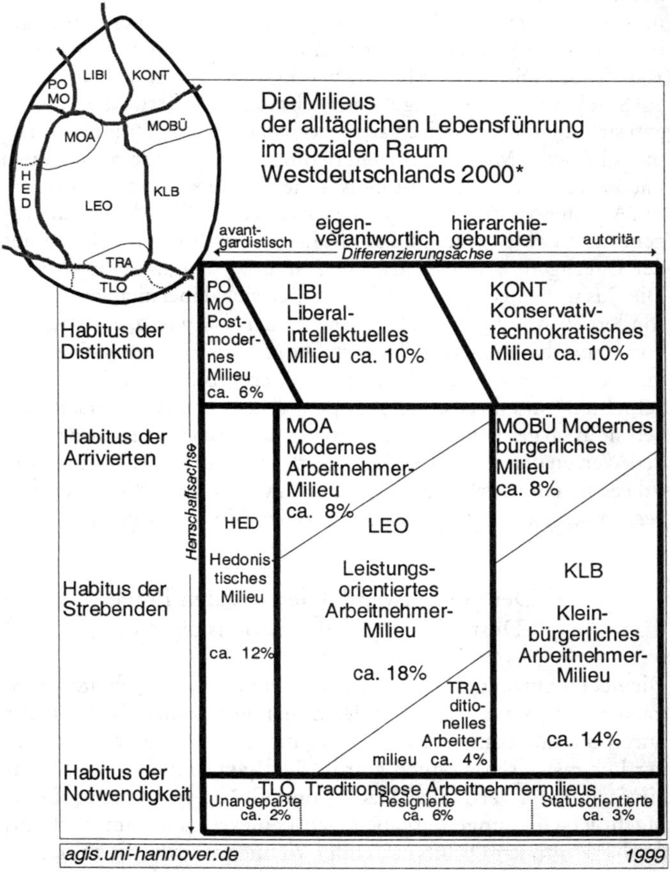

* Größengerechte Rangordnung nach Vester u. a. 1993/2000, Becker u. a. 1992, Flaig u. a. 1993 und Der Spiegel 1996 im Raum des Habitus nach Bourdieu 1982.

Unsere Gegenthese versteht die so genannte Individualisierung nicht als völlige Neuschaffung, sondern als *Umstellung*,[3] als einen *relativen* Umbau der Mentalitäten und Milieus. Dies ließ sich auch mit qualitativen und mit repräsentativen Befragungen, durchgeführt nach der Methodologie von Bourdieu, bestätigen (Vester u. a. 1993/2001). Die äußeren Lebensbedingungen haben sich durchaus ein Stück weit in die angegebene Richtung verändert. Aber dies ergab sich nicht automatisch aus einer ›materiellen Sättigung‹. Vielmehr hat jedes Milieu die neuen Bedingungen nach seiner ›eigenen Façon‹ verarbeitet. Der Milieuwandel folgte keinem evolutionären Automatismus. Vielmehr wurde er in der Alltagskultur der Jugendlichen aktiv erzeugt, insbesondere durch die Konflikte mit der Elterngeneration (Clarke/Hall u. a. 1979; vgl. Geiling 1996). Die Zusammenhänge der Milieus haben sich dabei nicht aufgelöst, sondern in ihrer Form geöffnet und modernisiert und, nach der Art von Stammbäumen, aufgefächert. Die Milieus sind somit einerseits immer noch als Nachfahren der früheren Stände, Klassen und Schichten (und ihrer Untergruppen) erkennbar. Andererseits haben sie auch gemeinsame Züge, in der jüngeren Generation v. a. in den Werten der Selbstbestimmung, der Selbstverwirklichung und – da es sich um Vergemeinschaftungen von (Alters-)Gleichen, um *peer groups*, handelte – auch der sozialen Mitverantwortung.

4. Der Gestaltwandel der sozialen Frage: Destabilisierung der Lebenslagen

Die neuen Umstände, auf die die jüngeren Milieus sich umstellen mussten, lagen nicht allein in der Zunahme sozialer Chancen, die durch die horizontale Differenzierung der Produktivkräfte und der Lebensweisen möglich wurde. Sie lagen auch in einer Destabilisierung der vertikalen Macht- und Chancenverteilung. Diese Machtverschiebungen ergaben sich keineswegs automatisch aus der horizontalen Differenzierung. Vielmehr diente die Differenzierung als äußerer Anlass, als »objektiver Sachzwang«, eine Neueröffnung der Machtkämpfe zwischen den sozialen Gruppen ideologisch zu legitimieren.

3 Zum Konzept der Umstellung (»reconversion«) vgl. Bourdieu 1982 [1979], S. 227ff., 711f.

Im Hintergrund der neuen Tendenzen sozialer Unsicherheit steht die seit der Ölkrise von 1973 anhaltende *lange Stagnation*, d. h. Wachstumsschwächung mit steigendem »Arbeitslosensockel«, die primär durch das relative Zurückbleiben der Massennachfrage verursacht ist (Zinn 1998, S. 55, 75). Von 1980 bis 1997 stiegen die Nettolöhne nur um 20%, die Nettogewinne aber um 119%. Die flüssigen Geldmittel der ›Besserverdienenden‹ flossen immer weniger in die Nachfrage und immer mehr in die Spekulation mit Anlagekapital. Mit der Nachfrage sank auch die Beschäftigung. Die registrierte Arbeitslosigkeit stieg stufenweise von einer Million auf mehr als vier Millionen oder ca. zehn Prozent in den neunziger Jahren, die Armut ebenfalls auf etwa zehn Prozent.

Arbeitslosigkeit und Armut waren nur die Spitze des Eisbergs. Kaum wahrgenommen wurde das mehrfach größere Massiv unter der Oberfläche. Bis heute gilt die soziale Mitte weithin als nicht betroffen. Dies liegt an der überkommenen *statistischen Definition* der sozialen Frage durch physischen Mangel und moralische Verelendung. So wird darauf verwiesen, dass Arbeitslosigkeit, Armut und Anomie zwar bedauerlich groß seien, aber doch allenfalls bei je etwa zehn Prozent lägen.

Tatsächlich ist soziale Gerechtigkeit keine Frage absoluter Rechengrößen, wie etwa bei der Futterversorgung von Nutzvieh. Sie wird vielmehr ›relational‹, mit Maßstäben der Angemessenheit und Verhältnismäßigkeit ›gemessen‹. Soziale Standards betreffen nicht allein ökonomische Quantitäten, sondern eine Qualität: die *Lebensweise als Ganze*. Diese ist nach Milieus verschieden und verändert sich auch mit deren historischer Entwicklung. Daher war soziale Unruhe historisch auch nie rein ökonomisch bedingt, sondern in aller Regel die Folge einer erzwungenen Veränderung des »whole way of life«, wie dies der Sozialhistoriker E. P. Thompson (1987 [1963]) nachgewiesen hat. Die Verdrossenheit, die sich politisch äußert, beginnt in der Alltagserfahrung. Eine Mehrheit sieht heute das Gerechtigkeitsprinzip der Arbeitnehmergesellschaft – »Leistung gegen Teilhabe« – gefährdet. Viele empören sich, dass Risiken unkalkulierbar werden, dass Menschen nach Geschlecht, Alter oder ethnischer Gruppe benachteiligt sind oder Menschen, die zuverlässig gelernt und gearbeitet haben, keinen sicheren und dauerhaften Arbeitsplatz bekommen können und auf die Gnade anderer angewiesen sind, während andere sich unverhältnismäßig bereichern können.

Von den neuen sozialen Benachteiligungen sind wachsende Gruppen der gut ausgebildeten sozialen Mitte betroffen.

Diese neue Konstellation lässt sich in vier Erscheinungsformen zusammenfassen: Diskriminierung, Diskontinuität, Prekarität und Exklusion. Seit den siebziger Jahren haben sie nacheinander an Aktualität gewonnen. Heute bestehen sie gleichzeitig und kumuliert nebeneinander.

Die erste Form betrifft die *soziale Diskriminierung bestimmter Personengruppen*. Sie wird seit den siebziger Jahren breit diskutiert unter dem Namen »neue soziale Frage« oder »neue soziale Ungleichheiten« (Geißler 1976, Hradil 1987). Von den Stelleneinsparungen und Einkommensdämpfungen war damals der korporativ gut vertretene Kern der Industriegesellschaft weniger betroffen als die schlecht vertretenen Gruppen der »sozialen Peripherie«. Die allmählich zurückkehrende Unsicherheit der Arbeitsplätze betraf zuerst die unterprivilegierten Milieus, die Frauen, die Alten, die Jungen und die Ausländer (deren Zuwanderung gebremst wurde), also Gruppen, die ohnehin unterproportional am Wirtschaftswachstum teilhatten. Ähnlich war die Situation der »geprellten Generation« (Bourdieu 1982), d. h. jener Teile der jüngeren Jahrgänge, die durch die Bildungsreformen besser ausgebildet waren, aber zu spät kamen, um in Krankenhäusern, Sozialeinrichtungen, Schulen, Universitäten usw. noch einen sicheren Arbeitsplatz zu finden. Der so genannte »Radikalenerlass« der Bundesregierung machte zudem vielen von ihnen Angst, wegen politischer Aktivitäten verfolgt bzw. vom Öffentlichen Dienst ferngehalten zu werden.

Inzwischen hat sich das Problem dadurch zugespitzt, dass die Diskriminierung immer weniger durch Bildungsrückstände legitimierbar ist. Bildung und Qualifikation sind heute für alle erheblich höher. Beispielsweise nehmen hochqualifizierte Frauen immer mehr wichtige Positionen, etwa im Bankensektor, ein. Dennoch bleibt die Benachteiligung der Frauen gegenüber den Männern, der Ausländer gegenüber den Deutschen, der Jüngeren gegenüber den Älteren, sodass das Vertrauen in die Leistungsgerechtigkeit weiter abnimmt.

Das zweite Phänomen, die *Verzeitlichung der sozialen Ungleichheiten* (P. A. Berger), wird zunehmend seit den achtziger Jahren beobachtet (Berger/Hradil 1990, Berger 1996). Es äußert sich in zwei Erscheinungen: Die Zeitregime der »Normalbiografie« und der »Normalarbeitszeit« werden seltener. Sie verschwinden zwar nicht. Aber neben sie treten zunehmend entstandardisierte und deregulierte Zeitverhältnisse. Die Ursachen werden oft auf technologisch-ökonomische Zwänge zurückgeführt, d. h. v. a. die horizontale Differenzierung der Arbeitsteilung. Tatsächlich aber liegen die Gründe ebenso sehr im Interesse von Kapital und Staat, die Arbeitskosten und die Mitwirkungsrechte der Menschen abzubauen. Dies vergrößert die vertikale Ungleichheit zwischen sicheren und unsicheren, rechtlich deregulierten Berufspositionen und Soziallagen.

Neben die Normalbiografie der Industriegesellschaft treten zunehmend *diskontinuierliche und entstandardisierte Muster des Lebenslaufs bzw. des Erwerbslebens*. Phasen der Ausbildung, des vollen oder prekären Erwerbs und der Erwerbslosigkeit wechseln einander ab. Den Hintergrund bildete das Ansteigen der Arbeitslosigkeit auf zwei, dann drei Millionen nach 1980, als die Krise verstärkt die Trägerbranchen des früheren Wirtschaftswunders und den zuvor gesicherten Kern der Arbeitnehmer erreichte. Die Unternehmen senkten jetzt die Kosten nicht mehr nur mit Rationalisierungen der Arbeitsorganisation und vermehrt mit neuen, extrem arbeitssparenden Technologien. Hinzu kam ein Paradigmenwechsel der betrieblichen Beschäftigungspolitik (Berger 1996, Konietzka 1997; zusammenfassend: Sopp/Konietzka 1998). Qualifizierte Stammbelegschaften werden nun nicht mehr im Betrieb gehalten, sondern »verschlankt« durch »down-sizing«. Denn bei Bedarf können genügend qualifizierte Kräfte extern angeworben werden.

Dies führte nicht nur zur Arbeitslosigkeit, sondern zu einem *neuen Typus von Umstellungen*: der *Abwertungskarriere*. Sie trifft neben den Unterprivilegierten zunehmend die ›respektable‹ Mitte der Facharbeiter und Fachangestellten wie auch die neuen und alten Bildungsschichten. Längsschnittuntersuchungen bestätigen, dass die statistischen Durchschnittswerte über die Erfahrung der Diskontinuität sozialer Lagen täuschen (Berger 1996, vgl. Mutz/Ludwig-Mayerhofer u. a. 1995, Ludwig-Mayerhofer 1996). So lag bereits 1977 bis 1988 die Arbeitslosigkeit zwar »nur« um zwei Millionen. Aber in der gleichen Zeit machten 13 Mio. Menschen, annähernd jede zweite Erwerbsperson, die Erfahrung einer vorübergehenden Arbeitslosigkeit. Wegen ihrer guten Grundqualifikation finden sie zwar meist bald wieder Beschäftigung. Jedoch wird diese relative Sicherheit inzwischen immer häufiger mit geringerem Einkommen und erhöhten Belastungen an Pendlerwegen, Mehrarbeit und Abwesenheiten von der Familie bezahlt.[4]

Die Entwertung des kulturellen Kapitals durch wiederholte Umstellungen trifft auch jene Jüngeren stärker, die immer wieder in Weiterbildungen, Arbeitsbeschaffungsmaßnahmen, Stellenvertretungen usw. investierten, um sich so nach und nach in eine feste Beschäftigung »hineinzuschrauben« – ohne aber sicher zu sein, ob der Stein, den sie emporgewälzt haben, nicht wieder zurückrollt.

Schließlich wird die »Normalarbeitszeit« durch *»flexible« Arbeitszeitregime* zurückgedrängt, die die Arbeitenden und ihre Familien stärker belasten (vgl. insbes. Sennett 1998). Auch dies ist nicht nur arbeitspraktisch bedingt, wie in bestimmten Gesundheits- und Medienberufen, sondern auch durch die Gewinn- und Sparinteressen der Arbeitgeber, nicht nur im Einzelhandel. Die Gewerkschaften versuchen, darauf mit Tarifverträgen zu reagieren, die die Flexibilität teils durch Schutzbestimmungen begrenzen, teils durch Lohn- und Zeitausgleich kompensieren.

Die dritte Form neuer Ungleichheit, die *Prekarität*, d. h. dauerhafte Schieflage, von Berufspositionen und Soziallagen, entwickelte sich gleichsam als Verfestigung der zweiten Form. Sie weitet sich seit den neunziger Jahren erheblich aus.

Zum einen entsteht ein *prekärer Arbeitsmarkt* mit »Arbeitnehmern zweiter Klasse« in Bereichen der legalen Teilzeit-, Leih- und Niedriglohnarbeit und der Scheinselbständigkeit und »Arbeitnehmern dritter Klasse« außerhalb der Legalität. Zunehmend werden auch öffentliche Dienstleistungen in Privatbetriebe ausgelagert, in denen die Arbeitsverträge, Löhne und Leistungen niedrigere Standards haben. Diese Prekarisierungen sind Gegenstand neuer Auseinandersetzungen, die teils in den Tarifkonflikten zwischen Kapital und Arbeit und teils in den nationalen und regiona-

4 Nach Umfragen sind heute die meisten Arbeitnehmer bereit, bei Entlassungen schlechtere Arbeitsbedingungen anzunehmen: längere Arbeitswege (74 % dafür), schlechtere berufliche Positionen (61 %) oder geringeres Verdienst (52 %). Nur 1,2 % haben es abgelehnt, im Sinne der Zumutbarkeitsregel ein Verdienst in Höhe der bisherigen Arbeitslosengelder bzw. -hilfen anzunehmen (nach einer Befragung von 1471 Betroffenen durch das Sozialwissenschaftliche Forschungszentrum Berlin-Brandenburg und das Meinungsforschungsinstitut Info, lt. *Frankfurter Rundschau*, 9. 12. 1997, S. 13).

len »Bündnissen für Arbeit« ausgetragen werden. Ein Symptom dieses Problems sind auch die wachsenden Sektoren der öffentlich finanzierten Arbeitsbeschaffungs- und Weiterbildungsschleifen.

Zum anderen entstand das Phänomen des *prekären Wohlstands*, des *Wohlstands auf Widerruf*, der seit den neunziger Jahren in großen Untersuchungen der Caritas dokumentiert wird (Hübinger 1996). Für die Betroffenen sind die einzelnen Standards der sozialen Lage (Einkommen, Wohnweise, Familien- und Gesundheitssituation usw.) so wenig stabil, dass ein alltäglicher Schicksalsschlag – Arbeitslosigkeit, Krankheit, Unfall, Scheidung usw. – mindestens vorübergehend unter die Armutsgrenze führt. Über einem Sockel von etwa zehn Prozent Einkommensarmut ist eine Zone der Prekarität entstanden, die weitere 25-30% der Bevölkerung betrifft. Sie reicht auch in die Milieus der Facharbeiter und Fachangestellten und bis zu den neuen Bildungsschichten. Von diesen gehören v. a. jene zu den so genannten »Risikogruppen«, die wenig »soziales Kapital« (Bourdieu 1982) haben. Insbesondere für Rentner, Alleinerziehende, Kinderreiche, Scheinselbständige und Behinderte sind bei Unfall, Krankheit oder Arbeitslosigkeit die sozialen Netze oft zu schwach, um das Nachlassen der öffentlichen Sozialleistungen auszugleichen.

Den Hintergrund dieser Prekarisierungen bildete, nach 1989, ein weiterer qualitativer Sprung der sozialen Deregulierung. Mit dem Zusammenbruch der DDR und des Ostblocks und mit der Europäischen Vereinigung von Maastricht fielen äußere Grenzen, die die Konkurrenz zuwandernder Arbeitskräfte und der Niedriglohn-Länder kleingehalten hatten. Die Liberalisierung des Welthandels verstärkte zudem weiter den Konkurrenzdruck auf die Trägerbranchen mit hoher Produktivität und Technologie.

Die vierte Form neuer Ungleichheit, die Deklassierung durch *dauerhafte Armut oder Arbeitslosigkeit*, unterscheidet sich von der historischen Gestalt einer flächendeckenden Proletarisierung der ungelernten Arbeiter. Sie hat bisher eher eine insulare Struktur von verarmten und sozialmoralisch ausgegrenzten Einzelnen, die sich allerdings in bestimmten Wohnvierteln der Großstädte, den so genannten »sozialen Brennpunkten«, und in Formen der Anomie und der Jugendgewalt gegen Fremde, aber auch der politischen Apathie oder des Rechtspopulismus verdichten. In den großen Städten haben diese, gesamtgesellschaftlich gesehen, »insularen« Gettos inzwischen eine kritische Größe und, weil sie das interethnische Zusammenleben in der *ganzen* Gesellschaft auf die Probe stellen, eine alarmierende Bedeutung erlangt (vgl. Anhut/Heitmeyer 2000, Geiling/Schwarzer 1999). Dabei fehlt es nicht an Kräften, die das Zusammenleben der Bevölkerungsgruppen verbessern wollen. Beunruhigend ist vielmehr, dass diese Kräfte von der Politik oft alleingelassen werden bzw. dass in manchen Großstädten auch ganze Stadtviertel als politische Investitionsobjekte ›aufgegeben‹ und sich selbst überlassen werden.

Alle vier Formen beinhalten nicht nur die Destabilisierung der Berufspositionen oder Lebenslagen der Einzelnen, sondern auch die Destabilisierung der relativen Positionen zwischen den sozialen Gruppen. Entsprechend wachsen die Animositäten zwischen den sozialen Gruppen. Die verunsicherten sozialen Gruppen werfen den Gewinnermilieus, den Politikern usw. eine unverhältnismäßige Bereicherung vor. Die Gewinner wiederum legitimieren sich, indem sie die anderen als leistungsunwillig etikettieren. Die von Staat und Gesellschaft angebotene System- und Sozialintegration nimmt ab, sodass die Milieus im Alltag immer mehr auf ihre eigenen »Bewältigungsstrategien« zurückgeworfen sind.

5. Die Qualität des Lebens: Bewältigungsstrategien im Alltag

Wenn wir von der vertikalen Verteilung der materiellen Lebenschancen ausgehen, ergibt sich das scheinbar eindeutige Bild einer zunehmenden »Spreizung« materieller Standards. So waren z. B. 1984 bis 1989 durchschnittlich »nur« 2,7% einkommensarm, aber zusätzlich weitere 15% ein oder zweimal unter die Grenze des halben Durchschnittseinkommens gefallen (Berger 1996). Für die frühen neunziger Jahre verzeichnet die Studie der Caritas (Hübinger 1996) bereits folgende Stufung sozialer Lagen:

– Etwa 40% lebten in *sicheren* Verhältnissen.

– Etwa 20-25% waren durch eine Lebensweise der *Knappheit* verunsichert.

– Weitere 25-30% waren Menschen im *Wohlstand auf Widerruf*.

– Etwa zehn Prozent lebten bereits in dauerhafter Armut.[5]

5 Mit einem Monatseinkommen unter 924,– DM.

Bei einer Mehrheit von 60%, den unteren drei Gruppen dieser Skala sozialer Lagen, finden wir die beschriebene Stufung von Diskriminierung, Diskontinuität, Prekarität und Exklusion.

Dieses Stufenschema kann zu Fehlwahrnehmungen führen, insbesondere zu dem Eindruck, die Verlierer der Modernisierung befänden sich alle auf dem Weg nach *unten* im sozialen Raum, d. h. dorthin, wo die *ökonomischen* Standards des Lebens unsicher oder niedrig sind. Die Verkürzung der sozialen Ungleichheit auf die vertikale und die materielle Dimension täuscht darüber hinweg, dass die sozialen Belastungen und Beeinträchtigungen der Lebensqualität heute v. a. die großen Milieus der ›respektablen Mitte‹ treffen und von diesen auch für unzumutbar gehalten werden.

Das Problem liegt nicht nur darin, die Dimensionen der Ungleichheit auf die vertikale Achse des sozialen Raums zu verkürzen.[6] Es liegt auch in den dominanten politischen Diskursen. Diese nehmen die neuere wissenschaftliche und gewerkschaftliche Diskussion über soziale Gerechtigkeit (vgl. Leisering 2000) nicht ernst, sondern setzen ihnen einen moralistischen Diskurs um den ökonomischen Leistungsunwillen entgegen. Dieser mutet archaisch an. Denn es werden, unter dem Anspruch, neue und postmaterialistische Diskurse zu führen, alte vulgärmaterialistische Schemata wiederbelebt. Die soziale Entwicklung wird als eine evolutionäre Tendenz dargestellt, in der sich die vertikale Schere ungleicher materieller Verteilung immer mehr öffnen muss, während die Menschen auf diese vorgegebene Entwicklung

6 Die von Markt und Staat angebotenen Verteilungen der Ressourcen driften auch auf der horizontalen Achse (Modernisierung der Produktivkräfte) und der Zeitachse (Generationenverhältnis) auseinander. Die Verlierer der Modernisierung konzentrieren sich daher keineswegs nur im *unteren Achtel* der sozialen Hierarchie, bei den unterprivilegierten Milieus. Auch in der ›respektablen Mitte‹ finden sich Milieus, die nicht mithalten können. Insbesondere am *rechten Rand der Mitte*, bei den »kleinbürgerlichen Arbeitnehmermilieus«, sind Bildungskapital und Einkommen oft unzureichend. Die Verlierer sind schließlich auch auf der Zeitachse des Lebensverlaufs, bei den *Jüngsten und Ältesten*, auszumachen, d. h. jenen, die noch nicht oder nicht mehr genügend soziale Beziehungsnetze oder »soziales Kapital« haben. V. a. in den unteren und kleinbürgerlichen Milieus finden sich Rentner, die schon im Erwerbsleben wenig verdient haben und nun unter Altersarmut und Isolierung leiden. Als »Problemgruppe« stigmatisiert sind zudem unterprivilegierte Kinder und Jugendliche, deren soziale Mitgift an Ausbildungs- bzw. Lebensstandards nicht ausreicht (vgl. Vester u. a. 1993/2001).

nur passiv reagieren können. Diesem mechanischen Schema ist nicht nur die alte vulgärmarxistische Verelendungstheorie, die heute wieder auflebt, verhaftet, sondern auch die »neue« Ideologie neoliberaler Sozialdemokraten.

Die erste Richtung knüpft oft an die orthodox-marxistische Verelendungsthese an. Sie sieht die historischen Tendenzen der Proletarisierung und sozialen Ausschließung wiederkehren. Die Daten nimmt sie als Beweis für eine linear voranschreitende vertikale Polarisierung zwischen hohen und unsicheren Einkommen, vielleicht auch zwischen Zufriedenheit und Rebellion (oder Resignation).

Diese These trifft schon für die industrielle Revolution des 19. Jahrhunderts, auf die sich die vulgärmaterialistischen Schemata berufen, empirisch nicht zu. Insbesondere der Sozialhistoriker E. P. Thompson hat, in Abgrenzung von der liberalen und der marxistischen Orthodoxie, an umfangreichem Quellenmaterial nachgewiesen, dass in der englischen industriellen Revolution die Löhne nicht allgemein abgesunken sind und dass die Rebellion auch nicht von den Ärmsten der Armen kam, sondern von den großen Milieus der handarbeitenden Volksklassen. Deren Motiv war nicht der materielle Mangel als solcher, sondern die soziale Gerechtigkeit in einem umfassenden Sinne, d. h. die Empörung darüber, dass ihre ganze gewohnte Lebensweise durch das Fabriksystem und die soziale und politische Entmündigung gefährdet war (Thompson 1987 [1963]).

Die zweite Richtung, die heute mit Anthony Giddens einen »dritten Weg« zwischen der wohlfahrtsstaatlichen Sozialdemokratie und dem Wirtschaftsliberalismus propagiert, räumt zwar ein, dass die sozialen Risiken gestiegen sind. Aber sie behauptet, dass die Grundsicherungen des Sozialstaats extreme Not verhindern. Es bestehe sogar die Gefahr, dass die Eigeninitiative entmutigt werde, weil das Sozialsystem zu viele Risiken absichere. Das soziale Netz soll nicht als »Hängematte« zum Verweilen einladen, sondern als »Trampolin« die Rückkehr in ein risikobereites Erwerbsleben aktivieren (Hombach 1998, Giddens 1999).

Dies ist nichts anderes als die vulgärmaterialistische Interessenpsychologie des 18. Jahrhunderts, die damals zur Rechtfertigung der aufsteigenden neuen Klasse der Industriekapitalisten wurde. Nach dieser Ideologie verfolgen die Menschen von sich aus keine eigenen biografischen Lebensziele, sondern sind reflexhaft »hedonistisch« motiviert: Sie ziehen immer den bequemsten Weg zum eigenen Vorteil vor und müssen daher von außen, durch die Strafe sozialen Abstiegs und die Belohnung materiellen Gewinns angereizt werden, mehr zu leisten.

Giddens und die anderen heutigen Vertreter dieser puritanischen Motivationspsychologie kümmert es wenig, dass die Menschen nicht wie Pawlow'sche Hunde von Futterreflexen gesteuert sind, dass sie sich vielmehr bereits als Kinder aktiv Lebensziele setzen (vgl. u.a. Lewin 1953) und dass auch die sozialen Milieus vermöge eigener Lebensziele und aktiver Bewältigungsstrategien alles andere als leistungsscheu sind (vgl. die Typologien bei Weber 1964, S. 368-404; Geiger 1932; Williams 1972 [1963], S. 382-398; Bourdieu 1982). Vielmehr scheint auch heute wieder die primitive hedonistische Psychologie zur Rechtfertigung aufsteigender sozialer Gruppen benötigt zu werden.

Ausgeblendet wird von beiden Richtungen, dass in keiner Gesellschaft die Individuen einfach als »Träger« objektiver Entwicklungen materieller Standards handeln. Durch ihren Habitus und ihre sozialen Beziehungen sind sie Mitglieder sozialer Milieus, die jeweils eigene Lebensziele, Lebensweisen, Weltsichten und Bewältigungsstrategien haben. Die Zumutungen liegen für viele in der Veränderung dieser *Lebensweise als Ganzer.* Bei sozialer Gerechtigkeit geht es um die kulturellen Normen einer zumutbaren Lebensführung und um die Fragen der Verhältnismäßigkeit. Unverhältnismäßig ist, wenn zwar der ökonomische Lebensstandard »nur« relativ absinkt, aber der Preis dafür unabsehbar steigt, im Kontext ungewohnter Zumutungen an Belastung und Stress, Unsicherheit und Zukunftssorgen, Fremdbestimmung und autoritärer Bevormundung. Selbst die Lebensweise der Jugendlichen ist immer mehr eingespannt in die Logiken lückenloser Terminkalender. Auch wenn diese Lebensweise ein soziales Absinken verhindert, wird sie viel eher als Hamsterrad denn als Hängematte erfahren.

Abb. 5: Bewältigung der Umstellungskrise in den verschiedenen Milieutraditionen

Traditionslinien sozialer Milieus	Ethos	Handlungsorientierung	Lebensführung	Beziehungsmuster	Teilung in Gewinner (G) und Verlierer (V)
Unterprivilegierte TL *(ca. 10%)*	realistisch sein/Notwendigkeitsethos	Gelegenheitsorientierung (Flexibilität)	spontane Situationsbewältigung	soziales Kapital: Selbsthilfe im engeren Milieu und Anlehnung an Mächtigere	G u. V: teilweise Populismus G: aktive Strategien der Flexibilität und Anlehnung V: Resignation bzw. Anomie (bei geringem sozialen Kapital)
Ständisch-kleinbürgerliche TL *(ca. 25%)*	loyal sein/Pflichtethos	Sicherheit: Konformität mit den Normen	Einordnung in Hierarchien	Patron-Klient-Muster gegenseitiger Pflichten (Fürsorge gegen Loyalität); Delegation von Verantwortung nach oben	G u. V: teilweise Populismus G: Bildungs- und Statusaufstieg V: Resignation (bei veraltetem Bildungs- und Sozialkapital)
TL der Facharbeit und der praktischen Intelligenz *(ca. 30%)*	selbständig sein/Ethos der Eigenverantwortung	Facharbeit: Bildungs- und Leistungsstreben	methodische und eigenverantwortliche Lebensführung	persönliche Verantwortung und gegenseitige Solidarität	G und V: Skeptische Abwendung von der großen Politik G: relativer Bildungsaufstieg V: Abwertung des Bildungskapitals

Traditionslinien sozialer Milieus	**Ethos**	**Handlungsorientierung**	**Lebensführung**	**Beziehungsmuster**	**Teilung in Gewinner (G) und Verlierer (V)**
Jugendkulturelle TL *(ca. 10%)*	frei sein/ Ablösung von den Älteren	Rebellion gegen Pflicht- und Leistungsnormen	Selbstverwirklichung in der Jugendkultur	autonome Gemeinschaftsbildung	G und V: Abwendung von der großen Politik
Besitzbürgerliche TL *(ca. 10%)*	oben sein/ Distinktion	Contenance und soziale Exklusivität	Pflicht und Geltung	ökonomisch-soziale Hegemonie	G u. V: Elitenkonkurrenz und kombinierte Ideologie: Spreizung der sozialen Hierarchie + Caritas
Bildungsbürgerliche TL *(ca. 10%)*	exzellent sein/Individualität	Askese und kulturelle Distinktion	Dienst und Selbstverwirklichung	Dienst am Gemeinwohl und kulturelle Hegemonie	Elitenkonkurrenz und ideologische Teilung in neoliberale Puritaner und karitative Idealisten
TL der Avantgardekultur *(ca. 5%)*	vorn sein/ Trendsetzung	überzeugt von der eigenen Mission/ Instrumentalisierung anderer	Stil der »neuen Macher«/ ästhetisch stilisierte Selbstdarstellung	aufstiegsbedingte Einschränkung der Verantwortung für andere	Verstärkte Aufstiegskonkurrenz/»no pity for the poor«

In seiner großen Untersuchung über die heutigen Modernisierungsverlierer, *La misère du monde*, kritisiert auch Pierre Bourdieu nicht das materielle Elend, sondern das, was die heutige Modernisierung in den *sozialen Beziehungen* derer anrichtet, die als Facharbeiter überflüssig, als Jugendliche chancenlos, als Landwirte ohne Erben, als Händler ohne Markt, als Frauen dem Chef ausgeliefert sind oder die sich als Lehrer, Sozialarbeiter,

Therapeuten, Polizisten oder Richter vergeblich mit unmotivierten Jugendlichen oder sozialen Brennpunkten mühen (Bourdieu u. a. 1997 [1993]; vgl. Geiling 1996). Damit wird auch der melodramatische Elendsbegriff vermieden, der das Mitleid mit unabwendbar schicksalhaften Katastrophen anspricht. Vielmehr werden in der Krise sozialer Beziehungen auch die Kräfte sozialer Selbsthilfe, der Gegenwehr und der erfolgreichen Bewältigung mobilisiert.

So gut wie alle Milieus suchen ihre äußeren Lebenslagen mit aktiven individuellen wie auch sozial vernetzten Strategien zu bewältigen. Diese Strategien sind je nach Habitus und kultureller Tradition verschieden, sodass verschiedene Milieus die gleiche objektive Situation auch verschieden verarbeiten. Die soziale Frage gleicht daher heute nicht der einfachen Figur einer sich langsam spreizenden Schere, der alle auf die gleiche Weise unterworfen sind. Sie gleicht eher einem Mosaik verschiedener Milieus, in denen sich die nach beiden Seiten aufgehenden Scheren sozialer Ungleichheit vielfach und vieldimensional wiederholen und abwandeln. Dies zeigt auch die Synopse der verschiedenen *Bewältigungsmuster* (Abb. 5). In Milieus, die gute soziale Netze oder effiziente Strategien des Umgangs mit knappen oder unsicheren Ressourcen mobilisieren können, destabilisieren sich soziale Lagen seltener. Die Bewältigungsformen werden aber durch die neuen Lagen auch auf die Probe gestellt, und es zeigt sich, dass nicht alle Teile der Milieus sie erfolgreich anwenden können. Vielmehr teilen sich heute die Milieus in sich selbst zwischen relativen Gewinnern und relativen Verlierern.

So sind die *Milieus der Unterprivilegierten* zwar wegen der Auslagerung arbeitsintensiver Branchen in Schwellenländer besonders von Dauerarbeitslosigkeit betroffen. Aber nur ein Teil findet keine Alternative zu Resignation oder Anomie. Viele mobilisieren auf virtuose Art ihre Netze informeller Gelegenheitsarbeit und ihre Strategien der Anlehnung an Mächtigere.

Gerade dieser Weg ist den *Milieus der Mitte* verwehrt, deren Ehre in ihrem Arbeitsethos, ihrer Unabhängigkeit von Mächtigeren und ihrer Beständigkeit und Zuverlässigkeit liegt. Diese Milieus teilen sich zwischen jenen, die auf Grund besonderen Könnens oder Strebens dauerhaft oder immer wieder in etwas bessere Positionen gelangen können, und jenen, die Diskontinuität, Abhängigkeit und (auch vorübergehende) Arbeitslosigkeit als die

Gefahr erleben, in die gering geachteten unterprivilegierten Milieus abzusinken.

Die *oberen Milieus* sind zwar weniger von äußerer Not betroffen, aber der soziale Wandel bringt (nicht nur in Ostdeutschland) häufig relative Verluste an Status und Einfluss mit sich, auf die – den Normen dieser Milieus entsprechend – sehr empfindlich reagiert wird. Während andere Milieus eher noch ihre Solidarität wiederentdecken, verstärkt sich hier die Konkurrenz der Individuen um die besseren Plätze und zwischen den einzelnen Milieufraktionen um den größeren Einfluss. Entsprechend verschärfen sich die symbolischen Kämpfe, in denen es unter den Etiketten »alt« und »neu« um den schwindenden oder wachsenden Einfluss in der Gesellschaft geht, beispielsweise wenn die kritische humanistische Intelligenz den Verlust ihrer Hegemonierolle beklagt und die postmodernen Milieus der »new economy«, der »neuen Manager« und der »neuen Realpolitiker« ihren Aufstieg triumphierend feiern.

6. Die Lager der Unzufriedenheit: Drei Formen politischer Verdrossenheit

In der rot-grünen Koalition, die seit 1998 regiert, scheint sich in verdichteter Form ein Prozess zu wiederholen, der auch die Entwicklung von den sechziger bis zu den neunziger Jahren gekennzeichnet hat. Auf eine Phase der Mobilisierung neuer Kräfte folgte eine Phase der politischen Verdrossenheit und Resignation. Sie ist Ausdruck der sozialen Gegensätze, die sich auf die politische Ebene, auf der es um die Regulierung dieser Gegensätze geht, transponieren. Dabei ist nicht die materielle Lage für sich genommen, sondern die Destabilisierung der Lebensweisen und Lebenspläne ausschlaggebend.

Auf die Jahre sich öffnender sozialer Chancen folgte seit den achtziger Jahren die Erfahrung vergeblicher Mühen. V. a. die großen Milieus der Arbeitnehmer wurden vor unsichere und diskontinuierliche Perspektiven gestellt. Die Individualisierung, die Vielfalt und Erlebnis versprach, wurde für viele zum Synonym von Eigennutz und Risiko. Die angesammelte Unzufriedenheit kam zuerst zum Vorschein, als sich, nach der Euphorie der deutschen Vereinigung von 1990, Ernüchterung und Enttäuschung verbreiteten. Der Pegel der »politischen Verdrossenheit«, der um 1980 nahe bei zehn Prozent gelegen hatte, stieg dauerhaft auf etwa 60 %.[7] Die scheibchenweise fortgesetzte Politik des Sozialabbaus führte schließlich zu größerer Unruhe in den Betrieben und zu gewerkschaftlichen Protestbewegungen.

So kam es nicht unerwartet, dass 1998 die Regierung Kohl, wie zuvor die meisten anderen konservativen Regierungen Europas auch, abgewählt wurde. Die Gewerkschaften und die sozialen Flügel der Parteien und der Kirchen hofften nun darauf, dass die neue rot-grüne Regierung die Politik der Deregulierung umkehren würde. Tatsächlich wurden Ende 1998 einige soziale Einschnitte zurückgenommen. Doch nach dem demonstrativen Rücktritt des SPD-Vorsitzenden Oskar Lafontaine, der Symbolfigur der sozialen Integrationspolitik, verstärkte Bundeskanzler Gerhard Schröder die Politik des Sparens und der sozialen Einschnitte wieder. Dies enttäuschte auch moderne Wähler. Bei den Europawahlen im Juni 1999 verlor die SPD acht ihrer 20 Mio. Wähler von 1998. In den sechs regionalen Wahlen des Herbstes 1999 verlor die SPD bis zu 15 % der Stimmen. Die Verluste beruhten ganz überwiegend nicht auf Abwanderungen zur CDU/CSU, sondern auf den Enthaltungen der treuesten SPD-Wähler.

Im November 1999 schien sich das Blatt zu wenden. Zwar lagen immer noch die Arbeitslosigkeit um vier Millionen, die Armut um zehn Prozent und der »Wohlstand auf Widerruf« um 25 %. Aber nun wurden riesige gesetzwidrige Finanztransaktionen der CDU entdeckt, mit denen auch das Patronagesystem des früheren Kanzlers Kohl unter Beschuss geriet. Gleichwohl hat die Regierung das Vertrauen der sozialen Milieus nicht verlässlich wiedergewonnen. Der Wirtschaftsaufschwung, der nicht zuletzt der exportfördernden Schwäche des Euro gedankt war, zeigte lange Zeit wenig soziale Wirkung. Die Landtagswahl in Nordrhein-Westfalen vom 14. Mai 2000 brachte keine Wende der negativen Trends. Die Wahlbeteiligung sank um 7,3 auf 56,7 %, ein Rekordtief. SPD und Grüne verloren je etwa drei Prozent. Dagegen erholte sich die FDP Möllemanns um 5,8 auf 9,5 %. Durch eine geschickte Mischung von Gewinnerrhetorik und Populismus konnte sie Teile der neuen Aufsteigermilieus, auf die die rot-grüne

7 Der Pegel liegt, wie zu Beginn der neunziger Jahre (Vester u. a. 1993/2001), auch Mitte 2000 noch bei ca. 60 % (Vester 2001).

Koalition vergeblich zielte, gewinnen. Insgesamt verstärkte sich der Eindruck, dass große Teile der politischen Eliten den Kontakt mit den meisten großen Volksmilieus verloren haben, um deren Mobilisierung und Repräsentation es ihnen geht.

Eine nähere Erklärung für diese Unzufriedenheit findet sich in der veränderten Dynamik der *ideologischen Lager*, d. h. der großen Bevölkerungsgruppen, die sich nach ihren gesellschaftspolitischen oder weltanschaulichen Grundauffassungen relativ deutlich voneinander abgrenzen (Abb. 6).

Die »politischen« Abgrenzungen zwischen den ideologischen Lagern richten sich, heute wie früher, nur bedingt nach den in unseren Milieulandkarten sichtbaren Trennlinien der »Alltagskultur«, an denen sich die Milieus scheiden.[8] Die Zweiteilung zwischen Lebenswelt und politischer Welt drückt sich gerade darin aus, dass sich die Milieus auf der Basis der *gleichen Alltagsethik* nach *verschiedenen* weltanschaulichen, religiösen oder politischen *Lagern*, die meist eine lange historische Tradition haben (Lepsius 1973 a [1966]), *aufteilen*. Hinzu kommt, dass v. a. die großen Parteien heute Volksparteien sind. Diese müssen, um mehr Anhänger zu gewinnen, jeweils aus mehreren Lagern schöpfen, wenn auch mit gewissen Schwerpunkten. So kann z. B. die CDU/CSU die Arbeitnehmer aus den konservativeren Milieus und Lagern mobilisieren, aber, über den modernen CDU-Flügel, auch einen Teil der moderneren Arbeitnehmer. Spiegelbildlich kann die SPD v. a. Arbeitnehmer aus moderneren Milieus und Lagern mobilisieren, aber, über den rechten SPD-Flügel, auch einen Teil der konservativen Arbeitnehmer.

Hier liegen auch die Soll-Bruchstellen der Parteienlandschaft. Entgegen den Thesen von Giddens und Beck sind es nicht die Milieus, die heute zerfallen. Die Klassenkulturen des Alltags sind vielmehr, gerade *wegen* ihrer Umstellungs- und Differenzierungsfähigkeit, außerordentlich stabil. Was bis zu einem be-

8 In vielen Analysen wird dies nicht erkannt, weil, wie auch bei Beck und Giddens, im Grunde »Milieus« und »Lager« verwechselt werden. Während erstere die sozialen Beziehungen und Formen meinen, mit denen die Lebensführung des Alltags (Arbeit, Zusammenleben, Freizeit, Geselligkeit usw.) geregelt wird, beziehen die Lager sich auf ein anderes, nach den Logiken der institutionellen Organisation, des intellektuellen Diskurses und des politischen Kampfes geregeltes Feld. Auf diesem Feld bewegen sich die Volksmilieus eher als Laien, die Angehörigen der oberen Milieus aber durchaus hauptberuflich, »professionell«.

Abb. 6: Die gesellschaftspolitischen Lager im Überblick

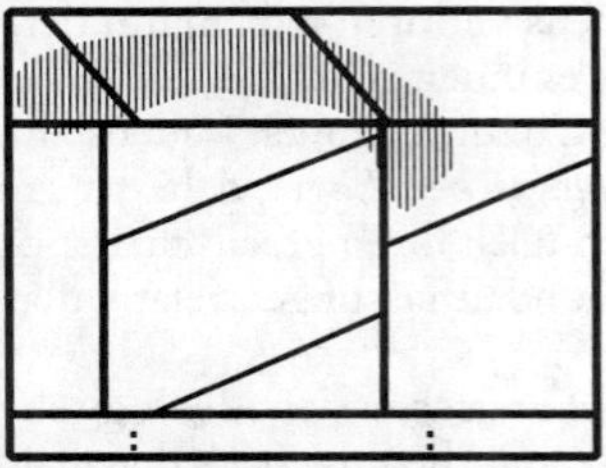

Radikaldemokratisches Lager (ca. 11%)

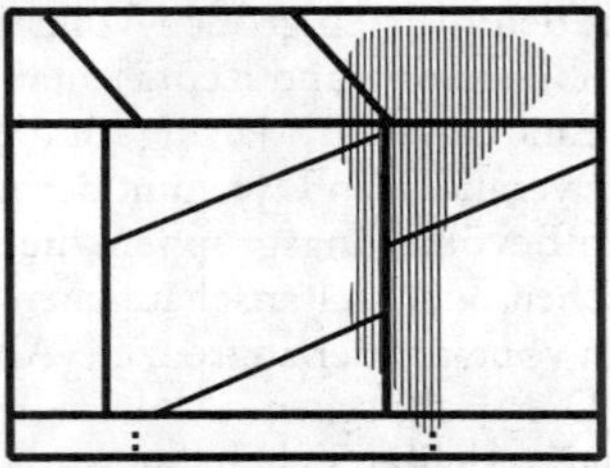

Traditionell-Konservatives Lager (ca. 14%)

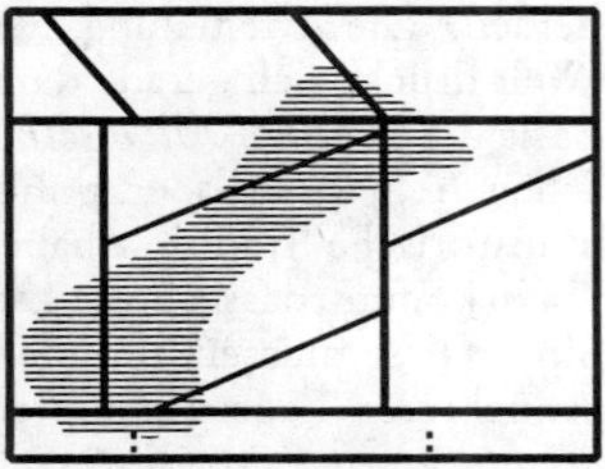

Sozialintergratives Lager (ca. 13%)

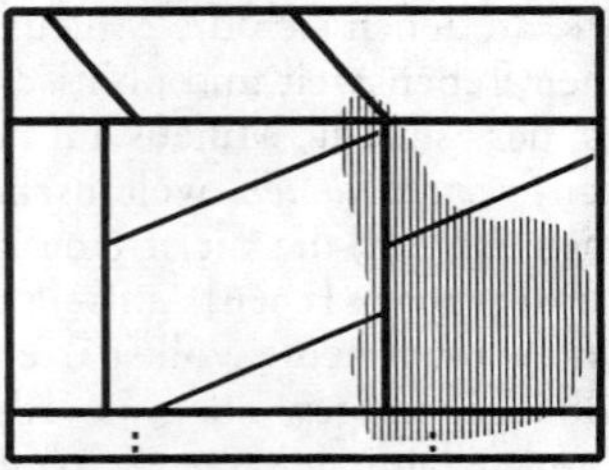

Gemäßigt-Konservatives Lager (ca. 18%)

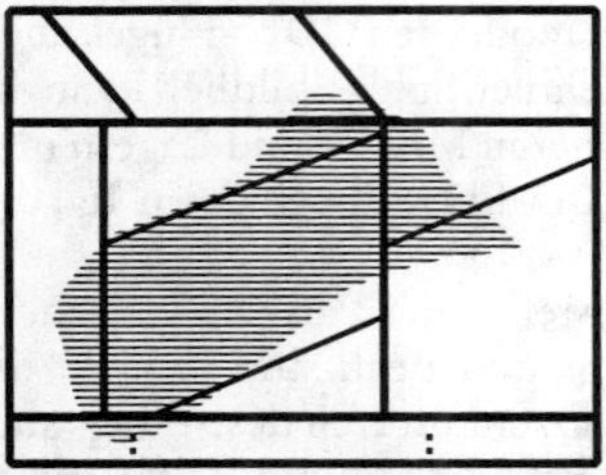

Skeptisch-Distanziertes Lager (ca. 18%)

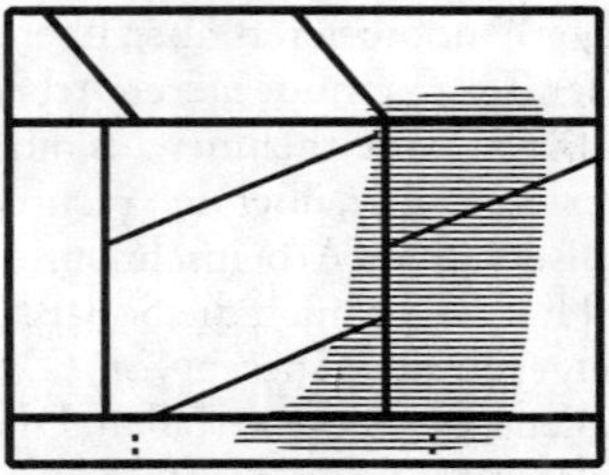

Enttäuscht-Autoritäres Lager (ca. 27%)

agis.uni-hannover.de 2000

stimmten Grade zerfällt, sind die Hegemonien bestimmter Parteien (und Fraktionen der Intellektuellen) über ihre Anhänger in den ideologischen Lagern. Daher haben wir auch heute *keine Krise der Milieus* (als Folge des Wertewandels), sondern *eine Krise der politischen Repräsentation* (als Folge einer zunehmenden Distanz zwischen Eliten und Milieus).

Diese neue Dynamik der Lager haben wir 1991 mit einer repräsentativen Befragung sowie mit nachfolgenden Untersuchungen näher ergründet (Vester u. a. 1993/2001, Vögele/Vester 1999). Danach fand einerseits das Modell der Arbeitnehmergesellschaft eine sehr hohe allgemeine Zustimmung von 78 % bis 95 % in allen Milieus, außer im Konservativ-technokratischen Milieu (mit immerhin auch 60 %). Andererseits waren drei der sechs von uns gefundenen Lager, mit 58 % der Bevölkerung, fest überzeugt, dass die maßgeblichen Politiker keine Verantwortung gegenüber den Werten der sozialen Gerechtigkeit zeigten. Dabei schwang nicht zuletzt die Befürchtung mit, den eigenen Lebensstandard in den nächsten Jahren nicht mehr halten zu können. Im Einzelnen unterscheiden sich die drei Lager allerdings erheblich:

(1) Das Lager der *Enttäuschten Autoritären* (ca. 27 %) konzentriert sich bei den traditionellen Arbeitnehmern mit einfacher oder geringer Fachqualifikation und eher autoritären Grundauffassungen. Als Milieus am unteren und rechten Rand des sozialen Raums, deren Arbeitsqualifikationen, Einkommen und soziale Zusammenhänge veraltet und begrenzt sind, gehören sie zu den *Verlierern* der jetzigen Modernisierungen. Im Alltagsleben verarbeiten sie diese Ausgrenzung autoritär, insbesondere mit Ressentiments gegen die Ausländer und die moderne Jugend. Politisch sehen sie ihre Vorstellung der sozialen Gerechtigkeit verletzt, die nach dem Patron-Klient-Muster strukturiert ist. Da die Autoritäten ihrer Fürsorgepflicht nicht mehr genügen, schuldet man ihnen auch weniger Loyalität. Bisher ziehen zwar noch vier Fünftel des Lagers SPD und CDU/CSU vor. Aber die Sympathie für den Rechtspopulismus, derzeit bei etwa 20 % des Lagers, kann durchaus steigen.

(2) Das Lager der *Skeptischen Distanz* gegenüber der Parteipolitik (ca. 18 %) konzentriert sich bei den moderneren Arbeitnehmern der mittleren Generation mit gutem Fachkönnen, Leistungswillen und Zusammenhalt, d. h. in der modernen Mitte. Sie sind eher *relative Verlierer* der Modernisierung, d. h. durch dis-

kontuierliche Beschäftigung, sinkende Standards und steigende Belastungen bedroht. Ihr Vertrauen in soziale Gerechtigkeit – dass in der Arbeitnehmergesellschaft Leistung durch Teilhabe belohnt wird – ist tief enttäuscht. Dies verarbeiten sie im Alltag überwiegend *demokratisch*, ohne Intoleranz gegen andere Gruppen, zumal sie noch sichere Netze ihrer Milieus im Hintergrund haben. Politisch entwickeln sie eine äußerst skeptische Distanz gegenüber den Politikern und allen Ideologien, seien sie links, liberal, konservativ oder sozial-marktwirtschaftlich. Bisher lag ihre Neigung zur SPD über dem Durchschnitt, zu CDU/CSU und FDP darunter. Aber es besteht erhöhte Gefahr der Wahlenthaltung.

(3) Das Lager der *Sozialintegrativen* (ca. 13 %) konzentriert sich in den modernsten Teilen der Arbeitnehmermilieus wie auch der Elitemilieus, d. h. in den neuen und alten Bildungsmilieus in der *linken und oberen Mitte* des sozialen Raums. Mit ihrer meist guten Qualifikation, ihren modernen Lebensstilen und ihrem lebendigen sozialen Zusammenhalt gehören sie eher *nicht* zu den *Verlierern*. Gleichwohl sehen sie ihre Gerechtigkeitsvorstellungen verletzt, insbesondere ihre zentralen Werte der persönlichen Selbstbestimmung und der sozialen Rücksichtnahme. Ihre Kritik richtet sich daher vornehmlich gegen das, was sie als *autoritäre Arroganz der institutionellen Mächte* und als Entmutigung von Solidarität und Mitbestimmung erleben. Sie verarbeiten dies in der Regel so, dass sie der institutionellen Politik die Teilnahme verweigern und sich eher aktiv und unkonventionell in überschaubaren Kreisen der Basispolitik im Alltag und am Arbeitsplatz engagieren. Sie sind das einzige Lager der Gesellschaft, das *solidarisch* für die Gleichstellung *aller* eintritt, d. h. gegen die Diskriminierung von Frauen und Ausländern ebenso wie gegen die vertikalen Klassenunterschiede. Bisher sympathisieren sie sehr überdurchschnittlich mit SPD und Grünen, aber das Nichtwählen könnte auch zunehmen.

Keines der drei Lager ist allein wegen *ökonomischer* Benachteiligung »verdrossen«. Dies zeigt sich besonders an dem anscheinenden Paradox, dass die Gruppe mit den geringsten Ressourcen, das erste Lager, gerade *nicht* die Gruppe mit dem klarsten Oppositionsbewusstsein ist, während die Gruppe mit den besten ökonomischen und kulturellen Standards, das dritte Lager, nicht nur die kritischste ist, sondern auch (neben Teilen der modernen Bildungselite) besonders die Milieus der »Arbeitnehmerintelligenz« zu sich zählt, die in Gemeinden, Vereinen, Kollegenkreisen oder offenen Gesellungen besonders als Meinungsmultiplikatoren anerkannt sind. Es ist eine bezeichnende Schwäche der führenden politischen Organisationen und Lager, dass sie den besonders kompetenten Angehörigen dieses Lagers keine Kooperation »auf Augenhöhe« anbieten können.

Dies bestätigt, dass Eingriffe in die Lebensweise auch heute wichtigere Gründe für Protest sind als sinkende materielle Standards allein (vgl. v. a. Thompson 1987 [1963]). Die drei Lager bedauern v. a. die neuen *Belastungen und Zumutungen*. Das erste Lager beklagt v. a. die moralische Ausschließung aus der Modernisierung. Das zweite Lager thematisiert die Erschwerung einer kontinuierlichen Lebensweise, in der Verantwortung sich auch lohnt und Leistung nicht entwertet wird. Das dritte Lager kritisiert die autoritäre und eigensüchtige »Kultur der Selbstzufriedenheit«, wie John Kenneth Galbraith die neue herrschende Moral in den durch den Neoliberalismus Reagans veränderten USA nennt.

7. Die Lager der Selbstzufriedenheit: Erosion der Volksparteien?

Bei den führenden politischen Lagern und Eliten gab es lange wenig Anzeichen für Selbstkritik. Die Wahrnehmungen und Argumentationen bewegen sich trotz neuer Nachdenklichkeit noch zu sehr im geschlossenen Kreis einer sich selbst bestätigenden Deutung der Realität. Die Krise der Repräsentation kann, wie Klaus von Bismarck dies bereits 1966 am Beispiel der Evangelischen Kirche festgestellt hat, mit der so genannten »Milieuverengung«, der Einschränkung auf die jeweilige unmittelbare Gefolgschaft, erklärt werden (von Bismarck 1966). Nach unseren Befunden (im Einzelnen ausgeführt in: Vester u. a. 1993/2001) setzt sich das »Selbstzufriedenen«-Lager aus zwei verschiedenen politischen Formationen zusammen, der konservativen und der rot-grünen. Beide Formationen unterliegen, wie ihre Pendants in den anderen europäischen Ländern, charakteristischen Krisenprozessen.

Die *konservative Formation* bildet ein ›Tandem‹ von zwei Lagern, die sich wie Patron und Klientel aufeinander beziehen. Das

Patronatslager, das die Funktion der Fürsorge und der politischen Repräsentation übernimmt, ist vornehmlich weiter oben im sozialen Raum, beim konservativen Bürgertum und bei den kleinbürgerlichen Aufsteigern, zu Hause. Das Klientellager, das die Funktion der Gefolgschaft übernimmt, besteht mehr aus den konservativen Volks- und Arbeitnehmermilieus. Gemeinsam bilden sie, mit fast 32 %, die größte und sozialmoralisch am einheitlichsten integrierte Formation. Obwohl, aus historischen Gründen, Minderheiten beider Lager dem konservativen SPD-Flügel und der FDP zuneigen, bildet die Mehrheit die Basis der CDU.

(1) Das *Traditionell-konservative Lager* (ca. 14 %) ist verwurzelt in den älteren und bestsituierten Teilen der führenden Unternehmer, Manager, Freiberufler und Staatsdiener wie auch in ihrer engeren Gefolgschaft von Neuaufsteigern aus eher kleinbürgerlichen Nachbargruppen, oben rechts im sozialen Raum. Allerdings leidet es an Überalterung und einem empfindlichen Modernisierungsrückstand. Die Gesellschaft soll als relativ strikte Hierarchie gestufter Rechte geordnet sein; deren untere Glieder sind zwar durch Fürsorge vor Ausgrenzung geschützt, aber sie haben keine gleichen Rechte. Dieser Grundsatz zeigt sich einerseits in den Vorstellungen von der Hierarchie zwischen Männern und Frauen, Älteren und Jüngeren, Deutschen und Ausländern, Vorgesetzten und Untergebenen usw., andererseits im selbstzufriedenen Auftreten als legitime Inhaber wirtschaftlicher und staatlicher Macht. Dieses Verständnis begünstigte lange ein Patronagesystem, dessen Mangel an Legitimität und Akzeptanz erst Ende 1999, mit der Aufdeckung der finanziellen Skandale, offenbar wurde.

(2) Das *Konservative Arbeitnehmer-Lager* (ca. 18 %) bildet die *Klientel* des Traditionell-konservativen Lagers. Es besteht aus den konservativen Arbeitnehmern in eher sicheren sozialen Positionen, die durch feste Hierarchien und paternalistische Unternehmer, Provinzpolitiker, Medien- und Kirchenvertreter gesichert werden. Das Lager konzentriert sich in der rechten Hälfte der Mitte. Die Vorstellungen von der Hierarchie sind weniger streng als bei den Traditionell-Konservativen; insbesondere sollen die Arbeitnehmer und die sozial Schwachen ihre Rechte gegenüber den Oberen haben. Bei einem Teil des Lagers wächst außerdem der Sinn für persönliche Unabhängigkeit, für die

Gleichstellung der Frauen und der Ausländer sowie für ökologische und staatsbürgerliche Eigenverantwortung. Das Lager neigt überdurchschnittlich zur CDU/CSU und durchschnittlich zur SPD.

Der Autoritarismus in diesem konservativen Klientellager hat sich seit den achtziger Jahren deutlich abgeschwächt. Schon 1991 waren Untergruppen von Angestellten und Facharbeitern, zusammen sieben Prozent, nachweisbar, die sich modernere Lebensstile und Arbeitsqualifikationen angeeignet hatten und (etwa zu einem Drittel) auch sichtlich aufgeschlossener gegenüber den Rechten der Frauen, der Ausländer und der sozial Schwachen sowie auch den Themen der Ökologie und Bürgerbeteiligung geworden waren. Die neuen Stile passten mit dem »System Kohl«, das ja auch die Vertreter eines moderneren und sozialeren Konservatismus an den Rand gedrängt hatte, nicht gut zusammen. Zeitweilig konnte hier die SPD, etwa in den katholischen Regionen Niedersachsens, besonders mobilisieren. Es ist aber nicht sicher, ob sie diese Gruppen dauerhaft binden kann, insbesondere wenn es der CDU Angela Merkels gelingen sollte, auch das moderne Spektrum der Konservativen zu repräsentieren.

Die Krise der Bindungen zwischen konservativen Patron- und Klientelgruppen ist nur ein Teil des Problems. Die Union braucht auch die Anhänger aus den *unzufriedenen* Lagern, und diese kann sie nur durch ein breites, sowohl arbeitnehmerisches wie modernes Konzept binden.

Die *rot-grüne Formation* ist in sich tief gespalten und kann zurzeit die unzufriedenen Mehrheitslager ebenfalls kaum erreichen. Die innere Spaltung zwischen den beiden Leitgruppen der rot-grünen Lagerformation stammt aus den Gründerjahren nach 1968. Die neue Formation bestand von Anfang an aus zwei parallelen Lagerbildungen, einem Lager der *Sozialkritik*, das sich auf die arbeitnehmerorientierten Intelligenzmilieus stützte, und einem Lager der *politischen Kritik*, das aus Aufstiegsmilieus und höheren Bildungsmilieus zusammenkam. Die Unterschiede wurden durch die Abgrenzung von gemeinsamen Gegnern und durch die gemeinsame Ideologie lange überdeckt. Mit der rot-grünen Bundesregierung von 1998 wurden sie unübersehbar.

Das sozialkritische Lager, das die Arbeitnehmergesellschaft nicht abbauen, sondern in sich modernisieren will, ist seit der Selbstdemontage ihrer Symbolfigur, Oskar Lafontaine, von der

Macht abgedrängt und in der Politik »unsichtbar« geworden. Sichtbar sind die in Bund und Ländern einflussreich gewordenen Vertreter des anderen Lagers und seines Blairistischen neuen Politikmodells.

(3) Im Lager der *Radikaldemokraten* (ca. elf Prozent) hat die mittlere Generation der Söhne und Töchter aus oberen akademischen Milieus ein besonderes Gewicht, die sich seit 1968 radikalisiert und für postmoderne Ziele engagiert haben und die heute höhere moderne Berufspositionen einnehmen. Sosehr dieses Lager sich für Bürger-, Frauen- und Ausländerrechte und für Friedens- und Umweltthemen einsetzt, sowenig achtet es auf die Fragen vertikaler Klassen- und Autoritätsunterschiede. Hier ist sein *blinder Fleck*, der ihm auch den Vorwurf der *Pseudoprogressivität* (vgl. Reißmann 1985) einträgt. Dies wurde besonders beim Eintreten vieler rot-grüner Politiker für Kürzungen der Sozialhaushalte und gegen eine angeblich zu bequeme Hängematten-Mentalität der Bevölkerung deutlich. Die Grünen haben dadurch bereits 1998 die modernen, ökologisch sensibilisierten Arbeitnehmer als Wähler verloren. Die Blairistische Politik hat auch ursächlich mit der wachsenden Distanz moderner SPD-Anhänger zur Politik zu tun.

Das radikaldemokratische Lager kann von der zum Neoliberalismus neigenden Variante der sozialdemokratischen Politik nicht als Ganzes, aber doch in einigen Teilen mobilisiert werden. Schon 1991 galten die überdurchschnittlichen Parteisympathien des Lagers nicht nur der SPD und den Grünen, sondern auch der FDP. Teilweise befindet es sich in einer Zerreißprobe zwischen verschiedenen Teilgruppen. Die überzeugten Vertreter einer neuen Ausländer-, Ökologie- und Außenpolitik sind von der rot-grünen Politik enttäuscht.

Die betont wirtschaftsliberal und elitär eingestellten Teile des Lagers finden sich heute politisch in einer neuen Lagerfraktion zusammen. In ihr kommen verschiedene Gruppen zusammen, insbesondere Milieufragmente der modernen Aufsteiger der symbolischen Dienstleistungen, der postmodernen Unternehmer der »new economy«, der fusionsaktiven Spitzenmanager des großen Kapitals und der neuen Technokraten des Blairismus unter den Politikern und Spitzenbeamten, die die Sparpolitik und die sozialen Einschnitte auch meinen moralisch legitimieren zu müssen. Nach den Berufspositionen ließe sich dieses neu entstehende kleine Lager als *neue Manager*, nach dem Habitus als *neue Macher* bezeichnen.

Die Führungsgruppe hat sich durch die Ausgrenzung der Rivalen des sozialintegrativen Lagers in eine Falle begeben. Sie hat auf einen Partner verzichtet, der eine »sozialmoralische Brücke« zu den arbeitnehmerischen Mehrheitslagern hätte bauen können. Dass diese Brücke gebraucht wird, ist deutlich an der Skepsis zu sehen, die die Aufsteigersymbolik, durch die der Kanzler als »Genosse der Bosse« erschien, bei den Stammwählern und in den modernen Arbeitnehmermilieus ausgelöst hat.

8. Die ostdeutsche Sonderentwicklung: Ein zweifacher historischer Bruch

Die Feldstruktur der ostdeutschen Gesellschaft konnte von uns nicht so detailliert untersucht werden wie die der westdeutschen Gesellschaft.[9] Es lässt sich gleichwohl eine plausible Hypothese über diese Struktur und deren Grundlagen in der Sonderentwicklung der ostdeutschen Gesellschaft entfalten. Aus ihr ist auch erklärlich, dass die große Mehrheit der ostdeutschen Milieus die Benachteiligung der Region und die Defizite sozialer Gerechtigkeit und staatlicher Regulierung noch entschiedener kritisiert, als dies die »verdrossenen« Milieus im Westen tun, während die kleineren Milieus der Gewinner der deutschen Vereinigung von 1990 und der nachfolgenden Modernisierung sich stärker mit der neoliberalen Aufsteigerideologie identifizieren.

Insgesamt zeigt die ostdeutsche Gesellschaft einerseits eine ähnliche Grundstruktur wie die anderen hochentwickelten Ge-

9 Eine Untersuchung nach dem differenzierten Paradigma von Bourdieu wurde konzipiert, fand aber bei den Institutionen der deutschen und europäischen Forschungsförderung keine Unterstützung, da diese aus ihren Förderschwerpunkten Sozialstrukturanalysen ausdrücklich ausschließen. Aus diesem Grunde haben wir uns für unsere Landkarten auf die Daten der Sinus-Milieuforschung für Ostdeutschland gestützt (Becker u. a. 1992, Flaig u. a. 1993, ›Spiegel‹ [›Sinus‹] 1996, ›Spiegel‹ [›Sinus‹] 1998). Diese sind zwar einzigartige Pionierleistungen, aber nicht detailliert genug, um mehr als hypothetische Milieu-Raumbilder zu konstruieren. – Dieser Abschnitt stützt sich daher auf die zitierte Literatur und eine eigene mit ostdeutschen Partnern durchgeführte Untersuchung in zwei ostdeutschen Regionen (Vester/Hofmann/Zierke 1995).

Abb. 7: Hypothetische Landkarte der sozialen Milieus Ostdeutschlands 1991

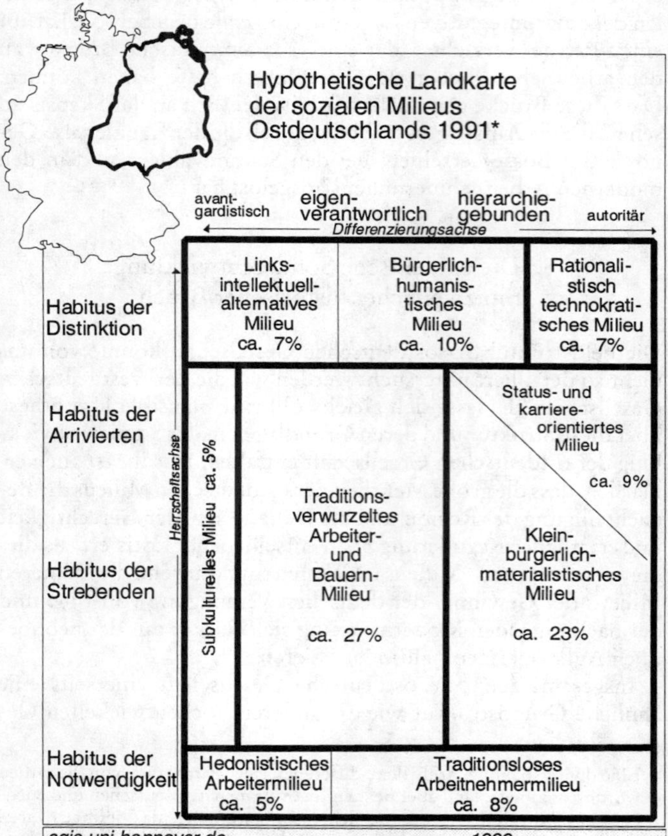

Abb. 8: Hypothetische Landkarte der sozialen Milieus Ostdeutschlands 2000

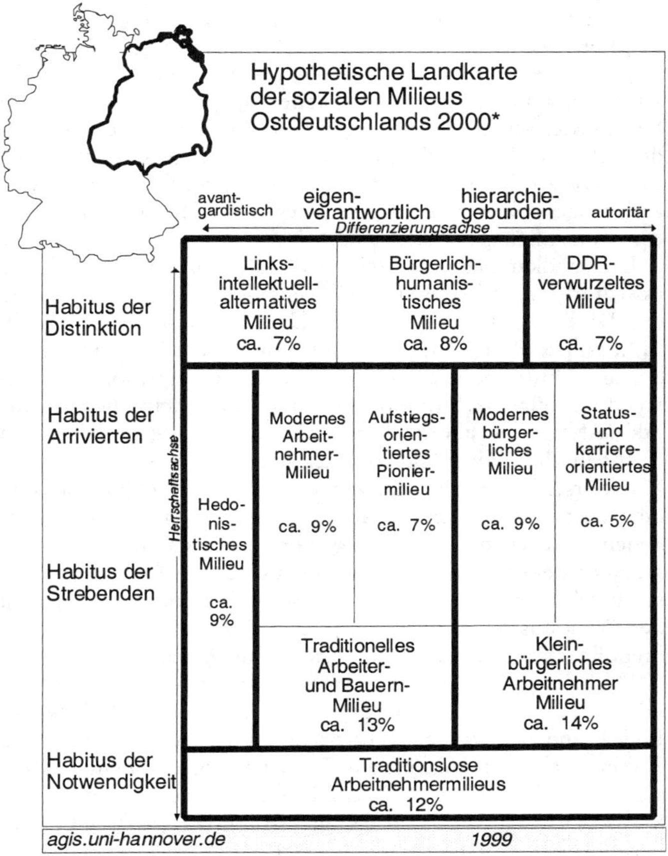

sellschaften, nämlich drei Stufen und deren horizontale Unterteilung nach jeweils etwa drei Traditionslinien. Auch die Größenproportionen sind sehr ähnlich. Andererseits sind diese Traditionslinien in sich deutlich *anders unterteilt* als in den anderen Ländern. Die Ähnlichkeiten deuten auf einen gemeinsamen historischen Ursprung und auch ähnliche Grundmuster der Gesellschaftsformationen hochentwickelter Gesellschaften hin. Die Verschiedenheiten, die sich in den beiden Landkarten der ostdeutschen Milieus ausdrücken (Abb. 7 und 8), lassen sich als die Folge von zwei einschneidenden und teilweise schockartigen Veränderungen erklären, die nicht aus der inneren Entwicklung, sondern von außen gekommen sind.

Die Landkarte von 1991 zeigt noch das Gefüge der Milieus, wie es sich in den 40 Jahren der DDR entwickelt hatte. Am Anfang der DDR standen tiefgreifende Umschichtungen der oberen Milieus. Dies führte zu einer Umformung oder Verformung der Sozialstruktur, die nach 1970 in eine lange Stagnation der Entwicklung mündete. So fehlten noch 1991 im ostdeutschen Milieubild (Abb. 7) fast alle modernen Differenzierungen, die wir im westdeutschen Milieubild (Abb. 4) sehen.

Die erste historische Intervention in die Entwicklung der ostdeutschen Sozialstruktur war nach 1945 die Installation eines neuen politischen Herrschaftssystems, das sich auch das Wirtschaftssystem und die oberen Milieus unterordnete. Die Umstrukturierung veränderte einerseits die Position der Milieus in der ökonomischen Arbeitsteilung und andererseits ihre Position im politisch-gesellschaftlichen Machtarrangement.

Nach der Gründung des deutschen »Arbeiter- und Bauernstaates« im Jahre 1949 wurden die früheren führenden Milieus der Politik und der Wirtschaft vertrieben, verfolgt und deklassiert. An ihre Stelle trat zunächst eine Pluralität neuer Elitemilieus, die sich aus der Intelligenz der Facharbeiter und Bauern, den technokratischen Fachleuten und den anpassungsfähigen kleinbürgerlich-bürokratischen Karrieremilieus rekrutierten. Wie auch in der Sowjetunion, setzte sich die letzte Gruppe durch, die gleichzeitig die Gruppe mit den engsten und autoritärsten Horizonten war und deren Basis von der ›Sinus‹-Forschung treffend als ›Status- und Karriereorientiertes Milieu‹ bezeichnet wird (Becker u. a. 1992, Flaig u. a. 1993).

Die Abdrängung der facharbeiterischen und technokratischen

Eliten trug wesentlich zur »Modernisierungslücke« der DDR bei. Statt einer leistungsgerechten Allokation der Produktivkräfte dominierten strukturell die politische Macht und das Laufbahnprinzip (Henrich 1989, Niethammer 1990, Bourdieu 1991, Geißler 1992, Meuschel 1992, Engler 1999). Die DDR wurde eine bürokratisch überformte traditionelle Arbeitsgesellschaft. Einerseits behinderte die zentralisierte Macht- und Wirtschaftsbürokratie – die »Bleiplatte« (Niethammer) oder der »Wasserkopf« – durch ihre Übergröße und ihre Reglementierungen die wirtschaftliche Produktivität und Leistungsmotivation. Andererseits trug auch die internationale Konstellation dazu bei, die hochqualifizierte und diversifizierte Wirtschaftstradition der ostdeutschen Regionen zu kappen und stattdessen die Vorherrschaft des sowjetischen Stahlmodells und der traditionellen industriellen Massenproduktion durchzusetzen. So konnten sich modernere Industrie- und Angestelltenberufe und damit auch modernisierte Arbeitnehmermilieus kaum entwickeln.

Insgesamt war eine falsche Positionierung, eine »Fehlallokation«, der Produktivkräfte und der Eliten dafür verantwortlich, dass die Wirtschaft der DDR nicht modernisiert werden konnte. Die Modernisierungsunfähigkeit der DDR beruhte schließlich auch auf dem Fehlen eines korporatistischen und demokratisch verrechtlichten Konflikt- und Aushandlungsmodells, wie es sich in Westdeutschland entwickelte. An dessen Stelle entstand ein System faktischer und informeller »Arrangements« (Niethammer), das die politische Entmündigung mit bestimmten sozialen Sicherungen der milieuspezifischen Lebensweisen verband. So erhielt die Arbeiterschaft, nach der militärischen Niederschlagung ihres Aufstands im Juni 1953, als Ausgleich die Aufwertung und Sicherung ihrer sozialen Standards und Alltagskultur. Auf ähnliche Weise erhielt die kritische Kulturintelligenz ihr Reservat. Diese Arrangements sicherten bis in die siebziger Jahre eine minimale Kooperation. Wolfgang Engler, der die bisher eindrucksvollste Gesamtanalyse der ostdeutschen Gesellschaft vorgelegt hat, bezeichnet diese als »arbeiterliche Gesellschaft« (Engler 1999, S. 173-208).

Der in den siebziger Jahren eintretende ökonomische Bankrott konnte allerdings nur noch mit Mitteln der dirigistischen Manipulation und der Überwachung aller Bürger durch den Staatssicherheitsdienst in Schranken gehalten werden. Damit zerbrachen schrittweise auch die Arrangements zwischen den sozialen Gruppen und Milieus, sodass dem ökonomischen Bankrott 1989 auch der Staatsbankrott folgte.

Die Protestbewegungen, die 1989 den Sturz des morschen Regimes herbeiführten, kamen nicht aus der Mitte der DDR-Gesellschaft, sondern v. a. aus den Avantgardemilieus der Jugendkultur und der Intelligenz am linken und oberen Rand des sozialen Raums. Die jüngeren und jüngsten Ostdeutschen hatten bereits im *Generationenbruch der siebziger Jahre* das Arrangement mit dem System aufgekündigt und entweder die »Nischengesellschaft« (Gaus 1986) oder den Protest gewählt. Nichts drückte die Integrationsunfähigkeit der ostdeutschen politischen Klasse so aus wie ihr Versagen gegenüber der jüngeren Generation.

Die Landkarte von 1997 zeigt die Folgen einer neuen Dynamik, die durch die deutsche Vereinigung von 1990 ausgelöst worden ist. Die quantitativ größten Veränderungen sind in der Mitte zu sehen. Dort ist die Milieustruktur jetzt unruhiger und uneinheitlicher als in Westdeutschland. In Westdeutschland sehen wir in den großen Milieus der Mitte eine eher evolutionäre Differenzierung nach aufeinander folgenden Generationen (Abb. 4). In Ostdeutschland koexistieren hier dagegen zwei verschiedene, annähernd parallele Entwicklungen, gleichsam Gabelungen der Milieustammbäume (Abb. 8).

1990 standen die in der DDR von innovativer Wirkung abgedrängten Milieus als endogene Kräfte einer wirtschaftlichen Modernisierung bereit, insbesondere moderne Arbeitnehmerpotenziale aus der facharbeiterischen Traditionslinie und technokratische Eliten. Doch die zweite schockartige Modernisierung, die nach 1989 von Westen kam, schob gerade diese Potenziale beiseite (vgl. Vester u. a. 1995, Solga 1995, Dümcke/Vilmar 1996, Engler 1999).

In den oberen Milieus erlebten die alten technischen und kulturellen Eliten, die meist kritisch zum DDR-Regime gestanden hatten, eine parzielle, doch enttäuschende Deklassierung, die eine Rückbesinnung auf die ostdeutsche Identität motivierte (Misselwitz 1996). Andere Eliten, v. a. die mittleren Funktionseliten des Gesundheitswesens, der Verwaltung, des Schulwesens, der Polizei und des Militärs, wurden weitgehend ungeschoren in den Öffentlichen Dienst des vereinigten Staates übernommen. Am besten passte sich das ›Status- und karriereorientierte Milieu‹, das die tragende Säule des DDR-Staats gewesen war, an die neuen westdeutschen Karrieremuster an, die so genannten »Wendehälse«. Hinzu kamen neu aus Westdeutschland zugewanderte Eliten.

Auch die Mitte der Gesellschaft teilte sich in Gewinner und Verlierer. Die unmoderne ostdeutsche Industrie verlor ihre Absatzmärkte und schrumpfte radikal. Moderne Industrien und Dienstleistungen entstanden langsamer als erwartet. Daher wurden viele ältere Arbeitnehmer ausgegliedert und in die Rente geschickt, und es entstand eine Massenarbeitslosigkeit von mehr als 20 %. Die Verlierer zogen sich auf ihre meist noch intakten sozialen Netze und ihre ostdeutsche Identität zurück. Die Gewinner, meist jüngere Arbeitnehmer, nutzten zwei Wege sozialer Umstellungen, die vertikale und die horizontale Mobilität. Entsprechend gabelten sich die beiden großen Arbeitnehmermilieus der Mitte in jeweils zwei Linien: auf der rechten Seite ein Milieu, das vertikal in bessere Positionen aufstieg, und auf der linken Seite ein Milieu, das horizontal in modernere, qualifiziertere Berufe überwechselte (vgl. Abb. 8). Die Geschwindigkeit, mit der dies geschah, weist darauf hin, dass diese Potenziale sich schon in der DDR-Gesellschaft vorbereitet hatten, aber verdeckt geblieben waren (vgl. Segert 1995).

Die unterprivilegierten Milieus verloren viele Sicherheiten. Sie reagierten nur teilweise mit fatalistischer Gelassenheit. Hier, aber auch bei den von der deutschen Vereinigung enttäuschten mittleren Milieus entstanden viele Ressentiments, die sich nicht zuletzt in der Gewaltbereitschaft perspektivloser Jugendlicher ausdrückten.

Die neuen Aufsteigermilieus sind eher klein und können, ihrer neoliberalen Profilierung wegen, von den Mehrheitsmilieus in Ostdeutschland nicht als Leitmilieus anerkannt werden. Die modernisierenden Sektoren werden zudem, auf Grund der regionalen Strukturnachteile, eher schmal bleiben. Die ostdeutsche Sonderentwicklung wird deswegen und auch wegen des anderen Solidaritäts- und Staatsverständnisses und der Abgrenzung gegen die westdeutsche Mehrheitsgesellschaft langfristig bestehen bleiben.

9. Perspektiven: Die Krise der politischen Repräsentation

Nicht nur in Ostdeutschland, sondern auch in Westdeutschland fallen die Realitätsdeutungen der politischen Führungsgruppen und der großen gesellschaftspolitischen Lager immer noch auseinander. Keine der konservativen, liberalen, sozialdemokratischen und grünen Führungsgruppen reagiert hinreichend auf die Erfahrungen sozialer Destabilisierung in den großen Volksmilieus. Diese Erfahrungen werden so lange nicht ernst genommen, wie im vulgärmaterialistischen Mainstream nur Arbeitslosigkeit, Armut und Anomie als »legitime Not« gelten. Der hohe Pegel der Unzufriedenheit muss daher als unberechtigt erscheinen. Zugleich besteht die Illusion, durch Telepolitik, die zunehmend den direkten Dialog mit den Mitgliedern und den Bürgern ersetzt, Bürgernähe zu erreichen, weil alle Bildschirmbenutzer »erreicht« werden.

Der Sozialdemokratie fehlt insbesondere immer noch eine Strategie, die die ganze Spannweite der von einer sozialreformerischen Volkspartei zu integrierenden Milieus anspricht. An ihrem Fehlen war bereits 1982 der sozialdemokratische Kanzler Helmut Schmidt gescheitert, als er die FDP nicht mehr einbinden konnte und die Milieus der neuen grün-alternativen Bewegungen nicht einbinden wollte. Seitdem fehlt der SPD ein überzeugendes Integrationsmodell und auch eine Führungsfigur, die dieses symbolisieren könnte. Nach Willy Brandt wechselte sie 1999 zum fünften Mal den Vorsitzenden, und auch der jetzige, Gerhard Schröder, verkörpert nur bestimmte Richtungen. Seine Wahlerfolge beruhen, wie die Helmut Kohls bis 1994, auf Mobilisierungen, die ad hoc und nicht dauerhaft wirkten. Die Bindekraft der Sozialdemokratie ist einstweilen ebenso erodiert wie die der Union.

Die großen Milieus der Bevölkerung dagegen wissen nicht mehr, ob sie dem Versprechen, durch mehr Leistung ihre persönliche Lage wie auch das Wirtschaftswachstum heben zu können, trauen können. Es besteht der Verdacht, dass dies bei ungleichen Startchancen nicht funktionieren kann, dass statt einer »Differenzierung nach Leistung« eine »Differenzierung nach dem Ellenbogenprinzip« betrieben wird, eine neue Teilung der Gesellschaft in Privilegierte und Benachteiligte. Die hohe Empfindlichkeit gegenüber jedem Anschein der persönlichen Vorteilsnahme durch Politiker drückt dieses Misstrauen deutlich aus.

Die Flexibilisierung des Arbeitsmarktes und der relative Rückzug des Staates haben die Last der sozialen Risikobewältigung zunehmend auf die sozialen Milieus verlagert. Sie müssen mit den Problemen der neuen Zumutungen und Belastungen, der Diskontinuität und des Missverhältnisses zwischen Leistung und Erfolg fertig werden. Der Sozialpsychologe Kurt Lewin hat bereits 1942 festgestellt, dass für die »Moral«, d.h. den Mut und die Hoffnung eines Akteurs, seine »Zeitperspektive« maßgeblich ist. Wenn die Etappen der Zukunft unklar und die Mittel zu ihrer Erreichung unsicher sind und wenn angestrengtes Bemühen unvorhersehbar vergeblich sein kann, können die Menschen ihre Kräfte nicht mehr zuversichtlich organisieren (Lewin 1953, S. 152-180). Dies kann entweder zur Demoralisierung (wie im Lager der »Enttäuschten Autoritären«) oder zum Rückzug auf den verlässlichen Alltag (wie im Lager der »Skeptisch Distanzierten«) oder aber zum Wechsel des Feldes politischer Aktivität, d.h. zum aktiven Engagement in der alltäglichen Subpolitik (wie im Lager der »Sozialintegrativen«) führen. Die Unzufriedenheit ist ein Moralproblem und daher gewissermaßen auf der Zeitachse des sozialen Feldes zu messen und nicht auf der vertikalen Achse der Güterverteilung.

Wenn die Politik der universellen Flexibilisierung fortgesetzt wird, dann ist es wahrscheinlich, dass die drei Formen »politischer Verdrossenheit« sich weiterentwickeln werden. Einerseits könnte das populistische Potenzial eines Tages die Basis einer rechten Zwanzig-Prozent-Partei nach österreichischem Vorbild werden. Ebenso schreckt die neue Mehrheitsfähigkeit des autoritären Populismus in Italien. Es ist nicht auszuschließen, dass die neoliberale Fraktion der Sozialdemokratie dem durch eine verstärkte Installierung autoritärer Führungs- oder »Chef«-Modelle zuvorkommen will. Autoritäre und virtuelle Kommunikation schafft jedoch keine Bürgernähe, wie sie die modernen, mehr demokratische Mitwirkung wünschenden Mehrheitsmilieus in Deutschland verlangen. Die enttäuschten demokratischen Arbeitnehmerlager könnten sich weiter von der Parteipolitik abwenden und, anstatt zur Wahl zu gehen, vermehrt die Erwartung an die Gewerkschaften – oder andere Kräfte – richten, ihre Rolle als außerparlamentarische Gegenmacht wieder aufzunehmen.

Daneben kann eine Modernisierungspolitik, die sich demonstrativ rigoros über soziale Sensibilitäten hinwegsetzt, wie sich in verschiedenen anderen Ländern gezeigt hat, auch fundamentalistische Ideologien der Modernisierungskritik, v. a. in Jugend- und Intelligenzmilieus, verstärken.

Literatur

Anhut, R./Heitmeyer, W. (Hg.): *Bedrohte Stadtgesellschaft*, Weinheim 2000

Baethge, M.: »Arbeit, Vergesellschaftung, Identität. Zur zunehmenden Subjektivierung der Arbeit«, in: W. Zapf (Hg.): *Die Modernisierung moderner Gesellschaften*, Frankfurt/M. 1991

Baethge, M./Denkinger, J./Kadritzke, U.: *Das Führungskräfte-Dilemma. Manager und industrielle Experten zwischen Unternehmen und Lebenswelt*, Frankfurt/New York1995

Bahrdt, H. P.: Artikel »Die Angestellten«, »Die Industriearbeiter«, »Die Beamten«, in: Feuersenger, M. (Hg.): *Gibt es noch ein Proletariat?*, Frankfurt/M. 1962

Beck, U.: »Jenseits von Klasse und Stand? Soziale Ungleichheit, gesellschaftliche Individualisierungsprozesse und die Entstehung neuer sozialer Formationen und Identitäten«, in: Kreckel, R. (Hg.): *Soziale Ungleichheiten* (*Soziale Welt*, Sonderband 2), Göttingen 1983

Beck, U.: *Risikogesellschaft. Auf dem Weg in eine andere Moderne*, Frankfurt/M. 1986

Becker, U./Becker, H./Ruhland, W.: *Zwischen Angst und Aufbruch. Das Lebensgefühl der Deutschen in Ost und West nach der Wiedervereinigung*, Düsseldorf 1992

Bell, D.: *Die nachindustrielle Gesellschaft*, Frankfurt/New York 1985 [*The Coming of Post-Industrial Society. A Venture in Social Forecasting*, New York 1973]

Berger, P. A.: *Entstrukturierte Klassengesellschaft? Klassenbildung und Strukturen sozialer Ungleichheit im historischen Wandel*, Opladen 1986

Berger, P.: *Individualisierung*, Opladen 1996

Berger, P. A./Hradil, St. (Hg.): *Lebenslagen, Lebensläufe, Lebensstile*, Göttingen 1990 (*Soziale Welt*, Sonderband 7)

von Bismarck, K.: »Kirche und Gemeinde in soziologischer Sicht«, in: *Zeitschrift für evangelische Ethik*, H. 1, 1957, S. 17-31

Bourdieu, P.: *Die feinen Unterschiede*, Frankfurt/M. 1982 [1979]

Bourdieu, P.: *Die Intellektuellen und die Macht*, Hamburg 1991

Bourdieu, P. u. a.: *Das Elend der Welt. Zeugnisse und Diagnosen des alltäglichen Leidens an der Gesellschaft*, Konstanz 1997 [1993]
Clarke, J./Hall, S. u. a.: *Jugendkultur als Widerstand. Milieus, Rituale, Provokationen*, Frankfurt/M. 1979
Dahrendorf, R.: *Soziale Klassen und Klassenkonflikt in der industriellen Gesellschaft*, Stuttgart 1957
Dümcke, W./Vilmar, F. (Hg.): *Kolonialisierung der DDR. Kritische Analysen und Alternativen des Einigungsprozesses*, Münster 1996
Engler, W.: *Die Ostdeutschen. Kunde von einem verlorenen Land*, Berlin 1999
Flaig, B. B./Meyer, T./Ueltzhöffer, J.: *Alltagsästhetik und politische Kultur*, Bonn 1993
Galbraith, J. K.: *Die Herrschaft der Bankrotteure*, Hamburg 1992 [*The Culture of Contentment*, Boston 1992]
Gardemin, D.: »Mentalitäten der ›neuen Mitte‹«, in: *agis-Forschungsbericht*, Hannover 1998
Gaus, G.: *Wo Deutschland liegt. Eine Ortsbestimmung*, München 1986
Geiger, T.: *Die soziale Schichtung des deutschen Volkes*, Stuttgart 1932
Geiger, T.: *Die Klassengesellschaft im Schmelztiegel*, Köln/Hagen 1949
Geiling, H.: *Das andere Hannover. Jugendkultur zwischen Rebellion und Integration in der Großstadt*, Hannover 1996
Geiling, H./Schwarzer, T.: *Abgrenzung und Zusammenhalt. Zur Analyse sozialer Milieus in Stadtteilen Hannovers*, Hannover 1999 (agis texte)
Geißler, H.: *Die neue soziale Frage*, Freiburg i. Br. 1976
Geißler, R.: »Die ostdeutsche Sozialstruktur unter Modernisierungsdruck«, in: *Aus Politik und Zeitgeschichte*, B 29-30/92, S. 15-28
Geißler, R. (Hg.): *Soziale Schichtung und Lebenschancen in Deutschland*, Stuttgart 1994
Giddens, A.: *Der dritte Weg – die Erneuerung der sozialen Demokratie*, Frankfurt/M. 1999
Henrich, R.: *Der vormundschaftliche Staat. Vom Versagen des real existierenden Sozialismus*, Reinbek 1989
Hombach, B.: *Aufbruch. Die Politik der Mitte*, Düsseldorf 1998
Homma, N./Ueltzhöffer, J.: »The Internationalization of Every-Day-Life-Research: Markets and Milieus«, in: *ESOMAR-Kongressbericht 1991*, Stockholm
Hradil, St.: *Sozialstrukturanalyse in einer fortgeschrittenen Gesellschaft. Von Klassen und Schichten zu Lagen und Milieus*, Opladen 1987
Hübinger, W.: *Prekärer Wohlstand. Neue Befunde zu Armut und sozialer Ungleichheit*, Freiburg i. Br. 1996
Inglehart, R.: *The Silent Revolution. Changing Values and Political Styles among Western Publics*, Princeton 1977
Konietzka, D.: *›Verberuflichung‹ und ›Destandardisierung‹*, Berlin 1997 (Dissertation FU)

Kreckel, R.: *Politische Soziologie sozialer Ungleichheit*, Frankfurt/New York 1992
Krüger, H.: »Ein expandierender Arbeitsmarkt mit sieben Siegeln«, in: *Frankfurter Rundschau*, 16. 2. 2000, S. 11
Lepsius, M. R.: »Parteiensystem und Sozialstruktur: Zum Problem der Demokratisierung der deutschen Gesellschaft«, in: Ritter, G. A. (Hg.): *Deutsche Parteien vor 1918*, Köln 1973a [1966]
Lepsius, M. R.: »Wahlverhalten, Parteien und politische Spannungen«, in: *Politische Vierteljahresschrift* 1973, S. 295-313
Lewin, K.: *Die Lösung sozialer Konflikte*, Bad Nauheim 1953
Ludwig-Mayerhofer, W.: »Was heißt, und gibt es kumulative Arbeitslosigkeit? Untersuchungen zu Arbeitslosigkeitsverläufen über 10 Jahre«, in: Zapf, W./Schupp, J./Habich, R. (Hg.): *Lebenslagen im Wandel: Sozialberichterstattung im Längsschnitt*, Frankfurt/New York 1996, S. 210-239
Marcuse, H.: *Der eindimensionale Mensch. Studien zur Ideologie der fortgeschrittenen Industriegesellschaft*, Darmstadt/Neuwied 1967 [*One Dimensional Man. Studies in the Ideology of Advanced Industrial Society*, London 1964]
Merleau-Ponty, M.: *Phänomenologie der Wahrnehmung*, Berlin 1965 [1945]
Meuschel, S.: *Legitimation und Parteiherrschaft. Zum Paradox von Stabilität und Revolution in der DDR 1945-1989*, Frankfurt/M. 1992
Mooser, J.: *Arbeiterleben in Deutschland 1900-1970*, Frankfurt/M. 1984
Mutz, G./Ludwig-Mayerhofer, W. u. a.: *Diskontinuierliche Erwerbsverläufe. Analysen zur postindustriellen Arbeitslosigkeit*, Opladen 1995
Niethammer, L. (Hg.): *Lebensgeschichte und Sozialkultur im Ruhrgebiet*, 3 Bde., Berlin-Bonn 1983 ff.
Niethammer, L.: Das Volk der DDR und die Revolution, in: Schüddekopf, C.: *›Wir sind das Volk‹. Flugschriften, Aufrufe und Texte einer deutschen Revolution*, Hamburg 1990
Reißmann, J.: *Pseudoprogressivität und insulare Pädagogik. Verständigungsschwierigkeiten an der Glockseeschule, Hannover*, Pädagogisches Institut der Universität Hannover 1985
Rudzio, W.: *Das politische System der Bundesrepublik*, Opladen ⁵2000
Schelsky, H.: »Die Bedeutung des Schichtungsbegriffes für die Analyse der gegenwärtigen deutschen Gesellschaft«, in: Schelsky, H.: *Auf der Suche nach Wirklichkeit*, Düsseldorf/Köln 1965 [1954]
Sennett, R.: *Der flexible Mensch. Die Kultur des neuen Kapitalismus*, Berlin 1998
Segert, A.: »Das Traditionelle Arbeitermilieu in Brandenburg«, in: Vester, M. u. a. (Hg.): *Soziale Milieus in Ostdeutschland*, Köln 1995, S. 289-329
Solga, H.: *Auf dem Weg in eine klassenlose Gesellschaft? Klassenlagen und Mobilität zwischen Generationen in der DDR*, Berlin 1995

Sopp, P./Konietzka, D.: *Gespaltener Arbeitsmarkt – Ausgeschlossene Individuen*, Vortrag (Ms.) 1998
SPD: *Planungsdaten für die Mehrheitsfähigkeit der SPD. Ein Forschungsprojekt des Vorstandes der SPD*, Bonn: Parteivorstand der SPD 1984
›Spiegel‹ Verlag/manager magazin (Hg.): *›Spiegel‹-Dokumentation Soll und Haben 4*, Hamburg 1996
›stern‹ (Hg.): *Marktprofile*, Hamburg 2000
Thompson, E. P.: Die *Entstehung der englischen Arbeiterklasse*, 2 Bde., Frankfurt/M. 1987 [1963]
Vester, M.: »Milieus und Politik«, in: Weidenfeld, W./Korte, K.-R.: *Deutschland-Trendbuch*, Opladen 2001
Vester, M./von Oertzen, P./Geiling, H./Hermann, T./Müller, D.: *Soziale Milieus im gesellschaftlichen Strukturwandel. Zwischen Integration und Ausgrenzung*, Köln [1]1993/Frankfurt/M. [2]2001
Vester, M./Hofmann, M./Zierke, I. (Hg.): *Soziale Milieus in Ostdeutschland*, Köln 1995
Vögele, W./Vester, M. (Hg.): *Kirche und Milieus der Gesellschaft*, Bd. I: Vorläufiger Abschlussbericht der Studie (Loccumer Protokolle, Bd. 56/1999 I), Loccum 1999
Weber, M.: *Wirtschaft und Gesellschaft. Grundriss der verstehenden Soziologie*, Köln/Berlin 1964
Weber, M.: »Der Nationalstaat und die Volkswirtschaftspolitik«. Akademische Antrittsrede (Freiburg, Mai 1895), in: Weber, M.: *Gesammelte Politische Schriften*, Tübingen: 1988 [1921], S. 1-25
Williams, R.: *Gesellschaftstheorie als Begriffsgeschichte. Studien zur historischen Semantik von »Kultur«*, München 1972 [*Culture and Society 1780-1950*, Harmondsworth 1963]
Young, M.: *The Rise of the Meritocracy 1870-2033*, Harmondsworth 1958 [dt.: *Es lebe die Ungleichheit*, Düsseldorf 1961]
Zinn, K. G.: *Wie Reichtum Armut schafft*, Köln 1998

Hans-Georg Betz
Rechtspopulismus und Ethnonationalismus: Erfolgsbedingungen und Zukunftschancen

Zu den bemerkenswertesten politischen Entwicklungen der neunziger Jahre gehören zweifellos die Mobilisierungserfolge von Wahlbewegungen und Parteien am rechten Rand des politischen Spektrums. Im Unterschied zur Nachkriegszeit handelt es sich dabei jedoch nicht in erster Linie um ein Wiedererstarken von klassischen neofaschistischen oder rechtsextremen Parteien. Die politischen Formationen, die seit Mitte der achtziger Jahre immer wieder für politische Furore sorgen, sind ein neues Phänomen, das sich mit den traditionellen Mitteln der Extremismusforschung nur sehr beschränkt analysieren und erklären lässt (vgl. dazu die Beiträge in Betz/Immerfall 1998).

Im Gegensatz zu rechtsextremen Parteien bekennen sie sich nicht nur ausdrücklich zu den Wertvorstellungen, Grundprinzipien und Spielregeln des demokratischen Verfassungsstaats und lehnen Gewalt als legitimes Mittel der Machtverfolgung strikt ab, sondern sie beanspruchen darüber hinaus für sich, Vorkämpfer für ein Mehr an Demokratie und Freiheit zu sein. Dabei proklamieren sie als ihr politisches Ziel, dem Volkswillen gegen den Widerstand der etablierten Parteien und Interessenverbände politisch zum Durchbruch zu verhelfen. Gerade auch auf Grund dieses Anspruchs hat es sich in den Sozialwissenschaften eingebürgert, diese Wahlformationen unter dem Begriff des (Rechts-) Populismus als eine eigene Parteienfamilie zusammenzufassen (Pfahl-Traughber 1994, Betz 1994).

Die prominentesten Beispiele rechtspopulistischer Parteien sind die Freiheitliche Partei Österreichs (FPÖ), die bei den letzten Nationalratswahlen im Herbst 1999, wenn auch nur knapp, zur zweitstärksten Partei Österreichs avancierte; die norwegische Fortschrittspartei, auch sie zweitstärkste Partei bei den letzten nationalen Wahlen; der belgische Vlaams Blok, der jedoch nur im flämischen Teil des Landes, und hier v. a. in Antwerpen, wahlpolitisch von Bedeutung ist; der Zürcher Flügel der Schweizer Volkspartei (SVP), die sich in den neunziger Jahren innerhalb von zwei Wahlperioden auf den ersten Platz in der Wählergunst vorarbeitete; und, zumindest bis zur Spaltung der Partei anfangs 1999, der französische Front national, der 1997 noch über 15% der Stimmen auf sich vereinigen konnte. Von geringerer Bedeutung sind die dänische Fortschrittspartei und die von ihr abgespaltene Dänische Volkspartei (Letztere erzielte 1998 immerhin über sieben Prozent der Stimmen auf der nationalen Ebene, die Fortschrittspartei dagegen nur ein wenig mehr als zwei Prozent); die italienische Lega Nord, die jedoch seit Mitte der neunziger Jahre kontinuierlich an Wählern verloren hat; und die im Kanton Tessin beheimatete Schweizer Lega dei ticinesi. Dagegen sind die deutschen Republikaner, die Schweizer Freiheitlichen (einst Autopartei) und die schwedische Neue Demokratie nach z. T. spektakulären Anfangserfolgen Ende der achtziger und anfangs der neunziger Jahre in der Zwischenzeit wieder in die politische Bedeutungslosigkeit abgerutscht.

Seit Anfang der neunziger Jahren haben rechtspopulistische Parteien auch in anderen Teilen der Welt immer wieder durchaus bemerkenswerte Erfolge erzielt. Die erfolgreichste nichteuropäische Partei ist die im Jahr 1987 im Westen Kanadas gegründete Reform Party, die bei den Wahlen 1997 den Status der offiziellen Oppositionspartei erlangte. Rechtspopulistische Parteien machten auch in Neuseeland und Australien auf sich aufmerksam. In Neuseeland erzielte die erst 1993 gegründete New Zealand First Party bei den Parlamentswahlen 1997 13% der Stimmen und beteiligte sich für eine kurze Zeit sogar an einer Koalitionsregierung. In Australien sorgte die 1997 gegründete One Nation Party bei den Regionalwahlen in Queensland für beträchtliches Aufsehen, als sie auf Anhieb fast 23% der Stimmen errang. Es gelang der Partei jedoch nicht, ihren Erfolg bei den Parlamentswahlen auch nur annähernd zu wiederholen, was sich in einem deutlichen Nachlassen des öffentlichen Interesses an One Nation niederschlug. Schließlich sei auch noch auf den amerikanischen Fernsehkommentator und ehemaligen Nixon-Berater Pat Buchanan verwiesen, der im Herbst 1999 den Republikanern den Rücken kehrte in der Hoffnung, Ross Perots Reform Party werde ihn zu ihrem offiziellen Kandidaten für die Präsidentschaftswahlen im Jahr 2000 küren.

Die Mobilisierungserfolge rechtspopulistischer Formationen in westlichen Demokratien mit z. T. sehr unterschiedlichen kulturellen und institutionellen Rahmenbedingungen werfen eine Reihe von Fragen auf. Eine zentrale Frage ist die nach den Gründen für das Aufkommen und Erstarken rechtspopulistischer Parteien gerade am Ende des 20. Jahrhunderts. Sind sie nur Ausdruck kurzfristigen Protests ohne weiterreichende politische Bedeutung; oder sind sie Kristallisationspunkt neuer soziopolitischer Spannungslinien, die vom etablierten Parteienspektrum nur bedingt abgedeckt werden können? Zur Beantwortung dieser Fragen bedarf es zuerst einer begrifflichen Eingrenzung des rechtspopulistischen Phänomens, gefolgt von einer Analyse rechtspopulistischer Strategie und Programmatik sowie einer Bestimmung, durch welche Rahmenbedingungen rechtspopulistische Mobilisierungsversuche begünstigt werden. Am Ende soll noch kurz das Verhältnis des Rechtspopulismus zu anderen Strömungen der internationalen radikalen Rechten umrissen werden.

1. Populismus

Populismus ist ein notorisch facettenreiches und vieldeutiges Phänomen, das sich bis heute jedem Versuch einer erschöpfenden definitorischen Bestimmung entzogen hat. Das bedeutet jedoch nicht, dass es nicht möglich ist, Populismus begrifflich zu fassen und phänomenologisch einzugrenzen. Grundsätzlich kann man Populismus als eine »um mehrheitliche Zustimmung werbende Machteroberungsstrategie« verstehen, »die sich auf die Erkenntnis des hypothetischen Volkswillens beruft« (Backes 1991, S. 13). Mit diesem Bezug auf das Volk, der durchaus vielschichtig sein kann (z. B. »das ganze Volk«, »unser Volk«, das »einfache Volk«), beschwört der populistische Diskurs bewusst das Bild einer Frontstellung zwischen »der schweigenden Mehrheit« der Bevölkerung und einer Minderheit, die partikularistische Interessen verfolgt. Dabei richten sich populistische Angriffe v. a. gegen die etablierten Parteien und Machthaber sowie, zum Unterschied z. B. zu den neuen sozialen Bewegungen, gegen die Werte der Elite (Canovan 1999, S. 3). Das Ziel ist, Letztere als Legitimationsbasis für politische Entscheidungen zu entwerten und sie durch den »gesunden Menschenverstand« und Common Sense des Volkes als neue Legitimationsgrundlage zu ersetzten.

Zur Erreichung seiner politischen Ziele bedient sich der Populismus eines Diskursstils, der mit Hilfe einfacher und direkter Diktion darauf abgestellt ist, in der Bevölkerung latent bestehende Emotionen aufzugreifen und abzurufen (ohne sie jedoch selbst zu erzeugen) und für politische Zwecke auszunützen. Nicht von ungefähr spielt dabei die Mobilisierung und Aufheizung von Ressentiments eine zentrale Rolle. Denn Ressentiments sind in erster Linie Ausdruck erfahrener oder zumindest eingebildeter Ohnmacht oder Machtlosigkeit, bedingt durch individuelle, wirtschaftliche oder soziale Unterlegenheit oder Schwäche (Frings 1996, S. 56f.). Ein zentrales Merkmal des Populismus ist die Politisierung von Ressentiments, indem er es gegen bestimmte gesellschaftliche Gruppen und v. a. gegen politische Eliten lenkt. Das erklärte politische Ziel ist, die herrschende politische Elite abzulösen und so dem Volk sein Stimme (*vox populi*) und damit Souveränität und Macht zurückzugeben.

Populisten erheben für sich den Anspruch, Teil und gleichzeitig Anwälte des Volkes und seiner Interessen zu sein. Daraus erklärt sich auch ein weiteres charakteristisches Merkmal des Populismus, nämlich die dezidierte Ablehnung intermediärer Institutionen zu Gunsten einer unmittelbaren oder vielleicht besser unvermittelten Beziehung zwischen dem Volk und seinen Anwälten. Von zentraler Bedeutung ist dabei die Gestalt der charismatischen Führerpersönlichkeit, die, aus dem Volk heraus kommend und im Einklang mit dem gesunden Volksempfinden stehend, den Volkswillen instinktiv zu erfassen und zu reflektieren weiß. Das Ergebnis ist ein Demokratieverständnis, das zumindest vom Ansatz her den Grundsätzen der repräsentativen, liberalen Demokratie diametral entgegensteht, ohne dabei jedoch grundsätzlich antidemokratisch zu sein (vgl. Canovan 1999).

2. Rechts-/Nationalpopulismus

Populismus ist in erster Linie eine Politikform und Strategie des politischen Marketing und als solche nicht an eine bestimmte Ideologie oder politische Richtung gebunden. Unter rechtspopulistischen Parteien versteht man generell diejenigen Parteien, die sich populistischer Mittel bedienen, um rechte Inhalte an den Mann zu bringen. Das wirft jedoch sofort weitere Definitionsprobleme auf, haben doch beide Begriffe – links wie rechts

– in der heutigen Zeit viel von ihrer ursprünglichen Bedeutung eingebüßt. Einige Sozialwissenschaftler haben daher vorgeschlagen, anstelle von Rechtspopulismus den Begriff des Nationalpopulismus zu verwenden (Taguieff 1986). Damit lenken sie die Aufmerksamkeit auf den Dreh- und Angelpunkt rechtspopulistischer Programmatik: den ausschließlichen Fokus auf das eigene Volk und seine Interessen. Dabei verabsolutieren rechtspopulistische Parteien den Auftrag einer jeden Regierung, Schaden vom (eigenen) Volk abzuwenden, und modeln ihn im Sinne einer exklusiven nationalistischen Interessenpolitik um. Nationalpopulistische Politik ist eine Politik des »eigenen Volkes zuerst« und der »nationalen Präferenz« – Formeln, die mittlerweile zu Markenzeichen rechtspopulistischen politischen Marketings geworden sind. Sie sind Teil eines Forderungskatalogs, dessen Kern sich als »umfassender Protektionismus« charakterisieren lässt. Dabei konzentrieren sich die Forderungen der meisten Parteien v. a. auf zwei Bereiche: den Schutz der nationalen Grenzen (vor Einwanderern) und den Schutz der heimischen Wirtschaft (vor globaler Konkurrenz).

Zweifellos spielt die Frage der Einwanderung eine zentrale Rolle in der Mobilisierungsstrategie rechtspopulistischer Parteien. Dies trifft v. a. auf die ausgesprochen ausländerfeindlichen Parteien wie den Front national, den Vlaams Blok oder die Republikaner zu, die mit ihrer Forderung nach einem drastischen Abbau der ausländischen Wohnbevölkerung z. T. deutlich rassistische Züge aufweisen; aber auch auf Parteien wie die FPÖ, die Lega Nord und die skandinavischen Fortschrittsparteien, die das Ausländerthema anfänglich eher ignorierten. Dabei appellieren diese Parteien an eine weite Palette von Ressentiments und Bedrohungsängsten gegenüber der nichtheimischen Bevölkerung. Diese reicht von Ressentiments gegen Arbeitsimmigranten und Asylbewerbern, die für Massenarbeitslosigkeit, steigende Kriminalität und die Überlastung des Wohlfahrtsstaats verantwortlich gemacht werden; Aversionen gegen den durch die wachsende Zahl nichteuropäischer Einwanderer forcierten Trend zum Multikulturalismus, der als eine wachsende Bedrohung des gesellschaftlichen Zusammenhalts gesehen wird; bis hin zur Furcht vor dem Verlust kultureller und nationaler Identität und Eigenständigkeit durch »Überfremdung.«

Ein zweiter zentraler Fokus rechtspopulistischer Politik ist der

Schutz der heimischen Wirtschaft sowie der heimischen Arbeitsplätze vor ausländischer Konkurrenz. Rechtspopulistische Politik, zumindest seit Anfang der neunziger Jahre, ist Antiglobalisierungspolitik und damit, jedenfalls im Ansatz, marktkritische bis marktfeindliche Politik. Dies bedeutet einen gewissen Kurswechsel im Vergleich zu den achtziger Jahren, als die meisten dieser Parteien noch mehr oder weniger ausgeprägte neoliberalistische Forderungen vertraten. Dieser Kurs war jedoch nie vorrangig wirtschaftspolitisch bestimmt, sondern vor allen Dingen eine Strategie, die Wirtschaft von der Umklammerung durch den Staat zu befreien, damit die herrschenden Eliten ihrer wirtschaftlichen Machtbasis zu berauben und so den Weg zu ebnen für die Durchsetzung eines auf individuellem Besitz basierenden »Volkskapitalismus« (Front national).

In den neunziger Jahren wurden diese Forderungen jedoch immer mehr durch wirtschaftsprotektionistische Vorstellungen verdrängt. So warnten rechtspopulistische Parteien vor dem wachsenden Wettbewerbsdruck v.a. von Billiglohnländern auf die heimischen Unternehmen, vor Lohndumping und dem Abwandern von heimischen Arbeitsplätzen, dem Ausverkauf nationaler Interessen und der Gefahr einer nur auf »Shareholder value« konzentrierten Unternehmenspolitik. Zugleich warnten sie vor den gesellschaftlichen Folgen des wirtschaftlichen Strukturwandels wie Umverteilung von unten nach oben, die wachsende Kluft zwischen Arm und Reich und das Umsichgreifen eines egoistischen Individualismus. Als gesellschafts- und wirtschaftliche Alternative propagierten sie eine Politik der »nationalen Präferenz«, die nichts anderes bedeutete als die strikte Bevorzugung der eigenen Leute in Bezug auf Arbeitsplätze, Wohnungen und soziale Leistungen sowie der eigenen Unternehmen und Produkte auf dem Markt, d.h. eine umfassende Politik des Protektionismus nach außen wie auch im Inneren.

Die Verknüpfung von Ausländerfeindlichkeit und Wirtschaftsnationalismus zu einem protektionistischen Programm nationaler Präferenz ist das zentrale Merkmal rechtspopulistischer Parteien am Ende der neunziger Jahre. Dieses Programm gewinnt jedoch erst dann an Bedeutung, wenn es mit einem politischen Anspruch auf Machterwerb verbunden wird. Dazu bedarf es programmatisch jedoch mehr als nur einer Bestandsaufnahme der gegenwärtigen Situation. V.a. bedarf es einer Benennung der

Gründe, warum und wie es so weit kommen konnte. Für rechtspopulistische Parteien ist dies ein relativ einfaches Unterfangen. Wie alle populistischen Bewegungen sehen auch sie den Hauptgegner in der herrschenden Elite und ihren Werten. Dabei orientiert sich die rechtspopulistische Elitekritik v. a. an den Begriffen der »politischen Klasse« bzw. der »neuen Klasse«. Sie wird beschuldigt, aus ihren gesicherten Posten in der Politik, den Medien und Universitäten heraus und vom Rest der Bevölkerung weitgehend abgeschnitten die öffentliche Meinung zu beherrschen und sich damit in die Lage zu versetzen, ihre Partikularinteressen und abgehobenen intellektuellen Projekte in allgemein gültige Verhaltensnormen, Gesetze und Politik zu verwandeln und dem Volk aufzuzwingen. Rechtspopulistische Parteien nehmen dagegen für sich in Anspruch, das auszusprechen, was der einfache Bürger zwar denkt, aber nicht zu sagen wagt, damit dem Volk Wort und Stimme zurückzugeben und so einen entscheidenden Beitrag zur Abkehr vom »Parteienstaat« hin zur »Bürgerdemokratie«, vom »bürokratischen Obrigkeitsstaats hin zum freiheitlichen Rechtsstaat« (FPÖ) zu leisten.

Zur Umsetzung ihrer Forderungen propagieren rechtspopulistische Parteien eine radikale Umwandlung der bestehenden institutionellen Strukturen. Das Ziel ist, einerseits die etablierten repräsentativen Strukturen der Entscheidungsfindung weitgehend durch plebiszitäre Mechanismen zu ersetzen, andererseits die Exekutive entscheidend zu stärken. Zu den zentrale Forderungen fast aller rechtspopulistischer Parteien gehört daher die Einführung von Mitteln der direkten Demokratie wie Referenden, Plebisziten und Volksbegehren. Damit sollen den Bürgern nicht nur effektivere Möglichkeiten der Mitbestimmung und Kontrolle gegeben werden, sondern v. a. auch das Gefühl, ernst genommen zu werden. So Jörg Haider, wenn er schreibt: »Ich habe keine Angst vor dem Volk. Daher bin ich für den weiteren Ausbau der direkten Demokratie« (Haider 1997, S. 99).

3. Erfolgsbedingungen

Es ist sicherlich kein Zufall, dass Populismus gerade heute eine Renaissance erlebt – die übrigens keineswegs auf den rechten Rand des politischen Spektrums beschränkt ist. Sie ist z. T. ein

Nebenprodukt der von François Lyotard und anderen Beobachtern bereits in den achtziger Jahren konstatierten wachsenden Skepsis gegenüber den großen Projekten und Ideologien der Moderne und dem damit einhergehenden Prestige- und Legitimationsverlust von Eliten und ihren Werten, in denen sie ein Hauptmerkmal der heraufziehenden Postmoderne sahen. Z. T. ist sie wohl auch ein Nebenprodukt des während der letzten Jahrzehnte unaufhaltsamen Aufstiegs von »popular culture« zur dominanten Kultur, wie er v. a. durch das Fernsehen betrieben und propagiert wurde. Postmoderne Skepsis und Aufwertung von Alltagserfahrungen reichen jedoch nicht aus zu erklären, warum gerade rechtspopulistische Parteien so erfolgreich sind. Das Geheimnis liegt eher in ihrer Fähigkeit, die Ambivalenz und das Unbehagen weiter Teile der Bevölkerung angesichts einer sich rapide und tiefgreifend verändernden Welt zu artikulieren. Strukturwandel, damit verbindet sich v. a. weltweiter Wettbewerb im Zuge von Globalisierung, heißt Rationalisierung, Personalabbau und Massenarbeitslosigkeit, aber auch wachsender Anpassungsdruck, soziale Polarisierungstendenzen und das Ende berechen- und planbarer Biografien. Strukturwandel bedeutet darüber hinaus heute v. a. auch die beschleunigte Ver- und Ausbreitung amerikanischer Zustände. Das mag z. T. erklären, warum rechtspopulistische Parteien gerade in den (kontinental)westeuropäischen Demokratien besonders erfolgreich sind, wo die Herausbildung »amerikanischer Verhältnisse« oftmals weniger als eine Herausforderung denn als eine direkte und fundamentale Bedrohung des Erreichten gesehen wird.

Der Erfolg rechtspopulistischer Parteien ist ein besonders sichtbarer Ausdruck eines diffusen Unbehagens angesichts einer Entwicklung, die weitgehend ungebremst und unkontrolliert voranzuschreiten scheint. Dazu kommt der dumpfe Verdacht, dass die Regierenden angesichts der wachsenden Macht von globalen wirtschaftlichen Akteuren und internationalen Finanzmärkten immer weniger in der Lage – oder vielleicht sogar immer weniger gewillt – sind, auf globale wirtschaftliche Entwicklungen und ihre Auswirkungen auf die Gesellschaft und den Einzelnen kontrollierend einzuwirken oder sie zumindest abzufedern. Die Folge ist ein wachsendes Misstrauen gegenüber dem politischen Establishment – das durch immer neue Enthüllungen über Korruption, Amtsmissbrauch und Bereicherung auf allen politischen Ebenen sicherlich noch zusätzliche Nahrung empfängt – und den demokratischen Entscheidungsfindungsmechanismen sowie eine wachsende Sehnsucht nach einer starken politischen Instanz, die Entscheidungen rasch zu treffen und durchzusetzen weiß.

Es ist sicherlich kein Zufall, dass rechtspopulistische Parteien die größte Resonanz durchwegs gerade in den sozialen Schichten und Gruppen finden, deren Zukunftschancen objektiv besonders ungewiss sind oder die sich zumindest subjektiv am stärksten von globalen Entwicklungen, über die sie keine Kontrolle haben, bedroht fühlen. Zwar wiesen rechtspopulistische Parteien in den achtziger Jahren oft noch eine klassenübergreifende Wählerschaft mit relativ starkem Mittelstandanteil auf. Doch spätestens seit Anfang der neunziger Jahre hat sich dies grundlegend geändert. Heute beobachten wir eine starke Proletarisierung der sozialen Basis dieser Parteien mit dem Ergebnis, dass die meisten von ihnen zu regelrechten Arbeiterparteien geworden sind. Diese Tendenz manifestierte sich zuerst bei den extrem ausländerfeindlichen Parteien. So stimmten bei den Präsidentschaftswahlen 1995 30% der Arbeiter für Jean-Marie Le Pen, mehr als für jeden anderen Kandidaten (Perrineau 1997, Mayer 1999). Ungleich dramatischer ist die Entwicklung jedoch bei den eher gemäßigteren Parteien, und hier v. a. bei der FPÖ. Wählten 1986 nur zehn Prozent der Arbeiter die FPÖ, waren es bei den letzten Nationalratswahlen ganze 47%. Damit gelang es der FPÖ nicht nur, innerhalb von nur 13 Jahren ihren Stimmenanteil innerhalb der Arbeiterschaft zu vervierfachen, sondern auch »die mit Abstand dominante Arbeiterpartei« zu werden (Plasser/Ulram/Sommer 1999, S. 24).

Generell sprechen rechtspopulistische Parteien v. a. Männer an, während ihnen Frauen eher reserviert begegnen. So stimmte bei den jüngsten österreichischen Nationalratswahlen fast ein Drittel der stimmberechtigten Männer, aber nur ein Fünftel der Frauen für Haiders Freiheitliche. Es ist nicht eindeutig zu sagen, was genau diesen Unterschied im Wahlverhalten erklärt. Eine Erklärung dürften unterschiedliche Wertvorstellungen sein. So zeigte eine kürzlich erschienene Studie aus den Vereinigten Staaten, dass Frauen im Durchschnitt nicht nur religiöser, umweltbewusster und sozialer eingestellt sind als Männer, sondern auch eine positivere Meinung von der Leistungsfähigkeit des Staats haben.[1] Eine weitere Erklärung stellt auf den Strukturwandel der letzten Jahre ab, der mit seiner Kombination aus Deindustrialisierung, Auslagerung von ganzen Betriebsanlagen und Postindustrialisierung die Position von männlichen Arbeitern v.a. in den traditionellen industriellen Wirtschaftssektoren auf den Arbeitsmärkten im Vergleich zur Vergangenheit relativ verschlechtert, die der Frauen relativ verbessert hat (*The Economist* 1996, Hacker 1999). Das Aufkommen rechtspopulistischer Parteien mit ihren oftmals betont machohaft auftretenden Führerpersönlichkeiten könnte damit durchaus auch Ausdruck einer psychologischen Krise einer wachsenden Anzahl von Männern sein, die ihre traditionelle gesellschaftliche Stellung und ihre daraus resultierende Machtposition durch den Strukturwandel dahinschwinden sieht und deshalb anfälliger als Frauen ist, Ressentiments zu entwickeln.

Günstige strukturelle Bedingungen sind zwar eine wichtige Voraussetzung für den Erfolg rechtspopulistischer Parteien, sie erklären jedoch nicht alles und führen darüber hinaus leicht dazu, den Erfolg dieser Parteien als Ergebnis irrationalen Wählerverhaltens abzutun. Dabei wird leicht übersehen, dass ein Geheimnis ihres Erfolgs auch darin liegt, dass sie selbst politisch erfolgreich sind, d.h. dass es ihnen gelingt, allein durch ihre Präsenz die Politik der anderen Parteien direkt zu beeinflussen. Gerade dies ist in den letzten Jahren geschehen, v.a. auf dem ureigensten Feld rechtspopulistischer Politik, der Ausländer- und Zuwanderungspolitik. Seit Anfang der neunziger Jahre haben fast alle westeuropäischen Regierungen, unabhängig von der politischen und ideologischen Ausrichtung, die Einwanderungsbestimmungen z.T. drastisch verschärft. In vielen Fällen war das erklärte Ziel, die Zahl der Neuzuwanderer auf Null oder zumindest fast Null zu reduzieren. Rechtspopulistische Parteien sehen in dieser Entwicklung durchaus zu Recht einen Erfolg des durch sie erzeugten Drucks auf die etablierten Parteien und schlachten ihn propagandistisch aus. So meinte Jörg Haider vor den jüngsten Wahlen, es sei das »historische Verdienst der Freiheitlichen«, mit ihrer Forderung nach »Österreich zuerst« die Einwanderungs- und Ausländerpolitik so verändert zu haben, dass »es heute keinen Innen-

1 The Pew Research Center for the People and the Press: *Retropolitics*, Washington 1999; www.people-press.org/typo99rpt.htm.

minister« gibt, der in der Lage ist, gegen den von den Freiheitlichen vorgegebenen Maßnahmenkatalog »eine Ausländerpolitik in Österreich zu machen«.[2]

Das Image von politischer Effektivität lässt sich jedoch nur aufrechterhalten, solange es rechtspopulistischen Parteien gelingt, mit immer neuen populären Forderungen Druck auf die Regierenden zu machen. Dabei sind rechtspopulistische Parteien durchaus wendig und erfinderisch und v. a. opportunistisch. Jüngste Beispiele rechtspopulistischer Findigkeit sind die Forderung nach der generellen Einstellung von sozialstaatlichen Leistungen an Ausländer und v. a. die Forderung, die materielle Lage der älteren Bevölkerung zu verbessern, mit der New Zealand First, aber auch die norwegische Fortschrittspartei in der Vergangenheit erfolgreich Wahlkampf führten (Bjugan 1998, S. 179).

Eine weitere Voraussetzung ist innerparteiliche Geschlossenheit, die bei rechtspopulistischen Parteien zu einem großen Teil vom Durchhalte- und Durchsetzungsvermögen ihrer Führerpersönlichkeiten abhängt und ihrer Fähigkeit, innerparteiliche Rivalen erst gar nicht hochkommen zu lassen. Denn nur eine Partei, die nach außen ein Bild der Geschlossenheit bietet, kann hoffen, ernst genommen zu werden und damit politischen Druck auf die Machtinhaber ausüben. Die dramatischen Verluste des Front national bei den jüngsten Europawahlen, der Einbruch der dänischen Fortschrittspartei Mitte der neunziger Jahre und v. a. der schnelle Abstieg der Republikaner verdeutlichen, dass nichts dem Image rechtspopulistischer Parteien mehr schadet als innerparteiliche Differenzen und Streitigkeiten, Machtintrigen und v. a. Abspaltungen. Letztere sind zumeist das Ergebnis einer direkten Herausforderung an die Führerpersönlichkeit, die immer die Gefahr einer beträchtlichen Schwächung ihrer Autorität und ihres Charismas in sich birgt. Hier dürfte einer der Hauptgründe für das unterschiedliche wahlpolitische Abschneiden rechtspopulistischer Parteien (z. B. in Deutschland, Schweden und den Niederlanden) in den neunziger Jahren liegen.

2 Rede Jörg Haiders vor dem 24. Ordentlichen Parteitag 1999, Videoaufzeichnung, Internetversion (www. fpoe. or. at/aktuell/multimedia/haider. ram).

4. Bedeutung für die Zukunft

Die programmatische und strategische Entwicklung rechtspopulistischer Parteien sowie ihre Mobilisierungserfolge in den neunziger Jahren lassen vermuten, dass diese Parteien auch in Zukunft eine nicht zu unterschätzende Rolle spielen werden. Damit stellt sich erneut die Frage, wie diese Parteien von einem sozialwissenschaftlichen Gesichtspunkt aus zu beurteilen sind. Dabei geht es v. a. darum, ob die rechtspopulistische Mobilisierung der letzten Jahre mehr als nur ein Ausdruck diffusen Protests ist. Dabei ist zu fragen, ob sich im Aufkommen dieser Parteien nicht vielleicht neue dauerhafte soziopolitische Spannungslinien (*cleavages*) manifestieren, die die politische Auseinandersetzung westlicher Demokratien auch in Zukunft bestimmen werden. Gedacht ist dabei v. a. an Spannungslinien, die sich aus der Kombination von Postindustrialisierung und Globalisierung ergeben und unterschiedliche gesellschaftliche Gruppen aus durchaus unterschiedlichen Gründen politisch mobilisieren (Kitschelt 1995; Kriesi 1999, S. 400-404).

Die Programmatik und soziale Basis rechtspopulistischer Parteien scheinen diese Annahme zumindest teilweise zu bestätigen. Bei den Wählern und Anhängern dieser Parteien handelt es sich v. a. um Menschen, die auf Grund ihrer formalen Bildung und ihres Arbeitsplatzes unter den sich rapide verändernden wirtschaftlichen Bedingungen leicht ins Hintertreffen geraten können, die oftmals autoritäre Werte und Vorstellungen haben und die deshalb für rechtspopulistische Diskurse besonders anfällig sind. Jedoch wäre es sicherlich vorschnell zu behaupten, hier handle es sich bereits um die Herausbildung einer neuen, postindustriellen Konfliktlinie. Denn es könnte sich genauso gut um kurzfristige Übergangsprobleme handeln, die durch eine Kombination von Maßnahmen zur besseren Qualifizierung aber auch zur Schaffung von Arbeitsplätzen für Wenigerqualifizierte v. a. im Dienstleistungssektor dauerhaft abgemindert oder sogar gelöst werden könnten.

Dies heißt jedoch nicht, dass rechtspopulistische Parteien auf Dauer keine Zukunft haben. Im Gegenteil: Betrachtet man diese Parteien weniger von einer sozialstrukturellen als einer politisch-strategischen Perspektive, so gehören sie zu den ersten postkonventionellen Parteien, deren persönlichkeits- und medienorientierte Strategie voll auf die neuen Gegebenheiten eines Soundbite-dominierten und immer mehr Internet-konzentrierten Politikmarketings zugeschnitten ist. Dabei stellt die rechtspopulistische Strategie gezielt darauf ab, unterschiedliche politische Marktnischen zu erschließen und zu besetzen, und passt sich damit dem Trend zu Individualisierung und gesellschaftlicher Fragmentierung und Segmentierung und der Herausbildung von multiplen »taste cultures« an (Veugelers 1997). Der Ruf nach mehr Bürgerpartizipation und direkter, interaktiver Politik, der heute zum Grundrepertoire aller populistischen Formationen gehört, ist eine durchaus logische Konsequenz dieser neuen Politikform (vgl. Morris 1999).

Darüber darf eines jedoch nicht vergessen werden: Rechtspopulistische Parteien beschränken sich keineswegs nur darauf, in der Öffentlichkeit latent vorherrschende Ängste, Aversionen und Ressentiments bloß zu artikulieren; sie verpacken sie auch auf eine ganz bestimmte Art und Weise. Zwar verwahren sich die meisten rechtspopulistischen Parteien immer wieder gegen den Vorwurf des Extremismus.[3] Doch in der Praxis verwenden sie nicht selten Formeln und Begriffe, die zum Gedankengut der internationalen extremen Rechte gehören. Ein herausragendes Beispiel ist die Rezeption des vor Jahren von der französischen Neuen Rechte entwickelten Begriffs des Ethnopluralismus, dessen »differenzialistische Vision« in der Zwischenzeit immer häufiger auch eher gemäßigteren Parteien wie der Lega Nord zur Rechtfertigung rechtpopulistischer Ausländerfeindlichkeit dient.[4] Damit stellt sich erneut die Frage nach dem Verhältnis von Rechtspopulismus und Rechtsextremismus.

Während des letzten Jahrzehnts hat sich eine neue rechtsextremistische Subkultur herausgebildet und, v. a. mit Hilfe des Internets, weltweit vernetzt (vgl. Back/Keith/Solomons 1998). Jedoch

3 Ironischerweise wehren sich rechtspopulistische Parteien oft auch dagegen, mit anderen rechtspopulistischen Parteien verglichen zu werden. Nicht selten ist die Begründung, die anderen Parteien seien zu extrem. So war Carl Hagen, der Führer der norwegischen Fortschrittspartei, sichtlich aufgebracht, als ihn Le Pen vor den letzten Parlamentswahlen öffentlich unterstützte (Bjugan 1998, S. 180). Dies mag auch erklären, warum sich rechtspopulistische Parteien im Europaparlament nicht zu einer eigenen Fraktion zusammengeschlossen haben.

4 Vgl. Enti Locali Padani Federali: *Padania, identità e società multirazziale*, 1998, www.leganord.org/documenti/elpf/padania_identità.pdf.

im Gegensatz zur Situation am Anfang des Jahrhunderts gehen heute die meisten und wichtigsten rechtsextremistischen Impulse nicht von Europa, sondern von den Vereinigten Staaten (und z.T. auch Kanada) aus, wo der Vertreib und die Weiterverbreitung von rechtsextremem Material durch die Verfassung als freie Meinungsäußerung geschützt sind. Die Hauptversatzstücke ihrer Ideologie sind ein auf pseudochristliche Argumente gegründeter Rassismus und Antisemitismus, »historical revisionism«, d.h. die Leugnung der systematischen Ermordung von Millionen von Menschen in den Gaskammern der Vernichtungslager, und ein Gewalt bejahender und zur Gewalt bereiter radikaler Ethnozentrismus, für den sich im amerikanischen Kontext das Wort »nativism« eingebürgert hat. Seit den letzten zwei Jahren wird diese Ideologie von einem stetig wachsenden, miteinander durch Links verbundenen Netzwerk von Hunderten von »White power«-Internetseiten weltweit vertrieben, deren Betreiber von obskurantistischen Anhängern indoeuropäischen Heidentums bis zu militanten Skinheads reicht. Das erklärte gemeinsame Ziel dieser rechtsextremistischen Cyberbewegung ist es, den ihrer Meinung nach durch Geburtenschwund, Zuwanderung und Rassenvermischung selbstverschuldeten drohenden Untergang der weißen Rasse, den sie immer wieder mit apokalyptischen Bildern an die Wand malen, durch aktiven Widerstand (»White resistance«) zu stoppen.[5] Dabei geht es der internationalen virtuellen Gemeinschaft von White-power-Rassisten und Skinheads jedoch nicht allein darum, die weiße Rasse vor der drohenden Ausrottung zu bewahren, sondern v.a. darum, ihr die ihr zustehende dominante kulturelle und politische Rolle gewaltsam zurückzuerobern (Dobratz/Shanks-Meile 1997, Bushart/Craig/Barnes 1998, Kaplan/Weinberg 1999).

Die politische Klugheit gebietet es rechtspopulistischen Parteien zwar, sich von solch extremen ideologischen Positionen und ihren Vertretern klar abzugrenzen. Gleichzeitig beschwören sie

5 So ein schwedisches White-Power-Musikmagazin (fanzine): »The white race is threatened with extermination. Throughout the world our birth rate is declining, whereas that of other races merely goes on increasing. At the same time immigration and the mixing of races threatens to eradicate the white race that has survived so far. [...] We stand on the threshold of annihilation; the next generation will be hopelessly outnumbered by the other races. Something must happen now; it is our last chance« (zitiert in Bjørgo 1997, S. 155).

jedoch, wenn auch in gemäßigter Form, durch ihren Rekurs auf kulturelle Überfremdung und nationalen Niedergang ähnliche Bedrohungsängste bewusst herauf. Dies legt den Verdacht nahe, dass die Trennung zwischen Rechtspopulismus und Rechtsextremismus doch nicht so scharf ist, wie rechtspopulistische Parteien oft von sich behaupten. Dies würde bedeuten, dass Episoden wie Haiders lobende Hervorhebung der nationalsozialistischen Wirtschaftspolitik während einer öffentlichen Debatte im Kärntner Parlament oder Christoph Blochers in einem persönlichen Brief zum Ausdruck gebrachte Lob für das Buch *Vom Untergang der Schweizer Freiheit* des Schweizer Holocaust-Leugners Jürgen Graf vielleicht doch mehr sind als nur peinliche »Ausrutscher«.[6] Es ist vielleicht auch kein Zufall, dass sich die Lega Nord während der Nato-Intervention im Kosovokonflikt offen auf die Seite Miloševićs schlug (einschließlich eines offiziellen Besuchs einer Lega-Nord-Delegation in Belgrad) und dabei immer schrillere antiamerikanische Töne anschlug (Rumiz 1999, Lerner 1999). Denn von einer ethnonationalistischen Warte aus stellte der Konflikt im Kosovo nicht weniger als den Widerstandskampf eines alten europäischen Kulturvolkes gegen kulturelle und ethnische Unterwanderung und Verdrängung dar, d.h. einen Akt von »White resistance« gegen »die Zerstörung des eigenen Volkes« im Zuge eines neuen, von den Amerikanern und v. a. den islamischen Staaten vorangetriebenen »demografischen Imperialismus«, wie man auf der offiziellen Lega-Nord-Webseite lesen konnte.[7] In diesen Worten manifestieren sich Ängste vor kultureller Unterwanderung und ethnischem Niedergang, die weit über den aktuellen Konflikt im Kosovo hinausgehen. Frei nach dem Motto: Was heute im Kosovo geschieht, könnte morgen durchaus in ganz Europa geschehen.

Es ist nicht auszuschließen, dass mit weiter fortschreitender Überalterung und Bevölkerungsabnahme, die nur durch – nichteuropäische – Neuzuwanderer ausgeglichen werden kann, gerade diese Bedrohungsängste an Brisanz gewinnen werden und damit auch politisch relevant werden könnten. Unter diesen Umständen dürften sich die Marktchancen rechtspopulistischer Parteien und Bewegungen beträchtlich verbessern, v. a. sollte es ihnen ge-

6 Zu Blochers Brief und seinen Auswirkungen auf die Parlamentswahlen siehe: »Unfreiwillige Wahlhelfer«, in: *Neue Zürcher Zeitung*, 29. 10. 1999.

7 Enti Locali Padani Federali, a. a. O., S. 4, 21. Vgl. dazu auch Savoini (1999).

lingen, populistische Strategie mit ethnonationalistischer Ideologie zu verbinden, ohne dabei ganz in den Rechtsextremismus abzugleiten. Es ist deshalb unbedingt nötig, die rechtspopulistische Herausforderung auch weiterhin ernst zu nehmen und die programmatische Entwicklung dieser Parteien und Bewegungen sorgfältig zu verfolgen, ohne dabei jedoch in Alarmismus und Hysterie zu verfallen.

Literatur

Back, L./M. Keith/J. Solomons: »Racism on the Internet: Mapping Neo-Fascist Subcultures in Cyberspace«, in: J. Kaplan/T. Bjørgo (Hg.): *Nation and Race: The Development of a Euro-American Racist Subculture*, Boston 1998, S. 73-101

Backes, U.: »Nationalpopulistische Protestparteien in Europa«, in: *Österreichische Zeitschrift für Politikwissenschaft* 20, 1991, S. 7-17

Betz, H.-G.: *Radical Right-Wing Populism in Western Europe*, New York 1994

Betz, H.-G./St. Immerfall (Hg.): *The New Politics of the Right*, New York 1998

Bjørgo, T.: *Racist and Right-Wing Violence in Scandinavia*, Oslo 1997

Bjugan, K.: »The 1997 Norwegian Parliamentary Election: A Swing towards Parliamentary Power«, in: *The Political Quarterly* 69, 1998, S. 177-183

Bushart, H. L./J. R. Craig/M. Barnes: *Soldiers of God*, New York 1998

Canovan, M.: »Trust the People! Populism and the Two Faces of Populism«, in: *Political Studies* 47, 1999, S. 2-16

Dobratz, B./S. L. Shanks-Meile: *White Power, White Pride! The White Separatist Movement in the United States*, New York 1997

The Economist: »Tomorrow's Second Sex«, 28. 9. 1996, S. 23-26

Frings, M. S.: *Max Scheler: A Concise Introduction into the World of a Great Thinker*, Milwaukee 1996

Hacker, A.: »The Unmaking of Men«, in: *The New York Review of Books*, 21. 10. 1999, S. 25-30

Haider, J.: *Befreite Zukunft jenseits von rechts und links*, Wien 1997

Kaplan, J./L. Weinberg: *The Emergence of a Euro-American Radical Right*, New Brunswick 1998

Kitschelt, H.: *The Radical Right in Western Europe*, Ann Arbor 1995

Kriesi, H.: »Movements of the Left, Movements of the Right: Putting the Mobilization of Two New Types of Social Movements into Political

Context«, in: H. Kitschelt/P. Lange/G. Marks/J. D. Stephens (Hg.): *Continuity and Change in Contemporary Capitalism*, Cambridge 1999, S. 398-423
Lerner, G.: »Cari pacifisti attenti agli alleati«, in: *La Repubblica*, 3.4.1999
Mayer, N.: *Ces Français qui votent FN*, Paris 1999
Morris, D.: *Vote.com*, Los Angeles 1999
Perrineau, P.: *Le symptôme Le Pen*, Paris 1997
Pfahl-Traughber, A.: *Volkes Stimme? Rechtspopulismus in Europa*, Bonn 1994
Rumiz, P.: »L'Europa profonda che odia l'America«, in: *La Repubblica*, 11.4.1999
Savoini, G.: »Resistenza etnica al mondialismo«, in: *La Padania*, 5.3.1999
Taguieff, P.-A.: »La doctrine du national-populisme en France«, in: *Etudes* 363, 1986, S. 27-46
Veugelers, J. W. P.: »A Challenge to Political Sociology: The Rise of Far-Right Parties in Contemporary Western Europe«, in: *Contemporary Sociology* 47, 1997, S. 1-23

III.

Gesellschaftliche Herausforderungen der Globalisierung II: Transformation, Entwicklung und Nachhaltigkeit

Christiane Lemke
Transformation der politischen Systeme in Mittel- und Osteuropa

Die Transformation der postkommunistischen Länder in Mittel- und Osteuropa stellt eine zentrale Herausforderung für das 21. Jahrhundert dar. Mit den friedlichen Revolutionen von 1989/90 sind neue politische und wirtschaftliche Systeme entstanden, die in der Transformationsforschung im Allgemeinen unter dem Paradigma der Demokratisierung analysiert werden (z. B. Elster/Offe/Preuß 1998, Merkel/Puhle 1999). Die politische Entwicklung in den Reformländern verläuft dabei – trotz zunächst ähnlicher Ausgangslage – zunehmend differenziert. Während sich die Länder in Mittelosteuropa dem Typus der westlichen Demokratien annähern, entwickeln sich in anderen Ländern der Region autoritäre Regime bzw. so genannte »defekte« Demokratien. Einige Autoren vermuten sogar, dass der eingeleitete Demokratisierungsschub weniger ein Triumph des politischen Liberalismus als vielmehr eine Erfolgsgeschichte dieser defekten, illiberalen Demokratien werden könnte (vgl. Merkel/Croisant 2000).

Auf Grund von historischen und regionalen Besonderheiten unterscheidet sich die Transformation in Mittel- und Osteuropa von früheren Systemwechseln in der »dritten Demokratisierungswelle«, die seit Beginn der siebziger Jahre zunächst in Südeuropa und in Lateinamerika einsetzte. Die relativ lang andauernde Phase der zentralistischen staatssozialistischen Herrschaft mit einer fehlenden Ausdifferenzierung der politischen Sphäre und schwach entwickelten Zivilgesellschaften stellt eine besondere Schwierigkeit für die Demokratisierung dar. Eine politische Gegenelite konnte sich, wenn überhaupt, erst recht spät formieren. Zeitgleich mit dem politischen Umbau müssen die Wirtschaftsreformen unter einem gewachsenen Druck des Weltmarkts im Zuge der Globalisierung umgesetzt werden. Wie lange eine »politische Ökonomie der Geduld« in den Ländern aufrechterhalten werden kann, die für diesen komplizierten Anpassungsprozess notwendig erscheint, ist keineswegs geklärt. Die enge Verflechtung mit den übrigen europäischen Ländern und dem

Weltmarkt erweist sich als Mixed blessing; sie stabilisiert den politischen Entscheidungshorizont für die Demokratisierung um den Preis eines verschärften wirtschaftlichen Konkurrenzdrucks.

Analytisch kann die Transformation der politischen Systeme in drei Phasen unterteilt werden: Einer ersten Öffnung bzw. Liberalisierung folgt der eigentliche Systemwechsel, welcher eine längere Phase der Konsolidierung demokratischer Strukturen einleitet. Die Frage, wann eine Demokratie als konsolidiert gilt, ist nicht einfach zu beantworten, da sie sowohl normative Kriterien als auch empirische Zusammenhänge beinhaltet. Auch darüber, welche internen und externen Rahmenbedingungen die Konsolidierung der jungen Demokratien befördern, herrscht Uneinigkeit. Auf der einen Seite steht das Paradigma der *Pfadabhängigkeit*. Danach entscheiden historische Erfahrungen und präformierte institutionelle Konfigurationen über die Konsolidierungschancen von Demokratien. Legt man die Bedeutung historischer Erfahrungen mit demokratischen Strukturen zu Grunde, dann wären allerdings nur wenige Länder qualifiziert, diesen Sprung in dauerhafte demokratische Verhältnisse erfolgreich abzuschließen, denn erstens waren die Demokratien der Zwischenkriegszeit typischerweise instabil und kurzlebig, und zweitens sind die meisten Reformländer neu geschaffene Staaten mit multivarianten historischen Erfahrungen.

Demgegenüber betonen politische Entscheidungstheorien, dass die konkreten *politischen Entscheidungen*, die unmittelbar in der Phase des Systemwechsels getroffen werden, richtungsweisend für die Demokratisierung sind. *Political choices* über die Formen der Machtverteilung und der politischen Willensbildung, die Konstruktion des Wahlrechts sowie Tempo und Ausmaß der Wirtschaftsreform würden danach über den Verlauf und die Chancen der Demokratisierung entscheiden. Gegenüber dem Paradigma der Pfadabhängigkeit werden hier politische Geschichte und die historischen Erfahrungen der ost- und ostmitteleuropäischen Länder nahezu als irrelevant betrachtet.

Aus heutiger Sicht bilden die historischen Muster und Mentalitäten relevante Parameter für die Transformation, allerdings nicht im Sinne einer strikten »Pfadabhängigkeit«, sondern im Sinne von intervenierenden Variablen. Ob eine demokratische Transformation stabil werden kann, hängt dabei vom Verhalten der politischen Eliten und ihren Entscheidungen ab. Aber auch die »Leidensfähigkeit« der Bevölkerung, d. h. die Bereitschaft, die Schwierigkeiten des Transformationsprozesses zu »dulden«, beeinflusst die Chancen einer nachhaltigen Demokratisierung. Erst mit wirtschaftlichem Erfolg dürfte letztlich die Stabilität und Legitimität des demokratischen Systems gewährleistet sein. Angesichts der engen Verflechtungen in Europa stellt dies v. a. die Länder der Europäischen Union vor eine noch zu lösende politische Aufgabe, die sich gegenwärtig in der Frage der Osterweiterung zuspitzt.

1. Historische Zäsur: Die Umbrüche von 1989/90

Binnen weniger Monate wurden die staatssozialistischen Regime im Wendejahr 1989/90 von neuen politischen Konstellationen abgelöst. Für diesen unerwarteten Zusammenbruch wurden in der wissenschaftlichen Literatur zunächst zwei unterschiedliche analytische Erklärungskonzepte vorgelegt. Die eine Gruppe von Autoren folgte im Kern einem *systembezogenen Erklärungsmodell*, das bestimmte Defizite in den Makrostrukturen der staatssozialistischen politischen Systeme fokussierte. In der Regel wurde dabei auf Modernisierungstheorien Bezug genommen, sodass die systemischen Defizite in den ost- und ostmitteleuropäischen Ländern in den Blick genommen werden konnten. Demgegenüber folgte eine andere Denkschule *akteursbezogenen Ansätzen*, die handlungstheoretische Zusammenhänge in den Vordergrund rückten. Vereinfacht kann man sagen, dass die erste Erklärungsvariante deutlicher in den europäischen Ländern, und hier v. a. in Deutschland dominierte, während die akteursbezogenen Ansätze zunächst in den angelsächsischen Ländern entwickelt wurden. In der neueren Literatur wird eine dritte Erklärungsvariante vorgeschlagen, die versucht, Zusammenhänge zwischen den Makrostrukturen (systemspezifische Probleme) und der Mikroebene (Akteure) herzustellen (z. B. von Beyme/Offe 1995). Ein theoretisches Modell, das der Komplexität der Umbrüche gerecht wird, muss heute von einem *multivarianten Ansatz* ausgehen und nicht nur auf der Ebene von Makrostrukturen argumentieren. Akteure mit ihrem spezifischen Erfahrungshintergrund und den von ihnen präferierten politischen Entscheidungen beeinflussen einen historischen Prozess, der primär durch politisches Handeln vorangetrieben wurde, während die Makrostrukturen den Handlungskontext in diesem historischen Zeitfenster bestimmen.

Analytisch lassen sich mindestens *vier Hauptfaktoren* für die Umbrüche angeben: Die *Veränderungen in den internationalen Beziehungen* stellen zweifellos einen wichtigen Erklärungszusammenhang dar. Bereits vor dem Fall der Mauer hatten sich in der Sowjetunion unter Gorbatschow Veränderungen vollzogen, die schließlich eine Annäherung an die USA ermöglichten. Das Dilemma der Sowjetunion bestand in einem *imperial overstretch* bzw. in einer Überbeanspruchung ihrer Macht, die sie durch die Politik der »Perestroika« und das »neue Denken« in der Außenpolitik zu erhalten suchte. Im Rahmen dieser Annäherung kam es im Jahr 1988 im isländischen Reykjavik zu einem ersten Treffen zwischen dem amerikanischen Präsidenten George Bush und Gorbatschow, bei dem eine Vereinbarung über den Abzug von Mittelstreckenraketen aus Europa erreicht wurde. Diese Vereinbarung war nur möglich geworden, weil sich bereits *vor* der neuen Phase der Entspannung Veränderungen in der Sowjetunion vollzogen hatten. Durch die von Gorbatschow eingeleiteten Reformen vergrößerte sich der Handlungsspielraum der Ostblockländer, was schließlich zu dem – von Gorbatschow nicht intendierten – Resultat führte, dass sich die Länder von der sowjetischen Hegemonie befreiten. Der Versuch, die sowjetische Politik an die Veränderungen anzupassen, führte zu der paradoxen Konsequenz der Implosion des sowjetischen Macht- und Einflussbereichs.

Ein weiteres wichtiges Erklärungselement besteht in der zunehmenden Bedeutung der *Globalisierung* des Weltmarkts und der damit einhergehenden Zuspitzung der Wirtschaftskrise im Ostblock. Während die am sowjetsozialistischen Modell orientierten Länder der Region in den ersten drei Dekaden nach dem Zweiten Weltkrieg beeindruckend hohe Wachstumsraten aufwiesen, änderte sich dies deutlich mit den veränderten Weltmarktbedingungen seit Mitte der siebziger Jahre. Die »Hochzeit zwischen Kohle und Stahl«, die die Grundlage für den Wiederaufbau nach dem Krieg bildete und die industrielle Massenproduktion ankurbelte, wirkte zunehmend als Hemmschuh für eine innovative Wirtschaftsentwicklung. Die fortgesetzte Förderung der Schwerindustrien selbst noch zu einem Zeitpunkt, als die Stahlexpansion in (West-)Europa längst vorbei war und sich der Weltmarkt an neuen Technologien, wie der Mikroelektronik, und an flexiblen

Produkten orientierte, legte die zentrale Schwäche der osteuropäischen Länder offen: Die Gleichgerichtetheit der Wirtschaftssysteme im Rahmen der Planwirtschaft und die politisch begründete Abschottung von Weltmarktentwicklungen im RGW (Rat für gegenseitige Wirtschaftshilfe) wurden zur innovationshemmenden Fessel dieser Länder. Verschärft wurde das Problem durch den Rüstungswettlauf zwischen den Supermächten, der produktive Kräfte band. Weder konnten die RGW-Länder schließlich die Grundbedürfnisse ihrer Bevölkerungen sichern, noch waren sie in der Lage, den sich verschärfenden Umweltproblemen zu begegnen. Die finale Krise der staatssozialistischen Länder war damit nicht primär ökonomischer Natur, sondern das Kernproblem bestand in dem politischen Versagen der Führungseliten, auf die veränderten weltwirtschaftlichen Bedingungen angemessen zu reagieren (vgl. Maier 1998).

Als weiterer Erklärungsfaktor für den raschen Zusammenbruch der staatssozialistischen Regime in Mittel- und Osteuropa gilt das *Legitimationsdefizit* der politischen Systeme. Die Anpassung der wirtschaftlichen und politischen Strukturen an das sowjetische Modell in der Zeit nach dem Zweiten Weltkrieg ließ den jeweiligen Gesellschaften wenig Raum für eigenständige Entwicklungen und verhinderte trotz gravierender Legitimationsprobleme notwendige Reformen. Die periodisch auftretenden Krisen in den Ländern Ost- und Ostmitteleuropas, wie der Volksaufstand am 17. Juni 1953 in der DDR, der Aufstand in Ungarn im Jahr 1956, der »Prager Frühling« 1968 in der Tschechoslowakei sowie die Streikwellen in Polen in den Jahren 1970, 1976 und 1980 zeigten ein chronisches Legitimationsdefizit an. Obwohl keine dieser Bewegungen den erwünschten Systemwechsel herbeiführen konnte, zeigten sie »Risse im Monolith« an, die die sowjetische Hegemonie in der Region in Frage stellten. Der fiktive »Gesellschaftsvertrag«, auf dem die Legitimation der staatssozialistischen Systeme aufgebaut hatte und der der Bevölkerung soziale Sicherheit im Austausch gegen politische Freiheiten bot, erwies sich zunehmend als brüchig. Protest- und Oppositionsbewegungen wurden Ausdruck des Legitimationsdefizits, das durch einen generationsbedingten Mentalitätswandel verschärft wurde.

Ein vierter wichtiger Erklärungsfaktor besteht in dem historischen Zusammentreffen der rasch um sich greifenden *Massenbe-*

wegung und der *Reformunfähigkeit der Eliten*. Spätestens mit der Bildung der unabhängigen Gewerkschaft »Solidarität« in Polen 1980 wurde deutlich, dass sich eine neue, politisch selbstbewusstere Generation herausgebildet hatte, die die herkömmlichen Machtstrukturen in Frage stellte. Selbst in der relativ geschlossenen Gesellschaft der DDR trat in den achtziger Jahren ein Wandel ein, der schließlich zur Aufkündigung des bis dahin relativ stabilen Generationenvertrags führte. Die offizielle politische Kultur wurde durch eine sich immer deutlicher artikulierende »inoffizielle« politische Kultur herausgefordert. Bereits die Bildung der unabhängigen Friedensbewegung zu Beginn der achtziger Jahre im Rahmen von Kirchenbasisgruppen, dann die Entstehung kleinerer Frauen-, Menschenrechts- und Umweltgruppen, die nach Alternativen zum erstarrten staatssozialistischen Modell suchten und zur politischen »Doppelkultur« der DDR führten, deuteten einen Umbruch an (Lemke 1991). Allerdings kam es erst in der zweiten Hälfte der achtziger Jahre zu einem raschen Bedeutungszuwachs dieser Initiativen, v. a. durch die im Herbst 1989 erfolgte Bildung des »Neuen Forum« und anderer Gruppen. Verstärkt wurde der Zusammenbruch der staatssozialistischen Regime dabei durch den »Demonstrationseffekt«, der durch die gleichzeitig in den anderen Ländern stattfindenden Proteste und Demonstrationen erzeugt wurde. Dabei verstärkten sich Massenausreise (*exit*) und Massenproteste (*voice*) wechselseitig, sodass sich die Massenbewegung trotz der Schwäche der innergesellschaftlichen Opposition in den Jahrzehnten vorher rasch ausbreitete.

Es bleibt festzuhalten, dass der Umbruch in der DDR in mehrfacher Hinsicht einen Sonderfall darstellt. Im Unterschied zu den Umwälzungen in den anderen Ländern führte die friedliche Revolution zur Selbstauflösung des Staates. Der Historiker Konrad Jarausch (1995) bezeichnet die »unverhoffte Einheit« (im englischen Buchtitel treffender *Rush to German Unity*) richtig als Spezifikum der ostdeutschen Entwicklung. Mit der Öffnung der Mauer im November 1989 setzte die »Revolution in der Revolution« ein, und die Forderung nach der Wiedervereinigung trat an die Stelle der inneren Reform der DDR.

2. Ablösung der Regime

Allgemein betrachtet können zwei Modi der Ablösung kommunistischer Regime unterschieden werden: der graduelle und der abrupte Regimewechsel. In die erste Gruppe des graduellen Regimewechsels gehören die Länder, in denen die Ablösung der alten Machtstrukturen entweder durch eine vorhandene Oppositionsbewegung »von unten« vorbereitet worden war oder in denen der Wandel »von oben«, d. h. durch einen Positionswechsel innerhalb des kommunistischen Parteiapparats und die Bildung eines innerparteilichen Reformflügels schrittweise eingeleitet wurde. Polen gilt als Beispiel für den ersten Ablösungsmodus, während Ungarn den anderen Fall repräsentiert. Ein abrupter Wechsel fand u. a. in der DDR und in der Tschechoslowakei statt. Beide Länder gelten als *latecomer* im Umbruch, in denen erst der Druck einer Massenmobilisierung, befördert durch den »Demonstrationseffekt«, zu einem raschen Fall des alten Regimes führten.[1]

Eine weitere Frage betrifft den politischen Charakter des Wandels. Handelt es sich um eine Revolution, eine Reform oder schlicht eine »Wende«? Eine Schwierigkeit der Klassifizierung liegt darin, dass die friedlichen Revolutionen in Mittel- und Osteuropa anders verliefen, als die bisher aus der Geschichte bekannten Revolutionen; sie lassen sich daher als ein eigenständiger Typus beschreiben. Ausgangspunkt bildeten nicht primär soziale Fragen; der Klassenkonflikt mit der dominanten Konfliktlinie um eine gerechtere Verteilung von ökonomischen Ressourcen innerhalb der Gesellschaft stand nicht im Vordergrund. Vielmehr wurden v. a. politische Probleme Motor der revolutionären Umbrüche, wie die unerträgliche Verkrustung der Gesellschaft, die

1 Durch den »Demonstrations-Effekt« vollzog sich der Wandel in immer kürzeren Zeitintervallen: zehn Jahre in Polen, von der Gründung der ersten unabhängigen Gewerkschaft »Solidarność« im Sommer 1980 bis zur ersten nichtkommunistischen Regierung 1989/90; zehn Monate in Ungarn, wo im Herbst 1988 eine Verfassungsreform mit dem Ziel der Liberalisierung durchgeführt wurde, bis zur Einführung des Runden Tisches und der Grenzöffnung zwischen Ungarn und Österreich im Sommer 1989; zehn Wochen in der DDR vom Rücktritt Erich Honeckers im Oktober zur Einrichtung des Runden Tisches im Dezember 1989; zehn Tage in der CSSR von den Massendemonstrationen und Streiks Ende November zu den freien Wahlen im Dezember 1990.

fehlenden Freiheiten und die lähmende Reformunfähigkeit der staatssozialistischen Systeme. Charakteristisch für die Umbrüche in Ost- und Ostmitteleuropa ist auch der überwiegend friedliche Charakter. Insofern trifft eine Beobachtung Hannah Arendts zu, dass Revolutionen v. a. durch politische Prozesse ausgelöst werden und nicht allein (wie die marxistische Theorietradition annahm) auf Grund der Zuspitzung ökonomischer und sozialer Widersprüche.[2] Nützlich für die Analyse der revolutionären Umbrüche in Ost- und Ostmitteleuropa sind daher solche Theorien, die die sozialen und ökonomischen Probleme mit deren politischer Verarbeitung verknüpfen. Der grundlegende politische Systemwechsel rechtfertigt dabei die Bezeichnung des revolutionären Umbruchs. Allerdings verlief er in einigen Ländern eher graduell und unter Beteiligung der alten Machteliten. Mit der »Refolution« hatte der britische Historiker Timothy Garton Ash diesen Doppelcharakter von Reform und Revolution auf den Begriff gebracht, während die Bezeichnung »Wende« v. a. im Kontext der deutschen Entwicklung verwendet wird, um die Abkehr vom SED-Regime zu charakterisieren; als abkürzender Ausdruck steht »Wende« auch für die friedliche Revolution in der DDR, ohne jedoch analytische Tiefe beanspruchen zu können.

3. Transformation und Demokratisierung

Ein wichtiger Vorschlag, die Konsolidierung demokratischer Strukturen differenziert zu beurteilen, besteht darin, zwischen *formalen*, institutionell verankerten und *informellen*, gesellschaftlich begründeten Strukturen zu unterscheiden. Auf der formalen Ebene kann das institutionelle Design der neuen Demokratien zu Grunde gelegt werden, während die informelle Ebene habituelle und zivilgesellschaftliche Strukturen beinhaltet. Der Demokratieforscher Robert Dahl benennt ein »prozedurales Minimum«, das Demokratien institutionell erfüllen sollen. Dazu gehören freie und faire Wahlen, aktives und passives Wahlrecht, Meinungsfreiheit, Assoziationsfreiheit, Zugang zu alternativen

2 Nach ihrer Auffassung ist »die verbreitete Vorstellung von der Revolution als Folge des bewaffneten Aufstands ein Märchen«. Zur Revolution gehöre nicht nur eine zur Machtübernahme bereite Gruppe, sondern auch die »innere Zersetzung der Staatsmacht« (Arendt 1970, S. 50).

Informationsquellen, Konkurrenz der politischen Eliten um Wählerstimmen und die Unterwerfung der Regierungspolitik unter den Willen der WählerInnen. Nach heutigem Verständnis zählen zu den institutionellen Bedingungen von Demokratien v. a. auch Rechtsstaatlichkeit, politische Gleichheit (d. h., alle Einwohner sollten Staatsbürger sein; Gleichheit von Frauen und Männern) sowie individuelle und kollektive Freiheiten. Regelmäßige Machtwechsel und friedliche Konfliktaustragung zeigen an, inwieweit die Demokratien stabilisiert sind. In den meisten postkommunistischen Ländern sind diese prozeduralen bzw. institutionellen Strukturen inzwischen etabliert (Rüb 2000). Die informelle Demokratisierung, die Verhaltensweisen, Einstellungen und zivilgesellschaftliche Prozesse umschließt, ist auf Grund ihres qualitativen Charakters schwieriger zu messen. Es ist davon auszugehen, dass sie sich nur längerfristig durchsetzen kann.

Ein besonderes Problem der Demokratisierung besteht in dem »Dilemma der Gleichzeitigkeit« (Offe 1994). Dies beinhaltet die zeitgleich zu bewältigenden Aufgaben der territorialen Reorganisation und Nationalstaatsbildung, die Umstellung des Wirtschaftssystems von der staatlich gelenkten »Planwirtschaft« zur Marktwirtschaft sowie die Umstrukturierung des politischen Systems einschließlich der Bildung zivilgesellschaftlicher Strukturen.

Die territoriale Reorganisation bzw. der Zerfall und die Neubildung von Staaten als Folge der Umbrüche in Ost- und Mittelosteuropa betrifft die Mehrzahl der Transformationsländer. Von den 27 Staaten in der Region sind 22 neu konstituiert. Historisch betrachtet entstand die Staatenwelt in Mittel-, Süd- und Osteuropa erst nach 1945. Keiner der Staaten hatte vorher in denselben Grenzen existiert. Anders als beispielsweise während der Transition in Lateinamerika treten in der Region zugleich starke ethnisch-nationalistische Kräfte auf. Die eher willkürlichen Grenzziehungen in den typischerweise multiethnischen Regionen und die Situation ethnischer Minderheiten wurden unter dem Einfluss der sowjetischen Hegemonie nicht thematisiert. Eine relativ schwach ausgebildete Identität als Staat erwies sich mit den Umbrüchen als Problem. Mit dem Ende des Kommunismus ging daher in vielen Fällen eine Veränderung staatlicher Grenzen einher. Beispiele hierfür sind die Sezession der baltischen Staaten, die friedliche Auflösung der Tschechoslowakei und der Zerfall der

Sowjetunion. Eine besonders gewaltsame Form nahm die Staatsauflösung im Fall des ehemaligen Jugoslawien an, wobei dieser Prozess bis heute nicht abgeschlossen ist.

Tiefgreifende Reformen wurden v. a. in den Wirtschaftssystemen vorgenommen. Zehn Jahre nach der Einführung von Marktwirtschaften fallen die Erfolge unterschiedlich aus. Erste Maßnahmen bestanden zunächst in der Preisliberalisierung, der Reduktion von staatlichen Subventionen und in der Privatisierung von Staatsbetrieben. Darüber hinaus bemühten sich die mittelosteuropäischen Länder, mit Blick auf ihren möglichen Beitritt zu Europäischen Union, die von dieser vorgegebenen Richtlinien zu erfüllen und sich dem EU-Gemeinschaftsrecht anzupassen. Nach der anfänglichen »Transformationsrezession« entwickelten sich die wirtschaftlichen Rahmendaten in den meisten Ländern in Mitteleuropa vergleichsweise positiv, obwohl die Wirtschaftsreformen unterschiedlichen Entscheidungsmustern, beispielsweise bezüglich des Tempos und des Umfangs der Privatisierung folgten. Aus heutiger Sicht scheint nicht so sehr die Wahl des graduellen oder des »schocktherapeutischen« Weges den Erfolg der Wirtschaftsreformen zu bestimmen, sondern die Konsequenz bei der Durchsetzung der Marktmechanismen und die Möglichkeit, den Zugang zum Weltmarkt zu finden. Am vorteilhaftesten entwickeln sich Länder im Zentrum Europas, wie Ungarn, Polen, Tschechien, die Slowakei und die baltischen Staaten. Allerdings stellt der Umbau der Sozialsysteme auch diese Länder vor große Schwierigkeiten. Stagnation und krisenhafte Entwicklungen sind v. a. in Rumänien und Bulgarien zu verzeichnen. Schlecht entwickeln sich die Länder Osteuropas, insbesondere Russland, Weißrussland und die Ukraine. Ein gravierendes Problem ist dabei das Ausmaß von Korruption und Schattenwirtschaft, die die Herausbildung von *public trust* untergraben. Die informelle Ökonomie macht teilweise bis zu einem Drittel der Wirtschaft aus.

Die Hauptschwierigkeit in der Anfangsphase der jungen Demokratien besteht darin, neue politische Institutionen zeitgleich mit dem wirtschaftlichen Reformprozess aufzubauen. Mit der Metapher »rebuilding the ship at sea« (Umbau eines Schiffes auf hoher See) sind die Schwierigkeiten gut umrissen (vgl. Elster/Offe/Preuß 1998). Die politischen Institutionen müssen die Erwartungen an Legitimität und Effizienz relativ rasch erfüllen, um die Stabilität demokratischer Verhältnisse zu gewährleisten. Ob dies gelingt, ist zunächst mit einem hohen Grad an Unsicherheiten verbunden. Im Kern geht es in der Transformation zu demokratischen Gesellschaften um die Frage, wie die Teilhabe am politischen Willensbildungsprozess im Rahmen der sich etablierenden Institutionen einer rechtsstaatlichen Ordnung so gestaltet werden kann, dass Konflikte im politischen Prozess artikuliert, gebündelt und politisch gelöst werden können. In diesem Prozess sind eine Vielzahl von Parteien bzw. parteiähnlichen Zusammenschlüssen, Assoziationen, intermediäre Organisationen wie Gewerkschaften sowie Bürger- und Selbsthilfegruppen beteiligt (vgl. Kitschelt 1995, Segert/Stöss/Niedermayer 1997). Die Konturen der Zivilgesellschaft werden durch Interessenartikulation, kollektives Handeln, Selbstorganisation und politische Übereinkunft ausgehandelt.

Die Verfassungsgebung unterstreicht den Demokratisierungsprozess auf Grund der Normensetzung für die politische Ordnung. Verfassungsrechtlich ist zwischen parlamentarischen und präsidentiellen politischen Systemen zu unterschieden; Untertypen bilden semipräsidentielle und premier-präsidentielle Regierungssysteme. Obwohl konzeptionell parlamentarischen Systemen der Vorzug für eine erfolgreiche Demokratisierung zu geben ist, ist heute die Mehrzahl der Transformationsländer auf Grund der spezifischen Transformationsbedingungen nicht parlamentarisch aufgebaut, sondern folgt Mischformen mit oft starker Exekutive.[3] Ob diese Systeme mittelfristig in der Lage sind, die heterogenen Gesellschaften zu integrieren und stabile Demokratien aufzubauen, bleibt eine offene Frage. »Defekte Demokratien« werden inzwischen in der Forschung ausführlicher thematisiert (vgl. auch Merkel/Croisant 2000).

Die zivilgesellschaftliche Entwicklung nimmt unter dem Aspekt der Demokratisierung ebenfalls eine Schlüsselstellung ein (vgl. Ash 1990, Merkel 2000). Bereits früh wurde in der politi-

3 In semipräsidentiellen Systemen sind die Institutionen so verkoppelt, dass die Regierung sowohl vom Präsidenten als auch vom Parlament abhängig ist; allerdings hat der Präsident das Recht, die Versammlung aufzulösen. Die institutionelle Verkopplung gilt auch für premier-präsidentielle Systeme; allerdings kann hier der Präsident nie die Regierung entlassen. Damit ist bereits der neuralgische Punkt der Transformationsländer angedeutet, nämlich wie die premier- und semipräsidentiellen Systeme mit geteilten Mehrheiten umgehen, ein Problem, das für westliche Demokratien vielfach beschrieben worden ist. Vgl. die ausführliche Studie von Rüb 2000.

schen Ideengeschichte auf die Bedeutung von Zivilgesellschaft verweisen. Schon die schottische Aufklärung kannte dieses Konzept, das dann v. a. mit John Locke (Vertragsmodell) sowie mit Montesquieu (Assoziationsmodell) Eingang in die moderne Demokratietheorie fand.[4] Im Kontext der antitotalitären, osteuropäischen Opposition erfuhr der Begriff der Zivilgesellschaft zunächst in Polen, später in Ungarn und ansatzweise in der DDR eine Renaissance. Im Kern bündelte das Konzept der Zivilgesellschaft alle nichtstaatlichen Sphären sozialen Handelns, die als Stützpunkte des Aufbaus einer demokratischen Opposition gegen die übermächtige Partei- und Staatsbürokratie Osteuropas in Frage kamen.

Eine nachhaltige Konsolidierung von Demokratien kann nur über die Entwicklung einer vitalen Zivilgesellschaft erfolgen. Konzeptionell können drei Bereiche des politischen bzw. öffentlichen Handelns in den Transformationsgesellschaften unterschieden werden: Staat, politische Gesellschaft (*political society*) und zivile Gesellschaft (*civil society*). Der Staat umfasst alle autoritativen und administrativen Einrichtungen. In diesem Bereich ist die Partizipation bzw. öffentliche Artikulation von Bürgerinteressen durch Verrechtlichung und formale Prozeduren beschränkt. In der politischen Gesellschaft findet über Parteien eine öffentliche Partizipation und Artikulation politischer Anliegen statt. Der Zugang basiert auf formalen Regeln und steht grundsätzlich den jeweiligen Bürgern über Parteimitgliedschaft, Wahlen und Parlamentsarbeit offen. Parteien verfügen über ein breiteres Spektrum der Interessenartikulation, darunter konfrontative und unkonventionelle Mittel. Als Zivilgesellschaft können dann Berufsvereinigungen, Gewerkschaften, Verbände, kirchliche Gruppen, Nachbarschafts- und Selbsthilfeorganisationen sowie soziale Bewegungsgruppen gelten, die ein öffentliches, gesellschaftliches Anliegen vertreten. Zivilgesellschaft beruht also auf nichtstaatlichen, intermediären Organisationen. Sie konstituiert einen von den politischen Eliten und vom Staatsapparat unabhängigen Bereich der Öffentlichkeit, und hierin besteht ihre korrigierende, kontrollierende und konstruktive Funktion für die Demokratisierung. Eine typische Artikulationsform für

4 Einen theoriegeschichtlichen Überblick gibt z. B. Axel Honneth 1992. Zum Konzept der Zivilgesellschaft vgl. auch Arato/Cohen 1992.

Gruppen und Vereinigungen der Zivilgesellschaft ist dabei öffentlicher Protest.

Um die spezifische Konfiguration zivilgesellschaftlicher Entwicklung in den Transformationsländern zu untersuchen, wurden in einem internationalen Forschungsprojekt auf Basis einer Vier-Länder-Studie – Polen, Ungarn, Slowakei, DDR/Ostdeutschland – Formen des Protestes empirisch untersucht, die in der Transformation zwischen 1989 und 1994 aufgetreten waren (vgl. Ekiert/Kubik 1998, Lemke 1997). Dabei ging es darum, Formen politischer Partizipation aufzuzeigen, die charakteristischerweise im Bereich der Zivilgesellschaft anzusiedeln sind. Dazu wurden die Akteure politischen Protestes, ihre Strategien und Forderungen sowie ihre Bereitschaft zu handeln dokumentiert und analysiert. Dabei wurde davon ausgegangen, dass v. a. diejenigen Gruppen der Gesellschaft zum Protest bereit sind, die ihre Anliegen nicht oder nur ungenügend im politischen System repräsentiert sehen. Insofern Protestgruppen und soziale Bewegungen zu unkonventionellen Mitteln greifen, öffentliche oder politische Anliegen zu artikulieren, können sie Rückschlüsse auf die Vitalität von Zivilgesellschaften zulassen. So kann beispielsweise das Mobilisierungspotenzial anhand einer Häufung von Protestereignissen ermittelt werden. Protestformen wiederum können Aussagen darüber zulassen, inwiefern »zivile« Formen des politischen Widerstandes angewandt werden oder ob Gewalt als nichtzivile Form des Protestes und damit dissoziative Mobilisierungsprozesse überwiegen. Die Untersuchungsergebnisse zeigen, dass in allen vier Ländern auch nach dem Umbruch 1989/90 eine Protestmobilisierung auf beachtlichem Niveau stattfindet. Kollektive Aktionen in Form von Protesten spielen nicht nur in der Phase des Regimewechsels, d. h. während des Zusammenbruchs der kommunistischen Regime, eine entscheidende Rolle. Vielmehr zeigte sich, dass die Entscheidungsprozesse in der Demokratisierungsphase nach 1990 von vielfältigen Protestaktionen begleitet waren. Dabei weisen Polen und Ungarn eine recht kontinuierliche Protesthäufigkeit auf. In diesen Ländern hat der graduelle Wechsel günstigere Voraussetzungen für die Öffnung des politischen Raums und die Entwicklung einer relativ profilierten Protestbewegung ermöglicht. Im Fall Polens hatte die Oppositionsbewegung mit »Solidarność« eine erfahrene, seit 1980 organisatorisch vernetzte politische Vertretung, die auch nach dem

Systemwechsel weiter protestaktiv blieb. Durch die relative politische Offenheit im Fall von Ungarn, das schon seit den sechziger Jahren mit verschiedenen Formen der Liberalisierung des Wirtschaftssystems experimentiert und in den vergangenen zwei Dekaden geringere politische Repressionen gegen reformorientierte Kräfte eingesetzt hatte als beispielsweise die DDR, haben sich ebenfalls günstigere Bedingungen für eine stärkere Protestmobilisierung herausgebildet. In beiden Fällen scheint sich zunächst zu bestätigen, dass sich der Raum für kollektive Aktionen auf Grund der relativ frühen Öffnung des politischen Systems gegenüber Veränderungen erweitert hat bzw. dass sich Protestverhalten im Repertoire politischen Handelns bereits befestigt hat. Bemerkenswert ist, dass die Anzahl der Proteste in Ostdeutschland nach 1990 ebenfalls überraschend hoch ist. Trotz der repressiven politischen Struktur vor dem Regimewechsel und der nur marginalen Existenz von Protest- und Oppositionsgruppen in den siebziger und achtziger Jahren ist also schon in relativ kurzer Zeit eine »nachholende Mobilisierung« im Bereich unkonventioneller politischer Partizipation zu beobachten, die sich durch alle Länder zieht.

Wie sich in der Untersuchung zeigt, fanden die Proteste überwiegend nicht »spontan« statt, sondern sie wurden von bereits bestehenden Organisationen vorbereitet und initiiert. Die Protestaktivität geht also auf eine schon vorhandene, mehr oder weniger formalisierte Organisationsstruktur zurück, ist in der Regel zielgerichtet und mit klaren Forderungen verbunden, wobei durchaus auch diffuse Proteste ermittelt wurden. Diese organisatorische Dichte der Proteste ist angesichts der kurzen Zeit, in der sich Protestträger nach dem Systemwechsel herausbilden konnten, sehr erstaunlich, insbesondere da in der Literatur immer noch ein Bild vorherrschend ist, nach dem die Bevölkerung in den postkommunistischen Ländern politisch ungeübt, apathisch und orientierungslos sei. Im Licht der Befunde über die gerichtete Protestbereitschaft und die organisatorische Umsetzung ist zu fragen, ob das Paradigma der »totalitären« Gesellschaft bezogen auf das Sozialverhalten nicht überdacht werden muss. Selbst in den geschlossenen Gesellschaften Ost- und Ostmitteleuropas der achtziger Jahre haben sich Ansätze von Widerstand und Opposition herausgebildet, die in das Repertoire des sozialen Verhaltens eingegangen sind und die Protestkultur beeinflussen.

4. Demokratisierung als Prozess

Zehn Jahre nach den Systemumbrüchen haben die meisten postkommunistischen Länder die entscheidenden politisch-institutionellen Schritte vollzogen, die für den Übergang zu demokratischen Gesellschaften notwendig sind. Die Legitimationsprobleme der neuen politischen Institutionen bestehen zugleich fort. Ausdruck dieser Probleme sind beispielsweise politische Apathie und Unsicherheit in der Bevölkerung, eine geringe Bindekraft politischer Parteien oder das Auftreten von rechtspopulistischen Strömungen. Die Konsolidierung der Demokratien Mittel- und Osteuropas sollte daher als Prozess verstanden werden, der einen längeren historischen Zeitraum umfasst.

Auf dem heutigen Stand der Transformationsforschung verdichten sich die Hinweise, dass die historischen Erfahrungen sowie die Art und Ausprägung der kommunistischen Herrschaft in den ost- und ostmitteleuropäischen Ländern einen wesentlichen Einfluss auf die Entwicklung der postkommunistischen Gesellschaften ausüben. Eine historisch orientierte Forschung bleibt daher aktuell, um die Übergangsprobleme zu verstehen. Zugleich ist der Einfluss von politischen Eliten und damit ihre politische Verantwortung von nicht zu unterschätzender Bedeutung. Institutionelle Entscheidungen in der Zeit des Übergangs beinhalten Weichenstellungen, die eine nachfolgende demokratische Entwicklung unterstützen, aber auch erschweren können. Wird beispielsweise im konstitutionellen Design eine zu große Machtfülle in der Exekutive angesiedelt, kann dies eine schwache Entwicklung zivilgesellschaftlicher Strukturen nach sich ziehen. In Verbindung mit nationalistischen Mobilisierungen kann dies im extremen Fall zu einer Spaltung der Gesellschaft mit neuen Exklusionen führen. Andererseits zeigt das Beispiel Polen, dass im Übergang getroffene Entscheidungen später revidiert bzw. korrigiert werden können. Der polnische Verfassungsgebungsprozess hat den Übergang von einem präsidentiellen zu einem deutlich parlamentarisch geprägten System erst zehn Jahre nach dem Umbruch vollzogen und damit dem pluralistischen Charakter der Gesellschaft im politischen System Ausdruck gegeben.

Welchen Weg werden die Transformationsländer Ostmitteleuropas weiter verfolgen? Wird an dessen Ende die rasche erfolgreiche Konsolidierung der Demokratie wie in den südeuropäischen

Ländern stehen, die sich vom autoritären System abgewandt und dauerhafte demokratische Strukturen etabliert haben, wie dies in Spanien oder Portugal der Fall ist? Oder zeichnet sich eine lateinamerikanische Variante ab, die durch Zyklen autoritärer und demokratischer politischer Ordnungen charakterisiert ist? Angesichts der gewaltigen Problemlast der ökonomischen Transformation spricht einiges gegen eine rasche Konsolidierung nach spanischem Muster, da die Verzögerung wirtschaftlicher Verbesserungen bzw. eine soziale Spaltung der Gesellschaft die Legitimierung des demokratischen Projekts erschwert. Aber auch der lateinamerikanische Weg ist insofern wenig wahrscheinlich, als nicht nur zentrale Akteure wie das Militär über weniger Macht und Ansehen verfügen als in Lateinamerika. Der Demokratisierungsprozess unterliegt vielmehr auch einem engeren »monitoring« durch internationale Organisationen wie der EU und der OSZE, sodass eine autoritäre Rückentwicklung eine Unterbrechung von Unterstützungsleistungen und gegebenenfalls internationale Sanktionen nach sich ziehen kann. Umgekehrt wirkt die Perspektive einer Mitgliedschaft in der EU stabilitätsfördernd. Der schwierige Weg zu Demokratie und Zivilgesellschaft wird also nicht nur durch die historischen Erfahrungen und politischen Weichenstellungen der Reformländer vorgezeichnet, sondern auch von internationalen Akteuren beeinflusst.

Ob sich die postkommunistischen Länder zu dauerhaften Demokratien entwickeln, ist nicht nur eine Frage der inneren Entwicklung in diesen Ländern, sondern angesichts zunehmender internationaler Interdependenzen gerade im europäischen Raum auch eine Frage an die gesamteuropäischen Institutionen. Innerstaatliche Politik in den Reformländern und internationale Entwicklung sind eng miteinander verflochten. Der institutionelle Rahmen der EU, der Europarat und die OSZE bieten sich an, um die Transformation nachhaltig zu unterstützen. Wirtschaftliche Hilfeleistungen und die Öffnung der EU liegen dabei keineswegs nur im Interesse der Transformationsländer, sondern können die friedliche Neugestaltung Europas im Interesse eines zivilen »Gesamteuropa« befördern. Transformation im 21. Jahrhundert erfordert von den Ländern der EU daher politisch-konzeptionellen Gestaltungswillen.

Arato, A./J. Cohen: *Civil Society and Political Theory*, Cambridge 1992
Arendt, H.: *Macht und Gewalt*, München 1970
Ash, T. G.: *Ein Jahrhundert wird abgewählt. Aus den Zentren Mitteleuropas*, München 1990
von Beyme, K./C. Offe (Hg.): »Politische Theorien in der Ära der Transformation«, in: *PVS*-Sonderheft 26, Opladen 1995
Ekiert, G./J. Kubik: »Contentious Politics in New Democracies. East Germany, Hungary, Poland, and Slovakia 1989-93«, in: *World Politics* 4, 1998, S. 547-581
Elster, J./C. Offe/U. K. Preuß (Hg.): *Institutional Design in Post-Communist Societies. Rebuilding the Ship at Sea*, Cambridge 1998
Glaessner, G.-J.: *Systemwechsel und Demokratisierung. Russland und Mittel-Osteuropa nach dem Zerfall der Sowjetunion*, Opladen 1997
Honneth, A.: »Das Konzept der ›civil society‹«, in: *Merkur*, 46. Jg. 1993, H. 514
Jakobeit, C./A. Yenal (Hg.): *Gesamteuropa*, Bonn: Bundeszentrale für Politische Bildung 1993
Jarausch, K. H.: *Die unverhoffte Einheit: 1989-1990*, Frankfurt/M. 1995
Kitschelt, H.: »Parteien in Osteuropa«, in: H. Wollmann/H. Wiesenthal/F. Bönker (Hg.): *Transformationen sozialistischer Gesellschaften. Am Ende des Anfangs*, Opladen 1995
Lemke, Ch.: *Die Ursachen des Umbruchs. Politische Sozialisation in der ehemaligen DDR*, Opladen 1991
Lemke, Ch.: »Nachholende Mobilisierung: Demokratisierung und politischer Protest in post-kommunistischen Gesellschaften«, in: *Aus Politik und Zeitgeschichte*, Beilage zum Parlament, B 5/97, 24. Jan. 1997, S. 29-37
Maier, C. S.: *Dissolution. The Crisis of Communism and the End of East Germany*, Princeton 1997
Merkel, W. (Hg.): *Systemwechsel 1. Theorien, Ansätze, Konzeptionen*, Opladen 1994
Merkel, W. (Hg.): *Systemwechsel 5. Zivilgesellschaft und demokratische Transformation*, Opladen 2000
Merkel, W.: »Theorien der Transformation«, in: von Beyme/Offe (Hg.): *Politische Theorien*, a. a. O., S. 30-58
Merkel, W./H.-J. Puhle: *Von der Diktatur zur Demokratie. Transformationen, Erfolgsbedingungen und Entwicklungspfade*, Opladen 1999
Merkel, W./A. Croisant: »Formale und informale Institutionen in defekten Demokratien«, in: *Politische Vierteljahresschrift*, H. 1, 2000, S. 3-30
O'Donnell, G./Schmitter, P. C./Whitehead, L. (Hg.): *Transitions from Authoritarian Rule*, Baltimore 1986
Offe, C.: *Der Tunnel am Ende des Lichts. Erkundungen der politischen Transformation im Neuen Osten*, Frankfurt/M. 1994

Rüb, F.: *Schach dem Parlament! Die Staatspräsidenten in Mittel- und Osteuropa*, Opladen 2000
Segert, D./R. Stöss/O. Niedermayer (Hg.): *Parteiensysteme in postkommunistischen Gesellschaften Osteuropas*, Wiesbaden 1997
Skocpol, T.: *States and Social Revolutions*, Cambridge 1979
Tilly, C.: *From Mobilization to Revolution*, Reading 1978
Welsh, H.: »Political Transition Process in Central and Eastern Europe«, in: *Comparative Politics*, Juli 1994, S. 379-394

Heinz Theisen
Wo endet Europa?
Grenzen der Integration und Möglichkeiten der Kooperation mit Osteuropa

1. Die verschiedenen Häuser Europas

Die Entwicklungen in West- und Osteuropa sind von gegensätzlichen Tendenzen gekennzeichnet. Durch die Gleichzeitigkeit von zunehmender politischer Integration auf der einen Seite und politischer und sozialer Fragmentierung auf der anderen Seite werden die Vorstellungen von einem »Gemeinsamen Haus Europa« bis hin zum Ural bzw. Wladiwostok illusorisch. Die Grenzen der Integration in die Europäische Union werden im mitteleuropäischen Raum erreicht. Mit Osteuropa müssen dagegen bessere Kooperationsformen als bisher gefunden werden.

Es gehört zu dem bleibendem Verdienst von Samuel Huntington, die kulturellen Prägekräfte der Politik wieder stärker ins Bewusstsein gerufen zu haben (Huntington 1996). Auch wenn man seine pessimistischen Schlussfolgerungen nicht teilt, so sind doch die von ihm ausgelösten kulturologischen Diskussionen über die Identität und Grenzen der Kulturen auch für die Zukunft Europas von Bedeutung.

Die kulturelle Trennungslinie zwischen West- und Mitteleuropa auf der einen Seite und Osteuropa auf der anderen Seite wird meistens an der Trennungslinie zwischen westlichem und östlichem Christentum verortet. Renaissance, Reformation und Aufklärung haben den osteuropäischen Kulturraum nicht geprägt, sodass schon Jahrhunderte vor der kommunistischen Herrschaft die Entwicklungen in Ost und West getrennt verliefen.[1] Reformer

1 Bassam Tibi z. B. plädiert für eine rigorose Einschränkung des Europabegriffes. Kulturell sei der orthodoxe slawische Osten nicht westlich. Das Europa der Aufklärung sei das okzidentale Europa (Tibi 1998). Demgegenüber hält es der Theologe Hans Küng, der für ein gemeinsames Weltethos der Religionen und Kulturen wirbt, für fraglich, ob man die orthodoxe Christenheit als eigene Zivilisation von der westlichen abgrenzen könne, da es sich um zwei Paradigmen ein und derselben Christenheit handele. Diese hätte sich zwar im zweiten Jahrtausend auseinander entwickelt, eine künftige Versöhnung sei aber keineswegs auszuschließen (Küng 1994).

von Peter dem Großen bis Gorbatschow und Jelzin haben immer wieder den Blick nach Westen gerichtet. Die aufgezwungene Künstlichkeit übereilter Anpassungsversuche an den Westen drohte die Zerrissenheit Russlands zwischen Ost und West jedoch oft eher zu bestärken.

Der alte Traum von einem eigenständigen Mitteleuropa zwischen Ost und West hat als politische Organisationsform keine Bedeutung mehr. Die Staaten dieser Region haben sich unzweideutig nach Westen gewandt. Gleichwohl bleiben selbst für die Kandidaten der ersten Beitrittsrunde – Estland, Polen, Tschechische Republik, Ungarn und Slowenien – noch hohe Hürden zu überwinden. Das Wachstum ihrer Bruttoinlandsprodukte hinkt weit hinter dem europäischen Durchschnitt her. 1999 war es erstmals seit 1994 sogar wieder geringer als das der 15 Mitgliedstaaten der EU. Die Finanzmittel aus dem EU-Agrarhaushalt, dem Regional- und den Strukturfonds dürften kaum ausreichen, die Wettbewerbsfähigkeit der EU-Aspiranten zu verbessern (*Die Zeit*, 24. 8. 2000).

Die anstehende Integration der mitteleuropäischen Staaten erfolgt primär aus politischen Motiven. Sowohl die bereits erfolgte Osterweiterung der NATO als auch die Planungen für die anstehende Erweiterung der EU folgen dabei den von Kulturologen gezogenen Grenzen. Wenn man demgegenüber die osteuropäischen Länder und insbesondere Russland politisch und kulturell als Teil Europas betrachtet, so muss einem insbesondere die Ausdehnung der NATO bis vor die Tore Russlands als Fehler erscheinen, da sie Russland in eine gegnerische Position zum Westen treiben könnte.[2]

Weit größer ist allerdings die Gefahr, dass ein künstlich forciertes Zusammenwachsen funktionsunfähige Hybridgewächse und damit eine Destabilisierung der EU hervorbringt. Ein ungeordnetes Miteinander könnte mehr Spannungen erzeugen als ein geordnetes Nebeneinander. Überzogene Erweiterungsvisionen unterstellen die Alternativlosigkeit einer europäisch geprägten Entwicklung. Eine bloß den Westen nachholende Entwicklung

2 So z. B. Czempiel 1997. Diese Kritik geht auf die Unterscheidung von Mittel- und Osteuropa nicht ein. Wenn man Europa nur geografisch definieren würde, wären seine Folgerungen schlüssig. Aber rein geografische bzw. strategische Bestimmungen Europas lassen sich angesichts der Bedeutung kultureller Unterschiede nicht mehr halten.

ist zudem mit dem neuen Leitbild einer nachhaltigen globalen Entwicklung kaum vereinbar. Die Akzeptanz der kulturellen Grenzen Europas würde die Suche nach alternativen Entwicklungswegen eher erleichtern.

Eine Art »Universalisierung Europas«, wie sie in Politikervisionen gelegentlich anklingt,[3] beruht auf keinen tragfähigen historischen Fundamenten. Sie wird auch von der zunehmenden Zahl so genannter Nichtwestler in Russland als Beitrag zur Destabilisierung ihrer Kultur, oft sogar ihres Territoriums angesehen. Die mit einer Europäisierung verbundene Regionalisierung würde den Machtappetit der lokalen Eliten wecken und den Nationalstaat auflösen. Ein alternativer Weg sei der euroasiatische, der einen bewussten Verzicht auf Europa und einen gewissen Grad von Isolationismus und »selektivem Protektionismus« voraussetze. Gleichzeitig sei dies ein Weg der Offenheit gegenüber den früheren Territorien der UdSSR. Auf diese Weise könne man die Kräfte akkumulieren für eine vollwertige und gleichberechtigte Teilnahme an europäischen und sonstigen Angelegenheiten.[4]

Die geistige Identität des Westens hat sich über Jahrhunderte hinweg entwickelt und wird – wenn überhaupt – kaum in einem Schnelldurchgang nachzuholen sein. Die Identität Europas liegt u. a. in der Unterscheidung zwischen Staat und Kirche, in einem personalen Menschenbild und den daraus abgeleiteten Menschenrechten und Menschenpflichten, im freiheitlichen Verfassungsstaat, im sozialen Rechtsstaat, in der Zivilgesellschaft und in einem immer prekären Gleichgewicht zwischen Pluralität und Kooperationsbereitschaft. Die »Interpenetration von Kultur und

3 Zumindest müsste die kulturelle Problematik in die politischen Visionen Eingang finden. Dies ist gerade an höchsten Stellen nicht der Fall. So sieht der für die EU-Osterweiterung zuständige EU-Kommissar Günter Verheugen mehrere Beitrittswellen bis hin zu den Ländern der ehemaligen Sowjetunion auf die EU zurollen. Die Grenze der EU dürfe keine Armutsgrenze, sondern müsse eine offene Grenze sein (*Bonner General-Anzeiger*, 2. 9. 1999). EU-Kommissionspräsident Romano Prodi spricht sich für eine umfassende Strategie aus, wie die EU in den kommenden 25 Jahren auf bis zu 30 Mitgliedsstaaten erweitert werden könne (*Bonner General-Anzeiger*, 15. 9. 1999).

4 Die so genannten Euroasiaten sehen Russland sogar als Platzhalter einer interzivilisatorischen Synthese, die über das Dilemma Europa-Asien erhaben sei (Ionin 1998). Von der Fähigkeit zu einer solchen Synthese ist Russland heute aber weit entfernt.

Welt« ist der treibende Motor der Entwicklungsdynamik der okzidentalen Gesellschaft. Kultur und Welt treiben sich als offene Systeme gegenseitig voran (Münch 1993). Offenheit ermöglicht Lernfähigkeit als Kern der europäischen Identität. Diese Identität ist nicht an statische geografische Bedingungen gebunden, wie die Teilhaberschaft Amerikas an den europäischen Entwicklungen beweist, sie erlaubt umgekehrt aber auch keine lediglich aus der Geografie abzuleitenden Ansprüche auf Mitgliedschaft. Die Lernfähigkeit wird auch das letztlich entscheidende Kriterium in den Beitrittsverhandlungen sein müssen.

Die Identität Europas steht auch heute noch auf schwankenden Fundamenten. Ihre künftige Belastbarkeit ist selbst innerhalb der gegenwärtigen Union keineswegs gesichert. Auch Westeuropa ist noch keine Kommunikationsgemeinschaft, kaum eine Erinnerungsgemeinschaft und nur begrenzt eine Erfahrungsgemeinschaft (Kielmansegg 1992).

Kurz- und mittelfristig liegen Europas Grenzen dort, wo seine Handlungsfähigkeit endet. Eine Integration der ehemaligen Staaten der Sowjetunion mit Ausnahme der baltischen Republiken ist deshalb auf lange Zeit nicht möglich, auch wenn dies – wie auch bei der Türkei – zu selten offen ausgesprochen wird. Ehrlicher und wohl auch funktionaler wäre das Bekenntnis zu zwei unterschiedlichen Formen transnationaler Politik einerseits gegenüber Mitteleuropa und andererseits gegenüber Osteuropa. Dies würde auch eine Konzentration der Hilfsressourcen auf diejenigen Demokratien erlauben, bei denen eine reale Aussicht auf eine Konsolidierung vorhanden ist (Merkel 1999).

Kooperation kann schließlich zur Integration überleiten. Eine solche Kooperation auf Probe versucht der Stabilitätspakt mit Südosteuropa zu initiieren. Durch das militärische Eingreifen Europas in die Wirren des Balkans hat es sich selbst auf die Aufgabe verpflichtet, einer ganzen Randregion zur Stabilität zu verhelfen, obwohl die Frage der Zugehörigkeit vieler südosteuropäischer Regionen zu Europa nur im geografischen Sinne beantwortet ist. Sicherlich bietet die Perspektive einer europäischen Integration multiethnischen Gebilden einen Bezugspunkt jenseits der alten Schlachtordnungen. Andererseits wecken die fortwährenden Verstöße gegen die Menschenrechte – heute v. a. gegen die serbischen Minderheiten im Kosovo – prinzipielle Zweifel an der Integrationsfähigkeit.

Die notwendige Begrenzung Europas ergibt sich schon daraus, dass eine Integration von weiteren 27 Staaten Mittel- und Osteuropas einem zweiten Turmbau von Babylon gleichkäme. Grenzen der Integration machen aber die Verbesserung der interkulturellen Kooperation umso bedeutsamer.

2. Integration und Kooperation als Formen transnationaler Innenpolitik

Die mit der Globalisierung einhergehende Denationalisierung der Politik kann angesichts etwa der transnationalen ökonomischen oder sozialen Probleme nicht der Weisheit letzter Schluss sein. Das »komplexe Weltregieren« (Zürn 1998) in den Mehrebenensystemen ruft vielmehr das Paradoxon einer transnationalen Innenpolitik auf den Plan. Die traditionell im nationalstaatlichen Rahmen behandelten Politikfelder wie Innere Sicherheit, Arbeitsmarkt- und Sozialpolitik, Umwelt-, Forschungs- und Bildungspolitik sind immer weniger nur im nationalstaatlichen Kontext gestaltbar.

In der klassischen Innenpolitik nationaler Gesellschaften stand die Ausgestaltung des umgrenzten Gemeinwesens durch den souveränen Nationalstaat im Mittelpunkt. Die Außenpolitik widmete sich der Durchsetzung und Absicherung der nationalen Interessen. Die Beibehaltung einer strikten Trennung nach Innen- und Außenpolitik würde heute nur noch den Autonomieverlust des Nationalstaates gegenüber transnationalen Akteuren wie denen der Ökonomie verschärfen. Ein freiwilliger Souveränitätsverzicht gegenüber trans- oder supranationalen Institutionen kann den staatlichen Autonomieverlust dagegen kompensieren. Nationale Souveränität schrumpft zunehmend auf die Wahrnehmung der jeweiligen gesellschaftlichen Interessen an den Verhandlungstischen. Die damit einhergehenden Demokratiedefizite werden durch einen Gewinn an Handlungsfähigkeit kompensiert. Auf europäischer Ebene verfügen die Entscheidungsträger über eine vergleichsweise hohe Autonomie gegenüber gesellschaftlichen Partikularinteressen.

Im Mehrebenensystem der EU stehen die nationalstaatlichen und die europäischen Institutionen in gegenseitiger Abhängigkeit und können kaum noch als separate politische Systeme gedacht werden. Selbst innerhalb der EU muss noch einmal zwischen einer supranationalen Integrationspolitik und einer transnationalen Kooperationspolitik unterschieden werden. Die transnationale Kooperation beschränkt sich wie beim Schengener Abkommen und bei der Währungsunion zunächst auf einen bestimmten Kreis von Ländern, bevor eine Ausdehnung auf die gesamte Union möglich wird.

Die Erweiterung der EU auf mitteleuropäische Staaten stellt sowohl die EU als auch die Beitrittskandidaten vor große Probleme. Zwar locken auf beiden Seiten Wachstumsimpulse, andererseits könnten die Asymmetrien des Wohlstandsgefälles soziale Spannungen vergrößern. Bei den Beitrittskandidaten wird ein hohes Maß an Anpassungsfähigkeit vorausgesetzt. Die EU erwartet die vollständige Übernahme des gemeinschaftlichen Rechtsbestandes.

Die EU-Finanzmittel zur Vorbereitung der Osterweiterung sollen aufgebracht werden, ohne den bestehenden Finanzrahmen der EU von 1,27% des europäischen BSP auszuweiten. Da die alten Mitgliedstaaten aber nicht bereit sind, auf bestehende Leistungen zu verzichten oder gar die eigenen Beiträge zu erhöhen, sind heftige Verteilungskämpfe vorherzusehen. Es ist unwahrscheinlich, dass dies mit den bestehenden Entscheidungsstrukturen – v. a. mit dem immer noch vorherrschenden Einstimmigkeitsprinzip im Ministerrat – zu bewältigen ist. Institutionelle Reformen im Sinne einer Vertiefung der Union sind notwendig für die anstehende Integration.

3. Transformation der Kooperation

In Russland haben wir es heute mit einer halb autokratischen, halb anarchischen Demokratie und mit einer zumindest halbkriminellen Marktwirtschaft zu tun. In diesem Land der Extreme werden mittlere Wege zwischen Konflikt und Konsens und zwischen Pluralität und Kooperation fast systematisch verfehlt. Es kann daher auch nicht verwundern, dass die Unterscheidung zwischen Marktwirtschaft und Marktgesellschaft, in der buchstäblich alles käuflich ist, nicht gelungen ist. Die mangelnde Übertragbarkeit von westlichem Denken auf nichtwestliche Kulturen zeigt sich nicht zuletzt am Schicksal der vom Westen vergebenen ungebundenen Kredite.[5]

Damit wiederholte die Transformationshilfe viele Fehler der Entwicklungshilfe. Die modellplatonischen Annahmen von den komparativen Kostenvorteilen des freien Handels im Rahmen der Globalisierung stoßen überall dort an ihre Grenzen, wo die Voraussetzungen für Marktwirtschaft und Konkurrenzfähigkeit nicht gegeben sind (Theisen 1998). An solchen Plätzen vertiefen sich die Gräben zwischen Reich und Arm. Westliche Hilfe kann dies nicht verhindern. Oft verschlimmert sie die Situation, wenn die Kredite den Sumpf der Korruption erst richtig wässern. Entwicklungsmodelle, die an den korrupten Eliten vorbei »Hilfe zur Selbsthilfe« in Form von Ausbildungshilfe und von Kleinkrediten an Gewerbetreibende leisten, haben sich als erheblich realistischer erwiesen.

Äußere und Innere Sicherheit sowie Rechtsstaatlichkeit durch eine funktionsfähige Verwaltung und Justiz sind keine Nebenprodukte, sondern die Bedingung von Entwicklung. Bei der Schaffung der Voraussetzungen ist in erster Linie die staatliche Handlungsebene gefordert. Die universalistischen Vorstellungen von Intellektuellen sind auf ihre Weise oft ähnlich voraussetzungslos wie die des Neoliberalismus. Der von ihnen allerorten beschworene »Dialog der Kulturen« unterstellt, dass Dialoge immer zur Verständigung beitragen. Die Dialogfähigkeit muss aber gerade in Gesellschaften, denen das komplexe Denken durch Ideologien ausgetrieben wurde, erst einmal geschaffen werden.

3.1 Die kurzfristige Aufgabe: Gemeinsame Sicherheit und Stabilität

Nicht nur die militärische, sondern auch die Innere Sicherheit erfordern heute transnationale Antworten. Einer wachsenden Zahl international operierender Straftäter und Organisationen steht eine weitgehend an nationale Rechtsordnungen gebundene Strafverfolgung gegenüber. Bei 68 % der 780 Ermittlungsverfahren ge-

5 Dabei hat es auch an Warnungen über den wahren Charakter des Transformationsprozesses in Russland nicht gefehlt (vgl. z. B. Gaidar 1995): »Die kommunistische Oligarchie wurde selbst zum Totengräber ihres Systems, im Übrigen zu einem berechnenden und eigennützigen, der darauf hoffte, sich anlässlich der eigenen Beisetzung zu bereichern.«

gen die Organisierte Kriminalität ließen sich 1993 internationale Bezüge feststellen. 1991 hatte dieser Anteil noch bei 50,6 % gelegen (Zachert 1995).

Leitbilder von einer Gemeinsamen Sicherheit sind für kooperative Prozesse in besonderer Weise geeignet. Sicherheit ist in einer zunehmend interdependenten Welt nur noch gemeinsam zu haben, eine Einsicht, die schon in der Endphase des Ost-West-Konflikts bezüglich der militärischen Sicherheit konsensfähig geworden war. Mit Rüstungskontrollabkommen und Friedensverträgen sind die weitaus komplexeren Sicherheitsanforderungen einer multipolaren Welt mit ihren unterschiedlichen militärischen, inneren, ökologischen, technologischen und sozialen Dimensionen nicht mehr zu bewältigen.

Die europäische Außen- und Sicherheitspolitik hatte sich gegenüber den Konflikten im zerfallenden Jugoslawien auf ein nachträgliches Eingreifen im Kielwasser der USA beschränkt. Eine sowohl präventive wie auch zivile Friedenspolitik hätte Institutionen und Prozesse erfordert, die vor einem Gewaltausbruch einsetzen. Die Erfahrung der meisten OSZE-Missionen zeigt, dass allein schon die militärische Präsenz vor Ort gewaltmindernd wirkt. Die Fortführung und Aufstockung der Langzeitmissionen im ehemaligen Jugoslawien hätte – wäre sie nicht durch Suspendierung vereitelt worden – die Steuerzahler weniger belastet als die den vier Balkan-Kriegen folgenden militärischen Eingriffe und Aufbauprogramme. Allein für den Unterhalt und die spätere Rückführung der Flüchtlinge, die Deutschland seit 1991 aufgenommen hat, musste über 100-mal so viel Geld ausgegeben werden wie für die OSZE und ihre Missionen (Meyer 1999).

Die neuen militärischen Formen der Sicherheitskooperation bedeuten eine differenzierte Öffnung gegenüber Mittel- und Osteuropa. Im »Nordatlantischen Kooperationsrat« verständigen sich die höchsten Militärs der Nato-Staaten und der ehemaligen Warschauer-Pakt-Staaten über gemeinsame Aktivitäten zur Gestaltung der europäischen Sicherheit. Die 1994 ausgesprochene Einladung der Nato zur »Partnerschaft für den Frieden« richtete sich gleichberechtigt an alle Mitgliedstaaten der OSZE; 27 Nicht-Nato-Staaten haben diese Einladung angenommen. In diesem Rahmen dienen gemeinsame Aus- und Fortbildungsprogramme, Symposien und Expertentreffen dem Kennenlernen, dem gegenseitigen Verständnis und der Verständigung. Sie haben damit eine Grundlage für die konkrete Zusammenarbeit bei den gemeinsamen Einsätzen der Internationalen Friedenstruppen in Bosnien und im Kosovo geschaffen (Friese 1996).

3.2 Die mittelfristige Aufgabe: Aufbau einer guten Gouvernanz

In der entwicklungspolitischen Diskussion herrscht heute darüber Konsens, dass schlechte Gouvernanz eine der Hauptursachen von Unterentwicklung ist. Im Entwicklungsbericht der Weltbank wird der Zusammenhang von Rechtsstaatlichkeit und wirtschaftlichem Erfolg eindeutig belegt. Demnach weisen die Länder, die in Umfragen bei transnationalen Unternehmen im Ruf einer hohen Glaubwürdigkeit stehen, zwischen 1984 und 1993 ein Durchschnittswachstum von 1,8 % jährlich auf, die mit einer geringen Glaubwürdigkeit wuchsen im Durchschnitt um 0,2 % pro Jahr, und die mit einer geringen Glaubwürdigkeit mussten sogar einen Rückgang von 1,1 % jährlich verkraften (World Bank 1997).

In den von Korruption geprägten Ländern kann die fehlende Kunst der Staatsführung und der ihnen unterstellten Behörden auch nicht von einer allenfalls rudimentär vorhandenen Zivilgesellschaft ersetzt werden. Die Hoffnungen auf die freiwilligen Hände der Zivilgesellschaft sind ähnlich macht- und staatsvergessen wie die auf die unsichtbaren Hände des Marktes. Ohne die auf verbindliche Weise gestaltenden, kontrollierenden, moderierenden und kooperierenden Hände des Staates – ob in nationalstaatlichen oder in transnationalstaatlichen Formen – ist eine kollektiv-kooperative Bereitstellung der grundlegenden Lebensvoraussetzungen (Sicherheit, Gesundheit, Nahrung, Kleidung etc.) auf Dauer nicht möglich. Diese Güter sind wiederum die Voraussetzung für sozialen Frieden, politische Loyalität und demokratischen Minimalkonsens.

Durch den Stabilitätspakt des Westens mit Südosteuropa sollen dort die entsprechenden Strukturen für Sicherheit, Wohlstand und Demokratie geschaffen werden. Südosteuropa wird die Perspektive einer Integration in die euro-atlantischen Strukturen geboten. Die Hilfe des Westens wird dem Leitbild der Gegenseitigkeit unterworfen. Die Intensität des westlichen Engagements soll davon abhängig gemacht werden, in welchem Maße die Staaten der Region die entsprechenden Bedingungen für eine Demokratisierung und für eine zivile Gesellschaft, für erfolgreichen Handel und Investitionen sowie für gutnachbarschaftliche Beziehungen schaffen.

Die militärischen Missionen auf dem Balkan müssen durch geeignetes ziviles Personal ergänzt werden. Als die Bodentruppen in das Kosovo einrückten, wartete man auf die zivilen Kräfte, die für den Wiederaufbau von Polizei und Justiz, von Verwaltung und Infrastruktur notwendig sind. Neben den 30 000 Soldaten kamen aber nur 700 Polizisten. Während die zahlreichen Hilfsorganisationen sich rasch in den Krisengebieten einfanden, reagierten die öffentlichen Verwaltungen, Bastionen der Nationalstaatlichkeit, zögerlich (Eisele 1999).

Auch bezüglich der ortsansässigen Verwaltung können wir nicht einfach darauf hoffen, dass die nächste Mitarbeitergeneration besser sein wird als die alten Apparatschiks. Zwar sind die Jungen weltmännischer und neugieriger, zugleich sind sie aber bar jedweder idealistischen Prägung. In dieses Vakuum hinein könnten westliche Ausbildungshilfen relativ viel bewirken. Die Mitarbeiter der Finanzbehörden, der Justiz und der Polizei sitzen oder könnten schon in wenigen Jahren in Positionen sitzen, die für eine gute Regierungsfähigkeit bedeutsam sind. Zugleich würden wir damit Kooperationspartner für transnationale Formen der guten Gouvernanz gewinnen.

3.3 Die langfristige Aufgabe: Bildung als Hilfe zur Selbsthilfe

Die Reduktion der Standortkriterien auf Löhne und Lohnnebenkosten hat sich auch aus ökonomischer Perspektive als unzureichend erwiesen. Selbst für den kurzfristigen ökonomischen Erfolg ist es entscheidend, ob die Bürger eines Landes in der Lage sind, den komplexen geistigen und mentalen Anforderungen der Marktwirtschaft gerecht zu werden. Die wahren technologischen Aktiva eines Landes liegen in der neuen Weltwirtschaft in der Fähigkeit der Bürger, komplexe Zukunftsprobleme zu lösen (Theisen 2000).

Selbst im deutschen Wiedervereinigungsprozess scheint eine aus politischen Gründen unvermeidlich beschleunigte Anpassung des Ostens an den Westen eher Aversionen derjenigen zu schüren, die sich anpassen müssen, es aber nicht können. Die Einführung der Marktwirtschaft ohne Übergangs- und Anpassungsfristen trug zum Zusammenbruch der dortigen Industrie bei. Statt die Menschen durch Aus- und Fortbildung erst einmal in den Stand zu versetzen, Marktteilnehmer und Marktsubjekte zu werden, wurden sie durch das Ausbleiben entsprechender Übergangs- und Anpassungshilfen zu bloßen Marktobjekten degradiert. Die massiven sozialstaatlichen Hilfen des Westens ergänzen die freie Marktwirtschaft nur im Sinne einer materiellen Versorgung derjenigen, die nicht mitzuhalten vermögen, sind aber keine hinreichende Hilfe zur Selbsthilfe.

Die politischen Zwänge einer schnellen Anpassung von Mittel- und Osteuropa waren ungleich geringer, sodass man sich hier beim Aufbau der Voraussetzungen hätte mehr Zeit lassen können. Stattdessen vollzogen sich die »Schocktherapien« dort aber in der gleichen falschen Reihenfolge. Allerdings konnte die Deregulierung und Privatisierung nicht durch annähernd vergleichbare soziale Leistungen kompensiert werden.

Für den Anschluss an die Wissens- und Informationsgesellschaft sind in den Transformationsländern erhöhte Investitionen in Bildung, Forschung und Technologie notwendig. Stattdessen wirkte sich das ja auch uns bekannte Strukturproblem einer Kurzfristorientierung von Demokratien in den Transformationsländern besonders fatal aus. Die um die Vorherrschaft streitenden Reformer kümmerten sich oft mehr um die Absicherung ihrer Macht als um langfristige Notwendigkeiten. Die öffentlichen Bildungsausgaben sind – einer UNICEF-Studie zufolge – seit 1989 in fast allen 27 Ländern Mittel- und Osteuropas gesunken, in Russland mit seinen 38 Mio. Kindern und Jugendlichen um ein Drittel (*Bonner General-Anzeiger*, 27. 5. 1998).

Die oft mangelnde Dialogfähigkeit resultiert nicht zuletzt aus dem geringen Leistungsstand der Geistes-, Sozial- und Wirtschaftswissenschaften, die durch die marxistische Ideologie in vergleichbarem Umfang ruiniert wurden wie die Volkswirtschaften. Die einst angesehenen Lehrer und Professoren führen heute eine Kümmerexistenz. Der Mangel an Bildung wirkt sich selbst in Wahlkämpfen negativ aus, da keine ausreichende Zahl von qualifizierten Personen vorhanden ist, um den alten Nomenklaturisten die Mandate und Ämter streitig zu machen. Wer seinen Kindern eine gute Ausbildung ermöglichen kann, schickt sie auf teure Privatschulen oder in den Westen. Bildung verkommt zu einem Privileg der Neureichen.

Der Westen kann die mangelnde Breitenbildung im Osten nicht kompensieren. Dennoch ist es für die öffentlichen Hände beschämend, dass die besten Initiativen zur Bildungshilfe im Osten vom Privatmann George Soros konzipiert und auch finanziert werden. Der Westen braucht potenzielle Kooperationspartner für ein komplexes Weltregieren. Interkulturelles Lernen in »west-östlichen Hörsälen« würde schon mittelfristig Kosten zu sparen helfen, weil es die Irrtümer zwischen Ost und West verringern würde. Im langfristigen Horizont ist Bildungshilfe zudem die beste Hilfe zur Selbsthilfe (Erdmann/Theisen 2000).

Bei der gemeinsamen Suche nach einer »nachhaltigen Entwicklung« benötigt der Westen Hilfe von nichtwestlichen und vormodernen Traditionsbeständen. Für den Aufbau rechtsstaatlicher Institutionen muss der Osten vom Westen lernen. Diese Notwendigkeit kommt neuerdings auch in der Kreditvergabepraxis der Weltbank, des IWF und bei bilateralen Krediten zum Ausdruck, die nur noch mit strikten Auflagen hinsichtlich einer Banken-, Steuer- und Justizreform vergeben werden.

Da entsprechende Kompetenzen nicht vom Himmel fallen, sollte ein Teil der Kredite zweckgebunden für die Bildungshilfe insbesondere im Bereich der öffentlichen Verwaltungen vergeben werden. Dies wäre eine langfristig tragfähige Alternative zur Kürzung der finanziellen Hilfen, mit denen auch der Einfluss des Westens sinkt. Eine solche Verknüpfung von kulturellen, ökonomischen und bildungspolitischen Entwicklungsebenen wäre ein Beitrag zu einer transnationalen Realpolitik, die sich zwischen überkommenem Nationalismus und unhistorischem Universalismus bewegt.

Bonner General-Anzeiger v. 27. 5. 1998; 2. 9. 1999; 15. 9. 1999; 25. 9. 1999

Czempiel, E.-O.: »Die Neuordnung Europas«, in: *Aus Politik und Zeitgeschichte*, B 1-2, 1997

Die Zeit v. 24. 8. 2000

Eisele, M.: »Nicht weniger als ein Jahrhundert-Auftrag. Was die Übergangsverwaltung der Vereinten Nationen für das Kosovo leisten soll«, in: *Frankfurter Allgemeine Zeitung*, 26. 8. 1999

Erdmann, K. Theisen, H. (Hg.): *Der west-östliche Hörsaal. Interkulturelles Lernen zwischen Ost und West*, Berlin 2000

Friese, M.: »Partnerschaft für den Frieden. Entstehung, Hintergründe, Perspektiven«, in: *Mut* 9, 1996

Gaidar, J.: *Entscheidung in Russland. Die Privatisierung der Macht und der Kampf um die zivile Gesellschaft*, München/Wien 1995

Huntington, S. P.: *Kampf der Kulturen. The Clash of Civilizations. Die Neugestaltung der Weltpolitik im 21. Jahrhundert*, München/Wien 1996

Ionin, L.: »Russlands Weg – Nach Europa oder nach Asien?«, in: H. Hoffmann/D. Kramer (Hg.): *Europa – Kontinent im Abseits?* Römerberggespräche. Reinbek 1998, S. 145 ff.

Kielmansegg, P. Graf: »Lässt sich die europäische Gemeinschaft demokratisch verfassen?«, in: *Europäische Rundschau*, Jg. 22, H. 2, 1992, S. 23 ff.

Küng, H.: *Das Christentum. Wesen und Geschichte*, München/Zürich 1994

Merkel, W.: *Systemtransformation. Einführung in die Theorie und Empirie der Transformationsforschung*, Opladen 1999

Meyer, B.: »Gewaltprävention. Wie schwach sind UNO und OSZE?«, in: *Universitas* 8, 1999, S. 720 ff.

Münch, R.: *Die Kultur der Moderne*, Bd. 1 und 2, Frankfurt/M. 1993

Theisen, H.: »Russland und die Grenzen der Globalisierung«, in: K. Erdmann/H. Theisen (Hg.), *Gibt es eine gemeinsame Zukunft? Die öffentlichen Verwaltungen im Transformationsprozess*, Brühl 1998

Theisen, H.: *Zukunftspolitik. Langfristiges Handeln in der Demokratie*, München 2000

Tibi, B.: *Krieg der Zivilisationen*, München 1998

World Bank. *World Development Report*, Washington, D. C. 1997

Zachert, H. L.: »Die international organisierte Kriminalität«, in: *Internationale Politik*, Jg. 50, H. 2, 1995, S. 3 ff.

Zürn, M.: *Regieren jenseits des Nationalstaates. Globalisierung und Denationalisierung als Chance*, Frankfurt/M. 1998

Franz Nuscheler
Wird der Süden abgehängt?

1. Die »Millennium-Runde« der WTO als Arena von globalen Interessenkonflikten

Vor der Eröffnung der »Millennium-Runde« der WTO (*World Trade Organization*) spielten sich Anfang Dezember 1999 auf den Straßen von Seattle bürgerkriegsähnliche Szenen ab. Amerikanische Gewerkschafter und Farmer protestierten gegen billige Importe aus Entwicklungsländern, Dritte-Welt-Gruppen gegen die handelspolitische Benachteiligung der Entwicklungsländer, Menschenrechtsgruppen gegen die Ausbeutung von Kinderarbeit und die Verletzung von sozialen Mindeststandards durch die global operierenden multinationalen Unternehmen, Frauengruppen gegen die miserablen Arbeitsbedingungen in den »Weltmarktfabriken« in den Exportzonen, Umweltgruppen gegen einen Freihandel, der die ökologische Rücksichtslosigkeit zu einem Wettbewerbsvorteil zu machen und die Welt mit genmanipulierten Lebensmitteln zu überschwemmen droht, linke Gruppen gegen den globalen »Turbo-Kapitalismus«.

Der auf Spruchbändern und Plakaten dämonisierte Sündenbock, gegen den sich die Aggressionen entluden, hieß »Globalisierung«. Die Delegationen aus den Mitgliedsstaaten der WTO mussten erfahren, dass sich NGOs (Nichtregierungsorganisationen) und Protestgruppen aus aller Welt in die Verhandlungen über Handelsfragen einmischten und diese nicht mehr Diplomaten und Wirtschaftsverbänden überließen. Wie auf den anderen Weltkonferenzen der neunziger Jahre spielte sich auch in Seattle die Dramaturgie von *Global Governance* ab (vgl. Messner/Nuscheler 1996).

2. Die Globalisierung als Bedrohungsszenario

Was die Protestgruppen in Seattle miteinander verband, waren diffuse Ängste vor nachteiligen Folgen der Globalisierung, die inzwischen zu einem Schlagwort verkommen ist, das zur Begründung aller möglichen Übel und Fehlentwicklungen in der Welt und zum Totschlagargument in der »Standortdebatte« herhalten muss. Sie wird als Bedrohungsszenario dämonisiert, in dem verschiedenartige Verlustängste auf den Begriff gebracht werden. Die Protestgruppen lasteten der »Millennium-Runde« der WTO an, durch die weitere Liberalisierung des Welthandels die Globalisierung auf dem Rücken von Mensch und Natur voranzutreiben, einseitig den Interessen der global operierenden multinationalen Unternehmen zu dienen und den globalen »Raubtier-Kapitalismus« (Helmut Schmidt) von sozialen und ökologischen Verpflichtungen zu entbinden.

Die zunehmend transnational vernetzte und agierende Entwicklungslobby attackierte den von den weltwirtschaftlichen Führungsmächten unter dem Dach der WTO geplanten »Kuhhandel des Jahrtausends« mit dem Vorwurf, die handelspolitischen Vorteile der Industrieländer durchsetzen und vertraglich zementieren zu wollen und dabei die Interessen der »Fußkranken der Weltwirtschaft« zu vernachlässigen (vgl. iz3w 1999). Sie verkannte dabei, dass es der WTO auch darum geht, die Interessen der mächtigen *Global Players* in internationale Regelwerke einzubinden und einen Interessenausgleich zu finden. Entgegen dem Rechtfertigungsargument der Apologeten des Freihandels, dass dieser gemäß der Lehre von Adam Smith den Wohlstand aller Nationen mehre, befürchtet sie eine weitere Abkoppelung des Südens – und nun auch des Ostens – aus der durch die Globalisierung beschleunigten weltwirtschaftlichen Dynamik.

Die Befürchtungen lassen sich auf sieben Kernargumente verdichten:

1. Der zunehmend deregulierte Weltmarkt bildet eine Art von Weltgericht über die Wettbewerbsfähigkeit von Nationen; er nutzt den Starken und benachteiligt die Schwachen unter ihnen. Letzteren kann deshalb die entwicklungspolitische Formel *trade not aid* nicht aus der Klemme von Unterentwicklung, Verschuldung und Armut helfen.

2. Unter den verschärften internationalen Konkurrenzbedingungen geraten überall Sozial- und Umweltstandards unter Druck. Der deregulierte Freihandel verstärkt die Versuchung, durch Absenken der Sozial- und Umweltstandards Kosten zu drücken und Wettbewerbsvorteile zu erzielen (vgl. Daly 1999). Die Entwicklungsländer wehren sich gegen die Aufnahme von

Umwelt- und Sozialklauseln – z. B. des Verbots von Kinderarbeit oder der völkerrechtlich verbindlichen Normen der ILO (*International Labour Organization*) – in das Regelwerk der WTO, um ihre komparativen Vorteile billiger Arbeitskräfte, gezähmter Gewerkschaften und niedriger Kosten zum Umweltschutz, mit denen sie auch ausländische Investoren anzulocken versuchen, nicht zu gefährden. Wie die *Gruppe von Lissabon* (1997) zutreffend monierte, würde sich ohne ordnungspolitische Bändigung des nackten Konkurrenzprinzips das sozialdarwinistische Prinzip des *Survival of the Fittest* durchsetzen, das buchstäblich über Leichen geht.

3. Die ungleiche Kosten- und Nutzenverteilung der Globalisierung verstärkt die sozialen und politischen Stressfaktoren, die auch in den westlichen Wohlfahrtsstaaten die soziale Integration und politische Stabilität gefährden. Deshalb wollte Ralf Dahrendorf schon die Morgendämmerung eines »autoritären Jahrhunderts« erkannt haben. Viel dramatischer sind die Verhältnisse in den meisten Entwicklungsländern, in denen die »dritte Welle der Demokratisierung« (Huntington 1991) ihre Bewährungsprobe noch nicht bestanden hat. Hier unterhöhlt der Konkurrenzdruck die normativen Standards der sozialen Menschenrechte (vgl. Nuscheler 1999).

4. Die Globalisierung droht nicht nur mit Risiken, sondern verspricht auch Chancen; sie hat Gewinner und Verlierer, sowohl auf der Ebene der Staatenwelt als auch innerhalb der Staaten, sowohl innerhalb der »OECD-Welt« als auch im Süden und Osten. Sie bietet einerseits wettbewerbsfähigen Schwellenländern neue Chancen auf dem deregulierten Weltmarkt, freilich unter hohen sozialen und ökologischen Kosten, und droht andererseits ganze Regionen (neben dem subsaharischen Afrika auch Südasien, Teile Zentralasiens und Lateinamerikas) weiter zu marginalisieren.

Auch nach den optimistischen Prognosen der WTO, Weltbank und OECD gehören v. a. die ärmsten Entwicklungsländer mit schwacher Ausstattung an materiellen und humanen Ressourcen, die in der Regel nur Rohstoffe exportieren können, zu den Verlierern der Globalisierung. Rund 80% der Direktinvestitionen aus dem Norden in den Süden, die in den neunziger Jahren geradezu explodierten, während die Mittel für Entwicklungshilfe schrumpften, sind auf ein Dutzend Schwellenländer in Lateinamerika, Ost- und Südostasien konzentriert: Das Privatkapital geht dorthin, wo es sich lohnt und einigermaßen stabile politische Verhältnisse Investitionssicherheit schaffen. Aber auch hier bevorzugt es die *global cities* und verschärft die innere Polarisierung zwischen Stadt und Land, zwischen In- und Exkludierten, die von den Dependenztheorien auf den Begriff der »strukturellen Heterogenität« gebracht worden war.

5. Die Kritiker der Globalisierung, die sich für die Belange der Armutsgruppen einsetzen, unterstellen, dass sie zwangsläufig die Armut vergrößere. Sie kann jedoch mit den Wachstumschancen, die ein besserer Zugang zum Weltmarkt bietet, auch das Potenzial für die Armutsbekämpfung vergrößern. Dies war die Lehre aus der Erfolgsgeschichte der fernöstlichen »Tigerstaaten«, zumindest bis zum Ausbruch der Asienkrise. Gleichzeitig lieferte sie – im Unterschied zu Lateinamerika mit seinen entwicklungshemmenden Macht- und Besitzstrukturen – die Lehre, dass hohes Wachstum nur dann zu den Armutsgruppen durchsickert, wenn es zu einer aktiven Sozial- und Verteilungspolitik genutzt wird.

6. Die Freihandelsdoktrin verspricht fast allen Marktteilnehmern Handels- und Wohlfahrtsgewinne und den Entwicklungsländern die Chance, ihre Armut zu überwinden. Im *Handelsblatt* (3./4. 12. 1999) lautete dieses Credo so: »Freihandel, das belegen genügend Zahlenwerke, trägt zu Wohlstand bei. Nur wer bereit ist, Handelsschranken einzureißen, kann Armut überwinden.«

Aber von welchen Ländern stammen diese Zahlenwerke, die die These belegen sollen? Was haben arme Länder vom Freihandel, wenn sie gar nicht in der Lage sind, nachgefragte Güter und Dienstleistungen zu handeln? So konnten nur wenige der inzwischen 71 mit der EU assoziierten AKP-Staaten in Afrika, in der Karibik und im Südpazifik die ihnen eingeräumten Handelspräferenzen nutzen. Auch die aus Mitteln des *Europäischen Entwicklungsfonds* finanzierten Ausgleichsfonds für agrarische und mineralische Rohstoffe (STABEX und MINEX) konnten den Zerfall der Rohstoffpreise nur ein wenig abfedern und nicht verhindern, dass der Welthandelsanteil des subsaharischen Afrika auf eine marginale Restgröße absank. Die 49 *Least Developed Countries* (LLDCs) sind nur noch mit 0,4% am gesamten Welthandel beteiligt. Mit Rohstoffen auf geringer Verarbeitungsstufe lassen sich – wenn man von Erdöl absieht – keine Wohlfahrtsgewinne erzielen. Die Rohstoffproduzenten haben deshalb auf Handelskonferenzen nur noch wenig Verhandlungsmacht.

Dagegen konnten Agrarexporteure und Produzenten von arbeitsintensiven Industrieprodukten (wie Textilien, Bekleidung, Lederwaren, Spielzeug etc.) vom schrittweisen Abbau von Agrarsubventionen und anderen nichttarifären Handelshemmnissen und ihren komparativen Kostenvorteilen profitieren – allerdings auf Kosten nicht mehr wettbewerbsfähiger Produzenten in den Industrieländern, die ihrerseits die Globalisierung als Existenzbedrohung verteufeln. Die von der Globalisierung erzwungene Strukturanpassung fordert überall Opfer, allerdings mit dem Unterschied, dass reiche Gesellschaften die notwendigen Anpassungsleistungen und Lernprozesse leichter organisieren und finanzieren können.

7. Ökologen leiten aus der Verschärfung des internationalen Konkurrenzkampfes und aus dem Wachstum des Welthandels im Gefolge des Abbaus von Handelsschranken verschiedene Konflikte mit dem Leitbild der globalen nachhaltigen Entwicklung ab:

- Die Revolutionierung des Transportwesens verringert zwar die Transportzeiten und -kosten, erhöht aber die Umweltbelastung durch höhere CO_2-Emissionen; sie befördert die Internationalisierung der Produktion und die Suche nach möglich günstigen Standorten mit niedrigen Arbeitskosten und Umweltstandards. Unter den potenziellen Zielländern findet geradezu ein Abwertungswettlauf hinsichtlich der Sozial- und Umweltstandards statt.
- Die Liberalisierung des internationalen Agrarhandels verspricht zwar den Exportländern höhere Handelsgewinne, verführt sie aber zum Ausbau ökologisch fataler Monokulturen, zum Raubbau an den natürlichen Lebensgrundlagen und zur Vernachlässigung der Ernährungssicherung aus eigener Kraft. Beispiel: Die Ausweitung von mechanisierten Soja-Monokulturen zur Produktion von Futtermitteln verdrängt in den Produktionsländern ökologisch angepasste Mischkulturen und in den Verbrauchsländern eine flächenabhängige Tierhaltung. Herman Daly (1999) belegt mit vielen weiteren Beispielen, dass ein ungezügelter Freihandel eine sozial und ökologisch nachhaltige Entwicklung gefährdet. Er plädiert deshalb entschieden für eine Nachrüstung des WTO-Handelsregimes mit Umweltklauseln.

Man kann aber darüber streiten, ob die WTO, die schon mit einem umfassenden Regulationsinstrumentarium ausgestattet ist, überhaupt ein geeignetes umweltpolitisches Kontrollforum sein kann (vgl. Kulessa 2000).

• Das Wachstum des Ferntourismus, auch in Gestalt des »Ökotourismus«, verschafft zwar tropischen Zielländern Deviseneinkünfte, die häufig höher sind und mehr Arbeitsplätze schaffen als ihre Güterexporte, aber es belastet nicht nur durch die Vermehrung des Luftverkehrs, sondern auch durch den Naturverbrauch die Umwelt.

• Die Devisennot verleitet viele Entwicklungsländer dazu, sich auch als Standorte für »schmutzige Industrien« oder als Abnehmer von Giftmüllexporten aus den Industrieländern anzubieten. Aber diese Umweltsünden sind nicht dem Freihandel, sondern dem verantwortungslosen Handeln von Unternehmen und Staaten hier und dort anzulasten.

3. »Globalisierung ohne menschliches Gesicht«

Der von UNDP (*UN-Entwicklungsprogramm*) vorgelegte *Bericht über menschliche Entwicklung 1999* belegt mit einer Fülle von Daten eine »Globalisierung ohne menschliches Gesicht«, die seinem Leitbild »menschlicher Entwicklung« widerspricht. Das plakative Bild einer »globalen Apartheid« der Lebens- und Entwicklungschancen bezieht sich v. a. auf die großen sozialen Disparitäten zwischen dem reichsten und dem ärmsten Fünftel der Weltbevölkerung. Die einen leben vorwiegend in der »OECD-Welt«, die sich eines Anteils von 86% des Welteinkommens erfreuen kann, die anderen in der so genannten »Vierten Welt« der ärmsten Entwicklungsländer. Das Pro-Kopf-Einkommen zwischen diesen beiden Lebenswelten liegt bei einem Verhältnis von 123:1.

UNDP fügte einen wichtigen Indikator für das Entwicklungsgefälle und für das Entwicklungspotenzial hinzu. Weil der Zugang zu Wissen für Entwicklungschancen nicht minder wichtig ist als der Zugang zu Güter- und Kapitalmärkten, ist eine weitere Vergleichszahl besonders aussagekräftig: Während das reichste Fünftel der Menschheit über 93% der Internetanschlüsse verfügt, verbleiben dem ärmsten Fünftel nur 0,2% der Anschlüsse. Hier können nur privilegierte Minderheiten an den Chancen der globalen Telekommunikation teilhaben.

Hier schließen zwei Fragen an:

Erstens: Bezieht sich die Titelfrage, ob der Süden abgehängt wird, auch auf die drei Fünftel, die zwischen den beiden Extremen liegen? Taugt der »Süden« überhaupt noch als analytische Kategorie, nachdem Ulrich Menzel (1992) schon längst das »Ende der Dritten Welt« erklärt hat? Wer sind die Absteiger und Aufsteiger in der Weltgesellschaft?

Zweitens: Werden hier nicht längerfristige Trends, die sich schon abzeichneten, als noch nicht von der Globalisierung die Rede war, einem gar nicht so neuen Phänomen angelastet? Welche neuen und zusätzlichen Risiken und Chancen bringt die Globalisierung den verschiedenen Ländergruppen, die sich auf unterschiedlichem Entwicklungsniveau befinden?

4. Die Ausdifferenzierung des »Südens«

Die vertraute Einteilung der Welt in »drei Welten der Entwicklung« und das Sammelsurium der Dritten Welt war schon vor der weltpolitischen Zeitenwende Ende der achtziger Jahre, die zur Auflösung der sozialistischen »Zweiten Welt« führte, fragwürdig geworden. Von Anfang an bildete die mit der Dekolonisation rasch wachsende Staatengruppe der *Less Developed Countries* (LDCs) ein höchst heterogenes Gemisch aus großen und kleinen, einigen relativ reichen und vielen armen, rohstoffreichen und -armen, ethnisch und kulturell heterogenen, innen- und außenpolitisch verschieden orientierten alten Nationalstaaten in Lateinamerika und von den Kolonialmächten künstlich geschaffenen »neuen Staaten« in Afrika und großen Teilen Asiens.

In der Tat liegen »Entwicklungswelten« zwischen Lateinamerika und Afrika oder zwischen Ost- und Südasien. Die Tabelle illustriert anhand von drei grundlegenden Entwicklungsindikatoren diese großen regionalen Unterschiede, die auch auf ihre weltwirtschaftliche Relevanz schließen lassen.

Tab. 1: Regionen im wirtschaftlichen und sozialen Vergleich

Region/ Regionalmächte	PKE[a] (1997)	Lebens-erwartung in Jahren (1997)	Analpha-beten-rate (1997)
LLDC[b]	260	51,7	51,6
Subsahara-Afrika	522	48,9	42,4
Arabische Staaten		65,1	41,3
Ostasien	1 330	70,0	16,6
– China	860	69,8	17,1
Südostasien	1 556	65,9	11,8
– Indonesien	1 110	65,1	15,0
Südasien	452	62,7	47,8
– Indien	370	62,6	46,5
Lateinamerika	3 953	69,5	12,8
– Brasilien	4 790	66,8	16,8
Osteuropa/GUS	2 249	68,6	
– Russland	2 680	66,6	1,0
Entwicklungsländer	1 314	64,4	28,4
Industrieländer	27 174	77,7	

[a] Bruttosozialprodukt pro Kopf in US-$
[b] Least Developed Countries (»Vierte Welt«)
Quelle: Human Development Report 1999

Während sich die Lebensverhältnisse in fast allen GUS-Staaten »Dritte-Welt-Verhältnissen« annäherten, sodass schon von einer »Tiersmondisierung« des Ostens die Rede war, näherte sich eine kleine Gruppe von Schwellenländern mit großen Schritten dem ökonomischen und sozialen Profil von Industrieländern an. Mexiko und Südkorea wurden in die OECD aufgenommen, Taiwan und Singapur haben den Industrialisierungsgrad und das am *Human Development Index* abzulesende soziale Entwicklungsniveau einiger EU-Staaten überschritten.

Innerhalb der fernöstlichen Wachstumsregion machte eine »zweite Generation« von *Newly Industrializing Countries* (Malaysia, Thailand, Indonesien) große Sprünge auf dem Weg der exportgestützten »nachholenden Entwicklung«. In den Küstenzonen Chinas, die vom Auslandskapital geradezu überschwemmt werden, entstand ein »Superschwellenland«, das sich immer weiter vom stagnierenden Hinterland abkoppelt (vgl. Menzel 1994). Die Asienkrise hat zwar die Aufholjagd der ostasiatischen »Wirtschaftswunderländer« (wie sie die Weltbank in einer berühmten Studie von 1993 bezeichnete) verlangsamt und die Morgendämmerung des »pazifischen Jahrhunderts« verzögert, aber sie haben – mit Ausnahme des von einer politischen Systemkrise geschwächten Indonesien – gute Chancen, sich von den Rückschlägen zu erholen. Sie werden nicht abgehängt, sondern an die weltwirtschaftliche Triade (Nordamerika – Europa – Ostasien) angehängt.

Während neben Ostasien und der südostasiatischen ASEAN-Region auch Lateinamerika, besonders die Schwellenländer Mexiko, Brasilien, Argentinien und Chile, eine wichtige Wirtschaftsregion bleibt und der Nahe Osten mit seinen Erdölreserven eine strategische Bedeutung für die »OECD-Welt« behält, ist besonders Afrika südlich der Sahara als Rohstofflieferant, Investitionsstandort und Absatzmarkt in die weltwirtschaftliche Irrelevanzfalle geraten. Die halbe Milliarde Menschen, die hier lebt und mit internationaler Sozialhilfe in Gestalt von Entwicklungshilfe zu überleben versucht, erwirtschaftet nur ein Bruttosozialprodukt, das unter dem der Schweiz liegt. Bürgerkriege haben den Kontinent mit dem höchsten Bevölkerungswachstum in der Menschheitsgeschichte und schweren Integrationskrisen von künstlichen Staatsgebilden um Jahrzehnte zurückgeworfen (vgl. Ferdowsi 1998). Deshalb ist die zynische Bemerkung durchaus zutreffend, dass die Weltbörsen kaum reagieren würden, wenn der ganze Krisenkontinent im Ozean versinken würde.

Auf der anderen Seite exportiert das kleine Singapur schon weit mehr als das riesige Russland, das jedoch nicht nur als militärische und politische Großmacht, sondern auch als Reservoir riesiger Rohstoffvorkommen davor bewahrt wird, weltpolitisch und weltwirtschaftlich abgehängt zu werden, und deshalb auch an die G7 angekoppelt wurde. Der Westen weiß schon, warum er den IWF, die Weltbank und die EBWE (*Europäische Bank für Wiederaufbau und Entwicklung*) ermächtigt, große Summen in das marode und korrupte postkommunistische Russland zu pumpen.

Der »Süden« war jenseits aller Organisationsversuche von *collective self-reliance* in der »Gruppe der 77« und in der Blockfreienbewegung und aller kämpferischen Konfliktrhetorik auf stürmischen Weltkonferenzen zum Trotz niemals eine konfliktfähige

Großgruppe, weil ihm neben der Konfliktfähigkeit auch die durch viele Nabelschnüre zum Westen gebundene Konfliktbereitschaft fehlte. Das unterschiedliche Entwicklungsniveau erzeugte unterschiedliche Interessenlagen, das Interesse der Machtsicherung außenpolitische Allianzen, die sich nicht mit dem Credo der Blockfreiheit vertrugen. Der Westen verfügte über Macht und Geld und beherrschte die internationalen Finanzorganisationen, die er im Gefolge der Schuldenkrise wirksam zur Bändigung auch sozialistischer Abweichler einsetzte. Der Bericht der von Julius Nyerere geleiteten *Süd-Kommission* (1991) war ein letzter erfolgloser Versuch, dem »Süden« eine gemeinsame Identität und politische Handlungsstrategie einzuflößen. Die Regionen reagieren auf den Globalisierungsdruck mit regionalen Kooperations- und Integrationsprojekten, die mehr miteinander konkurrieren als kooperieren.

5. Warum wird der Süden nicht völlig abgehängt?

Die schleichende Abkoppelung eines Großteils der rund 150 Länder, den die Weltbank inzwischen zu den »Entwicklungsländern« zählt, aus der weltwirtschaftlichen Dynamik hatte schon vor der weltpolitischen Zeitenwende von 1989/90 stattgefunden, die ihren Kreis nach Osten erweiterte. Rund 80% der weltwirtschaftlichen Aktivitäten erfolgen innerhalb der »OECD-Welt«: Hier findet schwerpunktmäßig statt, was Globalisierung genannt wird.

Nur wenige Schwellenländer und wichtige Erdölproduzenten konnten sich dieser Abkoppelung entziehen. Rund 100 Entwicklungsländer wurden für den Norden ökonomisch weitgehend bedeutungslos, weil sie nur wenig importieren und nur Rohstoffe exportieren können, für die es auf dem Weltmarkt ein Überangebot gibt.

Unter den geostrategischen Bedingungen des Ost-West-Konflikts konnten selbst diese wirtschaftlichen Habenichtse mit ihrer bloßen Existenz pokern, auch wenn sie buchstäblich auf Sand gebaut war. Durch die Beendigung des Gerangels der konkurrierenden militärisch-ideologischen Blöcke um jeden Winkel der Welt verloren sie auch diese politische Trumpfkarte und die OECD-Länder das entscheidende Motiv für Entwicklungshilfe. Die Folge waren stetig schrumpfende Entwicklungsetats.

Der Nord-Süd-Konflikt scheint sich nur noch in einer wachsenden sozialen Kluft und in einem Widerspruch zu allen Menschenrechten, aber nicht mehr in einem relevanten ökonomischen und politischen Konfliktpotenzial zu manifestieren. Der Hauptgrund, weshalb der Nord-Süd-Konflikt noch nicht mit dem angeblichen »Ende der Dritten Welt« zur Sprachhülse verkommen ist, liegt in sicherheitspolitischen Risiken, die v. a. der EU aus Destabilisierungsprozessen in ihrer östlichen und südlichen Peripherie erwachsen. Deshalb wird das Nord-Süd-Problem zunehmend als »globales Sicherheitsproblem« wahrgenommen und in das Problembündel der »erweiterten Sicherheit« einbezogen. Die »Entwicklungshilfeminister« gebrauchten immer häufiger sicherheitspolitische und immer weniger humanitäre Argumente, um ein weiteres Abschmelzen ihres Etats abzuwehren. Nachdem sich das Feindbild »Osten« verflüchtigt hatte, schaukelten sich rasch neue Bedrohungsvorstellungen und ein diffuses Gemisch von Ängsten auf:

- vor der »Bevölkerungsexplosion«, aus der gelegentlich furchterregende Horrorszenarien von Hungerkatastrophen und Kriegen um verknappende Ressourcen gefolgert werden;
- vor »neuen Völkerwanderungen« aus den Krisenregionen der Welt, die von Kriegen, Repression, Verelendung und der »Bevölkerungsexplosion« angetrieben werden (vgl. Opitz 1997);
- vor dem islamischen Fundamentalismus, der mit Terroraktionen einen »heiligen Krieg« gegen das benachbarte Europa beginnen und von großmachtlüsternen »orientalischen Despoten« ideologisch instrumentalisiert werden könnte;
- vor den Auswirkungen des wachsenden Naturverbrauchs (z. B. des Regenwaldes) und der armutsbedingten Umweltzerstörung auf das schon überlastete Ökosystem Erde sowie vor »Wasserkonflikten« an grenzüberschreitenden Flüssen (vgl. Carius/Lietzmann 1998);
- vor der »Chaos-Macht« zusammenbrechender Staaten mit internationalen Spill-over-Effekten;
- kurzum: aus Ängsten vor krisenhaften Entwicklungen in der weltpolitischen Peripherie, die im Gefolge der wachsenden Interdependenz der Welten auch die Sicherheit und den Wohlstand auf den Wohlstandsinseln bedrohen könnten.

Das *Weißbuch 1994* des Bundesverteidigungsministeriums begründet die Aufstellung von »Krisenreaktionskräften« mit solchen Krisenszenarien, die Samuel P. Huntington (1996) mit seiner Warnung vor einem »Zusammenstoß der Kulturen« unterfütterte. Er entdeckte eine Hauptkonfliktlinie an der Nahtstelle zwischen Orient und Okzident, zwischen Islam und westlicher Kultur. Zu einem bereits akuten Konfliktthema in den Nord-Süd-Beziehungen, das nicht weniger brisant als der Streit über Rohstoffpreise oder Zölle ist, entwickelte sich der Streit über die Universalität der Menschenrechte, hinter dem sich eine Auseinandersetzung mit der politischen und kulturellen Hegemonie des Westens verbirgt.

Es gibt keinen Nord-Süd-Konflikt, wie ihn sich Mao Tse-Tung oder Che Guevara vorgestellt hatten: nämlich als revolutionären Aufstand der armen »Weltdörfer« gegen die reichen »Weltstädte«. Aber er besteht und verschärft sich als Struktur- und Verteilungskonflikt, der besonders Europa mit neuen sicherheitspolitischen Risiken und die reiche Welt insgesamt mit der ethischen Gretchenfrage konfrontiert, wie sie es mit dem in Art. 28 der *Allgemeinen Erklärung der Menschenrechte* artikulierten Anspruch auf eine internationale Ordnung hält, die erst die Verwirklichung der politischen und sozialen Menschenrechte ermöglicht. Deshalb begründete *Karl Kaiser* (1995, S. 502f.) seine Forderung nach einer »radikal verbesserten Entwicklungspolitik« mit einem doppelten Argument:

> »Viele der zurückgebliebenen Entwicklungsländer sind zugleich Krisenherde von regionaler, wenn nicht globaler Bedeutung. Dies gilt für den waffenstarrenden Nahen Osten wie für Nordafrika. Auch verschärft die Entwicklungskrise die ökologische Krise. Die Überwindung der Unterentwicklung bleibt deshalb nicht nur ein Gebot der Menschlichkeit, sondern auch einer vernünftigen Politik, die deren potenziell destabilisierende Folgen unter Bedingungen globaler Interdependenz minimieren muss.«

Mit anderen Worten: Der in der G7 organisierte Westen kann es sich, um unangenehme Bumerangeffekte zu vermeiden, nicht leisten, die ökonomisch schon abgehängten Regionen des Südens auch entwicklungspolitisch abzuhängen.

6. Die Vision einer »Globalisierung mit menschlichem Gesicht«

Der *Bericht über menschliche Entwicklung 1999* beschreibt zunächst eine »Globalisierung ohne menschliches Gesicht«. Katastrophenauguren malen in Millennium-Szenarien das Menetekel eines »globalen Kampfes aller gegen alle« an die Wand. Der UNDP-Bericht entwickelt zugleich die Vision einer »Globalisierung mit menschlichem Gesicht« mit den folgenden Zielsetzungen:

- weniger Verletzungen der Menschenrechte;
- weniger Armut von Menschen und Ländern;
- weniger Ungleichheit zwischen und innerhalb der Gesellschaften, Generationen und Geschlechter;
- weniger Marginalisierung und Exklusion von Ländern und Menschen aus menschenwürdigen Lebensbedingungen;
- weniger existenzielle Unsicherheit und Verwundbarkeit von Menschen und Ländern, in der UN-Terminologie mehr »menschliche Sicherheit«;
- weniger Umweltzerstörung, die künftigen Generationen irreparable Schäden hinterlässt;
- weniger Verschwendung verknappender Ressourcen und mehr Nachhaltigkeit der Produktions- und Lebensweisen.

Die Botschaft von UNDP ist eindeutig: Wenn der Süden entwicklungspolitisch abgehängt werden sollte, können diese Ziele nicht erreicht werden. Zur Bändigung des globalen »Raubtier-Kapitalismus« ist eine politische Gestaltung und Humanisierung der Globalisierung notwendig. So der UNDP-Bericht: »Eine stärkere politische Steuerung ist erforderlich, um den Nutzen der Globalisierung für das Wohlergehen der Menschen und nicht nur zu Profitzwecken sicherzustellen.«

Carius, A./K. M. Lietzmann (Hg.): *Umwelt und Sicherheit. Herausforderungen für die internationale Politik*, Berlin/Heidelberg 1998
Daly, H.: *Wirtschaft jenseits von Wachstum*, Salzburg/München 1999
Ferdowsi, M. A. (Hg.): *Afrika zwischen Agonie und Aufbruch*, München (Bayerische Landeszentrale für politische Bildungsarbeit) 1998
Gruppe von Lissabon: *Grenzen des Wettbewerbs. Die Globalisierung der Wirtschaft und die Zukunft der Menschheit*, München 1997
Hauchler, I./D. Messner/F. Nuscheler (Hg.): *Globale Trends 2000*, Frankfurt/M. 1999
Huntington, S. P.: *The Third Wave. Democratization in the Late Twentieth Century*, Oklahoma 1991
Huntington, S. P.: *Kampf der Kulturen. The Clash of Civilizations. Die Neugestaltung der Weltpolitik im 21. Jahrhundert*, München/Wien 1996
iz3w (Blätter des Informationszentrums 3. Welt): *Kuhhandel des Jahrtausends*, Sonderheft 1999
Kaiser, K.: »Die neue Weltpolitik – Folgerungen für Deutschlands Rolle«, in: Karl Kaiser/Hans-Peter Schwarz (Hg.): *Die neue Weltpolitik*, Bonn 1995, S. 497-511
Kulessa, M.: *Leitplanken für eine umwelt(v)erträgliche Welthandelsordnung*, in: Franz Nuscheler (2000), S. 375-396
Menzel, U.: *Das Ende der Dritten Welt und das Scheitern der großen Theorie*, Frankfurt/M. 1992
Menzel, U.: »Nachholende Modernisierung in Ostasien aus entwicklungstheoretischer Sicht«, in: Dieter Nohlen/Franz Nuscheler (Hg.): *Handbuch der Dritten Welt*, Bd. 8, Bonn ³1994, S. 14-51
Messner, D./F. Nuscheler (Hg.): *Weltkonferenzen und Weltberichte*, Bonn 1996
Messner, D./F. Nuscheler (Hg.): »Globale Trends, Globalisierung und Global Governance«, in: *Globale Trends 1998*, Frankfurt/M. 1997, S. 27-37
Nuscheler, F.: »Globalisierung, Global Governance und Menschenrechte«, in: *Jahrbuch Menschenrechte 2000*, Frankfurt/M. 1999, S. 164-172
Nuscheler, F. (Hg.): *Entwicklung und Frieden im 21. Jahrhundert*, Bonn 2000
Opitz, P. J. (Hg.): *Der globale Marsch*, München 1997
Süd-Kommission: *Die Herausforderung des Südens*, Bonn 1991 (Stiftung Entwicklung und Frieden)
UNDP: *Bericht über menschliche Entwicklung 1999*, Bonn

Claudia von Braunmühl

Nachhaltigkeit

Dass ein Beitrag zum Thema Nachhaltigkeit der übergreifenden Thematik Politischer Gerechtigkeit zugeordnet wird, ist nicht selbstverständlich. In dem klassischen, magischen ›Nachhaltigkeits-Dreieck‹ kommt die Dimension des Politischen gar nicht vor. Da ist lediglich von der ökologischen, der ökonomischen und der sozialen Dimension von Nachhaltigkeit die Rede, wobei die Betonung in der Regel auf den Grenzen der Tragfähigkeit globaler Ökosysteme für ökonomisches Handeln liegt. Tatsächlich aber werden die Grenzen des Umweltraums (Wuppertal-Institut 1996, S. 27) politisch markiert und in kulturell bestimmten unterschiedlichen Lebensformen gefasst und ist Umweltraum selbst noch in seiner Vernachlässigung Gegenstand politischer Entscheidungen. Diese können sich im Zeitalter forcierter Globalisierung freilich nicht mehr allein an national zu verantwortenden und auszutragenden Belangen orientieren, sondern müssen in Raum und Zeit globale Lebensinteressen im Augen haben und sich an der gerechten Verteilung der globalen ökologischen Gemeinschaftsgüter orientieren.

Der Begriff »Sustainable Development«, im Deutschen zumeist mit nachhaltige oder auch zukunftsfähige Entwicklung übersetzt, wurde zum ersten Mal 1980 in einer von Umweltverbänden und dem Umweltprogramm der Vereinten Nationen gemeinsam erstellten Studie in die Debatte eingeführt. Dem gingen schon 1972 die Warnung des Club of Rome zu den *Grenzen des Wachstums* und die im gleichen Jahr in Stockholm abgehaltene ers #te internationale Umweltkonferenz voraus. Die vielfältigen von unterschiedlichen Perspektiven und Interessen geleiteten Füllungen von Nachhaltigkeit haben manche Autoren bewogen, von einem Containerbegriff (Missbach 1999), einem Wieselwort (Altvater 1998) oder einem Amöbenwort (Ilich 1992) zu sprechen.

Am weitaus bekanntesten wurde die 1987 vom so genannten Brundtland-Bericht (*Unsere gemeinsame Zukunft*) angebotene Nachhaltigkeits-Formel: »Eine nachhaltige Entwicklung ist eine Entwicklung, die die Bedürfnisse der gegenwärtigen Generation befriedigt, ohne zu riskieren, dass künftige Generationen ihre eigenen Bedürfnisse nicht befriedigen können« (Hauff 1987, S. 46). Hier ist implizit Intra- und explizit Inter-Generationen-Gerechtigkeit angesprochen. Um beide erreichen und mit dem Anspruch andauernder, weltweiter Steigerung des Lebensstandards verbinden zu können, plädiert der Brundtland-Bericht für weiterhin substanzielle Wachstumsraten in Süden wie Norden. Was schon damals dem Bericht vorgeworfen wurde, nämlich dass er die Vereinbarkeit möglicherweise unvereinbarer Zieldimensionen vorgibt – Aufhebung von Armut, unbeschädigter Erhalt der Natur und vom Norden geprägte Produktions- und Konsummuster –, umschreibt bis heute das Terrain der Auseinandersetzung um Nachhaltigkeit.

1. Der Konflikt: Wirtschaftswachstum und Umwelterhaltung

Die den Club of Rome noch bewegende Sorge, die zur Verfügung stehenden Ressourcen der Erde würden dem Wachstum Grenzen setzen, ist längst der Besorgnis um die Tragfähigkeit des Globus für Schadstoffe gewichen. Das macht die Problemlage nicht einfacher. Die Wirkungen von Schadstoffkonzentration und -mischung sind noch immer wenig bekannt. Reduktionsziele setzen notwendigerweise Nutzungs- und Verteilungsfragen auf die Tagesordnung, für deren Regelung derzeit kein Kontext demokratischer Aushandlungsprozesse gegeben ist. Die Dynamik der globalen markt- und geldgesteuerten kapitalistischen Akkumulation ist systematischer und umfassender Anerkennung ökologischer, sozialer und kultureller Eigenrechte nur schwer zugänglich.

Als prozessorientiertes normatives Konzept, das vorsorgende wirtschaftliche, gesellschaftliche und ökologische Entwicklung in einem globalen Handlungsauftrag (Fues 1998) zu verbinden sucht, ist der Topos Nachhaltigkeit mittlerweile international konsent. Dass er das werden konnte, hängt aufs engste mit der Implosion des realsozialistischen Systems 1989 und dem Sieg des westlichen Kapitalismus im kalten Krieg des Systemwettbewerbs zusammen. »Die Marktgesellschaften des Westens triumphierten – und wussten im Augenblick ihres Triumphs nicht, dass die Zeit des großen Zweifels längst angebrochen war« (Lepenies 1997,

S. 15). Zweifelnde Fragen an die ökologische und soziale Bekömmlichkeit des siegreichen Modells gewinnen seitdem zunehmend an Gewicht und mischen sich ein in die Debatten um Nachhaltigkeit, die seit 1989 unauflöslich mit dem Thema Globalisierung verbunden sind.

Zwischen der zweifelnden und der normativen Befragung der ihre globale Durchwirkung fortwährend vertiefenden kapitalistischen Marktwirtschaft ist die Operationalisierung von Nachhaltigkeit aufs heftigste umstritten. Der Konsens in Sachen Nachhaltigkeit selber beruht eher auf Ausblendungen denn auf Übereinstimmungen. Nicht thematisiert sind Leitwerte und ihre natürliche und soziale Substanz: Nachhaltig können auch wenig wünschenswerte Dinge sein; Zukunftsfähigkeit kann sich fragwürdigen Handlungsweisen und Umständen verdanken; Bedürfnisse und die zu ihrer Befriedigung geeigneten Mittel sind alles andere als eine Einheit stiftende Kategorie.

Auch sind in Norden und Süden die Akzente durchaus unterschiedlich gesetzt. Während im Norden der Schwerpunkt der Befassung, so auch im Bericht der Enquête-Kommission »Schutz des Menschen und der Umwelt« von 1994, im Wesentlichen auf Stoffstrommanagement und Energieressourcen und -verbrauch abgestellt ist und vorsichtig Fragen der Wachstumsgeschwindigkeit und der inhaltlichen Füllung von Wohlstand und gutem Leben ins Spiel gebracht werden, steht im Süden die soziale Dimension von Nachhaltigkeit stärker im Vordergrund. Sie verbindet sich einerseits auf z. T. dramatische Weise mit Überlebensfragen, gerät andererseits im Kontext entwicklungspolitischer Interventionen allzu oft in die Engführung der finanziellen Sicherung von Maßnahmen der Entwicklungszusammenarbeit im Kontext überkommener westlich-kapitalistischer Paradigmen. Deren Reproduzierbarkeit in den »unterentwickelten« Ländern indes zählt längst zum Kernbestand des Zweifels.

Die Konferenz der Vereinten Nationen zu Umwelt und Entwicklung (UNCED), die 1992 in Rio de Janeiro stattfand, erhob Nachhaltigkeit zum neuen Leitbild und zur großen Klammer für die Formulierung grenzüberschreitender globaler Interessen, Ziele und Verantwortlichkeiten, wie sie in der ›Rio-Deklaration‹ zusammengefasst wurden und in der Biodiversitätskonvention, der Klima-Rahmenkonventionen und der Vorbereitung einer Waldkonvention und in der Agenda 21, dem globalen Aktionsprogramm für nachhaltige Entwicklung, ihren, wenn auch nur begrenzt verbindlichen Ausdruck fanden. Obwohl die Agenda 21 ob ihrer vielfältigen Kompromisse zunächst mit z. T. erheblicher Enttäuschung und Skepsis entgegengenommen wurde, ist sie angesichts der Reformresistenz der wirtschaftlichen und politischen Klassen weltweit im Laufe der Jahre zur global gültigen Fassung der an Umwelt-, Handels- und Finanzpolitik zu stellenden Forderungen avanciert.

1997 sollte eine Sondergeneralversammlung der Vereinten Nationen die Ergebnisse des Rio-Folgeprozesses bewerten und vorantreiben. Die Konferenz endete ergebnislos und im Streit. Der politische Wille, für die Interessenkonflikte zwischen Nord und Süd, aber auch zwischen und innerhalb der Industrieländer Lösungen zu erarbeiten, erwies sich als zu schwach, um auch nur beschwichtigende Formelkompromisse zu finden. Der Versuch, globale Probleme über völkerrechtliche Rahmenkonventionen anzugehen, war im Wesentlichen gescheitert. Die Anstrengungen konzentrieren sich nun verstärkt auf die Bearbeitung einzelner Problemfelder im Wege einer Mehr-Ebenen-Politik auf lokaler, nationaler, regionaler und globaler Ebene in je adäquaten Akteurskonstellationen, Handlungsformen und Übereinkünften.

Unter umweltpolitischem Aspekt sind die großen Handlungsfelder im Umgang mit den globalen ökologischen Gemeinschaftsgütern mit Ozon-, Klima-, Biodiversitäts-, Boden- und Wasser- und Abfallpolitik zu umschreiben. Der Problemdruck in den einzelnen Feldern ist unterschiedlich hoch und wird von Betroffenen wie Öffentlichkeit verschieden intensiv wahrgenommen. Die Bewertungen der Ursachen der jeweiligen Degradationsprozesse oder der zu ihrer Überwindung geeigneten Strategien gehen weit auseinander. Die einen sehen Armut als den vorrangigen Verursachungsfaktor ökologischer Probleme an und wiederum die Armen als die am heftigsten von Umweltzerstörung Betroffenen (z. B. Amin 1997, Harcourt 1994). Andere betonen weit mehr die stoffliche Seite der vorherrschenden Produktions- und Konsumweise und plädieren für einen ökologischen Umbau zunächst und vorrangig in den industrialisierten Ländern, um solchermaßen auch neue Vorbilder für die Länder des Südens zu schaffen (z. B. Harborth 1991, Weizsäcker 1992). Inwieweit im Rahmen des kapitalistischen Wirtschaftssystems ökologische Modernisierung überhaupt denkbar ist oder es nicht vielmehr eines fundamentalen okölogischen und sozialen Strukturwandels bedarf, um von bloßem Krisenmanagement fort zu gerechten und nachhaltigen Problemlösungen komplexer Zusammenhänge zu gelangen (z. B. Altvater 1996, Bourdieu 1998), ist wiederum Gegenstand von Auseinandersetzungen in Wissenschaft und Politik. Es ist indes ein wesentliches Merkmal der gegenwärtigen Diskussion, dass die unterschiedlichen Positionen und Sichtweisen sich nicht in Schulen und Fraktionen verhärten, sondern sich als z. T. komplementäre Strategien verstehen, die partielle Übereinstimmungen hinsichtlich spezifischer Problemlösungen durchaus zulassen.

2. Instrumente und Handlungsstrategien

Die Instrumente und Handlungsstrategien zur Sicherung von Nachhaltigkeit lassen sich in drei Typen einteilen, die in der Regel in Mischformen oder zeitlicher Sequenz eingesetzt werden: ordnungsrechtliche Maßnahmen, ökonomische Anreize und institutionelle Reformen.

Die Notwendigkeit einer nachhaltigkeitsorientierten Regulation des Umweltraums als solche ist kaum mehr umstritten, deren Verbindung mit einer weiter greifenden Re-Regulation globaler wirtschaftlicher und finanzieller Interaktionen und Strukturen aber sehr wohl. Vor dem Hintergrund internationaler Konventionen, Übereinkünfte, privatwirtschaftlicher Codes of Conduct, nationaler Umweltaktionspläne und Ähnlichem können mit ordnungsrechtlichen Maßnahmen Eckwerte des Umweltschutzes und der Energieeinsparung gesetzt werden. Dabei wird um die Ausstattung der Rechtsgrundlagen mit verbindlichen Indikatoren, Kontroll- und Sanktionsmechanismen und die Form der Zielerreichung in der Regel heftig gerungen. Gegenstand von Kontroversen ist auch der geeignete institutionelle und rechtliche Ort für die Kodifizierung von internationalem Ordnungsrecht. Weil in der Präambel der World Trade Organization (WTO) Nachhaltige Entwicklung als Zielvorgabe erwähnt ist, aber kaum eine der folgenden Artikel und Zusatzabkommen in der Substanz ökologischen oder sozialen Erwägungen Platz einräumt, wirkt das WTO-Regelwerk v. a. als Liberalisierungsabkommen. In Versuchen, hier ökologische und soziale Schutzklauseln einzubringen, sehen viele Entwicklungsländer schlecht verhüllte Ausgrenzungsmechanismen seitens des Nordens. Nichtregierungsorganisationen plädieren zunehmend dafür, die Überwachung der Umsetzung von umweltraumrelevanten Regelungen in die UN-Agenturen zu verlagern, die mit einem entsprechenden Mandat ausgerüstet sind.

In den letzten Jahren ist verstärkt versucht worden, auf das wirtschaftliche Eigeninteresse der Akteure zu setzen und durch marktwirtschaftlich wirksame Instrumente ökonomische Anreize zum ökologischen Umsteuern zu schaffen. Hierzu zählen Abgaben, Zertifikate (eco-labeling), Kompensationslösungen, Pfandsysteme, haftungsrechtliche Regelungen, Gebühren, Steuern, Tarife und Subventionen. Z. T. sollen solche Anreize der Steigerung der Ressourceneffizienz und der Energieeinsparung dienen; MitarbeiterInnen des Wuppertal Instituts halten eine vier- bis zehnfache (Faktor 4, Faktor 10) Intensivierung überkommener Nutzungsmuster in Produktentwicklung, Produktionsprozess und Vermarktungsformen für möglich und nötig. Teilweise handelt es sich dabei auch um Ansätze, Produkten und Dienstleistungen »ehrliche Preise« zu geben, d. h. solche, die näher an den tatsächlichen ökologischen und sozialen Kosten der Erstellung und des Konsums liegen.

Der größte Teil marktwirtschaftlicher Steuerungsinstrumente wird allerdings erst ermöglicht und in Gang gesetzt durch die Verabschiedung von Regelungen auf internationaler Ebene. Um die Rahmenabkommen und ihre Umsetzung durch entsprechende Protokolle zu gewährleisten, haben neben ordnungsrechtlichen Vorschriften und Sanktionsmöglichkeiten v. a. drei im internationalen Raum wirksame Anreizinstrumente in der Diskussion besondere Aufmerksamkeit erfahren: die Einführung internationaler Abgaben (Emissionsgebühren, Steuern), die gemeinsame Umsetzung von Maßnahmen (*joint implementation*) und international handelbare Emissionszertifikate.

Die Forderung auf institutionelle Reformen richtet sich v. a. an die im Rahmen der Vereinten Nationen mit dem Mandat internationaler Umweltpolitik ausgestatteten Organisationen. Dazu gehören das Umweltprogramm der Vereinten Nationen (UNEP), die Kommission für Nachhaltige Entwicklung (CSD), die Globale Umweltfazilität (GEF), das Montrealer Protokoll und die Vertragsstaatenkonferenzen zu den Klima-, Biodiversitäts- und

Desertifikationskonventionen. Von deren Zusammenschluss in einer Weltorganisation für Umwelt und Entwicklung als neuer UN-Sonderorganisation wird eine erhebliche Status- und Effizienzsteigerung der Gestaltung nachhaltigkeitsorientierter Politik erwartet (Simonis/Biermann 1999). Die Installierung einer mit den notwendigen Machtbefugnissen ausgestatteten globalen Institution solle, so lauten weitergehende Forderungen, verbunden sein mit der Formulierung einer Erd-Charta, in der die Grundlagen für die Verwirklichung eines ganzheitlichen Konzepts nachhaltiger Entwicklung zu kodifizieren sind, und der Einrichtung eines ökologischen Sicherheitsrats (Pronk 1997). Parallel zu der Notwendigkeit, grenz- und staatenüberschreitende Organisationsmechanismen zu schaffen, wird Institutionenentwicklung in regionalen, nationalen und kommunalen Zusammenhängen betont und der verstärkte Einsatz von Instrumenten der Art wie Umweltaktionspläne und Umweltverträglichkeitsprüfungen.

3. Schlussbemerkung

Auf keiner Ebene indes sind Strategien zur Annäherung an Nachhaltigkeit und Kohärenz unterschiedlicher Politikbereiche möglich ohne eine Re-Moralisierung der Ökonomie im Sinne der Integration ökologischer und sozialer Belange in die Parameter des Wirtschaftens. Neue Leitbilder über gutes Leben in gerechten Strukturen sind hierzu ebenso vonnöten wie ein stärkerer Einbezug demokratisch gebundener zivilgesellschaftlicher Kräfte in die auf politischen Ebenen zu treffenden Entscheidungen sowie in das Monitoring privatwirtschaftlicher Strategien.

Über wie immer radikale Reformen hinaus weisen Ansätze, die einen grundsätzlichen Perspektivenwechsel in der Konzeption und der Praxis von Wirtschaften für nötig erachten. Die Ökologische Ökonomie plädiert dafür, die Unvereinbarkeit der Endlichkeit der Natur und der Unendlichkeit der Wertschöpfung anzuerkennen und aus der Wachstumslogik auszusteigen. Bei Elmar Altvater liegt der unverzichtbare Angelpunkt fundamentalen Wandels im Umsteigen auf solare Energie. Ökofeministinnen sehen Nachhaltigkeit nur auf dem Wege der Subsistenzorientierung, kleinräumigen Wirtschaftens und konsumkritischer Lebensentwürfe ermöglicht. Andere feministische Strömungen betonen die Notwendigkeit vorsorgenden Wirtschaftens einschließlich des Einbezugs familialer und sozialer Versorgungsleistungen. So sehr fundamentalkritische Ansätze sich in ihren Ausformulierungen unterscheiden mögen, gemeinsam ist ihnen die Forderung nach einer grundlegend neuen Beziehung zwischen Gesellschaft und Natur und einer neuen Ethik, die über die Moderne und die Zweifel an ihr hinausweist.

Literatur

Altvater, E./B. Mahnkopf: *Grenzen der Globalisierung. Ökonomie, Ökologie und Politik in der Weltgesellschaft*, Münster 1996

Altvater, E.: »Nachhaltigkeit in der gesellschaftlichen Diskussion oder das Wieselwort ›Sustainability‹«, Vortrag auf der Festveranstaltung zur Verleihung des Dr. Victor-Wehland-Ehrenringes der Stiftung Naturschutz Berlin an Prof. Dr. Martin Jänicke am 26. August 1998 (Manuskript)

Amin, S.: *Die Zukunft des Weltsystems*, Hamburg 1997

Biermann, F. u. a. (Hg.): *Zukunftsfähige Entwicklung. Herausforderungen an Wissenschaft und Politik*. Festschrift für Udo E. Simonis zum 60. Geburtstag, Berlin 1997

Biermann, F./U. E. Simonis: »Politikinnovation auf globaler Ebene«, in: *Jahrbuch Ökologie 2000*, Berlin 1999, S. 26-37

Bourdieu, P.: *Gegenfeuer*, Konstanz 1998

Daly, H. E./J. B. Cobb Jr.: *For the Common Good*. Boston 1989

Enquête-Kommission »Schutz des Menschen und der Umwelt – Ziele und Rahmenbedingungen einer nachhaltig zukunftsverträglichen Entwicklung« des 13. Deutschen Bundestages (Hg.): *Konzept Nachhaltigkeit: Vom Leitbild zur Umsetzung* (BT-Drucksache 13/11200), 1998

Fues, T.: »Indikatoren für die Nachhaltigkeit der deutschen Beziehungen zum Süden«, in: *JNEF Report*, H. 34, 1998

Harborth, H.-J.: *Dauerhafte Entwicklung statt globaler Selbstzerstörung: eine Einführung in das Konzept des »Sustainable Development«*, Berlin 1991

Harcourt, W.: *Feminist Perspectives on Sustainable Development*, London 1994

Hauff, V. (Hg.): *Unsere gemeinsame Zukunft. Der Brundlandt-Bericht und die Weltkommission für Umwelt und Entwicklung*, Greven 1987

Lepenies, W.: *Benimm und Erkenntnis*, Frankfurt/M. 1997

Illich, I.: »Bedürfnisse«, in: W. Sachs (Hg.): *Wie im Westen so auf Erden*, Hamburg 1992, S. 47-70

Kreibich, R.: *Nachhaltige Entwicklung. Leitbild für die Zukunft von Wirtschaft und Gesellschaft*, Weinheim/Basel 1996
Mies, M./V. Shiva: *Ecofeminism*, London 1993
Missbach, A.: *Das Klima zwischen Nord und Süd*, Münster 1999
Pronk, J.: »Visions of Sustainability«, in: P. Smith/A. Tenner (Hg.): *Dimensions of Sustainability. Proceedings of the Congress Challenges of Sustainable Development*, Amsterdam, 22.-25. August 1996, S. 35-46
Sachs, W. (Hg.): *Der Planet als Patient*, Basel 1994
Stiftung Entwicklung und Frieden: *Globale Trends 2000. Fakten – Analysen – Prognosen*, Frankfurt/M. 1999
von Weizsäcker, E. U.: *Erdpolitik – Ökologische Realpolitik an der Schwelle zum Jahrhundert der Umwelt*, Darmstadt 1992
Wuppertal Institut: *Zukunftsfähiges Deutschland. Ein Beitrag zu einer globalen nachhaltigen Entwicklung*, Basel 1996

IV.
Gerechtigkeit im globalen System

Stefan Leibfried

Nationale Wohlfahrtsstaaten, Europäische Integration und Globalisierung

Perspektiven für den westeuropäischen Wohlfahrtsstaat

»Social desintegration is not a spectator sport – those on the sideline also get splashed with mud from the field.«

(Rodrik 1997, S. 7)

In diesem Beitrag wird zunächst ein knapper Überblick über die wissenschaftlichen »Lager« zum Thema »Wohlfahrtsstaat und Internationalisierung« gegeben. Sodann wird der besondere europäische Hintergrund umrissen. Vor dem Hintergrund des Charakters der EU als dem einen günstigen Extremfall von Globalisierung geht abschließend der Blick zurück auf die besonderen Gestaltungsmöglichkeiten, die der EU grundsätzlich offen stehen, die aber allgemein in der Globalisierung, etwa bei der NAFTA oder im asiatischen Raum, versperrt sind.

1. Die wissenschaftlichen »Lager«: extern gegen intern gegen »Schnittstellenproblem«

Wir finden heute eine dreifach gespaltene Wissenschaftskultur bei der Betrachtung des Wohlfahrtsstaates vor: die *Internalisten* stellen vornehmlich auf »innenpolitische Faktoren« ab, die *Externalisten* auf übermächtige Weltmärkte, und die *Gleichgewichtler* versuchen eine Synthese beider Positionen, also die Gewichtung im Beziehungssystem zwischen »Innen« und »Außen« herauszuarbeiten, in dem der Wohlfahrtsstaat eine besondere Rolle als Garant von offen bleibenden Weltmärkten erhält.

Die *Internalisten* finden sich vornehmlich bei den »Sozialpolitikern« selbst, ein Themenfeld, das in Deutschland (neben der Ökonomie) stark von der Soziologie her besetzt ist: Als Beispiel können wir auf Franz-Xaver Kaufmanns »Veralten des sozialstaatlichen Arrangements« abstellen (1997). Darin fasst Kaufmann mehrere interne »Herausforderungen des Sozialstaats« zusammen, etwa: die demografische Verschiebung im Verhältnis der Generationen, die Verfestigung der Massenarbeitslosigkeit, Veränderungen in der informellen Wohlfahrtsproduktion und die Erosion der moralischen Grundlagen des Sozialstaats. Im deutschen Falle kommt dann noch – als gewissermaßen ideosynkratische »Überlast« – hinzu, dass ein Großteil der Vereinigungskosten seit 1990 dem Sozialstaat aufgebürdet worden ist. Internationale Interdependenz gilt hier als zusätzlich beschränkender Faktor beim Umgang mit an sich »hausgemachten« Herausforderungen, die unterschiedlich gesehen und in ihrer Bedeutung von vielen Autoren anders gewichtet werden.

Diesen internen Sichtweisen stehen die *Externalisten* gegenüber. Sie sind vornehmlich keine Sozialpolitik-Spezialisten, seien sie nun Politologen, Soziologen oder Ökonomen. Externe Herausforderungen des Wohlfahrtsstaates werden in zunehmendem Maße seit der ersten Ölkrise (1973), v. a. aber umfassend seit den neunziger Jahren (»Standortdebatte«) vorrangig für das Veralten des westlichen wohlfahrtsstaatlichen Arrangements verantwortlich gemacht, das sich in den zwei »goldenen Nachkriegsjahrzehnten« herausgebildet hatte. Dabei wird auf drei Ringe »externen Drucks« auf den national geschützten wohlfahrtsstaatlichen Raum abgestellt: den Weltmarkt im striktesten und weitesten Sinne; den Markt der »OECD-Welt«, also den teilweise geschlossenen OECD-Markt der Länder, die selbst mehr oder weniger ausgeprägte Wohlfahrtsstaaten sind; und den Gemeinsamen Europäischen Markt als eigentümliche Sonderform einer Teildomestizierung vormals internationaler Beziehungen mit besonders hohem, gleichsinnigem wohlfahrtsstaatlichem Vergemeinschaftungspotenzial (vgl. zu den Besonderheiten der EU Leibfried/Pierson 1998 und Leibfried 2000[1]). Beispielhaft kann dafür auf die politikwissenschaftlichen[2] Arbeiten von Fritz W. Scharpf abgestellt werden (2000; Scharpf/Schmidt 2000). Scharpf stellt v. a. auf die veränderte weltwirtschaftliche Lage ab, die den nationalen Wohlfahrtsstaaten im Grunde von außen ihre traditionelle Nachkriegs-Geschäftsgrundlage gänzlich entzogen hat. *From Vulnera-*

1 Zu einer diese Besonderheiten eher global überspielenden Sichtweise vgl. wiederum Scharpf 1999, Kap. 4.

2 Bei den Ökonomen könnte man auf die Arbeiten von Hans-Werner Sinn oder von Norbert Berthold (1998) abstellen.

bility to Competitiveness: Welfare and Work in the Open Economy (Scharpf/Schmidt 2000) und Scharpfs Überblicksaufsatz zu diesem Thema (2000) stecken diesen »externen« Themenzugang beispielhaft ab.

Die *Gleichgewichtler* kommen eher aus einer historischen Richtung der Befassung mit Sozialpolitik: Hiernach gibt es eine nach dem Zweiten Weltkrieg historisch entstandene – und auch heute noch tragende, wenn auch durch Überlastung prekär gewordene – funktionelle Interdependenz: Der Wohlfahrtsstaat dient als nationaler »Puffer« zur Bewältigung allfälliger Schocks in einer offenen Weltwirtschaft (s. Rodrik 1997), die ja erst seit den siebziger Jahren – im Gefolge einer Universalisierung des nationalen Wohlfahrtsstaats nach dem Zweiten Weltkrieg – wieder entstanden ist, und zwar nach mehr als einem halben Jahrhundert an durchschlagendem Protektionismus (Rieger/Leibfried 1998). Es geht hier um die Wechselbeziehungen zwischen internen und externen Herausforderungen, um die historisch jeweils erreichte Balance zwischen einer »Domestizierung« des Weltmarkts (etwa durch die ILO, die WHO, durch Sozialklauseln in der WTO, durch die Ausnahmeklauseln des GATT, das IMF oder das BIS) und einer »Internationalisierung« der unterschiedlichen nationalen Kapitalismen und ihrer Arbeits- und Sozialpolitikregimes. Aus dieser Sicht könnte der Ausbau des Wohlfahrtsstaates in der OECD-Welt nach dem Zweiten Weltkrieg nicht nur die heutige zweite Welle der Globalisierung[3] erst ermöglicht haben. Ein reformierter und modernisierter Wohlfahrtsstaat dürfte für die OECD-Welt auch eine Bestandsbedingung der neuen weltwirtschaftlichen Ordnung sein, die immer schon von innen durch protektionistische Maßnahmen – eine Sonderform sektoral zielender »Sozialpolitik« – besonders gefährdet war und ist.

3 Die erste Welle der Globalisierung baute sich Ende des 19. Jahrhunderts auf und endete 1914 mit dem Beginn des Ersten Weltkriegs. Betrachtet man die internationalen Märkte, so hat die Globalisierung erst in den späten achtziger Jahren wieder ein Niveau erreicht, das dem vor 1914 entspricht.

2. Der besondere Hintergrund der Europäisierung und der Entwurzelung nationaler Wohlfahrtsstaaten

»The trial by market everything must come to.«

(Robert Frost, »Christmas Trees«)

Im ganzen Mittel- und Nordteil der kontinentalen Europäischen Union der 15, auch in Deutschland, findet diese Diskussion vor dem Hintergrund von entwickelten, »alten« Wohlfahrtsstaaten statt, die dabei sind, durch die europäische Integration aus ihren traditionellen Nischen herausgelöst zu werden.

Es geht dabei nicht um eine – traditionelle – Mehrebenenkonkurrenz im Bundesstaat, wo der Sozialstaat der höheren Ebene (»Brüssel«) den Sozialstaat auf der niedrigeren (»Berlin«) verdrängt, also etwa ein »europäischer Wohlfahrtsstaat« den »deutschen Sozialstaat« überlagert oder überflüssig macht. Seit den fünfziger Jahren führten die Europäischen Föderalisten die Debatte über die »Vereinigten Staaten von Europa« und seit den siebziger Jahren um den »Europäischen Sozialstaat« etwa in diesem traditionellen – und überholten – Sinne. Anklänge daran finden sich noch in der »positiven sozialpolitischen Integration« durch die EU (vgl. Zeile 1 im Schaubild 1), deren Bedeutung früher meist maßlos über- und heute ebenso unterschätzt wird. Im Gegensatz zu solchen am »innerstaatlichen« Modell orientierten Vorstellungen, die schlicht auf die europäische Ebene übertragen wurden, funktioniert die europäische Integration vielmehr praktisch als eine Art *»Ein- und Umbetter«* derjenigen wohlfahrtsstaatlichen Institutionen, die bei der Bildung der Gemeinsamen Europäischen Märkte in den Mitgliedstaaten vorgefunden werden:

Schaubild 1: Die Transformation nationaler Sozialpolitiken durch die europäische Integration (Prozesse, Hauptakteure und Beispiele)

Prozesse	**Hauptakteure**	**Beispiele**
Unmittelbare Integrationszwänge I: »Positive« sozialpolitische Initiativen mit dem Ziel, europäische Handlungszuständigkeiten zur Durchsetzung einheitlicher europäischer Sozialstandards zu erreichen	Kommission, Expertenausschüsse, EuGH und seit 1992 (Art. 138, 139 EGV-M) europäisch beliehene korporatistische Akteure (UNICE, CEEP, EGB) (Hintergrundakteure: Europäisches Parlament, europäische »Sozialpartner«, Sozialausschuss, diverse Lobbys)	Gleichheit der Geschlechter (Art. 119 EGV-M, jetzt 141 EGV-A); Gesundheit und Arbeitsschutz (Art. 118a EGV-M, jetzt 137 (1) Pt. 1 EGV-A); Gemeinschaftscharta (1989), jetzt inkorporiert in die Präambel des EUV-A und in Art. 136 I EGV-A; Maastrichter Korporatismus des Sozialabkommens (1992), verallgemeinert 1997, kombiniert mit einer Ausweitung der europäischen Zuständigkeiten und der Abstimmung mit qualifizierter Mehrheit (Kapitel Sozialpolitik Art. 136-145 EGV-A, vgl. Tabelle 2.) Seit Amsterdamer Vertrag die »verdünnte« Politik des *benchmarking* (Arbeitsmarktpolitik, Rentenversicherung): Politik der »offenen Koordinierung«.
Unmittelbare Integrationszwänge II: »Negative« sozialpolitische Reformen, durch die »Marktvereinbarkeit« durchgesetzt wird	EuGH, Kommission, Europäischer Rat (= Regierungen aller Mitgliedstaaten)	Freizügigkeit: Koordinierungsrecht (Verordnungen 1408/71 und 574/72; Art. 51 EGV-M, jetzt 42 EGV-A); und seit Ende der achtziger Jahre: Dienstleis-

Prozesse	Hauptakteure	Beispiele
		tungsfreiheit (Art. 7a, 59-66 EGV-M, jetzt 14, 49-55 EGV-A) kombiniert mit einem Europäischen »Wettbewerbsregime« (Art. 85 ff., 90 EGV-M, jetzt 81 ff., 86 EGV-A), das auch zur Überwachung von regionalen und sektoralen Subventionspolitiken eingesetzt wird
»Mittelbare« (faktische) Integrationszwänge, die eine Anpassung nationaler Wohlfahrtsstaaten nach sich ziehen	Marktakteure (Arbeitgeber, Gewerkschaften; kritische Sektoren: Privatversicherung, Anbietergruppen); Europäischer Rat (= Regierungen der Mitgliedstaaten) und einzelne nationale Regierungen in ihrem Wirken außerhalb der Sozialpolitik	»Sozialdumping«; die einzelnen Stufen der Währungsunion (»Euro«); Harmonisierung der Steuersysteme; Errichtung eines Gemeinsamen Privatversicherungsmarkts

Erläuterungen: EGV-M = Europäischer Gemeinschaftsvertrag in der Fassung vom 7. Februar 1992 (Vertrag von Maastricht), EGV-A = Europäischer Gemeinschaftsvertrag in der Fassung vom 2. Oktober 1997 (Vertrag von Amsterdam), EUV-A = Europäischer Unionsvertrag von Amsterdam.
Andere Abkürzungen: CEEP = European Centre of Enterprises with Public Participation, ECOSOC = Economic and Social Committee (Arbeits- und Sozialausschuss), EuGH = Europäischer Gerichtshof, EGB = Europäischer Gewerkschaftsbund, UNICE = Union of Industrial and Employers' Confederations of Europe (Europäischer Arbeitsgeberverband).

Die Europäische Gemeinschaft sorgt v. a. für *negative Integration* (vgl. Zeile 2 im Schaubild 1), also dafür, dass die vorhandenen Wohlfahrtsstaaten – ohne Rücksicht auf ihre Gestalt und ihre Unterschiede – »Schnittstellen« haben, die sie miteinander kompatibel machen, also dafür, dass die nationalen Wohlfahrtsstaaten europäisch eingebettet werden (vgl. Leibfried/Pierson 2000). Insoweit wird »Integration durch Recht« – v. a. über die Europäische Rechtsprechung (über den Europäischen Gerichtshof, EuGH) – als primärer Integrationsmodus in der EU wirksam. »Negative Integration« setzt dabei bei der Freizügigkeit der EU-Arbeitskräfte an, die eine EU-weite »Portabilität« sozialstaatlicher Ansprüche mit sich bringt, bei der Gleichbehandlung von Inländern und EU-Ausländern, die den Wohlfahrtsstaat als »Inländerprivileg« außer Kraft setzt, und beim freien Verkehr von Dienstleistungen, der die nationalen Monopole bei der Erbringung sozialer Dienstleistungen in Frage stellt. Zusammengenommen hat all dies weit reichende Folgen für einen »an sich« national bleibenden Wohlfahrtsstaat (vgl. ausführlicher Leibfried 2000, S. 276ff.).

Ferner sorgt die Europäische Integration für eine massiv *veränderte Umwelt* der nationalen Sozialpolitik und führt damit zu ihrer *Um*bettung (»mittelbare Integrationszwänge«; vgl. Zeile 3 in Schaubild 1):

• Die zunehmende Konkurrenz von 15 Nationen im Einheitlichen Binnenmarkt legt andere, weniger »introspektive« Verhaltensmuster der politischen Klasse und der Sozialpartner bei der nationalen Wohlfahrtsstaatsreform – auch in großen Mitgliedstaaten – nahe. Das mag im Einzelfall bis hin zum *Regimewettbewerb* im Rahmen der europäischen Standortkonkurrenz gehen, wenngleich die Gefahr des *social dumping* meist überschätzt wird.

• Ansätze zur *Harmonisierung der Steuersysteme* lassen die Wohlfahrtsstaaten nicht unberührt. In Europa konkurrieren Wohlfahrtsstaaten auf Beitragsbasis (etwa Deutschland und Frankreich, wo 70 bis 80% der Sozialausgaben beitragsfinanziert sind) mit Wohlfahrtsstaaten auf Steuerbasis (etwa Dänemark mit 80% der Sozialausgaben auf Mehrwert-Steuerbasis). Wird die Mehrwertsteuer harmonisiert – und darauf zielen seit langem die Bemühungen um Marktvereinheitlichung –, müssten die steuerfinanzierten Sozialstaaten des skandinavischen Europa diese Lasten auf andere Steuern, insbesondere auf Einkommenssteuern umschultern. Der Steuerwiderstand ist bei Einkommenssteuern allerdings höher als bei Mehrwertsteuern, sodass hier die Wohlfahrtsstaatlichkeit selber angreifbar wird.

• Der seit 1994 entstehende *Gemeinsame Europäische Privatversicherungsmarkt* hat eine Europäisierung der Privatversicherung zur Folge. Damit verändert sich das bislang national ganz eingeschlossene und je nach Sozialpolitikregime ganz unterschiedliche »Unterfutter« jedes EU-Wohlfahrtsstaats. Jeder europäische Wohlfahrtsstaat ist bislang auf eine je eigentümliche Osmose mit seinem nationalen Privatversicherungswesen angewiesen. Die Änderung geht in Richtung einer langsamen europaweiten Homogenisierung der Privatversicherung und damit einer Entwurzelung der öffentlichen nationalen Sozialpolitikkulturen.

- Die abgesprochenen wirtschaftspolitischen Makro-Restriktionen auf dem Weg zur Einführung des Euros in der EU der 11 haben in allen Staaten den Möglichkeitsraum für Wohlfahrtsstaaten eingeschränkt. V. a. in Italien hat diese Entwicklung hin zur *Währungsunion* in den neunziger Jahren einen »Sozialstaats-Umsturz« eingeleitet (Ferrera/Gualmini 2000). Die Zügel, die allen Mitgliedstaaten in ihrer Entwicklung angelegt worden sind, dürften mittelfristig dazu führen, dass auch die Verantwortung für manche Sicherungsziele – etwa die Beschäftigung – von der nationalen auf die europäische Ebene verschoben wird. Der Beschäftigungskapitel von Amsterdam geht schon in die Richtung einer europäischen Verantwortung für »Arbeitslosigkeit«; dies mag in Richtung einer europäischen »*Rück*versicherung«[4] von Arbeitslosigkeit weisen, wie sie schon in den siebziger Jahren diskutiert wurde.[5]

Will man den umstürzlerischen Charakter der Europäisierung für die nationalen Wohlfahrtsstaaten verstehen, so lässt sich diese Entwicklung auch *funktional* von allen vier europäischen Grundfreiheiten aus betrachten, also »dem freien Verkehr von Waren, Personen, Dienstleistungen und Kapital« (Art. 14 II EGV). Was sind die sozialpolitischen Auswirkungen der Durchsetzung dieser vier Freiheiten? Diese Auswirkungen werden in Schaubild 2

4 Europa baut dann also keinen eigenen Wohlfahrtsstaat auf, sondern übernimmt in gewissem Umfang – ihn festzulegen ist das Hauptproblem (das die ganze Wohlfahrtsstaatsreform umfasst) – eine *Gewährleistung* für die bestehenden Wohlfahrtsstaaten.

5 In den USA findet man beispielsweise eine einzelstaatlich zugeschnittene Arbeitslosenversicherung, bei der der Bund bei überdurchschnittlich hoher bzw. langer Arbeitslosigkeit (bei genau festgelegten Schwellenwerten) als eine Art »Rückversicherer« tätig wird und einen Teil der Zusatzkosten absorbiert.

umrissen. Ich möchte hier nur auf eine Dimension besonders abheben, die derzeit im Vordergrund des stattfindenden Umbruchs steht: In Deutschland wird sich v. a. die Durchsetzung der Dienstleistungsfreiheit in den nächsten Jahren massiv auf den Sozialstaat, und dort v. a. auf das Gesundheitswesen, auswirken. Hier wird es – im Gefolge der Entscheidung des EuGH zu *Kohll* und weiterer anstehender Entscheidungen – ein Aufbrechen der nationalen *closed shops* und eine unterschiedlich weit reichende deutliche Europäisierung der Gesundheitsmärkte geben.

Schaubild 2: Die vier Grundfreiheiten und ihre Auswirkungen auf die Sozialpolitik

Vergemeinschaftete Marktbereiche	**Unmittelbare Auswirkungen auf die nationale Sozialpolitik**	**Mittelbare Auswirkungen auf die nationale Sozialpolitik**
1. Güter	»Gesundheit und Arbeitsschutz«: • Investitionsgüter (Maschinerie) → Arbeitsschutz • Gesundheitsgüter	• »mittelbarer« Regimewettbewerb (»Standort Deutschland«)
2. Kapital		• Gewichtsverschiebung in der nationalen »Sozialpartnerschaft« zur Arbeitgeberseite • Vereinheitlichung des Privatversicherungsmarktes zersetzt die nationale Arbeitsteilung zwischen privater und öffentlicher Sicherung.
3. Dienstleistungen		• Wahlfreiheit von Konsumenten und Produzenten zersetzt die kulturell gebundenen nationalen Dienstleistungsstrukturen durch ein »Wettbewerbs-Sozialrecht«.

Vergemeinschaftete Marktbereiche	Unmittelbare Auswirkungen auf die nationale Sozialpolitik	Mittelbare Auswirkungen auf die nationale Sozialpolitik
4. Arbeit – bei bislang im Vergleich zu 1.-3. »hinkender« Integration	• »Europäische Sozialpartnerschaft« schwach ausgebildet (»sozialer Dialog«). • Europäische Sozialpolitik konzentriert sich bislang eher auf »negative Integration« (»Koordinierung« usf.).	• Arbeitnehmermobilität bleibt asymmetrisch zur Kapitalmobilität national eingebunden. • Der unmittelbare Regimewettbewerb stellt die nationalen Arbeitsmarktmodelle zunächst vom Rand her in Frage.

3. Die besonderen Chancen der EU, die europäische »Teilglobalisierung« zu gestalten

»Gone are the days when trade negotiations were chiefly about interference with trade at the border. [...] The central trade issues of the future are ›deep integration‹ involving policies inside the borders, and how to manage it.«

(Rodrik 1997, S. 37)

Die Europäische Union stellt nur einen – recht günstig gestalteten – Extremfall für die seit den siebziger Jahren wachsende internationale wirtschaftliche Interdependenz dar. Über GATT und WTO usf. spielen sich ähnliche Prozesse, wie sie bei den vier Grundfreiheiten in der EU festzustellen sind, auch weltweit ab. Wichtige Merkpunkte für diese Entwicklung sind:

• Die Weltmarktintegration wird nach dem Zweiten Weltkrieg wesentlich vorangetrieben durch die *OECD*-Staaten, also durch die Staaten, die man in dieser Zeit auch als den »Klub der Wohlfahrtsstaaten« bezeichnen kann. Erst kam der Wohlfahrtsstaat, dann die zweite Welle der Globalisierung.

• Entgegen den Annahmen führender Analytiker – wie John Maynard Keynes, Gunnar Myrdal, Karl Deutsch und Wilhelm Röpke – entpuppte sich der Wohlfahrtsstaat nicht (wie in der Zwischenkriegszeit) als Sargnagel des »Freihandels«, sondern als »*Türöffner*« für die Wiederaufnahme des seit 1914 zusammengebrochenen Welthandels. Der Wohlfahrtsstaat erlaubte es den Staaten, ihre protektionistischen Abwehrsysteme langsam absterben zu lassen.

• Allerdings bedurfte es dazu *eines ganz besonderen Wohlfahrtsstaats*, wie er sich erst in den fünfziger und sechziger Jahren v. a. in Westeuropa entwickelt hatte: Erst in dieser Zeit wird der Wohlfahrtsstaat »universalisiert«, also praktisch zur Grundsicherung für die ganze Bevölkerung umgestaltet. Nun kann dieser Wohlfahrtsstaat alle wesentlichen von draußen kommenden Gefahren für alle Gruppen auffangen – und damit entfällt ersatzlos die Notwendigkeit, sich auf eine »sektorale Sozialpolitik des Protektionismus« als »letztes Netz« verlassen zu müssen.

• Diese positive Wechselwirkung von Wohlfahrtsstaat und Protektionismus greift nur bei *entwickelten* Wohlfahrtsstaaten. Dazu gehören die *USA nicht*, denn sie haben in den sechziger Jahren die Schwelle zur Universalisierung nicht genommen. Die wohlfahrtsstaatliche Entwicklung hat sich dort seit den achtziger Jahren immer weiter von dieser Schwelle entfernt: Abbau bzw. Einfrieren von bedarfsgeprüften Leistungen; Scheitern der Gesundheitsreform; Sozialhilfereform 1996, also Streichen des Rechts auf Sozialhilfe, Anspruchsbegrenzung auf fünf Jahre usf. (vgl. Gebhardt/Jacobs 1997, Blank 1997). Dies verschafft den USA einen erheblich größeren innenpolitischen Spielraum beim Management der Reform wohlfahrtsstaatlicher Einrichtungen.[6] Dies macht die USA aber auch erheblich unbeweglicher an ihrer Schnittstelle von Innen- und Außenwirtschaftspolitik: Protektionistischer Industrieschutz steht dort immer noch hoch im Kurs; sozialpolitische Kompensationsgesetze für außenwirtschaftliche Öffnung sind dort weiterhin die typische innenpolitische Münze. Zollpolitik dient also in den USA weiterhin als regulärer sektoraler Sozialpolitikersatz (Rieger 1999).

Was die EU betrifft, so können wir Scharpfs Diagnose als Ausgangspunkt nehmen: »Die Kapazitäten der Union, eigene Politiken zu verwirklichen, sind nicht annähernd in derselben Weise gestärkt worden, wie sie auf der Ebene der Mitgliedstaaten abgenommen haben« (1994, S. 220). Zwei Entwicklungsmodelle zeichnen sich für die EU in naher Zukunft ab:

6 Vergleicht man Clintons Sozialhilfereform 1996 mit der Entwicklung der Sozialhilfereform in Deutschland im gleichen Zeitraum, wird dieser unterschiedliche Bewegungsspielraum augenfällig.

• *Das EFTA-Modell*: Die EU bleibt ein »*hohler Kern*«, eng verbunden mit neoliberaler Destrukturierung von Nationalstaaten, die sich nicht mehr selber am alten eigenen Zopf aus ihrem zu kleinkarierten Sumpf ziehen können. Die osteuropäische Erweiterungsrunde könnte endgültig in diese Richtung führen. Die EU würde dann ihre eigentlichen Integrationsambitionen aufgeben, die sie seit 1957 kennzeichnen, und als eine wiedererstandene *EFTA* enden.

• *»Integration-erst-recht«*: Oder die EU schlägt so um, dass weite Bereiche wirklich als neue europäische Innenpolitik erlebt und dann auch gemeinsam gestaltet werden können, die bislang durch Selbstfesselung in den Verträgen außer Reichweite liegen. Die externe Abhängigkeit gegenüber den USA und der asiatischen Region (gemessen in EU-weiten Import- und Exportquoten) ist vergleichsweise klein, jedenfalls ist sie nicht erheblich größer als die der USA selbst, was einigen Spielraum zulässt. Kurzum, die EU ist wirtschaftlich ebenso stark bzw. begrenzt »binnenabhängig«, wie es die USA sind, aber sie ist in ihrer Selbstregulierungsfähigkeit nicht so weit entwickelt wie die USA, sodass sie diese vornehmliche interne Abhängigkeit noch nicht selbständig intern gestalten kann. Um den Scharpf'schen Knoten durchzuschlagen, bedürfte es also einer europäischen Verfassungsreform, eines Durchbruchs zu einer eigenständigen europäischen politischen Ebene, eines endgültigen Ausbruchs aus der nationalstaatlichen Selbstfesselung der europäischen Integration.

Kurzum, die wirtschaftliche Binnenabhängigkeit der Mitgliedstaaten voneinander, die sich im Augenblick stark als Selbstfesselung auswirkt, eröffnet der EU auch einen Möglichkeitsraum für politische Gestaltung, den sie bislang aber nur ansatzweise ausgeschöpft hat. Sie könnte damit auch als eigener Block im Weltmarkt die Gestaltungsmöglichkeiten an sich ziehen, die ihre Mitgliedsstaaten längst verloren haben.

Eine solche Gestaltungsmöglichkeit betrifft die nationalen Wohlfahrtsstaaten: Eine solche Rückgewinnung von Handlungsfähigkeit auf europäischer Ebene erlaubte es auch, den Wohlfahrtskompromiss der unmittelbaren Nachkriegszeit, der in den Mitgliedstaaten allein nicht mehr zu sichern ist, auf europäischer Ebene neu zu formulieren und dann dort gewissermaßen »rückzuversichern«. Dann würde ein »Europäisches Sozialmodell« (Jacques Delors) als eigene soziale und wirtschaftliche Ordnung konturiert. Aus europäischer Sicht könnten wir in dem folgenden, abschließenden Zitat von Miles Kahler von einer pessimistischen wieder zu einer optimistischeren Sicht überwechseln:

»Perhaps the most pessimistic reading of the effects of regionalization in transatlantic relations concerns the underlying sources of economic conflict between Europe and the United States. Rather than simple protectionism, conflict increasingly might centre on ›unfair competition‹ and ›level playing fields‹ – terms defined less by any measurable barriers to market access than by presumed differences between two distinct capitalist political economies. (If one adds Japan, then the clash of systems involves at least three distinct models.) The European Union, in this view, represents more than a collection of coordinated policies or even a set of distinct institutions: it incorporates a distinctive social and economic order, in contradistinction to ›Northamerica‹« (1995, S. 41).

Literatur

Berthold, N.: *Der Sozialstaat im Zeitalter der Globalisierung*, Tübingen 1998

Blank, R. M.: *It Takes a Nation. A New Agenda for Fighting Poverty*, New York/Princeton 1997

Bognoli, G./V. George/P. Taylor-Gooby: *European Welfare Futures*, Cambridge 2000

Gebhardt, T./H. Jacobs: »Amerikanische Verhältnisse? Sozialhilfe in den USA und Deutschland: Ein Vergleich aus historischer, institutioneller und rechtlicher Perspektive«, in: *Zeitschrift für Sozialreform*, 43. Jg., H. 8, 1997, S. 597-633

Ferrera, M./E. Gualmini: »Italy: Rescue from Without?«, in: Scharpf/Schmidt 2000

Haverkate, G./St. Huster: *Europäisches Sozialrecht. Eine Einführung*, Baden-Baden 1999

Kahler, M.: *Regional Futures and Transatlantic Economic Relations*, New York 1995

Kaufmann, F.-X.: *Herausforderungen des Sozialstaats*, Frankfurt/M. 1997

Leibfried, St.: »National Welfare States, European Integration and Globalization: A Perspective for the Next Century«, in: *social policy & administration*, 34. Jg., H. 1 (März), 2000, S. 44-63

Leibfried, St./P. Pierson: »Social Policy«, in: H. Wallace/W. Wallace (Hg.): *Policy-Making in the EU*, Oxford 2000, S. 267-292

Leibfried, St./P. Pierson (Hg.): *Standort Europa. Europäische Sozialpolitik*, Frankfurt/M. 1998

Leibfried, St./U. Wagschal (Hg.): *Der deutsche Sozialstaat: Bilanzen – Reformen –Perspektiven*, Frankfurt/New York 2000

Pierson, P.: »Irresistible Forces, Immovable Objects: Postindustrial Welfare States Confront Permanent Austerity«, in: *Journal of European Public Policy*, 5. Jg., H. 4, 1998, S. 539-560

Rieger, E.: »Global Capitalism and the Politics of Social Policy Reform in Germany and the United States«, in: K. Lankowski (Hg.): *Responses to Globalization in Germany and the United States. Seven Sectors Compared*, Washington, D. C. 1999 (Research Report 10), S. 101-120

Rieger, E./St. Leibfried: »Welfare State Limits to Globalization«, in: *Politics & Society*, 26. Jg., H. 4, 1998, S. 363-390

Rieger, E./St. Leibfried: *Grundlagen der Globalisierung. Perspektiven des Wohlfahrtsstaates*, Frankfurt/M. 2001

Rodrik, D.: *Has Globalization Gone too Far?*, Washington, D. C. 1997

Scharpf, F. W.: »The Viability of Advanced Welfare States in the International Economy: Vulnerabilities and Options«, in: *Journal of European Public Policy*, 7. Jg., H. 2, 2000, S. 190-228

Scharpf, F. W.: *Regieren in Europa. Demokratisch und effektiv?* Frankfurt/New York 1999

Scharpf, F. W.: »Community and Autonomy: Multi-Level Policy-Making in the European Union«, in: *Journal of European Public Policy*, 1. Jg., H. 2 (Herbst), 1994, S. 219-241

Scharpf, F. W./V. A. Schmidt (Hg.): *Welfare and Work in the Open Economy: From Vulnerability to Competitiveness*, Oxford 2000

Carsten Helm und Udo E. Simonis

Verteilungsgerechtigkeit in der Internationalen Umweltpolitik

Theoretische Fundierung und exemplarische Formulierung

1. Das Problem

Fragen der internationalen Verteilungsgerechtigkeit sind beileibe nicht neu. Man denke nur an die Forderung der Entwicklungsländer aus den siebziger Jahren nach einer Neuen Weltwirtschaftsordnung, die auf eine gerechtere Verteilung der Vorteile aus der internationalen Arbeitsteilung abzielte (Tinbergen 1976). Verlangt wurden damals verbesserte Exportmöglichkeiten in die Industrieländer, erhöhte finanzielle und technologische Transferleistungen sowie eine verstärkte Mitbestimmung in den internationalen Institutionen, v. a. in der Weltbank und im Internationalen Währungsfonds (Streeten 1983). Auch wenn diese Forderungen weitgehend unerfüllt blieben und die Debatte um eine Neue Weltwirtschaftsordnung kaum noch geführt wird, gibt es zu Beginn des neuen Jahrhunderts eine Reihe höchst aktueller Gründe, warum das Thema der internationalen Verteilungsgerechtigkeit wieder stärker in den Vordergrund rückt. Viele dieser Gründe hängen mit dem Phänomen der »Globalisierung« zusammen.

Zum einen wird die emotionale und geografische Entfernung zwischen Individuen als wesentliches Kriterium für die Akzeptanz sozialer Ungleichheit gesehen: Je näher uns jemand steht und je mehr wir von einem Menschen wissen, desto eher sind wir dazu bereit, zu dessen Wohlergehen beizutragen. Sollte die Welt im Zuge der Globalisierung also wirklich zusammenwachsen – über so vielfältige Prozesse wie schnellere Transportmittel, das Internet, die Vernetzung der Wirtschaftsbeziehungen oder auch durch Urlaubserlebnisse –, dann dürfte die Frage der internationalen Verteilungsgerechtigkeit schon aus diesem Grund an Bedeutung gewinnen. Der Integrationsprozess innerhalb der Europäischen Union ist hierfür ein Beispiel; er war von einer starken Zunahme der Transferzahlungen zwischen den einzelnen europäischen Ländern begleitet. Dabei muss der Antrieb nicht unbedingt ein moralischer, am Wohl des anderen ausgerichteter sein. So lautet ein häufig zu hörendes Argument für internationale Transferleistungen, dass es besser sei, den Menschen vor Ort zu helfen, als sie als Flüchtlinge versorgen zu müssen.

Zum anderen entstehen durch die Globalisierung neue Anforderungen an die Politik, die nicht mehr allein auf nationaler Ebene bewältigt werden können, sondern ein aufeinander abgestimmtes Handeln der Staaten erfordern. Formal lassen sich die entsprechenden Politikfelder als »globale öffentliche Güter« oder »globale Allmenderessourcen« konzipieren: als Güter, von deren Nutzung niemand von vornherein ausgeschlossen werden kann. Da von ihnen auch solche Akteure profitieren können, die nicht zu ihrer Bereitstellung beigetragen haben, besteht für den einzelnen Akteur ein Anreiz, als »Trittbrettfahrer« mitzureisen. Ohne wirksame institutionelle Rahmenbedingungen käme es dadurch zu einer systematischen Unterversorgung mit öffentlichen Gütern. Die Finanzierung internationaler Institutionen, von Blauhelmeinsätzen bis zu makroökonomischen Stabilisierungsprogrammen, und auch das Management globaler Umweltgüter sind Beispiele hierfür (ausführlicher hierzu Kaul et al. 1999). Sie werfen grundsätzlich die Frage nach der »gerechten« Verteilung der Kosten und Vorteile internationaler Politikmaßnahmen auf.

Im Folgenden konzentrieren wir uns auf Kriterien für eine gerechte Verteilung grenzüberschreitender Ressourcen. Entsprechende Beispiele auf globaler Ebene sind Mineralien auf dem Meeresboden und genetische Ressourcen. Beispiele auf regionaler Ebene sind die Nutzung des Wassers grenzüberschreitender Flüsse und die Nutzung von wandernden Fischbeständen. Und schließlich – und nicht zuletzt – kann man auch die internationale Umweltpolitik als Frage nach der gerechten Verteilung von Ressourcen und der Aufnahmekapazität der Natur für Schadstoffe betrachten.

Wir werden daher die internationale Klimapolitik häufig als Exempel heranziehen. Nachdem der anthropogene Einfluss auf das globale Klimasystem nur noch von wenigen bestritten wird (siehe Helm/Schellnhuber 1998), dreht sich die politische Debatte nun v. a. um die Aufteilung der Emissionsrechte für Treibhausgase, die für die Klimaveränderung verantwortlich sind. Im

»Kyoto Protokoll« von 1997 haben sich 38 Industrieländer auf erste, wenn auch bescheidene Reduktionsziele geeinigt; mittel- bis langfristig werden jedoch wesentlich weitergehende Anstrengungen und auch eine Beteiligung der Entwicklungsländer erforderlich, wenn die Stabilisierung des Klimasystems gelingen soll (Simonis 1998).

2. Lokale versus globale Gerechtigkeit

Am Beginn der Suche nach Kriterien für eine gerechte Verteilung gemeinsamer Ressourcen steht die Frage, welche Informationen über die beteiligten Akteure berücksichtigt werden sollen. Ein einfaches Beispiel mag dies verdeutlichen: Zwei Spaziergänger entdecken gleichzeitig einen Hundertmarkschein, der am Wegrand liegt. Wohl die meisten von uns würden es als gerecht empfinden, wenn beide jeweils die Hälfte des Fundes bekämen. Führt man aber die zusätzliche Information ein, dass einer der Spaziergänger arm, der andere hingegen reich ist, dann sähe das Urteil wahrscheinlich anders aus. Die meisten würden es jetzt wohl für gerechter halten, wenn der Ärmere der beiden alles oder zumindest den größeren Teil des Fundes erhielte.

In der ersten Variante dieser Geschichte wird die Aufteilung des Fundes *unabhängig* von der sonstigen Güterverteilung betrachtet, in der zweiten Variante wird sie hingegen berücksichtigt. Vieles spricht dafür, die letztere Perspektive als die angemessenere zu erachten. Doch kann es selbst dann aus analytischer Sicht sinnvoll sein, die Dinge auseinander zu halten. Denn dass wir dem Armen den gesamten Fund zusprechen, liegt einzig in seiner Armut begründet – und die besteht unabhängig von dem Fund selbst. Unsere Motivation ist also nicht mehr die gerechte Aufteilung einer gemeinsamen Ressource (des Fundes), sondern die Durchführung eines Einkommenstransfers, zu dessen Zweck der Fund verwendet wird, der aber auch ohne diesen gerechtfertigt wäre.

Wenn wir im Folgenden die gerechte Verteilung gemeinsamer, grenzüberschreitender Ressourcen zunächst einmal unabhängig von den bestehenden weltweiten Einkommensunterschieden betrachten, dann soll damit keineswegs gesagt werden, letztere seien vernachlässigbar. Ja, es spricht sogar vieles dafür, die Aufteilung grenzüberschreitender bzw. globaler Ressourcen als ein Instrument zu verwenden, um internationale Einkommenstransfers durchzuführen (Simonis 1996). Doch die Fragestellung wäre dann eine andere: Es ginge nicht mehr um die gerechte Aufteilung einer gemeinsamen Ressource; sie wäre vielmehr ein Mittel, um weiterreichende, übergeordnete Verteilungsziele zu erreichen.

Die Frage nach solchen übergeordneten Verteilungszielen ist für die internationale Politik noch schwerer zu beantworten als für die Ebene der Nationalstaaten. John Rawls (1999) hat beispielsweise argumentiert, dass es in erster Linie die Nationalstaaten selbst seien, die für das Wohlergehen ihrer Bürger die Verantwortung tragen. Der internationalen Staatengemeinschaft komme demgegenüber eher eine unterstützende Funktion zu. Sie solle ein Umfeld sichern, in dem sich die inländischen Gesellschaften positiv entwickeln können (siehe auch Beitz 1999). Hierzu gehört bei Rawls allerdings auch eine substanzielle Ausdehnung internationaler Transferzahlungen an benachteiligte Länder.

Um die konzeptionellen Probleme einer »globalen Wohlfahrtspolitik« von der Frage der gerechten Verteilung einer gemeinsamen Ressource trennen zu können, konzipieren wir diese als »lokales« Gerechtigkeitsproblem (Young 1994). Dabei gehen wir in zwei Schritten vor: Zunächst diskutieren wir die gerechte Verteilung der *Anfangsausstattung* mit Nutzungsrechten einer gemeinsamen Ressource. Im zweiten Schritt entwickeln wir dann Kriterien für den gerechten *Austausch* der Anfangsausstattung mit Nutzungsrechten.

Besonders in der klimapolitischen Debatte wurde dem zweiten Punkt bisher kaum Aufmerksamkeit geschenkt. Die Gerechtigkeitsüberlegungen beschränkten sich zumeist auf die Frage nach der Anfangsausstattung mit Emissionsrechten, während ihr anschließender Austausch – und somit auch die Verteilung der sich daraus ergebenden Effizienzgewinne – dem Markt überlassen bleibt.

Diese Betrachtungsweise steht im engen Zusammenhang mit dem zweiten Grundsatz der Wohlfahrtsökonomie. Ihm zufolge kann jede gewünschte (Pareto-effiziente) *End*verteilung von Ressourcen durch eine geeignete Wahl der Anfangsausstattung als Marktgleichgewicht erreicht werden. Die Verteilungswirkung des Marktes wird dann bereits bei der Zuteilung der Anfangsausstattung antizipiert.

Unsere Vorgehensweise in diesem Aufsatz erfolgt jedoch in

umgekehrter Richtung: Nicht die Endverteilung der Ressourcen steht im Vordergrund, sondern die gerechte Zuteilung von Nutzungsrechten und deren gerechter Austausch. Daher müssen sich auch die Gerechtigkeitskriterien auf diese Ebenen beziehen und insbesondere die Art und Weise beeinflussen, wie die beim Austausch der Erstausstattung entstehenden Effizienzgewinne verteilt werden.

3. Gerechte Verteilung der Anfangsausstattung mit Nutzungsrechten

Beginnen wir mit der Frage nach der gerechten Verteilung der Anfangsausstattung mit Nutzungsrechten an einer gemeinsamen Ressource. Mit Blick auf das einführende Beispiel lässt sich hier eigentlich nicht viel debattieren: Was, wenn nicht die gleiche Pro-Kopf-Ausstattung, könnte als gerecht gelten, wenn wir alle übergeordneten Informationen wie unterschiedliche Wohlfahrtsniveaus ausblenden? Schließlich hat bereits Aristoteles in seinem »formalen Prinzip der Gerechtigkeit« gefordert, dass Gleiche gleich behandelt werden sollen.

Trotzdem gibt es mindestens zwei Argumente, die gegen eine gleiche Pro-Kopf-Verteilung vorgebracht wurden. Zum einen wird argumentiert, dass sich aus der bisherigen Nutzung der gemeinsamen Ressource ein gewisser Anspruch auf die Beibehaltung des Status quo ergebe. Zum anderen findet sich die Forderung, dass sich die Verteilung der Emissionsrechte am Bedarf orientieren solle, wie er sich im aktuellen Emissionsniveau der verschiedenen Länder widerspiegelt (siehe Tóth 1999).

Als philosophische Grundlage für die erste Variante ließe sich John Lockes Theorie der Aneignung besitzloser Güter anführen sowie als zeitgenössischen Philosophen Robert Nozick, der auf Lockes Gedanken aufbaut und als wichtigster Vertreter der »Libertarians« gilt. Nach Nozick (1974) kann eine Verteilung nur dann als gerecht gelten, wenn

- die ursprüngliche Aneignung der Eigentumsrechte und
- der Austausch dieser Eigentumsrechte in gerechter Weise erfolgt sind (also beispielsweise nicht durch Diebstahl) und
- zurückliegende Verstöße gegen diese Prinzipien berichtigt wurden (beispielsweise durch Kompensation).

Bei der Frage der ursprünglichen Aneignung greift Nozick auf Locke (1632-1704) zurück, der zu einer Zeit schrieb, als die Neue Welt noch als riesiges besitzloses Areal galt. In seinen *Zwei Abhandlungen über die Regierung* führt Locke (1690) aus, dass die Natur von Gott allen Menschen in prinzipiell gleicher Weise zur Bearbeitung und Bemächtigung anvertraut worden sei. In ihrem Urzustand sei sie daher Gemeineigentum. Im Gegensatz hierzu steht der Mensch, der sich mit allen seinen Fähigkeiten »selbst besitzt«. Daher sei seine Arbeit und schließlich auch das, was durch sie geschaffen wird, sein Eigentum. Indem der Mensch seine Arbeit mit der Natur vermischt, entreiße er sie ihrem Zustand als Gemeineigentum und gewinne private Eigentumsrechte an ihr, die andere von der Nutzung ausschließen. Locke liefert mit dieser Argumentation eine theoretische Grundlage für die materialistische und streng individualistische Denk- und Verfahrensweise des Wirtschaftsliberalismus (hierzu Schwan 1993).

Allerdings ergänzte Locke seine Theorie der Aneignung mit der Einschränkung, dass hierbei ausreichend viel von gleicher Qualität für andere übrig gelassen werden müsse – die so genannte »Lockean Proviso«. Solange es z.B. genug fruchtbares Farmland für alle gibt, ist diese Einschränkung nicht allzu restriktiv. Doch bei der Klimaveränderung und anderen globalen Umweltproblemen liegt das Problem ja gerade darin, dass die Kapazität der Atmosphäre zur Aufnahme von Schadstoffen *nicht* ausreichend ist. Lockes Theorie der Aneignung und darauf aufbauende Ansätze lassen sich also kaum als Paten für eine Aufteilung von Emissionsrechten in der internationalen Klimapolitik heranziehen, die sich am Status quo orientiert.[1]

Auf noch schwächeren Füßen steht die Forderung, die Verteilung von Emissionsrechten solle sich am Bedarf orientieren, wie er sich in den derzeitigen Emissionsniveaus widerspiegele. Zwar hat beispielsweise Ronald Dworkin (1981) ein Abweichen von einer egalitären Ressourcenausstattung gefordert, wenn dies dem Ausgleich natürlicher Ungleichheiten dient – also beispielsweise zum Ausgleich von unterschiedlichen Begabungen. Im Gegen-

1 Nozick (1974) hat die ›Lockean Proviso‹ später abgeschwächt. Er verwendet als Kriterium für die gerechte Aneignung von Eigentumsrechten, dass hierdurch niemand schlechter gestellt wird als ohne die Aneignung. Eine Verteilung von Emissionsrechten auf der Grundlage des Status quo würde jedoch auch hiergegen verstoßen.

satz zu klimatischen Bedingungen oder Bodenschätzen kann man allerdings kaum argumentieren, dass den Industrieländern ihre hohen Schadstoffemissionen quasi »in die Wiege gelegt« worden seien. Sie sind vielmehr ein Ergebnis ihrer eigenen Produktions- und Konsumentscheidungen.

In der internationalen Klimapolitik ist die gleiche Pro-Kopf-Verteilung der Emissionsrechte tatsächlich der am häufigsten genannte Vorschlag (IPCC 1996, S. 106). In einem frühen Entwurf der Klimarahmenkonvention wurde sie sogar explizit als Ziel genannt, dann aber durch die abgeschwächten Bestimmungen des Artikel 3(1) ersetzt. Diesem Artikel zufolge soll der Schutz des Klimasystems »auf der Basis der Gerechtigkeit und in Übereinstimmung mit den gemeinsamen, aber unterschiedlichen Verantwortlichkeiten und Fähigkeiten der Vertragsstaaten« erfolgen.

Allerdings bleibt auch nach der Anerkennung einer gleichen Pro-Kopf-Verteilung ein gewisser Diskussionsspielraum bestehen: Es muss z. B. entschieden werden, ob sich die Anfangsausstattung auf *Brutto*emissionen oder auf *Netto*emissionen beziehen soll, bei denen die unterschiedliche biotische Senkenkapazität der Länder (v. a. durch Wälder und Weiden) berücksichtigt wird. Auch die Berücksichtigung historischer (akkumulierter) Emissionen, durch die die heutige und die zukünftige Aufnahmekapazität der Natur beeinträchtigt wird, haben wir nicht thematisiert. Als generelle Richtlinie lässt sich jedoch festlegen, dass die Erstausstattung mit Nutzungsrechten an einer gemeinsamen Ressource dem Prinzip der gleichen Pro-Kopf-Verteilung folgen sollte.

4. Kriterien für den gerechten Austausch der Anfangsausstattung mit Nutzungsrechten

Im zweiten Schritt der Analyse geht es nun um Kriterien für einen gerechten *Austausch* der Anfangsausstattung mit Nutzungsrechten. Ausgangspunkt ist hierbei, dass die einzelnen Akteure ein unterschiedlich starkes Interesse an der Nutzung einer gemeinsamen Ressource haben. Wenn Kompensationszahlungen möglich sind, gibt es daher Umverteilungen der Erstausstattung, von denen alle Akteure profitieren.

In der ökonomischen Theorie bezeichnet man eine Verteilung als effizient oder Pareto-optimal, wenn niemand besser gestellt werden kann, ohne jemand anderen schlechter zu stellen. Gelegentlich wird dies auch als Kriterium der *Einstimmigkeit* bezeichnet. Dies verdeutlicht bereits, dass das Pareto-Kriterium nicht mehr ist als der kleinste gemeinsame Nenner, das einzige unstrittige normative Argument, auf das sich die ökonomische Profession hat einigen können.

Da bei einer Pareto-inferioren Verteilung die Möglichkeit ausgelassen würde, jemanden besser zu stellen, ohne jemand anderem zu schaden, erscheint uns Effizienz als kleinster gemeinsamer Nenner auch für die Suche nach einer gerechten Verteilung gemeinsamer Ressourcen sinnvoll zu sein. Für die internationale Klimapolitik folgt hieraus eine Verteilung der Emissionsreduktionen, bei der die marginalen Vermeidungskosten, d. h. die Kosten für die letzte vermiedene Einheit Kohlendioxid (CO_2) und anderer Treibhausgase, in allen Ländern gleich sind. Dies ist ein weit reichendes Resultat, denn es legt die globale Verteilung der Emissionen fest.

Das bekannteste Instrumentarium, um zu einer Pareto-effizienten Allokation zu gelangen, sind Wettbewerbsmärkte (Erstes Theorem der Wohlfahrtsökonomie). Allerdings ist Pareto-Effizienz nicht das primäre Ziel unserer Analyse, sondern es dient lediglich dazu, den gerecht zu verteilenden Kuchen möglichst groß zu backen. Daher muss gefragt werden, ob der Markt die Gewinne, die sich aus der im Vergleich zur Anfangsausstattung effizienteren Nutzung ergeben, auch in gerechter Weise verteilt.

Hierzu werden im Folgenden eine Reihe von Kriterien vorgestellt. Obwohl sie recht verschieden sind, liegt ihnen doch die übergreifende Idee zu Grunde, dass sich aus der Nutzung einer gemeinsamen Ressource ein Mindestmaß an Solidarität ergibt. Im Prinzip gilt dies auch für das Kriterium der Pareto-Effizienz, denn es impliziert die Pflicht, andere zumindest in jenen Fällen zu unterstützen, in denen für einen selbst keine Kosten entstehen.

4.1 Das Kriterium der Neidfreiheit

Das bekannteste Gerechtigkeitskriterium in der ökonomischen Theorie ist die *Neidfreiheit* – so sehr, dass Gerechtigkeit gelegentlich als Neidfreiheit plus Effizienz definiert wurde (Varian 1974). Bei gleichen Ansprüchen an eine gemeinsame Ressource gilt eine Verteilung dann als *neidfrei*, wenn jeder Akteur seinen Anteil mindestens als ebenso wertvoll empfindet wie den irgendeines anderen Akteurs; d. h., wenn niemand das Bedürfnis spürt, mit dem Anteil eines anderen tauschen zu wollen.

Ein wesentlicher Aspekt dieses Kriteriums – wie übrigens auch der folgenden – besteht darin, dass es ohne interpersonelle Nutzenvergleiche auskommt, die naturgemäß umstritten sind: Verlangt sind keine Aussagen darüber, ob man ein Gut nötiger braucht als andere, sondern lediglich, ob man sein eigenes Güterbündel dem eines anderen vorziehen würde.

Allerdings ist die Menge der neidfreien Verteilungen in vielen Fällen recht groß. Dies gilt auch für die Verteilung von Emissionsrechten und begleitenden Kompensationszahlungen in der internationalen Klimapolitik, zumindest wenn man das Verteilungsproblem auf zwei Akteure beschränkt: Es gibt eine Reihe verschiedener Allokationen, bei denen der Norden den Süden für einen größeren Emissionsrechteanteil durch Ausgleichszahlungen kompensiert, ohne dass einer von beiden die Emissionsrechte und Kompensationszahlungen des anderen vorzöge.

4.2 Das Kriterium der individuellen Rationalität

Das Kriterium der individuellen Rationalität besagt, dass jedem Akteur zumindest der Nutzen aus dem Konsum seiner Nutzungsansprüche an der gemeinsamen Ressource garantiert werden soll. Andere Namen für dieses Kriterium sind *Fair-share-guaranteed* und *Akzeptierbarkeit*, weil man in der Regel einer Reallokation nicht zustimmen würde, wenn man hierdurch schlechter gestellt wird als mit dem einem als Minimum zustehenden Anteil.[2]

Auf das Klimaproblem angewandt verlangt das Kriterium der individuellen Rationalität, dass jene Länder, die in einer effizienten Allokation weniger Emissionsrechte als ihren fairen Anteil erhalten, für die ihnen dadurch entstehenden Vermeidungskosten vollständig entschädigt werden müssen. Umgekehrt sollen jene Länder, die in einer effizienten Allokation mehr Emissionsrechte bekommen als ihren fairen Anteil, nicht höhere Entschädigungen zahlen als die Vermeidungskosten, die sie durch die ihnen zusätz-

2 Das Kriterium der individuellen Rationalität ist keineswegs äquivalent zur Pareto-Effizienz. Beispielsweise ist eine Verteilung, bei der ein Akteur alles bekommt, Pareto-effizient, aber nicht individuell rational.

lich zugestandenen Emissionsrechte einsparen. Das heißt: Kein Akteur soll auf dem Weg von der ursprünglichen zur effizienten Verteilung verlieren.

4.3 Das Kriterium der Ressourcen- und Populationsmonotonität

Das Kriterium der Ressourcen- und Populationsmonotonität legt Schranken fest, wie der Nutzen der einzelnen Akteure auf eine Veränderung der Größe der gemeinsamen Ressource oder der Zahl der Akteure, die einen berechtigten Anspruch an ihr haben, reagiert. *Ressourcenmonotonität* verlangt für den Fall des Wachstums der gemeinsamen Ressource, dass jeder Akteur zumindest so gut gestellt werden sollte, wie es sich aus der gerechten Verteilung der kleineren Ressource ergibt (Roemer 1986).

Für die internationale Klimapolitik und andere Verteilungsprobleme gemeinsamer Ressourcen ist dieses Kriterium von hoher Relevanz. Die Einschätzung der Schadstoffaufnahmefähigkeit der Natur ist unsicher und muss regelmäßig dem neuesten wissenschaftlichen Erkenntnisstand angepasst werden. Zudem werden langfristige Umwelt- und Reduktionsziele in der Regel nur schrittweise angestrebt, wie auch im »Kyoto Protokoll«. In beiden Fällen verändert sich die Größe der aufzuteilenden gemeinsamen Ressource, und die damit einhergehenden Wohlfahrtseffekte sollten sich für alle Akteure in dieselbe Richtung auswirken.

Das Kriterium der *Populationsmonotonität* verlangt, dass bei einem Anwachsen der Zahl der berechtigten Anspruchsteller an der gemeinsamen Ressource kein Akteur besser gestellt werden darf als zuvor (Chichilnisky/Thomson 1987). Ähnlich der Ressourcenmonotonität basiert auch dieses Kriterium auf dem ethischen Argument, dass aus gemeinsamem Eigentum ein Mindestmaß an Solidarität folgt, wonach jeder dazu beitragen sollte, die legitimen Ansprüche zusätzlicher Anspruchsteller zu befriedigen.

4.4 Das Stand-alone-Kriterium

Der Stand-alone-Nutzen bezeichnet den Nutzen eines Akteurs, wenn er die gesamte Ressource alleine nutzen kann (Moulin 1992). Er lässt sich aus den beiden Monotonitätskriterien als

Obergrenze für das Nutzenniveau ableiten, das ein einzelner Akteur aus der fairen Aufteilung einer *gemeinsamen* Ressource erhalten darf. Nehmen wir zunächst einmal an, dass es nur einen einzigen Akteur gäbe. Dieser würde per definitionem seinen Stand-alone-Nutzen erhalten. Das Kriterium der Populationsmonotonität verlangt nun, dass der Nutzen dieses Akteurs nicht zunimmt, wenn die Zahl der Akteure mit legitimen Ansprüchen an der gemeinsamen Ressource wächst. Folglich darf er nicht mehr erhalten als seinen Stand-alone-Nutzen, wie zu zeigen war. Zu demselben Ergebnis kommt man auch anhand des Kriteriums der Ressourcenmonotonität (Helm 2000).

Während das Kriterium der individuellen Rationalität eine *Unter*grenze für die Höhe der Kompensationszahlungen festlegt, bestimmt das Stand-alone-Kriterium also eine *Ober*grenze. Auf die internationale Klimapolitik angewandt verlangt es, dass kein Land höhere Kompensationszahlungen bekommt als jene Vermeidungskosten, die es beim Erhalt der globalen Emissionsrechtemenge hätte.

Allgemeiner formuliert folgt aus dem Stand-alone-Kriterium, dass kein Akteur von der Begrenztheit der Schadstoffaufnahmekapazität der Atmosphäre profitieren darf. Moulin (1992, S. 1333) rechtfertigt dies folgendermaßen: »fair division conveys the idea of no subsidization: The presence of other agents who are willing to pay higher monetary transfers than me for consuming the resources should not turn to my advantage.« Dieses Argument erscheint besonders überzeugend, wenn die höhere Zahlungsbereitschaft eher eine Verpflichtung ist, ein alle Akteure betreffendes Problem wie die Veränderung des Klimas zu begrenzen.

5. Ein Vorschlag für die gerechte Verteilung gemeinsamer Ressourcen

Fassen wir zusammen: Aufbauend auf einer gerechten Ausgangsverteilung der Nutzungsansprüche an einer gemeinsamen Ressource (hier: das Klimasystem) haben wir für deren Austausch folgende »Mindeststandards« festgelegt:

- Das Potenzial für Umverteilungen, bei denen jemand besser gestellt werden kann, ohne jemand anderes schlechter zu stellen, soll ausgeschöpft werden (*Pareto-Effizienz*).

- Für jeden Akteur soll gelten, dass er seinen eigenen Anteil an der gemeinsamen Ressource dem Anteil jedes einzelnen anderen Akteurs vorzieht (*Neidfreiheit*).
- Kein Akteur soll im Zuge der Umverteilung der Anfangsausstattung schlechter gestellt werden als zuvor (*Individuelle Rationalität*).
- Kein Akteur soll besser gestellt werden, als wenn er die gesamte gemeinsame Ressource alleine nutzen könnte (*Stand-alone-Kriterium*, abgeleitet aus Ressourcen- und Populationsmonotonität).

Für sich alleine genommen erscheint keines dieser Kriterien als besonders restriktiv. Aus diesem Grund haben wir sie als »Mindeststandards« bezeichnet – sie konstituieren gleichsam den kleinsten gemeinsamen Nenner, sich dem schwierigen Thema Verteilungsgerechtigkeit zu nähern. So liegt denn auch das Problem weniger in der Strittigkeit der einzelnen Kriterien per se als vielmehr in deren Kombination. Zum einen gibt es häufig keine Lösung, die alle Kriterien gleichzeitig erfüllt, sodass eines oder mehrere von ihnen zu Gunsten anderer aufgegeben werden müsste. Zum anderen kann es aber auch eine große Menge von Verteilungen geben, die alle Kriterien erfüllen, sodass von ihnen dann nur wenig Orientierung für die Politik ausginge.

Zumindest bei relativ einfachen Verteilungsproblemen, die ein homogenes Gut umfassen und Kompensationszahlungen erlauben, ergänzen sich die vier genannten Kriterien jedoch in harmonischer Weise, sodass sich konkrete Handlungsempfehlungen aus ihnen ableiten lassen. Dies gilt auch für die Verteilung der Emissionsrechte in der internationalen Klimapolitik – und zwar besonders für die politisch schwierigste Frage der Nord-Süd-Verteilungsgerechtigkeit.

Solange die Emissionen des Südens relativ gering sind, müsste dieser keine Vermeidungsanstrengungen unternehmen, um sie auf das Niveau der ihm zustehenden Emissionsrechte zu beschränken. Das Kriterium der individuellen Rationalität garantiert dem Süden daher ein Nutzenniveau, das jenem ohne eigene Vermeidungsanstrengungen entspricht. Auf der anderen Seite folgt aus dem Stand-alone-Kriterium, dass kein Akteur besser gestellt werden darf als im Emissionspfad ohne eigene Vermeidungsanstrengungen.

Die durch das Kriterium der individuellen Rationalität definierte Untergrenze für das Nutzenniveau des Südens fällt also mit der durch das Stand-alone-Kriterium definierten Obergrenze zusammen. Dies führt zu einer eindeutigen Lösung: Der Norden müsste sämtliche Vermeidungskosten des Südens ersetzen; doch dürfte der Süden umgekehrt auch keine darüber hinausgehenden Transferzahlungen verlangen und müsste den bei ihm aus Effizienzgründen erforderlichen Reduktionsmaßnahmen zustimmen. Diese Lösung ist zudem neidfrei, weil weder der Süden die Emissionsrechte und Kompensationszahlungen des Nordens präferieren würde noch umgekehrt.

Etwas schwieriger ist die Frage nach der Verteilungsweise innerhalb des Nordens zu beantworten bzw. allgemein für jene Länder, deren Emissionen die Anfangsausstattung mit Emissionsrechten übersteigen. Hier bietet es sich an, als Ausgangspunkt die Zuteilung von Eigentumsrechten mit einer anschließenden Allokation über Wettbewerbsmärkte zu wählen. Dieser Mechanismus gewährleistet nicht nur Effizienz, sondern erfüllt auch die Gerechtigkeitskriterien der individuellen Rationalität und der Neidfreiheit. Auf Grund der (anfänglich) sehr großen Unterschiede der Pro-Kopf-Emissionen im Norden und Süden würde die Marktallokation jedoch gegen das Stand-alone-Kriterium verstoßen.

Daher liegt eine Verteilungsweise nahe, bei der alle Länder das Minimum aus der Wettbewerbsverteilung und dem Stand-alone-Nutzen erhalten. Dieser so genannte »WESA-Mechanismus« (WESA = Walrasian Mechanism with the Stand Alone utility as an upper bound) erfüllt sämtliche der am Beginn dieses Abschnitts aufgeführten Gerechtigkeitskriterien.[3]

3 Formal gilt für den WESA-Mechanismus, dass jeder Akteur die Emissionsrechte in der Wettbewerbsverteilung e_i^* erhält und Kompensationszahlungen m_i nach folgender Regel geleistet werden:

$$m_i(e_i^*) = \min\left\{u_i(\omega) - u_i(e_i^*), (\omega_i - e_i^*)p^* + \frac{\sum_{i \in A}\left[(\omega_i - e_i^*)p^* - (u_i(\omega) - u_i(e_i^*))\right]}{|N \setminus A|}\right\}$$

, wobei p^* den Marktpreis für Zertifikate angibt, $u_i(\omega)$ den Nutzen aus dem Konsum der gesamten Ressource, N die Menge der Akteure, $A = \{i \in N: m_i = u_i(\omega) - u_i(\omega_i)\}$, und $|N \setminus A|$ ist die Kardinalität der Menge $N \setminus A$. Demnach verteilt der WESA-Mechanismus die gemeinsame Ressource nach dem Effizienzkriterium und unterscheidet für die Bestimmung der Kompensationszahlungen zwischen zwei Gruppen: (i) Mitglieder der Menge *A* erhalten Kompensationen, die sie genau auf das Niveau ihres Stand-alone-Nutzens

Abb. 1: Implementation des WESA-Mechanismus

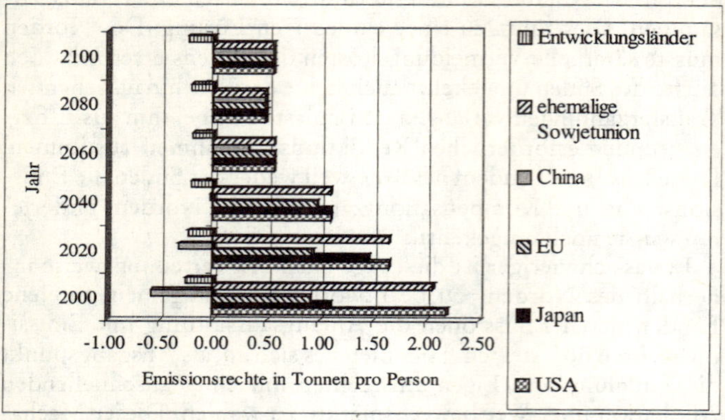

Quelle: Eigene Berechnungen, basierend auf Pareto-optimalem Pfad im RICE-Modell von Nordhaus und Yang (1996).

Wenn wir die Anfangsausstattung mit Emissionsrechten nach dem Prinzip der gleichen Pro-Kopf-Verteilung vornehmen und der anschließende Austausch der Anfangsausstattung auf der Grundlage des WESA-Mechanismus erfolgt, kommen wir zu einer eindeutigen Endverteilung der Emissionen und der begleitenden Kompensationszahlungen für jedes Einzelne der beteiligten Länder (ausführlich hierzu Helm 2000).

Ähnlich der Vorgehensweise im Zweiten Theorem der Wohlfahrtsökonomie können wir nun fragen, wie die Anfangsausstattung verteilt werden müsste, um bei einer anschließenden Reallokation über Wettbewerbsmärkte (Walrasianischer Mechanismus) zu dieser gewünschten Endverteilung zu kommen. *Abbildung 1* beschreibt den Unterschied zwischen der den WESA-Mechanismus implementierenden Anfangsausstattung mit Emissionsrechten und einer gleichen Pro-Kopf-Verteilung.

bringen, und (ii) Mitglieder der Menge *N\A* erhalten (oder zahlen) ihre Kompensationen wie in der Marktlösung, bekommen aber zusätzlich einen gleichen Pro-Kopf-Anteil der Differenz zwischen den Kompensationszahlungen, die Mitglieder der Menge *A* im Marktgleichgewicht erhalten würden, und den Kompensationszahlungen, die sie zum Erreichen des Standalone-Nutzens benötigen (siehe Helm 2000).

Im Ergebnis würden die Entwicklungsländer anfänglich weniger, die Industrieländer hingegen mehr als einen gleichen Pro-Kopf-Anteil an Emissionsrechten erhalten; da die Treibhausgasemissionen der Entwicklungsländer von hohen Zuwachsraten gekennzeichnet sind, nimmt dieser Unterschied jedoch im Laufe der Zeit ab. Die Abbildung verdeutlicht somit nicht nur die Bedeutung, neben der Erstausstattung mit Emissionsrechten auch deren anschließenden Austausch Gerechtigkeitskriterien zu unterwerfen. Sie zeigt zudem die Ähnlichkeit einer so gewonnenen Lösung mit der viel zitierten Formel von William R. Cline, der zufolge sich die Ausstattung mit Emissionsrechten anfänglich am gegenwärtigen Emissionsniveau orientieren und mittel- bis langfristig zu einer gleichen Pro-Kopf-Verteilung konvergieren sollte (Cline 1992).[4]

6. Schlussfolgerung

Eingangs hatten wir argumentiert, dass Fragen der internationalen Verteilungsgerechtigkeit im Zuge der weiteren Globalisierung an Bedeutung gewinnen werden. Allerdings werden Aussagen, die auf Überlegungen zur Gerechtigkeit beruhen, oft mit großer Skepsis aufgenommen. Zwei der am häufigsten zu hörenden Einwände lauten: »Gerechtigkeit ist lediglich ein Wort, das heuchlerische Leute benutzen, um ihre Eigeninteressen durchzusetzen«, und »Gerechtigkeit ist so hoffnungslos subjektiv, das sie nicht wissenschaftlich analysiert werden kann« (Young 1994, S. xi; eigene Übersetzung).

Doch ganz so trostlos ist die Lage nicht. Ausgehend von einigen allgemeinen, weitgehend akzeptierten Gerechtigkeitskriterien wurde in diesem Aufsatz ein Vorschlag für die Verteilung gemeinsamer Ressourcen entworfen und auf das konkrete Beispiel

4 Wenn e das globale Emissionsziel ist, dann ergibt sich gemäß der Cline-Formel das Emissionsziel e_i für die einzelnen Länder als gewichtete Summe aus ihrem Anteil an den historischen Emissionen h_i/h, am weltweiten Bruttoinlandsprodukt y_i/y und an der Weltbevölkerung p_i/p, wobei $w_{h,t}$, $w_{y,t}$ und $w_{p,t}$ die Gewichtung dieser drei Indikatoren zum Zeitpunkt t bezeichnet:

$$e_i = e\left(w_{h,t}\left(\frac{h_i}{h}\right) + w_{y,t}\left(\frac{y_i}{y}\right) + w_{p,t}\left(\frac{p_i}{p}\right)\right).$$

der internationalen Klimapolitik angewandt. Dieser Vorschlag sieht vor, dass der Süden zunächst vollständig für seine Vermeidungsanstrengungen, die er auf Grund des Effizienzkriteriums unternehmen muss, entschädigt wird.

In mancherlei Weise ähnelt dieses Ergebnis den Regelungen im internationalen Regime zum Schutz der Ozonschicht (Montrealer Protokoll), das allgemein für seine Fairness gelobt wurde (Benedick 1999). Länder mit geringen Emissionen sind dort vollständig für ihre zusätzlichen Vermeidungskosten entschädigt worden (Biermann 1998).

Analytisch haben wir in diesem Aufsatz einen »Bottom-up-Ansatz« verfolgt: Die Gerechtigkeitskriterien wurden auf die Verteilung der Anfangsausstattung mit Nutzungsrechten an der gemeinsamen Ressource (hier: Klimasystem) und deren anschließenden Austausch angewandt, statt auf die Endverteilung als solche. Ein wesentlicher Vorzug dieser Methode besteht darin, dass hiermit einzelne Verteilungsprobleme unabhängig von der übergeordneten Ebene der globalen Wohlstandsverteilung betrachtet werden können. Doch sollte man sich dieser Beschränkung der für ein Verteilungsproblem herangezogenen Informationen stets bewusst sein. In manchen Fällen kann es nämlich dazu kommen, dass die Verteilungsweise einer gemeinsamen Ressource zwar den hier diskutierten Gerechtigkeitskriterien entspricht, sie jedoch die als ungerecht empfundenen globalen Wohlstandsunterschiede verstärkt. Bei unserem Verteilungsvorschlag für die internationale Klimapolitik ist dies allerdings nicht der Fall, denn er sieht vor, dass die Kosten der Reduktion von Treibhausgasen zunächst von den reichen Industrieländern übernommen werden müssen.

Literatur

Benedick, R. E.: 1998. *Ozone Diplomacy. New Directions in Safeguarding the Planet*, Cambridge 1998

Biermann, F.: *Weltumweltpolitik zwischen Nord und Süd. Die neue Macht der Entwicklungsländer*, Baden-Baden 1998

Beitz, Ch. R.: »International Liberalism and Distributive Justice«, in: *World Politics* 50, 1999, S. 269-296

Chichilnisky, G./W. Thomson: »The Walrasian Mechanism from Equal Division is Not Monotonic with Respect to Variations in the Number of Consumers«, in: *Journal of Public Economics* 32, 1987, S. 119-124

Cline, W. R.: *The Economics of Global Warming*, Washington, D. C. 1992
Dworkin, R.: »What is Equality? Part II: Equality of Resources«, in: *Philosophy and Public Affairs* 10, 1981, S. 283-345
Helm, C.: *Economic Theories of International Environmental Cooperation*, Cheltenham 2000
Helm, C./H.-J. Schellnhuber: »Wissenschaftliche Aussagen zum Klimawandel – Zum politischen Umgang mit objektiv unsicheren Ergebnissen der Klimaforschung«, in: J. L. Lozán/H. Graßl/P. Hupfer (Hg.): *Warnsignale aus der Klimaentwicklung – Wissenschaftliche Fakten*, Berlin 1998, S. 364-367
Kaul, I./I. Grunberg/M. A. Stern (Hg.): *Global Public Goods. International Cooperation in the 21st Century*, Oxford/New York 1999
IPCC (Intergovernmental Panel on Climate Change): *Climate Change 1995. Economic and Social Dimensions of Climate Change*, Cambridge 1996
Locke, J.: *Two Treaties of Government*, Cambridge 1963 [1690]
Moulin, H.: »An Application of the Shapley Value to Fair Division with Money«, in: *Econometrica* 60(6), 1992, S. 1331-1349
Nordhaus, W. D./Z. Yang: »A Regional Dynamic General-Equilibrium Model of Alternative Climate-Change Strategies«, in: *American Economic Review*, 86(4), 1996, S. 741-765
Nozick, R.: *Anarchy, State and Utopia*, New York 1974
Rawls, J.: *Law of Peoples*, Cambridge 1999
Roemer, J. E.: »The Mismarriage of Bargaining Theory and Distributive Justice«, in: *Ethics* 97, 1986, 88-110
Schwan, A.: »Politische Theorien des Rationalismus und der Aufklärung«, in: H.-J. Lieber (Hg.): *Politische Theorien von der Antike bis zur Gegenwart*, Bonn 1993, S. 157-257
Simonis, U. E.: »Steuern, Joint Implementation, Zertifikate. Zum Instrumentarium der Weltumweltpolitik«, in: U. E. Simonis (Hg.): *Weltumweltpolitik. Grundriss und Bausteine eines neuen Politikfeldes*, Berlin 1996, S. 102-118
Streeten, P.: »What New International Economic Order?«, in: U. E. Simonis (Hg.): *Ordnungspolitische Fragen zum Nord-Süd-Konflikt*, Berlin 1983, S. 79-112
Tinbergen, J. (Hg.): *Reshaping the International Order. A Report to the Club of Rome*, New York 1976
Tóth, F. L. (Hg.): *Fair Weather? – Fairness and Equity Concerns in Climate Change*, London 1999
Varian, H. R.: »Equity, Envy, and Efficiency«, in: *Journal of Economic Theory* 9, 1974, S. 63-91
Young, H. P.: *Equity in Theory and Practice*, Princeton 1994

Brigitte Hamm

Die Achtung der Menschenrechte als Grundlage für politische Gerechtigkeit im 21. Jahrhundert

In vielen Regionen der Erde brachen nach dem Ende des Ost-West-Konflikts Bürgerkriege und bewaffnete, z.T. ethnische oder ethnisch inszenierte Konflikte auf. Die damit einhergehenden humanitären Katastrophen verstärkten Forderungen, gegen schwere und systematische Menschenrechtsverletzungen – egal an welchem Fleck der Erde sie auch geschehen mögen – entschiedener vorzugehen. Trotz aller Worte waren in Bezug auf Ruanda/Burundi, auf das Kosovo und Ost-Timor die internationalen Reaktionen widersprüchlich. Das normative Bekenntnis zu den Menschenrechten steht noch immer hinter wirtschaftlichen, politischen und (geo)strategischen Interessen zurück. Doppelstandards in der Menschenrechtspolitik beeinträchtigen die politische Gerechtigkeit.

Dennoch bilden die Menschenrechte eine entscheidende Grundlage für die politische Gerechtigkeit im 21. Jahrhundert, die sich auf der Staatenebene als Prinzip der Staatengleichheit und auf der individuellen Ebene als Prinzip des Menschenrechtsschutzes kennzeichnen lässt. Drei Gründe lassen sich dafür hervorheben: Dies ist die Verbreitung der Idee der Menschenrechte, ihre Institutionalisierung und eine immer stärker hervortretende Menschenrechtspolitik auf unterschiedlichen Ebenen. Doch diese Entwicklung ist kein linearer Prozess hin zur umfassenden Verankerung der Menschenrechte. Vielmehr gefährden die Auswirkungen der neoliberalen Globalisierung bereits erreichte Menschenrechtsstandards.

1. Zur Verbreitung der Idee der Menschenrechte

Die Menschenrechte, d. h. das heute international vorherrschende Menschenrechtsverständnis, ist in den Dokumenten der Vereinten Nationen niedergelegt. V.a. die Allgemeine Erklärung der Menschenrechte von 1948, der Internationale Pakt über bürgerliche und politische Rechte (Zivilpakt) sowie der Internationale Pakt über wirtschaftliche, soziale und kulturelle Rechte (Sozialpakt), die beide 1976 in Kraft traten, formulierten ein Menschenrechtskonzept, das in weiteren Erklärungen, Pakten und Konventionen konkretisiert und ausgebaut wurde. Danach sind Menschenrechte jene Rechte und Freiheiten, über die ein Mensch verfügt

»ohne irgendeine Unterscheidung, wie etwa nach Rasse, Farbe, Geschlecht, Sprache, Religion, politischer oder sonstiger Überzeugung, nationaler oder sozialer Herkunft, nach Vermögen, Geburt oder sonstigem Status« (Art. 2 der Allgemeinen Erklärung der Menschenrechte).

Die Begründung für diese Rechte erfolgt in Artikel 1 der Erklärung. Darin heißt es:

»Alle Menschen sind frei und an Würde und Rechten gleich geboren. Sie sind mit Vernunft und Gewissen begabt und sollen einander im Geist der Brüderlichkeit begegnen.«

Neben der Zurückführung der Menschenrechte auf die Würde des Menschen betonen viele Definitionen die Offenheit und historische Bedingtheit der Menschenrechte (z. B. Riedel 1989, Kälin 1994). Menschenrechte sind danach Rechte, die im Zuge der Herausbildung moderner Gesellschaften gegen staatliche Willkürmaßnahmen, gegen Unterdrückung und Abhängigkeit aller Art erstritten wurden (Kälin 1994, S. 20). Das Eintreten für die Menschenrechte war also immer Ausdruck des Strebens von Menschen nach mehr Gerechtigkeit unter spezifischen historischen Bedingungen. So erkämpfte das Bürgertum liberale Freiheiten und politische Rechte gegen den absoluten Herrscher. Für die Verallgemeinerung dieser zunächst partikularen Rechte setzten sich v. a. im 19. Jahrhundert die Arbeiter- und die Frauenbewegung ein. Beide forderten darüber hinaus wirtschaftliche und soziale Rechte. Im 20. Jahrhundert erfuhr das Menschenrechtskonzept eine Erweiterung durch Forderungen aus dem Süden nach Selbstbestimmung und nach einem Recht auf Entwicklung.

Trotz des prinzipiellen Charakters der Menschenrechte als Schutz- und Anspruchsrechte gegenüber dem Staat kann die Ausgestaltung spezifischer Rechte im Kontext unterschiedlicher Kulturen variieren. Ähnliches gilt für Vorstellungen von politischer Gerechtigkeit. Sie umfassen die paternalistische Fürsorge im pazifischen Königreich Tonga, die soziale Fürsorge bei gleichzeitiger politischer Bevormundung in sozialistischen Systemen bis hin zur Beachtung rechtsstaatlicher Regeln v. a. in westlichen Industrieländern. Ungeachtet aller Unterschiede bildet die Einhaltung rechtsstaatlicher Prinzipien heute in modernen Gesellschaften eine grundlegende Voraussetzung für politische Gerechtigkeit.

Traditionell werden die Vorstellungen von politischer Gerechtigkeit – wie die Werte und Normen einer Gesellschaft im Allgemeinen – wesentlich durch die Eliten eines Landes geprägt. Die Auffassungen darüber, ob dabei partikulare oder allgemein gültige, universale Inhalte von politischer Gerechtigkeit überwiegen, weichen voneinander ab. So differenziert Michael Walzer (1994) zwischen »dicker« und »dünner« Moral. Danach ist die in die jeweilige Kultur eingebettete »dicke« Moral im kulturspezifischen Wertesystem einer Gesellschaft begründet. Die »dünne« Moral hingegen ist universal und umfasst nur wenige grundlegende Aspekte politischer Gerechtigkeit. Sie wird v. a. in Krisenzeiten virulent.

Bezogen auf die Menschenrechte tritt die Bedeutung kultureller Unterschiede in der Kontroverse über asiatische und westliche Werte hervor. Seit dem Ende des Ost-West-Konflikts erlangte diese Wertediskussion international den Rang einer zentralen ideologischen Debatte, die v. a. die gegenseitige Abgrenzung betont. Dabei geht es um die Frage, ob das geltende Menschenrechtskonzept auf Grund unterschiedlicher Anthropologien für Asien und den Süden insgesamt abzulehnen sei. Kritiker der universalen Geltung der Menschenrechte – insbesondere aus (Süd-)Ostasien und aus islamistischen Regimen – verweisen auf den historischen Ursprung der Menschenrechte in Europa, auf ihre ideengeschichtlichen Wurzeln im Christentum und in der europäischen Aufklärung.

Einen zu solchen kommunitaristischen Auffassungen konträren und universalistischen Standpunkt vertritt der liberale Philosoph Ernst Tugendhat (1995). Er setzt sich in den *Vorlesungen über Ethik* eingehend mit politischer Gerechtigkeit und politischer Moral auseinander. Menschenrechte sind für ihn ein zentraler Begriff der politischen Moral. Nach seiner Auffassung erlaubt die Beachtung der Menschenrechte – analog zu moralischen Urteilen über Individuen – die Wertung über das Gut- und Schlechtsein von Staaten. Im Unterschied zu kulturrelativistischen Auffassungen geht Tugendhat davon aus, dass die moderne Moral universal sein muss. Er lehnt die Vorstellung mehrerer moderner Moralen ab, weil damit die Allgemeingültigkeit von moralischen Werten aufgegeben werde (Tugendhat 1995, S. 13). Menschenrechte bilden für Tugendhat die Grundlage politischer Gerechtigkeit in modernen Gesellschaften, zugleich stellt die politische Gerechtigkeit eine Grundvoraussetzung für die Achtung der Menschenrechte dar. Ähnlich argumentiert Immanuel Wallerstein (1995). Er warnt vor der Aufgabe des Universalismus, z. B. durch kommunitaristische oder auch postmoderne Positionen. Diese würden nicht zu mehr Pluralismus und größerer Toleranz führen, sondern sie bedeuteten ein sich Stehlen aus der Verantwortung dessen, was Universalismus, Kolonialismus und Imperialismus in den letzten Jahrhunderten angerichtet haben. Heute gehe es um die universale Verantwortung für globale Probleme.

Empirische Unterstützung finden Auffassungen über die Bedeutung universaler Werte und Normen in der Moderne durch die Verbreitung der Idee der Menschenrechte nach dem Zweiten Weltkrieg. Seit ihrer Verankerung durch die Vereinten Nationen haben sich die Menschenrechte zum international geltenden Normensystem entwickelt, das zunehmend auch Auswirkungen auf die Ausformungen der Vorstellungen von politischer Gerechtigkeit nicht nur auf der internationalen Ebene hat, sondern auch regionale, nationale und lokale Vorstellungen prägt. Die Herausbildung von Werten erfolgt nicht länger allein durch nationale Eliten, sondern ist immer stärker beeinflusst durch die Menschenrechte. Politische Gerechtigkeit wird dadurch immer weniger partikular, sondern erhält durch die Menschenrechte einen universalen Charakter. Risse et al. (1999) gehen von der eigenständigen Wirkung der Idee und der Diskussion über die Menschenrechte aus, indem diese zunehmend die Formulierung von Interessen und politischen Entscheidungen mitprägen. Sie verstehen die Zustimmung zu den Menschenrechten als Sozialisationsprozess der Staaten in die internationale Gesellschaft, wobei ähnlich zu einem solchen Prozess der Sozialisierung von Individuen in die Gesellschaft die Menschenrechtsnormen in einer Weise internalisiert werden, die zu ihrer Verinnerlichung und Habitualisierung führt. Zugleich impliziere dieser Prozess eine Angleichung und Demokratisierung der Gesellschaften, da die Verwirklichung der Menschenrechte im Innern bestimmte Voraussetzungen wie die Einhaltung rechtsstaatlicher Prinzipien erfordere.

2. Zur Institutionalisierung der Menschenrechte durch die Vereinten Nationen

Die Verbreitung der Idee der Menschenrechte steht in engem Zusammenhang mit ihrer rechtlichen und nichtrechtlichen Institutionalisierung durch die Vereinten Nationen. Noch im 19. Jahrhundert und zu Beginn des 20. Jahrhunderts lag der Schutz der Menschenrechte nahezu ausschließlich in der Souveränität der einzelnen Staaten. Erst nach dem Zweiten Weltkrieg fand er mit der Gründung der Vereinten Nationen breite internationale Beachtung. Dies basierte auf der Einsicht, dass sich die Verbrechen eines Terrorregimes wie des deutschen Nationalsozialismus nicht wiederholen dürfen. Auf der Gründungskonferenz der Vereinten Nationen 1945 in San Francisco legten die anwesenden 56 Staaten die Sicherung des Weltfriedens und den Schutz der Menschenrechte als grundlegende Ziele in der Charta der Vereinten Nationen nieder. Seitdem wurde trotz vieler Widerstände und Vorbehalte das Menschenrechtssystem der Vereinten Nationen weiter entwickelt. Während zunächst nur ein Anspruch auf die Universalität der Menschenrechte bestand, kann man heute ihre universale Geltung (v. a. durch ihre Verankerung im Völkerrecht) und ihre universale Akzeptanz (indem weltweit immer mehr Menschen diese Rechte einfordern) behaupten. Menschenrechte werden immer stärker zu einer Angelegenheit von »international concern«.

In den siebziger und achtziger Jahren entwickelte und verstärkte sich die internationale Verantwortung für den Menschenrechtsschutz durch die Schaffung wichtiger Mechanismen und Instrumente. 1970 wurde mit dem Rassendiskriminierungsausschuss das erste unabhängige völkerrechtliche Vertragsorgan zum Schutz der Menschenrechte eingesetzt. Die Mechanismen zur Überwachung der Einhaltung menschenrechtlicher Verpflichtungen entziehen sich immer stärker dem Einfluss der Staaten, wobei unabhängige Experten in den verschiedenen Kontrollgremien die Verfahren immer mehr verselbständigen und die Kontrolle der Mitgliedsstaaten weitgehend selbst bestimmen.

In den achtziger Jahren wurde das Menschenrechtssystem in den Vereinten Nationen durch den Ausbau themen- und länderspezifischer Mechanismen weiter gestärkt. Dazu zählen v. a. das System der SonderberichterstatterInnen und Arbeitsgruppen.[1] Diese spezifischen Mechanismen gelten als besonders wirksame Instrumente des internationalen Menschenrechtsschutzes.

3. Zur Menschenrechtspolitik auf unterschiedlichen Ebenen

Trotz der umfassenden Institutionalisierung der Menschenrechte v. a. durch das Völkerrecht liegt der Schutz der Menschenrechte in der Realität nach wie vor überwiegend in der Zuständigkeit einzelner Staaten. Häufig versuchen Staaten, die die Menschenrechte verletzen, internationale Kritik abzuwehren und verweisen dabei auf die nationalstaatliche Souveränität und das Prinzip der Nichteinmischung in innere Angelegenheiten. Doch eine solche Auffassung lässt sich immer weniger aufrechterhalten. Die Rhetorik über die Menschenrechte und gestiegene Menschenrechtsstandards haben bei den Menschen zunehmend Erwartungen geweckt. Insofern hat die Rhetorik, die häufig als leere Worthülse kritisiert wird, dennoch eine positive Wirkung, indem sie indirekt international und auf unterschiedlichen Ebenen zur Herausbildung eines Menschenrechtsbewusstseins beiträgt, dem sich Regierungen nicht ohne Folgen entziehen können. Dadurch bedeutet der Schutz der Menschenrechte zunehmend eine Legitimierung staatlicher Herrschaft – ein Druck, dem Regierungen nicht ohne weiteres ausweichen können.

Insbesondere Nichtregierungsorganisationen leisten einen wichtigen Beitrag, um von einzelnen Regierungen und international den Schutz der Menschenrechte einzufordern und Menschenrechtsverletzungen aufzudecken. Sie sind v. a. in der Menschenrechtserziehung, der Überwachung der Menschenrechtslage und beim Setzen von Standards aktiv. Sie veröffentlichen Menschenrechtsverletzungen und versuchen die öffentliche Meinung zu beeinflussen. Durch Lobbying bei den jeweiligen Regierungen und

1 Das älteste länderspezifische Organ, die Ad-hoc-Arbeitsgruppe zu Südafrika, wurde bereits in den siebziger Jahren errichtet.

Gremien der Vereinten Nationen bemühen sie sich um die Verbesserung der Menschenrechtslage. Durch diese vielfältigen Aktivitäten üben sie eine wichtige Kontrollfunktion für den Schutz der Menschenrechte durch Regierungen aus und ergänzen und unterstützen die Menschenrechtsarbeit der Staaten und der Vereinten Nationen. Dies ist für die Weiterentwicklung des Menschenrechtsschutzes und die Aufrechterhaltung erreichter Standards unerlässlich. Sowohl die Vereinten Nationen als auch in diesem Bereich engagierte Regierungen sind auf diese Zuarbeit nichtstaatlicher Akteure angewiesen und sind sich dieser Tatsache zunehmend bewusst.

V. a. durch die Weltmenschenrechtskonferenz 1993 in Wien haben sich Menschenrechts-NGOs weiter vernetzt, was die Effizienz ihrer Arbeit fördert. Margaret Keck und Kathryn Sikkink (1998) vertreten die Auffassung, dass solche transnationalen advokatorischen Netzwerke in der internationalen Politik zunehmend an Bedeutung gewinnen und durch sie die verschiedenen Ebenen des Menschenrechtsschutzes von der lokalen bis hin zur internationalen Ebene miteinander verknüpft werden. Dadurch werden nationale Grenzen nicht nur aufgebrochen, sondern auch das Verhältnis zwischen Regierung und Bürger verändert sich durch diese Vernetzung.

4. Globalisierung und Menschenrechte

Insgesamt konnte der Schutz der Menschenrechte in den letzten 50 Jahren somit umfassend entwickelt und auch gestärkt werden. Dies ist ein positiver Trend, der trotz aller Einschränkungen, die sich daraus ergeben, dass der internationale Menschenrechtsschutz noch immer inkonsistent und in vieler Hinsicht schwach ist, gilt. Verschiedene Autoren und Autorinnen erkennen darin eine Tendenz zur Verankerung der Menschenrechte als *ius cosmopoliticum*, d. h. als von nationalstaatlicher Zuständigkeit unabhängiges Weltbürgerrecht, so wie die Menschenrechte von Kant entworfen wurden und wie sie normativ z. B. von Jürgen Habermas (1995) eingefordert werden. So hebt Robert H. Jackson (1990) drei Gebiete heraus, in denen sich die Verankerung der Menschenrechte als *ius cosmopoliticum* in der Realität andeutet, nämlich den Ausbau humanitärer Organisationen, die Stärke der internationalen Menschenrechtsbewegung und die Berichterstattung in den Medien über Menschenrechtsverletzungen.

Im Unterschied zu dieser positiven Perspektive befürchten NGOs, dass der voranschreitende Globalisierungsprozess bereits erreichte Menschenrechtsstandards gefährdet. Dies begründen sie v. a. mit einer Schwächung staatlicher Funktionen und mit dem wachsenden Einfluss transnationaler Konzerne. Sie argwöhnen, dass die Einschränkung staatlicher Steuerungskompetenz als Folge des Globalisierungsprozesses die Handlungsfähigkeit der Staaten beim Menschenrechtsschutz berühren könnte.

Um solchen negativen Tendenzen entgegenzuwirken, gilt es, die Instrumente für den internationalen Menschenrechtsschutz weiter zu stärken. Dabei geht es auch um eine Verständigung über einen harten Kern von Menschenrechten, auf dessen Einhaltung – möglicherweise bei Androhung von internationalen Interventionen – unbedingt bestanden werden muss. Trotz einer intensiven Diskussion über so genannte Kernrechte (z. B. Shue 1983) steht ein solcher Konsens bisher aus. Völkergewohnheitsrechtlich lassen sich vier gesicherte Kernnormen erkennen, die somit einen menschenrechtlichen Minimalstandard bilden (Pape 1997, S. 303). Diese sind das Recht auf Leben, die Freiheit von Folter, von Sklaverei und schließlich die Freiheit von (Rassen-)Diskriminierung. Doch nach Pape (1997) sind auch diese Minimalstandards umstritten. V. a. fehlen bei diesen vier Kernrechten wirtschaftliche, soziale und kulturelle Rechte, die zukünftig umfassender in die Menschenrechtspolitik auf allen Ebenen einbezogen werden müssen, um den Folgen der Globalisierung mit menschenrechtlichen Standards zu begegnen.

4.1 Stärkung der wirtschaftlichen, sozialen und kulturellen Menschenrechte

In den letzten Jahrzehnten standen in der Menschenrechtspolitik aller Akteure der Schutz der politischen Rechte und der bürgerlichen Freiheiten im Vordergrund. Wirtschaftliche, soziale und kulturelle Rechte wurden zwar erwähnt, führten insgesamt aber ein Schattendasein, was sich bereits in der Allgemeinen Erklärung der Menschenrechte andeutet. Dieses grundlegende Menschenrechtsdokument enthält zwar neben den politischen Rechten und bürgerlichen Freiheiten auch wirtschaftliche, soziale und kulturelle Rechte. Sie haben aber quantitativ ein deutlich geringeres Gewicht als die politischen Menschenrechte. Auch ihre Institutionalisierung ist im Vergleich zu Letzteren weitaus schwächer entwickelt. Insbesondere in westlichen Regierungen gelten die wirtschaftlichen, sozialen und kulturellen Rechte eher als programmatische Ziele, um die sich Regierungen bemühen sollten, und nicht als einklagbare Rechte. Doch die Aufteilung der Menschenrechte in unterschiedliche Gruppen gefährdet den Schutz der Menschenrechte insgesamt, weil politische Freiheit, Partizipation und ausreichende sozioökonomische Grundlagen für ein menschenwürdiges Leben zusammengehen müssen.

Diese Auffassung kommt im prinzipiellen Bekenntnis zur Interdependenz und Unteilbarkeit der Menschenrechte, das bereits in der Allgemeinen Erklärung der Menschenrechte niedergelegt ist, zum Ausdruck. Seit der Weltmenschenrechtskonferenz 1993 in Wien bestimmt diese Sicht stärker die internationale Diskussion über die Menschenrechte, und die wirtschaftlichen, sozialen und kulturellen Rechte finden zunehmend Beachtung. Die Gründe hierfür sind vielfältig. Zum einen wurde die Menschenrechtsdiskussion aus der ideologischen Fessel des Ost-West-Konflikts befreit. Forderungen aus dem Süden, die wirtschaftlichen und sozialen Rechte stärker zu betonen, konnten nun nicht mehr so leicht als Ablenkungsmanöver diskreditiert werden. Außerdem hat die Stärke der Bewegung »Menschenrechte für Frauen« dazu beigetragen, die Notwendigkeit der Interdependenz und Unteilbarkeit der Menschenrechte anzuerkennen. Denn ohne die Beachtung der wirtschaftlichen und sozialen Rechte ist die Verwirklichung der Menschenrechte von Frauen weder in den Industrie- noch in den Entwicklungsländern zu bewerkstelligen.

Diese Rechte sind bereits im Pakt über wirtschaftliche, soziale und kulturelle Rechte (Sozialpakt) niedergelegt, der 1976 in Kraft trat. Der Sozialpakt enthält bisher kein individuelles Beschwerdeverfahren bei Verstößen von Mitgliedsstaaten gegen die in diesem Vertrag niedergelegten Rechte. In Wien gelang es noch nicht, die Forderung nach Einrichtung der Individualbeschwerde in einem Fakultativprotokoll zum Sozialpakt in der Abschlusserklärung zu verankern. 1997 jedoch legte die Menschenrechtskommission der Vereinten Nationen auf ihrer 53. Sitzung den Entwurf für ein solches Fakultativprotokoll vor. Nach einer anfänglichen Zurückhaltung durch die Mitgliedsstaaten dieses Vertrages wird dieser Entwurf zunehmend wahrgenommen.

Die Errichtung eines Fakultativprotokolls zum Sozialpakt ist ein wichtiger Beitrag zur Stärkung der wirtschaftlichen, sozialen und kulturellen Rechte. Auch die Bemühungen, Menschenrechts- und Entwicklungspolitik zu verknüpfen, können zur Stärkung der Menschenrechte insgesamt, insbesondere aber der wirtschaftlichen, sozialen und kulturellen Rechte beitragen. Dieser so genannte »human rights approach to development« wird zunehmend von Geberländern wie Großbritannien (im Ansatz auch Deutschland) und auch von multilateralen Organisationen wie UNDP vertreten. Dieser Ansatz muss erst noch umfassend entwickelt und der Unterschied zur entwicklungspolitischen Bedürfnisbefriedigung noch klarer herausgearbeitet werden. Dennoch liegt hierin eine Chance, dass die wirtschaftlichen, sozialen und kulturellen Rechte zunehmend als einklagbare Rechte und ihre Erfüllung als rechtliche Verpflichtung der Regierungen verstanden werden.

Die Absicherung grundlegender Bedürfnisse als einklagbare Rechte ist auch deshalb von Bedeutung, weil neben den Nationalstaaten zunehmend weitere Akteure eine wichtige Rolle für den Schutz der Menschenrechte spielen werden. Insbesondere geht es darum, dass sich transnationale Konzerne in ihrem globalen Expansionsstreben an soziale und Menschenrechtsstandards binden. Dies soll dazu beitragen, dass Missstände der Globalisierung nicht auf die Ärmsten abgewälzt werden. So nutzen transnationale Konzerne Wettbewerbsvorteile in Entwicklungsländern durch Niedriglöhne und Sozialdumping. Der Abbau von Handelshemmnissen in den ärmsten Entwicklungsländern, z.B. durch die Einfuhr billiger Lebensmittel aus den Industrieländern, gefährdet die Lebensgrundlage von Subsistenzbauern. Auch die Strukturanpassungsprogramme von IWF und Weltbank schwächen die lokale und nationale Produktion zu Gunsten von Exportorientierung. Freiwillige Verhaltenskodizes für Unternehmen werden deshalb seit einigen Jahren von Menschenrechtsaktivisten und -aktivistinnen wie auf dem Welternährungsgipfel 1996 in Rom verstärkt eingefordert. Darauf sollen sich auch IWF und Weltbank in ihren Programmen verpflichten. Zugleich bergen solche Verhaltenskodizes jedoch auch die Gefahr der Privatisierung des Menschenrechtsschutzes, wodurch bestehende völkerrechtliche Instrumente geschwächt werden könnten.

4.2 Ein internationaler Strafgerichtshof zur Verfolgung von Menschenrechtsverbrechen

Der internationale Menschenrechtsschutz erfolgt v. a. durch den Beitritt zu völkerrechtlichen Verträgen. Zu den meisten dieser Verträge gehören eigene Ausschüsse, die die jeweilige Vertragseinhaltung überwachen sollen. Zu diesem Zweck liefern die Mitgliedsstaaten in bestimmten Zeitabständen Berichte ab, die die Ausschüsse kritisch überprüfen. Bei schweren Verstößen gegen einen Vertrag existieren im Völkerrecht jedoch keine Sanktionsmechanismen. V. a. die damit verbundene Bloßstellung vor der nationalen und internationalen Öffentlichkeit dient als Druckmittel gegen die Menschenrechte verletzenden Regierungen. Diese Schwäche des Völkerrechts, im Unterschied zum nationalen Recht ohne Sanktionsmechanismen auskommen zu müssen, ist immer wieder Thema, wenn die Verantwortlichen für schwerste Menschenrechtsverletzungen nicht zur Rechenschaft gezogen werden.

Bemühungen zur internationalen Ächtung von Verbrechen gegen den Frieden und die Menschlichkeit existieren seit langem. Doch erst nach dem Zweiten Weltkrieg entstand auf der Grundlage des Londoner Abkommens vom 8. August 1945 der alliierten Siegermächte mit dem Internationalen Militärtribunal in Nürnberg ein internationaler Gerichtshof, der Verantwortliche für Verbrechen des Naziregimes zur Rechenschaft ziehen sollte.

Die Folgezeit ist gekennzeichnet von verschiedenen Bemühungen, Verbrechen (wie sie z. B. unter der Naziherrschaft geschahen) bereits im Vorfeld international zu ächten. Dazu zählt die Ausarbeitung eines Entwurfs für eine Konvention gegen Völkermord durch das Sekretariat der Vereinten Nationen bereits im Jahre 1947. Ihr 50. Jahrestag wurde 1998 begangen. Dieser Entwurf enthielt auch den Vorschlag für einen internationalen Strafgerichtshof. Verschiedene Komitees der Vereinten Nationen erarbeiteten in den fünfziger Jahren einen Kodex, der Verbrechen gegen den Frieden und die Sicherheit der Menschheit sowie ein Statut für ein internationales Gericht, das die Einhaltung dieser Verhaltensregeln überwachen sollte. Die weitere Konkretisierung und insbesondere die Umsetzung dieser Vorschläge scheiterten daran, dass der Kalte Krieg eine Verständigung und Kompromissbereitschaft zwischen den Blöcken verhinderte. V. a. aber befürchteten viele Regierungen eine Beschränkung ihrer Souveränität durch ein solches internationales Gericht. Nach verschiedenen Unterbrechungen forderte die Generalversammlung 1974 die Völkerrechtskommission der Vereinten Nationen (International Law Commission, ILC) auf, ihre Arbeit zum Statut eines internationalen Strafgerichtshofes und zu einem entsprechenden Verhaltenkodex wieder aufzunehmen. Die Beratungen schleppten sich über viele Jahre hin, was v. a. mit dem fehlenden politischen Willen mächtiger Staaten erklärt wird (Ferencz 1998, S. 5).

Die Arbeit der Völkerrechtskommission wurde gefördert durch ein verändertes Klima in der internationalen Politik zu Gunsten eines internationalen Gerichtshofes. Zu einem Wendepunkt kam es Ende der achtziger Jahre. Sowohl das Ende des Ost-West-Konflikts als auch die weltweite Empörung durch die Fernsehberichte über die Gräueltaten im früheren Jugoslawien und kurz danach in Ruanda veranlassten die Staatengemeinschaft zum Handeln. Der UN-Sicherheitsrat beschloss im Februar 1993, ein Ad-hoc-Tribunal zur Verfolgung der Verbrechen im früheren Jugoslawien mit Sitz in Den Haag zu errichten. Das Statut für diesen Gerichtshof wurde innerhalb von zwei Monaten vorgelegt. Ende 1994 folgte ein internationales Straftribunal für Ruanda mit Sitz im tansanischen Arusha.

Am 17. Juli 1998 schließlich beschloss eine internationale Staatenkonferenz in Rom nach fünfwöchigen intensiven Beratungen die Errichtung eines ständigen Internationalen Strafgerichtshofes. Der ständige Internationale Strafgerichtshof, der 1998 in Rom beschlossen wurde, ist nach Nürnberg und den beiden Ad-hoc-Tribunalen ein weiterer Schritt bei der Entwicklung eines internationalen Strafrechts. In Rom stimmten 120 Staaten für seine Errichtung, sieben Staaten lehnten ab, und 21 enthielten sich der Stimme. Wichtig erscheint neben der Strafverfolgung auch die Abschreckungswirkung dieses Gerichts, da nunmehr nicht länger von einer Straffreiheit bei Verbrechen gegen die Menschlichkeit ausgegangen werden kann.

Nachdem verschiedene Widerstände und Einwände in Rom ausgeräumt werden konnten, wurde das Gründungsstatut über den künftigen Internationalen Strafgerichtshof verabschiedet.

Danach soll der Gerichtshof nur dann zuständig werden, wenn eine staatliche Justiz unfähig oder unwillig ist, eine bestimmte schwere Straftat zu verfolgen. Dieser Grundsatz der Komplementarität ist in Artikel 17 des Statuts niedergelegt. Seine Gerichtsbarkeit ist in Artikel 5 des Statuts auf vier besonders schwere Kernverbrechen beschränkt. Diese sind Völkermord, Verbrechen gegen die Menschlichkeit, Kriegsverbrechen und das Verbrechen des Angriffskrieges. Letzteres muss noch tatbestandlich definiert werden. Auch die Rolle des Sicherheitsrates der Vereinten Nationen hierbei ist festzulegen (Kaul 1998, S. 138), denn gemäß der Charta obliegt es allein diesem Gremium, einen Angriffskrieg festzustellen. Die Verbrechen gegen die Menschlichkeit werden im Statut des Internationalen Strafgerichtshofes aufgelistet. Dazu zählen u. a. die verbreitete und systematische Tötung von Zivilistinnen und Zivilisten, Sklaverei, Folter und Verschwindenlassen sowie die Verfolgung aus politischen, ethnischen und religiösen Gründen. Ausdrücklich verfolgt der Gerichtshof auch sexuelle Gewalt wie Vergewaltigung, erzwungene Schwangerschaft und sexuelle Sklaverei. Das Statut des Internationalen Strafgerichtshofes liegt bis zum Dezember 2000 zur Signatur aus. Es tritt in Kraft, wenn es von 60 Staaten ratifiziert wurde. Dies setzt in der Regel die Zustimmung der nationalen Legislative voraus.

Ein wesentlicher Anteil des Erfolges von Rom ist den NGOs aus allen Teilen der Erde zuzuschreiben. Sie hatten sich zu einer NGO-Koalition für einen Internationalen Strafgerichtshof (»NGO-Coalition for an International Criminal Court«) zusammengeschlossen. Sie unterstützten die Positionen der »gleichgesinnten Staaten«. Durch sorgfältige Auswertungsprotokolle machten die NGOs den Beratungsprozess transparent. Ihre Expertise floss ein in die Erarbeitung des Statuts. Die Koalition arbeitet weiter bis zur endgültigen Errichtung des Gerichts.

Schlussbetrachtung

Der Prozess der Modernisierung und Globalisierung hat – trotz aller kultureller Variationen – zu einer Angleichung der Vorstellungen über politische Gerechtigkeit geführt. Menschenrechte sind zum international geltenden Normensystem geworden und zu einem Maßstab für die Legitimität der Nationalstaaten und internationaler Organisationen. Damit dieser Prozess fortgeführt werden kann, müssen Mechanismen entwickelt werden, die a) die Einhaltung grundlegender Menschenrechte konsequent und ohne doppelte Standards ermöglichen, b) die wachsende Akteursvielfalt in den Menschenrechtsschutz einbeziehen und c) die Interdependenz und Unteilbarkeit der Menschenrechte berücksichtigen, indem die wirtschaftlichen, sozialen und kulturellen Rechte eine stärkere Beachtung erfahren.

Literatur

Alston, P. (Hg.): *The United Nations and Human Rights. A Critical Appraisal*, Oxford 1992

Ferencz, B. B.: »Von Nürnberg nach Rom: Auf dem Weg zu einem Internationalen Strafgerichtshof«, in: *Humanitäres Völkerrecht* (1998), Nr. 2, S. 80-95

Habermas, J.: »Kants Idee des Ewigen Friedens – aus dem historischen Abstand von 200 Jahren«, in: *Kritische Justiz*, 28. Jg. (1995), H. 2, S. 293-319

Human Rights Tribune, Juli 1998, vol. 5, no. 3

Jackson, R. H.: *Quasi-States: Sovereignty, International Relations, and the Third World*, Cambridge, Mass. 1990

Kälin, W.: »Menschenrechte und kulturelle Vielfalt«, in: Batzli, St./F. Kissling/R. Zihlmann (Hg.): *Menschenbilder – Menschenrechte. Islam und Okzident: Kulturen im Konflikt*, Zürich 1994, S. 17-22

Kaul, H.-P.: »Der Internationale Strafgerichtshof: Das Ringen um seine Zuständigkeit und Reichweite«, in: *Humanitäres Völkerrecht* (1998), Nr. 3, S. 138-144

Keck, M. E./K. Sikkink: *Activists Beyond Borders: Advocacy Networks in International Politics*, Ithaca, NY 1998

Pape, M.: *Humanitäre Intervention. Zur Bedeutung der Menschenrechte in den Vereinten Nationen*, Baden-Baden 1997

Riedel, E.: »Menschenrechte der dritten Dimension«, in: *EuGRZ* (1989), S. 9-21

Risse, T./St. C. Ropp/K. Sikkink: *The Power of Human Rights*, Cambridge 1999

Shue, H.: *Basic Rights*, Princeton 1983

Tugendhat, E.: *Vorlesungen über Ethik*, Frankfurt/M. 1995

Wallerstein, I.: *After Liberalism*, New York 1995

Walzer, M.: »Moralischer Minimalismus«, in: *Deutsche Zeitschrift für Philosophie*, Berlin 1994, H. 42, S. 3-13

V.

Demokratie

Manfred G. Schmidt
Vom Glanz und Elend der Demokratie nach 1989

Dieser Essay handelt von den Stärken und den Schwächen der demokratischen Staatsverfassungen nach 1989 und erörtert die Zukunftsaussichten der Demokratien im 21. Jahrhundert. Nach 1989, also nach dem Fall der Berliner Mauer und des Eisernen Vorhangs zwischen Ost- und Westeuropa, sei die Demokratie feindlos geworden, so heißt es (Beck 1995). Das ist nicht falsch, aber auch nicht ganz richtig. Mit dem Zusammenbruch des Staatssozialismus in Mittel- und Osteuropa hat die liberale verfassungsstaatliche Demokratie des Westens zweifellos ihren Hauptgegner in der zweiten Hälfte des 20. Jahrhunderts verloren: die von einer kommunistischen Staatspartei gelenkte »Volksdemokratie« auf zentralverwaltungswirtschaftlicher Grundlage. Zugleich hat die Demokratie auch nach 1989 ihre Überlebenskraft unter Beweis gestellt und gezeigt, dass sie auch von der Bevölkerungsmehrheit der ehemaligen sozialistischen Staaten als attraktiv gewertet wird. Überdies ist kein neuer Gegenspieler der Demokratie in Sicht, der dem alten Staatssozialismus ebenbürtig wäre.

Allerdings hat die Demokratie auch nach 1989 starke Gegner, und obendrein schwächen potenziell gefährliche Mängel ihre Leistungskraft. Beides wird in der These, die Demokratie sei mittlerweile feindlos geworden und Sieger, zu wenig berücksichtigt. Was die Gegner der Demokratie angeht, so ist weniger an ihre innerstaatlichen Widersacher zu denken. Diese sind in der gesamten zweiten Hälfte des 20. Jahrhunderts schwach geblieben, im Unterschied zur ersten Hälfte, in dem Faschismus, Nationalsozialismus und Stalinismus aufkamen. Wichtiger ist, dass die Demokratien auch zu Beginn des 21. Jahrhunderts international nach wie vor mit einer großen Zahl von autoritär regierten Staaten oder Autokratien, so die hier gewählte Bezeichnung, zu tun haben. Selbst heutzutage, wo viele vom Siegeszug der Demokratie ausgehen, kennt der größte Teil der Weltbevölkerung die Demokratie nicht aus eigener Anschauung.

Zur nüchternen Bilanzierung der Position der Demokratie gehört ein Weiteres: Auch die Demokratien haben schwere Prüfungen vor sich. Sie müssen große Herausforderungen meistern und schwierige Funktionsvoraussetzungen erfüllen, wenn das 21. Jahrhundert dasjenige der Demokratie werden soll (siehe hierzu den Abschnitt 3).

1. Stärken der Demokratie

Freilich haben die Demokratien bei diesen Aufgaben zu Beginn des 21. Jahrhunderts mehr Rückenwind als zuvor. Vor und nach 1989 waren sie stärker und attraktiver als die Autokratien. Das zeigt allein die gewachsene Zahl der demokratisch verfassten Länder. Zahlreiche autokratische Regime haben sich nach 1989 zu halbdemokratischen Staaten gewandelt und eine erkleckliche Anzahl gar zu Demokratien, unter ihnen nachkommunistische Länder (siehe Tabelle 1). Legt man die Politische Rechte-Skala von Freedom House zu Grunde, so wandelten sich zwischen 1989 und Anfang 1999 insgesamt 45 autokratische Regime zur Halbdemokratie, beispielsweise Russland und Albanien, und 22 Autokratien zur Demokratie, beispielsweise Polen, die Slowakei, die Tschechische Republik und Ungarn. Hierdurch vergrößerte sich die Zahl der Demokratien von 62 im Jahre 1989 auf 88 zu Beginn des Jahres 1999, während die Zahl der vollständig nichtdemokratischen Staaten in diesem Zeitraum von 75 auf 52 sank.[1] Nach 1989 kamen allerdings auch Übergänge in die entgegengesetzte Richtung zu Stande. Freilich war deren Zahl geringer: Man zählte zwischen 1989 und 1999 neun Übergänge zur Halbautokratie, so in Kolumbien, und fünf Transitionen zum vollständig autokratischen Staat, unter ihnen Algerien (siehe Tabelle 1). Die Daten zur politischen Entwicklung seit 1989 künden von der bislang höchsten und stärksten Demokratisierungswelle. Darin tritt ein besonderer Glanz der Demokratie zu Tage. Sie ist der Gewinner des politischen Systemwettbewerbs zwischen Ost und West.

Damit hat die Demokratie ihre ohnehin schon eindrucksvolle Leistungsbilanz weiter verbessert (Lipset 1995). Zu ihren Leistungen zählt die Gewährleistung allseits anerkannter wertvoller

1 Berechnungsgrundlage: die jährlichen Erhebungen von Freedom House von 1990 bis 1999 (vgl. Tabelle 1).

Güter. Sie ist eine Herrschaftsordnung, die der Anerkennung würdig ist, tatsächlich auch weithin als rechtmäßig anerkannt wird und somit eine legitime Herrschaft verkörpert. Selbst Kritiker haben der Demokratie bescheinigt, dass es zu ihr »keine theoretisch respektwürdigere Alternative zur Begründung und Rechtfertigung des kollektivbindenden Entscheidens durch den empirischen Willen der Bürger« gebe (Offe 1992, S. 126). Die Wertschätzung der Demokratie kommt auch darin zum Ausdruck, dass viele sie als die beste Staatsform werten – oder zumindest als das kleinere Übel: »A second-best democracy is better than the best nondemocracy«, so urteilte beispielsweise Robert Dahl (1998, S. 230). Das war der Widerhall des oft zitierten Spruches des früheren britischen Premiers Winston Churchill, demzufolge die Demokratie die schlechteste Staatsverfassung sei – mit Ausnahme aller anderen bislang erprobten Regierungsformen. Auch das Machtbegrenzungspotenzial der Demokratie wird gerühmt. Herrschaft auf Zeit ermöglicht sie, Herrschaft auf Zeit mit Machtwechselchance. Zugute hält man ihr ferner, dass sie die Wahl und Abwahl von Herrschern durch die Stimmberechtigten ermöglicht, und zwar ohne Blutvergießen und ohne Opferung kranker, alter oder glückloser Herrscher nach Art des Sakralkönigtums in Altägypten und Altmesopotamien. Überdies wird die Demokratie für ihre beachtlich hohe »politische Produktivität« gelobt, also für ihre Befähigung, viele als besonders wichtig erachtete politische Ziele zu erreichen (Kaase/Newton 1995, Schmidt 1998). Zu diesen gehören v. a. die politische Mitwirkung der Bürger, die Berechenbarkeit der politischen Abläufe, die Institutionenstabilität, hinreichende Transparenz und Responsivität des Willensbildungs- und Entscheidungsprozesses, politische Gleichheit, prozedurale Gerechtigkeit, Anpassungsvermögen, Sicherheitsgewährleistung nach außen und innen, Freiheitssicherung und wohlfahrtsorientierte politische Gestaltung. Karl W. Deutsch hat einmal gesagt, Macht sei die Fähigkeit, nicht lernen zu müssen. Gewiss: Macht gibt es auch in der Demokratie, doch die Demokratie ist eine Staatsform, die sich durch beträchtliche Lernfähigkeit auszeichnet, auch wenn diese mitunter mühevoll errungen und in heftigem Meinungsstreit aufgezwungen worden ist.

2. Schwächen der Demokratie

Allerdings ist das Lob der Demokratie einzuschränken. Zwei Drittel der Demokratisierungsvorgänge zwischen 1989 und 1999 sind bei – ziemlich zerbrechlichen – Halbdemokratien stehen geblieben. Die weitere Entwicklung dieser Länder ist ungewiss. Vielleicht werden Staaten wie Russland einmal fest verwurzelte Demokratien. Doch nicht auszuschließen ist ihr Rückfall in den autokratischen Staat oder ihr Verharren im Zustand einer »defekten Demokratie« (Merkel 1999). Überdies nahm nach 1989 nicht nur die Zahl der entwickelten Demokratien zu, sondern auch die der Autokratien. Sie stieg von 54 auf 59, und zwar v. a. durch die Vorgänge in Algerien, Marokko, Niger, Peru und Tonga. Überdies sind die entwickelten Demokratien am Ende des 20. und zu Beginn des 21. Jahrhunderts nach wie vor eine Minderheit unter der Gesamtzahl der unabhängigen Staaten. Die Mehrheit ist autokratisch, halbautokratisch oder halbdemokratisch verfasst. Ferner lebten am Ende des 20. Jahrhunderts weniger als die Hälfte der Erdbevölkerung in Demokratien. In den demokratischen oder freien Ländern – 88 an der Zahl (oder 45,8 % aller Staaten) – hatte Freedom House am 1. Januar 1999 rund 2,35 Mrd. Menschen oder 39,8 % der Erdbevölkerung gezählt, davon fast eine Milliarde in Indien. Doch das ist mit den 33,6 % zu verrechnen, die in 52 undemokratischen Ländern zu Hause sind, und den 26,6 %, die in weiteren 52 Staaten unter halbfreien Bedingungen leben (berechnet nach Freedom House 1999).[2]

Hinzu kommen innere Funktionsmängel und Schwächen der Demokratie. Nicht jede Demokratie ist leistungsstark. Auch die Demokratien haben schwarze Schafe in ihren Reihen. Wie der genauere Vergleich der Demokratien untereinander und mit den Diktaturen zeigt, ist nur eine bestimmte Gruppe von Demokratien allen anderen Staatsformen überlegen. Es sind dies die seit längerem stabil verwurzelten verfassungsstaatlichen Demokratien. Rechtsstaat, effektiver Schutz der Bürgerrechte und hoher (teils marktwirtschaftlich, teils wohlfahrtsstaatlich erbrachter) Wohlstand zeichnet sie vor allen anderen Staatsformen aus (Schmidt 2000).

2 Freedom House: *Freedom in the World. The Annual Survey of Political Rights & Civil Liberties 1998-1999*, New York 1999.

Doch selbst die leistungsstärksten Demokratien laborieren an größeren Mängeln. Je stärker ein Staat beispielsweise dem Typ der reinen Mehrheitsdemokratie nahe kommt, desto größer ist die Gefahr, dass die Mehrheit die Minderheit unterdrückt und ausbeutet. Auch fügt die Demokratie der natürlichen Unbeständigkeit die »Unbeständigkeit der Zahl« hinzu, so das treffende Urteil des scharfsichtigen Thomas Hobbes.[3] Zur demokratischen »Unbeständigkeit der Zahl« gehört die Wechselhaftigkeit, die durch instabile Mehrheiten, Abstimmungsparadoxien oder hochgradige Abhängigkeit der Abstimmungsergebnisse von den Spielregeln der Stimmenverrechnung hervorgerufen wird. Man hat deshalb den Mehrheiten, die aus demokratischen Entscheidungsprozessen hervorwachsen, Ungleichgewichtigkeit nachgesagt. Diese Mehrheiten seien labil und würden nur durch institutionelle Konventionen, Kontingenz und das Unvermögen der Bürger, alle machbaren Alternativen zum Status quo der Mehrheitsentscheidung durchzudenken, gestützt. Ferner schützt die beste Demokratie nicht gegen nichtauthentische Legitimität. Überdies ist selbst der leistungsstärksten Demokratie ein wahlterminbedingter Zeittakt eigen, welcher der politischen Gestaltungsfähigkeit in die Quere kommt. Der Herrschaftsauftrag auf Zeit und seine Kurzfristigkeit durchkreuzen die zur Problemlösung vielfach erforderliche Langfristplanung und erschweren lang währende große Anstrengungen. Die häufigen Wahlkämpfe in der Demokratie sind Barrieren langfristiger Politikgestaltung. Besonders akut ist dieses Problem in bundesstaatlichen Systemen wie dem der Bundesrepublik Deutschland, in der infolge von Bundestagswahlen und Landtagswahlen von jeweils bundespolitischer Bedeutung Dauerwahlkampfstress herrscht. Politik kann unter solchen Bedingungen zum wahlterminkalendergeprägten Spektakel verkommen. Auch ist der viel gerühmte Volkswille eine problematische Größe. Der Volkswille ist, so das harte, aber zutreffende Urteil Claus Offes, »fiktiv, fehlbar und verführbar« (Offe 1992, S. 127). Zudem ist die Demokratie für ihre Kommunikationsprozesse vehement kritisiert worden. Nicht herrschaftsfreie Kommunikation ermöglicht sie. Vielmehr neigt sie dazu, durch »herrschaftliche Ästhetisierung und Inszenierung von oben« (Greven

3 Hobbes, Thomas: *Leviathan*, London 1968 [1651], S. 242 (Übersetzung des Verf.).

1999, S. 231 f.) die politische Kommunikation zu verfälschen, wenn nicht zu verunmöglichen.

Die altgriechische Demokratie werteten ihre Kritiker noch als Staatsform des Verfalls. Ihnen galt der demokratische Mensch als Sinnbild von Unordnung, Wankelmütigkeit und Verantwortungslosigkeit.[4] Das sieht man heute anders. V. a. misst man der Demokratie mehr Stabilität und Überlebenschancen bei. Gefährdungen drohen der Demokratie aber nach wie vor. Im Zeitalter der Globalisierung und der transnationalen Politik beispielsweise wächst die Spannung zwischen nationalstaatlich verankerter Demokratie und internationaler Interdependenz von Wirtschaft und Gesellschaft. Zudem entpuppen sich gut gemeinte Projekte transnationaler Politik, wie die Europäische Union, als ein Unternehmen, das nicht die Demokratie befördert, sondern den nationalstaatlichen demokratischen Spielraum einengt und selbst ein Demokratiedefizit enthält (Bach 1999). Ferner neigt die Demokratie dazu, die Kosten ihrer Politik auf Dritte, am Prozess nicht Beteiligte abzuwälzen, etwa durch Abschiebung von Kosten auf zukünftige Generationen. Ein Beispiel ist die hohe Staatsverschuldung, zu der nicht nur die Autokratien tendieren, sondern auch fast alle Demokratien. Wird ferner berücksichtigt, dass die Fehlerkorrekturfähigkeit der Demokratie offenbar beträchtlich geringer ist als vielfach unterstellt, werden beachtliche Funktionsprobleme und Herausforderungen der Demokratie sichtbar. Sie nehmen viel von dem Glanz, der ihr normalerweise zugesprochen wird.

3. Zukunftsaussichten der Demokratie

Wie steht es um die Zukunftsaussichten der Demokratie? Sie sind zweifelsohne besser als je zuvor. Dafür spricht, dass die Zahl der Demokratien größer und ihr Anteil an der Gesamtzahl der unabhängigen Staaten höher ist als je zuvor. Das vermindert die außenpolitische Störanfälligkeit und Erpressbarkeit der Demokratie und vermindert das internationale Sicherheitsdilemma, weil mit der zunehmenden Zahl der Demokratien die Gruppe jener Staaten wächst, die untereinander ihre Konflikte friedlich regeln.

4 So z. B. Platon 1989.

Andererseits setzt das Überleben der Demokratie oder gar ihre weitere Verbreitung voraus, dass sie die wichtigsten Funktionsvoraussetzungen erfüllt und die wichtigsten Herausforderungen meistert. Zu den Funktionsvoraussetzungen stabiler Demokratie zählen v. a.: 1) die wirksame zivile Kontrolle polizeilicher und militärischer Gewalt, 2) eine wirtschaftlich einigermaßen entwikkelte, dynamische, pluralistisch gegliederte Gesellschaft mit breit gestreuten (statt konzentrierten) »Machtressourcen« (Vanhanen 1997), 3) die kulturell tief verankerte Wertschätzung individueller Autonomie und Freiheit, 4) eine ethnisch relativ homogene Bevölkerung oder – im Fall ethnischer Heterogenität – die friedliche Regelung interethnischer Konflikte, 5) völkerrechtliche Unabhängigkeit, unstrittige Grenzen und ein der Demokratie förderliches internationales Umfeld, 6) tief verwurzelte liberalkonstitutionelle Traditionen, 7) Fehlen von Einparteidominanz, insbesondere ein Parlamentssitzanteil der stärksten Partei von dauerhaft weniger als zwei Drittel aller Abgeordnetensitze sowie 8) mit einiger Regelmäßigkeit erfolgende Regierungswechsel.

In dem Maße, in dem diese Bedingungen erfüllt sind, haben Demokratien eine hohe Stabilitäts- und Überlebenschance. Doch selbst bei erfüllten Funktionsvoraussetzungen ist nicht garantiert, dass die Demokratien die Herausforderungen meistern, die durch den gesellschaftlichen, wirtschaftlichen und politischen Wandel hervorgebracht werden. Sie müssen nicht nur den massenhaften Rückzug der Bürger von der politischen Teilhabe verhindern; sie müssen zugleich auch sicherstellen, dass nicht die politischen Führungskräfte absichtlich oder unabsichtlich subversiv wirken. Ferner gehört zu den schwierigen Herausforderungen der Demokratie dies: Sie muss die von Hobbes schon scharfsichtig betonte Unbeständigkeit der Zahl aushalten. Das verlangt von den Wählern das Kunststück, hochgradig instabile Mehrheiten zu akzeptieren und die Pfadabhängigkeit demokratischer Ergebnisse anzuerkennen: Die Ergebnisse einer Abstimmung oder einer Stimmenverrechnung können schon bei geringer Änderung der Spielregeln unterschiedlich ausfallen. So sind beispielsweise die Gewinnchancen von Parteien je nach Wahlsystem sehr verschieden.

Zu den großen Herausforderungen der Demokratie zählt ferner das Problem, geeignete Kandidaten für politische Führungspositionen zu gewinnen. Nur »nimmermüde Händeschüttler«

(*Frankfurter Allgemeine Zeitung*, 28.2.1976) zu rekrutieren reicht auf die Dauer für die anspruchsvollen Aufgaben der Politik nicht aus. Zudem besteht eine der Obliegenheiten der Demokratien darin, ihre Fehlerkorrektur so zu verbessern, dass schwerwiegende Fehlsteuerungen zurückgenommen oder zumindest unter Kontrolle gehalten werden können. Dem steht aber vielerlei entgegen, u.a. der Zeittakt der Demokratie, der kurzfristig vorzeigbare Erfolge verlangt und damit eine Politik des langen Atems erschwert. Schlussendlich ist das schwierige Problem der zunehmenden Internationalisierung und der Transnationalisierung von Politik zu erwähnen. Beides engt den Spielraum nationalstaatlich verfasster Demokratie ein. Sollte dieser Trend ungebrochen fortgehen, droht Entwertung der Demokratie, weil in ihr dann nur noch über ein eingegrenztes Alternativenspektrum entschieden wird.

Alle Prognosen sind mit großer Unsicherheit und Fehlerhaftigkeit behaftet. Das gilt auch für Vorhersagen zur Zukunft der Demokratie. Verlängert man allerdings die bisher vorliegenden Befunde auf die wahrscheinliche Entwicklung im 21. Jahrhundert, spricht viel für die These, dass die etablierten Demokratien am ehesten die Chance haben, sowohl die oben erwähnten Funktionserfordernisse weiterhin zu erfüllen als auch einen beträchtlichen Teil der Herausforderungen einigermaßen zu meistern. Zu diesen Staaten gehören die seit langem existierenden liberal-konstitutionellen Demokratien in Westeuropa, Nordamerika, Australien, Neuseeland und Japan.

Mit Abstrichen leidlich erfolgreich waren allerdings auch seit langem existierende Demokratien außerhalb dieses Gebietes, beispielsweise Indien und Costa Rica, um nur zwei Staaten zu erwähnen, die auf einem niedrigeren Stand ökonomischer Entwicklung überlebten. Vergleichsweise günstig dürfte nach allen vorliegenden Erkenntnissen auch die Zukunft für den Teil der neuen Demokratien der neunziger Jahre sein, die den oben erwähnten Funktionsvoraussetzungen relativ nahe kommen. Unter den neuen Demokratien ragen v.a. die Beitrittskandidaten der EU heraus, u.a. Estland, Polen, Slowenien, die Tschechische Republik und Ungarn.

Ungewiss ist die weitere Entwicklung der zahlreichen fragilen oder defekten Demokratien, also derjenigen Länder, die auf dem Weg vom autokratischen Staat zur Demokratie bestenfalls zur

Halbdemokratisierung gekommen sind, so etwa Russland. Von dieser Station aus sind viele Wege möglich, sowohl der Weg zur weiteren Demokratisierung als auch der Pfad zurück zur Autokratie oder das Verharren im Zustand einer defekten Demokratie.

Und die zahlreichen autokratisch verfassten Regime? Wie wahrscheinlich ist ihr Übergang zur Demokratie? Gemessen an den vorliegenden Theorien über die Funktionsvoraussetzungen sind die Chancen dieser Länder, zu denen etwa die Volksrepublik China und Nordkorea zählen, überhaupt nicht günstig.

Doch andererseits lehren die vergleichende Staatsformenlehre und die Forschung zum Regimewandel, dass über Kontinuität und Diskontinuität von politischen Regimen nicht nur die Funktionsvoraussetzungen entscheiden, sondern auch das Tun und Lassen der maßgebenden politischen Akteure. Die damit gegebene Offenheit der Situation erschwert die Vorhersagbarkeit der Zukunft noch weiter. Doch dies ist nur Teil des ohnehin bekannten Befundes, dass die Menschen in einer politischen, gesellschaftlichen und wirtschaftlichen Welt leben, die trotz aller Regelmäßigkeiten nicht vorherbestimmt ist.

Für die Demokratie lässt sich allerdings mit Blick auf das 21. Jahrhundert so viel doch mit beträchtlicher Wahrscheinlichkeit sagen: Noch nie zuvor waren die Bedingungen für die Demokratie günstiger. Allerdings wird der Spielraum, über den demokratisch entschieden werden kann, durch zweierlei mehr als zuvor eingeschränkt: durch den hohen Stand der Internationalisierung von Produkt- und Finanzmärkten und die Rückwirkungen nichtdemokratisierter transnationaler Politik auf den Nationalstaat.

Anhang

Tabelle 1: Demokratien, Autokratien und Übergänge zwischen Autokratie und Demokratie 1989-1999

Staat	Regimekonstanz und Regimewandel 1989-1999
Afghanistan	konstant autokratisch
Ägypten	konstant autokratisch
Albanien	Halbdemokratisierung
Algerien	von Semidemokratisierung zur Autokratie
Andorra	konstant demokratisch
Angola	konstant autokratisch
Antigua und Barbuda	konstant halbdemokratisch
Äquatorialguinea	konstant autokratisch
Argentinien	schwankt zwischen Demokratie und Halbdemokratie
Armenien	schwankt zwischen Semidemokratisierung und Autokratie
Aserbaidschan	konstant autokratisch
Äthiopien	Semidemokratisierung ab 1996
Australien	konstant demokratisch
Bahamas	konstant demokratisch
Bahrain	konstant autokratisch
Bangladesch	Demokratisierung
Barbados	konstant demokratisch
Belgien	konstant demokratisch
Belize	konstant demokratisch
Benin	Demokratisierung
Bhutan	konstant autokratisch
Bolivien	konstant demokratisch
Bosnien-Herzegowina	konstant autokratisch
Botsuana	konstant demokratisch

Staat	Regimekonstanz und Regimewandel 1989-1999
Brasilien	schwankt zwischen Demokratie und Halbdemokratie
Brunei Darussalam	konstant autokratisch
Bulgarien	Demokratisierung
BR Deutschland	konstant demokratisch
Burkina-Faso	konstant autokratisch
Burundi	konstant autokratisch
Chile	Demokratisierung
China (Volksrepublik)	konstant autokratisch
Costa Rica	konstant demokratisch
Dänemark	konstant demokratisch
DDR	Demokratisierung (1990 Beitritt zur BR Deutschland)
Dominica	konstant demokratisch
Dominikanische Republik	schwankt zwischen Demokratie und Halbdemokratie
Dschibouti	konstant autokratisch
Ecuador	konstant demokratisch
Elfenbeinküste	konstant autokratisch
El Salvador	konstant halbdemokratisch
Eritrea	konstant autokratisch
Estland	Demokratisierung
Fidschi	von der Autokratie zur Halbdemokratie
Finnland	konstant demokratisch
Frankreich	konstant demokratisch
Gabun	Vorübergehende Halbdemokratisierung
Gambia	konstant autokratisch
Georgien	von der Autokratie zur Halbdemokratie
Ghana	von der Autokratie zur Halbdemokratie
Grenada	konstant demokratisch

Staat	Regimekonstanz und Regimewandel 1989-1999
Griechenland	konstant demokratisch
Großbritannien	konstant demokratisch
Guatemala	konstant halbdemokratisch
Guinea	konstant autokratisch
Guinea-Bissau	von der Autokratie zur Halbdemokratie
Guyana	von der Autokratie zur Halbdemokratie
Haiti	von der Autokratie zur Halbdemokratie
Honduras	schwankt zwischen Demokratie und Halbdemokratie
Indien	konstant demokratisch
Indonesien	konstant autokratisch
Irak	konstant autokratisch
Iran	konstant autokratisch
Irland	konstant demokratisch
Island	konstant demokratisch
Israel	konstant demokratisch
Italien	konstant demokratisch
Jamaika	konstant demokratisch
Japan	konstant demokratisch
Jemen	konstant autokratisch
Jordanien	von der Autokratie zur Halbdemokratie
Jugoslawien	konstant autokratisch
Kambodscha	konstant autokratisch
Kamerun	konstant autokratisch
Kanada	konstant demokratisch
Kap Verde	Demokratisierung
Kasachstan	konstant autokratisch
Katar	konstant autokratisch
Kenia	konstant autokratisch

Staat	Regimekonstanz und Regimewandel 1989-1999
Kirgisistan	schwankt zwischen Autokratie u. Halbdemokratie
Kiribati	konstant demokratisch
Kolumbien	von Demokratie zu Halbdemokratie
Komoren	zwischen Autokratie und Halbdemokratie
Kongo	zwischen Autokratie und Halbdemokratie
Korea (DVR) (Nordkorea)	konstant autokratisch
Korea (Südkorea)	konstant demokratisch
Kroatien	von der Autokratie zur Halbdemokratie
Kuba	konstant autokratisch
Kuwait	konstant autokratisch
Laos	konstant autokratisch
Lesotho	von der Autokratie zur Halbdemokratie
Lettland	Demokratisierung
Libanon	konstant autokratisch
Liberia	von der Autokratie zur Halbdemokratie
Libyen	konstant autokratisch
Liechtenstein	konstant demokratisch
Litauen	Demokratisierung
Luxemburg	konstant demokratisch
Madagaskar	Demokratisierung
Makedonien	von der Autokratie zur Halbdemokratie
Malawi	Demokratisierung
Malaysia	schwankt zw. Autokratie, Semidemokratie u. Autokratie
Malediven	konstant autokratisch
Mali	von der Autokratie zu Demokratie und Halbdemokratie
Malta	konstant demokratisch

Staat	Regimekonstanz und Regimewandel 1989-1999
Marokko	von Semidemokratie zur Autokratie
Marshallinseln	konstant demokratisch
Mauretanien	konstant autokratisch
Mauritius	konstant demokratisch
Mexiko	konstant halbdemokratisch
Mikronesien	konstant demokratisch
Moldau	von der Autokratie zur Halbdemokratie
Monaco	konstant demokratisch
Mongolei	Demokratisierung
Mosambik	von der Autokratie zur Halbdemokratie
Myanmar	konstant autokratisch
Namibia	Demokratisierung
Nauru	konstant demokratisch
Nepal	schwankt zw. Autokratie, Semidemokratie und Autokratie
Neuseeland	konstant demokratisch
Nicaragua	von der Autokratie zur Halbdemokratie
Niederlande	konstant demokratisch
Niger	von der Autokratie zur Demokratie und zurück
Nigeria	konstant autokratisch
Norwegen	konstant demokratisch
Oman	konstant autokratisch
Österreich	konstant demokratisch
Pakistan	Konstanz der Halbdemokratie
Palau	konstant demokratisch
Panama	Demokratisierung
Papua-Neuguinea	konstant demokratisch
Paraguay	von der Autokratie zur Halbdemokratie

Staat	Regimekonstanz und Regimewandel 1989-1999
Peru	von Demokratie zur Autokratie
Philippinen	schwankt zwischen Demokratie und Halbdemokratie
Polen	Demokratisierung
Portugal	konstant demokratisch
Ruanda	konstant autokratisch
Rumänien	von der Autokratie zur Halbdemokratie
Russland	von der Autokratie zur Halbdemokratie
Sahara (DARS)	konstant halbdemokratisch
Salomonen	konstant demokratisch
Sambia	schwankt zwischen Demokratie und Halbdemokratie
Samoa	konstant demokratisch
San Marino	konstant demokratisch
São Tomé und Príncipe	Demokratisierung
Saudi-Arabien	konstant autokratisch
Schweden	konstant demokratisch
Schweiz	konstant demokratisch
Senegal	konstant halbdemokratisch
Seychellen	von der Autokratie zur Halbdemokratie
Sierra Leone	von der Autokratie zur Halbdemokratie
Simbabwe	konstant autokratisch
Singapur	schwankt zwischen Halbdemokratie u. Autokratie
Slowakei	Demokratisierung
Slowenien	Demokratisierung
Somalia	konstant autokratisch
Sowjetunion	Zerfall in Autokratien und Halbdemokratie
Spanien	konstant demokratisch
Sri Lanka	konstant halbdemokratisch

Staat	Regimekonstanz und Regimewandel 1989-1999
St. Kitts und Nevis	konstant demokratisch
St. Lucia	konstant demokratisch
St. Vincent und die Grenadinen	konstant demokratisch
Südafrika	Demokratisierung
Sudan	konstant autokratisch
Suriname	schwankt zwischen Autokratie und Halbdemokratie
Swasiland	konstant autokratisch
Syrien	konstant autokratisch
Tadschikistan	konstant autokratisch
Taiwan	konstant halbdemokratisch
Tansania	konstant autokratisch
Thailand	schwankt zwischen Demokratie und Halbdemokratie
Togo	konstant autokratisch
Tonga	von Halbdemokratie zur Autokratie
Trinidad und Tobago	konstant demokratisch
Tschad	konstant autokratisch
Tschechische Republik	Demokratisierung
Tunesien	konstant autokratisch
Türkei	schwankt zw. Demokratie und Halbdemokratie
Turkmenistan	konstant autokratisch
Tuvalu	konstant demokratisch
Uganda	von der Autokratie zur Halbdemokratie
Ukraine	von der Autokratie zur Halbdemokratie
Ungarn	Demokratisierung
Uruguay	konstant demokratisch
USA	konstant demokratisch

Staat	Regimekonstanz und Regimewandel 1989-1999
Usbekistan	konstant autokratisch
Vanuatu	konstant demokratisch
Venezuela	schwankt zwischen Demokratie u. Halbdemokratie
Vereinigte Arabische Emirate	konstant autokratisch
Vietnam	konstant autokratisch
Weißrussland	schwankt zwischen Halbdemokratie und Autokratie
Zaire	konstant autokratisch
Zentralafrikanische Republik	von der Autokratie zur Halbdemokratie
Zypern (griechisch)	konstant demokratisch

Quelle: Ermittelt auf der Grundlage der jährlich erhobenen Political Rights-Skala von Freedom House von 1990 bis Januar 1999 (Freedom House 1990ff.). Zu Grunde liegt eine 7er-Skala gemäß dem Demokratieverständnis der westlichen demokratischen Verfassungsstaaten. Diese Skala reicht von 1 und 2 (= Demokratie) über Werte von 3, 4 und 5 (= Halbdemokratie oder halbautokratischer Staat) bis zu den Werten 6 und 7 (= Nichtdemokratie oder, so die hier gewählte Terminologie, Autokratie). Regimeänderungen, die zu den Skalenwerten 1 oder 2 führen, werden als »Demokratisierung« eingestuft; Übergänge von 6 oder 7 zu 5, 4 oder 3 werden als »Halbdemokratisierung« gewertet. Analog werden die Übergänge in die umgekehrte Richtung klassifiziert. Länder ohne größeren politischen Wandel im Untersuchungszeitraum werden – je nach Position auf der Skala – als »konstant demokratisch«, »konstant autokratisch« oder »konstant halbdemokratisch« eingestuft.

Bach, M.: *Die Bürokratisierung Europas*, Frankfurt/M. 1999

Beck, U.: *Die feindlose Demokratie*, Stuttgart 1995

Dahl, R.: *On Democracy*, New Haven/London 1998

Freedom House: *Freedom in the World. The Annual Survey of Political Rights & Civil Liberties, 1989-1990*, New Brunswick/London 1990

Freedom House: *Freedom in the World. The Annual Survey of Political Rights & Civil Liberties, 1998-1999*, New Brunswick/London 1999

Greven, M. Th.: *Die politische Gesellschaft*, Opladen 1999

Hobbes, Th.: *Leviathan*, London 1968 [1651]

Kaase, M./Newton, K.: *Beliefs in Government*, Oxford 1995

Lipset, S. M. (Hg.): *The Encyclopedia of Democracy*. 4 Bde, London 1995

Lipset, S. M./K.-R. Seong/J. Ch. Torres: »A Comparative Analysis of the Social Requisites of Democracy«, in: *International Social Science Journal* 45, 1993, S. 155-175

Merkel, W.: »Defekte Demokratien«, in: W. Merkel/A. Busch (Hg.): *Demokratie in Ost und West. Für Klaus von Beyme*, Frankfurt/M. 1999, S. 361-381

Merkel, W.: *Systemtransformation. Eine Einführung in Theorie und Empirie der Transformationsforschung*, Opladen 1999

Offe, C.: »Wider scheinradikale Gesten – Die Verfassungspolitik auf der Suche nach dem ›Volkswillen‹«, in: G. Hofmann/W. A. Perger (Hg.): *Die Kontroverse. Weizsäckers Parteienkritik in der Diskussion*, Frankfurt/M. 1992, S. 126-142

Offe, C./P. C. Schmitter: »The Future of Democracy«, in: S. M. Lipset (Hg.): *The Encyclopedia of Democracy*, London, Bd. II, 1995, S. 511-517

Platon: *Der Staat. Über das Gerechte*, Hamburg 1989

Przeworski, A.: »Minimalist Conception of Democracy: a Defense«, in: I. Shapiro/C. Hacker-Cordon (Hg.): *Democracy's Value*, Cambridge, Mass. 1999, S. 23-55

Riker, W. H.: *Liberalism Against Populism: A Confrontation Between the Theory of Democracy and the Theory of Social Choice*, San Francisco 1982

Schmidt, M. G.: »Die politische Produktivität liberaler Demokratien«, in: R. Saage/G. Berg (Hg.): *Zwischen Triumph und Krise. Zum Zustand der liberalen Demokratie nach dem Zusammenbruch der Diktaturen in Osteuropa*, Opladen 1998, S. 243-268

Schmidt, M. G.: *Demokratietheorien. Eine Einführung*, Opladen 2000, überarb. und erweiterte Aufl.

Shapiro, I./C. Hacker-Cordon (Hg.): *Democracy's Value*, Cambridge, Mass. 1999

Shapiro, I./C. Hacker-Cordon (Hg.): *Democracy's Edges*, Cambridge, Mass. 1999

Vanhanen, T.: *Prospects of Democracy. A Study of 172 Countries*, London/New York 1997

Arthur Benz
Postparlamentarische Demokratie und kooperativer Staat

Im modernen Staat sind Parlamente die zentralen Institutionen der demokratischen Verfassungsordnung. Die Idee der Selbstregierung des Volkes, welche im antiken Athen in einer kleinen Gemeinschaft entstand, konnte in Territorialstaaten der Neuzeit praktisch verwirklicht werden, als die im Mittelalter entstandenen Ständeversammlungen in gewählte Volksvertretungen umgewandelt wurden. In einem direkt gewählten Parlament, dessen Mitglieder die Bürgerinnen und Bürger repräsentieren und ihnen verantwortlich sind, kann auch ein in einem großen Gebiet lebendes Volk zu einer handlungsfähigen Einheit werden. Das so repräsentierte Volk kann selbst über die Gesetze entscheiden, denen sich seine Mitglieder unterwerfen sollen. Die Regierung ist nicht nur an Gesetze gebunden, sondern auch dem Parlament verantwortlich und wird von ihm kontrolliert. Darauf beruht die Legitimation der Exekutive. Das öffentlich tagende Parlament bildet darüber hinaus ein Forum öffentlicher Konfliktaustragung, Willensbildung und Diskussion. Es macht die Gesetzgebungs- und Regierungstätigkeit für die Bürgerinnen und Bürger transparent und ermöglicht es ihnen, durch Meinungsäußerungen oder in Wahlen ihre Zustimmung oder Ablehnung auszusprechen.[1]

Parlamente im modernen Sinne entstanden ab Ende des 18. Jahrhunderts, aber erst mit der Einführung des allgemeinen, freien und gleichen Wahlrechts im frühen 20. Jahrhundert setzte sich in Europa die parlamentarische Demokratie vollständig durch (von Beyme 1999). Dies geschah aber nicht reibungslos.

1 Damit sind die vier zentralen Parlamentsfunktionen (Repräsentation und Kommunikation; Gesetzgebung, Regierungsbildung und Kontrolle) genannt. Mit Ausnahme der Kontrollfunktion finden sie sich bereits in der klassischen, aus dem 19. Jahrhundert stammenden Darstellung des englischen Regierungssystems von Walter Bagehot (1961). In der deutschsprachigen Literatur wird dieser Funktionskatalog meist nur wenig variiert (z. B. Loewenberg 1971, Oberreuther 1982, Ismayr 1992). In den international vergleichenden »legislative studies« werden teilweise weitere Funktionen genannt (Norton 1990).

Die Idee und die Praxis dieses Regierungssystems stießen auf scharfe Kritik: Während Kritiker aus dem »linken Lager« die parlamentarische Form der Demokratie als eine verschleierte Elitenherrschaft verdächtigten, verurteilten Intellektuelle, die rechten Parteien nahe standen, die Realität parlamentarischer Demokratie als Dauerstreit zwischen Parteien, die sie für illegitime Organisationen partikularer Interessen hielten. In den zwanziger und dreißiger Jahren beeinflusste diese Parlamentarismuskritik in erheblichem Maße die Politik europäischer Staaten. Die erste deutsche parlamentarische Demokratie konnte sich gegen diesen Angriff von zwei Seiten nicht behaupten. Die durch Plebiszit legitimierte Präsidialregierung, welche die Rechten schließlich unter Bruch des Geistes der Weimarer Verfassung durchsetzten, konnte von den Nationalsozialisten leicht in eine Führerdiktatur umgewandelt werden. Erst nach 1949 gelang auf westdeutschem Territorium die Etablierung einer Verfassungsordnung, die dem Vorbild westlicher Demokratien entsprach.

Obgleich die parlamentarische Demokratie noch relativ jung und sie inzwischen weithin anerkannt ist, scheint es um ihre Funktionsfähigkeit nicht allzu gut bestellt zu sein. Dies jedenfalls behaupten Politikwissenschaftler, die zumindest für westliche Staaten eine »Transformation der Demokratie« (Dahl 1994) beobachten oder diese fordern. Nach der Erfindung der direkten Demokratie im antiken Athen und dem Übergang zur repräsentativen Demokratie im Ausgang des 18. Jahrhunderts scheint nun ein dritter grundlegender Strukturwandel anzustehen. Für diese These gibt es gute Gründe. Diese unterstützen allerdings nicht die Argumente der früheren Parlamentarismuskritiker, welche die normativen Grundlagen der repräsentativen Demokratie in Zweifel zogen. Heute wird festgestellt, dass die Parlamente unter den veränderten Rahmenbedingungen ihre Gesetzgebungs- und Kontrollfunktionen nicht mehr hinreichend erfüllen könnten. Wesentliche Regulierungen, die Gegenstand der Gesetzgebung sein müssten, würden in innerstaatlichen und internationalen Verhandlungssystemen unterschiedlicher Art beschlossen. Und je mehr Regierungen in Kooperation mit gesellschaftlichen Organisationen und mit Regierungen anderer Staaten eingebunden sind, desto mehr würden sie sich der Kontrolle durch die Parlamente entziehen. Im kooperativen Staat erlitten somit die Parlamente einen gravierenden Funktionsverlust. Wenn Demokratie

Bestand haben solle, so müsse sie anders ausgestaltet werden als in Form eines parlamentarischen Regierungssystems. Im kooperativen Staat werde sie notwendigerweise zur »postparlamentarischen« Demokratie (Andersen/Burns 1996).

Im Folgenden sollen diese Behauptungen in drei Schritten geprüft werden. Zunächst werden die Auswirkungen der Praxis kooperativer Staatstätigkeit auf die Funktionserfüllung von Parlamenten erörtert. Danach werde ich das Konzept der postparlamentarischen Demokratie erläutern und die mit diesem Begriff zu verbindenden Reformvorschläge darstellen und kritisieren. Schließlich will ich begründen, dass das Parlament auch im kooperativen Staat eine zentrale Rolle spielt, dabei aber einen Funktionswandel erfährt.

1. Verhandlungssysteme und das Problem der parlamentarischen Kontrolle

Mit dem Begriff »kooperativer Staat« wird die Tatsache umschrieben, dass die den Staat repräsentierenden Organe in vielen Aufgabenfeldern nicht durch Hoheitsakte handeln, sondern mit anderen Akteuren oder Organisationen, seien es staatliche oder gesellschaftliche, eine Entscheidung aushandeln. Wir können es dahin gestellt sein lassen, ob es sich hierbei um eine neue Entwicklung handelt oder ob Staaten schon immer nur begrenzt souverän waren. Tatsache ist, dass in der Gegenwart die Staatstätigkeit vielfach durch Kooperation und Verhandeln gekennzeichnet ist (Scharpf 1991, Voigt 1995). Das gilt in besonderem Maße für die öffentliche Verwaltung, die Gesetze vollzieht (Benz 1994, Dose 1997). Es gilt aber auch für die Gesetzgebung, für welche das Parlament zuständig ist. In diesem Bereich sind zwei Typen kooperativer Staatstätigkeit zu unterscheiden:

Zum einen ist auf Verhandlungen hinzuweisen, die im Prozess der parlamentarischen Gesetzgebung stattfinden, deren Ergebnisse also letztlich von Parlamenten als Gesetz verabschiedet werden. In der Regel werden Gesetze nicht einfach durch die Mehrheitsfraktionen im Parlament beschlossen (von Beyme 1997). Die Ministerialverwaltung versucht, im Zusammenwirken mit Verbänden möglichst alle relevanten Interessen zu beteiligen. Auch die Beratungen in den Ausschüssen des Deutschen Bundestags dienen dazu, Kompromisse zwischen Interessengruppen und den Parteien zu suchen. Im deutschen Bundesstaat kommt hinzu, dass mehr als die Hälfte aller Gesetze nicht ohne die Zustimmung des Bundesrats zu Stande kommen können. Will die Bundesregierung ihre Gesetzesinitiativen zum Erfolg bringen, so muss sie in diesem Falle mit Landesregierungen verhandeln, um eine Stimmenmehrheit im Bundesrat zu erreichen. In der Bundesrepublik ist Gesetzgebung deshalb im Wesentlichen ein Prozess der Verhandlung und Kooperation, der in einen Beschluss des Parlaments mündet (Schulze-Fielitz 1988). Ähnliches gilt, wenn auch in einem anderen institutionellen Rahmen, etwa in Schweden, in der Schweiz oder in den Niederlanden, also in Staaten, die man den »Konkordanzdemokratien« zurechnet (Lijphart 1984). Dagegen ist das politische System Großbritanniens stärker durch die Konkurrenz zwischen der Regierung und der parlamentarischen Opposition geprägt, wobei die Regierung weitgehend in der Lage ist, mit Unterstützung der Parlamentsmehrheit ihre Ziele durchzusetzen.

Kooperative Staatstätigkeit richtet sich zum anderen auf die Aushandlung von Regeln, die Gesetze ersetzen. Solche kooperative Normsetzung[2] findet im Zuständigkeitsbereich des Staates statt, weil es für Regierungen oft leichter ist, ihre Ziele in Absprachen mit Verbänden oder privaten Organisationen zu verwirklichen als sie auf Grund eines Gesetzes durchzusetzen. Unabdingbar ist diese Form der kooperativen Rechtssetzung bei Problemen, welche die Grenzen des Nationalstaats überschreiten. Die internationale Verflechtung von Wirtschaftsräumen und Gesellschaften hat zur Folge, dass immer mehr zwischenstaatliche Vereinbarungen erforderlich sind. Internationale Organisationen, v. a. aber die Europäische Union, stellen institutionalisierte Verhandlungssysteme dar, in denen solche Regeln ausgehandelt und verbindlich gemacht werden.

Während bei der kooperativen Gesetzgebung das Parlament die Arena darstellt, auf die der Entscheidungsprozess ausgerichtet ist, werden Absprachen zwischen Regierungen und Verbänden und zwischen Regierungen von Nationalstaaten außerhalb der parlamentarischen Arena getroffen. Das Parlament erleidet hier

2 Dieser Sachverhalt wird z. T. mit dem unglücklichen Begriff »kooperatives Recht« beschrieben (vgl. Bora 1999, S. 21-28; Dose/Voigt 1995).

einen effektiven Machtverlust. Gleichwohl ist auch die erste Form nicht unproblematisch, wenn dadurch die Entscheidungsprozesse faktisch auf außerparlamentarische Institutionen verlagert oder die Funktionsmechanismen der parlamentarischen Demokratie beeinträchtigt werden. Kooperative Staatstätigkeit tangiert diese in folgender Weise:

– Dass Gesetzesentwürfe in Verhandlungen zwischen der Ministerialverwaltung und Interessengruppen ausgearbeitet werden, ist zunächst kaum zu kritisieren. Nur so können notwendige Informationen beschafft werden, die das Parlament selbst nicht erarbeiten kann. Problematisch werden »Vorverhandlungen« lediglich, wenn ihr Ergebnis als gleichsam objektive Wahrheit von Experten präsentiert und damit eine politische Auseinandersetzung um mögliche Alternativen verhindert wird. Wenngleich Informationsasymmetrien zwischen Politiknetzen der Exekutive und dem Parlament schwer zu überwinden sind, handelt es sich in diesem Falle aber um eine »Selbstentmachtung« der Parlamente, denen verantwortungsbewusste Abgeordnete und Fraktionen entgegenwirken können.

– Die Tatsache, dass sich im deutschen Bundesstaat vielfach Vertreter des Bundes und der Länder einigen müssen, verändert die Qualität der parlamentarischen Prozesse in stärkerer Weise als die Beteiligung von Verbänden in der Gesetzesvorbereitung. Da im Bundesrat regelmäßig die große Oppositionspartei über eine starke Stellung (wenn nicht über die Mehrheit der Stimmen) verfügt, bedarf es nicht selten einer Kooperation zwischen Regierungs- und Oppositionsparteien im Bund. Parteien, die sich gegenüber ihrer Wählerschaft als Alternativen präsentieren müssen und deshalb dazu neigen, die Unterschiede ihrer Politik herauszustellen, sind gezwungen, Kompromisse zu finden. Dies ist oft schwierig, in Einzelfällen scheitern Gesetze an unüberbrückbaren Konfrontationen. Gravierender ist aber, dass Wählerinnen und Wähler die Verantwortlichkeit für Entscheidungen nicht mehr eindeutig der Regierung oder der Opposition zuordnen können. Die orientierende Funktion des Parteienwettbewerbs geht verloren. Zudem werden Verhandlungen zwischen Bund und Ländern fast immer durch Vertreter der Regierungen oder innerhalb der Parteien geführt. Der parlamentarische Prozess wird dadurch intransparent, die öffentliche Debatte wird entwertet (Lehmbruch 1998).

– In der Kooperation zwischen Regierung und Verbänden droht das Parlament noch mehr auf eine Zuschauerbühne reduziert zu werden. Kommt es hier zu einer Vereinbarung, durch die Gesetzgebung vermieden wird, so wird es nicht beteiligt. Allerdings kann eine Regierung durch Absprachen mit Privaten das Parlament nicht vollständig ausschalten. Wesentliche Regelungen jedenfalls unterliegen der Zuständigkeit des Gesetzgebers, und wenn dieser eine Verhandlungslösung nicht akzeptiert, so kann er sie durch ein Gesetz außer Kraft setzen. Eine Regierung muss dies berücksichtigen und wird nur solche Vereinbarungen eingehen, welche die implizite oder explizite Zustimmung der Parlamentsmehrheit finden. Dies schränkt ihren Verhandlungsspielraum beträchtlich ein, wenngleich sie aus der Kooperation mit Verbänden Informationen gewinnt, die sie gegenüber dem Parlament überlegen macht. Auf der anderen Seite wirkt die Möglichkeit, Konflikte durch ein Gesetz zu regeln, als »Schatten der Hierarchie« (Scharpf 1993; Scharpf 1997, S. 197-205), welcher Regierungen und Verbände motiviert, sich auf eine dem Gemeinwohl entsprechende Verhandlungslösung zu einigen. In Ministerien wird nicht selten gleichzeitig an der Vorbereitung einer Vereinbarung wie an einem Gesetzesentwurf gearbeitet.

– In internationalen Verhandlungen stellt sich das zusätzliche Problem, dass eine nationale Gesetzgebung keine Lösung von Problemen verspricht. Politik jenseits der Grenzen des Nationalstaats überschreitet die Zuständigkeit der Parlamente. Das bedeutet nicht, dass sie völlig ausgeschlossen sind. Internationale Vereinbarungen, welche die nationale Rechtsordnung berühren, werden regelmäßig von den Parlamenten ratifiziert. Die Drohung, die Zustimmung zu verweigern, gibt nationalen Parlamenten einen wirksamen Einfluss auf internationale Verhandlungen. In der EU hingegen werden Rechtsnormen, die vom Ministerrat (unter beratender oder mitentscheidender Beteiligung des Europäischen Parlaments) beschlossen werden, ohne Ratifizierung der nationalen Parlamente verbindlich. Richtlinien müssen zwar durch die Gesetzgebungsorgane in nationales Recht umgesetzt werden, auf dieser Stufe des politischen Prozesses ist aber der Entscheidungsspielraum der Parlamente erheblich eingeschränkt. Um die Begrenzung ihrer Souveränität zu kompensieren, bemühten sich nationale Parlamente mit einigem Erfolg, Einfluss auf die Vorbereitung europäischer Rechtssetzung durch ihre Regierungen zu erlangen (Kamann 1997, Norton 1996, Weber-Panariello 1995). Seit 1993 sieht das Grundgesetz eine Beteiligung des Bundestags und des Bundesrats vor, wobei die Bundesregierung gehalten ist, die Stellungnahmen des Parlaments wie der Ländervertretung zu berücksichtigen.

Kooperative Gesetzgebung und Normsetzung durch Kooperation, sei es zwischen Regierung und Privaten oder zwischen Staaten, schalten also Parlamente nicht aus. Politik wird in beiden Fällen nicht zu einer ausschließlichen Angelegenheit der Exekutive. Gleichwohl ist kooperatives Regierungshandeln, welches parlamentarische Gesetzgebung ersetzt, mit gravierenden Gefahren für die parlamentarische Demokratie verbunden, die im ersten Fall nicht in gleichem Maße bestehen. Im Verfahren der kooperativen Erarbeitung von Gesetzesentwürfen sind nämlich, bei aller Überlegenheit von Regierungen oder Experten, Mitglieder des Parlaments unmittelbar beteiligt, sei es in Diskussionen in den Parteien, in informellen Verhandlungen mit der Exekutive und Verbänden, in Ausschüssen des Parlaments oder bei der Entscheidung im Plenum. In der Staat-Verbände- und in der internationalen Kooperation ist das Parlament hingegen ein externer Akteur. Es handelt nicht das Parlament, sondern die Regierung im Auftrag des Parlaments, dessen Mitglieder »auf einer anderen Ebene« agieren. Innerhalb des Nationalstaats kann es die Letztentscheidung an sich ziehen, es bleibt also die übergeordnete Instanz der Legislative. Im internationalen Kontext dagegen sind Parlamente erheblich schwächer. Hier geraten sie im Zwei-Ebenen-Prozess (Putnam 1988) in ein Dilemma: Sie können ihren Einfluss geltend machen und die Regierung durch eine Entschließung dazu zwingen, eine bestimmte Verhandlungsposition zu vertreten. In diesem Falle kann aber eine Vereinbarung leicht scheitern, weil die Regierung im Verhandlungsprozess nicht über die erforderliche Flexibilität verfügt. Lassen Parlamente ihrer Regierung einen weiten Verhandlungsspielraum, so laufen sie dagegen Gefahr, am Ende eine Vereinbarung billigen zu müssen, weil es außer dem problematischen Status quo, der ja gerade überwunden werden soll, keine Alternative mehr gibt (Benz 1998).

Dieses Dilemma ist besonders in der Rechtssetzung der EU festzustellen. Hier scheinen die Parlamente der Mitgliedstaaten geradezu in einem Teufelskreis gefangen zu sein. Wegen der erfolgreichen Durchsetzung des Rechts, ihre Regierungen an Stellungnahmen zu binden, haben sie zunächst an Einfluss gewonnen. Da die Steuerung des Regierungshandelns jedoch dazu führen kann, dass Verhandlungen im Ministerrat blockiert werden, formulieren Parlamente meist sehr offene und fast beliebig interpretierbare Stellungnahmen. Deren Wirkung ist praktisch zu vernachlässigen. Im Übrigen sind Abgeordnete im Parlament auf Informationen angewiesen, die ihnen durch die Regierung übermittelt werden. Dies erhöht den Zwang zur vertrauensvollen Zusammenarbeit zwischen Regierung und Parlament. Eine wirksame Kontrolle des Regierungshandelns kann unter diesen Bedingungen nicht mehr stattfinden. Zudem wird die Orientierungsfunktion des Wettbewerbs zwischen Mehrheits- und Oppositionsfraktionen geschwächt, wenn beide in vertrauliche Kooperation eingebunden sind. Internationale Verhandlungssysteme entziehen sich folglich vermutlich paradoxerweise in dem Maße der demokratischen Kontrolle, wie Parlamente formale Rechte der Beteiligung an der Formulierung der Verhandlungsposition ihrer Regierung erlangen. Die etwa vom Bundesverfassungsgericht (Urteil vom 12. 10. 1993, BVerfGE 89, S. 155 ff.) und Wissenschaftlern (z. B. Kielmansegg 1996; Steffani 1995) postulierte Legitimation europäischer Politik durch Rückkopplung der Regierungen an nationale Parlamente entpuppt sich bei genauer Analyse als Scheinlegitimation.

2. Postparlamentarische Demokratie als Ausweg?

Die bisher diagnostizierten Probleme der parlamentarischen Demokratie äußern sich in verschiedenen Symptomen: Angesichts der Unübersichtlichkeit politischer Verfahren fühlen sich die Bürgerinnen und Bürger ohnmächtig. Ihr Vertrauen in ihre Abgeordneten scheint zu schwinden, entweder weil sie an deren Macht zweifeln oder weil sie politische Verantwortung nicht mehr auf Abgeordnete zuordnen können. Die Folge ist, dass die Wahlbeteiligung sinkt und die Bindungskraft von Parteien nachlässt. Bürger engagieren sich mehr in unkonventionellen Formen der Partizipation. All diese Tatbestände müssen keine Krisenindikatoren darstellen, es besteht aber Anlass, sich über Therapien Gedanken zu machen, mit denen die Schwächen der Demokratie überwunden werden können.

Die einfachste Lösung aller dieser Probleme wäre, Zuständigkeiten wieder klar zwischen Staat und Gesellschaft und zwischen den Ebenen des Staates zu verteilen, sodass der Bedarf an Kooperation minimiert wird. Internationale Politikverflechtungen müssten dann abgebaut werden, entweder durch eine Renationalisierung von Kompetenzen oder die Einrichtung eines europäischen oder eines Weltstaats mit eigenem Parlament.[3] Letzterer könnte natürlich nur subsidiär zu Nationalstaaten oder Regionen tätig werden und müsste sich auf »autonomieschonende« Rahmenregelungen beschränken (Scharpf 1994). Eine klare Trennung von Gesellschaft und Staat könnte erreicht werden, wenn sich die Staatstätigkeit auf abstrakte Regulierung beschränkt und Detailregelungen den Märkten oder anderen Formen gesellschaftlicher Selbststeuerung überlassen bleiben, welche von unabhängigen Regulierungsbehörden kontrolliert würden (Majone 1999). Nicht nur die Idee eines globalen Staats, sondern auch die anderen Vorschläge einer kooperationsminimierenden Organisation von Politik (Ebenentrennung, Regulierungsstaat) gehen allerdings an der Tatsache vorbei, dass dadurch die Interdependenzen zwischen öffentlichen und privaten, zwischen territorialen und funktionalen, zwischen globalen, nationalen und lokalen Aufgaben nicht bewältigt werden können. Derartige »einfache« Lösungen scheitern an der realen Komplexität der Aufgaben. Der moderne Staat vermag ohne Kooperation, ohne ein »Management von Interdependenzen« (Mayntz 1997, S. 73) die von ihm erwarteten Leistungen nicht zu erfüllen.

Wenn aber im kooperativen Staat die Parlamente zwangsläufig geschwächt werden, so liegt es nahe, nach Formen demokratischer Politik zu suchen, die nicht auf Parlamente angewiesen sind. Hier könnte sich die direkte Demokratie anbieten, weil, wie das Beispiel der Schweiz zeigt, Referenden grundsätzlich mit kooperativer Politik vereinbar sind. Faktisch wirken sie als Veto-Drohung und erzeugen somit Druck auf die Verhandlungspartner, sich zu einigen (Neidhardt 1970; vgl. auch Abromeit 1998). Direktdemokratische Verfahren können die repräsentative Demokratie ergänzen, aber nicht ersetzen. In der politikwissenschaftlichen Demokratietheorie werden deshalb eine Reihe weiterer Vorschläge oder Politikmodelle diskutiert. Wir können diese un-

3 Letzteres fordert in der Tendenz Held 1995, S. 270-283.

ter dem Begriff »postparlamentarische Demokratie« zusammenfassen. Dieser bezeichnet zunächst nicht mehr als eine Variante der repräsentativen Demokratie, die sich im modernen Staat jenseits der parlamentarischen Form entwickelt oder realisiert werden soll. Über ihre konkrete Ausgestaltung gibt es unterschiedliche Auffassungen (vgl. Schmalz-Bruns 1995).

Svein S. Andersen und Tom R. Burns (Andersen/Burns 1992, 1996) gehen davon aus, dass infolge der Technisierung und Internationalisierung der Gesellschaft die reale Politik in hoch entwickelten Staaten sich bereits in Richtung auf eine organische Regierungsform (»organic governance«) geändert habe. Sie beschreiben diese in folgender Weise: Interessen der Bürgerinnen und Bürger würden nicht mehr allein von direkt gewählten Abgeordneten repräsentiert, die Vertreter aller Menschen in einem Gebiet sind, sondern auch von Vertretern spezialisierter Interessen, die in unterschiedlichen Funktionsbereichen organisiert sind. Die Zuständigkeiten für öffentliche Aufgaben lägen zunehmend bei spezialisierten Organisationen, die an die Stelle von Gebietskörperschaften treten. Funktionsbezogene Organisationen seien nicht an die Grenzen von Nationalstaaten gebunden, sie seien daher gerade in der internationalen Politik wichtige Träger demokratischer Repräsentation. Angesichts der dadurch bewirkten Diffusion von legitimer Macht und Verantwortlichkeit würden Gesetze weitgehend in Verhandlungen zwischen diesen Organisationen, unter Beteiligung von Vertretern spezialisierter Interessen und Experten, ausgearbeitet. Die Qualität der Demokratie hinge daher davon ab, ob alle relevanten Interessen der Bürgerinnen und Bürger in Organisationen repräsentiert sind, ob diese Einfluss auf politische Entscheidungen ausüben können und ob zugleich Verhandlungsergebnisse eine effektive Lösung gesellschaftlicher Probleme ermöglichen. Entscheidend für die Funktionsweise dieser organischen Demokratie sei es, dass sachliche Diskurse praktiziert werden. Ferner müssten die Integrationsprobleme in einer sektoral fragmentierten Politik gelöst werden, was nur durch die Parlamente möglich sei. Diese seien auch notwendig, um Verfassungsfragen zu entscheiden, etwa um Regeln aufzustellen, welche die Rolle der spezialisierten Organisationen und die Rechte und Pflichten der Bürgerinnen und Bürger in diesen betreffen.

Die pragmatischen Überlegungen von Andersen und Burns scheinen zunächst darauf hinauszulaufen, die Not der parlamentarischen Demokratie in die Tugend einer postparlamentarischen Demokratie umzuinterpretieren, ohne dass den anerkannten Normen demokratischer Politik noch ausreichend Rechnung getragen würde. Tatsächlich fassen sie Elemente unterschiedlicher demokratietheoretischer Modelle zusammen, die allerdings nur angedeutet werden. Dabei bleiben wichtige Fragen unbeantwortet. So wäre v. a. zu klären, in welcher Weise die Repräsentationsfunktion außerhalb der Parlamente angemessen wahrgenommen werden kann. Ferner müsste die Organisationsfähigkeit von allen gesellschaftlichen Interessen gesichert werden, weil ansonsten das Prinzip der politischen Gleichheit verletzt wird. Vertreter einer »associative democracy« (Cohen/Rogers 1994; Hirst 1994; vgl. auch Voelzkow 1996, S. 319-332) glauben, die Lösungen dieser Probleme zu kennen. Sie schlagen im Hinblick auf die ungleiche Organisationsfähigkeit gesellschaftlicher Interessen vor, die Dominanz von gut organisierten und mit Ressourcen ausgestatteten Verbänden, die spezielle wirtschaftliche Interessen zusammenfassen, dadurch auszugleichen, dass mit staatlicher Unterstützung »sekundäre Assoziationen« geschaffen und unterhalten werden, die bislang unterrepräsentierte Interessen vertreten. Ferner müsse der Staat durch Organisations- und Verfahrensregeln sicher stellen, dass eine Vielzahl von Diskussionsforen und Verhandlungsarenen eingerichtet wird, damit möglichst viele gesellschaftliche Akteure und Gruppen gleichberechtigt in Verhandlungs- und Konsensfindungsprozesse einbezogen werden. Runde Tische oder Regionalkonferenzen können als erste Ansätze einer Verwirklichung assoziativer Demokratie betrachtet werden. Die Beteiligung von Umweltschutz- und Menschenrechtsorganisationen in internationalen Verhandlungen wird von Protagonisten dieses Modells als Hoffnungsschimmer für eine transnationale Demokratie betrachtet.

Um eine demokratische Form der Interessenrepräsentation in Verbänden zu erreichen und um zu verhindern, dass Verhandlungsprozesse durch Verbandsfunktionäre beherrscht werden, empfiehlt Philippe Schmitter (Schmitter 1994, S. 161-171; vgl. auch Preuß 1989, S. 11), assoziative Kooperationsstrukturen in eine Art pluralistischen Verbändewettbewerb einzubetten, der ähnlich wie der Parteienwettbewerb in parlamentarischen Systemen für eine Rückbindung der Repräsentanten an Bürgerinteressen sorgt. Alle Bürger sollen über Gutscheine (*vouchers*) verfügen, welche sie auf die vom Staat oder von internationalen Organisationen anerkannten Verbände aufteilen können. Auf diese Weise könnten sie signalisieren, ob sie mit der Politik der Verbandsfunktionäre einverstanden sind oder nicht. Mit diesen Gutscheinen könnten also Bürgerinnen und Bürger ihre Bewertungen ausdrücken. Zugleich würden sie für die Verbände Ressourcen darstellen, da sie in staatliche Finanzhilfen eingetauscht werden könnten. Verbandsvertreter erhielten auf diese Weise Anreize, sich entsprechend den Wünschen der Bürger zu verhalten. Im Unterschied zu Forderungen nach mehr innerverbandlicher Demokratie hat dieser Vorschlag den Vorteil, dass kooperierende Verbandsvertreter durch die Gutscheine nicht auf vorab definierte Positionen festgelegt sind, welche eine Mitgliederversammlung oder innerverbandliche Vertretergremien beschließen würden. Die Flexibilität in Verhandlungsprozessen bliebe erhalten. Blokkaden von Kooperationsprozessen durch gebundene Interessenvertreter wären somit nicht zu befürchten.

Der gravierendste Einwand gegen das Modell der assoziativen Demokratie lautet, dass die Repräsentations- und Kontrollprobleme der staatlichen Akteure nicht gelöst sind. Eine völlige Vergesellschaftung von Gesetzgebung ist jedoch kaum sinnvoll. Der Staat ist Kooperationspartner in der assoziativen Demokratie. Darüber hinaus gibt es begründete Zweifel daran, ob die Repräsentation von Bürgerinteressen in Verbänden auch wirklich demokratische Repräsentation bedeutet. Um den Anspruch auf demokratische Legitimation aufrechterhalten zu können, müssen Vertreter gegenüber den Bürgern, die sie repräsentieren, Rechenschaft ablegen. Ferner müssen die Repräsentierten über wirksame Sanktionsmöglichkeiten verfügen, wenn sie sich nicht gut vertreten fühlen. Sanktionen sind im Modell von Schmitter prinzipiell möglich, aber die Macht, welche Bürgerinnen und Bürger mit der Verweigerung von Ressourcen ausüben, ist wertlos, solange sie nicht auch über Politikinhalte informiert sind und das Verhalten ihrer Vertreter angemessen beurteilen können. Wie die »principal-agent«-Theorie lehrt, haben Vertreter grundsätzlich ein Interesse, ihre Autonomie durch Verweigerung von Informationen oder selektiver Informationsweitergabe gegenüber denjenigen, die sie kontrollieren wollen, zu steigern. Mit einem solchen rationalen Verhalten muss immer gerechnet werden. Verhandlungen zwischen Verbänden und staatlichen Institutionen sind daher wenig demokratisch, solange die Bürger zwar Sanktionsmacht haben, aber Entscheidungsprozesse für sie intransparent verlaufen.

Dieses Problem soll im Modell der deliberativen Demokratie (Dryzek 1990, Elster 1998) gelöst werden. Mit Deliberation sind Prozesse der Konfliktaustragung zwischen Repräsentanten gemeint, in denen nur die Überzeugungskraft von Argumenten, nicht aber der Einsatz von Verhandlungstaktiken oder Verhandlungsmacht zählt. Damit dies gelingt, muss verhindert werden, dass einzelne Beteiligte den Verhandlungsprozess beherrschen oder sich der deliberativen Politik entziehen, wenn sie glauben, ihre Interessen nicht optimal verwirklichen zu können. Darüber hinaus müssen alle Beteiligten dazu motiviert werden, nur solche Behauptungen und Forderungen vorzubringen, für die sie gute, für andere nachvollziehbare Gründe anführen können. Diese Motivation kann, wie Jon Elster begründet, durch Öffentlichkeit hergestellt werden (Elster 1993, S. 169). Repräsentanten, die öffentlich verhandeln, können zwar einmal geäußerte Standpunkte kaum ändern, weil sie ansonsten als unglaubwürdig erscheinen. Allerdings müssten sie sich bei der Begründung ihrer Standpunkte auf das Gemeinwohl berufen, weil sie nur so beanspruchen können, legitime Interessen zu vertreten. Allein der Zwang zur öffentlichen Verhandlung wirkt somit im Allgemeinen gegen die Dominanz von Verhandlungsstrategien und Machtanwendung, und zwar selbst wenn man anerkennt, dass in realen Verhandlungsprozessen immer eine Mischung aus Deliberation und strategischem Aushandeln vorliegt (Benz 1994, S. 120-127). Allerdings gilt dies nicht, wenn die verhandelnden Akteure an imperative Mandate eines Verbandes gebunden sind oder konkurrierende Parteien vertreten, die eine Einhaltung der vorgegebenen politischen Richtung erwarten.

Deliberative Formen von Politik haben den Vorteil, dass sie grenzüberschreitend wirken können, ohne dass sie grenzüberschreitend organisiert werden müssen (Schmalz-Bruns 1999). Gute Argumente beziehen nämlich alle Auswirkungen von Entscheidungen ein. Nationalstaatliche Politiken, die Probleme für andere Staaten erzeugen, geraten auch innerhalb von nationalen Öffentlichkeiten in die Kritik. Externalisierungen von Belastungen, ob zwischen Staaten, zwischen Gebieten oder zwischen Gesellschaftsgruppen, lassen sich öffentlich nicht rechtfertigen.

In der Praxis sind deliberative Verfahren allerdings nicht einfach zu erzeugen. Allein schon die minimalen Anforderungen an deliberative Demokratie, nämlich alle relevanten Interessen als gleichberechtigte einzuschließen, den willkürlichen Austritt einzelner Vertreter zu verhindern und öffentliche Verhandlungen zu gewährleisten, erfordern institutionelle Regeln. Nichtinstitutionalisierte »Subpolitik« (Beck 1993) in informalen Netzwerken erfüllt diese Voraussetzungen nicht, sie mag deliberative Prozesse (etwa zwischen Experten oder in sozialen Bewegungen) erzeugen, jedoch keine deliberative Demokratie. Zu lösen ist auch das Dilemma, dass mit zunehmender Zahl der Beteiligten die Praxis argumentativer Willensbildung immer schwieriger wird, während kleine Verhandlungssysteme Gefahr laufen, wegen der Ausbildung eines Gruppendenkens nicht hinreichend sensibel für neue Belange zu sein. Je mehr deliberative Foren eingerichtet werden – wie dies in der internationalen und europäischen Politik der Fall ist –, desto stärker wird die Sektoralisierung der Aufgabenerfüllung.

3. Funktionswandel des Parlaments im kooperativen Staat

Keines der Konzepte der postparlamentarischen Demokratie ist so überzeugend, dass man es zum Leitmodell für eine Reform oder Transformation der Demokratie erklären könnte. Damit spricht die normative Demokratietheorie genauso wenig für eine völlige Überwindung des parlamentarischen Systems wie die Analyse der realen Entwicklungen im kooperativen Staat. Beide geben vielmehr Anlass, darüber nachzudenken, welche Rolle Parlamente in einer veränderten, durch Elemente direktdemokratischer, assoziativer, pluralistischer und deliberativer Verfahren ergänzten politischen Ordnung spielen können. Demokratisierung des kooperativen Staates erfordert keine Abschaffung, sondern einen Funktionswandel der Parlamente. Angesichts der unterschiedlichen Anforderungen, die sich in den einzelnen Bereichen kooperativer Staatstätigkeit stellen, bedarf es zudem einer Funktionsdifferenzierung.

Parlamente bleiben wichtige Organe der Gesetzgebung. Wenn Detailregelungen auf unabhängige Behörden oder Verhandlungssysteme verlagert werden, dann muss der Gesetzgeber über deren

Konstitution, Aufgaben, Rechte und Mittel entscheiden. Kooperative Politik kann also zwar parlamentarische Gesetzgebung entlasten und sie wieder auf das wirklich Wesentliche reduzieren. Je mehr allerdings Probleme auf internationaler Ebene gelöst werden, desto schwächer wird die Gesetzgebungsfunktion der Parlamente.

Man könnte nun daran denken, dass die Staat-Verbände-Kooperation und die Internationalisierung von Politik zu einer Aufwertung der Kontrollfunktion der Parlamente führen müsste. Eine strikte Kontrolle von Regierungen kann allerdings, wie erläutert, schädlich sein, wenn diese dadurch in ihrer Kooperationsfähigkeit beeinträchtigt werden. Parlamente können hier Einfluss ausüben, aber keine Macht, die nur Entscheidungen blockiert. Deswegen muss sich die Form der Regierungskontrolle ändern. Weder die Loyalität der Mehrheitsfraktionen noch die Konfrontation der Opposition, weder die Bindung an Parlamentsbeschlüsse noch die bloße Ratifikation internationaler Vereinbarungen sind geeignet, kooperatives Regierungshandeln und parlamentarische Kontrolle zu vereinbaren. Regierungen müssen stärker aus der Distanz kontrolliert werden. Bei gesetzesersetzender Kooperation zwischen Staat und Verbänden können Parlamente durch den »Schatten der Hierarchie« steuernd wirken, ohne faktisch in Verhandlungen intervenieren zu müssen. In der internationalen Politik bedeutet eine distanzierte Kontrolle, dass Parlamente zum Forum öffentlicher Beobachtung, Evaluierung und Kritik der internationalen Politik werden. Hier steuern sie dann über den Druck der öffentlichen Meinung, die sie erzeugen.

In jedem Fall ist das Parlament als Institution, in dem allgemeine Interessen repräsentiert sind, eine essenzielle Einrichtung eines demokratischen Regierungssystems. Es erfüllt damit die Integrationsfunktion, die der auf sektorale Verhandlungen eingestellte kooperative Staat nicht mehr erfüllen kann. Nur im Parlament ist »das Volk anwesend«, und zwar als Vereinigung von Bürgern und nicht als Aggregat von partikularen Interessen. Auch die Erfüllung dieser Funktion erfordert eine gewisse Distanzierung der Parlamentsmehrheit von der Regierung. Ein selbstbewusstes Parlament kann zu einem Forum öffentlicher Diskussion werden, das zu der in kooperative Beziehungen eingebundenen Exekutive ein Gegengewicht bildet (Meyer 1999).

Abromeit, H.: *Democracy in Europe. How to Legitimize Politics in a Non-state Polity*, Oxford 1998
Andersen, S. S./T. R. Burns: *Societal Decision-making*, Aldershot 1992
Andersen, S. S./T. R. Burns: »The European Union and the Erosion of Parliamentary Democracy: A Study of Post-parliamentary Governance«, in: S. S. Andersen/K. A. Eliassen (Hg.): *The European Union: How Democratic Is It?*, London u. a. 1996, S. 227-251
Bagehot, W.: *The English Constitution*, London 1961 [dt.: Bagehot, W.: *Die englische Verfassung*, Darmstadt/Neuwied 1971]
Beck, U.: *Die Erfindung des Politischen*, Frankfurt/M. 1993
Benz, A.: *Kooperative Verwaltung. Funktionen, Voraussetzungen und Folgen*, Baden-Baden 1994
Benz, A.: »Postparlamentarische Demokratie? Demokratische Legitimation im kooperativen Staat«, in: M. Th. Greven (Hg.): *Demokratie – Eine Kultur des Westens?*, Opladen 1998, S. 201-222
Beyme, K. von: *Der Gesetzgeber. Der Bundestag als Entscheidungszentrum*, Opladen 1997
Beyme, K. von: *Die parlamentarische Demokratie. Entstehung und Funktionsweise 1789-1999*, Opladen 1999
Bora, A.: *Differenzierung und Inklusion. Partizipative Öffentlichkeit und Rechtssystem moderner Gesellschaften*, Baden-Baden 1999
Cohen, J./J. Rogers: »Solidary, Democracy, Association«, in: W. Streeck (Hg.): *Staat und Verbände*, *PVS*-Sonderheft 25, Opladen 1994, S. 136-159
Dahl, R. A.: »A Democratic Dilemma: System Effectiveness versus Citizen Participation«, in: *Political Science Quarterly* 109, 1994, S. 23-34
Dose, N.: *Die verhandelnde Verwaltung. Eine empirische Untersuchung über den Vollzug des Immissionsschutzrechts*, Baden-Baden 1997
Dose, N./R. Voigt (Hg.): *Kooperatives Recht*, Baden-Baden 1995
Dryzek, J.: *Discursive Democracy. Politics, Policy and Political Science*, Cambridge 1990
Elster, J. (Hg.): »Constitution-making in Eastern Europe: Rebuilding the Boat in the Open Sea«, in: *Public Administration* 71, 1993, S. 169-217 [gekürzte deutsche Fassung: »Die Schaffung von Verfassungen: Analyse der allgemeinen Grundlagen«, in: U. K. Preuß (Hg.): *Zum Begriff der Verfassung*, Frankfurt/M. 1994, S. 37-57]
Elster, J.: *Deliberative Democracy*, New York 1998
Held, D.: *Democracy and the Global Order. From the Modern State to Cosmopolitan Governance*, Cambridge 1995
Hirst, P.: *Associative Democracy. New Forms of Economic and Social Governance*, Amherst 1994
Ismayr, W.: *Der Deutsche Bundestag*, Opladen 1992

Kamann, H.-G.: *Die Mitwirkung der Parlamente der Mitgliedstaaten an der europäischen Gesetzgebung*, Frankfurt/M. 1997

Kielmansegg, P. Graf: »Integration und Demokratie«, in: M. Jachtenfuchs/B. Kohler-Koch (Hg.): *Europäische Integration*, Opladen 1996, S. 47-71

Lehmbruch, G.: *Parteienwettbewerb im Bundesstaat. Regelsysteme und Spannungslagen im Institutionengefüge der Bundesrepublik Deutschland*, Opladen ²1998

Lijphart, A.: *Democracies: Patterns of Majoritarian and Consensus Government in Twenty-one Countries*, New Haven 1984

Loewenberg, G.: *Parlamentarismus im politischen System der Bundesrepublik Deutschland*, Tübingen ²1971

Majone, G.: »The Regulatory State and Its Legitimacy«, in: *West European Politics* 22, 1999, S. 1-24

Mayntz, R.: »Verwaltungsreform und gesellschaftlicher Wandel«, in: E. Grande/R. Prätorius (Hg.): *Modernisierung des Staates?*, Baden-Baden 1997, S. 65-74 (73)

Meyer, Ch.: *Die parlamentarische Demokratie*, München 1999

Neidhardt, L.: *Plebiszit und pluralitäre Demokratie: Eine Analyse der Funktionen des schweizerischen Gesetzesreferendums*, Bern 1970

Norton, P. (Hg.): »Parliaments: A Framework for Analysis«, in: P. Norton (Hg.): *Parliaments in Western Europe*, London 1990, S. 1-9

Norton, P.: »Parliaments and the European Union«, in: *West European Politics* 13, Nr. 3 (Sonderheft), London 1996

Oberreuther, H.: »Parlamentarismusforschung in der Bundesrepublik Deutschland«, in: K.-D. Bracher (Hg.): *Entwicklungslinien der Politikwissenschaft in der Bundesrepublik Deutschland*, Melle 1982, S. 100-138

Preuß, U. K.: »Perspektiven von Rechtsstaat und Demokratie«, in: *Kritische Justiz* 22, 1989, S. 1-12

Putnam, R.: »Diplomacy and Domestic Politics: The Logic of Two-level Games«, in: *International Organization* 42, 1988, S. 427-460

Scharpf, F. W.: »Der Staat am Ende des zwanzigsten Jahrhunderts«, in: *Politische Vierteljahresschrift* 32, 1991, S. 621-634

Scharpf, F. W.: »Positive und negative Koordination in Verhandlungssystemen«, in: A. Héritier (Hg.): *Policy-Analyse*, *PVS*-Sonderheft 24, Opladen 1993, S. 57-83

Scharpf, F. W.: »Autonomieschonend und gemeinschaftsverträglich: Zur Logik einer europäischen Mehrebenenpolitik«, in: F. W. Scharpf (Hg.): *Optionen des Föderalismus in Deutschland und Europa*, Frankfurt/New York 1994, S. 131-155

Scharpf, F. W.: *Games Real Actors Play. Actor-Centered Institutionalism in Policy Research*, Boulder, Col. 1997, S. 197-205

Schmalz-Bruns, R.: *Reflexive Demokratie*, Baden-Baden 1995

Schmalz-Bruns, R.: »Deliberativer Supranationalismus: Demokratisches

Regieren jenseits des Nationalstaats«, in: *Zeitschrift für internationale Beziehungen* 6, 1999, S. 185-244
Schmitter, P. C.: »Interest, Association and Intermediation in a Reformed Post-Liberal Democracy«, in: W. Streeck (Hg.): *Staat und Verbände*, *PVS*-Sonderheft 25, Opladen 1994, S. 161-171
Schulze-Fielitz, H.: *Theorie und Praxis parlamentarischer Gesetzgebung – besonders des 9. Deutschen Bundestags (1980-1983)*, Berlin 1988
Steffani, W.: »Das Demokratie-Dilemma der Europäischen Union. Die Rolle der Parlamente nach dem Urteil des Bundesverfassungsgerichts vom 12. Oktober 1993«, in: W. Steffani/U. Thaysen (Hg.): *Demokratie in Europa: Zur Rolle der Parlamente*, Sonderheft der *Zeitschrift für Parlamentsfragen*, Opladen 1995, S. 33-49
Voelzkow, H. *Private Regierungen in der Techniksteuerung. Eine sozialwissenschaftliche Analyse der technischen Normierung*, Frankfurt/New York 1996
Voigt, R. (Hg.): *Der kooperative Staat. Krisenbewältigung durch Verhandlungen*, Baden-Baden 1995
Weber-Panariello, P. A.: *Nationale Parlamente in der Europäischen Union*, Baden-Baden 1995

Barbara Holland-Cunz

Perspektiven der Verhandlungsdemokratie – Governance-Prozesse aus frauenpolitischer Sicht

1. Lokal, national, supranational, international, global und zurück

Am Anfang stand ein lokales Ereignis. Als die Berliner Delegierte Sigrid Rüger auf dem Frankfurter SDS-Kongress im September 1968 Tomaten in Richtung ihrer Genossen warf, konnte sie nicht ahnen, dass ihre zornige Aktion den Wieder-Beginn einer der wichtigsten sozialen Bewegungen markierte. Nur wenige Wochen später existierten bereits in mehreren bundesdeutschen Städten autonome Frauengruppen (Schwarzer 1983, S. 13). Das lokale Ereignis hatte nationale Folgen für die Politik der Emanzipation.

Der »zweite« Start der Neuen Frauenbewegung, die so genannte Selbstbezichtigungskampagne zum § 218 (damals stand Abtreibung noch unter Strafandrohung), war bereits gleichsam ein »supranationales« Ereignis, denn die Idee zum *Stern*-Titel im Juni 1971 hatte Alice Schwarzer (1983, S. 22), damals in Paris arbeitend, aus Frankreich mitgebracht. Die zunehmende politische Aufmerksamkeit für die Aktionen des radikalen Women's Liberation Movement in den Vereinigten Staaten erweiterten schließlich den Blick der westeuropäischen Aktivistinnen auf die internationale Ebene.

Erst die neunziger Jahre aber ließen das Gefühl für ein globales feministisches Anliegen entstehen (Ruppert 1998a, Klingebiel/Randeria 1998).[1] Die großen UN-Konferenzen des vergangenen Jahrzehnts dokumentieren die gewachsene Stärke der frauenpolitischen Aktivistinnen aus aller Welt, die auf den Konferenzen zahlreich präsent waren und auf die Debatten und Abschluss-

1 Ich danke Uta Ruppert für all das, was ich von ihr in den vergangenen Jahren über internationale Politik gelernt habe. Die Überlegungen dieses Textes beziehen sich u. a. auf unsere gemeinsame Arbeit anlässlich der Konferenz »Global Governance. Politische Verhandlungssysteme und internationale Frauenpolitik« im November 1998 an der Justus-Liebig-Universität Gießen.

dokumente durch geschickte Verhandlungen inhaltlich Einfluss nehmen konnten: 1992 bei der Konferenz für Umwelt und Entwicklung in Rio de Janeiro, 1993 beim Menschenrechtsgipfel in Wien, 1994 bei der Bevölkerungskonferenz in Kairo, 1995 beim Weltgipfel für soziale Entwicklung in Kopenhagen und bei der Vierten Weltfrauenkonferenz in Peking im gleichen Jahr (vgl. auch den Überblick bei Messner/Nuscheler 1996).

Die Erfolge auf dem globalen Verhandlungs-Parkett sind beträchtlich. 1992 wurde die bedeutende Rolle der Frauen für die internationale Entwicklung und den Schutz der Umwelt gewürdigt; 1993 wurden Gewalttaten gegen Frauen und Mädchen endlich als Menschenrechtsverletzungen anerkannt; 1994 bestätigte die Weltöffentlichkeit ausdrücklich den Zusammenhang zwischen der Lage der Frauen und Bevölkerungsentwicklung und Gesundheit; 1995 wurde dann in Peking ein umfangreiches Dokument (Bundesministerium 1996) verabschiedet, das die Erfahrungen und Forderungen der Frauen der Welt zusammenfasst und als Leitfaden frauenpolitischen Engagements und Maßstab geschlechtergerechten Handelns gewertet werden kann.

Ganz offensichtlich lässt sich für die globale Ebene der Frauenpolitik von einem feministischen Erfolgsprojekt sprechen. Die Anerkennung zentraler Anliegen in Form internationaler Dokumente ist für die Ebenen nationaler und lokaler Politiken nicht zu unterschätzen, selbst wenn die Papiere, wie die Agenda 21 (Bundesministerium 1997), völkerrechtlich nicht verbindlich sind. Doch gerade die Agenda 21 ist ein gutes Beispiel für die Möglichkeit, globale Trends auf die lokale Ebene zurück zu beziehen. Nach dem vorläufigen Ende des UN-Konferenz-Marathons bietet die lokale Umsetzung der Agenda 21 in zahllosen Städten und Gemeinden der Erde die Chance, der lokalen Frauenpolitik durch verhandlungsdemokratische Entscheidungsprozesse neue Impulse zu vermitteln.

Lokale Agendaprozesse haben sich vielerorts zu einem neuen Aufbruch für frauenpolitische Aktivistinnen entwickelt; die Ermüdungen durch die immer gleichen Routinen und Rituale der Gleichstellungspolitik scheinen überwunden zu sein. Die erweiterte Perspektive auf politische, ökonomische, ökologische und entwicklungspolitische Ziele, die alle unter den Aspekten kommunaler BürgerInnenbeteiligung und Geschlechtergerechtigkeit betrachtet werden sollen, hilft, die zunehmende Selbstbezüglichkeit frauenpolitischen Denkens und Handelns aufzuheben. Wechselseitige Anerkennung der Relevanz differenter Ziele bei BefürworterInnen und GegnerInnen frauenpolitischer Zielsetzungen ist die derzeit häufig zu beobachtende positive Konsequenz lokaler Agendaprozesse. Damit schließt sich der politische Kreis, der vom lokalen Protest-Ereignis bis zur Ebene internationaler Verhandlungen im Rahmen der Vereinten Nationen und zuletzt zurück auf die lokale Ebene führt.

2. Wissenschaftliche Emphase für Verhandlungsdemokratie und Governance

Ob in der politischen Theoriedebatte das Stichwort »Verhandlungsdemokratie« oder in den Diskussionen der Internationalen Beziehungen der Begriff »Governance« aufgerufen wird: Meist ist bei den SprecherInnen angesichts des Wortes eine nicht unbeträchtliche Emphase zu verspüren. Regieren im traditionellen Sinne des Government scheint nur noch begrenzt zeitgemäß und den globalen Problemlagen und ihren dringlichen Lösungen nicht mehr angemessen zu sein. Gesetzt wird dagegen heute auf Governance-Prozesse mit inklusiven verhandlungsdemokratischen Organen und Verfahren. Bezogen auf konkrete institutionelle Arrangements wie etwa die Europäische Union mit ihrer exekutiv strukturierten Mehrebenen-Architektur entspricht das Konzept des Verhandelns ohnehin bereits definitorisch sehr viel eher der politischen Realität als die klassische Vorstellung vom nationalstaatlichen Regieren.

So direkt ineinander übersetzbar die Konzepte in ihren verschiedenen Varianten erscheinen mögen, die Debatten in den beiden einschlägigen Teildisziplinen der Politikwissenschaft sind nicht ganz einfach zur Deckung zu bringen und laufen zeitweise unvermittelt nebeneinander her. Trotz David Helds Plädoyer von 1991 (vgl. Held 1991) ist eine Trennlinie zwischen Politischer Theorie und Internationalen Beziehungen nach wie vor festzustellen, auch wenn sie seit Beginn der neunziger Jahre sehr viel schmaler und diffuser geworden ist. Die Emphase der politischen Theorie bezieht sich auf die in der Verhandlungsdemokratie implizierten grundsätzlichen Strukturveränderungen des Politischen, die folgendermaßen beschrieben werden können:

– a) Organisierung und Institutionalisierung bislang unkonventioneller Partizipationsformen;

– b) verstärkte Inklusion zivilgesellschaftlicher AkteurInnen in den formellen politischen Entscheidungsprozess;

– c) Bestimmung der politisch Handelnden nicht allein durch Wahlen, sondern auch durch Sachkompetenz;

– d) entsprechende Dezentrierung der Repräsentationsorgane;

– e) Umstellung politischer Prozesse von konkurrenzdemokratischen auf konsensdemokratische Entscheidungsfindungen;

– f) eine Umstellung, die eine höhere Bindung der Beteiligten an die beschlossenen Ergebnisse erwarten lässt;

– g) dadurch Erhöhung der gesellschaftlichen Integrationskraft und

– h) Erhöhung der politischen Legitimation.

Mit diesen Charakteristika erscheint die Verhandlungsdemokratie als die wesentliche, zukunftsfähige Demokratieform für eine von komplexen Problemlagen, globalen Transformationsprozessen und gestiegenen Beteiligungsbedürfnissen strukturierte Arena des Politischen.

Während sich die politiktheoretischen Debatten zur Verhandlungsdemokratie an schon lange gehegten Zweifeln an der Funktionstüchtigkeit und Legitimationsfähigkeit der repräsentativen Konkurrenzdemokratie orientieren und in den vergangenen Jahrzehnten die weltweit gestiegenen Partizipationsbedürfnisse engagierter BürgerInnen mit Plädoyers für partizipatorische, »starke« Demokratieformen (Barber 1994) begleitet haben, ist für die Governance-Diskussion in den Internationalen Beziehungen ein konkreter, zeitlich fixierbarer Debattenanlass auszumachen. Im Januar 1990, nur zwei Monate nach dem Fall der Berliner Mauer, lud Willy Brandt die Mitglieder verschiedener ehemaliger internationaler Kommissionen (u. a. die von Gro Harlem Brundtland und die von Olof Palme geführten) nach Königswinter ein, um über die zukünftigen globalen Herausforderungen zu beraten (Commission 1995, S. 359, xv). Nach mehreren Treffen, Gesprächen und Papieren wurde im September 1992 die »Commission on Global Governance« eingesetzt (ebd.).

Ihr Selbstverständnis hat die Commission im Februar 1993 so formuliert:

»The Commission on Global Governance has been established at a time of profound, rapid and pervasive change in the international system – a time of uncertainty, challenge and opportunity. Freed from East-West tensions, the world's nations have more favourable conditions for working together to build a better world for all. The need for cooperation among them has also increased. [...] It is time to review the arrangements for the governance of our global society. [...] a new world is taking shape. [...] It could bring greater peace, freedom and prosperity« (Commission 1995, S. 366).

Im Vorwort des im November 1994 fertig gestellten Berichts heißt es:

»That is why this report is a call for action. It is a call for action on many fronts« (ebd., S. xix).

Politische Praxis ist das Ziel des Berichts. Die Vielfalt der vorgelegten Vorschläge zur Transformation der politischen Werte, zur Veränderung der ökonomischen, militärischen, sozialen und ökologischen Politiken sowie zur konkreten Reform der Vereinten Nationen verdeutlichen, dass es bei den Debatten um Governance um die konkreten zukunftsbezogenen Politiken der globalen Gesellschaft, weniger um politiktheoretische Ideale und Prinzipien geht. Doch die wenn auch ein wenig diffus beschriebenen Strukturen sind zweifellos verhandlungsdemokratisch inspiriert:

»Governance is the sum of the many ways individuals and institutions, public and private, manage their common affairs. It is a continuing process [...]. It includes formal institutions and regimes empowered to enforce compliance, as well as informal arrangements. [...] At the global level, governance has been viewed primarily as intergovernmental relationships, but it must now be understood as also involving non-governmental organizations (NGOs), citizen's movements, multinational corporations« (ebd., S. 3).

»There is no single model or form of global governance, nor is there a single structure or set of structures. It is a broad, dynamic, complex process of interactive decision-making« (ebd., S. 4), das v. a. inklusiv und partizpatorisch sein müsse (ebd., S. 5).

Das Bild einer globalen Demokratie als komplexer, interaktiver, inklusiver, partizipatorischer Governance-Prozess, in den zahlreiche, nicht nur durch Wahlen beauftragte AkteurInnen eingebunden sind, evoziert die politiktheoretischen Idealvorstellungen zur konsensorientierten Verhandlungsdemokratie, ohne jedoch deren Problematik ausreichend zu benennen. In (globalen) verhandlungsdemokratischen Arrangements werden drei zentrale Paradigmen der klassischen neuzeitlichen Demokratie verletzt: die souveräne Nationalstaatlichkeit, die Mehrheitsregel parlamentarischer Entscheidungsprozesse und die Bestellung der Entscheidungsbefugten durch freie, gleiche und geheime Wahlen. Die neuen Perspektiven lauten stattdessen: Transnationalität und Regionalität neben Nationalstaatlichkeit, partizipatorische/zivilgesellschaftliche neben parlamentarischen Verfahren, Bestellung durch exekutive Ernennung oder Selbsternennung neben der »Bestellung« durch Wahlen. Für das internationale Parkett, auf dem Nationalstaaten die bislang einzig legitimen Akteure darstellen, ist die verhandlungsdemokratische Struktur gerade auf Grund dieser »unorthodoxen« Organisationsprinzipien ein Fortschritt hin auf größere Inklusivität.

Der vielleicht heikelste Punkt in (globalen) verhandlungsdemokratischen Arrangements bleibt die Auswahl der zu integrierenden zivilgesellschaftlichen AkteurInnen, deren nichtformalisierte Bestellungsformen zu neuen Ungerechtigkeiten und Exklusionen führen können. Während das Regieren in repräsentativen Konkurrenzdemokratien gleichsam gesellschaftsvertraglich exklusiv geregelt ist, fördert die Governance-Rhetorik den schönen Schein des Inklusiven, ohne dass Klarheit über die Auswahlkriterien bestünde. Dieses Problem wird selbst im Bericht der Commission angesprochen:

»[...] issues of legitimacy and accountability will continue to arise everywhere as assessments of the NGO sector become more careful and nuanced. The sector includes a huge range of bodies, not all of which are democratic in structure or broadly representative in participation« (ebd., S. 33).

Die politischen Erfahrungen mit verhandlungsdemokratischen Verfahren sind deshalb aufschlussreich.

3. Governance-Prozesse, Frauenbewegung und Frauenpolitik

Betrachtet man/frau die Ergebnisse der lokalen, der nationalen und der globalen Politiken im Vergleich, so scheint die verhandlungsdemokratisch strukturierte globale Politikebene diejenige zu sein, auf der die bedeutendsten frauenpolitischen Fortschritte errungen werden konnten, während Rechte-orientierte nationalstaatliche Erfolge, zumindest hierzulande, seit Jahren eher ausbleiben. Trotz Quotenregelungen, Frauenförderplänen, Frauenbüros, Frauenbeauftragten, Gleichstellungsstellen, Frauenministerinnen und Gleichstellungsgesetzen auf Landes- und Bundesebene besteht die geschlechterpolitische Ungleichheit in der konventionellen Politik, in Unternehmen und Hochschulen und in der Arbeitsteilung fast unvermindert fort. So ist beispielsweise der Anteil der Hochschullehrerinnen von fünf auf knapp zehn Prozent gestiegen, obgleich bei den StudienanfängerInnen mittlerweile fast Parität besteht. Steigerungsraten von einigen wenigen Prozentpunkten können angesichts jahrzehntelanger Anstrengungen kaum ernsthaft als politischer Erfolg gewertet werden.

Die papierne Verankerung »weiblicher« Freiheit und Gleichheit auf der Ebene international ausgehandelter Texte könnte die nationalstaatliche Frauenpolitik nachhaltig inspirieren, so wie dies für die Rückkoppelung der Agenda 21 an die lokale Ebene bereits beobachtbar ist. Die Selbsternennung der kommunalen Frauenbeauftragten zu zentralen Verhandlungspartnerinnen in Lokalen-Agenda-Prozessen hat dazu geführt, dass geschlechterpolitische Fragestellungen heute wieder in der Kommunalpolitik als relevant betrachtet werden. Lokale Verhandlungsformen und frauenpolitische Inhalte profitieren von der globalen »Vorarbeit«. Dies ist auf nationale Politiken übertragbar. Flavia Pansieri, Stellvertretende Direktorin von UNIFEM (United Nations Development Fund for Women), hat für CEDAW (Convention on the Elimination of All Forms of Discrimination Against Women) nachgewiesen, dass nationale Rückkoppelungen (offizielle Berichte, informelle Gegenberichte, regelmäßige Befassungen auf UN-Ebene) dieses international gültigen Dokuments gleichstellungspolitische Fortschritte auf nationalstaatlicher Ebene eindeutig befördern (Pansieri 2000).

Uta Ruppert und Anja Ruf sind dagegen eher skeptisch angesichts der politikwissenschaftlichen Governance-Euphorie. Während Ruf sowohl die demokratische Essenz des Konzepts (Ruf 1998, S. 79f.) als auch seine frauenpolitische Realisierung auf den Konferenzen der neunziger Jahre (Ruf 2000) weit reichend anzweifelt, argumentiert Ruppert zurückhaltender und spricht von einem immerhin »spürbaren Einfluss« der internationalen Frauenbewegung »auf die Politik internationaler Institutionen und Regierungsorganisationen« (Ruppert 1998b, S. 234). Doch auch Ruppert hebt kritische Punkte am Bericht der Commission hervor, insbesondere seine »Marktorientierung« und sein »technokratisch verengtes Verständnis« von Governance (ebd., S. 240). Beide Autorinnen formulieren die Sorge, dass der verhandlungsdemokratische Anspruch an den ungleichen Positionen der Verhandelnden scheitern muss.

Den Governance-Skeptikerinnen könnten neben den positiven frauenpolitischen Rio-Erfahrungen (von der Vorkonferenz in Miami zum Frauen-Kapitel 24 zur lokalen Ebene weltweit) auch einige prinzipielle Überlegungen entgegen gehalten werden, die die einschlägigen Befürchtungen dauerhafter Marginalisierung von Frauen bzw. von zivilgesellschaftlichen AkteurInnen betreffen. Solange davon auszugehen ist, dass frauenpolitische Aktivistinnen in der Tat nicht zu den starken VerhandlungspartnerInnen zählen, die hohe materiale, zielgebundene Kooperationsgewinne für die dominanten VerhandlerInnen versprechen können, muss die Ebene symbolischer Gewinne – Innovationskompetenz, Legitimation und Moralität der Verhandlungen – feministisch betont und politisiert werden. Die dokumentarischen Verankerungen der Rechte und politischen Rolle von Frauen stellen hier eine beträchtliche Stärkung der Verhandlungsposition dar, die systematisch ins Spiel gebracht werden müsste. Die berechtigte Skepsis dagegen kann zu einer selbstblockierenden Schwächung der eigenen Verhandlungsposition führen.

Die Pros und Kontras der Verhandlungsdemokratie, die Chancen für Aktivistinnen ebenso wie die Gefahren der Marginalisierung von Frauen, sind noch nicht ausdiskutiert, die Antworten noch nicht endgültig formuliert. Aus einer demokratietheoretischen Perspektive allerdings ist die – zumindest dem Anspruch nach – inklusive, partizipatorische, zivilgesellschaftlich orientierte Verhandlungsdemokratie der in vieler Hinsicht exklusiven repräsentativen Konkurrenzdemokratie vorzuziehen. Das Demokratieverständnis der Commission on Global Governance ist dezidiert nichtkorporatistisch – und Korporatismus ist in der feministischen politischen Theorie der einzig bekannte »Fall« einer statischen, strikt sexistisch exklusiven Verhandlungsformation (Hernes 1987).

4. Die Zukunft der Frauenpolitik im 21. Jahrhundert

Der lange Weg zurück zur lokalen Ebene von Frauenbewegung und Frauenpolitik ist also keineswegs mit einem Rückschritt identisch. Die politischen Rahmenbedingungen stellen sich durch die verabschiedeten Dokumente und ihre Anerkennung der Rechte von Frauen ungleich günstiger dar als noch zu Beginn der neunziger Jahre. Partizipation, Bildung, Arbeit, Gesundheit und Gewaltfreiheit sind international dokumentiert und garantiert. So können sich frauenpolitische Aktivistinnen heute bei ihren lokalen Aktivitäten ausdrücklich auf den opulenten Text der Agenda 21 beziehen; politische Moral steht gleichsam regierungsoffiziell auf der Seite des »anderen Geschlechts«. Für ein Politikfeld, dem es seit zwei Jahrhunderten an praktisch-politischer und wissenschaftlicher Anerkennung fehlt, ist dies ein bedeutender symbolischer Gewinn. Zeitgleich jedoch bedrohen die globalen Transformationsprozesse die deutlich erkennbaren frauenpolitischen Fortschritte der vergangenen Jahrzehnte. Christa Wichterich beschreibt die widersprüchliche ökonomische Lage folgendermaßen:

»Beschäftigungsgewinn und Enttraditionalisierung gelten als Indizien dafür, dass Frauen von der Liberalisierung als Entgrenzung der Märkte und Kulturen profitieren. Tatsächlich haben junge, qualifizierte, flexible Frauen so gute Chancen auf Lebensqualität, Selbstbestimmung und Karriere wie nie zuvor. Aber die Gruppe der Gewinnerinnen ist klein. [...] die meisten ergattern als Schnäppchenjägerinnen auf dem Erwerbsarbeitsmarkt lediglich die billige Massenware, sprich: die Billiglohnjobs. Bei zunehmender sozialer Polarisierung bleiben sie Randfiguren und Verliererinnen, ausgegrenzt von Wohlstand und Existenzsicherheit. Neue Formen der Unterordnung liegen im wahrsten Sinne des Wortes hautnah neben den neuen Lebenschancen. Im internationalen Unterbietungswettbewerb wird ›die globalisierte Frau‹ wie ein natürlicher Rohstoff verheizt« (Wichterich 1998, S. 251f.).

Es bedarf keiner ausgeprägten prognostischen Fähigkeiten, um vorherzusagen, dass Polarisierung und Verschlechterung der ökonomischen Lebensbedingungen von Frauen primär dramatische Auswirkungen auf Bildung, Gesundheit und Gewaltfreiheit und sekundär negative Folgen für die politischen Beteiligungschancen haben werden. Es könnte als bittere Ironie der Geschichte eintreten, dass genau in jenem Augenblick, der die globale Anerkennung der Rechte von Frauen bringt, diese Rechte den ökonomischen Bedingungen zum Opfer fallen.

Die frauenpolitischen Zusammenhänge hierzulande sind auf diese Situation nur unzureichend vorbereitet. Jenseits des akademischen feministischen Diskurses und der antirassistischen oder international orientierten Kontexte, die gegenüber dem frauenpolitischen Mainstream allerdings eher randständig sind, findet die Globalisierungsdiskussion keinen politischen Widerhall. Die exekutive und die parteipolitische Gleichstellungspolitik kreisen zunehmend um die traditionellen Themen der regionalen oder nationalen beruflichen Förderung oder gar um das neue Thema der eigenen Reproduktion und Absicherung in finanzpolitischen Krisenzeiten. Der einst vehemente und provokative politische Einspruch ist zu institutionellen Routinen erstarrt, Instrumente wie Quoten und Förderpläne sind Traditionalismen geworden, die – obgleich noch immer notwendig – Innovationschancen zumindest begrenzen und Inspirationen nicht gerade fördern. Wer sich hauptamtlich mit der Absicherung des Erreichten befassen muss, hat wenige Möglichkeiten, neue Ideen und Strategien zu entwickeln. Im ermüdenden »normalpolitischen« Alltag des Kampfes um Gleichstellung hat die bundesdeutsche Neue Frauenbewegung ihre utopische Kraft eingebüßt.

Ohne neue Visionen wird die Frauenpolitik des 21. Jahrhunderts jedoch nicht auskommen können, will sie sich nicht bis zur völligen öffentlichen Ignoranz selbst marginalisieren. Vielversprechende Ausgangspunkte sehe ich in der inhaltlichen Perspektivenerweiterung durch lokale Agendaprozesse, in den Ansätzen zu europäisch institutionalisierten Bündnissen, in den randständigen Feldern antirassistischer feministischer Praxen, in allen Politikformen also, die entweder die nationalstaatliche oder eine inhaltlich eindimensionale Ebene verlassen. Hier haben auch feministische Verhandlungsfähigkeiten ihren konkreten politischen Ort: bei interkulturellem oder internationalem Austausch in den oft schwierigen, umstrittenen, emotionalisierten feministischen Bündniszusammenhängen, beim Lobbying für die Implementation von Rechten in einer noch zu erstreitenden europäischen Verfassung, in der Kooperation mit anderen neuen sozialen Bewegungen und den dort vertretenen, meist a-feministischen Positionen. Die ökonomischen, ökologischen, friedens- und bevölkerungspolitischen Fragen des 21. Jahrhunderts werden sich nicht ohne geschlechterpolitische Überlegungen lösen lassen. Vor dem Hintergrund der zahlreichen Dokumente der neunziger Jahre, die diese Relation offiziell anerkennen, hat selbstbewusstes feministisches Handeln und Verhandeln durchaus realpolitische Chancen.

5. Governance als Demokratieform des 21. Jahrhunderts?

Die allgemeine Emphase des *Male stream* der Politischen Theorie und der Internationalen Beziehungen für Verhandlungsdemokratie und Governance-Prozesse macht aus feministischer Perspektive durchaus misstrauisch; in *diesem* Sinne wäre den Governance-Skeptikerinnen zunächst einmal Recht zu geben. Insbesondere die politiktheoretischen Unterstellungen sind hochgradig wohlmeinend; verhandlungsdemokratischen Verfahren wird eine geradezu beispielhafte Problemlösungskompetenz nachgesagt, eine Annahme, die angesichts der globalen Probleme und der Hobbesianischen Vorstellungen der internationalen Staatenwelt als unbedingt positiv erscheint. Gerade durch die heterogene Formenvielfalt, so scheint es, ermöglichen Governance-Prozesse institutionelle und thematische Innovationen, unkonventionelle, auf traditionellen Wegen heute nicht mehr zu erzielende Lösungen.

Betrachtet man/frau das Ensemble der positiven demokratiepolitischen Unterstellungen in den Scharpfschen Kategorien der Input- und Output-Orientierung von Demokratie, kann das einschlägige Urteil über verhandlungsdemokratische Verfahren auf den ersten Blick nur emphatisch ausfallen. Systematisiert stehen auf der Input-Seite folgende Vorteile: die Inklusion nichtexekutiver und nichtlegislativer, zivilgesellschaftlicher AkteurInnen sowie die Semiinstitutionalisierung partizipatorischer Entscheidungsverfahren. Auf der Output-Seite wären diese Vorzüge anzuführen: der Zugang des Institutionensystems zu Alltagsexpertise, Gegenexpertise und unkonventionellen Lösungsvorschlägen sowie die problemadäquate Entgrenzung von Entscheidungsfragen. Die Integration der Zivilgesellschaft in die Entscheidungsfindungen des verfassten politischen Systems und die erhöhte Legitimation für die gefundenen Lösungen sind in

Zeiten der Politik- und Parteienverdrossenheit hoch zu schätzende politische Werte.

Doch die neuralgischen Punkte zeigen sich sogleich, wenn die Ebene der idealtypischen Unterstellungen verlassen wird und die potenziellen Schattenseiten der schönen Ideale in den Blick kommen. Eine Reihe heikler Fragen stellt sich: 1.) Welche AkteurInnen werden durch wen bestellt? 2.) Welche Varianten aus der Verfahrensvielfalt werden präferiert und semiinstitutionalisiert? 3.) Wie verarbeitet das Institutionensystem Alltags- und Gegenexpertise? 4.) Welche Aspekte problematischer Entscheidungsfragen werden verhandlungsorientiert bearbeitet? 5.) Wie kann sich die Zivilgesellschaft vor herrschaftlicher Integration schützen? 6.) Werden Verhandlungen zur Legitimationserzeugung instrumentalisiert? Diese Fragen müssen EnthusiastInnen und VerteidigerInnen der Verhandlungsdemokratie beantworten können, soll sie tatsächlich zum – allseits ausgerufenen – zukunftsträchtigen Projekt des neuen Jahrhunderts werden. Dass die Antworten aus feministischer Sicht dazu heute nur vorläufige sein können, liegt an der bislang noch unzureichenden systematischen Auswertung der vielfältigen frauenpolitischen Erfahrungen mit lokalen, nationalen und globalen Verhandlungsarrangements.

Die Frage zu den Bestellungsformen hat bereits die Commission on Global Governance beschäftigt, und ihre Antwort ist angemessen und unbefriedigend zugleich. Im Kontext des Vorschlags zu einem »annual Forum of Civil Society« bei den Vereinten Nationen sagt der Report:

»We attach much importance to this proposal, and we believe civil society itself must be involved in consultations to develop it further. [...] A forum of 300-600 organs of global civil society would be desirable and practicable. How they are identified is a matter that civil society itself should canvass« (Commission 1995, S. 258f.).

Dass die Bestellungen von NGOs in verhandlungsdemokratische Organe Sache der Zivilgesellschaft sind, ist zweifellos richtig und ein wichtiger Fortschritt gegenüber den heute praktizierten exekutiven Formen der Berufung, doch der im Bericht der Commission fehlende Verfahrensvorschlag ist auch Ausdruck der schwierigen Lösung dieser Frage. Legitime Bestellungsformen, so viel kann zumindest festgehalten werden, sollten nicht exekutiv organisiert sein und eine geschlechtergerechte Zusammensetzung der Gremien hervorbringen. Vorstellbar wäre etwa, dass die BürgerInnen einer Kommune aus der Liste aller örtlich engagierten NGOs diejenigen in einem (z.B. die Kommunalwahlen begleitenden) Verfahren auswählen, die sie am Runden Tisch/im Agenda-Rat/im Agenda-Forum repräsentiert sehen wollen. Jede gewählte NGO hätte dann eine Frau und einen Mann zu benennen, die/der als ausgeloste VertreterIn bzw. als deren/dessen StellvertreterIn den Gremienposten schließlich besetzt (Letzteres hat die Stadt Gießen in ihrem Agenda-Prozess zur geschlechterparitätischen Besetzung der Zukunftskonferenz auf Vorschlag der Vorbereitungsgruppe praktiziert).

Noch schwieriger ist die Frage nach den Auswahlkriterien für die Verfahrensformen zu beantworten, die aus der Vielfalt der verhandlungsdemokratischen Instrumente jeweils sinnvoll gewählt werden sollten. Alle Verfahren müssten in jedem Falle die Minimalanforderung gleicher Chancen des Sprechens und Gehörtwerdens für alle Verhandelnden garantieren. Hier wäre v. a. auf eine geschlechtsneutrale Verteilung der Beiträge zu achten, etwa dem grünen Vorbild geschlechterparitätisch wechselnder Redelisten folgend.

Die dritte Frage dagegen ist eher leicht zu beantworten; eine institutionalisierte zivilgesellschaftliche Kontrolle des zur Verfügung gestellten ExpertInnenwissens wäre über Sanktionen für Missbrauch relativ leicht zu garantieren. Verhandlungsabbruch oder Ausschluss von Gremienmitgliedern, die nach Meinung der AutorInnen das bereitgestellte Wissen nicht angemessen nutzen, könnten hier ausreichende Regelungen darstellen.

Die vierte Frage nach der Auswahl der thematischen Aspekte, die tatsächlich auf die Agenda der Verhandlungen gelangen, ist die am schwierigsten zu regelnde Frage. Hier kann nur – ganz klassisch – auf die Stärke der zivilgesellschaftlichen AkteurInnen, auf BürgerInneneinspruch und soziale Bewegungen vertraut werden, die im traditionellen Konflikt zwischen konventioneller und unkonventioneller Politik um Fragen der politischen Tagesordnung seit Ende der sechziger Jahre weltweit erfolgreich streiten. Der Vorschlag der Commission, ein deliberatives Forum der Zivilgesellschaft bei den Vereinten Nationen einzurichten, würde die unkonventionellen AkteurInnen allerdings beträchtlich stärken. »The Forum process will also strengthen the capacity of civil society to influence the governments of member-states of the UN on issues on the Assembly's agenda« (ebd., S. 259f.). Getrennte Beratungen und formalisierte Verfahren der Einflussnahme auf Agenda und potenzielle Lösungen würden zugleich die Gefahren herrschaftlicher Integration deutlich vermindern. Nur eine lebendige, engagierte, starke Zivilgesellschaft kann eine instrumentalisierende Integration verhindern.

Schließlich bleibt noch die Frage nach den Gefahren einer instrumentellen staatlichen Legitimationsbeschaffung durch Verhandlungsprozesse zu beantworten. Dieser Gefahr kann überhaupt nur unter den Bedingungen begegnet werden, dass die an Verhandlungen beteiligten zivilgesellschaftlichen AkteurInnen an ihre jeweiligen Organisationen demokratisch rückgebunden sind und bleiben, dass die erteilten Verhandlungsmandate inhaltlich genau definiert und dass die Verhandlungsergebnisse organisationsintern regelmäßig evaluiert und kontrolliert werden. Mit diesen internen Kontrollen ließe sich am effektivsten verhindern, dass Verhandlungen zur legitimatorischen Schau, zum exekutiven Spiel, zu symbolischer Politik verkommen. Kontrolle läge hier außerhalb der Gruppe der unmittelbar Beteiligten und doch nahe genug am Verfahren selbst, um die Ergebnisse kritisch prüfen und die Verhandlungen gegebenenfalls abbrechen zu können.

Dies zu regeln liegt in der Verantwortung der Verfahrensbeteiligten und ist kein ausschließliches Problem der Verhandlungsdemokratie, wie die Debatten zu innerparteilicher Demokratie und Transparenz auf höchst drastische Weise verdeutlichen. Selbst die gesetzliche und grundgesetzliche Regelungsdichte, die die Parteiendemokratie im Laufe ihrer Skandale hervorgebracht hat, kann den Missbrauch starker interner Positionen und damit die Instrumentalisierbarkeit nach außen nicht grundsätzlich verhindern.

Dass das verhandlungsdemokratische Ideal noch einige beträchtliche Regelungsschwächen aufweist, darf als gesichert gelten – und dass sie den Aspekt der Geschlechtergerechtigkeit in besonderer Weise betreffen, ist ebenso unabweisbar. Dennoch sind die frauenpolitischen Erfolge auf dem globalen Governance-Parkett beeindruckend genug, um aus feministischer Perspektive für die Institutionalisierung verhandlungsdemokratischer Verfahren zu votieren. Doch sollte bei allen neuen und inspirierenden Formen demokratischer Institutionalisierungen nicht ganz in Vergessenheit geraten, dass manchmal eben nur Provokationen, und sei es in Form von Tomaten, politisch weiterhelfen. Das wird auch im 21. Jahrhundert so bleiben.

Literatur

Barber, B.: *Starke Demokratie. Über die Teilhabe am Politischen*, Hamburg 1994

Bundesministerium für Familie, Senioren, Frauen und Jugend (Hg.): *Dokumentation der Erklärung und Aktionsplattform der 4. Weltfrauenkonferenz 1995. Gleichberechtigung Entwicklung Frieden*, Bonn 1996

Bundesministerium für Umwelt, Naturschutz und Reaktorsicherheit (Hg.): *Umweltpolitik. Agenda 21. Konferenz der Vereinten Nationen für Umwelt und Entwicklung im Juni 1992 in Rio de Janeiro. Dokumente*, Bonn 1997

Commission on Global Governance: *Our Global Neighbourhood. The Report of the Commission on Global Governance*, Oxford/New York 1995

Held, D.: »Editor's Introduction«, in: D. Held (Hg.): *Political Theory Today*, Cambridge UK 1991, S. 1-21

Hernes, H. M.: »Women and the Welfare State: the Transition from Private to Public Dependence«, in: A. S. Sassoon (Hg.): *Women and the State. The Shifting Boundaries of Public and Private*, London/New York 1987, S. 72-92

Klingebiel, R./S. Randeria (Hg.): *Globalisierung aus Frauensicht. Bilanzen und Visionen*, Bonn 1998

Messner, D./F. Nuscheler (Hg.): *Weltkonferenzen und Weltberichte. Ein Wegweiser durch die internationale Diskussion*, Bonn 1996

Pansieri, F.: »Global Governance for the Promotion of Local Governance. The Case of CEDAW«, in: Holland-Cunz, B./U. Ruppert (Hg.), *Frauenpolitische Chancen globaler Politik. Verhandlungserfahrungen im internationalen Kontext*, Opladen 2000, S. 105-115

Ruf, A.: »Frauennetzwerke im Spannungsfeld von Globalisierung und Vielfalt«, in: Klingebiel, R./S. Randeria (Hg.): *Globalisierung aus Frauensicht. Bilanzen und Visionen*, Bonn 1998, S. 66-84

Ruf, A.: »Kritische Anmerkungen zu Global Governance«, in: Holland-Cunz, B./U. Ruppert (Hg.): *Frauenpolitische Chancen globaler Politik. Verhandlungserfahrungen im internationalen Kontext*, Opladen 2000, S. 168-177

Ruppert, U. (Hg.): *Lokal bewegen – global verhandeln. Internationale Politik und Geschlecht*, Frankfurt/New York 1998a

Ruppert, U.: »Perspektiven internationaler Frauen(bewegungs)politik«, in: Ruppert, U. (Hg.): *Lokal bewegen – global verhandeln. Internationale Politik und Geschlecht*, Frankfurt/New York 1998b, S. 233-255
Schwarzer, A.: *So fing es an! Die neue Frauenbewegung*, München 1983
Wichterich, Ch.: *Die globalisierte Frau. Berichte aus der Zukunft der Ungleichheit*, Reinbek bei Hamburg 1998

VI.
Aktive Bürgergesellschaft

Herfried Münkler und Skadi Krause
Der aktive Bürger –
Eine Gestalt der politischen Theorie im Wandel

1. Der Bürger in der attischen Demokratie

»Wir vereinigen in uns die Sorge um unser Haus zugleich und unsere Stadt, und den verschiedenen Tätigkeiten zugewandt, ist doch auch in staatlichen Dingen keiner ohne Urteil. Denn einzig bei uns heißt einer, der daran gar keinen Teil nimmt, nicht ein stiller Bürger, sondern ein schlechter, und nur wir entscheiden in den Staatsdingen selber oder denken sie doch richtig durch« (Thukydides 1973, II, 4, S. 142). Es kommt nicht von ungefähr, dass Perikles in der Mitte seines von Thukydides überlieferten Epitaphs auf die Gefallenen des ersten Kriegsjahres, der eher eine Lobrede auf die Demokratie als eine Trauerrede für die Toten darstellt, auf die Bürger der Stadt zu sprechen kommt und dabei v. a. ihren Bürgersinn hervorhebt, ihre Bereitschaft, sich für das Gemeinwesen zu engagieren und öffentlichen Gütern die gleiche Aufmerksamkeit zu widmen wie privaten. Die Demokratie, wie Perikles sie feiert, ist auf aktive Bürger angewiesen, und wo diese fehlen, kann keine Demokratie entstehen oder wird sehr schnell wieder zerfallen. Aber politisches Engagement ist für Perikles mehr als bloß eine Funktionsvoraussetzung der demokratischen Ordnung; er begreift es zugleich als den erfolgversprechendsten Weg menschlicher Selbstverwirklichung, als den Königsweg gelingenden Lebens, und so erklärt er, das demokratische Athen sei »die Schule von ganz Griechenland«, weil hier ein Mensch »sich am ehesten in jeder Lage selbst genügen kann« (ebd., S. 143).

Die Vorstellung, dass menschliche Selbstverwirklichung und politisches Engagement miteinander Hand in Hand gehen, ist auch bei Aristoteles zu finden, der sich sowohl in der *Nikomachischen Ethik* als auch in der *Politik* mit der Frage beschäftigt hat, was die höchste und beste Form menschlichen Lebens sei: der *bios theoretikos* bzw., wie es später heißt, die *vita contemplativa* oder der *bios politikos* bzw. die *vita activa*. Anders als für Perikles aber sind bürgerschaftliche Partizipation und politisches Engagement für Aristoteles nicht die einzigen Möglichkeiten zur Realisierung eines gelingenden Lebens. So bedarf es in seiner Sicht ebenso der Eröffnung von Rückzugsmöglichkeiten aus den Verpflichtungen und Zumutungen der politischen Gemeinschaft, damit dem Einzelnen, zumal dem Philosophen, das Glück der Kontemplation zuteil werden kann, das sich allein in der Privatheit politikferner Räume einzustellen vermag. Dass das von Perikles entworfene Bild der Demokratie auch für die athenischen Bürger längst nicht mehr selbstverständlich ist, lässt sich überdies an einem von Aristoteles offensichtlich der Realität abgeschauten Beispiel ablesen, in dem er sich mit dem Dilemma der Existenz des Politikers auseinander setzt: Entweder, so Aristoteles, befördert dieser als *despotes* das eigene Wohlergehen, handelt dabei allerdings ungerecht gegen andere, oder aber er müht sich als *polites* um Gerechtigkeit, vernachlässigt dabei indes das eigene Wohlergehen und schadet so seinen eigenen Interessen (Aristoteles 1973, VII, 1324a 35-38, S. 221). Aktive Bürgerschaft, so das Argument, hat entweder hohe moralische oder hohe ökonomische Kosten, und für welche der beiden Optionen man auch immer sich entscheidet – stets läuft man Gefahr, die Bedingungen individuell gelingenden Lebens in Ausübung des Amtes zu verfehlen.

Aristoteles referiert freilich auch die Gegenposition zu dieser politikskeptischen Haltung, und die lautet: »Das praktische und politische Leben sei das einzige für einen Mann. Denn bei jeder einzelnen Tugend gebe es für den Privatmann nicht mehr Betätigungen als für den, der in der Gemeinschaft tätig sei und Politik treibe« (Aristoteles 1973, VII, 1324a 40-b 3, S. 221). Neben der Frage, ob abseits der politischen Sphäre menschliche Selbstverwirklichung möglich sei, wirft Aristoteles dabei zudem den gegen eine Vorstellung der Polis als Ansammlung von Privatleuten grundlegenden Einwand auf, dass ein breiter Rückzug der Bürger aus dem öffentlichen Leben die Herrschaft von Despoten und Tyrannen zur Folge haben werde. Es sind also zusammengenommen zwei Argumente, auf die sich die Forderung nach bürgerschaftlicher Partizipation und politischem Engagement als Bestandteilen einer Konzeption des guten Lebens bei Aristoteles stützen kann: zunächst auf die Idee, dass nur in der Gemeinschaft der Freien und Gleichen, also in der Sphäre der Politik, ein selbstbestimmtes Leben möglich sei; sodann aber auch auf den Hinweis, dass die Bürger, wenn sie die von ihnen beanspruchten Freiheitsräume gesichert wissen wollen, sich auch durch die Übernahme politischer Aufgaben darum bekümmern müssen. In der Periode des Niedergangs der attischen Demokratie nach dem Ende des Peloponnesischen Krieges wurde allerdings, wie bereits die aristotelische Parallelisierung von *bios politikos* und *bios theoretikos* zeigt, die selbstverständliche Verbindung zwischen aktiver Bürgerschaftlichkeit und der Vorstellung eines gelingenden Lebens angezweifelt.[1]

Inzwischen war man sich auch nicht mehr sicher, ob wirklich das fortgesetzte politische Engagement der Bürger die zuverlässigste Sicherung der individuellen Freiheit darstellte oder ob es hierzu anderer Vorkehrungen bedurfte. Tatsächlich setzte sich in der Folgezeit mehr und mehr die Auffassung durch, dass es für den um sein individuelles Wohlergehen besorgten Bürger besser sei, die öffentlichen Angelegenheiten einer kleinen Gruppe von Berufspolitikern, den so genannten »Rednern«, zu überlassen und selbst das gefahrenreiche Terrain politischen Engagements zu meiden,[2] das neben der kostenträchtigen Ehre der *Liturgie*, der Finanzierung öffentlicher Aufgaben aus privatem Vermögen, auch noch den *Ostrakismos* kannte, die Verbannung jener Bürger, die sich zu sehr hervorgetan hatten und nun im Verdacht standen, durch ihre herausragende Position die bürgerliche Gleichheit zu bedrohen.[3] Aus einer in hohem Maße *aktiven* Bürgerschaft ist so innerhalb mehrerer Generationen eine Bürgerschaft geworden, in der sich politisches Desinteresse und Apathie breit machten – ein Zustand, wie er für gewöhnlich erst als Folge der modernen repräsentativen Demokratie begriffen wird und der von manchen als Ausdruck vorherrschender Liberalität und Toleranz positiv bewertet und begrüßt wird.[4]

Tatsächlich scheint die attische Demokratie nicht allein an den Niederlagen zu Grunde gegangen zu sein, die sie in den Konflik-

1 Welche Lebensform Aristoteles selbst für die höhere gehalten hat, ist in der Literatur umstritten: Joachim Ritter (»Das bürgerliche Leben. Zur aristotelischen Theorie des Glücks«) und Günther Bien (1980, S. 234ff.) sehen bei Aristoteles eine klare Parteinahme für das politische Leben, während Wolfgang Kullmann (1995, S. 253-276) von einer höheren Wertung des theoretischen Lebens ausgeht.

2 Zu dieser Entwicklung ausführlich Mossé 1978, insbes. S. 168ff.

3 Zu den Liturgien Tarkiainen 1972, S. 310ff.; zum Ostrakismos ders., S. 110ff.

4 Vgl. hierzu Finley 1972, S. 8f.; Finley bezieht sich auf die Verteidigung politischer Apathie durch W. H. Morris Jones.

ten mit ihren äußeren Feinden, zunächst den Lakedämoniern im Süden und später den Makedonen im Norden, erfahren hat, sondern auch an dem resignativen Rückzug der Bürger aus der Politik. Das Schwanken der Bürger zwischen dem Engagement für politische Aufgaben und Ziele und ihrem enttäuschten Rückzug aus der Politik in die Ungestörtheit einer privaten Existenz, das Albert Hirschman für die Zeit seit dem 18. Jahrhundert als ein psychologisches Grundgesetz politischer Partizipation postulieren zu können meint (Hirschman 1984, S. 9 ff.), scheint also auch für die Zeiten des Aufstiegs wie Niedergangs der attischen Demokratie Gültigkeit zu haben – nur dass hier die Zyklen von erheblich längerer Dauer waren als die von Hirschman in der Moderne beobachteten.

Nun besteht die Pointe von Hirschmans Überlegungen allerdings darin, dass nicht exogene, sondern endogene Faktoren von ihm für das Auf und Ab von Engagement und Rückzug verantwortlich gemacht werden. Auf die Geschichte der attischen Demokratie bezogen hieße das, dass weniger die im Rahmen der inneren Umstürze und Rebellionen vorgenommenen Verkleinerungen und Beschränkungen der Aktivbürgerschaft als Ursachen für den Rückzug der Bürger aus der Politik angesehen werden können[5] – zumal sie politisch umkämpft blieben und schon bald auch wieder rückgängig gemacht wurden –, sondern eher eine sich in der Bürgerschaft ausbreitende Enttäuschung über die Folgenlosigkeit des seit Jahrzehnten entwickelten eigenen Engagements, das nicht zu den gewünschten Ergebnissen geführt hatte und es wenig wahrscheinlich erschienen ließ, dass der projektierte Erfolg sich jemals einstellen würde.[6] Die Verwandlung des aktiven in den passiven Bürger und schließlich gar in den Untertanen wäre demnach nicht allein durch die Vertreibung des *homo politicus* von den Schalthebeln der Macht zu erklären, sondern auch als Folge eines freiwilligen Rückzugs von Teilen der Aktivbürgerschaft aus den Arenen der Politik, begleitet von der Entstehung und Verbreitung philosophischer Lebenslehren, die politisches

5 Politische Umschwünge und Rebellionen waren geradezu dadurch definiert, dass sie auf eine Neubestimmung des Aktivbürgerrechts hinausliefen; zum Ausmaß der mit der Aktivbürgerschaft verbundenen Partizipationserwartungen vgl. Finley 1986, S. 93 ff.

6 Beispiele für die um sich greifende ›Politikverdrossenheit‹ finden sich bei Mossé 1999, S. 144 ff.

Engagement zu einem der Selbstverwirklichung abträglichen Übel stilisierten, von dem es sich fernzuhalten galt (vgl. Scholz 1998, S. 183ff.).

2. Der Bürger in den italienischen Stadtrepubliken

Das an der Geschichte der attischen Demokratie ablesbare Muster der Erosion politischer Partizipationsbereitschaft infolge von Dauerbeanspruchung, Überforderung und Enttäuschung beschreibt keinen Einzelfall. Es lässt sich auch auf die Endphase der römischen Republik, v. a. aber auf die Geschichte der Stadtrepubliken in Europa, insbesondere in Italien, während des Spätmittelalters und der Renaissance anwenden. Auch hier entwickelte sich aus zunächst oligarchisch-stadtpatrizischen Verhältnissen eine auf immer breitere bürgerschaftliche Beteiligung gestützte republikanische Ordnung, die jedoch nach einer zeitweiligen Blüte zunehmend unter Druck geriet, weil es nicht gelang, das hohe Niveau politischer Einsatzbereitschaft der Bürger angesichts stark ausgeprägter Konfliktstrukturen im Innern dauerhaft zu stabilisieren, mit der Folge, dass sich mehr und mehr Vertreter einer zeitweilig hochgradig motivierten und mobilisierten Bürgerschaft aus der Politik zurückzuziehen begannen (vgl. Bosl 1982, S. 192ff.; Brucker 1997; Rubenstein 1966; Stephens 1983).

Paradigmatisch hierfür ist die Geschichte der Republik Florenz zwischen dem 14. und dem 16. Jahrhundert, die für das spätmittelalterlich-frühneuzeitliche Europa eine vergleichbare Bedeutung hat, wie das Athen des 5. vorchristlichen Jahrhunderts für die Entwicklung der Demokratie in der klassischen Antike – auch wenn die Florentiner Politiker und Intellektuellen selbst sich in ihrem Bemühen um historische Selbstverständigung und Orientierung eher auf Rom denn auf Athen bezogen haben (vgl. Münkler 1999, S. 56ff.). Es ist mit Blick auf das oben Gesagte also kaum verwunderlich, dass die antike Diskussion über den Vorrang der *vita activa* oder der *vita contemplativa* als der dem guten Leben am ehesten zuträglichen Lebensform gerade von den Florentiner Humanisten mit besonderem Nachdruck rezipiert und weitergeführt wurde.

So lässt etwa Leon Battista Alberti in seiner Schrift *Della famiglia* (*Über das Hauswesen*) einen Verächter des politischen

Engagements (Gianozzo) und einen Verteidiger der bürgerschaftlichen Partizipation (Lionardo) miteinander ihre Argumente austauschen. Gegen das aktive bürgerschaftliche Leben wendet Gianozzo dabei ein, es handele sich um »ein höchst beschwerliches Dasein, voller Argwohn, Plagen und v. a. voller Knechtesdienst«. V. a. aber verderbe die Politik den Charakter bzw., ärger noch, insbesondere verdorbene Charaktere fühlten sich von der Politik angezogen, offenbar deswegen, weil politisches Engagement die einzige Form von Knechtschaft sei, die in das Gewand der Ehre gekleidet daherkomme.

»Aber wie verrückt sind die Menschen, die so großen Wert darauf legen, unter dem Vorantritt von Trompetern einherzuschreiten und mit dem Stab in den Händen, dass ihnen die häusliche Ruhe und der wahre Seelenfrieden nicht lieber ist? Ihr Narren in eurer Eitelkeit, eurer Anmaßung, ja Tyrannei, ihr entschuldigt eure Laster damit, dass ihr nicht dulden könnt, dass andere, die weniger reich sind, aber vielleicht länger eingesessene Bürger als ihr, euch gleichgestellt sind, wie es doch billig ist; dass ihr nicht leben könnt, ohne den Schwächeren Gewalt anzutun, und deshalb ist es euch um eine Stellung im Staate zu tun« (Alberti 1962, S. 230).

Gianozzos bzw. Albertis Kritik an der deformierten psychischen Verfasstheit derer, die es zur Politik drängt, bildete den Auftakt zu der psychologisierenden Kritik an den Politikern, wie sie dann v. a. von den Moralisten des 16. und 17. Jahrhunderts, u. a. von Montaigne, Gracián und La Rochefoucauld, vorgetragen wurde: Wer Politik treibe, so der Tenor dieser Kritik, tue dies nicht um der Verfolgung des Gemeinwohls willen, sondern weil er schwere psychische Defizite bei sich zu kompensieren habe. Der aktive Bürger wurde so aus einer politisch ehrenhaften Gestalt in eine Figur verwandelt, die unter dem Vorbehalt der Therapiebedürftigkeit stand. Tatsächlich wurde diese Kritik zu einer Zeit vorgetragen, als bürgerschaftliches Engagement in Europa wenig Entfaltungschancen hatte und jeden, der sich politisch betätigte, sogleich in den Verdacht revolutionärer Bestrebungen oder den Ruf liebedienerischer Botmäßigkeit geraten ließ.

Es kommt denn auch nicht von ungefähr, dass Alberti, wenn er gegen die von seiner Kunstfigur Gianozzo vorgetragene Polemik dessen Widerpart Lionardo als Verteidiger bürgerschaftlichen Engagements auftreten lässt, nicht mehr auf die enge Verbindung von politischer Existenz und gelingendem Leben rekurriert, wie es in der Aufstiegsphase der Stadtrepubliken noch üblich gewesen war, sondern sich mit dem Hinweis auf die Nichtverallgemeinerbarkeit des von Gianozzo entworfenen Ideals eines ins Private zurückgezogenen Lebens begnügt:

»Ich bin mit euch einig«, so lässt er Lionardo antworten, »dass der gute Bürger die Ruhe lieben wird, aber nicht so sehr die eigene als die auch der anderen Redlichen, dass er sich der Muße des Privatlebens erfreuen wird, aber nicht minder sie seinen Mitbürgern gönnen, dass er Einigkeit und Sicherheit, Frieden und Ruhe für sein eigenes Haus wünschen wird, noch viel mehr aber für sein Vaterland, die Republik« (ebd., S. 231 f.).

Er ist davon überzeugt, dass sich dieser Zustand der Ruhe und Sicherheit nicht herstellen und bewahren lasse, »wenn alle wackeren Männer mit der bloßen Muße des Privatlebens zufrieden sind« (ebd., S. 235), und deswegen fordert er, dass

»die guten Bürger sich des Staates annehmen müssen und die Lasten des Vaterlands auf sich nehmen und sich um die Nichtsnutzigkeit der Menschen nicht kümmern, um dem öffentlichen Frieden zu dienen und das Wohl aller Bürger zu wahren und um nicht den Schlechten den Platz zu überlassen, die infolge der Unbekümmertheit der Redlichen und ihrer eigenen Unverfrorenheit alles auf den Kopf stellen würden, sodass weder die öffentlichen noch die privaten Dinge in guter Ordnung bleiben könnten« (ebd., S. 236).

Nicht mehr als Ideal eines gelingenden Lebens, sondern nur noch als Dienst für die Gemeinschaft, der aus wohlverstandenem Eigeninteresse heraus zu leisten ist, traut sich Lionardo bzw. Alberti das Postulat politischer Partizipation zu entwickeln.

Ganz ähnlich stellt sich dies in Cristoforo Landinos *Disputationes Camaldulenses* dar, in denen er Lorenzo de' Medici und Leon Battista Alberti darüber diskutieren lässt, ob nun die *vita activa* oder die *vita contemplativa* höher zu schätzen sei: Geistige Sammlung und Kreativität, so Alberti, seien nur abseits von Politik und Geschäft möglich. Lorenzo pflichtet ihm darin bei, insistiert aber darauf, dass das Engagement für öffentliche Ziele und Aufgaben für Staat und Gesellschaft unentbehrlich sei. Auch hier tritt also der Gedanke des Dienstes zentral hervor, und so liegt es nahe, dass Landino schließlich die Vorstellung eines Ausgleichs und einer Verknüpfung beider Lebensweisen propagiert (Landino 1927, passim; vgl. Münkler 1989, S. 172 ff.). Die in die Defensive geratene Vorstellung von der Bedeutung bürgerschaftlicher

Aktivität für ein gelingendes Leben vermag nur noch als politisch-moralisches Postulat neben dem dominant gewordenen Lebensideal der Gelehrten- und Rentiersexistenz des *procul negotiis* in der ländlichen Abgeschiedenheit der Villa zu bestehen.

Niccolò Machiavelli schließlich, der sich wie kaum ein anderer politischer Theoretiker mit der Frage nach den Ursachen für diese Entwicklung auseinander gesetzt hat – eine Suche, die für ihn zugleich die Frage beantworten sollte, warum es in der Antike mehr Republiken gegeben hat als in seiner Gegenwart –, hat in erster Linie die christliche Religion bzw. die in ihr vorherrschende Auslegung für den Verfall der bürgerlichen Tugenden verantwortlich gemacht:

»Unsere Religion hat mehr die demütigen und in Betrachtung versunkenen Menschen verherrlicht als die tatkräftigen. Sie sieht das höchste Gut in Demut, Selbstverleugnung und in der Geringschätzung der weltlichen Dinge. Die Religion der Alten dagegen sah es in der Größe des Muts, in der Kraft des Körpers und überhaupt in allen Eigenschaften, die die Menschen möglichst tapfer machen. Wenn auch unsere Religion fordert, dass man stark sei, so will sie damit mehr die Stärke des Duldens als die der Tat. Diese Regel hat, wie uns scheint, die Weltgeschichte den Bösewichten ausgeliefert, die ungefährdet ihr Unwesen treiben können; denn sie sehen, dass die große Mehrheit der Menschen, um ins Paradies einzugehen, mehr darauf bedacht ist, Schläge zu ertragen als zu rächen. Obgleich es deshalb den Anschein hat, als wäre die Erde weibisch geworden und der Himmel ohne Kraft, so ist diese Ansicht mehr auf die Erbärmlichkeit der Menschen zurückzuführen, deren Auslegung in unserer Religion nur Grundsätze müßiger Verweichlichung und nicht solche heldischer Tapferkeit erblickt« (Machiavelli 1966, II, 2, S. 171; vgl. Münkler 1982, S. 241ff.).

Aber selbst Machiavellis Argument vermochte nur so lange zu überzeugen, wie für eine Mehrheit der Bürger wenigstens noch plausibel war, dass ihr öffentliches Engagement das Gesamtwohl der Gemeinschaft tatsächlich vermehrte und nicht etwa verminderte. Doch auch diese letzte Rückzugsposition wurde noch in Zweifel gezogen, als Machiavellis Zeitgenosse Francesco Guicciardini die Auffassung vertrat, Eigentum und Sicherheit der Bürger seien – alles in allem – unter einem machtvollen Alleinherrscher besser geschützt als in einer Republik, die durch hohe Instabilität gekennzeichnet sei und bei der ständig einzelne Gruppierungen miteinander in Konflikt gerieten (vgl. Münkler 1989, S. 180ff.). Letzteres ist in Guicciardinis Sicht nämlich die notwendige Folge einer breit angelegten Politikpartizipation: »Unserer Stadt«, so notiert er über Florenz, »macht es so viel zu schaffen, dass die Bürger es nicht einsehen und sich nicht damit zufrieden geben, wenn sie frei und sicher leben, sondern auch noch alle an der Herrschaft teilhaben wollen.«[7] Demnach ist – und das ist im Prinzip beinahe schon liberal gedacht – die bürgerliche Freiheit am besten gesichert, wenn der Politisierungsgrad der Gesellschaft nicht so hoch ist und nur wenige, über deren Herkunft und Motivation bei Guicciardini allerdings nichts ausgesagt wird, die politischen Geschicke des Gemeinwesens zuverlässig und über längere Zeiträume leiten. Der demgegenüber von den Vertretern des Bürgerhumanismus in immer abgeschwächterer Form vorgetragene Einwand, dass eine zuverlässige Sicherung der individuellen Freiheitsspielräume auf Dauer ohne das politische Engagement der Bürger selbst nicht möglich sei,[8] vermochte gegen diese Überzeugung immer weniger auszurichten.

Was die Motive dieser wachsenden Skepsis am Sinn politischen Engagements betrifft, so dürften neben ethischen Überlegungen auch handfeste ökonomische Interessen eine nicht unerheblich Rolle gespielt haben. So scheinen bei einem Teil der Bürgerschaft in den italienischen Stadtrepubliken großbürgerliche Ängste vor der über eine entsprechende Steuerpolitik vorangetriebenen ›kalten Enteignung‹ durch die kleinbürgerliche Mehrheit in der Tat zu einer Abkehr vom Ideal der Selbstregierung beigetragen haben. Guicciardinis Bereitschaft, sich in letzter Konsequenz eher einem Alleinherrscher als einem breit angelegten bürgerschaftlichen Regiment anzuvertrauen, dürfte für viele der wohlhabenderen Bürger also durchaus repräsentativ gewesen sein. Gut zwei Jahrhunderte später hat Karl Marx in seiner Analyse des Scheiterns der in der Revolution von 1848 errichteten zweiten französischen Republik und der Errichtung des Zweiten Kaiserreichs

7 Guicciardini (o. J., *Ricordi*, II, 109), S. 48. Der politische Gegensatz, der sich hier zwischen Machiavelli und Guicciardini bei allen Ähnlichkeiten des Denkstils auftut, ist detailliert herausgearbeitet bei Felix Gilbert (1965, passim); konsequent hat auch René König im Anschluss an seine kritisch-ablehnende Darstellung Machiavellis ein überaus positives Bild Guicciardinis entworfen: Danach ist Machiavelli der Utopist und Guicciardini der Realist (König 1979, S. 44 ff.).

8 Der Begriff des Bürgerhumanismus (*Civic humanism*) ist v. a. von Hans Baron geprägt worden; vgl. insbes. Baron 1988 sowie die deutsche Teilübersetzung von 1992.

diese Faktoren in den Mittelpunkt gestellt, als er über die Bourgeoisie schrieb:

»Es lehrte sie der Instinkt, dass die Republik zwar ihre politische Herrschaft vollendet, aber zugleich deren gesellschaftliche Grundlage unterwühlt, indem sie nun ohne Vermittlung [...] den unterjochten Klassen gegenüberstehen und mit ihnen ringen müssen.« Schon bald habe sich darum die Bourgeoisie eingestehen müssen, »dass ihr eignes Interesse gebietet, sie der Gefahr des Selbstregierens zu überheben, dass, um die Ruhe im Lande herzustellen, vor allem ihr Bourgeoisparlament zur Ruhe gebracht, um ihre gesellschaftliche Macht unversehrt zu erhalten, ihre politische Macht gebrochen werden müsse; [...] dass, um ihren Beutel zu retten, die Krone ihr abgeschlagen und das Schwert, das sie beschützen solle, zugleich als Damoklesschwert über ihr eignes Haupt gehängt werden müsse« (Marx 1975, S. 140 u. 154).

Die politische Deaktivierung des Bürgertums war danach die Folge des Umstandes, dass dessen gesellschaftliche und politische Interessen miteinander in Widerspruch geraten waren.

Will man diesen Prozess nun mit den von Hirschman entwickelten Kategorien beschreiben, so muss man konstatieren, dass der Zyklus des politischen Engagements der Bürger in Europa mit der Ausbildung des institutionellen Flächenstaates nach einer verhältnismäßig kurzen Phase partiell erhöhter Aktivität im Italien des 15. Jahrhunderts insgesamt in eine lange währende Abschwungphase eingetreten ist, die erst im Zuge der Aufklärung und ihrer Begeisterung für das republikanischen Ideal der Selbstregierung in eine neuerliche Aufwärtsbewegung umschlug, auf die nach 1848 wieder eine Abschwungphase folgte. Obwohl es interessant wäre, die Werke republikanisch inspirierter Denker wie Harrington, Montesquieu, Rousseau, Kant, Jefferson, Paine oder Tocqueville vor diesem Hintergrund einer eingehenderen Analyse zu unterziehen,[9] sparen wir uns eine entsprechende Erörterung, um im Folgenden zu der uns eigentlich interessierenden Fragestellung überzugehen, nämlich der Frage nach der Tauglichkeit des von Hirschman entwickelten Ansatzes und seiner Kategorien von republikanischem Engagement und privater Zurück-

9 Einen guten allgemeinen kursorischen Überblick bietet Brugger 1999, S. 49ff. Lesenswert speziell zur amerikanischen Tradition des Republikanismus sind, neben Pococks Klassiker (1975), auch die neueren Publikationen von Skinner (1998) und Shklar (1998).

gezogenheit als zeitdiagnostischem Instrument politischer Gegenwartsanalyse.

3. Der Bürger in der modernen Demokratie

Die Frage, ob und, wenn ja, über welche Zeiträume hinweg sich im Verhalten der Bürger zyklische Schwankungen zwischen Privatinteresse und Gemeinwohlorientierung feststellen lassen, ist umstritten. Albert Hirschman hat zurückhaltend angedeutet, dass es sich in diesem Zusammenhang um Zeiträume in der Größenordnung von 50 bis 60 Jahren handeln könnte.[10] Die beiden hier beobachteten Beispiele für ein erhöhtes politisches Engagement größerer Teile der Bürgerschaft, die athenische Demokratie und die Florentiner Republik, legen, wenn man denn nicht nur eine sich in der Retrospektive so darstellende »Blütephase« untersuchen, sondern die Aufbau- und Auslaufphase der Wellenbewegung mit in die Betrachtung einbeziehen will, Schwankungsprozesse in noch größeren Zeitspannen nahe. Zudem wäre zu berücksichtigen, dass analog zu den auf Wirtschaftsprozesse bezogenen ›langen‹ Kondratieff-Zyklen, in die kurzzeitige Konjunkturschwankungen eingelagert sein können, auch hier in den langen Zyklen von Partizipation und Rückzug sehr viel kürzere, ebenfalls zyklische Schwankungen des Engagements vorkommen können, etwa solcherart, wie sie in der tiefgreifenden Politisierung der westeuropäischen Gesellschaften Ende der sechziger Jahre des 20. Jahrhunderts und dem zu Beginn der siebziger Jahre bereits feststellbaren Abflauen der Politisierungswelle zu beobachten gewesen sind. Während solche kurzen Zyklen wohl noch relativ gut zu analysieren wären, so dürfte dies bei langen Zyklen, wie sie etwa im Zuge makropolitischer Entwicklungen mit staatenübergreifender, wenn nicht gar globaler Perspektive, die man gegenwärtig mit Begriffen, wie »Verschwinden der Militärdiktaturen« oder »breiter Trend zur Demokratisierung« einzufangen sucht, sehr viel schwieriger sein (vgl. Schmidt 1995, S. 309ff.).

10 »Meine Darstellung zeigt allenfalls gewisse Übereinstimmungen mit dem Kondratieff-Zyklus, dessen jeweilige Dauer so lang bemessen ist, dass wir angesichts der Begrenztheit unserer bisherigen geschichtlichen Erfahrungen mit dem Kapitalismus nicht ganz sicher sein können, ob ein solcher Konjunkturzyklus tatsächlich existiert« (Hirschman 1984, S. 10).

Ohne auf die mit einem solchen Unterfangen verbundenen theoretischen Schwierigkeiten hier im Einzelnen weiter eingehen zu wollen, scheint uns doch ein Umstand besonders bemerkenswert, nämlich die Tatsache, dass Hirschmans Zyklentheorie von vornherein nur zwei mögliche Antworten zulässt. Sucht man beispielsweise die Frage nach den Ursachen für die politische Stabilität, deren sich Westeuropa seit den fünfziger Jahren des 20. Jahrhunderts erfreut hat, mit Hirschman zu beantworten, so können letztlich nur zwei Antworten in Frage kommen: Entweder man muss diese Stabilität als Folge eines gesteigerten politischen Engagements der Bürger begreifen, wie es gegenwärtig die Vertreter des Neo-Republikanismus tun; oder aber man muss sie als Konsequenz einer entspannten und toleranten Gleichgültigkeit zunehmend ins Private zurückgezogener Bürger verstehen, wie von liberaler Seite propagiert.[11]

Gesteht man dieser von der Fragestellung präsupponierten Alternative ihre Berechtigung zu, so scheinen die Aussichten weder in der einen noch in der anderen Perspektive verlockend. Denn sollten Hirschmans Thesen über die langen Wellen politischen Engagements bzw. des Rückzugs der Bürger aus der Politik richtig sein, so hätte man in der Tat Grund zu der Annahme, dass die politische Stabilität, derer sich Westeuropa in den letzten 50 Jahren erfreute, allmählich ihrem Ende zustrebt und mit dem Abschluss des gegenwärtigen Zyklus eine Zeit erneuter Instabilität einsetzen wird: sei es, weil die bisherige bürgerschaftliche Aktivität nachlässt und die Bürger sich mehr und mehr aus den Feldern des politischen Engagements zurückziehen und die öffentlichen Angelegenheiten autoritär regierenden Eliten und Politiktechnokraten überlassen, wie die Vertreter der republikani-

11 Die hier verwendete Unterscheidung zwischen Republikanismus und Liberalismus orientiert sich an den Überlegungen Michael Sandels (1995, S. 55): »Im Mittelpunkt der republikanischen Theorie steht der Gedanke, Freiheit beruhe auf Bürgertugend, also auf der Bereitschaft der Bürger, das Gemeinwohl höher zu stellen als ihre privaten Zwecke.« Und: »Nach liberaler Auffassung dagegen steht die Freiheit in keinem inneren Wesenszusammenhang mit der Selbstregierung, sondern ist nur zufällig mit dieser verbunden« (ebd., S. 57). Unverkennbar handelt es sich hierbei um Variationen der Debatte um den Vorrang der *vita activa* oder *vita contemplativa* und dessen jeweilige politische Folgen. Zur Frage nach der Bedeutung des Gemeinwohls für die politische Ordnung vgl. auch Münkler/Fischer 1999, S. 237-265.

schen Tradition warnen (u.a. Barber 1994, Bellah et al. 1991, Etzioni 1995, MacIntyre 1995, Sandel 1982, Taylor 1988); oder sei es, weil die von Toleranz und Gelassenheit geprägte liberale Ära zu Ende geht und die Bürger von einer neuerlichen Welle politischer Dauererregung ergriffen werden, in deren Folge politische Erlösungsparolen und Heilsvorstellungen um sich greifen[12] und Bewegungen unduldsamer Fanatiker an Boden gewinnen, die zu einer gefährlichen Zuspitzung der politischen Auseinandersetzungen führen, wie von alarmierten Liberalen befürchtet (vgl. u.a. Rorty 1989, Shklar 1989, Larmore 1987).

Nun stellt sich allerdings die Frage, ob eine so beschriebene Alternative wirklich zwingend ist. Es lassen sich nämlich eine Reihe von Gründen geltend machen, aus denen heraus der von Hirschman historisch beobachtete und in ähnlicher Weise von einigen Theoretikern aus dem Umfeld der Liberalismus-Kommunitarismus-Kontroverse theoretisch konstruierte Gegensatz zwischen aktiver und passiver Bürgerschaft, der als historisches wie theoretisches Analyseinstrument seine Berechtigung hat, für ein politiktheoretisch angeleitetes Verständnis der Gegenwart keineswegs erschöpfend das Feld der Möglichkeiten beschreibt. Tatsächlich handelt es sich dabei weniger um Alternativen als vielmehr um Endpunkte auf einem Band möglicher Ausprägungen politischen Engagements, in denen Aktivität und Distanz unterschiedliche Verbindungen miteinander eingehen können. Die beiden wichtigsten dieser Gründe sollen im Folgenden kurz skizziert werden.

Der erste Grund, warum ein Großteil der in den vergangenen Jahren zwischen liberal gesonnenen Theoretikern und ihren republikanisch inspirierten Kontrahenten ausgetragenen Differenzen letztlich wenig zu einem verbesserten Verständnis aktueller Problemlagen beizutragen vermochte, ist in ihrer Orientierung an einem einseitig ausgerichteten Verständnis des politischen Handlungsraumes zu sehen. Ohne hier dem von Carl Schmitt in polemischer Absicht formulierten Diktum von der Staatsfixiertheit des politischen Denkens das Wort reden zu wollen, gilt es doch festzustellen, dass der Staat und die ihm näher zugehörigen Institutionen und Organisationen in der Theoriebildung nach wie vor als die primären Orte der Realisierung bürgerschaftlichen Enga-

12 Vgl. Eric Voegelin 1993 S. 49ff. Hauptkandidat dieser Befürchtungen sind die religiös motivierten Fundamentalismen, die auf ein Dauerengagement ihrer Aktivisten abzielen.

gements angesehen werden und als solche unverhältnismäßig große Aufmerksamkeit genießen. Die in den vergangenen Jahren mit viel rhetorischem Aufwand betriebene Diskussion um den Begriff der Zivilgesellschaft hat in dieser Hinsicht zwar eine Vielzahl von Impulsen für eine Neuorientierung, aber keinen wirklichen Wechsel der Perspektive einzuleiten vermocht. Lässt man die verschiedenen theoretischen Ansätze, die sich im Verlauf dieser Debatte mit dem Problem bürgerschaftlichen Engagements beschäftigt haben, Revue passieren, so fällt auf, dass die meisten von ihnen nach wie vor einem eher konventionellen Politikverständnis verhaftet sind. Gleich, welches Mittel die einzelnen Autoren zur Aktivierung ihrer Mitbürger für geeignet halten, ob sie auf eine Erhöhung der motivationalen Bereitschaft durch sittlich-moralische Erziehung setzen (vgl. Etzioni 1995, S. 27ff.), sich verstärkte Partizipationschancen durch den Einbau von Elementen direkter Demokratie und Selbstverwaltung in die Prozesse der politischen Willensbildung und Entscheidungsfindung versprechen (z. B. Barber 1994, S. 233ff.) oder auf verbesserte Transparenz und gesteigerte Effektivität durch die gezielte Entflechtung und Dezentralisation staatlich-bürokratischer Prozesse bauen (maßgeblich für viele: Putnam et al. 1993): Stets betritt der aktive Bürger erst dann den Raum des Politischen, wenn er sich in Handlungszusammenhänge begibt, die mit dem Staat bzw. den ihm zugehörigen Institutionen und Organen verflochten sind, oder er deren Handeln zu beeinflussen sucht. Das nicht direkt mit Staatshandeln verbundene Engagement wird nur unzureichend thematisiert.

Unmittelbar verknüpft mit diesem verengten Blick auf die Erscheinungsformen des Politischen ist der zweite Grund, der sich für das theoretische Ungenügen der gegenwärtigen Diskussion um die Bedeutung bürgerschaftlichen Engagements angeben lässt: ein zu anspruchsvoll konzipiertes Verständnis bürgerlicher Aktivität. Die Überforderung, die dem aktiven Bürger von Seiten der politischen Theorie zugemutet wird, zeigt sich v. a. in den Kompetenzerwartungen, die an sein Handeln gestellt werden.[13] So soll als ein aktiver Bürger nur gelten, wer außer einem hinreichenden Wissen über die Ordnung des politischen Systems und

13 Vgl. die Differenzierung der Kompetenzerwartungen bei Buchstein 1998, S. 302.

seiner Funktionszusammenhänge auch über die zur Aneignung der zu politischer Einflussnahme erforderlichen Kenntnisse und Fertigkeiten verfügt und obendrein auch noch die sittliche Bereitschaft aufweist, sich in seinem Verhalten am Gemeinwohl zu orientieren – und zwar selbst dann noch, wenn dies zugleich einen Verzicht auf persönliche Vorteile bedeutet. Auch die moralische wie kognitive Überforderung oder doch Überbeanspruchung des Bürgers kann einen Grund seines Rückzugs aus der Politik darstellen. Man könnte mutmaßen, dass die hochgespannten Erwartungen, mit denen er von Seiten der Moralphilosophie wie Politiktheorie konfrontiert wird, ihn geradezu in eine politische Apathie treiben, die ihm anschließend als Ausdruck seines Desinteresses vorgehalten wird.

Wirft man mit Michael Walzer hingegen einen zweiten Blick auf die Realität zivilen Engagements in modernen Gesellschaften,[14] so bietet sich nicht nur ein differenzierteres, sondern auch ein weniger dramatisches Bild. Anders als neo-republikanisch orientierte Kommunitaristen wie MacIntyre oder Sandel, die die Bürgerschaft als Ganze »in die Pflicht nehmen« wollen und sich dabei durch das Ideal eines tugendhaften, durch eine gemeinsame Sittlichkeit integrierten politischen Gemeinwesens leiten lassen, richtet Walzer seine Aufmerksamkeit nicht nur auf die Sphäre des Politischen, sondern bezieht auch den Bereich gemeinschaftsbezogener sozialer Handlungsräume in seine Überlegungen ein; und statt sich allein am Maßstab einer übergreifenden Gemeinwohlorientierung zu orientieren, lässt er auch all jene Einstellungen als Ausweis eines hinreichend entwickelten bürgerlichen Gemeinsinns gelten, die Bürger dazu motivieren, sich freiwillig und gemeinschaftlich an der Erzeugung öffentlicher Güter zu beteiligen. Die Lebensfähigkeit moderner Demokratien entscheidet sich für Walzer nicht primär an der Frage, ob sie fähig ist, ihre Bürger *dauerhaft politisch* zu mobilisieren, sondern an der Frage, »ob sie fähig ist, Bürger hervorzubringen, die wenigstens manchmal Interessen verfolgen, die über ihre eigenen und diejenigen ihrer Genossen hinausgehen und die über das politische Gemeinwesen wachen, das die Netzwerke der Vereinigungen schützt« (Walzer 1992, S. 93). Dabei kann es den Beteiligten um so unter-

14 Zu Walzers Konzept ziviler Gesellschaft vgl. Krause/Malowitz 1998, S. 124ff.

schiedliche Dinge wie die Organisation eines Straßenfestes, die Einrichtung eines Kindergartens oder den Ausbau des Gemeindezentrums gehen. Die Zwecke, zu denen diese Aktivitäten erfolgen, die Pflege eines bestimmten kulturellen Erbes oder das Bewahren einer religiösen Tradition, mögen differieren; entscheidend ist allein, dass die Aktivitäten in den spezifischen Handlungsräumen nicht nur dem Eigeninteresse der Akteure dienen, sondern zur Erzeugung oder Vermehrung öffentlicher Güter beitragen und sich nicht destabilisierend auf die demokratische Ordnung auswirken. Was Letztere anbelangt, so müssen die aktiven Bürger bereit sein, diese als den gewährleistenden Rahmen der spezifischen Formen ihres gemeinschaftlichen Handelns anzuerkennen und aufrechtzuerhalten. Dazu reicht es aber aus, wenn sie ein positives Bewusstsein von der Relativität ihrer eigenen Vorstellungen vom guten Leben entwickeln; einer empathischen Identifikation mit dieser Ordnung auf der Grundlage eines gemeinsam geteilten politischen Selbstverständnisses bedarf es dazu nicht.

Walzers Konzept bürgerschaftlicher Aktivität beruht also nicht nur auf bescheideneren – und damit in unseren Augen auch realistischeren, weil moralisch weniger anspruchsvollen und ökonomisch weniger aufwendigen – Ansprüchen an die kognitiven und motivationalen Kompetenzen der Bürger; es bietet auch eine elegante Lösung für die von allen Vertretern neo-republikanischer Ansätze meist nur unter großen Schwierigkeiten zu beantwortende Frage, warum jede privatistische Konzeption des guten Lebens unter Bedingungen des Pluralismus als defizitär angesehen werden muss. Im Gegensatz zur klassisch-republikanischen Auffassung, der zufolge der Mensch zu seiner Selbstverwirklichung notwendig selbstbestimmter politischer Aktivität bedarf, ist Walzer der Auffassung, dass nicht nur eine ganz bestimmte Form politischer Aktivität, sondern jede Form freiwilliger gemeinschaftsbezogener Aktivität geeignet ist, die Bedürfnisse der sozialen Natur des Menschen zu befriedigen. Der Vorzug dieser schwachen Form von Gemeinwohlorientierung bei Walzer ist, dass in ihr das wieder zusammengeführt wird, was in der attischen Demokratie während ihrer klassischen Phase selbstverständlich zusammengehört hat: Betätigung für das Gemeinwesen und Selbstverwirklichung. Beides muss nicht, wie etwa bei Hegel, erst in der Gestalt des Staates wieder zusammengebracht werden, sondern kann, zugegebenermaßen weniger anspruchsvoll, dafür aber nicht auf Spezialisten beschränkt, sondern tendenziell für alle Bürger geltend, auch zivilgesellschaftlich miteinander verbunden werden. Akzeptiert man mit Walzer (1996, S. 111f.), dass Menschen nicht nur unterschiedliche Ideale haben, sondern dass sich auch ein und derselbe Mensch in unterschiedlichen Zusammenhängen verwirklicht, so muss man dem Umstand Rechnung tragen, dass die Frage nach dem guten Leben selbst für einzelne Personen einen irreduziblen Plural miteinander konkurrierender Antworten erlaubt und sich nicht auf die Auszeichnung einer besonderen Form gemeinschaftlicher Aktivität reduzieren lässt.

Auch hinsichtlich des Problems der Reproduktion soziomoralischer Ressourcen zeichnet Walzers Theorie ein weniger krisenhaftes Szenario, als es, zumal von konservativer Seite, für gewöhnlich gern in Umlauf gebracht wird. So eröffnen die verschiedenen gesellschaftlichen Sphären, wie Markt, Arbeit, Erziehung und Freizeit, Walzer zufolge ebenso gut wie der im engeren Sinne politische Bereich nicht nur geeignete Handlungsräume, in denen Bürger sich gemeinsam mit anderen zu Gunsten übergreifender Zwecke engagieren und ihre soziale Natur verwirklichen, sondern in denen sie auch die für das Zusammenleben in einem demokratischen Staat unverzichtbaren zivilen Tugenden, wie Verantwortung, Toleranz, Solidarität oder Rücksichtnahme, praktisch einüben und entwickeln können. Indem Walzers Theorie sich von der überkommenen Vorstellung emanzipiert, dass allein die Politik das geeignete Feld für die sittlich-moralische Erziehung der Bürgerinnen und Bürger darstellt, macht sie deutlich, dass der zu beobachtende Rückzug der Bürger aus den traditionellen politischen Organisationsformen, insbesondere den Parteien, keineswegs umstandslos mit einem Rückzug ins Private gleichgesetzt werden darf, wie es gegenwärtig allzu häufig getan wird. Es könnte sein, dass der Citoyen, dessen Verschwinden manche betrauern (Greven 1997, S. 231ff.), keineswegs eine nicht zu schließende Lücke reißt, sondern in der Gestalt des »schwierigen« bzw. des »unberechenbaren Bürgers« seinen durchaus würdigen Nachfolger findet (Klages 1996, S. 233ff.; Hitzler 1997, S. 175ff.).

Walzers Theorie der Zivilgesellschaft jedenfalls legt den Schluss nahe, dass eine sowohl zeitdiagnostisch interessierte als auch interventiv angelegte politische Theorie, der an einer adäquaten Beschreibung des Problems bürgerschaftlichen Engagements in modernen demokratischen Gesellschaften wie an der Reflexion auf dessen Stärkung gelegen ist, gut beraten wäre, sich zunächst um eine unvoreingenommene Bestandsaufnahme zu bemühen, statt an überlieferten Konzepten festzuhalten, die nur noch bedingt geeignet sind, die Lebensrealität moderner Gesellschaften einzufangen und normativ anzuleiten. Dass, wie Charles Taylor richtig bemerkt hat (Taylor 1993, S. 103ff.), die Debatte zwischen Liberalen und Kommunitaristen lange Zeit aneinander vorbeilief, hat nicht nur etwas mit unterschiedlichen argumentativen und epistemischen Bezugspunkten zu tun gehabt, sondern ist zu einem Großteil auch auf die Orientierung an einer traditionellen Begrifflichkeit zurückzuführen. Die Figur des »atomistischen Selbst«, das Sandel und andere Kommunitaristen als adäquaten Ausdruck der *conditio humana* in liberalen Gesellschaften verwandt haben (Sandel 1982, S. 15ff.), ist kaum geeignet, ein realistisches Bild von den Problemen und Gefährdungen demokratischer Staaten zu zeichnen; ebenso wenig vermag ein umstandsloser Rückgriff auf die aristotelische Konzeption der Tugend, wie ihn etwa MacIntyre vollzieht (MacIntyre 1999, S. 243ff.), einen realistischen Beitrag zu Vorstellungen über bürgerschaftliches Engagement in der politischen Welt der Gegenwart zu leisten. Um nicht missverstanden zu werden: Der Rekurs auf ideengeschichtliche Traditionen ist durchaus ein geeignetes Mittel politiktheoretischer Selbstverständigung und normativer Orientierung, insofern er Differenzen zu markieren und Transformationsprozesse zu beschreiben ermöglicht. Wenn kontextuell gebundene Begriffe und Konzepte jedoch kurzerhand aus ihrem Zusammenhang entfernt und stillschweigend zum normativen Bezugspunkt der Beurteilung langfristiger Entwicklungen gemacht werden, in deren Verlauf die sozialen Voraussetzungen für die Geltung dieser Begriffe und Konzepte einen tiefgreifenden Wandel erfahren haben, wird das Ergebnis eines solchen Vergleichs bereits durch die Prämissen präjudiziert. Die Beobachtung von politischem Verfall und moralischem Niedergang muss dann zwangsläufig als notwendige Folge erscheinen.

Für die politische Theorie ergibt sich daraus die Forderung, dass sie die Orientierung an den von der gesellschaftlichen Entwicklung (zumindest partiell) außer Kraft gesetzten Mustern partizipatorischer Politik aufgeben und sich um ein differenzierteres Bild von den vielschichtigen Formen bürgerschaftlichen Engagements bemühen sollte. Walzers Ansatz scheint dafür besonders geeignet zu sein, insofern sein Konzept des aktiven Bürgers nicht unbedingt auf politisches Handeln, sondern auf politisch *bedeutsames* Handeln abhebt. Als aktives bürgerschaftliches Engagement kann und soll demnach jedes Handeln gelten, das nicht der Mehrung privater, sondern öffentlicher Güter dient und sich in der Übernahme von Leistungen äußert, die nicht, oder nur in begrenztem Maße, in Geld oder geldwerter Gegenleistung vergütet werden können. Der aktive Bürger ist also nicht mehr nur derjenige, der regelmäßig wählt und sich in einer Partei engagiert, sondern auch derjenige, der in Vereinen und gemeinnützigen Organisationen tätig ist und dabei, bis zu einem gewissen Grad, bürgerschaftliches Engagement und Selbstverwirklichung in eins setzt. Ein solches, gewissermaßen konsequentialistisch ausgerichtetes Verständnis von Aktivbürgerschaft, das sich v. a. an den *gemeinwohldienlichen Folgen* gemeinschaftlichen Handelns orientiert, bietet zwei entscheidende Vorteile gegenüber dem herkömmlichen republikanischen Verständnis. Zum einen ist es geeignet, genau jene gemeinwohldienlichen Tätigkeiten zu berücksichtigen, die sich einer eindeutigen Zuordnung anhand der Unterscheidung öffentlich/privat entziehen und von der politischen Theorie bislang übergangen wurden (Putnam 2000); zum anderen vermag es ohne die Zumutungen überzogener moralischer wie kognitiver Kompetenzerwartungen auszukommen und bewahrt die theoretische Analyse vor einem Abdriften in einen ebenso hilflosen wie unrealistischen Normativismus. Wer hingegen den aktiven Bürger als soziopolitisches Ensemble unterschiedlicher gemeinwohldienlicher Betätigungen beschreibt, wird ihm auch in modernen Gesellschaften in seinen vielfältigen Ausprägungen begegnen. Und er läuft, wenn er Eigeninteresse und Gemeinwohlorientierung nicht von vornherein als einander ausschließende Größen fasst, obendrein auch nicht Gefahr, gesellschaftliche und politische Gestalt in einen unaufhebbaren Widerspruch zu setzen.

Alberti, L. B.: *Über das Hauswesen*, übers. v. Walther Kraus, eingeleitet von Fritz Schalk, Zürich/Stuttgart 1962

Aristoteles, *Die Nikomachische Ethik*, übers. u. hg. v. O. Gigon, München 1972

Aristoteles, *Politik*, übers. u. hg. v. O. Gigon, München 1973

Barber, B.: *Starke Demokratie. Über die Teilhabe am Politischen*, Hamburg 1994

Baron, H.: *In Search of Florentine Civic Humanism. Essays on the Transition From Medieval to Modern Thought*, 2 Bde., Princeton, NJ 1988

Baron, H.: *Bürgersinn und Humanismus im Florenz der Renaissance*, übers. v. G. Krüger-Wirrer. Mit einem Vorwort von Horst Günther, Berlin 1992

Bellah, R. N. et al.: *The Good Society*, New York 1991

Bien, G.: *Die Grundlegung der politischen Philosophie bei Aristoteles*, Freiburg/München ²1980

Bosl, K.: *Gesellschaftsgeschichte Italiens im Mittelalter*, Stuttgart 1982

Brucker, G.: *The Civic World of the Early Italian Renaissance*, Princeton, NJ 1977

Brugger, B.: *Republican Theory in Political Thought. Virtuous or Virtual?*, London/New York 1999

Buchstein, H.: »Die Zumutungen der Demokratie. Von der normativen Theorie des Bürgers zur institutionell vermittelten Präferenzkompetenz«, in: K. von Beyme/C. Offe (Hg.): *Politische Theorien in der Ära der Transformation*, Opladen 1996 (= *Politische Vierteljahresschrift*, Sonderheft 26), S. 295-324

Etzioni, A.: *Die Entdeckung des Gemeinwesens. Ansprüche, Verantwortlichkeiten und das Programm des Kommunitarismus*, Stuttgart 1995

Finley, M. I.: *Antike und moderne Demokratie*, übers. u. hg. v. E. Pack, Stuttgart 1980

Finley, M. I.: *Das politische Leben in der antiken Welt*, übers. v. W. Nippel, München 1986

Gilbert, F.: *Machiavelli and Guicciardini. Politics and History in Sixteenth-Century Florence*, Princeton, NJ 1965

Greven, M. Th.: »Politisierung ohne Citoyens. Über die Kluft zwischen politischer Gesellschaft und gesellschaftlicher Individualisierung«, in: A. Klein/R. Schmalz-Brun (Hg.): *Politische Beteiligung und Bürgerengagement in Deutschland*, Baden-Baden 1997, S. 231-251

Guicciardini, F.: *Vom politischen und bürgerlichen Leben. »Ricordi«*, neugeordnet und eingeleitet von E. Grassi, übertragen und mit einem Anhang versehen von K. J. Partsch, Berlin o. J.

Hirschman, A. O.: *Engagement und Enttäuschung. Über das Schwanken der Bürger zwischen Privatwohl und Gemeinwohl*, übers. v. S. Offe, Frankfurt/M. 1984

Hitzler, R.: »Der unberechenbare Bürger. Über einige Konsequenzen der Emanzipation der Untertanen«, in: U. Beck (Hg.): *Kinder der Freiheit*, Frankfurt/M. 1997, S. 175-194

Klages, H.: »Der ›schwierige Bürger‹ – Bedrohung oder Zukunftspersonal?«, in: W. Weidenfeld (Hg.): *Demokratie am Wendepunkt. Die demokratische Frage als Projekt des 21. Jahrhunderts*, Berlin 1996, S. 233-253

König, R.: *Niccolò Machiavelli. Zur Krisenanalyse einer Zeitenwende*, München/Wien 1979 [1941]

Krause, S./K. Malowitz: *Michael Walzer zur Einführung*, Hamburg 1998

Kullmann, W.: »Theoretische und politische Lebensform bei Aristoteles«, in: *Aristoteles. Die Nikomachische Ethik*, hg. v. O. Höffe, Berlin 1995, S. 253-276

Landino, C.: *Camaldulensische Gespräche*, übers. u. eingeleitet von E. Wolf, Jena 1927

Larmore, Ch. E.: *Patterns of Moral Complexity*, New York u. a. 1987

Machiavelli, N.: *Discorsi. Gedanken über Politik und Staatsführung*, übers., eingeleitet und erläutert von R. Zorn, Stuttgart 1966

MacIntyre, A.: *Der Verlust der Tugend. Zur moralischen Krise der Gegenwart*, Frankfurt/M. 1995

Marx, K.: »Der achtzehnte Brumaire des Louis Bonaparte«, in: K. Marx/F. Engels: *Werke*, Bd. 8, Berlin 1975, S. 111-207

Mossé, C.: *Der Zerfall der athenischen Demokratie (404-86 v. Chr.)*, übers. v. E. Piras, Zürich/München 1979

Mossé, C.: *Der Prozess des Sokrates. Hintermänner, Motive, Auswirkungen*, Freiburg/Br. 1999

Münkler, H.: *Machiavelli. Die Begründung des politischen Denkens aus der Krise der Republik Florenz*, Frankfurt/M. 1982

Münkler, H.: »Politische Partizipation oder bürgerliche Sekurität. Der Rückzug des Bürgers aus der Politik in der italienischen Renaissance«, in: J. Schmidt (Hg.): *Aufklärung und Gegenaufklärung in der europäischen Literatur, Philosophie und Politik von der Antike bis zur Gegenwart*, Darmstadt 1989, S. 168-183

Münkler, H.: »Republikanismus in der italienischen Renaissance«, in: P. Blickle/R. Moser (Hg.): *Traditionen der Republik – Wege der Demokratie*, Bern u. a. 1999, S. 41-71

Münkler, H.: »Ehre, Amt und Engagement. Wie kann die knappe Ressource Bürgersinn gesichert werden?«, in: *Forschungsjournal Neue soziale Bewegungen*, 13. Jg. 2000, H. 2, S. 22-32

Münkler, H./K. Fischer: »Gemeinwohl und Gemeinsinn. Thematisierung und Verbrauch soziomoralischer Ressourcen in der modernen Gesellschaft«, in: *Berichte und Abhandlungen der Berlin-Brandenburgischen Akademie der Wissenschaften*, Bd. 7, Berlin 1999, S. 237-265

Pocock, J. G. A.: *The Machiavellian Moment. Florentine Political Thought and the Atlantic Republican Tradition*, Princeton 1975

Putnam, R. D.: *Bowling Alone. The Collapse and Revival of American Community*, New York 2000
Putnam, R. D. et al.: *Making Democracy Work. Civic Traditions in Modern Italy*, Princeton 1993
Ritter, J.: »Das bürgerliche Leben. Zur aristotelischen Theorie des Glücks«, in: J. Ritter: *Metaphysik und Politik. Studien zu Aristoteles und Hegel*, Frankfurt/M. 1967, S. 57-107
Rorty, R.: *Kontingenz, Ironie und Solidarität*, Frankfurt/M. 1989
Rubinstein, N.: *The Government of Florence under the Medici (1434-1494)*, Oxford 1966
Sandel, M.: *Liberalism and the Limits of Justice*, Cambridge 1982
Sandel, M.: *Liberalismus oder Republikanismus. Von der Notwendigkeit der Bürgertugend*, übers. v. J. Schulte, Wien 1995
Schmidt, M. G.: *Demokratietheorien. Eine Einführung*, Opladen 1995
Scholz, P.: *Der Philosoph und die Politik. Die Ausbildung der philosophischen Lebensform und die Entwicklung des Verhältnisses von Philosophie und Politik im 4. und 3. Jahrhundert v. Chr.*, Stuttgart 1998
Shklar, J. N.: *Redeeming American Political Thought*, Chicago 1998
Shklar, J. N.: »The Liberalism of Fear«, in: N. Rosenblum (Hg.): *Liberalism and the Moral Life*, Cambridge 1989, S. 21-38
Skinner, Qu.: *Liberty Before Liberalism*, Cambridge 1998
Stephens, J. N.: *The Fall of the Florentine Republic 1512-1530*, Oxford 1983
Tarkiainen, T.: *Die athenische Demokratie*, München 1972
Taylor, Ch.: »Aneinander vorbei: Die Debatte zwischen Liberalismus und Kommunitarismus«, in: A. Honneth (Hg.): *Kommunitarismus. Eine Debatte über die moralischen Grundlagen moderner Gesellschaften*, Frankfurt/M. 1993, S. 103-130
Taylor, Ch.: *Negative Freiheit? Zur Kritik des neuzeitlichen Individualismus*, Frankfurt/M. 1988
Thukydides: *Geschichte des Peloponnesischen Krieges*, hg. u. übertragen von G.-P. Landmann, München 1973
Voegelin, E.: *Die politischen Religionen*, hg. v. P. J. Opitz, München 1993
Walzer, M.: »Das geteilte Selbst. Vom Pluralismus der inneren Beziehungen«, in: M. Walzer: *Lokale Kritik – globale Standards. Zwei Arten moralischer Auseinandersetzung*, Hamburg 1996, S. 11-135
Walzer, M.: »Was heißt zivile Gesellschaft?«, in: M. Walzer: *Zivile Gesellschaft und amerikanische Demokratie*, Berlin 1992, S. 64-97

Dieter Rucht
Soziale Bewegungen als Signum demokratischer Bürgergesellschaft

In modernen, hochgradig arbeitsteilig organisierten Gesellschaften erscheinen soziale Bewegungen manchen Beobachtern als Anachronismus. Sie gelten als lästige Störenfriede, lärmende Minderheiten, rückwärts gewandte Träumer oder gar als Gefahr für die Demokratie. Gemäß dieser Sichtweise sind soziale Bewegungen Fremdkörper in einem leistungsfähigen System politischer Interessenvermittlung, das auf den Säulen von Verbänden, Parteien und den ihre Positionen widerspiegelnden Massenmedien ruht. Im Unterschied zu Parteien und Verbänden haben soziale Bewegungen auch keinen ausdrücklichen Platz in den modernen Verfassungen. Zwar sind Existenz und Aktivitäten von sozialen Bewegungen durch Vereinigungs-, Versammlung- und Meinungsfreiheit geschützt, doch herrscht namentlich in konservativen Kreisen die Vorstellung, politische Aktivitäten hätten sich tunlichst auf die institutionalisierten Formen der Interessenvermittlung zu konzentrieren. Teilweise wird sogar empfohlen, die Bürgerbeteiligung im Wesentlichen auf die politische Wahl zu konzentrieren. Mit ihrer Möglichkeit, die herrschenden Eliten auszutauschen, gilt die freie und allgemeine Wahl als ein im Kern hinreichendes Merkmal leistungsfähiger Demokratie (Schumpeter 1995, Downs 1975), während alle sonstigen Versuche bürgerschaftlicher Einflussnahme bestenfalls als nachrangig betrachtet werden. Entsprechend wird die Artikulation von Interessen außerhalb von Parteien und Wahlen auf eine bloße Informationsfunktion für die formellen Entscheidungsträger reduziert. Bewegungen sind dann, ähnlich den Meinungsumfragen, nicht mehr als ein nützliches Stimmungsbarometer. Sie zeigen potenzielle Probleme an und mögen insofern unter dem Gesichtspunkt der Systemstabilität und Machterhaltung von Interesse sein. Aber sie sind nicht strukturell auf Entscheidungsprozesse und Problemlösungen zugeschnitten und deshalb auch nicht in den institutionalisierten Verfahren der politischen Willensbildung vorgesehen.

Dagegen wird hier eine andere Auffassung der Rolle und

Funktion von sozialen Bewegungen vertreten. Soziale Bewegungen waren nicht nur die Geburtshelfer der modernen Demokratie, sondern sie bilden, so die *Leitthese* dieses Beitrags, ein wichtiges und durchaus zeitgemäßes Element der demokratischen Bürgergesellschaft. Parteien, Verbände und Massenmedien haben soziale Bewegungen nicht ersetzt und werden sie auch künftig nicht ersetzen können. Im Verhältnis zu ihnen erfüllen soziale Bewegungen unverzichtbare Komplementärfunktionen, die in ihrer Gesamtheit – aber nicht in jedem Einzelfall – eine Stärkung von Demokratie bedeuten.

Im Folgenden wird diese These in zwei Schritten entfaltet. Erstens lokalisiere ich soziale Bewegungen innerhalb des Systems politischer Interessenvermittlung und grenze sie in ihrer Besonderheit von politischen Parteien und Verbänden ab. Zweitens werden die wichtigsten Funktionen sozialer Bewegungen für eine vitale, demokratische Bürgergesellschaft im Einzelnen diskutiert. Dabei soll nicht verkannt werden, dass die Erfüllung dieser Funktionen nicht per se durch das Formprinzip der Bewegung garantiert ist, können doch Bewegungen auch antidemokratische Haltungen einnehmen.

1. Soziale Bewegungen als Teil des intermediären Sektors

Der Begriff und die empirische Erscheinungsform sozialer Bewegung entstanden im 18. Jahrhundert (vgl. Frese 1971, S. 880-882; Rammstedt 1978), dem Jahrhundert der Aufklärung, und somit in der Geburtsphase moderner Demokratie. Damit gewann der Gedanke an Gestalt, dass Menschen Geschichte machen, Zukunft gestalten und sich dabei über die Bindungen an Tradition hinwegsetzen können. Vormoderne Aufstände, Erhebungen und Revolten, die sich gegen die Verletzung althergebrachter Rechte richteten, sind demnach nicht im strikten Sinne soziale Bewegungen (vgl. Rucht 1999).

Soziale Bewegungen zielen in letzter Konsequenz auf die Grundlagen von Gesellschaft. Sie gehen damit in inhaltlicher Hinsicht über begrenztere Vorhaben, etwa einzelne Kampagnen, die sich auf ein bestimmtes Politikfeld oder einen punktuellen Missstand richten, hinaus. In struktureller Hinsicht weisen soziale Bewegungen einen mittleren Organisationsgrad auf. Sie unterscheiden sich damit einerseits von spontanen bzw. kurzlebigen kollektiven sozialen Phänomen wie z. B. der Panik oder der Ghettorevolte, andererseits aber auch von formellen Organisationen wie z. B. einer Kirche, einem Betrieb, einer Partei oder einer Staatsverwaltung. Zwar können soziale Bewegungen formelle Organisationen einschließen, doch sind sie in ihrer Gesamtheit keine Organisation. Sie verfügen über keine Statuten und verbindlichen Programme, keine festen Mitgliedschaftskriterien, keine mit formeller Entscheidungskompetenz ausgestatteten Führungsorgane. Bewegungen existieren vielmehr als ein *netzwerkförmiger* Verbund von Personen, Gruppen und Organisationen – ein Verbund, der eine auf gemeinsamen Elementen (insbesondere Problemwahrnehmungen und Zielsetzungen) beruhende kollektive Identität aufweist. Schließlich zeichnen sich soziale Bewegungen dadurch aus, dass sie mangels anderer Möglichkeiten der Einflussnahme bevorzugt zum Mittel des kollektiven und öffentlichen Protests greifen. Dieses Mittel ist zwar nicht ausschließlich Bewegungen vorbehalten, stellt aber doch die für sie zentrale Form der Selbstdarstellung und Einflussnahme dar. Zusammenfassend kann man demnach eine soziale Bewegung definieren als »ein auf gewisse Dauer gestelltes und durch kollektive Identität abgestütztes Handlungssystem mobilisierter Netzwerke von Gruppen und Organisationen, welche sozialen Wandel mit Mitteln des Protests – notfalls bis hin zur Gewaltanwendung – herbeiführen, verhindern oder rückgängig machen wollen« (Rucht 1994, S. 76f.).

Dieses Verständnis von sozialer Bewegung erlaubt auch prinzipielle Abgrenzungen gegenüber Parteien und Verbänden, die möglicherweise ebenfalls sozialen Wandel herbeiführen oder verhindern wollen (vgl. Rucht 1993). Parteien sind Organisationen, die auf Machterwerb durch die Besetzung politischer Ämter auf der Grundlage von Wählerstimmen zielen. Das unterscheidet sie von sozialen Bewegungen, aber auch von Verbänden. Anders als Bewegungen besitzen Verbände nicht nur die formale Gestalt von Organisationen, sondern vertreten in der Regel relativ eng begrenzte Mitgliederinteressen. Ebenso wie Parteien – und im Unterschied zu sozialen Bewegungen – nutzen Verbände zudem überwiegend konventionelle Formen politischer Artikulation und Intervention, zumal sie häufig über institutionelle Zugänge zu politischen Verfahren und Entscheidungen verfügen bzw. unter Ausschluss der Öffentlichkeit direkt mit staatlichen Administrationen verhandeln. Dies kann in Extremfällen sogar dazu führen, dass Verbände einzelne Politikfelder regelrecht beherrschen, sodass von »Verbandsherzogtümern« (Theodor Eschenburg) oder einer »clientele capture« ganzer Verwaltungszweige gesprochen wird. Dagegen ist öffentlicher Protest für Verbände und Parteien lediglich ein ergänzendes, auf Ausnahmesituationen beschränktes Mittel der Interessenvertretung.

Aus ihren strukturellen Besonderheiten ergibt sich auch, dass soziale Bewegungen im Feld der politischen Interessenvermittlung, also in der Zone zwischen der alltäglichen Lebenswelt der Bürgerinnen und Bürger und den politisch-administrativen Institutionen, eine etwas andere Lagerung aufweisen als Parteien und Verbände. Soziale Bewegungen sind stärker in der Lebenswelt verhaftet, beanspruchen sie doch, die Motive und Bedürfnisse ihrer Anhängerschaft direkt und unverfälscht, v. a. ohne die nicht immer uneigennützige Vertreterrolle von Apparaten und Funktionären, zur Geltung zu bringen. Diese Eigenschaft verleiht Bewegungen ihr drangvolles, emphatisches, stimmungsgebundenes, aber zugleich auch unstetiges, schwer berechenbares Erscheinungsbild, was sie aus Sicht etablierter Akteure oft suspekt macht. Dagegen sind Parteien und Verbände zumal mit ihren Führungsspitzen in die politisch-administrativen Verfahren und Policy-Netzwerke eingebunden. Entsprechend müssen sie auf Beständigkeit, Berechenbarkeit, Seriosität und Regelkonformität bedacht sein. Das kann allerdings eine Distanz oder gar Entfremdung von der politischen »Basis« mit sich bringen, v. a. wenn Kompromisse und taktische Rücksichtnahmen zunehmend das Organisationshandeln bestimmen (Streeck 1987). Je enger und verbindlicher die Einbindung in das politisch-administrative System, desto eher drohen Parteien und Verbände auch die »Bodenhaftung« zu ihren Mitgliedern zu verlieren, für welche dann soziale Bewegungen an Attraktivität gewinnen.

Parteien, Verbände und Bewegungen sind somit in einem Zusammenhang zu sehen. Sie bilden Elemente innerhalb eines weit verzweigten Systems, bei dem sich, analog zu kommunizierenden Röhren, Veränderungen an einer Stelle an ganz anderer Stelle auswirken können. Dabei handelt es sich zumeist nicht um Nullsummenspiele, in denen die Gewinne der einen Seite notwendig auf Verlusten der anderen Seite beruhen. Parteien, Verbände und

Bewegungen sind zudem, wie die relativierenden Formulierungen bereits angedeutet haben, in ihren empirischen Formen nicht immer klar unterscheidbar. Einerseits können Parteien und Verbände in Bewegungskontexte und Bewegungskampagnen eingebunden werden, ihre formalen Strukturen auflockern und dabei eine hybridartige, bewegungsnähere Gestalt annehmen. Andererseits können Bewegungen einem Formwandel in Richtung Institutionalisierung unterliegen und, wie das Beispiel der Arbeiterbewegung zeigt, allmählich ihren Bewegungscharakter abstreifen, indem sie sich in reguläre Parteien und Verbände transformieren. Neben relativ reinen Bewegungen, Verbänden und Parteien finden wir somit diverse Misch- und Übergangsformen, die sich eindeutigen Zuordnungen entziehen. Mit Blick auf verschiedene Typen und Phasen von Gesellschaft ergeben sich demnach unterschiedliche Konstellationen mit schwachen oder starken, isolierten oder mit Parteien und Verbänden eng verflochtenen, staatsnäheren oder staatsfernen Bewegungssegmenten. Die empirischen Ausprägungen ganzer Systeme der Interessenvermittlung sind in der bisherigen politischen Soziologie nicht einmal ansatzweise und schon gar nicht gesellschaftsvergleichend untersucht worden, herrscht doch eine relativ strikte Arbeitsteilung zwischen Parteien-, Verbände- und Bewegungsforschung. Dieses gravierende Defizit kann hier nicht ausgeglichen werden. Im folgenden Schritt geht es vielmehr um das weitaus bescheidenere Vorhaben, die allgemeinen Funktionen sozialer Bewegungen innerhalb des Typus westlicher, moderner Demokratie aufzuzeigen.

2. Die Rolle von sozialen Bewegungen in der Bürgergesellschaft

Als der französische Adlige Alexis de Tocqueville 1830/31 die USA bereiste, war er beeindruckt von der Dichte und Vitalität der dortigen bürgerschaftlichen Assoziationen. In ihnen sah er einen Garanten für eine lebensfähige und freiheitsverbürgende Demokratie, in der staatliche Machtansprüche durch eine starke Zivilgesellschaft eingehegt und kontrolliert werden (vgl. Tocqueville 1988). Diese positive Sicht bürgerschaftlicher Aktivität ist bis heute dominierend, wenngleich, wie einleitend bereits angedeutet, nicht ohne Widerspruch geblieben. Entsprechend gilt ein schwach entwickeltes zivilgesellschaftliches Assoziationswesen, wie es für den Typus der »Massengesellschaft« als charakteristisch angesehen wurde, unter funktionalen Gesichtspunkten als prekär und unter demokratischen Gesichtspunkten als fragwürdig (vgl. Kornhauser 1959). Auch die Tatsache, dass autoritäre bzw. totalitäre Systeme freie (politische) Assoziationen unterdrücken, lässt indirekt auf deren demokratieförderliche Wirkung schließen.

Neuere Diskussionen um Kommunitarismus und Zivilgesellschaft bestätigen die hohe Wertschätzung bürgerschaftlicher Aktivität. Eine prägnante Position wird dabei von dem US-amerikanischen Politikwissenschaftler Robert Putnam eingenommen. Er sieht in den vielfältigen Vereinigungen – vom Kegelclub über die freiwillige Feuerwehr und wohltätige Vereine bis hin zu den Parteien – ein »soziales Kapital«, in dem der Wille zur Vergemeinschaftung, die Verantwortung für Kollektivgüter und damit letztlich auch die Qualität von Demokratie ihren Ausdruck finden (Putnam 1993, 1995). Ein Rückgang des sozialen Kapitals, wie ihn Putnam – nicht ohne Widerspruch anderer Forscher – für die USA glaubt feststellen zu können, wird zugleich als Schwächung demokratischer Lebenskraft interpretiert. In diesem Kontext sind auch die von Putnam nur am Rande angesprochenen und in seinen empirischen Hinweisen systematisch vernachlässigten sozialen Bewegungen zu sehen. Inwiefern stellen soziale Bewegungen, deren Bedeutung in den letzten Jahrzehnten eher zu- als abgenommen hat,[1] ein gesellschaftliches Kapital dar, das einer demokratischen Gesellschaft zuträglich ist?

2.1 Soziale Bewegungen als demokratisches »Kapital«

Eine erste, positiv zu bewertende Funktion sozialer Bewegungen besteht darin, dass sie einen aussagekräftigen Problemindikator darstellen. Während Meinungsumfragen eher latente Stimmungen und Unzufriedenheiten in der Bevölkerung anzeigen, die nicht notwendig in praktisches Handeln münden, erzeugen soziale Bewegungen kollektive und öffentlich sichtbare Mobilisie-

1 Zur wachsenden Bedeutung von Protest und sozialen Bewegungen in der Bundesrepublik vgl. Neidhardt/Rucht 1999.

rungen (vgl. Neidhardt 1994), die als solche bereits bestimmte Hürden – v. a. individuelle Trägheiten und Organisationskosten – überwinden mussten. Soziale Bewegungen verweisen damit auf ungelöste Probleme der Vertretung und Durchsetzung von Interessen im Rahmen der vorgesehenen formellen Kanäle politischer Willensbildung und Einflussnahme. Sie zeigen strukturelle Defizite an, die von konventionellen politischen Akteuren und Institutionen zunächst nicht erkannt oder berücksichtigt wurden. Soziale Bewegungen sind somit ein instruktives Informations- und Warnsystem für die etablierte Politik wie auch die interessierte Öffentlichkeit, das über Blind- und Schwachstellen der Interessenvermittlung Auskunft geben kann und möglicherweise zu Korrekturmaßnahmen veranlasst.

Eine zweite positive Funktion sozialer Bewegungen besteht darin, dass diese zu einem nicht unerheblichen Teil eine anwaltschaftliche Interessenvertretung für benachteiligte soziale Gruppen bzw. für Aspekte des Gemeinwohls übernehmen. In der Kritik an den Annahmen pluralistischer Demokratietheorie ist zu Recht betont worden, dass keineswegs alle relevanten Interessen im Rahmen des herkömmlichen Parteien- und Verbändesystems ihren angemessenen Ausdruck finden. Während bestimmte Interessen bevorzugt bedient werden und, auf Dauer gestellt, korporatistische oder klientelistische Systeme begründen, werden andere Interessen, namentlich solche, die sich als wenig organisations- und konfliktträchtig erweisen bzw. die fernere Zukunft betreffen, im herkömmlichen politischen Kräftespiel systematisch vernachlässigt (Willems/von Winter 2000). Oft sind es soziale Bewegungen, die solche vernachlässigten Interessen aufgreifen, überhaupt erst öffentlich sichtbar machen und um die Anerkennung ihrer Legitimität ringen. Das gilt z. B. für Bewegungen und Gruppierungen, die sich einsetzen für die Rechte von Asylbewerbern und in ihrer Existenz bedrohten indigenen Völkern, für die Gleichstellung von Frauen, für ökologische Belange und Tierschutz, für den langfristigen Erhalt der natürlichen Lebensgrundlagen. Derartige Belange drohen durch das Raster partei- und verbandsförmiger Politik zu fallen, weil sie nicht oder nur schwer in Wählerstimmen bzw. eine Erweiterung von Organisationsmacht umgemünzt werden können. Bewegungen vermag in diesen Fällen eine wichtige ergänzende Funktion zum herkömmlichen System der Interessenvertretung zukommen. Auch wenn sie selbst meist nur in der Lage sind, solche Interessen zu artikulieren, so kann dies doch derart öffentlichkeits- und massenwirksam geschehen, dass die etablierten Akteure nicht umhin kommen, diese Interessen aufzugreifen.

Eine dritte Funktion sozialer Bewegungen besteht darin, Kontrolle und sogar kritische Gegenmacht gegenüber den etablierten gesellschaftlichen und politischen Kräften auszuüben. Dies wird v. a. dann bedeutsam, wenn die Massenmedien und/oder die parlamentarische Opposition ihrer Rolle der Herstellung von Transparenz und der Kontrolle von Herrschaftsausübung nur unzureichend nachkommen, sei es, weil sich oligopolartige Strukturen und enge Verflechtungen herausgebildet haben, sei es, weil ein populistischer Politikstil gepflegt wird, bei dem symbolische oder gar manipulative Politik an die Stelle der rationalen Begründung politischer Vorhaben und Entscheidungen tritt. Zwar sind auch soziale Bewegungen nicht unbedingt Horte des rationalen Diskurses und abwägender Stellungnahmen, neigen sie doch zur Zuspitzung und Dramatisierung. Allerdings können Bewegungen gerade in ihrem Radikalismus insofern eine Balance herstellen, als sie das zentristische Meinungsspektrum auflockern, Vernachlässigtes und Verdrängtes ans Licht holen sowie etablierte Interessen- und Machtkartelle zu Rechtfertigungen zwingen. Hinzu kommt, dass Bewegungen – im Unterschied zu Parteien, Verbänden und Massenmedien – wenig zu verlieren haben. Sie können relativ frei von Kalkülen der Erhaltung von Macht und Marktanteilen auftreten (vgl. Habermas 1992, S. 443 ff.), ihre Kritik unverblümt und unverwässert vortragen, Verantwortung einklagen, Alternativen formulieren. Oft sind es auch soziale Bewegungen, die in ihrer Tragweite zunächst verschleierte oder unterschätzte Konsequenzen anstehender oder bereits getroffener politischer Entscheidungen aufzeigen. Mit der von Bewegungen erzwungenen Verzögerung bzw. Blockade der Umsetzung von Entscheidungen entstehen nicht nur unliebsame Kosten und Reibungsverluste. Im Rückblick haben sich manche der dadurch bedingten Bedenkpausen und Korrekturen als durchaus sinnvoll erwiesen, teilweise auch eine höchstrichterliche Bestätigung erfahren. Dank der Kritik von sozialen Bewegungen wurden beispielsweise die Sicherheitsanforderungen an Atomkraftwerke erhöht, der Datenschutz im Rahmen von Volkszählungen verbessert und der Verbraucherschutz erweitert.

Neben den positiven Konsequenzen von Konflikt,[2] Kritik und Widerstand kann, viertens, eine weitere Funktion sozialer Bewegungen darin bestehen, dass sie gelegentlich selbst Innovationen und kreative Lösungswege für bestimmte Probleme anzubieten haben. Eher als offizielle Beratungsgremien sowie einzelnen Parteien oder Interessengruppen nahe stehende Think Tanks können soziale Bewegungen als Werkstätten der Zukunft fungieren. Gerade weil Bewegungen sich in der Regel nicht an die herrschenden Verhältnisse gebunden fühlen, sind sie prädestiniert, Alternativen zum Bestehenden auszuhecken. Manches davon mag sich als purer Wunschtraum enthüllen und rückblickend als Kuriosum oder abstrakte Utopie ad acta gelegt werden. Anderes dagegen ist konkrete Utopie, realistischer Vorgriff auf eine Zukunft, der – zunächst belächelt und verspottet – zumindest in abgeschwächter Form Gestalt annimmt und schließlich späteren Generationen zur Selbstverständlichkeit wird. Das Verbot der Sklaverei, die Religionsfreiheit und das Wahlrecht für Frauen gehören zu solchen Errungenschaften. Die potenzielle Stärke von Bewegungen liegt darin, dass sie sich nicht mit vorgeblichen Sachzwängen, nicht mit immanenten Korrekturen des Bestehenden bescheiden, sondern das zunächst Undenkbare denken. In besonderen historischen Momenten bereiten sie damit einem politischen Paradigmenwechsel Bahn, der, im Rahmen eines neuen Ordnungssystems, bessere und zeitgemäßere Lösungen für gesellschaftliche Probleme zulässt.

Zum fünften können Bewegungen ein Übungs- und Lernfeld für praktizierte Demokratie darstellen. Dies gilt einmal nach innen hin, wenn es darum geht, die Bedürfnisse und Meinungen der Bewegungsanhänger zur Geltung zu bringen, deren unterschiedliche Fähigkeiten und Talente zu fördern, Entscheidungen möglichst frei von Zwang, Status und Hierarchie herbeizuführen, den Einfluss von Bürokratien, Funktionären und »Führern« zu beschränken. Dies gilt zum anderen in der Kommunikation mit der Außenwelt und namentlich im öffentlichen Diskurs. Bewegungen können sich zwar mit Drohgebärden und radikalen Aktionen bemerkbar machen, müssen sich jedoch zugleich als glaubwürdig und argumentationsstark erweisen, wollen sie breite und längerfristige Zustimmung erlangen. Bewegungen können nicht wie

2 Zu den stabilisierenden Funktionen von sozialem Konflikt vgl. Coser 1965.

Regierungen auf formelle Entscheidungskompetenz, nicht wie Parteien auf die Legitimation kraft Wählerstimmen, nicht wie Verbände auf ihre Vertretungsfunktion für eindeutig ausgewiesene Mitglieder pochen. Erst wenn sie von einer Vielzahl von Bürgerinnen und Bürgern ernst genommen werden, besteht die Chance, dass die etablierten Kräfte die Themen und Forderungen sozialer Bewegungen in Rechnung stellen. Diese Zustimmung lässt sich nicht wie bei Parteien durch Wahlversprechen oder wie bei Verbänden durch klientelspezifische Gratifikationen erkaufen, sondern muss durch Appelle, Argumente und richtungsweisende Lösungsangebote eingeworben werden.

Stärker als Parteien und Verbände, die selbst bei weitgehender Passivität ihrer Mitglieder auf Grund eines bürokratischen Apparats durchaus erfolgreich sein können, sind Bewegungen auf das »commitment«, die aktive, hingebungsvolle Mitarbeit ihrer Anhänger angewiesen. Breite Partizipation ist für Bewegungen eine Überlebensnotwendigkeit. Damit liegt es nahe, Einsatzbereitschaft nicht nur für das Kollektivgut Bewegung zu stimulieren und damit den Tendenzen der Individualisierung entgegenzusteuern, sondern, im Zuge eines weiterreichenden politischen Sozialisationsprozesses, die Verantwortungsbereitschaft für Kollektivgüter im Sinne einer universalistischen Moral zu fördern. In dieser Hinsicht sind soziale Bewegungen nicht nur demokratieverträglich, sondern bilden geradezu ein Lebenselixier einer partizipatorischen, »starken« oder »assoziativen« Demokratie (Pateman 1970, Barber 1985, Hirst 1994).

Mit diesen positiven Funktionen sozialer Bewegungen werden jedoch nur Möglichkeiten bzw. Wahrscheinlichkeiten bezeichnet. Bewegungen können diese Möglichkeiten auch verfehlen und, mehr noch, demokratischen Ideen und Prinzipien zuwiderlaufen. Das soll im Folgenden kurz ausgeführt werden.

2.2 *Soziale Bewegungen als Problem und Bedrohung für Demokratie*

Nach den Gesichtspunkten demokratischer Theorie können die Aktivitäten sozialer Bewegungen dann fragwürdig werden, wenn die Schwelle zur Illegalität erreicht oder gar eindeutig überschritten wird. V. a. von konservativer Seite ist immer wieder beklagt worden, dass manche Bewegungsgruppen dazu neigen, sich über die formell legitimierten Entscheidungsträger – in erster Linie Parlamente und Regierungen – zu stellen, indem sie deren Kompetenzen und Entscheidungen ausdrücklich missachten und damit die Prinzipien von repräsentativer Demokratie und der Rechtsbindung politischen Handelns verletzen. In der Tat handelt es sich in diesen Fällen um einen grundsätzlich problematischen Vorgang, der allenfalls unter besonderen Umständen zu rechtfertigen ist. Der bloße Hinweis auf eine direkte Betroffenheit, das individuelle Gewissen oder eine ad hoc postulierte höhere Legitimität der eigenen Position kann jedenfalls nicht genügen, um illegale Formen des Widerstandes gegen rechtsförmig zu Stande gekommene Entscheidungen zu begründen. In diesem Zusammenhang ist auch der zuweilen leichtfertige Rekurs auf ein Widerstandsrecht oder zivilen Ungehorsam zu kritisieren, die beide an hohe Voraussetzungen gebunden sind und erst bei deren Geltung als demokratieverträglich, wenn nicht sogar als demokratieverbürgend anzusehen sind. Andererseits offenbart sich zuweilen auch ein unduldsamer, repressiver und sachlich nicht zu rechtfertigender Umgang mit protestierenden Gruppen und deren Praxis zivilen Ungehorsams. In blinder Anwendung des Legalitätsprinzips werden dann Protestierende zu »Chaoten« oder »Kriminellen« abgestempelt, ohne sich mit ihren Motiven und Argumenten auseinander zu setzen, ohne die Möglichkeit zu reflektieren, dass eine legale Entscheidung deshalb fragwürdig, ja illegitim sein kann, weil sie auf Grund von Fehlinformation, Desinformation oder politischer Verfilzung zu Stande gekommen ist. Gerade angesichts des juristisch durchaus konventionellen Gebots, Motive und Umstände einer Tat in Rechnung zu stellen, ist es begrüßenswert, wenn das Bundesverfassungsgericht seine ältere, äußerste restriktive Grundsatzposition zum Umgang mit zivilem Ungehorsam (etwa in Form von Sitzblockaden) korrigiert hat und, sichtbar etwa am so genannten Brokdorf-Urteil von 1986, einer liberalen Auslegung des Demonstrationsrechts zuneigt – eines Rechts, das von exekutiven Organen in der Bundesrepublik mehrfach durch Verbote, Einkesselungen von Demonstranten und andere Maßnahmen verletzt wurde.

Ist also die hier nicht im Einzelnen zu diskutierende Frage des politischen, moralischen und juristischen Umgangs mit bestimmten Protestformen sehr differenziert zu behandeln und gleichzeitig festzuhalten, dass ein selbstdiszipliniertei ziviler Ungehorsam eher als Indikator denn als Bedrohung demokratischer Werthaltungen angesehen werden kann, so gilt dies nicht für die ritualisierten Rechtsverletzungen mancher politischer Gruppen, darunter eines Teils der so genannten Autonomen. Mögen auch hier nach innen hin demokratische Ansprüche und Umgangsweisen überwiegen, so hat sich doch nach außen hin die Attitüde der Provokation verselbständigt. Sie wird zum inhaltsentleerten, auf die Anstrengung der Überzeugungsarbeit verzichtenden Ritual, das reflexhaft und zuweilen auch bloß kalendarisch begründet – etwa in den Krawallen zum 1. Mai in Berlin – inszeniert wird. Lediglich die zahlenmäßige Begrenztheit dieser Gruppen und ihre relative Isolierung gegenüber dem breiteren links-alternativen Spektrum macht ihre Existenz für die Bürgergesellschaft erträglich. Dies sollte aber nicht vergessen lassen, dass es sich hier um Formen der politischen Intervention handelt, die auch dann nicht mit demokratischen Prinzipien vereinbar sind, wenn die Kritik an gesellschaftlichen Missständen (etwa Wohnungsleerstand, soziales Elend usw.) sachlich berechtigt sein sollte.

Schließlich ist, von verschiedenen Spielarten des Terrorismus ganz abgesehen, auf die Existenz antidemokratischer Bewegungen hinzuweisen. Als solche sind nicht diejenigen sozialen und politischen Bewegungen zu bezeichnen, die im Eifer des Gefechts oder in der kühl kalkulierten Anwendung zivilen Ungehorsams das Legalitätsprinzip verletzen, sondern Bewegungen, die sich ausdrücklich und systematisch gegen Menschen- und Bürgerrechte, gegen demokratische Verfahren und Institutionen richten. Das Bewegungsprinzip lässt sich nicht reinhalten, indem man es, wie von manchen Sozialwissenschaftlern vorgeschlagen, für demokratische Bestrebungen reserviert (so z. B. Hofmann 1970, S. 7; Butterwege 1994, S. 39). Wir haben vielmehr anzuerkennen, dass es antidemokratische soziale Bewegungen gab und gibt. Die Alte Rechte und der Faschismus, aber auch die Neue Rechte entsprechen zumindest teilweise und phasenweise den hier vorgestellten Merkmalen einer sozialen Bewegung (vgl. Koopmans/Rucht 1996). Ob von ihnen eine Gefährdung der Demokratie ausgeht, ist v. a. eine Frage der jeweiligen Größe, Beständigkeit und Entschiedenheit der pro- und antidemokratischen Lager. Anders als die Weimarer Republik erweist sich die Bonner und – neuerdings – Berliner Republik als standfest. Allerdings zeugt das sporadische, seit den frühen neunziger Jahren jedoch massivere Auftreten antidemokratischer Bewegungen von der hässlichen Seite dieser Republik. Solchen Bewegungen ist nicht vorrangig mit polizeilichen, sondern mit politischen Mitteln zu begegnen. Hier liegt auch ein besonderes Verdienst prodemokratischer Bewegungen, die durch einzelne herausragende Gegenkampagnen und Einzelaktionen (etwa Lichterketten) wie auch durch die eher unspektakuläre Arbeit von Bürgerrechtsgruppen die andere und bessere Seite der Republik verkörpern und dafür sorgen, dass die Kategorie soziale Bewegung nicht so diskreditiert wird, wie dies durch den Faschismus geschah.

3. Fazit und Perspektiven

Nur im Rahmen naiver, in der heutigen Wissenschaft nicht mehr ernsthaft vertretener Pluralismustheorien wird eine Situation unterstellt, in welcher die in einer Gesellschaft vorhandenen Interessen und Forderungen in ihrer ganzen Breite durch Parteien und Verbände politisch repräsentiert und zudem im Sinne eines ausgewogenen Kompromisses in politische Entscheidungen übersetzt werden. Nur dann wären soziale Bewegungen überflüssig. Die Wirklichkeit sieht anders aus. Soziale Bewegungen haben zwar nicht in den Verfassungen, aber doch in der Realität moderner demokratischer Systeme einen festen Platz. Die bloße Existenz sozialer Bewegungen verweist auf Defizite – Defizite, die nicht nur punktuelle oder sektorale Versäumnisse konventioneller Mechanismen der Interessenvertretung anzeigen, sondern diesen strukturell zu eigen sind. Im Unterschied zu den eher trägen, bürokratisierten und insgesamt zum Status quo neigenden Parteien und Verbänden sind soziale Bewegungen lockerer organisiert und können schneller auf neue Bedürfnisse und Herausforderungen reagieren;[3] sie vermögen zudem Stimmungslagen relativ unverzerrt und authentisch zu verkörpern, bieten Raum für breite und vielfältige Möglichkeiten politischer Beteiligung, sind experimentierfreudig, entwickeln gesellschaftliche und politische Alternativen, wagen Vorgriffe auf die Zukunft. In all dem sind sie nicht einzigartig und können keinerlei Monopol beanspruchen, bieten

3 Zu strukturellen Vorzügen sozialer Bewegungen vgl. Nedelmann 1984, S. 1039f.

aber doch einen Rahmen, in dem diese Funktionen wahrscheinlicher erfüllt werden als durch »die etablierten, weitgehend verstaatlichen Parteien und die großen, mit sozialer Macht ausgestatteten Verbände« (Habermas 1992, S. 453). Insofern ergänzen soziale Bewegungen das konventionelle System der Interessenvermittlung moderner Demokratien, sind also weder Fremdkörper noch Anachronismus. Auch unter den normativen Gesichtspunkten einer aktiven, partizipatorischen Demokratie, einer »Demokratie von unten« (Roth 1994, Koopmans 1995), ist es wünschenswert, wenn sich Bürgerinnen und Bürger direkt in ihre Angelegenheiten mischen und nicht ausschließlich auf ihre gewählten Repräsentanten verlassen.

Allerdings sind soziale Bewegungen kein politisches Allheilmittel. Zum Ersten können sie die Funktionen und Leistungen von Parteien und Verbänden nicht ersetzen. Bewegungen sind nicht wie Parteien Machterwerbsorganisationen, die sich kontinuierlich der ganzen Breite politischer Themen widmen und systematisch politisches Führungspersonal rekrutieren. Bewegungen sind auch zu sehr auf Widerspruch und Konflikt programmiert, um die Vielzahl von Routineaufgaben übernehmen zu können, die von Parteien und Verbänden erfüllt werden. Insofern knüpfen manche Kommentatoren auch zu große Hoffnungen an eine Zukunft, in der Bürgerinitiativen, Nichtregierungsorganisationen und sozialen Bewegungen die Rolle einer zentralen politischen Gestaltungsmacht zugedacht wird. Immerhin zeigt die gegen Ende des vergangenen Jahrhunderts grassierende, insbesondere bei jüngeren Generationen besonders ausgeprägte Unzufriedenheit mit Parteien und anderen formalen Interessenorganisationen, dass den informellen, locker gefügten Assoziationen eine stärkere politische Rolle zuzuwachsen scheint (Lawson/Merkl 1988, Richardson 1995).

Zum Zweiten ist zu bedenken, dass soziale Bewegungen selbst undemokratische Tendenzen entwickeln, ja sich gezielt und frontal gegen demokratische Prinzipien und Institutionen stellen können, sodass es, falls nicht starke Gegenbewegungen auf den Plan treten, Sache der etablierten Kräfte bleibt, demokratiefeindliche Bestrebungen in Schranken zu halten.

Überblickt man die politische Ausrichtung und die Aktivitäten der Bewegungen westlicher Länder in der zweiten Hälfte des 20. Jahrhunderts, so besteht gleichwohl wenig Anlass, pessimistisch in die absehbare Zukunft zu blicken. In der weitaus überwiegenden Mehrzahl handelt es sich um Bewegungen, die nach innen und außen hin demokratische Grundsätze verfochten und insofern Demokratien mit Leben erfüllt haben. Dass selbst autoritäre politische Systeme in Osteuropa und anderen Teilen der Welt durch soziale Bewegungen beseitigt wurden und damit die Zahl der weltweit existierenden Demokratien in den letzten Jahrzehnten beständig gewachsen ist, bestärkt den Eindruck, dass soziale Bewegungen ein wichtiges »Kapital« der demokratischen Bürgergesellschaft bilden.

Literatur

Barber, B.: 1995. *Strong Democracy: Participatory Politics for a New Age*, Berkeley, CA 1995

Butterwege, Ch.: »Mordanschläge als Jugendprotest – Neonazis als Protestbewegung?«, in: *Forschungsjournal Neue Soziale Bewegungen* 7, H. 4, 1994, S. 35-41

Coser, L. A.: *Theorie sozialer Konflikte*, Neuwied 1965 [1956]

Downs, A.: *An Economic Theory of Democracy*, New York 1957

Frese, J.: »Bewegung, politische«, in: *Historisches Wörterbuch der Philosophie*. Bd. 1, hg. von Joachim Ritter, Basel/Stuttgart 1971, S. 880-882

Habermas, J.: *Faktizität und Geltung*, Frankfurt/M. 1992

Hirst, P.: *Associative Democracy: New Forms of Economic and Social Government*, Cambridge, UK 1994

Hofmann, W.: *Ideengeschichte der sozialen Bewegung des 19. und 20. Jahrhunderts*, Berlin 1970

Koopmans, R.: *Democracy From Below: New Social Movements and the Political System in West Germany*, Boulder, CO 1995

Koopmans, R./Rucht, D.: »Rechtsradikalismus als soziale Bewegung?«, in: J. W. Falter/H.-G. Jaschke/J. R. Winkler (Hg.): *Rechtsextremismus. Ergebnisse und Perspektiven der Forschung*. Sonderheft 27 der *Politischen Vierteljahresschrift*, Opladen 1996, S. 265-287

Kornhauser, W.: *The Politics of Mass Society*, New York 1959

Lawson, K./Merkl P. H. (Hg.): *When Parties Fail: Emerging Alternative Organizations*, Princeton, NJ 1988

Nedelmann, B.: »New Political Movements and Changes of Processes of Intermediation«, in: *Social Science Information* 23, H. 6, 1984, S. 1029-1048

Neidhardt, F.: »Öffentlichkeit, öffentliche Meinung, soziale Bewegungen«, in: F. Neidhardt (Hg.): *Öffentlichkeit, öffentliche Meinung, soziale Bewegungen*, Sonderheft 1994 der *Kölner Zeitschrift für Soziologie und Sozialpsychologie*, Opladen 1994, S. 7-41

Neidhardt, F./Rucht, D.: »Protest und Protestgeschichte in der Bundesrepublik 1950-1994«, in: M. Kaase/G. Schmid (Hg.): *Eine lernende Demokratie. 50 Jahre Bundesrepublik Deutschland. Jahrbuch 1999 des WZB*, Berlin 1999, S. 129-164

Pateman, C.: *Participation and Democratic Theory*, London 1970

Putnam, R. D.: 1993. *Making Democracy Work: Civic Traditions in Modern Italy*, Princeton, NJ 1993

Putnam, R. D.: »Bowling Alone: America's Declining Social Capital«, in: *Journal of Democracy* 6, H. 1, 1995, S. 65-78

Rammstedt, O.: *Soziale Bewegung*, Frankfurt/M. 1978

Richardson, J.: »The Market for Political Activism: Interest Groups as a Challenge to Political Parties«, in: *West European Politics* 18, H. 1, 1995, S. 116-139

Roth, R.: *Demokratie von unten. Neue soziale Bewegungen auf dem Wege zur politischen Institution*, Köln 1994

Rucht, D.: »Parteien, Verbände und Bewegungen als Systeme politischer Interessenvermittlung«, in: O. Niedermayer/R. Stöss (Hg.): *Stand und Perspektiven der Parteienforschung*, Opladen 1993, S. 251-275

Rucht, D.: *Modernisierung und neue soziale Bewegungen. Deutschland, Frankreich und USA im Vergleich*, Frankfurt/M. 1994

Rucht, D.: »Gesellschaft als Projekt – Projekte in der Gesellschaft«, in: A. Klein/H. J. Legrand/T. Leif (Hg.): *Neue soziale Bewegungen – Impulse, Bilanzen und Perspektiven*, Opladen 1999, S. 15-27

Schumpeter, J. A.: *Kapitalismus, Sozialismus und Demokratie*, München ^{4}1975 [1942]

Streeck, W.: »Vielfalt und Interdependenz. Überlegungen zur Rolle von intermediären Organisationen in sich ändernden Umwelten«, in: *Kölner Zeitschrift für Soziologie und Sozialpsychologie* 39, H. 3, 1987, S. 471-495

Tocqueville, A. de: *Democracy in America*, hg. v. J. P. Mayer, übers. v. G. Lawrence, New York 1988 [1835-40]

Willems, U./T. von Winter (Hg.): *Politische Repräsentation schwacher Interessen*, Opladen 2000

Göttrik Wewer

Kleiner Mann ganz groß?

Verwaltung und ihre Klientel im 21. Jahrhundert

1. Jahrtausendwende als Epochenbruch?

Der Jahrhundertwechsel, der zugleich ein Jahrtausendwechsel ist, beflügelt die Fantasie. Manches, was man in diesen Tagen lesen, hören und sehen kann, erweckt den Eindruck, alles werde schlagartig anders, sobald nur das neue Jahrhundert begonnen habe. Gilt das auch für das Verhältnis der Bürger zur Verwaltung? Wie verändern sich die Bürger (in ihrem Auftreten gegenüber der Verwaltung)? Was verändert sich in den Verwaltungen selbst? Und was bedeutet beides für die wechselseitigen Beziehungen? Das sind die Fragen, die im Mittelpunkt dieses Aufsatzes stehen.

Was die Zukunft bringt, kann auch die Wissenschaft nicht vorhersehen. Insofern sind Aussagen darüber, wie sich das Verhältnis von Bürgern und Verwaltung im 21. Jahrhundert verändern wird, methodisch unsicher. Die prognostischen Verfahren, über die die Wissenschaft verfügt (Extrapolation, Analogieschlüsse, Delphi-Verfahren, Cross-Impact-Analyse usw.; vgl. Frei/Ruloff 1988, Voelkner 1992), konnten für diesen Aufsatz nicht systematisch angewendet werden. Insofern sind die folgenden Aussagen lediglich als informierte Spekulation eines Menschen zu verstehen, der Politik und Verwaltung theoretisch verfolgt und praktisch betreibt. Ob es wirklich so kommt, wie ich das vermute, ist jedoch nicht sicher.

Was die wiederholten Versuche angeht, die Verwaltung bewusst zu verändern, gibt es sowohl die Einschätzung, dass sie ein außergewöhnliches Beharrungsvermögen und eine außerordentliche Kontinuität aufweise, als auch Hinweise auf unübersehbare Veränderungen. Werner Jann hat diese widersprüchlichen Einschätzungen (1999, S. 526) dahingehend zusammengefasst, seit 1949 habe sich die (west)deutsche Verwaltung »grundlegend verändert«, zugleich aber sei sie »erschreckend strukturkonservativ und reformresistent« geblieben (vgl. auch Ruck 1997, 1998; Wunder 1991).

In den letzten 100 Jahren haben deutsche Beamte dem Kaiser, der Weimarer Republik, einem selbst ernannten Führer und dann der Bonner bzw. Berliner Republik gedient. Wenn sich bestimmte Strukturen (die »hergebrachten Grundsätze«, Laufbahnen und Dienstrecht, Kameralistik u. a. m., aber auch eine besondere Verwaltungskultur) sogar durch gegensätzliche politische Systeme erhalten haben, dann ist grundsätzlich nicht zu erwarten, dass zu einem bloßen Datum plötzlich alles ganz anders wird. Insofern spricht viel für Kontinuität auch im 21. Jahrhundert, für eine behutsame Weiterentwicklung dessen, was sich in 50 Jahren Bundesrepublik Deutschland in der Verwaltung entfaltet hat und diese ausmacht.

Auf der anderen Seite wäre es nicht nur unfair, sondern auch sachlich unangemessen, die heutige Verwaltung mit der von 1950, von 1940, von 1930, von 1920 oder von 1900 zu vergleichen. Da hat sich denn dann doch viel verändert (Wunder 1986, Fenske 1985). Zur Fundierung des Ausblicks in die Zukunft soll deshalb zunächst kurz resümiert werden, wie sich die Bürger – in ihrem Auftreten gegenüber der Verwaltung – in 50 Jahren Bundesrepublik Deutschland oder gar im gesamten 20. Jahrhundert verändert haben, wie sich die deutsche Verwaltung verändert hat und wie sich das Verhältnis beider zu Beginn des 21. Jahrhundert darstellt (2.).

In einem zweiten Schritt soll sodann gesichtet werden, welche Trendaussagen der Literatur zu entnehmen sind (3.): Wie verändert sich der Bürger? Wie die Verwaltung? Wie ihr Verhältnis? Anschließend ist die Plausibilität dieser Annahmen kritisch zu durchleuchten (4.), um die Leitfrage beantworten zu können, ob letztlich mehr Kontinuität oder mehr Wandel zu erwarten ist (5.).

Andere Länder, andere Sitten. Wir wissen, dass die Amerikaner, Engländer, Franzosen, aber auch die Schweden oder die Holländer jeweils ein anderes Verhältnis zu ihren Verwaltungen haben als die Deutschen. Die folgenden Ausführungen beziehen sich immer nur auf Deutschland, auf die Deutschen und auf die deutsche Verwaltung. Für andere Länder, die andere Verwaltungskulturen haben (Jann 1983, König 1995), mögen andere Entwicklungen plausibel erscheinen. Die DDR-Verwaltungskultur, die es im Zuge der deutschen Vereinigung zu integrieren und zugleich zu überwinden galt (König 1992, Seibel/Benz/Mäding 1993), hat Deutschland insgesamt, was den bis dahin erreichten

Modernitätsgrad angeht, im Übrigen eher zurückgeworfen. Aber auch nach 1945 ist der radikale Neuanfang in der öffentlichen Verwaltung, den die Alliierten eigentlich wollten, bekanntlich nicht gelungen (Jann 1999, Wunder 1991).

2. Bürger und Verwaltung in der deutschen Geschichte

»Das deutsche Schicksal: vor einem Schalter zu stehen. Das deutsche Ideal: hinter einem Schalter zu sitzen.« Mit diesen Worten beschrieb Kurt Tucholsky in den zwanziger Jahren das Verhältnis zwischen Bürgern und Verwaltung. Wegen des hohen Ansehens der Beamtenschaft, die zudem den Staat verkörperte, und der lebenslänglichen Absicherung würden die meisten gern dazu gehören, also selbst hinter einem Schalter sitzen. Stattdessen aber bräuchten die Deutschen für alles und jedes die Erlaubnis einer Behörde, einen Stempel und würden deshalb ständig vor irgendwelchen Schaltern stehen: »Von der Wiege bis zur Bahre: Formulare, Formulare ... «

Den Untertanengeist der Deutschen und ihre Hassliebe zur Verwaltung meinte auch Stalin mit seinem bösen Wort, in Deutschland könne es keine Revolution geben, weil man dazu vielleicht den Rasen betreten müsse. Und das sei bekanntlich verboten. Tradition, Zucht und Ordnung hießen die Ideale, nicht Neugier, Zuwendung und Freiheit. Die rationale Verwaltung, die Max Weber zu Beginn des 20. Jahrhunderts idealtypisch beschrieben hat, hat durchaus ihre Vorzüge gegenüber Nachlässigkeit, Willkür oder Vetternwirtschaft. Ihre deutsche Variante neigte aber auch zu Formalismus, Starrheit und Standesdünkel:

> »Ob großes oder kleines Amt:
> Gehorsam sind wir allesamt.
> Die Mienen ernst, die Scheitel licht,
> tun wir laut Vorschrift unsre Pflicht.«
> *Josef Weinheber*

Wer die Jahre 1900, 1950 und 2000 miteinander vergleicht, wird nicht umhin können, deutliche Veränderungen im Verhältnis der Bürger zur Verwaltung und umgekehrt festzustellen. Den »Geheimrath Dr. von Staat«, wie ihn Thomas Mann karikierte, wird man in heutigen Behörden ebenso wenig antreffen wie den Untertanen, der ergebenst darauf wartet, mit seinem Anliegen vorgelassen zu werden. Und das liegt nicht nur daran, dass es sich 1900 noch um eine kaiserlich-obrigkeitliche Verwaltung handelte und in den letzten 50 Jahren um eine demokratische (vgl. Wewer 1997). Hier ist viel passiert, gerade im letzten halben Jahrhundert, und beschleunigt seit den sechziger, siebziger Jahren hat sich eine Menge verändert. Wurde den Deutschen noch in den fünfziger Jahren eine »Untertanenkultur« bescheinigt (Reichel 1981), so hat sich das inzwischen klar geändert (Gabriel 1992, 1997):

- Die Bürger sind selbstbewusster geworden. Gegenüber der Verwaltung treten sie längst nicht mehr untertänig auf, sondern häufig fordernd, bisweilen sogar frech. Sie lassen sich wenig bieten und beschweren sich gerne. Was ältere Generationen noch als Schande empfanden, nämlich arbeitslos zu sein oder von Sozialhilfe zu leben, deshalb verschämt verschwiegen und nicht immer in Anspruch nahmen, gilt Jüngeren als völlig normal, als ihr gutes Recht und wird nicht selten sogar mit Gewalt angemahnt. Das Freischwimmen aus der Untertänigkeit erfolgte nicht nur gegenüber Staat und Verwaltung, sondern ist ein allgemeines Phänomen: »Wenn heute ein schwindendes Klassenbewusstsein der Arbeiter festgestellt wird, wenn heute die Entfernung von der Klasse konstatiert wird, dann muss man doch auch zugeben – man tut es nicht –, dass der Arbeiter, der kleine Angestellte dieses Hineingepresstsein in die unterste der Klassen als unwürdigen Zwang empfunden hat«, sagte der SPD-Politiker Bruno Friedrich Mitte der sechziger Jahre. »Und warum soll er heute nicht stolz darauf sein, dass er eben nicht mehr der von der übrigen Gesellschaft verachtete Proletarier, sondern ein gleichberechtigter Bürger unserer demokratischen Gesellschaft ist? Haben wir als Partei nicht Grund, mit ihm stolz zu sein? Oder sollen wir ihm klagend vorwerfen, er entferne sich von uns, weil er mündig geworden ist?« (Friedrich 1969, S. 58f.) »Der kleine Mann ist groß geworden«, fasste CDU-Generalsekretär Kurt Biedenkopf ein Jahrzehnt später diese Entwicklungen zusammen (zitiert bei Ross 1999). Sie begannen mit wachsendem Wohlstand, dem eigenen Auto und dem eigenen Haus, Urlaubsreisen in fremde Länder, bekamen einen besonderen Schub durch die Rebellion der Studenten und die anschließende »partizipatorische Revolution« (Max Kaase) und werden heute gespeist aus der immer stärkeren medialen Vernetzung der Welt. Diese Entwicklung lässt sich nicht zurückdrehen.

Offen ist, ob künftig wieder eine bessere Balance zwischen Rechten und Pflichten im Sozialstaat gelingt.

- Die Verwaltungen sind bürgernäher geworden. Mancher Verwaltungsakt mag für »Otto Normalverbraucher« zwar noch immer schwer verständlich sein, mancher Bescheid bisweilen bürokratisch und herzlos wirken, aber dass sich die Verwaltungen alles in allem um eine freundlichere Ansprache als früher bemühen und Beratung anbieten, kann man schwerlich abstreiten. Bürgerbüros, die als *one-stop-agency* konzipiert sind, und Krabbelecken in Amtsgebäuden wären noch vor wenigen Jahrzehnten undenkbar gewesen. Der gesellschaftliche Kulturwandel färbt auch in die Verwaltungen hinein ab; die Menschen, die in den Verwaltungen arbeiten, wollen selbst nicht mehr behandelt und gesehen werden wie etwa noch in den sechziger Jahren. Was eine obrigkeitliche Staatsgewalt ausmacht, konnte man als Westdeutscher bis 1989 noch auf der Transitstrecke nach Berlin oder in der DDR ganz hautnah erleben: Davon haben wir uns im Westen seit 1949 Schritt für Schritt entfernt. Barsch angesprochen und abgekanzelt werden kann man im Übrigen auch von privaten Firmen – Deutschland (»Achtung, Kunde droht mit Auftrag... «) gilt im internationalen Vergleich allgemein als Servicewüste.
- Das Verhältnis von Bürger und Verwaltung hat sich entspannt. Weder haben die Bürger noch große Ehrfurcht oder sonderlichen Respekt vor denen, die für den Staat arbeiten, noch gibt es im öffentlichen Dienst jenen Dünkel, mit dem einst die Beamtenkaste im Kaiserreich (»Mandarine«) auf die so genannten kleinen Leute herabgesehen hat. Der gesellschaftliche Kulturwandel, der eine Lockerung überkommener Traditionen, Rituale und Werte brachte, hat sich bis in die Verwaltungen hinein ausgewirkt. Das zeigt sich an der Kleidung, für die es kaum noch Vorschriften gibt – bis hin zu Ohrsteckern bei Polizisten –, an privaten Utensilien, mit denen Amtsstuben »gemütlich« gemacht werden, sowie am Umgang miteinander, aber auch an der Delegation von Verantwortung. Die Menschen, die in den Verwaltungen arbeiten, sind ja auch Bürger und Mitglieder der Gesellschaft. Ändert sich diese, so ändert sich auch die Verwaltung.
- Hinter dem Schalter zu sitzen scheint noch immer der Traum vieler Deutscher zu sein. Der Drang in den öffentlichen Dienst ist in Deutschland jedenfalls ungebrochen, auch wenn Bund, Länder und Gemeinden zuletzt nur noch zurückhaltend eingestellt ha-

ben. Von 1950 bis 1990 ist der Personaletat von Bund, Ländern und Gemeinden um das 35fache gestiegen, nahezu jeder fünfte Arbeitnehmer ist heute im öffentlichen Dienst. Jede dritte Ausgabenmark und fast jede zweite Steuermark dient inzwischen allein dem Unterhalt des Personals. Wer den Beamtenstatus für überholt hält oder ihn auf wenige hoheitliche Bereiche beschränken will, muss mit heftigem Protestgeschrei rechnen. Wer darüber nachdenkt, sie künftig nicht mehr als Beamte, sondern als Angestellte einzustellen, löst bei Lehrern offenbar Urängste aus: Pädagogische Fragen sind eindeutig nachrangig gegenüber der lebenslänglichen Unkündbarkeit.

- Es wäre übertrieben, hier von einem deutschen »Sonderweg« zu sprechen, auch wenn andere westliche Demokratien manches, was es in unserer Verwaltung gibt, so nicht kennen (König 1995). Spürbar ist aber eine spezifische Verwaltungskultur (Jann 1983), die den Wandel erschwert. Diejenigen, die in den öffentlichen Dienst drängen, verspüren nur selten eine intrinsische Motivation, sondern suchen v. a. Sicherheit vor den Fährnissen des Lebens. Die faktische Unkündbarkeit und der (bisherige) ständige Aufstieg bewirk(t)en, dass die Anreize fehlen, ständig an sich arbeiten, sich energisch, auch privat fortzubilden, und dass Vorgesetzte sich scheuen, sich mit schwierigen Mitarbeitern anzulegen. Und was Politiker letztlich von Verwaltung halten, wird immer dann deutlich, wenn es heißt, diesmal aber solle den Betroffenen unbürokratisch geholfen werden.

Angesichts der massiven Widerstände, die vom Beamtenbund und anderen geleistet werden, ist kaum zu erwarten, dass es in den nächsten Jahren tatsächlich zu einem einheitlichen Dienstrecht im öffentlichen Sektor kommt, das ihn weiter dem privaten Sektor annähern würde. Der Beamtenstatus und die »hergebrachten Grundsätze« des Berufsbeamtentums scheinen »Heilige Kühe« zu sein, die niemand antasten darf (Hattenhauer 1980). In der »Republik der Lehrer«, die in den Ländern rund ein Drittel der Bediensteten stellen und ihre Interessen gut artikulieren können, sind politische Reformen schwierig. Insofern sind kleine Änderungen denkbar, nicht aber eine große Dienstrechtsreform (Merten/Pitschas/Niedobitek 1998). Das gesellschaftliche Fundament für diesen besonderen Status ist allerdings längst verschwunden: Von einem besonderen Pflichtenethos, der angeblich die Beamtenkaste auszeichnen soll, ist im Alltag der Verwaltungen wenig zu spüren; die wenigsten sind intrinsisch motiviert, für die meisten ist ihre Tätigkeit lediglich ein – allerdings sehr sicherer – »Job«. Wenn sie diesen gut machen, wird niemand etwas dagegen haben, zumal das angebliche Beamtenethos immer auch mit Standesdünkel verbunden war.

Der Druck auf die Verwaltungen, aktiv auf ihre Kunden zuzugehen und sie zufrieden zu stellen, dürfte weiter zunehmen, solange die Steuern und Abgaben nicht nennenswert sinken. Wer einen erheblichen Anteil seines Einkommens abführen muss, erwartet dafür wenigstens eine akzeptable Gegenleistung. Die aktiv Beschäftigten, die auf Grund der demografischen Entwicklung demnächst mehr Rentner und Pensionäre mitzufinanzieren haben als jemals zuvor, werden die Sinnhaftigkeit ihrer Tätigkeit und des Sozialstaats anzweifeln und sich zu wehren versuchen; die Rentner und Pensionäre hingegen, deren Zahl wächst, werden an der Wahlurne gegen Reformen stimmen, welche die Arbeitenden entlasten und sie stärker belasten. Hier liegt eine neue politische Konfliktlinie, erheblicher sozialer und demokratischer Sprengstoff. Auf Grund der demografischen Entwicklungen, schrieben Meinhard Miegel und Kurt Biedenkopf schon vor Jahren, werde es künftig schwer sein, den Wohlhabenden, der älteren Generation gegen ihren Willen etwas zu nehmen (Miegel 1983, S. 32ff.).

Der kleine Mann ist groß geworden, und er dürfte sich dagegen wehren, wieder klein gemacht zu werden. Das spricht dafür, dass sich das Verhältnis zwischen Bürgern und Verwaltung – immer vorausgesetzt, wir bleiben Rechtsstaat und Demokratie – weiter normalisieren wird. Die Verwaltung wird heute nicht mehr als Obrigkeit wahrgenommen, der man nicht zu widersprechen wagt, aber auch noch nicht als Dienstleister, der für die gezahlten Steuern und Gebühren eine ordentliche Leistung erbringt. Insofern befinden wir uns in einer Übergangsphase. Wer staatliche Unterstützung einfordert, ohne sich selbst anstrengen zu wollen, dürfte in Zukunft stärker darauf hingewiesen werden, dass es nicht nur Rechte, sondern auch Pflichten gibt: Dieser Trend zeichnet sich nicht nur unter konservativen und bürgerlichen Regierungen, sondern gerade in sozialdemokratisch regierten Ländern ab. Sozialdemokratische Politik wollte immer Solidarität mit jenen, die unverschuldet in Not geraten waren. Sie wollte aber keine neuen Privilegien für solche aufbauen, die gar nicht daran denken, sich aus der staatlichen Fürsorge herauszuarbeiten. Das Menschenbild, auf dem unser Sozialstaat basiert, stimmt nicht mehr. Daraus sind im 21. Jahrhundert Konsequenzen zu ziehen – auch im Verhältnis von Verwaltung zu Bürgern.

3. Bürger und Verwaltung im 21. Jahrhundert

Wie geht es weiter? Wer die Literatur durchmustert, stößt auf folgende Trendaussagen, die für unser Thema relevant sind:

- Die Gesellschaft werde sich insgesamt von einer eher passiven Zuschauerdemokratie hin zu einer *aktiven Bürgergesellschaft* entwickeln (müssen), lautet eine These (Alemann/Heinze/Wehrhöfer 1999). Nach der »Entzauberung des Staates« (Hellmut Willke), dessen Grenzen längst deutlich geworden sind, komme es wieder mehr darauf an, das eigene Schicksal, sein soziales Umfeld und politische Gestaltung selbst in die Hände zu nehmen, statt alles an anonyme Apparate zu delegieren. Staat und Verwaltung können nicht mehr alles leisten, was an Forderungen an sie herangetragen wird; sie sollen aber auch nicht mehr alles an sich ziehen, weil das die Bürgerinnen und Bürger tendenziell entmündigt. Diese wollen selbst aktiv sein, sich einmischen und beteiligen, Probleme selbständig beheben und Konflikte selber lösen. Sie wollen nicht länger verwaltet werden, sondern selbst gestalten.
- Es komme, so heißt es, zu einer *neuen Aufgabenteilung zwischen Gesellschaft und Staat*, zwischen Bürgern und Verwaltung: Die Bürger delegieren nicht alles Mögliche an den Staat und erwarten, dass er das für sie regelt, sondern packen selbst mit an, um ihr Leben zu organisieren; Staat und Verwaltung ziehen sich auf Aufgaben zurück, die unverzichtbar sind und nur von ihnen erledigt werden können, und gewährleisten ansonsten bestimmte Leistungen, ohne sie immer selbst zu produzieren (Schuppert 1998).
- Der Staat verändert sein Rolle: Aus »Vater Staat«, der sich um alles kümmert und alles regelt, wird ein *aktivierender Staat* (Bandemer u. a. 1998), der nicht mehr alles selbst macht, sondern seine Bürger anregt und ermutigt, Probleme selbst zu lösen. Dies auch aus der Einsicht heraus, dass er sich sonst überhebt. Die stärkere *Bürgerbeteiligung* kommt nicht zuletzt in der Direktwahl

von Bürgermeistern und Landräten, die die Verwaltung leiten, und in direktdemokratischen Instrumenten zum Ausdruck, die im letzten Jahrzehnt nahezu überall eingeführt wurden (Wewer 1997, Wollmann 1999).

• Die Globalisierung der Wirtschaft und der *Wettbewerb der Standorte* um Ansiedlungen, Investitionen und Arbeitsplätze zwingen dazu, die Höhe der Steuern und Abgaben und soziale Standards auf den Prüfstand zu stellen. Jederzeitige Vergleichbarkeit der zentralen Daten, die Mobilität des Kapitals und blitzschnelle Transfers rund um den Globus lassen auf Dauer keine Nischen mehr zu (Martin/Schumann 1996). Eine moderne, »schlanke« Verwaltung, die nicht auf Eingänge wartet, sondern sich kümmert, wird in diesem Wettbewerb zum Standortfaktor (Budäus/Finger 1999, S. 314). Ein Lohndumping kann Deutschland nicht gewinnen. Es muss deshalb alles tun, um jene Kräfte zu stärken, die auf dem Weltmarkt wettbewerbs- und überlebensfähig sind. Die knappen Ressourcen müssen im Zweifel in diese Bereiche gelenkt werden. Eine solche strategische Ausrichtung wirft aber die Frage auf, ob sich Staat und Verwaltung mit gleicher Intensität um alle ihre Klienten kümmern können. Für Banken ist klar, dass man sich nicht genauso intensiv dem Girokonto und dem Kleinsparer widmen darf wie der Kapitalanlage und dem Großinvestor. Der Aufwand orientiert sich am Profit, der aus dem jeweiligen Geschäft zu erwarten ist. Darf eine öffentliche Verwaltung ähnlich denken, also ihre knappen Ressourcen stärker in jene Felder lenken, die für eine positive, »nachhaltige« Entwicklung wichtig sind? Verdient jemand, der selbst wenig Anstalten macht, sein Schicksal zu ändern, die gleiche Betreuung wie derjenige, der seinen Betrieb erweitern und neue Arbeitsplätze schaffen will? Derartige Fragen dürften zunehmen, da der Druck auf die Standorte wächst (Reis/Schulze-Böing 1998).

• Mit dem *New Public Management* (Bandemer u.a. 1998, König/Beck 1997) ziehe – hoffen manche – ein anderer Geist in die Verwaltungen ein (skeptisch dagegen u.a. Derlien 1998, Prätorius 1997, Reichard 1997). Dieser Trend, die Verwaltung stärker über Ziele, Budgets und Kosten zu steuern statt über Normen, soll sich danach auch im kommenden Jahrhundert fortsetzen. Betriebswirtschaft trete als Leitwissenschaft an die Stelle von Rechtswissenschaft. Die Verwaltung werde transparenter – für Bürger wie für Politiker: Ein regelmäßiges *Controlling* sorge dafür, dass man jederzeit wisse, was eine bestimmte öffentliche Leistung bzw. ein »Produkt« der Verwaltung tatsächlich koste. Das mache ein politisches Abwägen, ob Kosten und Nutzen, Aufwand und Ertrag in einem vernünftigen Verhältnis stehen, überhaupt erst möglich. *Benchmarking* und Wettbewerb führen dazu, dass verwaltungsinterne Rationalisierungspotenziale ausgeschöpft werden. Angestrebt werde eine Verwaltung, die besser arbeitet und weniger kostet (Naschold/Jann/Reichard 1999).

• Die neuen Medien und Netze verändern Leben, Arbeiten und Freizeit rapide – und auch das Verhältnis von Bürgern und Verwaltung. Neben *e-banking* und *e-commerce* tritt *e-administration*, Televerwaltung (Brinckmann/Wind 1999). Technisch wird es möglich, viele Geschäfte mit der Verwaltung *online* vom heimischen Computer aus abzuwickeln oder per *TouchScreen* im örtlichen Einkaufszentrum. Die Menschen müssen nicht mehr ins Rathaus laufen – so die Vision –, sondern die Akten laufen elektronisch durch die Behörden. Mausklick statt Schreibmaschine, *E-Mails* statt Briefe. Niemand muss mehr zur Kreisverwaltung fahren, um sein Auto anzumelden, da die Gemeindeverwaltung mit dem Kreis vernetzt ist. Es ist sogar denkbar, die Bearbeitung von Vorgängen völlig vom Ortsprinzip zu lösen: Warum sollte ein *Call Center*, das für bestimmte Gemeinden oder Behörden arbeitet, nicht in einem ganz anderen Bundesland sitzen? Können Steuererklärungen aus Baden-Württemberg nicht ebenso gut in Schleswig-Holstein bearbeitet werden? Ist es dem Bürger nicht gleichgültig, ob er seine *E-Mail* nach Stuttgart, nach Kiel oder sonst wohin schickt? Kann es nicht eine Art Arbeitsteilung zwischen Kommunen oder Ländern dahingehend geben, dass nicht mehr alle das gesamte Spektrum der Dienstleistungen anbieten, sondern sich einige spezialisieren und bestimmte Aufgaben für andere mit erledigen? Können Massengeschäfte wie Bußgeldbescheide im Prinzip nicht sogar in Indien oder Indonesien abgewickelt werden, wo die Menschen ähnlich vertraut mit dem Computer sind wie wir, aber wesentlich weniger verdienen? Hier öffnen sich, was die Organisation der Verwaltung und ihre Beziehungen zum Bürger angeht, ganz neue Felder (»*virtuelle Verwaltung*«).

• Die Verwaltung der Zukunft, lautet eine andere These, werde eine »*gläserne Verwaltung*« insoweit sein, als die Bürger weit mehr als heute Einsicht auch in interne Papiere und Akten bekommen sollen. Während einige diesen Anspruch rechtlich absichern wollen (etwa über ein Informationsfreiheitsgesetz), gehen andere davon aus, dass allein die technische Entwicklung dazu führen werde, dass die Behörden mehr Informationen als jemals zuvor nach draußen geben. Was am Computer am Arbeitsplatz eingegeben und verarbeitet wird, kann im Prinzip sofort – *just in time* bzw. *real time* – in ein Bürgernetz eingestellt werden. Die bequeme Möglichkeit, zu faxen oder *E-Mails* von zu Hause aus zu schicken, ohne sich auf den Weg ins Rathaus machen zu müssen, dürfte dazu führen, dass die Anfragen an die Verwaltung zunehmen. Eine *intensivere Kommunikation* zwischen Bürgern und Verwaltung bahnt sich an, die zu mehr Transparenz des Verwaltungshandelns führen kann, aber nicht zwingend dazu führen muss.

• Die Verwaltung der Zukunft werde *»internationaler«* sein, heißt es schließlich. Ähnlich wie die technische Entwicklung ist das der Trend, der den Unterschied zu früher am deutlichsten macht. Während Bürgermeister, Lehrer und Dorfgendarm einst die ganze Staatsmacht vor Ort darstellten und »der Kaiser weit« weg war (Ellwein 1997), schmelzen im »globalen Dorf« Entfernungen, aber auch regionale Besonderheiten zusammen. US-Produkte und -Kultur findet man weltweit, allein die Nutzung des Computers zwingt jedermann die englische Sprache auf. Während es bei Popmusik nicht unbedingt notwendig ist, auch den Text zu verstehen, kommen Banker, Börsenmakler und andere Berufe ohne Englisch längst nicht mehr aus. Was in Unternehmen, die sich als *global players* verstehen, längst selbstverständlich ist, kommt in den Verwaltungen schwächer und später an, lässt aber auch sie nicht unberührt. Recherchen im *Internet* führen schnell in die USA oder nach Australien, die europäische Integration (zur Kritik vgl. Scharpf 1995) zwingt, wenn man im Wettbewerb um Fördermittel nicht unterliegen und vor Gericht bestehen will, zum Austausch und zur Kooperation mit anderen Verwaltungen in anderen Staaten. Die Städtepartnerschaften, die einst den Kirchturmblick erweiterten, ohne einem unmittelbaren Nutzenzwang zu unterliegen, werden ergänzt um Projektgemeinschaften über Grenzen hinweg. Vor dem EU-Beitritt Finnlands hospitierten Mitarbeiter aus finnischen Behörden im Hanse-Office von Hamburg und Schleswig-Holstein, um die zuweilen verschlungenen Brüsseler Entscheidungswege schon vorab kennen zu lernen. Deutsche helfen im Baltikum oder auch in Albanien, eine funktionierende, rechtsstaatliche Verwaltung aufzubauen. Studierende an Verwaltungsfachhochschulen machen heute Praktika in Skandinavien, in Südafrika und in Amerika. Das erlaubt Vergleiche und weitet den Horizont.

Nimmt man die Szenarien, die oben skizziert wurden, zusammen, dann drängt sich v. a. eine Entwicklung auf: Staat und Verwaltung werden in den kommenden Jahrzehnten weit weniger Menschen in ihren Dienst nehmen als in früheren Jahren. Der Zenit einer ständig wachsenden Personalstärke bei Bund, Ländern und Gemeinden ist in den neunziger Jahren bereits überschritten worden. Wenn sich die Neue öffentliche Armut (Wewer 1998) fortsetzt und der Staat wegen der neuen Aufgabenteilung mit der aktiven Bürgergesellschaft doch »schlanker« wird, dann wird das v. a. für jene zum Problem, die sich erst in den Arbeitsmarkt einfädeln wollen: Wenn zum *Lean Management*, das in den Unternehmen längst praktiziert wird und das viele Arbeitsplätze gekostet hat, auch noch *Lean Administration* kommt, dürften einige völlig draußen vor der Tür bleiben. Sie werden in der Kommunikations- und Wissensgesellschaft, die auf uns zukommt, einfach nicht gebraucht. Zugleich wachsen die Lasten für jene, die es geschafft haben und »drin« sind: sowohl die Arbeitslasten, die zu bewältigen sind, als auch die Abgabenlasten, die für Rentner, Pensionäre, Arbeitslose und Sozialhilfeempfänger aufzubringen sind. All unsere Systeme, auch die sozialen, sind im Grunde nach wie vor auf Wachstum programmiert und nicht auf ein geordnetes Schrumpfen, wie es die demografische Entwicklung schon länger nahe legt.

Die meisten Szenarien betonen jedoch die Chancen, die sich aus einem stärkeren Engagement der Bürger und den neuen technischen Möglichkeiten ergeben. Die Verwaltung könne sich auf Kernaufgaben konzentrieren, schneller, kostengünstiger und transparenter werden. Wenn das gelingen sollte, müsste eigentlich auch die Kritik verstummen, welche die Verwaltung begleitet, seit wir überhaupt von moderner, rechtsstaatlicher und demokratischer Verwaltung sprechen können. Das würde nicht zuletzt jene freuen, die in den Amtsstuben arbeiten und damit leben müssen, dass Witzchen über sie gemacht werden (»Beamten-Mikado«).

4. Schöne neue Welt?
Zur Plausibilität der Trendaussagen

Ob das kommunitaristische Gedankengut, das seit einiger Zeit auch nach Deutschland geschwappt ist (Reese-Schäfer 1999, 1993), wirklich ausreicht, in einer »desintegrierten Gesellschaft« (Heitmeyer 1997) genügend Gemeinschaftssinn zu erzeugen, um aus passiven Konsumenten, die viel von anderen und wenig von sich selbst erwarten, aktive Bürger zu machen, bleibt abzuwarten. Statt in eine Bürgergesellschaft, die aktiv das Gemeinwohl organisiert, können wir auch in eine anomische Gesellschaft steuern, in der sich jeder selbst der Nächste ist. Anzeichen dafür gibt es durchaus. Und wenn es stimmt, dass alles, was in den USA passiert, mit einem gewissen *time-lag* auch nach Deutschland kommt, kann man dort jetzt schon studieren, worauf wir uns in den nächsten Jahren einzustellen haben.

Die Zeichen der Zeit sind widersprüchlich. Neben Engagement, Aufbruch und Fortschritt zeigt sich Desintegration, Gleichgültigkeit und Rückschritt. Insofern ist auch für Deutschland keine lineare Entwicklung zu erwarten, die *entweder* nur positiv *oder* aber rein negativ verläuft, sondern eine widersprüchliche Entwicklung mit positiven *und* negativen Aspekten. Das gilt dann auch für das Verhältnis von Bürgern und Verwaltung (Wollmann 1999).

Unstrittig scheint, dass v. a. die neuen Medien und Netze unser Leben und Arbeiten erheblich verändern werden. Diese Veränderungen werden sich natürlich auch auf das Verhältnis von Bürgern und Verwaltung auswirken: Es wird möglich, bestimmte Anträge von zu Hause aus elektronisch zu übermitteln, Karten für das städtische Theater per *TouchScreen* zu ordern und die Unterlagen für die Ratsversammlung aus dem Netz zu laden. Jede Verwaltung, die etwas auf sich hält, wird mit einer eigenen *Homepage* im *Internet* vertreten sein. Diverse *Links* führen weiter zu anderen Abteilungen, Ämtern, Vereinen, Kammern und Verbänden, die eigene Angebote machen oder Hilfeleistung offerieren. Hier wird sich vieles verändern.

Die neuen Medien und Netze machen vieles möglich, was bisher undenkbar war. Die Verwaltungen werden dabei spannende Projekte initiieren und sicherlich eine Kreativität zeigen, die ihr manche gar nicht zutrauen. Sie werden aber nicht zu den Vorreitern zählen, was eine flächendeckende Vernetzung angeht (Stember 1999). Dafür gibt es einen einfachen Grund: fehlendes Geld. Noch heute sind längst nicht alle Arbeitsplätze im öffentlichen Dienst mit einem modernen Computer ausgerüstet. Dies zu ändern würde Investitionen in Millionenhöhe, wenn nicht Milliarden erfordern. Diese Mittel stehen absehbar nicht zur Verfügung. Im Gegenteil, wenn gespart werden muss, sind es meistens diese Mittel, die als Erste gestrichen werden. Angesichts der Neuen öffentlichen Armut, die inzwischen zu verzeichnen ist (Wewer 1998), kann nicht erwartet werden, dass sich das im neuen Jahrhundert ändert. Was die Ausstattung der Amtsstuben mit moderner Technik und modernen Möbeln angeht, wird die Verwaltung wohl immer hinter der Wirtschaft her hinken. Wenn Beratungsfirmen jetzt empfehlen, den Betrieb von *Internet*-Diensten durch Werbung von Unternehmen auf den *Web*-Seiten der Ämter zu finanzieren, so wirft das nur neue Fragen auf (Projekt *E-Government*).

Was die Bestrebungen betrifft, ihnen ein *New Public Management* überzustülpen, so ist in den Verwaltungen seit einiger Zeit eine gewisse Ermüdung zu beobachten (Gerstlberger/Grimmer/Wind 1999). Als sich die Reformer vor rund zehn Jahren auf den Weg machten, waren sie eine kleine Schar von Enthusiasten, die nur darauf gewartet zu haben schienen, alte Zöpfe abschneiden zu können. Die breite Masse der Kollegen wartete hingegen ab, was aus dieser neuerlichen Reform wohl werden würde, und machte ansonsten ihren Job wie bisher. Ähnlich klein wie die Schar der Reformer war auch die Anzahl derer, die offen und hartnäckig gegen jedwede Veränderung ankämpfte. Diese Konstellation ist nicht verwaltungstypisch, sondern auch in Unternehmen anzutreffen, in denen gerade eine neue Managementphilosophie eingeführt werden soll. Auch in der Wirtschaft scheitern im Übrigen etwa die Hälfte aller Versuche, Reformkonzepte durchzusetzen. In den Verwaltungen ist es zwar gelungen, die Anzahl derer zu erweitern, die das neue Vokabular ohne Stocken aussprechen können; zu denken geben sollte aber, dass es inzwischen zunehmend die früheren Reformpioniere sind, die desillusioniert und resigniert wirken. Den Gründen dafür kann an dieser Stelle nicht nachgespürt werden. Für die Zukunft deutet das jedoch darauf hin, dass die Reformwelle ihre größte Kraft bereits verloren hat (Schäfer 1999) und eher auslaufen wird statt stärker zu werden – bis zur nächsten Welle (Wollmann 1999).

Die Hoffnungen, die manche mit »elektronischer Demokratie« (Kamps 1999, Dörner 1999) und »gläserner Verwaltung« verbinden, dürften übertrieben sein (Kubicek/Schmid/Wagner 1997). Engagement für das Gemeinwohl sieht sich vielerlei Ablenkungen ausgesetzt, mehr Informationen erleichtern nicht unbedingt die Orientierung. Medienkompetenz ist ein Schlüsselwort, Datenschutz ein anderes. Wie jede andere Organisation wird die Verwaltung Mittel und Wege finden, sich dort nicht in die Akten schauen zu lassen, wo sie es nicht für hilfreich hält. Wer ein Gremium lahm legen will, muss es nur mit Material überschütten; unliebsame Botschaften versteckt man am besten irgendwo in dicken, langweiligen Berichten – in der Hoffnung, dass das niemand merkt. Die technische Möglichkeit, nahezu alles sofort ins Netz stellen zu können, birgt die Gefahr, den Wald vor lauter Bäumen nicht mehr zu erkennen. Die Fähigkeit, Wichtiges von Unwichtigem zu unterscheiden, wird wichtiger, je mehr die Informationsflut anschwillt (Bühl 1997). So wenig wie die EDV das »papierlose Büro« gebracht hat – der Papierverbrauch ist im Gegenteil erheblich gestiegen, für Ausdrucke, Kopien und Faxe –, so wenig dürfte das Internet – bei allen Vorteilen, die es hat – eine »transparente Verwaltung« bringen. Wachsen wird allerdings die Störanfälligkeit, je mehr die administrativen Routineabläufe sich auf technische Systeme stützen. Die Debatte um das Jahr-2000-Problem hat dafür einen gewissen Vorgeschmack geliefert.

E-administration, das sollten wir nicht vergessen, stellt lediglich ein technisches Instrument dar, Vorgänge zwischen Bürgern und Verwaltung zügig und ohne unnötige Laufwege abzuwickeln. Das ist immerhin etwas. Darüber, ob der Bürger mit dem Bescheid, den er erhält, zufrieden ist oder nicht, sagt das technische Hilfsmittel jedoch nichts aus. Aber genau darauf kommt es ihm letztlich an. Der binäre Code, den der Computer erzwingt, engt das Ermessen der Verwaltung eher ein, auch die Chance, das vielzitierte Auge zuzudrücken. Die unpersönliche Beziehung über das Netz, ohne einen konkreten Menschen vor Augen, dürfte auch nicht gerade bürgerfreundliches Verwaltungshandeln, Beratung und Entgegenkommen fördern. Menschlich erschien die Bürokratie immer dort, wo sie noch aus konkreten Personen bestand, die man kannte, und wo sie auf sozialen Kontakten aufsetzte. Wo man »seine Pappenheimer« und ihr familiäres und berufliches Umfeld noch persönlich kannte, fiel es leichter, bestimmte Sachverhalte angemessen einzuschätzen. Wenn die Bearbeitung von Anträgen künftig nicht mehr vor Ort, sondern in einem anderen Bundesland oder gar auf einem ganz anderen Kontinent erfolgt, dann winkt keine »elektronische« oder »gläserne« Verwaltung, sondern droht eine kalte, technische, herzlose Verwaltung.

5. Kontinuität oder Wandel? Bürger und Verwaltung im 21. Jahrhundert

Die Zukunft birgt stets Risiken, immer aber auch Chancen. Insofern käme es darauf an, negative Tendenzen, die sich gegenwärtig abzeichnen, bewusst zu vermeiden und positive Linien aufzunehmen und fortzuschreiben. Das *New Public Management* bietet dafür durchaus Anknüpfungspunkte, nämlich die Verwaltungsverfahren vom Bürger her zu denken und ihn nicht als Untertanen oder als Bittsteller, sondern als Kunden zu begreifen, der für seine Steuern, Abgaben und Gebühren eine adäquate Dienstleistung erwarten darf. Adäquate Dienstleistung meint nicht unbedingt einen Bescheid in seinem Sinne, wenn das rechtlich und sachlich nicht möglich ist, aber kurze Wege, eine umfassende Beratung und eine schnelle Entscheidung mit verständlicher Begründung. Noch im Klienten, wie die Verwaltung ihre Kunden lieber bezeichnet, klingt etwas Fürsorglich-Paternalistisches an, das der neue Begriff zu vermeiden trachtet (Wewer 1997, S. 477f.). Die gegenseitige Beziehung wird dadurch nüchterner, geschäftsmäßiger, aber auch gleichberechtigter als ehedem, vielleicht partnerschaftlicher. Wird der kleine Mann also noch größer? Will er gar nicht mehr hinter dem Schalter sitzen, weil er selbstbewusst am Besprechungstisch Platz nimmt?

Ihre Rechte gegenüber der Verwaltung konnten immer schon jene am besten durchsetzen, die über Rechtskenntnisse verfügen, also die Sprache der Verwaltung beherrschen, Geld sowie Macht und Einfluss haben. Daran dürfte sich auch künftig wenig ändern – allen technischen Neuerungen zum Trotz. Der so genannte kleine Mann mag sich vor der Staatsgewalt nicht mehr ducken, zum gleichwertigen Partner wird er erst in Kenntnis der Paragrafen, Formen und Fristen. Nur wer sich ohnehin in der schönen neuen Welt zurecht findet, wird auch mit »virtueller Verwaltung« weiterhin gut oder sogar noch besser klar kommen. Insofern könnte das Bild, das generell für die Kommunikations- und Wissensgesellschaft der Zukunft gezeichnet wird, auf das Verhältnis der Bürger zur Verwaltung übertragen werden: Einer hochkompetenten Wissenselite, die nomadenhaft virtuell und real um den Globus jagt, stehen Menschen gegenüber, deren Fähigkeiten nicht genügen, an diesem hektischen Spiel teilzunehmen. Ihrer, so viel lässt sich sagen, wird sich die Verwaltung auch im 21. Jahrhundert in bewährter Weise annehmen.

Literatur

Alemann, U. von/R. G. Heinze/U. Wehrhöfer (Hg.): *Bürgergesellschaft und Gemeinwohl. Analyse – Diskussion – Praxis*, Opladen 1999

Bandemer, St. von/B. Blanke/F. Nullmeier/G. Wewer (Hg.): *Handbuch zur Verwaltungsreform*, Opladen 1998

Brinckmann, H./M. Wind: *Teleadministration. Online-Dienste im öffentlichen Sektor der Zukunft*, Berlin 1999

Budäus, D./St. Finger: »Stand und Perspektiven der Verwaltungsreform in Deutschland«, in: *Die Verwaltung*, 32. Bd., H. 3, 1999, S. 313-343

Bühl, A.: *Die virtuelle Gesellschaft. Ökonomie, Politik und Kultur im Zeichen des Cyberspace*, Opladen 1997

Derlien, H.-U.: *From Administrative Reform to Administrative Modernization* (= Verwaltungswissenschaftliche Beiträge, Universität Bamberg, Nr. 33), Bamberg 1998

Dörner, A.: »Politik im Unterhaltungsformat. Zur Inszenierung des Politischen in den Bildwelten von Film und Fernsehen«, in: *Aus Politik und Zeitgeschichte* B 41, 1999, S. 17-25

Ellwein, T.: *Verwaltung und Verwaltungswissenschaft* (= Europäisches Zentrum für Staatswissenschaften und Staatspraxis, Discussion Paper Nr. 21), Berlin 1997

Fenske, H.: *Bürokratie in Deutschland. Vom späten Kaiserreich bis zur Gegenwart*, Berlin 1985

Frei, D./D. Ruloff: *Handbuch der weltpolitischen Analyse. Methoden für Praxis, Beratung und Forschung*, 2., überarb. Aufl., Grüsch 1988

Friedrich, B.: »Der sozialdemokratische Ortsverein (1966)«, in: H. Wehner/B. Friedrich/A. Nau: *Parteiorganisation*, Bonn 1969, S. 49-70

Gabriel, O. W.: »Politische Einstellungen und politische Kultur«, in: O. W. Gabriel (Hg.): *Die EG-Staaten im Vergleich. Strukturen, Prozesse, Politikinhalte*, Opladen 1992, S. 95-131
Gabriel, O. W. (Hg.): *Politische Orientierungen und Verhaltensweisen im vereinigten Deutschland*, Opladen 1997
Gerstlberger, W./K. Grimmer/M. Wind: *Innovationen und Stolpersteine in der Verwaltungsmodernisierung*, Berlin 1999
Hattenhauer, H.: *Geschichte des Beamtentums*, Köln u. a. 1980
Heitmeyer, W. (Hg.): *Was treibt die Gesellschaft auseinander? Bundesrepublik Deutschland: Auf dem Weg von der Konsens- zur Konfliktgesellschaft*, Bd. 1, Frankfurt/M. 1997
Jann, W.: *Staatliche Programme und Verwaltungskultur. Die Bekämpfung des Drogenmissbrauchs und der Jugendarbeitslosigkeit in Schweden, Großbritannien und der Bundesrepublik Deutschland im Vergleich*, Opladen 1983
Jann, W.: »Zur Entwicklung der öffentlichen Verwaltung«, in: T. Ellwein/E. Holtmann (Hg.): *50 Jahre Bundesrepublik Deutschland. Rahmenbedingungen – Entwicklungen – Perspektiven*, Opladen 1999, S. 520-543
Kamps, K. (Hg.): *Elektronische Demokratie? Perspektiven politischer Partizipation*, Opladen 1999
König, K.: »Transformation einer Kaderverwaltung: Transfer und Integration von öffentlich Bediensteten in Deutschland«, in: *Die Öffentliche Verwaltung*, 1992, S. 549ff.
König, K.: *Zur Kritik eines neuen öffentlichen Managements* (= Speyerer Forschungsberichte 155), Speyer 1995
König, K./J. Beck: *Modernisierung von Staat und Verwaltung. Zum Neuen Öffentlichen Management*, Baden-Baden 1997
König, K./N. Füchtner (Hg.): *»Schlanker Staat« – Verwaltungsmodernisierung im Bund. Zwischenbericht, Praxisbeiträge, Kommentare* (= Speyerer Forschungsberichte 183), Speyer 1998
Konzendorf, G. (unter Mitarbeit von Tobias Bräunlein): *Verwaltungsmodernisierung in den Ländern. Überblick und Einblicke* (= Speyerer Forschungsberichte 187), Speyer 1998
Kubicek, H./U. Schmid/H. Wagner: *Bürgerinformation durch »neue« Medien? Analysen und Fallstudien zur Etablierung elektronischer Informationssysteme im Alltag*, Opladen 1997
Martin, H.-P./H. Schumann: *Die Globalisierungsfalle. Der Angriff auf Demokratie und Wohlstand*, Reinbek 1996
Merten, D./R. Pitschas/M. Niedobitek: *Neue Tendenzen im öffentlichen Dienst* (= Speyerer Forschungsberichte, 189), Speyer 1998
Miegel, M.: *Die verkannte Revolution (1). Einkommen und Vermögen der privaten Haushalte*. Mit einem Vorwort von Kurt Biedenkopf, Stuttgart 1983

Naschold, F.: »Partizipative Demokratie – Erfahrungen mit der Modernisierung kommunaler Verwaltungen«, in: W. Weidenfeld (Hg.): *Demokratie am Wendepunkt. Die demokratische Frage als Projekt des 21. Jahrhunderts*, Berlin 1996, S. 294-307

Naschold, F./W. Jann/Ch. Reichard: *Innovation, Effektivität, Nachhaltigkeit. Internationale Erfahrungen zentralstaatlicher Verwaltungsreform*, Berlin 1999

Naschold, F./Ch. Reichard/M. Röber/A. Wegener (Hg.): *Verwaltungsreform auf Ministerialebene* (= WZB Discussion Paper), Berlin 1998

Prätorius, R.: »Modernisierung des Staates? Oder das Gegenteil? Versuch, durch Thesen eine Diskussion zu provozieren«, in: E. Grande/R. Prätorius (Hg.): *Modernisierung des Staates?*, Baden-Baden 1997, S. 207-220

Reese-Schäfer, W.: »Kommunitärer Gemeinsinn und liberale Demokratie«, in: *Gegenwartskunde* 42, H. 3, 1993, S. 305-318

Reese-Schäfer, W.: »Die praktische Bedeutung kommunitaristischen Denkens in Deutschland. Ein Überblick«, in: *Gegenwartskunde* 48, H. 3, 1999, S. 297-310

Reichard, Ch.: »Deutsche Trends der kommunalen Verwaltungsmodernisierung«, in: F. Naschold/M. Oppen/A. Wegener (Hg.): *Innovative Kommunen. Internationale Trends und deutsche Erfahrungen*, Stuttgart 1997, S. 53-81

Reichel, P.: *Politische Kultur in Deutschland*, Opladen 1981

Reinermann, H. (Hg.): *Neubau der Verwaltung. Informationstechnische Realitäten und Visionen*, Heidelberg 1995

Reis, C./M. Schulze-Böing (Hg.): *Planung und Produktion sozialer Dienstleistungen. Die Herausforderung »neuer Steuerungsmodelle«*, Berlin 1998

Ross, J.: »Schröders Lehrmeister«, in: *Die Zeit*, 16. 9. 1999

Ruck, M.: »Beharrung im Wandel. Neuere Forschungen zur deutschen Verwaltung im 20. Jahrhundert (I)«, in: *Neue Politische Literatur*, 42. Jg., H. 4, 1997, S. 200-256

Ruck, M.: »Beharrung im Wandel. Neue Forschungen zur deutschen Verwaltung im 20. Jahrhundert (II)«, in: *Neue Politische Literatur*, 43. Jg., H. 1, 1998, S. 67-112

Schäfer, I.-E.: »Wenn der Staat schwindsüchtig wird. Zu den Grenzen des New Public Management«, in: *Blätter für deutsche und internationale Politik*, H. 9, 1999, S. 1101-1109

Scharpf, F. W.: *Demokratische Politik in Europa* (= Europäisches Zentrum für Staatswissenschaften und Staatspraxis, Discussion Paper Nr. 4), Berlin 1995

Schuppert, G. F.: »Die öffentliche Verwaltung im Kooperationsspektrum staatlicher und privater Aufgabenerfüllung: Zum Denken in Verantwortungsstufen«, in: *Die Verwaltung*, 31. Bd., H. 4, 1998, S. 415-447

Seibel, W./A. Benz/H. Mäding (Hg.): *Verwaltungsreform und Verwaltungspolitik im Prozess der deutschen Einigung*, Baden-Baden 1993, S. 41 ff.

Stember, J.: »Die digitale Zukunft der Verwaltung. Entwicklungen, Trends und Herausforderungen für die öffentliche Verwaltung«, in: *Deutsche Verwaltungs-Praxis*, 50. Jg., H. 12, 1999, S. 503-509

Voelkner, J.: *Planungsmethoden in Verwaltung und Wirtschaft*, 2., neubearb. Aufl., Regensburg 1992

Wewer, G.: »Vom Bürger zum Kunden? Beteiligungsmodelle und Verwaltungsreform«, in: A. Klein/R. Schmalz-Bruns (Hg.): *Politische Beteiligung und Bürgerengagement in Deutschland. Möglichkeiten und Grenzen*, Baden-Baden 1997, S. 203-232

Wewer, G.: »Die Krise der Kommunalfinanzen«, in: U. Andersen (Hg.): *Gemeinden im Reformprozess*, Schwalbach/Ts. 1998, S. 47-61

Wollmann, H.: »Politik- und Verwaltungsmodernisierung in den Kommunen: Zwischen Managementlehre und Demokratiegebot«, in: *Die Verwaltung*, 32. Bd., H. 3, 1999, S. 345-375

Wunder, B.: *Geschichte der Bürokratie in Deutschland*, Frankfurt/M. 1986

Wunder, B.: »Zur Geschichte der deutschen Beamtenschaft. Literaturbericht 1945-1985«, in: *Geschichte und Gesellschaft* 17, 1991, S. 256-277

VII.

Sicherheit im internationalen System

Berthold Meyer

Kollektive Sicherheit oder Weltinnenpolitik? Die Suche nach den globalen Dorfpolizisten

Während die Rede von der »Globalisierung« vielen Angst und Schrecken einjagt, weil sie als Chiffre für die Unübersichtlichkeit und Entgrenzung mannigfacher Problemlagen steht, die mit traditionellen politischen Steuerungsmitteln nicht mehr einzufangen sind, mutet ein anderer Begriff geradezu heimelig an, obwohl er dieselben Entwicklungstrends illustriert, das »globale Dorf«. Zu ihm gesellen sich zwei weitere eher positiv besetzte Begriffe, die im Folgenden näher betrachtet werden sollen, »kollektive Sicherheit« und »Weltinnenpolitik«. Sie stehen für das Ziel, Störungen des internationalen Friedens zu beheben. Wenn wir hier nach ihrer Realisierbarkeit fragen, machen wir uns sozusagen auf die Suche nach den globalen Dorfpolizisten.

1. Kollektive Sicherheit – eine Chimäre?

Der Begriff der »kollektiven Sicherheit« stammt aus den dreißiger Jahren des 20. Jahrhunderts.[1] Nach Daniel Frei ist darunter ein nach innen wirkender Sanktionsmechanismus zu verstehen: »Das Wesen der kollektiven Sicherheit [...] liegt darin, dass dieses System zwar mit dem Krieg rechnet und auch bereit ist, gegen Widerspenstige [...] einen *gerechten* Krieg zu führen. Aber man setzt dabei offenbar stillschweigend voraus, dass es gar nicht zu einem solchen Strafkrieg im Namen der Völkergemeinschaft kommen werde, sondern dass bereits die Aussicht auf einen solchen den potenziellen Rechtsbrecher *abschrecken* werde« (Frei 1970, S. 69f.).

Solche Vorstellungen standen bei der Gründung der Vereinten Nationen Pate, als sie sich in Art. 1, 1 der Charta zum Ziel setzten, »den Weltfrieden und die internationale Sicherheit zu wahren und zu diesem Zweck wirksame *Kollektivmaßnahmen* zu treffen, um

1 Vgl. zur Begriffsgeschichte Jaberg 1998, S. 141f.

Bedrohungen des Friedens zu verhüten und zu beseitigen, Angriffshandlungen und andere Friedensbrüche zu unterdrücken [...].«

In den beiden Kapiteln der Charta, die auf Situationen zugeschnitten sind, die den Handlungsrahmen der Weltorganisation für die Wahrung des Weltfriedens und der internationalen Sicherheit bestimmen, wird danach unterschieden, ob diese nur *gefährdet* sind (Kapitel VI), sodass Maßnahmen zur friedlichen Beilegung von Streitigkeiten ausreichen, oder ob der Frieden *bedroht* oder gar *gebrochen* ist (Kapitel VII). Wenn der *Sicherheitsrat* als das Organ mit der »Hauptverantwortung für die Wahrung des Weltfriedens und der internationalen Sicherheit« (Art. 24, 1) zur Auffassung gelangt, dass die in Art. 41 vorgesehenen friedlichen Sanktionen »unzulänglich sein würden oder sich als unzulänglich erwiesen haben«, ist es ihm und nur ihm erlaubt, »mit Luft-, See- oder Landstreitkräften« militärische Sanktionsmaßnahmen durchzuführen (Art. 42). Diese völkerrechtliche Kompetenzzuschreibung ist in Verbindung mit dem Gewaltverbot im zwischenstaatlichen Verhalten nach Art. 2, 4 konstitutiv für das Selbstverständnis der UNO als System kollektiver Sicherheit. Durch ihr Zusammenspiel sollten E. O. Czempiel zufolge jene traditionellen Strategien ersetzt werden, die die Neuzeit beherrscht und in so viele Kriege geführt haben. Im Gedanken der kollektiven Sicherheit sieht er einen fundamentalen theoriegeschichtlichen Fortschritt (Czempiel 1994, S. 792), der allerdings einen »Konstruktionsfehler« hat: »Das Prinzip kann nur funktionieren, wenn es nicht gebraucht wird; wird es gebraucht, funktioniert es nicht. Kollektive Sicherheit beruht auf einem Mythos« (ebd., S. 795). Milder ausgedrückt, so weit und solange ein potenzieller Friedensbrecher an das Funktionieren des in der UN-Charta beschriebenen Systems kollektiver Sicherheit (SKS) glaubt, lässt er sich von ihm abschrecken, sobald er aber das System herausfordert, zeigt sich – wenigstens bisher –, dass der Sicherheitsrat keine Strafexpedition auf den Weg schicken kann, weil ihm keine Truppen zur Verfügung stehen. Denn obwohl »alle Mitglieder« sich nach Art. 43 zu Sonderabkommen mit dem Sicherheitsrat verpflichtet haben, in denen sie ihm »auf sein Ersuchen Streitkräfte zur Verfügung stellen«, ist nicht ein Staat dem seit 1945 nachgekommen. Deshalb stand der Sicherheitsrat, wann immer es angebracht gewesen wäre, Art. 42 anzuwenden, vor der Frage, woher er denn die Bataillone nehmen sollte, die er gebraucht hätte.

Dieser Missstand, der die Rede vom »Gewaltmonopol« der Vereinten Nationen geradezu lächerlich erscheinen lässt, trug mit dazu bei, dass die in Art. 42 genannten Instrumente von der Weltorganisation in ihrer über 50-jährigen Geschichte nicht angewandt wurden (vgl. Menk 1992, S. 151), obwohl es immer wieder zu Friedensbrüchen kam. Ein noch stärkeres Hindernis stellte freilich bis zum Ende des Ost-West-Konflikts 1989 die gängige Praxis der Ständigen Mitglieder des Sicherheitsrates dar, von ihrem Vetorecht Gebrauch zu machen und damit Entscheidungen dieses Organs zu blockieren, wenn es um Konflikte ging, in die sie selbst oder wichtige Verbündete (z. B. Israel aus der Sicht der USA) involviert waren.

Liegt es nur an dem Konstruktionsfehler der UNO, die insgesamt dem Modell des Staatenbundes mit wechselseitigen Besitzstandsgarantien (Art. 1 und 2) entspricht, während der Sicherheitsrat nach dem Modell des europäischen Mächtekonzerts strukturiert ist, dass die Vereinten Nationen nicht zu einem funktionierenden SKS wurden, oder kann kollektive Sicherheit auf globaler Ebene schon allein auf Grund der unterschiedlichen Machtverteilung zwischen den Staaten nicht funktionieren?

Um dies zu beurteilen, ist nach den formalen Normen und Regeln zu fragen, die einem SKS satzungsmäßig vorzugeben wären, damit es zu einer minimalen Effizienz befähigt wird. Dies hat Erwin Müller anhand früherer Versuche, solche Systeme zu installieren, untersucht. Sie scheiterten durchgängig an der Frage nach möglichst vorbehaltsloser militärischer Beistandsleistung für das Opfer eines Angriffs. »Man könnte sagen, dass kollektive Sicherheit schon deshalb eine Chimäre sei, weil sie ihren Kardinal- und Gründungszweck nicht zu erfüllen im Stande ist« (Müller 1990/91, S. 93).

Müller fragt, ob dafür *objektive* Gründe wie die Überlegenheit des Aggressors, die jede Aktion von vornherein aussichtslos erscheinen lassen, oder *subjektive* Gründe der Beistandsunwilligkeit entscheidend waren und wie beiden begegnet werden könnte (ebd., S. 97). Die objektiven Hindernisse zu überwinden hält er für eine Frage der Satzung und der Ausstattung des SKS mit Machtmitteln. Die Systemloyalität der Staaten hinge hingegen davon ab, wie sehr »sie ihm die Garantie ihrer Sicherheit zutrauen und damit auch gewillt sind, den Preis oder die Prämie für diese

Systemleistungen zu zahlen. [...] Selbstredend muss die formal *zugesagte* Systemleistung hinlänglich sein, d.h. alle relevanten Sicherheitsbedürfnisse abdecken, sonst werden sicherheitspolitische Alternativen gesucht. Das System muss – conditio sine qua non – auch *im Stande* sein, die zugesagten Sicherheitsleistungen zu *erbringen*, nicht zuletzt durch die Beistandsakte seiner Teilnehmer« (ebd., Hervorh. im Text).

Ein SKS sei deshalb so auszustatten, dass von seinen *Merkmalen* auf seine *Erfolgschance* geschlossen werden könne. »Das SKS muss alle vitalen Sicherheitsinteressen der Beteiligten normativ abdecken und materiell zu ihrer Gewährleistung im Stande sein. Es kann je nach Lage aber nicht *alles* garantieren *und darf es dann auch nicht tun*, denn psychologisch gilt, dass einem System trotz oftmaligem Funktionieren das Vertrauen entzogen wird, wenn es auch nur *einmal* versagt« (ebd., S. 98f., Hervorh. im Text). Es könne folglich nichts versprechen, »was es nicht halten kann, etwa die Sicherung gegen eine Macht, die stärker ist als die Systemstaaten zusammen, oder gegen einen Staat, den die Systemmitglieder im Sinne der Machtprojektion militärisch gar nicht erreichen können« (ebd., S. 99).

Daher stellt sich mit Blick auf die Staatenwelt, wie sie sich seit 1945 entwickelt hat, v. a. die Frage, ob ein SKS dann funktionieren kann, wenn der Friedensbrecher über *Nuklearwaffen* verfügt. Da alle fünf Ständigen Mitglieder Atommächte sind und diesen Status auch nicht aufgeben wollen, wäre jedes von ihnen auch ohne Vetomacht nur dann in ein solches System zu integrieren, wenn es bereit wäre, auf die konventionelle Aggression einer anderen Atommacht notfalls mit der Eskalation bis zum Atomschlag zu antworten. Dagegen steht jedoch die Selbstabschreckung. Dies erlaubt den Schluss, dass die UNO unilateralen konventionellen Militärinterventionen von Atommächten nicht mit militärischen Sanktionen zu begegnen vermag. Daraus folgt weiterhin, dass auch regionale SKS, wenn an ihnen eine Macht beteiligt ist, die stärker ist als alle anderen oder gar über Nuklearwaffen verfügt, nicht funktionieren können.

1990 lebte ausgerechnet in einer Situation, in der es keine wechselseitigen Blockaden im Sicherheitsrat gab, mit der Ermächtigung an eine von den USA geführte Allianz, eine Aktion zur militärischen Befreiung des vom Irak besetzten Kuwait vorzubereiten, ein Verhalten des Sicherheitsrates wieder auf, das es 40 Jahre zuvor schon einmal im Koreakrieg gegeben hatte. Jetzt blieb es kein Einzelfall, vielmehr kam es zu derartigen pauschalen Ermächtigungen nach dem Zweiten Golfkrieg noch mehrfach, so für Russland in Georgien, für Frankreich in Ruanda, für die NATO zur Durchsetzung des Friedensabkommens für Bosnien und Herzegowina und für die USA in Somalia und in Haiti. In dieser neuen Tendenz der Instrumentalisierung der VN durch die fünf Vetomächte des Sicherheitsrates sehen einige Autoren ein »privates (Gewalt-)Monopol« (Rittberger/Mogler/Zangl 1997, S. 25 ff.). Es bestehe darin, Zwangsmaßnahmen an Allianzen oder an Hegemonialmächte zu delegieren, die weniger als Sachwalter des Weltfriedens denn aus eigenem Interesse bereit sind, diese zu exekutieren.

Zunächst lassen sich solche Aufgabenübertragungen auf Grund der niemals eingelösten Selbstverpflichtungen nach Art. 43 aus der militärischen Handlungsunfähigkeit des Sicherheitsrates erklären. Kapitel VIII der VN-Charta, das regionalen Abmachungen gewidmet ist, verschafft überdies der Kooperation mit Regionalorganisationen eine Rechtsgrundlage. Dabei spricht Art. 53, 1, Satz 1 allerdings von deren *Inanspruchnahme* durch den Sicherheitsrat. In Satz 2 folgt sogar das Verbot, ohne Ermächtigung des Sicherheitsrats Zwangsmaßnahmen auf Grund regionaler Abmachungen oder seitens regionaler Einrichtungen zu ergreifen. Dieses lässt sich auch als Schranke gegen eigenmächtige Zwangsmaßnahmen durch Einzelstaaten oder »coalitions of the willing« interpretieren, wie sie die NATO zur Beendigung des Kosovo-Konflikts im Oktober 1998 plante und vom 24. März bis 10. Juni 1999 durchführte (s. u.).

Nimmt man für das Handeln der Golfkriegsallianz Art. 51 als Rechtsgrundlage, demzufolge »im Falle eines bewaffneten Angriffs gegen ein Mitglied [...] das naturgegebene Recht zur individuellen oder kollektiven Selbstverteidigung« so lange nicht durch die anderen Regeln der Charta beeinträchtigt wird, *»bis der Sicherheitsrat die zur Wahrung des Weltfriedens und der internationalen Sicherheit erforderlichen Maßnahmen getroffen hat«*, so bleibt auf Grund dieser Einschränkung ein bitterer Nachgeschmack: Gerade in diesem Falle hätte während der Vorbereitung auf den militärischen Einsatz zur Befreiung Kuwaits genügend Zeit bestanden, um die Truppenkontingente der Mächte, die sich zu der Anti-Saddam-Hussein-Koalition zusammenfanden, über Sonderabkommen nach Art. 43 dem Sicherheitsrat zu unterstellen (vgl. Rittberger/Mogler/Zangl 1997, S. 29). Doch auch in anderen Fällen sind insbesondere die USA nicht willens, ihre Truppen einem nichtamerikanischen Oberbefehlshaber anzuvertrauen. Deshalb greifen sie zum Ausweg nach Art. 51, obwohl sie vom Sicherheitsrat geführte Einsätze, wenn sie ihnen nicht genehm wären, auch mit ihrem Veto stoppen könnten. Insofern kann der Vermutung, die Anwender des Art. 51 griffen »gleichsam als eine Art Sachwalter des Sicherheitssystems des VII. Kapitels« »treuhänderisch« ein (Menk 1992, S. 73), nur bedingt gefolgt werden. Zumindest besteht auf Grund der fortwährenden Anwendungspraxis dieses Artikels, der als eine Interimsregelung gedacht war, die Gefahr, das auf die Einzelstaaten gemünzte Gewaltverbot zu unterhöhlen und damit der kollektiven Selbstverteidigung in der Praxis den Platz zukommen zu lassen, den die VN-Charta der gegenseitigen kollektiven Sicherheit einräumen wollte.

Deren Verfasser hatten bei der Formulierung dieses Anspruchs freilich nur an *zwischen*staatliche Konflikte gedacht. Doch die weitaus meisten gewaltsamen Auseinandersetzungen nach dem Ende des Ost-West-Konflikts sind *inner*staatlicher Art, die von Angehörigen unterschiedlicher Ethnien und/oder Religionen insbesondere über Fragen der Zugehörigkeit, der Teilhaberechte sowie der territorialen Selbstbestimmung von Minderheiten ausgetragen werden. Wenn in solchen Fällen von der Völkergemeinschaft dem Morden Einhalt geboten werden soll, ist das nach der VN-Charta äußerst schwierig.

Dies zeigte sich 1998/99 beim Krieg zwischen den Sicherheitskräften der Bundesrepublik Jugoslawien (Serbien und Montenegro) gegen die teils Autonomie, teils Sezession anstrebenden Kosovo-Albaner. Nachdem der Sicherheitsrat kein Mandat für eine Intervention nach Art. 42 gegen die Bundesrepublik Jugoslawien erteilt hatte, kam auch keine Berufung auf Art. 51 in Frage, da sich der Angriff der jugoslawischen Sicherheitskräfte gegen die Kosovaren nicht gegen ein anderes Mitglied der UNO, sondern gegen einen Teil der eigenen Bevölkerung richtete. Ein Ausweg hätte noch in der Ermächtigung einer regionalen Einrichtung nach Art. 53 bestehen können, doch auch diese wurde nicht erteilt. Liegt also eine Selbstmandatierung der NATO vor?

Dies wurde schon im Oktober 1998, als die NATO ihre Aktivierungsanordnung beschlossen hatte, im Deutschen Bundestag vom damaligen Bundesaußenminister Kinkel wie von den meisten anderen Rednern mit dem Hinweis bestritten, dass in den dem Nato-Beschluss vorangegangenen Resolutionen des UN-Sicherheitsrates Bezug auf Kapitel VII der UN-Charta genommen werde. Das traf zwar zu, war aber schon deshalb notwendig, um gegen die Konfliktparteien ein Waffenembargo verhängen zu können. Da jedoch in keiner der beiden Resolutionen 1160 und 1199 von der Androhung von Gewaltmaßnahmen nach Art. 42 die Rede war, griff Kinkel damals zu der Volte: »Deshalb muss man sagen, dass die Drohung mit dem militärischen Einsatz schließlich auf die Verwirklichung der einstimmig gefassten Sicherheitsratsresolution hinzielt.«[2] Auf diese Weise ließ sich zwar der spätere Luftkrieg ebenfalls moralisch verteidigen, doch ändert dies nichts daran, dass die NATO auf Grund einer Selbstmandatierung handelte und insofern ihrerseits das Gewaltmonopol privatisierte.

3. Gehört die Zukunft der »humanitären Intervention« und dem »robusten Peace-keeping«?

Während der Sicherheitsrat in Fragen der Friedenserzwingung jahrzehntelang blockiert war, verständigte er sich in einer Reihe von Fällen auf friedenserhaltende Operationen, für die sich nach 1956 der Begriff der *Blauhelm-Missionen* eingebürgert hat. Sie haben, ohne dass es für sie in der Charta eine Grundlage gab, durch ihr im Großen und Ganzen gewaltverhinderndes oder wenigstens -minderndes Auftreten als reine Friedenstruppen zur

2 So in der Bundestagsdebatte am 16. 10. 1998; vgl. Meyer/Schlotter 2000, S. 29f.

Absicherung eines Waffenstillstandes, militärische Beobachtermissionen und nichtmilitärische Beobachtermissionen eine weithin unwidersprochene Legitimation erfahren (vgl. Wolf 1994, S. 60), sodass sie 1988 unter allgemeinem Beifall mit dem Friedensnobelpreis geehrt wurden.

Seither hat sich das Bild dieser Einsätze stark verändert. Bis dahin wurden sie nach einem Waffenstillstand im Konsens mit den Konfliktparteien aufgestellt, waren für sie Neutralität, offenes Auftreten und höchstens eine leichte Bewaffnung zur Selbstverteidigung selbstverständlich (vgl. Ehrhart/Klingenburg 1994, S. 52). Anfang der neunziger Jahre erhöhte sich jedoch nicht nur die Zahl der Einsätze und der beteiligten Soldaten dramatisch bis zu einem Höchststand von 77783 Personen im Dezember 1994 (Boutros-Ghali 1996, S. 4), sondern es wurden auch die Einsatzvoraussetzungen verändert. Dadurch gerieten die Blauhelme nicht nur in die Schusslinien der Konfliktparteien, sondern auch in die der öffentlichen Kritik.

Ursache hierfür war v. a., dass der Sicherheitsrat insbesondere im ehemaligen Jugoslawien (vgl. Calic 1998, S. 225) und in Somalia (vgl. Eikenberg 1993, S. 198ff.) Blauhelme auch in Gebiete entsandt hatte, in denen keine Waffenruhe herrschte und ihr offenes Auftreten auf Grund der zu leichten Bewaffnung für die Soldaten höchst gefährlich wurde. Dass diese Missionen zumindest partiell scheiterten, lag nicht zuletzt an einer zu »diffusen Aufgabenzuweisung« (Braun/Topan 1998, S. 9).

Dies aber allein darauf zurückzuführen, dass die Charta 1945 Konflikte beim gewalthaltigen Zerfall multiethnischer Staaten und bei Versuchen, ethnisch homogene Staatsgebilde unter Missachtung der Menschenrechte zu schaffen, nicht vorhersehen konnte, greift zu kurz. Denn auch in der Charta gibt es Anhaltspunkte dafür, sich diesen Herausforderungen zu stellen: So wird in Art. 1, 2 und Art. 55 vom Grundsatz der Selbstbestimmung der Völker gesprochen und in Art. 55 außerdem erklärt, die Vereinten Nationen förderten die »allgemeine Achtung und Verwirklichung der Menschenrechte«. Darüber hinaus sind von der UNO seit dieser Zeit verschiedene Menschenrechtspakte verabschiedet worden.

Um in Fällen grober Menschenrechtsverletzungen bis hin zum Völkermord »humanitäre Interventionen« zu erlauben, musste der Sicherheitsrat einen Weg finden, wie er das aus der Souveränität der Mitgliedstaaten abgeleitete Interventionsverbot umgehen konnte. Als Weichenstellung hierfür gilt die Resolution 688/1991 zur Situation der im Nordirak vertriebenen Kurden. In ihr eröffnete der Sicherheitsrat mit der Feststellung, die dortigen Menschenrechtsverletzungen führten zu einem starken Flüchtlingsstrom in Richtung auf internationale Grenzen und über diese hinweg und bedrohten damit den internationalen Frieden, die Möglichkeit zu einem »robusten« oder »erweiterten« Peace-keeping oder »peace-keeping with teeth and muscles« (Kühne 1993, S. 55).

Das völkerrechtliche wie das praktische Problem besteht darin, Blauhelm-Einsätze so zu mandatieren, dass sie als Maßnahmen im Rahmen des Kapitels VII und nicht nur des Kapitels VI der VN-Charta auf den Weg gebracht und mit Mitteln zu ihrer bewaffneten Durchsetzung ausgestattet werden. Die Blauhelme sollen also nicht nur ihr eigenes Leben gegen Waffengewalt verteidigen, sondern auch die Erfüllung ihres humanitären Auftrages durchsetzen können, ohne dabei Kriegspartei zu werden. Die Vereinten Nationen versuchen also »trotz eventueller Kampfhandlungen im Prinzip in der Rolle des *neutralen Dritten* und *Vermittlers* zwischen den Konfliktparteien« (ebd.) zu bleiben. Der »selektiv eventuell notwendige Einsatz militärischer Gewalt darf nicht mit Kampfeinsätzen im Rahmen traditioneller Kriegführung gleichgesetzt werden, weder was die Einsatzform noch was ihre Dynamik betrifft! Nicht Sieg ist ihr Ziel, sondern die Aufrechterhaltung des Friedens- und Verhandlungsprozesses und der dafür notwendigen Voraussetzungen« (ebd., S. 56). »Zweifellos verlangt der Verzicht auf Sieg und Vernichtung eine beträchtliche mentale Umstellung der üblicherweise auf diese Ziele ausgebildeten Offiziere und Soldaten. Diese Umstellung gelang bei den traditionellen Blauhelmeinsätzen. Sie sollte auch im Hinblick auf das robuste Peace-keeping möglich sein« (ebd., S. 57).

Zu den politischen Risiken solcher Einsätze gehört, wie der Somalia-Einsatz zeigt, dass die Rolle der UNO als Vermittler, für die bisher Unparteilichkeit ein ehernes Prinzip war, von den Betroffenen in Frage gestellt wird. Darüber hinaus verändern sich die militärischen Einsatzbedingungen: Die Truppenkontingente müssen größer und stärker bewaffnet sein und sind dadurch eher der Gefahr ausgesetzt, selbst angegriffen oder als Geiseln genommen zu werden. Damit besteht die Gefahr der Eskalation und für die entsendenden Nationen die Notwendigkeit, Truppen zum Nachschieben bereitzuhalten. Um diese Risiken einzugrenzen, müsste der Sicherheitsrat das Mandat völkerrechtlich klar verankern und den politischen Auftrag wie den militärischen Durchführungsmodus inhaltlich überzeugend formulieren (vgl. ebd., S. 58).

4. Weltordnungshüter von Amerikas Gnaden oder Weltinnenpolitik mit einer internationalen Bereitschafts-Polizei?

Zwar mögen solche Mandatierungen im Einzelfall dazu geeignet sein, die Handlungsfähigkeit der UNO zu verbessern, doch ihre Grunddilemmata bleiben bestehen. Sie ergeben sich in Fällen fortwährender Verletzungen von Menschen- und Minderheitenrechten einerseits aus der Spannung zwischen staatlichen Souveränitätsvorbehalten und dem Anrecht auf Selbstbestimmung, sei es von Individuen, Gruppen oder ganzen Nationen, und andererseits aus dem Entscheidungsmonopol des Sicherheitsrates und seiner potenziellen Lahmlegung durch einzelne Vetomächte. Jürgen Habermas ist 1996 in einer Betrachtung zu Kants Idee des ewigen Friedens der Verwirklichung des Rechts der Weltbürger nachgegangen, dessen Pointe darin bestehe, »dass es über die Köpfe der kollektiven Völkerrechtssubjekte hinweg auf die Stellung der individuellen Rechtssubjekte durchgreift und für diese eine nichtmediatisierte Mitgliedschaft in der Assoziation freier und gleicher Weltbürger begründet« (Habermas 1996, S. 20). Mit Blick auf die UNO würdigt er zwar den hohen Stellenwert, den die Menschenrechte und ihr Schutz dort genießen, kritisiert aber das Fehlen eines Strafgerichtshofs, der festgestellte Fälle von Menschenrechtsverletzungen prüfe und entscheide (und zu dem es trotz seines 1998 in Rom beschlossenen Statuts bis zur Jahrtausendwende noch nicht gekommen ist, B. M.), und fährt dann fort: »Der wunde Punkt des globalen Menschenrechtsschutzes ist [...] das Fehlen einer exekutiven Gewalt, die der Allgemeinen Menschenrechtserklärung erforderlichenfalls durch Eingriffe in die Hoheitsgewalt nationaler Staaten Nachachtung verschaffen könnte« (ebd., S. 21).

Aus dieser Perspektive begrüßte Habermas im Frühjahr 1999 die Entscheidung der NATO, am Sicherheitsrat vorbei gegen die serbischen Sicherheitskräfte einen Luftkrieg zum Schutz der Kosovaren zu führen als Schritt zu einem künftigen Weltbürgerrecht: Was im Rahmen des klassischen Völkerrechts als Verletzung des Interventionsverbots gegolten hätte, solle nun »unter der Prämisse der Menschenrechtspolitik [...] als eine bewaffnete, aber von der Völkergemeinschaft (auch ohne UN-Mandat stillschweigend) autorisierte Frieden schaffende Mission verstanden werden. Nach dieser westlichen Interpretation könnte der Kosovo-Krieg einen Sprung auf dem Wege des klassischen Völkerrechts der Staaten zum kosmopolitischen Recht einer Weltbürgergesellschaft bedeuten« (Habermas 1999, S. 1).

Wenn man bedenkt, dass dieser Luftkrieg primär von den USA geführt wurde, dass aber auch direkte UN-Einsätze wie auch militärische Interventionen auf Grund einer Ermächtigung durch die UNO fast nur dann zu Stande kommen, wenn »die Amerikaner« bereit sind, sich ideell oder personell zu engagieren, dann stellt sich angesichts Habermas' Interpretation die Frage nach dem Übergang vom Völkerrecht zum Weltbürgerrecht als Frage nach der Ausgestaltung künftiger Weltinnenpolitik. Werden darin *nolens volens* die Vereinigten Staaten die Rolle des Weltpolizisten übernehmen mit der Folge, dass letztlich deren Präsident und Kongress entscheiden, wann und wo auf dieser Welt Menschenrechte geschützt werden und in welchen Fällen das Risiko für die eigenen *boys* zu hoch ist? Sollte dies die »vollständige Weltinnenpolitik« sein, die Carl Friedrich von Weizsäcker vor einem Vierteljahrhundert eingefordert hat?

Weizsäcker, der den Anspruch erhebt, den Begriff der »Weltinnenpolitik« 1963 in seinem Buch *Bedingungen des Friedens* geprägt zu haben, schrieb 1976, Kriegsverhütung sei zwar bisher nur mit den Staaten zu erreichen, aber man müsse sich realistischerweise eingestehen, »dass das System souveräner Mächte den Krieg künftig so wenig überwinden wird wie in der Vergangenheit. Gleichwohl ist es notwendig, ihn zu überwinden.« Zu diesem Ziel genüge es nicht, »die Ebene der bisherigen Weltpolitik zu stabilisieren. [...] Die heutige Weltpolitik ist unvollständige Weltinnenpolitik. Wird man die Weltpolitik der neuen Ebene eine vollständige Weltinnenpolitik nennen können?« (Weizsäcker 1976, S. 243f.)

Die Ebene, auf der die Bemühungen um eine Vervollständigung der Weltinnenpolitik anzusiedeln sind, kann nur die der UNO und ihrer regionalen Abmachungen wie der OSZE sein. Der Vorschlag des ehemaligen stellvertretenden UNO-Generalsekretärs Brian Urquhart vom Sommer 1993, beim Generalsekretär eine Freiwilligenarmee von 5000 Mann einzurichten, die Waffenstillstandsvereinbarungen durchsetzen und schon mit ihrer bloßen Existenz Friedensbrecher abschrecken solle, dürfte bis auf weiteres unrealistisch sein. Er hat sich jedoch als Anstoß für einige Initiativen erwiesen, die darauf zielen, die Einsatzfähigkeit der UNO zu erhöhen. So wurde 1994 ein Stand-by-System eingerichtet, das detaillierte Informationen über verbindliche Zusagen von Mitgliedstaaten enthält, die bereit sind, sich mit bestimmten militärischen Ressourcen innerhalb einer festgelegten Zeit an Peace-keeping-Operationen zu beteiligen. Bis 1998 hatten hierfür 67 Länder mehr als 88 000 Soldaten bestimmt. Die UNO hat dieses System schon bei der Planung ihrer Einsätze in Angola, Haiti, Ostslawonien und der West-Sahara genutzt. Darüber hinaus konkretisiert sich eine dänische Initiative, eine multinationale Brigade aufzubauen, die für Friedensoperationen nach Kapitel VI der VN-Charta innerhalb von 15 bis 30 Tagen einsatzbereit sein soll (vgl. Voorhoeve 1998, S. 45).

Angesichts der Unfähigkeit der Vereinten Nationen, eine Eingreiftruppe für Zwangsmaßnahmen nach Artikel 42 aufzustellen, wird in Politik und Wissenschaft seit einiger Zeit außerdem über eine Alternative diskutiert, die aus dieser Not eine Tugend machen könnte, die Schaffung internationaler Polizeikräfte. Dieter Senghaas sieht darin »mehr als eine Umetikettierung« militärischer Kräfte, denn »Polizei hat keine originäre Kampffunktion, sondern eine Schutz- und Ordnungsfunktion«. Ihr Einsatz sei »weniger provozierend als der einer Militäreinheit; sie kann von betroffenen Regierungen und Bevölkerungen leichter als Helfer bei der Konfliktlösung akzeptiert werden, als dies militärischen Truppen möglich ist. Noch entscheidender aber dürfte sein, dass solche Einheiten von vornherein gezielt und systematischer für ihre Aufgabe vorbereitet und ausgebildet werden können« (Senghaas 1993, S. 441).

In einem 1998 vorgelegten Konzept ergänzt Erwin Müller diese Argumente wie folgt: Bei Polizeieinsätzen diene die Anwendung von Waffengewalt »zur *Rechtsdurchsetzung* und zum

Schutz von Rechtsgütern Dritter«, beschränke sich also nicht »auf Selbstverteidigung im Rahmen des ›peace-keeping‹-Ansatzes«. Polizeiliche Waffeneinsätze seien zugleich »den äußerst restriktiven Maßstäben des polizeirechtlichen Verhältnismäßigkeitsprinzips unter möglichster Schonung von Menschenleben« unterworfen, das sich fundamental von den wesentlich weiter gefassten Regeln für Militäreinsätze im Kriegsvölkerrecht unterscheide. Gerade vom Verhältnismäßigkeitsprinzip, das sich an den Kriterien der Geeignetheit, der Erforderlichkeit und der Proportionalität ausrichte, erwartet Müller, »dass polizeitypische Kräfte trotz ihrer im Vergleich zum Militär mit seinem massierten Waffeneinsatz geringeren *Effektivität* bei der Zielbekämpfung eine weitaus höhere *Effizienz* erzielen könnten«, da sie sowohl bei ihrer »Klientel«, d. h. den Objekten ihrer Aktionen im Aufnahmestaat, wie auch in den Entsendestaaten eine ungleich größere Akzeptanz finden könnten (Müller 1998, S. 5). Eine Polizeitruppe könne überdies »die Vorzüge der Prävention voll ausschöpfen, indem sie bereits im Frühstadium eines Gewaltkonflikts durch (zunächst) reine Präsenz vor Ort beruhigend auf die Parteien« einwirke (ebd., S. 6). Insofern ließe sich vielleicht wirklich von globalen Dorfpolizisten sprechen.

Nun zeigen die Erfahrungen mit Polizeieinsätzen im Rahmen der Vereinten Nationen (UNCIVPOL), die bisher fallweise im Zusammenhang mit Peace-keeping-Einsätzen und somit nur vorübergehend zu Stande gekommen sind, ein erhebliches Rekrutierungsproblem. So wuchs die ab dem 10. Juni 1999 aufgestellte bewaffnete »internationale Sicherheitspräsenz« im Kosovo (KFOR) schnell auf über 50 000 Mann, v. a. aus NATO-Verbänden, an, während von den im Rahmen der parallel dazu eingesetzten »internationalen zivilen Präsenz« (UNMIK) vorgesehenen 4800 internationalen Polizisten ein halbes Jahr später erst 1700 verfügbar waren.[3]

Solche Verzögerungen mit ihren gravierenden Folgen könnten vermieden werden, wenn der UNO eine ständige Polizeitruppe zur Verfügung stünde. In Müllers erwähntem Konzept gibt es hierfür drei Optionen: zum einen von Staaten bereitgestellte Kontingente, zum anderen organisationseigene Kräfte, für die die

3 So General Klaus Reinhardt in einem Interview der ARD-Tagesthemen am 13. 12. 1999.

Vereinten Nationen selbst Einzelpersonen rekrutieren, und schließlich ein Mischsystem, »das nationale bzw. regionale Kontingente mit einer einheitlichen Polizeimacht einer globalen internationalen Organisation unter deren Kommando legiert. Der dann entsprechend weniger umfangreiche zentrale Polizeiverband sollte den Charakter von ständig einsatzbereiten hochmobilen Verfügungskräften als im doppelten Sinne des Wortes ›*Bereitschafts*-Polizei‹ aufweisen, um als ›Vorauskommando‹ schon vor Ort sein und eingreifen zu können, bevor die anderen Kontingente zu seiner Verstärkung eintreffen« (Müller 1998, S. 10f.).

Angenommen, der ständig präsente Kern der internationalen Polizeitruppe, die Bereitschafts-Polizei, umfasse etwa 5000 Bedienstete, so dürften die Chancen, diese Kerneinheit aufzubauen, erheblich günstiger sein als die Aussichten, die erwähnte Freiwilligenarmee der Vereinten Nationen gleicher Größe ins Leben zu rufen. Außerdem könnte nach ihnen in einem ganz anderen Personenkreis Ausschau gehalten werden als bei der Suche nach einer Söldnertruppe. Die Polizeitruppe wäre in ihrer Bereitschaftsposition nicht an einem zentralen Ort zu stationieren, sondern vernünftigerweise an fünf bis zehn Standorten auf verschiedenen Kontinenten. Sie könnte dort leichter mit nationalen und regionalen Polizeieinheiten für gemeinsame Einsätze üben und diesen dabei praxisnah Grundregeln polizeilichen Verhaltens nach demokratischen Maßstäben vermitteln. Im Bedarfsfall könnte sie mit ihrer vorhandenen Präsenz allein oder als »Vorhut« einer aus nationalen Polizeiverbänden zusammengesetzten Schutzmacht tätig werden. Mit einer solchen Struktur ließen sich auch die Voraussetzungen dafür schaffen, dort, wo regionale Abmachungen der Vereinten Nationen wie OSZE, OAS und OAU bestehen und funktionieren, die Verantwortung für die praktische Durchführung eines Einsatzes von den Vereinten Nationen auf die regionale Ebene zu übertragen. Dies hätte nicht nur den Vorteil, die Kommandowege zu verkürzen, sondern könnte die Chance vergrößern, Quellen gewaltsamer Auseinandersetzungen mit dem geringstnötigen Aufwand frühzeitig einzudämmen und auszutrocknen.

Boutros-Ghali, B.: »Introduction«, in: United Nations (Hg.): *The Blue Helmets. A Review of United Nations Peace-keeping*, New York [3]1996, S. 3-9

Braun, G./A. Topan: »Frieden als Abwesenheit von Krieg? Kritischer Vergleich einiger Blauhelmeinsätze in den neunziger Jahren«, in: *Aus Politik und Zeitgeschichte*, B 16-17, 1998, S. 3-12

Calic, M.-J.: »Probleme Dritter Parteien bei der Regulierung von Bürgerkriegen: Der Fall Bosnien-Herzegowina«, in: H.-W. Krumwiede/ P. Waldmann (Hg.): *Bürgerkriege: Folgen und Regulierungsmöglichkeiten*, Baden-Baden 1998, S. 217-240

Czempiel, E. O.: »Kollektive Sicherheit – Mythos oder Möglichkeit«, in: *Merkur*, 48. Jg., H. 9/10, 1994, S. 790-803

Ehrhart, H.-G./K. Klingenburg: »Was heißt Peace-Keeping?«, in: *Vierteljahresschrift für Sicherheit und Frieden*, 12. Jg., 1994, S. 52-63

Eikenberg, K.: »Somalia: Vom Krieg der Clans zum Krieg der UNO?«, in: V. Matthies (Hg.): *Frieden durch Einmischung? Die Schrecken des Krieges und die (Ohn-)Macht der internationalen Gemeinschaft*, Bonn 1993, S. 185-202

Frei, D.: *Kriegsverhütung und Friedenssicherung*, Frauenfeld/Stuttgart 1970

Habermas, J.: »Bestialität und Humanität. Ein Krieg an der Grenze zwischen Recht und Moral«, in: *Die Zeit*, Nr. 18, 29. 4. 1999, S. 1

Habermas, J.: »Kants Idee des ewigen Friedens – aus dem historischen Abstand von zweihundert Jahren«, in: M. Lutz-Bachmann/J. Bohman (Hg.): *Frieden durch Recht. Kants Friedensidee und das Problem einer neuen Weltordnung*, Frankfurt/M. 1996, S. 7-24

Jaberg, S.: *Systeme kollektiver Sicherheit in und für Europa in Theorie, Praxis und Entwurf. Ein systemwissenschaftlicher Versuch*, Baden-Baden 1998

Kühne, W.: »Völkerrecht und Friedenssicherung in einer turbulenten Welt: Eine analytische Zusammenfassung der Grundprobleme und Entwicklungsperspektiven«, in: W. Kühne (Hg.): *Blauhelme in einer turbulenten Welt – Beiträge internationaler Experten zur Fortentwicklung des Völkerrechts und der Vereinten Nationen*, Baden-Baden 1993, S. 17-100

Menk, T. M.: *Gewalt für den Frieden. Die Idee der Kollektiven Sicherheit und die Pathognomie des Krieges im 20. Jahrhundert*, Berlin 1992

Meyer, B./P. Schlotter: »Die Kosovo-Kriege 1998/99. Die internationalen Interventionen und ihre Folgen«, in: *HSFK-Report* 1, 2000, Frankfurt/ M.

Müller, E.: »Grundsatzprobleme kollektiver Sicherheit: Historische Erfahrungen und Lehren für die Zukunft«, in: D. S. Lutz (Hg.): *Gemeinsame Sicherheit, Kollektive Sicherheit, Gemeinsamer Frieden.* Bd. VI.: *Auf dem Weg zu einer Neuen Europäischen Friedensordnung*, Baden-Baden 1990/91, S. 93-113

Müller, E.: »Internationale Polizei: Prinzip und Konzept«, in: *Vierteljahresschrift für Sicherheit und Frieden*, 16. Jg., 1998, S. 5-18

Rittberger, V./M. Mogler/B. Zangl: *Vereinte Nationen und Weltordnung. Zivilisierung der internationalen Politik?*, Opladen 1997

Senghaas, D.: »Überlegungen zu einer Kasuistik internationaler Interventionen«, in: W. Kühne (Hg.): *Blauhelme in einer turbulenten Welt – Beiträge internationaler Experten zur Fortentwicklung des Völkerrechts und der Vereinten Nationen*, Baden-Baden 1993

Voorhoeve, J. J. C.: »Lehren für die Zukunft. UN-Friedenssicherung im Wandel«, in: *Internationale Politik* 7, 1998, S. 45

Weizsäcker, C. F. von: *Wege in der Gefahr*, München 1976

Wolf, K.-D.: »Die UNO zwischen Friedensabsicht und Interventionspraxis«, in: B. Meyer/B. Moltmann (Hg.). *Konfliktsteuerung durch Vereinte Nationen und KSZE*, Frankfurt/M. 1994, S. 57-68

Mathias Albert
Hegemonie und Multipolarität unter den Bedingungen von Entgrenzung[1]

Was können die Begriffe »Hegemonie« und »Multipolarität« zum Verständnis der globalen Politik des 21. Jahrhunderts beitragen? Lässt sich für sie noch ein sinnvoller und analytisch ertragreicher Platz in modernen sozialwissenschaftlichen Konzeptionalisierungen des globalen Wandels bestimmen? So überflüssig diese Fragen denjenigen erscheinen mögen, die den Konflikt zwischen Hegemonialmächten als *die* zentrale Dynamik globaler Politik »von Thukydides bis ins Nuklearzeitalter« erachten,[2] so überraschend mag für Außenstehende der Theoriediskussionen im akademischen Feld der Internationalen Beziehungen zunächst die Begriffspaarung als solche erscheinen. Während »Hegemonie« allgemein eine dauerhafte Vormachtstellung eines Akteurs bezeichnet, so stellt doch »Multipolarität« offensichtlich nicht den entsprechenden Gegenbegriff dazu dar. Insbesondere verweist »Polarität« ja zunächst nicht unbedingt auf die relative Position von Akteuren, sondern den Zustand eines *Systems*. Es lässt sich folglich vermuten, dass beiden Begriffen nicht genau deckungsgleiche Auffassungen über die Beschaffenheit internationaler Politik zu Grunde liegen. Diese Beobachtung sowie die kaum überschaubare Literatur insbesondere zur Hegemonieproblematik lassen es notwendig erscheinen, sich zunächst um eine etwas genauere Verortung der beiden Begriffe in der Theorie internationaler Beziehungen zu bemühen. An diesen kurzen Überblick wird dann die Frage anzuschließen sein, inwiefern die mit den Konzepten von Hegemonie und Multipolarität umrissenen Deutungsmuster internationaler Politik in der Lage sind, den mit dem Begriff der »Entgrenzung« zusammenzufassenden globalen Strukturwandel in Politik, Wirtschaft und Gesellschaft angemessen zu reflektieren. Die dabei zum Tragen kommende Kritik insbesondere am Hegemoniebegriff soll dabei durch den Verweis auf eine

1 Für hilfreiche Kommentare danke ich Lothar Brock und Klaus Dieter Wolf.
2 So der Titel von: Lebow et al. 1991.

Reihe empirisch beobachtbarer Entwicklungen veranschaulicht werden, namentlich die Entgrenzung in der Staatenwelt, die Diffusion von Sicherheit, sowie die Entstaatlichung grenzüberschreitender Verregelung. Insofern diese drei Entwicklungen als Manifestationen der weltgesellschaftlichen Makrotrends von Glokalisierung, Regionalisierung und funktionaler Differenzierung erachtet werden können, wird abschließend die Frage aufzuwerfen sein, ob sich innerhalb der von diesen Trends gestützten Theoriesemantik eine wenn auch gewandelte Verwendung der Begriffe Hegemonie und Multipolarität bzw. Bipolarität identifizieren ließe.

1. Die »Hegemoniediskussion« in den Internationalen Beziehungen

In der realistischen Schule der internationalen Politik, welche internationale Beziehungen v. a. als *zwischenstaatliche* Beziehungen machtinteressierter Nationalstaaten beschreibt, bezeichnet »Hegemonie« die Vormachtstellung eines Staates, wobei jedoch die Souveränität anderer Staaten unangetastet bleibt. Dabei ist nicht auszuschließen, dass in einem bestimmten Beziehungssystem internationaler Politik zwei oder mehrere »Hegemonialmächte« nebeneinander koexistieren, wobei sich die »Hegemonie« in diesem Falle nur auf das entsprechende nähere Umfeld bzw. den Einflussbereich der in Frage stehenden Macht bezieht. Im Unterschied zum »klassischen« Realismus, der Beständigkeit und Wandel in der internationalen Politik vorrangig über die Wirkweisen eines Kräftegleichgewichts, der »balance of power« zwischen den machtinteressierten Akteuren erklärt, nimmt der so genannte »strukturelle« oder »Neorealismus« hierfür die »anarchische« Struktur des internationalen *Systems* zum Ausgangspunkt (vgl. Waltz 1979). Unter den Bedingungen einer solchen anarchischen Struktur wird der Systemzustand vorrangig durch die Verteilung von Machtressourcen zwischen den Einheiten im System bestimmt. Entsprechend der jeweiligen Machtagglomerationen lässt sich der Systemzustand als uni-, bi- oder multipolar bezeichnen, wobei die Polarität nicht allein auf einzelne Großmächte, sondern vielmehr deren Einflusssphären im weiteren Sinne zu beziehen ist. Während ein von einem Machtpol dominiertes Hegemonialsystem folglich ein unipolares System darstellt, war das internationale System nach dem Ende des Zweiten Weltkriegs bis zum Ende des Ost-West-Konflikts durch *Bipolarität* gekennzeichnet. Im Gegensatz zu der insbesondere vor dem Zweiten Weltkrieg herrschenden Multipolarität erscheint dem Neorealismus ein bipolares System mit zwei Großmächten dabei als eine der stabilsten Konfigurationen des internationalen Systems. Während in diesem Interpretationskontext der Zusammenbruch des Ostblocks zunächst das Wiedererstehen eines multipolaren internationalen Systems vermuten ließ, argumentieren heute Neorealisten v. a. in Anbetracht der Tatsache, dass mit den USA heute im globalen System nur eine Großmacht besteht, die große Teile des internationalen Systems jedoch nicht im hegemonialen Stil zu beeinflussen in der Lage ist, dass die Ära nach dem Ende des Ost-West-Konflikts einen der historisch seltenen Momente von »Unipolarität ohne Hegemonie« darstelle (Wilkinson 1999, S. 140-172). Ob sich diese Unipolarität letztendlich in eine Unipolarität mit Hegemonie, eine Bipolarität (etwa mit China oder der EU als zweiter Großmacht) oder eine Tri- bzw. Multipolarität verwandeln wird, lässt sich aus der neorealistischen Perspektive jedoch kaum abschätzen.

Nur z. T. deckungsgleich mit einer neorealistischen Weltsicht wurde von Charles Kindlebergers Buch *Die Weltwirtschaftskrise* bereits zu Beginn der siebziger Jahre eine langanhaltende Debatte um die Bedeutung *hegemonialer Stabilität* für das internationale System sowie den *Niedergang der US-Hegemonie* entfacht, in ihrer Brisanz befördert durch die Aufhebung des Goldstandards und die Ölkrise.[3] Im Kern lautet die Aussage der Theorie hegemonialer Stabilität, dass das internationale System darauf angewiesen ist, dass eine Hegemonialmacht globale »öffentliche Güter« wie Sicherheit und Erwartungsstabilität bereitstellt, an denen kleinere Mächte gleichsam als »free rider« partizipieren können.

Der in diesem Zusammenhang oftmals diagnostizierte relative Bedeutungsverlust der USA als wirtschaftlicher Führungsmacht war in diesem Sinne als Indiz für zu erwartende neue Konfliktlinien zwischen den weltwirtschaftlichen Großregionen bzw. insbesondere den USA und den »Aufsteigern« Japan und Deutsch-

3 Kindleberger 1973; als weitere Ausgangsdiagnose der Debatte: Gilpin 1975; ein Überblick über die Positionen in der Diskussion findet sich in: Albert et al. 1999.

land und damit eine generelle Destabilisierung eines in eine globale (Ost-West-)Bipolarität eingebetteten Systems zu interpretieren. Drängten sich hier zunächst insbesondere Analogien zum Niedergang der britischen Hegemonialmacht auf, so suchte insbesondere der Historiker Paul Kennedy mit seiner Studie zum *Aufstieg und Fall der großen Mächte* (Kennedy 1987) den »Niedergang« der USA in eine gewisse Gesetzmäßigkeit historischer Zyklen einzubetten. Er schloss damit die »hegemonic decline«-Schule an eine welthistorische Debatte an, die bis dato nahezu ausschließlich von den Vertretern des Weltsystemansatzes (Modelski, Wallerstein) besetzt war.

Ein Gutteil der unterschiedlichen Positionen in der Diskussion um hegemoniale Stabilität und den Niedergang der US-Hegemonie ist zunächst weniger auf unterschiedliche Ansichten über die Beschaffenheit des internationalen Systems (als anarchisch strukturiertem Staatensystem) zurückzuführen, sondern auf unterschiedliche Bedeutungsgehalte des jeweils verwendeten Machtbegriffs. Geht der Neorealismus im Grunde davon aus, dass sich alle Machtressourcen mehr oder weniger »bündeln« und in letzter Konsequenz für Zwecke der Anwendung von Zwangsmaßnahmen einsetzen lassen, so hat am pointiertesten Susan Strange vorgetragen, dass es im internationalen System der Gegenwart nicht mehr um den Besitz einer derart verstandenen »Beziehungsmacht« geht, sondern um den Besitz »struktureller Macht«. Strukturelle Macht äußert sich jedoch nicht in der Fähigkeit, andere zu einem Tun entgegen ihrem eigenen Willen zwingen zu können, sondern ihnen über Strukturvorgaben (etwa die Konditionierung des internationalen Finanzsystems, aber auch der internationalen Wissensproduktion und -vermittlung) die Bedingungen für ihr Handeln aufzuerlegen (Strange 1987).[4]

Empirisch konstatierte Robert Keohane, dass der »Niedergang« der US-Hegemonie selbst in allein wirtschaftlicher Hinsicht nicht allgemein festzustellen sei, sondern sich nach Sektoren unterschiedlich gestalte; darüber hinaus legte er mit *After Hegemony* gleichsam das Credo des *neoliberalen Institutionalismus* vor, nach dem entgegen der Theorie der hegemonialen Stabilität ebenfalls durch zwischenstaatliche, kooperationsbasierte Verre-

4 Strange 1987, S. 551-574. Joseph Nye hat ähnlich auf die zunehmende Bedeutung »weicher« bzw. »intangibler« Machtfaktoren hingewiesen; siehe Nye 1990, S. 25-48.

gelung ohne eine durch eine Hegemonialmacht gewährte Bestandsgarantie erreicht werden kann (Keohane 1984).

Ein »Niedergang« der US-Hegemonie wäre in einem solchen Verständnis nicht ein potenzieller Quell neuer wirtschaftlicher oder gar militärischer Konflikte, sondern vor dem Hintergrund einer zunehmenden Verregelung internationaler Beziehungen eher ein Indikator für eine abnehmende Bedeutung von machtbasierter Strukturierung und Gestaltung der »Spielregeln«, möglicherweise gar für eine »Zivilisierung« von Weltpolitik (vgl. Albert et al. 2000).

Je weiter sich die Debatte um einen »hegemonic decline« dabei in eine Debatte um grundlegende Stabilitätsbedingungen im internationalen System verwandelte, desto mehr trat zu Tage, dass die gemeinsam verwendeten Begriffe möglicherweise eine grundlegende Spannung zwischen einem eher im klassischen Machtdenken verwurzelten Hegemonieverständnis und der neorealistischen Polaritätskonzeption verdecken, mithin auch von Beginn an in der Diskussion von unterschiedlichen Referenzsystemen die Rede war.

So kann gemäß der Logik der Machtbündelung des neorealistischen Ansatzes das internationale System zwar uni-, bi- oder multipolar sein, aber niemals etwa uni- und bipolar zugleich. Wenn nun das internationale System während des Ost-West-Konflikts eindeutig bipolar strukturiert war, so konnte sich die US-*Hegemonie* offensichtlich nicht auf das Gesamtsystem, sondern lediglich auf einen Pol eines bipolaren Systems beziehen. Die Bipolarität, die sich auf den Systemkonflikt zwischen Ost und West mit den Führungsmächten Sowjetunion und USA bezog, kennzeichnete das internationale System, die Hegemonie der USA lediglich das Subsystem der »westlichen Welt«. Aber selbst ein solches differenziertes Verständnis der Dinge ist nur vor dem Hintergrund eines umfassenden, verschiedene Machtressourcen in einem Handlungspotenzial bündelnden Machtbegriffes möglich. Wählt man eine spezifische Zugangsweise und konzentriert sich im Sinne eines Großteils der politökonomisch geführten »hegemonic decline«-Diskussion etwa allein auf die Stellung der USA im *Weltwirtschaftssystem*, dann dürfte es schwerfallen, hier in der Nachkriegszeit von etwas anderem als einer unipolaren Struktur zu sprechen. Die Planwirtschaften des Ostblocks stellten in dieser ökonomisch-systemischen Perspektive keinen »Pol«

in einem bipolaren Weltwirtschaftssystem dar, sondern Marginalien in einem unipolaren System. Selbstverständlich macht eine derart funktionsspezifische Betrachtungsweise in der neorealistischen Sicht der internationalen Politik keinen Sinn. Sie verweist insofern darauf, dass den verschiedenen Positionen insbesondere zur Bedeutung von Hegemonie und zum Niedergang der US-amerikanischen Hegemonialposition oftmals unterschiedliche Sichtweisen der grundsätzliche Beschaffenheit des internationalen Systems zu Grunde liegen. Trotz dieser Unterschiede gilt es freilich auch, zwei wichtige *Gemeinsamkeiten* nicht aus den Augen zu verlieren: Alle Beiträge im Umfeld der Diskussion um einen »hegemonic decline«, einschließlich der neorealistischen Theorie, konzentrieren sich auf *Staaten* als Hauptakteure in den internationalen Beziehungen und als Referenzpunkte ihrer Analyse. Dem entspricht, dass es bei der Frage nach Machtgewinn oder -verlust grundsätzlich um die Frage relativer Positionsverschiebungen der Staaten im internationalen System gegeneinander geht. Strukturveränderungen, gerade auch in einem nicht nur als Staatensystem verstandenen internationalen System, finden weitaus weniger (oder keine) Beachtung.

2. Von Positionsveränderungen zum Strukturwandel: zur Kritik des Hegemoniebegriffes

In der Studie *Die Neue Weltwirtschaft* wurde der Versuch unternommen, die These eines »hegemonic decline« der USA insbesondere gegenüber Japan bzw. Deutschland/der EU anhand einer umfangreichen empirischen Analyse weltwirtschaftlichen Strukturwandels zu überprüfen (Albert et al. 1999). Dabei zeigte sich, dass selbst bei differenzierter Betrachtung ein Großteil der üblicherweise zur Untermauerung oder Widerlegung der These vom »hegemonic decline« und zur Identifizierung entsprechender Positionsveränderungen herangezogenen Aggregatsgrößen den weltwirtschaftlichen Strukturwandel der letzten Jahre und Jahrzehnte nur unzureichend abbilden kann. Die Entfaltung von sektorspezifisch höchst unterschiedlichen Internationalisierungs-, Regionalisierungs- und Verflechtungsdynamiken, v. a. aber die Entwicklung großer transnationaler Finanzströme jenseits des Bereiches staatlich kontrollier- bzw. (be)steuerbaren Wirtschaftens geben Anlass zur Vermutung, dass mit dem »hegemonic decline« der USA eine Frage gestellt wird, die an der Realität der internationalen Wirtschaftsbeziehungen vorbeigeht oder diese höchstens noch ausschnittweise abzubilden vermag: »Das Problem liegt [...] in der Aushöhlung oder Entfunktionalisierung der Hegemonie durch die Entstofflichungs- und Entgrenzungsprozesse in der Weltwirtschaft.«[5] »Positionsverschiebungen« zwischen den einzelnen Staaten mögen in diesem Sinne zwar weiterhin stattfinden, sie treten jedoch hinter die Verlagerung von Gestaltungs- und Strukturierungsmacht vom Staat auf den Markt immer mehr zurück. Das Ende des Bretton-Woods-Systems und in größerem Maße möglicherweise gar noch das Plaza-Abkommen von 1985 und die daraus resultierenden Folgen für die internationalen Finanz- und Währungsmärkte leiteten in diesem Sinne weniger ein Ende der US-Hegemonie als vielmehr ein Ende der staatlichen Hegemonie im Weltwirtschaftssystem ein.

Nun könnten entsprechende Entwicklungstendenzen gerade aus der Perspektive eines umfassenden Machtverständnisses als relativer Bedeutungsschwund von ökonomischer Stärke im Vergleich zu militärischen Kapazitäten, politischer Stabilität etc. abgetan werden. Aber gerade auch ein Blick auf derartige »Kernbereiche« staatlicher Macht lassen vermuten, dass die Logiken von Hegemonie sowie von Aufstieg und Fall nur noch sehr begrenzt zum Verständnis wichtiger Entwicklungsdynamiken im internationalen System beizutragen vermögen. Anstatt sich ausführlich mit den in Frage stehenden theoretischen Annahmen auseinander zu setzen, sollen hier vielmehr schlaglichtartig drei verschiedene Entwicklungen angesprochen werden, die gegen den Ertrag einer auf hegemonialen Aufstieg und Fall oder einer auf die Polarität des internationalen Systems abstellenden Perspektive sprechen: (a) die Entgrenzung *in* der Staatenwelt, (b) die Diffusion von Sicherheitsgewährleistung und damit militärischer Kapazität als »hartem« Machtpotenzial der Nationalstaaten, sowie (c) die Entstaatlichung grenzüberschreitender Regelungsbereiche.

(a) Mit der »Entgrenzung« ist allem voran der Sachverhalt einer zunehmenden Inkongruenz der Wirk- und Einflussräume

5 Albert et al. 1999, S. 269; ebenfalls ausgeblendet werden Veränderungen im Interaktionsraum zwischen Staat und »Zivilgesellschaft«: vgl. Wolf (2000); die an dieser Stelle bedeutsame Unterscheidung von Staatenwelt und Gesellschaftswelt wurde eingeführt von Czempiel (1993).

staatlichen Handelns und der entsprechenden Sozial- und Wirtschaftsräume bezeichnet. Dabei geht es zum einen um den bereits angesprochenen Verlust von Einfluss des Staates an den Markt, zum anderen an eine ganze Reihe anderer gesellschaftlicher Akteure (z. B. Nichtregierungsorganisationen). Mit der Entgrenzung nicht nur *der* Staatenwelt gegenüber der Wirtschafts- und Gesellschaftswelt, sondern den Entgrenzungsprozessen *in der* Staatenwelt wird zum Ausdruck gebracht, dass es bei den beobachteten Umbruchprozessen nicht nur um einen Verlust an Staatsmacht zu Gunsten von Marktmacht geht, sondern ebenfalls um eine qualitative Umgestaltung von Staatlichkeit selbst.[6] Was sich im Innern der Staaten als Enthierarchisierung von Steuerungs- und Entscheidungsmustern ausdrückt (»kooperativer« und »verhandelnder« statt steuernder und insofern »handelnder« Staat), findet im grenzüberschreitenden Kontext seine Entsprechung in der Herausbildung von Mehrebenenpolitik. Die »klassische« zwischenstaatliche Politik, selbst im Rahmen internationaler Organisationen, stellt nur mehr einen Teilbereich »internationaler Politik« dar. Suprastaatliche Einbindung (EU) wie auch eine zunehmende unmittelbar internationale Orientierung substaatlicher Einheiten (Kommunen, Länder) lassen die Idee einheitlicher politischer Akteure im internationalen politischen System als anachronistisch erscheinen. Selbst dort, wo zwischenstaatliche Politik betrieben wird, nimmt diese immer weniger die herkömmliche Form eines Kontaktes zwischen Außenministerien an, sondern vollzieht sich zunehmend in direkter Interaktion zwischen den entsprechenden Fachministerien und -abteilungen.

(b) Schon 1957 fragte der Realist John Herz in seinem Aufsatz zum »Rise and Demise of the Territorial State«, ob sich hergebrachte Vorstellungen über die machtvermittelte Interaktion zwischen Staaten angesichts des Aufkommens von Nuklearwaffen würden halten lassen (Herz 1957, S. 473-793). Die Frage, die an den Kernbereich des staatlichen Machtpotenzials und damit verbundene (neo)realistische Annahmen über die Wirkweisen des internationalen Systems rührt, stellt sich heute mit größerer Dringlichkeit denn je. Konnte man das System nuklearer Abschreckung möglicherweise noch als selbstreferenzielles System abtun, das zudem nach dem Ende der Bipolarität an Wirksamkeit

6 Zur ursprünglichen Formulierung: Brock 1995, S. 259-285.

verliert und ein größeres Potenzial für die Austragung »konventioneller« Konflikte eröffnet, so tritt heute zunehmend die Fragilität militärischer Macht als solcher zu Tage. Episoden wie der Kosovo-Krieg entkräften diese These nicht, sondern bestätigen sie angesichts des groben Missverhältnisses zwischen der Größe des umstrittenen Territoriums und der darauf befindlichen Streitkräfte auf der einen und den von den NATO-Staaten eingesetzten Mitteln auf der anderen Seite. Dahinter steckt freilich nicht eine Dysfunktionalität militärischer Macht, sondern ihre Diffusion. Eine vormals auf das Sichern territorialer Grenzen bezogene Sicherheitslogik greift im grenzüberschreitenden Kontext in weitere Bereiche aus und wird diffuser. Im Prinzip kann, den notwendigen Input an diskursiver Energie vorausgesetzt, jede Frage zur Sicherheitsfrage erhoben werden (Buzan et al. 1997). In der Weltrisikogesellschaft geht selbst die *Fiktion* absoluter Sicherheit verloren. Es geht immer weniger darum, den Eintritt eines bestimmten sicherheitsrelevanten Ereignisses zu verhindern, als vielmehr darum, sich gegen eine Vielfalt mehr oder weniger wahrscheinlich eintretender Gefahren abzusichern und die Folgen des Schadensfalles möglichst gering zu halten (vgl. Tuathail 1999, Bigo 2001). Paradigmatisch für die Diffusion militärischer Macht ist die Abkehr von großen stehenden Heeren einzelner Nationalstaaten hin zu kleinen, multinationalen »Krisenreaktionskräften«.

(c) Die These der neoliberalen Regimetheorie, nach der es zur Aufrechterhaltung der »Spielregeln« einer internationalen Ordnung nicht der Bestandsgarantie durch eine Hegemonialmacht bedarf, sondern eigeninteressierte Akteure sich durchaus in internationalen Regeln (Regimen) selbst binden können, wobei die Regime durchaus wiederum eine normative Eigendynamik zu entfalten und auf die Identität des Akteurs zurückzuwirken in der Lage sind, wurde bereits im Zuge der Kritik der These von der hegemonialen Stabilität erwähnt.[7] Zu dieser zwischenstaatlichen Verregelung der internationalen Beziehungen treten jedoch seit einiger Zeit gerade im internationalen Kontext immer stärker semistaatliche oder private Regulierungsformen (z. B. im Bereich der Standardisierung) hinzu, die teilweise, etwa in Form der Handelsschiedsgerichtsbarkeit (*lex mercatoria*), den Charakter einer

7 Zur Regimeforschung im Überblick: Hasenclever et al. 1997.

eigenständigen, vom staatlichen Rechtsetzungsmonopol unabhängigen Rechtsentwicklung annehmen (vgl. Cutler et al. 1999, Braithwaite et al. 2000, Teubner 1996). Es scheint dabei, dass sich eine solche Entwicklung nicht im eigentlichen Sinne »gegen« Staaten vollzieht, wohl aber, dass das, was einst als eigeninteressierte Selbstbindung konzeptionalisierbar gewesen sein mag, mit ein Fundament für die Entwicklung einer a-staatlichen globalen Regulierungs- und Rechtskultur darstellt, die Staaten in ein normatives Bindungsgeflecht einbettet, ohne auf ein System staatenkonstituierten Völkerrechts reduzierbar zu sein.

Mit diesen Beobachtungen wurde ein nur schlaglichtartiger Blick auf drei in den letzen Jahren vielbeachtete Entwicklungslinien des globalen Wandels geworfen. Gemeinsam stellen sie heraus, dass die analytischen Komplexitätsreduktionen, die in den meisten Vorstellungen einer Polarität des internationalen Systems auf der einen Seite sowie dem auf Staaten bezogenen Hegemoniebegriff auf der anderen Seite enthalten sind, der heutigen mehrdimensionalen Realität globaler Politik nicht mehr gerecht werden. Umso mehr stellt sich dabei freilich die Frage, ob mit den dahinterstehenden Theorien auch die Begriffe von Polarität und Hegemonie obsolet werden oder ob ihnen nicht gerade unter den Bedingungen des Wandels ein neuer, theoretisch anders einzubettender analytischer Wert zukommen könnte.

3. »Hegemonie« und »Polarität«: Alter Wein für neue Schläuche?

Die Frage nach einer möglichen neuen Bedeutung von Begriffen, die auf Grund ihrer Blickfeldverengung implausibel geworden sind, drängt sich umso mehr auf, als es der gegenwärtigen Diskussion um den globalen Wandel trotz des schlüssigen Nachweises einer ganzen Reihe von Entwicklungslinien wie den soeben angesprochenen an analytischen Integrationsbegriffen und Theorien eher zu mangeln scheint. Das entsprechende Desiderat dürfte dabei allerdings weniger in einer »schlanken« Erklärung liegen, sondern vielmehr in einer Theorie, die komplex genug ist, um auch scheinbar widersprüchliche Trends (z. B. die Gleichzeitigkeit von Integration und Fragmentierung) in sich aufnehmen zu können.

In diesem Zusammenhang ist es beachtenswert, dass ein nach Gramsci im Sinne eines Kampfes um gesellschaftliche Vormachtstellung verstandener Hegemoniebegriff im Zuge des Bemühens, globalen Wandel aus der Perspektive einer Internationalen Politischen Ökonomie zu erklären, eine gewisse Aufmerksamkeit erlangt hat. Dabei erscheint jedoch noch nicht hinreichend geklärt, ob dem Desiderat einer Theorie globalen Wandels als Theorie einer Entwicklung einer globalen sozialen Gesamtheit durch eine Transformation einer ursprünglich auf die Problematik nationaler Integration gemünzten Theorie Rechnung getragen werden kann.[8] Dabei sei an dieser Stelle dahingestellt, ob dieser Wandel alternativ als weltgesellschaftliche Entwicklung bezeichnet werden soll oder nicht (vgl. World Society Research Group 2000). Eine entsprechende theoretische Erfassung müsste jedoch in der Lage sein, empirisch beobachtbare Entwicklungen auf die herausragenden globalen Makrotrends zu beziehen, welche den globalen Wandel zu Beginn des 21. Jahrhunderts kennzeichnen: funktionale Differenzierung, Glokalisierung und Regionalisierung. »Funktionale Differenzierung« meint in diesem Zusammenhang, dass sich die großen Funktionssysteme der Welt, also etwa Wirtschaft, Recht, Religion, Politik, zunehmend gemäß ihrer eigenen operativen Logik unabhängig voneinander entwickeln. Dabei driften, wie bereits in Bezug auf die a-staatliche Rechtsentwicklung angedeutet, insbesondere auch die nach innen noch primär territorial differenzierten Funktionssysteme des Rechts und der Politik auseinander. Eine solche global*systemische* Betrachtungsweise wirft natürlich die Frage auf, ob hier dem Begriff der Polarität nicht ein gewisser analytischer Wert zukommen könnte. Uni-, Bi- und Multipolarität bezögen sich in diesem Sinne dann jedoch nicht mehr auf die Eigenschaften eines primär machtbasierten internationalen politischen Systems, sondern gesamtgesellschaftlich gesehen auf die Wirkmächtigkeiten funktionaler Teilsysteme. In diesem Sinne schiene die gegenwärtige Weltordnung noch am ehesten durch eine Unipolarität auf Seiten des globalen Wirtschaftssystems charakterisierbar zu sein, wobei die Zunahme staatlicher und a-staatlicher Regulationsbemühungen sowie die Herausbildung eines transnationalen Rechtssystems al-

8 Siehe zur Kritik an einer zu weit getriebenen Übertragung Gramscis auf die internationalen Beziehungen: Germain et al. 1998, S. 3-21.

ternativ als das Erstarken multipolarer Strukturelemente interpretiert werden könnten.[9]

Mit »Glokalisierung« ist der zunehmende Regelfall einer Berücksichtigung »globaler Dynamiken« in »lokalen Lebenswelten« angesprochen (Münch 1998). Gerade die bereits kurz erwähnte »Mikro-Außenpolitik« von Kommunen und Ländern liefert für den Bereich der Politik ein Beispiel für neue Verbundenheit über mehrere Ebenen hinweg. Auch in diesem Bereich einer eher räumlich-stratifikatorischen Aufteilung des globalen Systems könnte dem Begriff der Polarität ein gewisser analytischer Wert zukommen, wenn es darum geht, die Mächtigkeit verschiedener räumlicher Ebenen zueinander zu thematisieren. Dabei dürfte jedoch kaum umstritten sein, dass sich die gegenwärtige Entwicklung nicht als eine Ablösung der Unipolarität auf Seiten der Nationalstaaten durch eine Bipolarität von Globalität und Lokalität darstellt, sondern als Herausbildung eines komplexen Mehrebenenbeziehungsgeflechts, in Bezug auf welches der Begriff der Multipolarität eher an der Sache vorbeizugehen scheint.

Neben die funktionale Differenzierung und die Glokalisierung tritt als dritte Dimension die Regionalisierung, die gleichsam quer zu diesen Entwicklungstrends liegt: Die Regionalisierung zieht in Glokalisierungsprozesse eine bis dato eher untergeordnete Ebene räumlicher Strukturation ein; insofern sie dabei wirtschaftliche, politische und rechtliche Prozesse umfasst, übergreift sie in ihrer strukturierenden Wirkung potenziell die verschiedenen Funktionssysteme.[10] Dabei ist es gegenwärtig zu früh, um Umfang und Richtung des globalen Regionalisierungsprozesses verlässlich beurteilen zu können. Fest steht allein, dass Regionalisierung und Regionalismus in verschiedensten Formen, sei es als regionale Verdichtung von Handelsströmen, sei es als nationalstaatlich oder von politischen Akteuren auf mehreren Ebenen getragene regionale Integrationsprojekte, seit einigen Jahren einen regelrechten Boom erleben. *Falls* sich hinter diesen Entwicklungen die Entstehung einer funktionalen Differenzierungs- und Glokalisierungsprozessen entgegenwirkenden Ordnung regionaler Konzentra-

9 Es sei darauf verwiesen, dass derartige Überlegungen nur im Rahmen eines eher offenen Verständnisses der systemtheoretischen Sicht möglich werden, von der Luhmann'schen Perspektive her jedoch eher als illegitim erscheinen mögen; vgl. Albert 1999, S. 239-265.

10 Vgl. allgemein: Hettne et al. 1999, siehe auch: Albert et al. (i. E.).

tion verbergen sollte (z. B. in Form von »Regionalstaaten«), wäre zu überlegen, ob eine sich daraus ergebende Struktur des globalen Systems in Bezug auf interregionale Gewichtungen einer Analyse mittels der Begriffe von Hegemonie und Polarität zugänglich wäre. Dabei wäre freilich darauf zu achten, nicht lediglich die alten Theorielogiken (des Neorealismus und der Theorien hegemonialer Stabilität) zu reproduzieren (vgl. Link 1998). Wichtig ist insofern nicht die Feststellung, dass Regionalisierungsprozesse stattfinden; es muss auch wirklich nachgewiesen werden können, dass diese im angedachten Sinne *gegen* die Dynamiken von funktionaler Differenzierung und Glokalisierung wirken.

Wäre dem so, so käme den Begriffen von Hegemonie und Polarität möglicherweise eine Aktualität zu, die ihnen nach den im Angesicht der Qualität globalen Wandels zu Tage getretenen analytischen Schwächen ihrer Hintergrundtheorien wohl kaum noch jemand zugedacht hätte.

Wichtig erschiene selbst im Falle einer Reaktualisierung der Begriffe jedoch, sich damit nicht die überholten Vorstellungen ihres ursprünglichen theoretischen Umfeldes einzuhandeln. Der globale Wandel und die Theoriebildung darüber sind mittlerweile weiter gediehen. Dem zum Trotz sollen jedoch die vorliegend angestellten Überlegungen keinesfalls darüber hinwegtäuschen, dass im Fache Internationale Beziehungen die Begriffe von Hegemonie und (Uni-, Bi- und Multi-)Polarität weiterhin in die eingangs aufgezeigten Theoriekontexte eingebettet sind und in diesen Verwendung finden. Angesichts der Qualität des globalen Wandels sollte dieser Umstand aber eigentlich von nur noch theoriegeschichtlichem Interesse sein.

Literatur

Albert, M.: »Observing World Politics. Luhmann's Systems Theory of Society and International Relations«, in: *Millennium: Journal of International Studies*, Jg. 28, 1999, S. 239-265

Albert, M./L. Brock: »The Complexities of Global Change: Conceptualizing the Regulation of ›Global Structures‹«, in: J. Calließ/Ch. Hüttig (Hg.): *Loccumer Protokolle* (i. E.)

Albert, M./L. Brock/St. Hessler/U. Menzel/J. Neyer: *Die Neue Weltwirtschaft. Entstofflichung und Entgrenzung der Ökonomie*, Frankfurt/M. 1999
Albert, M./L. Brock/K. D. Wolf (Hg.): *Civilizing World Politics. Society and Community Beyond the State*, Lanham 2000
Bigo, D.: »The Möbius Ribbon of Internal and External Security(ies)«, in: M. Albert/D. Jacobson/Y. Lapid (Hg.): *Identities, Borders, Orders: New Directions in IR Theory*, Minneapolis 2001 (i. E.)
Braithwaite, J./P. Drahos (Hg.): *Global Business Regulation*, Cambridge 2000
Brock, L./M. Albert: »Entgrenzung der Staatenwelt. Zur Analyse weltgesellschaftlicher Entwicklungstendenzen«, in: *Zeitschrift für Internationale Beziehungen* Jg. 2, Nr. 2, 1995, S. 259-285
Buzan, B./O. Wæver/J. De Wilde: *Security: A New Framework for Analysis*, Boulder, Col. 1997
Cutler, C./V. Haufler/T. Porter (Hg.): *Private Authority and International Affairs*, Albany, NY 1999
Czempiel, E.-O.: *Weltpolitik im Umbruch*, München 1993
Germain, R. D./M. Kenny: »Engaging Gramsci: International Theory and the New Gramscians«, in: *Review of International Studies*, Jg. 28, 1998, S. 3-21
Gilpin, R.: *Power and the Multinational Corporation*, London 1975
Hasenclever, A./P. Mayer/V. Rittberger: *Theories of International Regimes*, Cambridge 1997
Herz, J. H.: »Rise and Demise of the Territorial State«, in: *World Politics*, Jg. 9, 1957, S. 473-793
Hettne, B./A. Inotai/O. Sunkeö (Hg.): *Globalism and the New Regionalism*, New York 1999
Kennedy, P.: *The Rise and Fall of the Great Powers*, New York 1987
Keohane, R. O.: *After Hegemony. Cooperation and Discord in the World Political Economy*, Princeton, NJ 1984
Kindleberger, C.: *Die Weltwirtschaftskrise 1929-1939*, München 1973
Wolf, K. D.: *Die neue Staatsräson. Zwischenstaatliche Kooperation als Demokratieproblem in der Weltgesellschaft*, Baden-Baden (i. E.)
Lebow, R. N./Strauss, B. (Hg.): *Hegemonic Rivalry. From Thucydides to the Nuclear Age*, Boulder, Col. 1991
Link, W.: *Die Neuordnung der Weltpolitik*, München 1998
Münch, R.: *Globale Dynamik, lokale Lebenswelten*, Frankfurt/M. 1998
Nye, J. S.: *Bound to Lead: The Changing Nature of American Power*, New York 1990, S. 25-48
Strange, S.: »The Persistent Myth of Lost Hegemony«, in: *International Organization* 41, 1987, S. 551-574
Teubner, G. (Hg.): *Global Law Without a State*, Aldershot 1996
Tuathail, G. Ó.: »De-territorialised Threats and Global Dangers: Geopoli-

tics and Risk Society«, in: D. Newman (Hg.): *Boundaries, Territory and Postmodernity*, London 1999, S. 17-31
Waltz, K. N.: *Theory of International Politics*, New York 1979
Wilkinson, D.: »Unipolarity without Hegemony«, in: *International Studies Review*, Jg. 1, Nr. 2, 1999, S. 140-172
Wolf, K. D.: *Die neue Staatsräson. Zwischenstaatliche Kooperation als Demokratieproblem in der Weltgesellschaft*, Baden-Baden 2000
World Society Research Group: »Introduction: World Society«, in: M. Albert/L. Brock/K. D. Wolf (Hg.): *Civilizing World Politics. Society and Community Beyond the State*, Lanham 2000

Peter Waldmann

Terrorismus – unterschätzte oder überschätzte Bedrohung?[1]

1. Rätselraten über das Ausmaß

Während Politikern das Wort von der terroristischen Gefahr oder Bedrohung leicht von den Lippen geht, tut der Sozialwissenschaftler sich schwer, wenn es gilt, das Ausmaß dieser Bedrohung realistisch einzuschätzen. Die Schwierigkeiten beginnen bereits bei dem Versuch, sich einen Überblick über Umfang und Häufigkeit terroristischer Anschläge zu verschaffen. Gewiss gibt es eine Reihe von Institutionen, unter ihnen eine Abteilung des State Department der USA sowie ein Institut an der St. Andrews-Universität in Schottland, die emsig und systematisch über terroristische Ereignisse Buch führen. Ihre Aufmerksamkeit gilt aber ausschließlich dem internationalen Terrorismus, in den als Täter und/oder Opfer Menschen unterschiedlicher Nationalität involviert sind. Dies ist verständlich, da die Angehörigen der Industrieländer, v. a. US-Bürger, zu den Hauptzielscheiben des internationalen Terrorismus zählen. Doch spricht viel für die Annahme, dass der »internationale Terrorismus« nur einen Bruchteil sämtlicher terroristischer »Ereignisse« ausmacht.

Nach Schätzungen fallen maximal zehn Prozent aller terroristischen Anschläge in diese Kategorie. Über die restlichen 90% sind wir weit weniger gut unterrichtet. In manchen Nationen gibt

1 Der Essay stützt sich auf ein Buch des Verfassers zum selben Thema (P. W.: *Terrorismus. Provokation der Macht*, München 1998). Zusätzliche Anregungen stammen v. a. aus zwei Quellen: Zunächst einem Symposium in Bonn über Terrorismus im Dezember 1999, zu dem viele nationale und internationale Experten (u. a. D. Neuneck, R. Tophoven, M. Crenshaw, B. Hoffman) eingeladen waren. Dem Veranstalter, der »Akademie für Innere Sicherheit«, sei an dieser Stelle nochmals nachdrücklich für die Einladung zu diesem informativen Treffen gedankt. Ebenfalls bedanken möchte ich mich bei Stefan Malthaner, einem ehemaligen Studenten, der sich auf Terrorismusfragen spezialisiert hat und sich derzeit im Rahmen eines Praktikums an einer dafür zuständigen UNO-Abteilung in Wien aufhält. Auf meine Bitte hin übersandte er mir einen ebenso kenntnisreichen wie klug abwägenden Kommentar zu möglichen künftigen Entwicklungen des Terrorismus.

es zwar Stellen, die sorgfältig alle Gewaltakte registrieren. So hat man etwa in Nordirland genau verfolgt, wie viele Tote und Verletzte der Konflikt zwischen Katholiken und Protestanten seit 1969 gekostet hat (über 3000 Tote). Auch im Baskenland und in Spanien existieren exakte Statistiken der materiellen Schäden und über die Höhe des Blutzolls, die auf das Konto der separatistischen ETA gehen. Je weiter man sich von Westeuropa und den USA entfernt, desto prekärer wird jedoch die Datenlage. Hinsichtlich der früheren Auseinandersetzungen zwischen dem »Leuchtenden Pfad« und der peruanischen Regierung findet man noch Zahlenangaben. Doch wer vermag einigermaßen zuverlässig zu sagen, wie viele Menschen dem Terrorismus der Tamil Tigers auf Sri Lanka oder einer x-beliebigen Rebellengruppe in Afrika zum Opfer gefallen sind?

Man muss, mit anderen Worten, äußerst vorsichtig sein, wenn man zum Terrorismus und seinen Entwicklungstendenzen ein globales Urteil abgibt. Gibt es doch ein riesiges Dunkel- bzw. nur halberleuchtetes Feld, dessen Ausmaß wir allenfalls erahnen können. Wenden wir uns jenem begrenzten Sektor zu, der ziemlich lückenlos erfasst ist, nämlich dem internationalen Terrorismus, so sind zwei Feststellungen treffen: erstens, dass sich die Zahl der hierzu zählenden Überfälle und Anschläge in Grenzen hält. Es handelt sich um mehrere hundert »Ereignisse« im Jahr, von denen das Gros auf die Beschädigung öffentlicher Symbole und Gebäude sowie auf die vorübergehende Entführung von Touristen oder Angestellten internationaler Konzerne entfällt. Zweitens ist seit den späten achtziger Jahren, in denen ein Maximalwert von 665 Anschlägen pro Jahr (1987) erreicht wurde, eine rückläufige Tendenz zu beobachten. 1996 wurden nur noch 296 Anschläge, also weniger als die Hälfte des Höchstwertes, gezählt. Parallel zur abnehmenden Frequenz der Anschläge hat sich allerdings die Zahl der Opfer erhöht. Dieser schon in den siebziger und achtziger Jahren feststellbare Trend setzte sich in den neunziger Jahren fort. Forderte der internationale Terrorismus beispielsweise 1994 insgesamt 423 Tote, so waren es im Jahr darauf 440. Inwieweit es sich hier um eine strukturelle Entwicklung oder um mehr oder weniger zufällige Ergebnisse handelt, ist schwer zu beurteilen. Sehen die einen darin den Ausdruck eines dem Terrorismus inhärenten Zwanges, in einer von Gewaltereignissen überfluteten Welt durch immer blutigere Anschläge die Aufmerksamkeit auf sich zu ziehen, so wenden andere dagegen ein, Durchschnittszahlen seien wenig aussagekräftig, entscheidend sei vielmehr die zeitliche Verteilung von Einzelanschlägen mit mehr als 100 Todesopfern.

Wie immer man zu dieser Kontroverse steht, in jedem Fall ist festzuhalten, dass Terrorismus zu den politischen Gewaltformen mit relativ begrenzten »Kosten« (in Form von Sachschäden und Menschenopfern) zählt. Bei Erhebungen größeren Ausmaßes, Guerillafeldzügen oder gar Bürgerkriegen, sind ungleich mehr Tote zu beklagen. Nach B. Hoffman hat es seit dem Zweiten Weltkrieg nur zwölf Anschläge gegeben, bei denen mehr als 100 Personen umkamen. Stellen wir dieser Zahl die rund 200 000 Menschen gegenüber, die in den inneren Wirren von Bosnien-Herzegowina innerhalb von ungefähr zwei Jahren ihr Leben lassen mussten, so wird klar, warum Terrorismus als eine Form des »low intensity war«, d. h. eines bewaffneten Konflikts niederer Intensität gilt.

2. Ein schillernder Begriff

Bislang gibt es keine allgemein akzeptierte Begriffsbestimmung des Terrorismus und eine Einteilung terroristischer Gruppen, die durchgehend Zustimmung gefunden hätte. Viele Definitionsvorschläge leiden darunter, dass sie das Phänomen über die Maßen aufbauschen und diabolisieren, also der von den Terroristen intendierten Verhaltenslogik folgen, anstatt diese analytisch zu fassen. Aus einer analytischen und vergleichenden Perspektive liegt das Spezifikum des Terrorismus in dem eigentümlichen Stellenwert des Gewalteinsatzes: Dieser dient weniger Zerstörungszwecken als einer kommunikativen Absicht. Die Terroristen hassen die Opfer ihrer Anschläge nicht, sondern benutzen diese vielmehr als ein Mittel, um öffentliches Aufsehen zu erregen und eine Botschaft zu verbreiten. Ein Journalist des 19. Jahrhunderts hat diesen mit Attentaten und spektakulären Überfällen anvisierten Publizitätseffekt treffend als »Propaganda der Tat« gekennzeichnet – eine Formel, die bis heute ihre Gültigkeit behalten hat.

Ausgehend von diesem Kernelement terroristischer Anschläge werden unschwer weitere Elemente verständlich, die mit Terrorismus assoziiert werden: die Unmenschlichkeit und Scheußlichkeit (*atrocity*) der Gewalttaten sowie die Tatsache, dass diese meist aus dem Untergrund heraus erfolgen, von Kleingruppen planmäßig vorbereitet und ins Werk gesetzt. Terroristische Gruppen sind im Allgemeinen schwach, es fehlt ihnen die erforderliche numerische Stärke und Kampfkraft, um sich mit dem verhassten Staat offen messen zu können. Deshalb operieren sie in der Illegalität, sofern ihnen nicht ein so genannter Anlehnerstaat die Möglichkeit gibt, sich auf seinem Territorium frei zu bewegen (wie dies lange Zeit Frankreich der baskischen ETA zugestand). Zum Ausgleich für ihren begrenzten Umfang sind diese Gruppen darauf angewiesen, eine möglichst effiziente Organisationsstruktur zu entwickeln und ihre Anschläge aufs sorgfältigste vorzubereiten. Nur auf diese Weise lässt sich der intendierte Publizitätseffekt erzielen. Auch die skandalösen Methoden, derer sich diese Gruppen bedienen, ihre ostentative Grausamkeit und Willkür, sind hier einzuordnen. Ihre Devise lautet, dass sie der Medienaufmerksamkeit desto sicherer sein können, je schockierender ihre Anschläge sind, je flagranter sie die gängigen Normen des Rechts und der Moral verletzen.

Der unmittelbare Schockeffekt bildet jedoch nur eine erste Stufe in dem Mehrebenenkalkül der Terroristen. In einer zweiten Sequenz werden spezifische Verhaltensreaktionen bei den Betroffenen, Feinden wie auch Freunden und Sympathisanten, erwartet: hektische, durch Angst diktierte übertriebene Abwehrmaßnahmen bei den einen, Reaktionen der Hoffnung und Unterstützung bei den anderen. In letzter Konsequenz läuft die terroristische Logik auf eine sich hochschaukelnde Dynamik von Repression und Widerstand hinaus, die schließlich zum Sturz des angefeindeten Regimes führen soll.

Das dargestellte komplizierte Eskalationskalkül macht noch einmal die Schwierigkeiten deutlich, auf die der Versuch stößt, terroristische Gewalt empirisch zu messen. Selbst wenn man ausschließlich auf die Ausgangssituation abstellt, in der einem Gewaltanschlag oder einer Anschlagsserie Signalwirkung zukommen soll, stellt sich unmittelbar die Frage: »Signal für wen oder für was?« Falls alsbald Bekennerschreiben mit entsprechenden Begründungen der Täter auftauchen, kann man sich ein ungefähres Bild von den mit der Tat verfolgten Absichten machen; wie aber, wenn es mehrere Organisationen gibt, welche die Urheberschaft reklamieren, oder gar keine? Es ist eben keinesfalls dasselbe, ob man, wie dies im Rahmen der üblichen militärischen Auseinandersetzungen geschieht, eine Rechnung der Verluste und eventuellen (territorialen) Gewinne einer Kriegspartei aufmacht oder, wie der Terrorismus es erfordert, die *mentalen* Konsequenzen der Gewalt zu messen trachtet.

Diese Schwierigkeit wird sofort offenbar, wenn man den Terrorismus von verwandten Gewaltphänomenen, etwa der organisierten Bandenkriminalität oder dem Guerillakampf, abzugrenzen sucht. Rein äußerlich haben Terrorismus und organisierte Kriminalität nicht wenige Züge gemeinsam. Es handelt sich jeweils um vorwiegend im Untergrund operierende Gruppen mit einem großen inneren Zusammenhalt, die z. T. transnationale Netzwerke bilden und ihre Ziele mit illegalen Mitteln verfolgen. In ihrem taktischen Vorgehen ähneln sie sich häufig, da auch terroristische Gruppen von ihren Sympathisanten Schutzgelder (»Revolutionssteuer« genannt) erpressen und die Organisationskasse durch Bankeinbrüche, Waffenschmuggel und dergleichen fragwürdige Methoden auffüllen. Der einzige Unterschied liegt in der empirisch schwer fassbaren Letztintention beider illegaler Vorgehensweisen: individuelle bzw. kollektive Bereicherung im einen Fall, das Hinarbeiten auf einen radikalen gesellschaftlich-politischen Wandel im anderen. Die Abgrenzung wird zusätzlich dadurch erschwert, dass nicht wenige terroristische Gruppen teilweise (oder dauerhaft) zu einer kriminellen Bande mutieren.

Metamorphosen dieser Art lassen sich auch im Verhältnis zwischen Terrorismus und Guerilla beobachten. Wie zahlreiche Beispiele aus Lateinamerika (u. a. aus Argentinien, Peru, Kolumbien) belegen, bilden terroristische Aktionen oft den Auftakt zu einem Guerillafeldzug oder das auf ein städtisches Milieu beschränkte Nachspiel zu einer fehlgeschlagenen ländlichen Guerillakampagne. Häufig werden auch beide Gewaltmethoden miteinander kombiniert. Und doch besteht ein klarer Unterschied zwischen ihnen: Der Guerillakampf ist, wie alle großen Meister dieser Kriegstechnik betont haben, eine militärische Strategie. Es geht um die Besetzung des Raumes, d. h. darum, den Feind zu belästigen, zu umzingeln und territorial in die Enge zu treiben, bis er aufgibt. Demgegenüber meint Terrorismus, wir wiederholen es, eine symbolische und politische Vorgehensweise, der Terrorist kann und will nicht den Raum, sondern das Denken und die Emotionen »besetzen«.

3. Verschiebung der Motivationen

Die Frage nach der zukünftigen Entwicklung des Terrorismus kann man auf mehrfache Weise stellen. Man kann, ausgehend von den Hauptmotiven terroristischen Handelns, versuchen, deren künftige Mobilisierungskraft einzuschätzen. Eine andere Möglichkeit besteht in der Analyse der Organisationsformen des Terrorismus. Zeichnen sich hier neue Tendenzen ab, etwa in Form einer zunehmenden internationalen Vernetzung terroristischer Gruppen? Schließlich kann man auch auf die Waffensysteme und die mögliche bzw. wahrscheinliche Zerstörungswirkung terroristischer Aktionen im beginnenden Jahrhundert abstellen.

Von der Motivation her, die hinter terroristischem Handeln steht, lassen sich vier Hauptformen des Terrorismus unterscheiden, die in struktureller Hinsicht, etwa was die soziale Herkunft der Terroristen, die Breite ihrer Anhängerschaft und den Lebenszyklus der Bewegung anbetrifft, z. T. erhebliche Differenzen aufweisen: der sozialrevolutionäre Terrorismus, der auf eine umfassende Umwälzung der wirtschaftlichen und politischen Machtverhältnisse im Sinne der Marx'schen Ideen abzielt; der ethnisch-nationalistische Terrorismus, bei dem die Erringung der staatsrechtlichen Unabhängigkeit einer bestimmten Bevölkerungsgruppe oder zumindest die Einräumung vermehrter Autonomierechte im Vordergrund steht; der religiöse Terrorismus, der sich aus einer fundamentalistischen Grundhaltung speist, wie sie bei Minderheitsgruppen aller drei monotheistischen Weltreligionen, dem Islam, dem Christentum und dem Judentum, anzutreffen ist; und der so genannte vigilantistische Terrorismus, der sich die Verteidigung einer bestimmten Ordnung gegen angebliche oder wirkliche soziale Abweichler am Staat vorbei, notfalls auch unter Missachtung der Gesetze, zum Ziel gesetzt hat (Beispiel: die Ku-Klux-Klan-Bewegungen in den USA).

Mit Hilfe dieser Aufspaltung des Gesamtphänomens Terrorismus in unterschiedliche Teilkomponenten lassen sich durchaus einige Einsichten über Teilentwicklungen gewinnen, die für die nähere Zukunft relevant sein dürften. So ist ab Mitte der achtziger Jahre ein deutliches Schrumpfen der Zahl marxistisch orientierter Organisationen zu beobachten, die gegenwärtig nur noch in Lateinamerika eine größere Rolle spielen. Andererseits befinden sich seit dem gleichen Zeitpunkt religiös motivierte terroristische

Gruppen eindeutig auf dem Vormarsch, und zwar nicht nur aus dem Bereich des militanten Islam, wo Organisationen wie die palästinensische Hamas oder die algerische Gia mit ihren Schreckenstaten wiederholt für Schlagzeilen gesorgt haben, sondern auch im Judentum und im Protestantismus (v. a. in den USA). Ethnizität und Nationalismus erwiesen sich über die vergangenen Jahrzehnte hinweg als eine ziemlich konstante Triebkraft terroristischer Protestakte. Allerdings hat sich das räumliche Szenario der Anschläge allmählich verschoben: Von Westeuropa, wo das »ethnische Wiedererwachen« in den späten sechziger Jahren einsetzte und zu heftigen gewaltsamen Reaktionen gegen den Zentralstaat führte, die aber allmählich im Abklingen begriffen sind, hin zum Balkan und dem ferneren Osten, wo nach dem Zerfall des Sowjetimperiums die Nationen als neue (bzw. alte) soziopolitische Akteure hervortreten. Was schließlich den vigilantistischen Terrorismus betrifft, so ist er die große Unbekannte. Rechtsextremistische Anschläge, etwa auf Asylantenheime oder ausländische Einrichtungen, stellen bislang in Westeuropa – erfreulicherweise – noch Ausnahmefälle dar. Es bedarf aber keiner großen Fantasie, um sich auszumalen, dass im Falle einer krisenhaften Entwicklung, etwa einer jähen Zunahme des Einwanderungsdrucks aus dem Osten und dem Süden bei gleichzeitiger wirtschaftlicher Stagnation, die Zahl vigilantistischer Übergriffe sprunghaft in die Höhe schnellen würde.

Das Fragezeichen, mit dem die weitere Entwicklung des vigilantistischen Terrorismus versehen wurde, muss im Grunde auch hinter die Aussagen zu den anderen Varianten des Terrorismus gesetzt werden. Terrorismus stellt keine isolierte Erscheinung dar, sondern steht überwiegend im Kontext breiterer soziopolitischer Protestbewegungen. Er kann als ein Nebenprodukt derselben auftreten oder, häufiger noch, als »Ausfallprodukt« im Falle ihres Scheiterns. Um die künftige Virulenz des religiösen Terrorismus einschätzen zu können, bedürfte es also vorab einer gründlichen Analyse der diversen radikalen Strömungen und Bewegungen im Schoße der drei Weltkirchen, der jeweiligen Beziehungen zu ethnisch radikalen Gruppen, der Kräfterelation zwischen gemäßigten und militanten Führern, der Gefahr einer Marginalisierung der letzteren usf. Oder um es am Gegenbeispiel des gegenwärtig fast zur Bedeutungslosigkeit herabgesunkenen sozialrevolutionären Terrorismus zu erläutern: Angenommen, die Globalisierung unter Federführung privatkapitalistischer Interessen schreitet ungebremst weiter voran, so wäre es nicht verwunderlich, wenn, wie jüngst in Seattle erstmals beobachtbar, sich die Globalisierungsverlierer zu Protest- und Widerstandsaktionen zusammenfinden würden. In dem Maße, in dem eine solche Bewegung Konturen annähme, eine breite Stimmung der Abwehr gegen die »vom internationalen Kapital vorangetriebene Globalisierung« um sich griffe, wäre es alles andere als unwahrscheinlich, dass es zu einer jähen Renaissance marxistisch inspirierter terroristischer Gruppen kommen könnte.

Aus einer längerfristigen strukturellen Perspektive haben jene Formen des Terrorismus eine überdurchschnittliche Überlebens- und Erfolgschance, bei denen die primär auf Kommunikation und Signalwirkung abstellende Gewaltstrategie an handfeste Forderungen, etwa die Zurückgabe oder Freigabe eines Stückes Land, gekoppelt ist. Denn durch ihr konkretes Anliegen werden die Terroristen für Feinde und Anhänger gleichermaßen bis zu einem gewissen Punkt berechenbar, auch kontrollierbar. So betrachtet sind die ethnisch-nationalistischen, teils auch die vigilantistischen terroristischen Gruppen den anderen Spielarten deutlich überlegen. Wer erinnert sich heute noch an die französische linksradikale Organisation »Action directe« oder an jene armenischen Gewaltzellen der siebziger Jahre, die Genugtuung für das am armenischen Volk 1915 von den Türken verübte Massaker forderten? Dagegen stehen die PLO Arafats und inzwischen auch die IRA als Beispiele für die Zählebigkeit eines mit bestimmten Territorialansprüchen verknüpften Terrorismus, der schließlich zum Erfolg führte.

4. Alte und neue Formen

Die klassische Form des modernen Terrorismus, wie er ab Mitte des 19. Jahrhunderts auftritt, spiegelt die unangefochtene Machtposition des Nationalstaats in Europa seit der Französischen Revolution wider. Die lückenlose Kontrolle, die der Staat dank dem Ausbau des Verkehrsnetzes über das gesamte nationale Territorium ausübte, erlaubte nur die Bildung kleiner, auf einen politischen Umsturz hinarbeitender Widerstandsgruppen und zwang diese, in den Untergrund zu gehen. Die beeindruckende Schlagkraft der hierarchisch aufgebauten Sicherheitsdienste ließ konspirative Rebellen zu ähnlichen Organisationsprinzipien greifen, um sich gegenüber dem staatlichen Verfolgungsdruck behaupten zu können. Beispiele für diesen klassischen Typus des Terrorismus sind die deutsche RAF und die baskische ETA unter der Franco-Diktatur.

Seit einiger Zeit lässt sich jedoch ein partieller Wandel in der Organisationsstruktur terroristischer Gruppen beobachten. Straff vertikal aufgebaute Kampfapparate im Untergrund machen »flachen«, netzwerkartigen Formationen mit einer Vielzahl von Mitgliedern Platz, die nur noch teilweise im Verborgenen operieren, teils ganz offen für ihre radikalen Ideen werben. Die Grenze zwischen kriminellem Vorgehen und der Ausschöpfung der legalen Möglichkeiten für die angestrebten radikalen Ziele hat sich verflüssigt. Bereits die IRA und die ETA führten vor, dass man ein und dasselbe Anliegen durchaus auf doppeltem Wege (mit Gewalt und mittels einer legalen politischen Partei) verfolgen kann. Sie hielten aber stets an der Behauptung fest, beide Organisationen, die militärische und die politische, seien unabhängig voneinander. Diese Fiktion wird heute zunehmend fallengelassen. Die meisten nordamerikanischen »Militias«, die ein krauses Gemisch aus rechtsextremistischem und fundamentalistischem Gedankengut vertreten, verfügen über eine Website im Internet und machen ganz unverblümt Reklame für ihre antikonstitutionellen Bestrebungen.

Teils hängen diese organisatorischen Veränderungen mit der zunehmenden Bedeutung religiös inspirierter Gewaltbewegungen zusammen, die von vornherein pluralistischer strukturiert sind als die traditionellen sozialrevolutionären oder ethnisch-nationalistischen Organisationen. Hier gibt es keine zentrale Leitungsinstanz mit unangefochtener Befehlsgewalt, sondern allenfalls einzelne charismatische Führer mit auf ihre jeweilige Anhängerschaft begrenzter Entscheidungsmacht. Im Falle der nordamerikanischen Militia-Bewegung fehlen sogar diese, vielmehr hat man es mit einer Unzahl nebeneinander gelagerter Gruppen und Grüppchen bis hin zu sozial »freischwebenden« Einzelaktivisten zu tun.

Weiterhin ist zu bedenken, dass die Länder der südlichen oder östlichen Peripherie, in die sich der Terrorismus zunehmend verlagert, oft nur über rudimentäre Staats- und Verwaltungsstrukturen verfügen. Nicht selten beschränkt sich die Staats- und Verwaltungshoheit auf die Hauptstadt und den gut erschlossenen Teil des nationalen Territoriums, von einem staatlichen Monopol legitimen physischen Zwangs kann keine Rede sein. Diese manifeste Schwäche der Staatsgewalt entbindet die Antiregimekräfte von der Notwendigkeit, wie in Europa in den Untergrund zu gehen oder über die Grenze zu einem ihnen wohlgesonnenen Nachbarstaat auszuweichen, um den Sturz der Regierung zu betreiben. Sie können sich in einer für die Sicherheitskräfte schwer zugänglichen Nische des nationalen Territoriums festsetzen und von dort aus wahlweise einen Guerillafeldzug anzetteln oder der Regierung in der Hauptstadt durch terroristische Anschläge zusetzen.

Insgesamt sind die terroristischen Anschläge am Ende dieses Jahrhunderts diffuser und schwerer dechiffrierbar geworden, als sie es noch vor wenigen Jahrzehnten waren. Damals gab es im Regelfall eine Gruppe oder Organisation, die sich zu der Schreckenstat bekannte und erläuterte, warum sie sich zu diesem extremen Schritt gezwungen sah. Heute muss man meist raten, auf wen der Anschlag zurückgeht und welche Motive hinter ihm stehen. Der Bekennerstolz von einst ist ostentativem Schweigen gewichen. Von komplizierten Machtübernahmekalkülen der eingangs skizzierten Art sind die meisten zeitgenössischen Terroristen weit entfernt. Sie wollen ein Zeichen setzen, Protestsignale an die nationale oder internationale Öffentlichkeit aussenden – viel weiter planen sie nicht.

Hat im Zuge der Globalisierung die internationale Verflechtung des Terrorismus zugenommen? Fest steht, dass der moderne Terrorismus von Anfang an stets eine starke transnationale Komponente aufwies. Prominente Anarchisten des 19. Jahrhunderts, wie etwa M. Bakunin, befanden sich unentwegt auf Reisen. In neuerer Zeit arbeiteten v. a. bei der Waffenbeschaffung, der Schulung angehender Terroristen, bei der Erschließung von Finanzierungsquellen und ähnlichen logistischen Problemen terroristische Organisationen unterschiedlicher Länder und ideologischer Couleur stets mehr oder weniger eng zusammen. Dem stark aufkommenden religiösen Terrorismus ist zudem eine nationsübergreifende Orientierung gewissermaßen immanent. So löste die Invasion Afghanistans Ende der siebziger Jahre durch die »atheistische« Supermacht Sowjetunion die Wanderung breiter Scharen kampfbereiter, gläubiger Muslims aus Nordafrika und dem Nahen Osten in das zerklüftete Bergland aus. Stolz auf ihren Sieg, wirken die inzwischen wieder in ihre Heimatländer zurückgekehrten »Afghanen« seitdem in der gesamten Großregion als Ferment eines militanten Islamismus.

Andererseits sollte die Gefahr einer zunehmenden Vernetzung sämtlicher terroristischer Organisationen nicht überschätzt werden, internationale Verschwörungstheorien entbehren bisher jeglicher Grundlage. Nicht nur gibt es bislang keinerlei Hinweise auf die Existenz einer transnationalen Koordinierungszentrale für terroristische Anschläge, sondern es erscheint auch kaum vorstellbar, dass diese je zu Stande kommen könnte. Dazu bedürfte es eines gemeinsamen Feindbildes, das die diversen Gruppen mit ihren z. T. doch recht unterschiedlichen Nah- und Fernzielen zusammenschweißen würde – ein solches Feindbild ist derzeit nicht in Sicht. In Teilsegmenten des internationalen Terrorismus ist im vergangenen Jahrzehnt sogar eine gewisse Entspannung eingetreten. So hat der so genannte Staatsterrorismus – das Sponsern terroristischer Gruppen durch Staaten, die damit ihren politischen Gegnern im Ausland nachstellen oder Drittstaaten Schaden zufügen wollen – nachgelassen, seit Libyen, der Iran, Syrien und der Sudan eingesehen haben, dass ihnen dieses fragwürdige Vorgehen mehr Nach- als Vorteile gebracht hat. Der Großteil terroristischer Anschläge bleibt weiterhin lokalen Ursprungs und richtet sich gegen lokale Ziele. Dies gilt selbst für den religiösen Terrorismus, der häufig primär auf die Reinigung der eigenen Glaubensgemeinschaft von Abtrünnigen und Verrätern abzielt.

5. Mögliche und wahrscheinliche Entwicklungen

Mehr als die Verschiebung der Motivationslagen oder die Veränderung der Organisationsformen beschäftigt die Experten die Frage, ob Terroristen über kurz oder lang zum Einsatz von Massenvernichtungswaffen im Stande und bereit sein werden. Bislang ist noch kein Fall bekannt geworden, in dem eine Gruppe versucht hätte, nukleare Sprengsätze zu zünden. Dagegen wurden in den siebziger und achtziger Jahren gelegentlich in kleineren Mengen Gifte von subversiven Gruppen gespeichert und teilweise auch zur Anwendung gebracht. Der bekannteste Präzedenzfall ist jener der japanischen Sekte Aum, die 1995 in der Untergrundbahn von Tokio größere Mengen des Giftgases Sarin versprühte, was zehn Menschen das Leben kostete und die Gesundheit weiterer 5000 ernsthaft gefährdete. Die *Drohung*, biologische oder chemische Waffen zu verwenden, wurde dagegen weit häufiger geäußert – allein in den USA gingen 1998 über 100 derartige Drohungen bei den Behörden ein. Bei genauerem Hinsehen wird man zwischen drei Fragestellungen unterscheiden müssen:

a. Inwieweit sind terroristische Gruppen in der Lage, Massenvernichtungswaffen (so genannte ABC-Waffen) herzustellen oder sie sich sonst wie zu beschaffen?

b. Können sie diese Waffen auch zur Anwendung bringen?

c. Haben sie ein Interesse daran, dies tatsächlich zu tun?

Was den ersten Punkt betrifft, so sind sich die Fachleute darin einig, dass es für die meisten terroristischen Gruppen nicht sonderlich schwierig sein dürfte, sich die erforderlichen Grundsubstanzen für chemische und biologische Waffen zu beschaffen und diese auch selbst zu produzieren. Die einschlägigen Rezepturen lassen sich teilweise direkt im Internet abrufen. Etwas anspruchsvoller gestaltet sich die Herstellung spaltbaren Kernmaterials, weil es hierzu eines nicht unbeträchtlichen Know-hows sowie eines größeren Labors bedarf. Andererseits sind nach dem Zerfall der Sowjetunion beträchtliche Mengen spaltbaren Urans auf dem Schmuggelweg in den Westen gelangt und zu entsprechenden Preisen auf dem Schwarzmarkt erhältlich.

Die breitenwirksame Anwendung insbesondere von biologischen und chemischen Vernichtungsmitteln ist keineswegs so unproblematisch, wie man als Laie zunächst annehmen würde. Bei der Verteilung des in konzentrierter Form gespeicherten Giftes oder Bakterienstammes gilt es, mehrere Hindernisse zu berücksichtigen, die das ganze Unternehmen zum Scheitern bringen oder zu einer Katastrophe für die Terroristen selbst werden lassen können. U. a. muss gesichert sein, dass die letale Wirkung der chemischen Giftstoffe oder Seuchenerreger trotz Verdünnung und Zerstreuung erhalten bleibt, dass nur jene Zielgruppen erreicht werden, auf die es die Terroristen abgesehen haben, und dass diese selbst dabei nicht zu Schaden kommen. Dies alles setzt technische, organisatorische, auch soziale Kenntnisse und Fähigkeiten, d. h. ein bestimmtes intellektuelles Niveau voraus, das keineswegs bei allen terroristischen Gruppen gegeben ist. Ein Experte hat dies so ausgedrückt: Es ist weit schwieriger, die Trinkwasserversorgung einer Großstadt zu verseuchen, als oft vermutet wird.

Die Gretchenfrage bleibt freilich die dritte, ob Terroristen am Einsatz von Massenvernichtungswaffen überhaupt gelegen sein kann, welches Interesse sie an einem solchen Einsatz haben können. Es ist wiederholt auf den taktischen und technischen Konservatismus der meisten terroristischen Gruppen hingewiesen worden. Diese würden seit 150 Jahren stets mit denselben beiden Mitteln ihre Anschläge bestreiten, nämlich mit »bomb and gun« (Bomben und Handfeuerwaffen), wobei deren Handhabbarkeit, Transportfähigkeit und Zerstörungskraft natürlich erheblich gestiegen sei. Der Giftanschlag von Tokio, nach dem viele auf Nachahmungsanschläge warteten, sei bisher ein Ausnahmefall geblieben.

Dieser technische Konservatismus, die Zurückhaltung hinsichtlich des Rückgriffs auf ABC-Waffen, ist vielleicht mehr als ein glücklicher Zufall, sondern erklärt sich aus den Zielen und der spezifischen Strategie terroristischer Gruppen. Diesen geht es nicht darum, möglichst viele Menschen sterben zu sehen, sondern ein möglichst breites Publikum für ihre politischen und weltanschaulichen Botschaften zu finden. Massenvernichtungsmittel sind in mehrfacher Hinsicht kein ideales Instrument, um dies zu erreichen, denn:

– eine Drohung mit ihnen lässt sich nicht gestuft realisieren und verbraucht sich deshalb rasch.

– Massenvernichtungsmittel erlauben keinen zielgenauen Einsatz. Aus einem beabsichtigten begrenzten Massaker kann leicht ein unkontrollierbarer Massenmord werden, der auch vor seinen eigenen Urhebern nicht Halt macht.

– Auch wenn die Terroristen selbst die Katastrophe überleben sollten, müssen sie davon ausgehen, dass sie sämtliche Sympathien verspielt haben, die Öffentlichkeit sich geschlossen gegen sie wendet. Daran können sie kein Interesse haben.

Die drei angeführten Gründe sprechen prinzipiell dagegen, dass terroristische Gruppen in Zukunft ihrem bisherigen technologischen Konservatismus untreu und zu Massenvernichtungsmitteln greifen werden. Dass deren Einsatz unwahrscheinlich ist, heißt nicht, dass er unmöglich wäre. V. a. bei Gruppen, die sich in einer verzweifelten Lage sehen, desgleichen bei fanatischen religiösen Splittergruppen, die sozial isoliert sind, scheint ein Rekurs auch auf extreme Mittel denkbar. Im Übrigen sollte aber auch hier nicht vergessen werden, was sich bisher bei der Erprobung und Anwendung sämtlicher Waffensysteme der jüngeren Zeit bestätigt hat: Die Hauptrisikoquelle bilden im Zweifel nicht politische oder religiöse Rebellen, sondern der Staat selbst, der sich im Namen der angeblich legitimerweise von ihm verfolgten Zwecke und Ziele nicht scheut, alle erdenklichen Waffen einzusetzen, gleichviel wie hoch die dadurch entstehenden Verluste an Menschenleben und sonstigen Schäden sein mögen.

6. Ein Problem eigener Art

Wie der letzten Bemerkung entnommen werden kann, darf die vom Terrorismus ausgehende Gefahr für die Zukunft nicht überschätzt werden. Terrorismus ist keine militärische Strategie und Bedrohung, wie die USA die Welt glauben machen wollen. Terroristen sind auch keine ernst zu nehmenden Staatsfeinde, zu denen man sie zeitweise in der BRD zu stilisieren versuchte. All diese Etiketten sagen mehr über die Probleme und politischen Absichten bestimmter Staatsführer aus, die mit Hilfe des brisanten Themas Emotionen wecken und für sich in politisches Kapital ummünzen wollen, als über das Phänomen des Terrorismus selbst. Dieser ist in erster Linie Ausdruck sozialstruktureller Verwerfungen und Ungleichheiten, kultureller Ungleichzeitigkeiten, politischer Ungerechtigkeiten und Ungereimtheiten, kurzum der generellen Malaise, die den weltweiten Siegeszug des rationalen, kapitalistischen okzidentalen Entwicklungsmodells begleitet hat. Mit dieser Charakterisierung soll Terrorismus weder verharmlost noch entschuldigt werden. Seine negative Wirkung liegt mehr noch im sozialpsychologischen Bereich, der Verbreitung von Angst und Misstrauen, der soziopolitischen Polarisierung, auch der Provokation des Staates zu Überreaktionen, als im eigentlichen Zerstörungseffekt der Anschläge, so moralisch verwerflich diese auch sein mögen.

Als Ausdruck struktureller Verwerfungen und Ungereimtheiten wird der Terrorismus vermutlich auch im folgenden Jahrhundert eine Rolle spielen. Nichts spricht dafür, dass die sozialen und politischen Spannungen und Machtungleichgewichte in absehbarer Zukunft zurückgehen werden, also wird man auch nicht mit dem Verschwinden des Terrorismus als einer Form, brutal und lautstark den Protest der unterlegenen Partei zu artikulieren, rechnen können. Die in der gesamten Dritten Welt aufs rapideste anwachsenden Megastädte ebenso wie die Massenmedien garantieren ihm eine optimale Resonanz. Mögen terroristische Anschläge zeitweise auch durch massivere Auseinandersetzungen, Kriege oder gewaltsam ausgetragene soziale Konflikte in den Hintergrund gedrängt werden, so ist es doch unwahrscheinlich, dass diese Form, durch skandalöse Gewaltanschläge auf wirkliches oder vermeintliches Unrecht hinzuweisen, wieder gänzlich in Vergessenheit geraten wird.

Nachdem es sich um keine militärische Bedrohung im engeren Sinn handelt, ist es wenig aussichtsreich, Terrorismus primär mit militärischen Mitteln zu bekämpfen (militärische »Niederlagen« lassen sich gemäß der terroristischen Logik oft unschwer in publizistische Erfolge ummünzen). Auch wirtschaftliche und rechtliche Sanktionen fruchten wenig. Da es sich um eine politisch-symbolische Strategie handelt, wird man ihr noch am ehesten durch Maßnahmen auf dieser Ebene begegnen können. Geschickte Geheimdienstarbeit wird den einen oder anderen Anschlag verhindern oder in seinen Schadenswirkungen begrenzen können. Doch ist, wie gesagt, vor der Illusion zu warnen, der Terrorismus könne definitiv »besiegt« oder »eliminiert« werden. Was allenfalls gelingen kann, ist seine partielle Eindämmung und Kontrolle.

VIII.

Regieren in entgrenzten Wirtschaftsräumen

Hermann Lübbe

Politische Organisation in Modernisierungsprozessen

Verfassungspolitische Aspekte[1]

Mit der großräumigen Ausbreitung und Verdichtung der wissenschaftlich-technischen Zivilisation erleiden die Staaten Autarkieverluste. Komplementär dazu erhöht sich der Zwang zur Kooperation in internationalen Organisationen, die nach Anzahl, Zuständigkeit und Dauerhaftigkeit expandieren. Der völkerrechtliche Laie bleibt überrascht, wenn er sich, sagen wir über eine Lektüre der Abkürzungsverzeichnisse in den einschlägigen Handbüchern, die dramatisch verlaufende Expansion des Völkerrechts vergegenwärtigt, in die sich die nationalen Rechtssysteme inzwischen eingebunden finden.[2] Der Überraschungseffekt aus der Kenntnisnahme der inzwischen erreichten Dichte völkerrechtlicher Regelungen, die ja zugleich gewisse Einschränkungen des zentralen nationalen Souveränitätsrechts der Gesetzgebung darstellen, ergibt sich im Kontrast zu der eher schwachen Aufmerksamkeit, die der Entwicklung des Völkerrechts medial in den nationalen Öffentlichkeiten entgegengebracht wird. Dahinter verbirgt sich nicht Gleichgültigkeit, vielmehr die triviale Unwidersprechlichkeit von Sachzwängen, denen man sich zur Nachteilsvermeidung zu unterwerfen hat und deren komplexe Kausalität in vertragsfähige Handlungsregeln zu übersetzen v. a. Expertenangelegenheit ist.

1. Autarkieverluste der Nationalstaaten

Gelegentlich löst die Wucht der mit faktischen Souveränitätsverlusten verbundenen Zwänge internationaler Kooperation auch Emphase aus – z. B. die emphatische Beschwörung des »Gemeinschaftlichen Erbes der Menschheit«, das es von den Wäldern im

1 Auszug aus dem Kapitel »Politische Organisation in Modernisierungsprozessen« (Lübbe 2001).

2 Vgl. exemplarisch das »Abkürzungsverzeichnis« bei Ipsen 1990, S. XIX-XXXVIII, ferner auch das »Sachverzeichnis«, S. 1109-1132.

Tropengürtel bis hin zu knappen Süßwasservorräten auf der Höhe der Wendekreise zu sichern gelte. Der Struktur nach handelt es sich bei diesem »Erbe« regelmäßig um Güter, deren Nutzung international in wachsendem Maße konfliktträchtig ist, während zugleich die Evidenz bezwingender wird, dass die bescheidenen Vorteile einvernehmlicher, juridisch verbindlich gemachter Konfliktlösungen gegenüber hochriskanten, national autarken, also machtpolitischen Dezisionen den Vorzug verdienen.

Generalisiert bedeutet das: Das Handeln formell souveräner Völkerrechtssubjekte in politisierten, d. h. von Interessenkonflikten erfüllten Großräumen, die sich staatlich nicht integrieren lassen, wird mit zivilisationsbedingt real wachsender Abhängigkeit dieser Subjekte zum international oder gar supranational vertraglich gebundenen Handeln.

Die Erde wird zum politisch geschlossenen Raum, und »Globalisierung« ist dafür das aktuelle, Theoriebildungsversuche bündelnde Stichwort (Lübbe 1996, S. 39-63). Philosophen gelingt es gelegentlich, Vorgänge solcher epochenprägender Bedeutsamkeit ins Bild und auf den Begriff zu bringen. Das ist Hans Blumenberg mit seinem Begriff der »geotropen Astronautik« gelungen (Blumenberg 1975, S. 782 ff.) – einem Begriff für die technisch ermöglichte, kulturell wie politisch tiefgreifende Wirkung des Anblicks der Erde aus Mondfahrerdistanzen: Just in dem Augenblick, in welchem die Eroberung des Raumes kosmische Tiefe gewinnt, wird die Erde zugleich als geschlossener Raum optisch sichtbar, der die Herstellung einer Ordnung verlangt, ohne die auf Dauer nicht einmal Raumfahrt möglich bliebe. Der staatstheoretische Aspekt der Sache liegt in der Evidenz, dass die politisch fällige rechtliche Ordnung geschlossener Räume von globaler Weite nicht eine Staatsordnung sein kann.

Politisch wichtiger als die internationalen Kooperationsformen, die Sachgesetzlichkeiten, also den Kausalitäten ebenso großräumig wie intensiv gewordener Interaktionen gehorchen, bleiben natürlich die Kooperationen und Zusammenschlüsse in friedensichernder Absicht, unter denen die NATO über die ganze Dauer des Kalten Krieges hin das wichtigste Bündnissystem gewesen und geblieben ist. Selbst ein erfolgreicher Versuch, die Europäische Union auch militärpolitisch zu integrieren, wäre nicht geeignet, die verteidigungspolitischen Souveränitätsverluste der europäischen Nationalstaaten NATO-analog auszugleichen.

Nicht die europäische, vielmehr einzig die atlantische Gemeinschaft ist heute noch in der Lage, die Funktion der Gewährleistung äußerer Sicherheit zu erfüllen, die wir früher zu den klassischen Funktionen souveräner Staaten zu zählen hatten.

Intellektuelle Nostalgien, die am traditionellen Begriff der Politik hängen mögen, der sich in letzter Instanz im Handeln souveräner Staaten erfüllt, haben selbstverständlich auch noch ihre Gelegenheiten behalten. Der Begriff der Weltmacht ist kein leerer Begriff, und die aktuelle Üblichkeit, die USA als einzig noch verbliebene Weltmacht zu apostrophieren, dürfte ephemeren Charakter haben. Weltmächte nehmen auch heute das Souveränitätsrecht klassischer Staaten in Anspruch, für die Bedingungen ihrer Selbsterhaltung gegebenenfalls mit allen Machtmitteln einzutreten. Der Golfkrieg war ja ersichtlich mehr als militärischer Widerstand gegen einen Völkerrechtsbruch. Es handelte sich vielmehr um einen Akt der Wiederherstellung des politischen Ordnungsrahmens in einer prekären Weltregion, von der allein schon in energiepolitischer Hinsicht die hochentwickelten Industrieländer einschließlich der USA fortdauernd abhängig sind. Aber selbst die USA hatten gute Gründe, sich für ihre militärische Aktion die Legitimität eines Beschlusses des Weltsicherheitsrates zu verschaffen. Indem also die USA weltmachtgemäß handelten, dementierten sie zugleich, völkerrechtlich selbstgenügsam zu handeln. Damit gewann eine militärische Unternehmung, die durchaus den eigenen nationalen Interessen diente, zugleich den Charakter einer Aktion mit dem Zweck, dem Völkerrecht Nachachtung zu verschaffen. Entsprechend wurde der Vorgang dann auch zur Gemeinschaftsaktion – unter Mitwirkung Großbritanniens v. a., aber auch Frankreichs, das es, bei partiell durchaus regional anders gelagerten nationalen Interessen, vorzog, in einer weltpolitischen Angelegenheit dieses Ranges nicht dabei zu sein.

Der Wandel staatlicher Souveränität, der in einem solchen Vorgang sichtbar wird, ist tiefreichend. Selbst eine Weltmacht bekundet heute öffentlich, über die Quellen der Legitimität ihres Handelns nicht mehr uneingeschränkt zu verfügen, und das hat Konsequenzen bis auf die Ebene der waffentragenden Soldaten hinab. Die Befehle, denen sie in ihrem Waffengebrauch folgen, sind nicht mehr aus einer einzigen ungeteilten und unteilbaren Souveränität ableitbar. Es sind vielmehr Befehle im Rahmen einer abgestuften und damit geteilten Souveränität – so jedenfalls in der hier förmlich respektierten Hierarchie legitimationsverschaffender Instanzen. Der deutsche Außenminister übertrieb freilich in politisch höchst missverständnisträchtiger Weise, indem er fand, die UNO sei zum Monopolisten legitimer Gewalt geworden. Andererseits: Soldaten beliebiger Nationalität, die auf Golanhöhen im UNO-Auftrag unter dem Oberbefehl von Offizieren ganz anderer Nationalität Sicherungsdienste leisten, vermögen doch ersichtlich die Risiken, denen sie durch den Nah-Befehl ihres heimischen Unteroffiziers ausgesetzt werden, nicht mehr in traditionell ungeteilter Loyalität ihrem Vaterland gegenüber zu übernehmen. Mit der Mannigfaltigkeit der legitimitätsverschaffenden Instanzen teilen sich auch die Loyalitäten, und die Kameradschaft, die zur Beisetzung eines bei einem OSZE-legitimierten Einsatzes getöteten Landminenopfers »Ich hatt' einen Kameraden« singt, ist nicht mehr unvermittelt als Kameradschaft eines nationalen Verbandes interpretierbar.

Staatliche Autarkieverluste und ihre mannigfachen Kompensationen durch internationale Organisationen, in die sich die Staaten völkerrechtlich verbindlich einbinden, begünstigen zugleich die Pluralisierung der Staatenwelt und näherhin den Zerfall großstaatlicher Territorialherrschaften, so weit diese mit den Selbstbestimmungsansprüchen der in sie integriert gewesenen Kommunitäten nicht mehr kompatibel sind. Das sei erläutert. – In den späten fünfziger Jahren wurde in Deutschland der Begriff der »Weltinnenpolitik« populär. Er wurde es in plausibler Weise unter den Herausforderungen einer waffentechnisch bedingten, gänzlich neuen weltpolitischen Situation, in der der Krieg, als mit allen verfügbaren Mitteln geführter Krieg, definitiv nicht mehr in irgendeinem pragmatisch erläuterungsfähigen Sinne als Fortsetzung der Politik mit anderen Mitteln hätte gelten können, vielmehr einzig noch als das Scheitern pragmatisch zwingend gebotener Politik seiner Verhinderung. Militärisch-strategisch bedeutete das Abschreckung und in der politischen Kooperation mit dem Abschreckungsgegner »vertrauensbildende Maßnahmen«, wie man sie später nannte, also Interaktionen mit dem Zweck glaubwürdiger Bekanntmachung der eigenen Einsicht in die zwingende Notwendigkeit, sich abschrecken zu lassen (Nerlich/Rendtorff 1989). Dem Neologismus »Weltinnenpolitik« hätte dann, im Zuordnungsverhältnis traditioneller staatstheoretischer Konzepte gedacht, ein »Weltstaat« entsprechen müssen.

Aber davon unter Zukunftsaspekten zu reden blieb Sache von Außenseitern. Es wäre ersichtlich ein massiver Kategorienfehler gewesen, die nach dem Ende des Zweiten Weltkriegs anzahlmäßig rasch zunehmenden internationalen Organisationen mit weltweiter Zuständigkeit als Vorläuferinstitutionen eines künftigen Weltstaates anzusehen.

2. Vereinigte Staaten von Europa?

Immerhin wurde die Vorstellung, ja Anregung, die neue Weltordnung als eine Ordnung im Zuordnungsverhältnis einiger weniger Großraumherrschaften einzurichten, zeitweise einflussreich. Insbesondere gilt das für Churchills Aufruf, das kriegszerstörte und geschwächte Europa politisch durch Errichtung einer Art »Vereinigter Staaten von Europa« zu konsolidieren. Die berühmte Zürcher Rede Winston Churchills vom 19. September 1946 wird bis heute zu den wichtigsten Urkunden der Idee einer politischen Einigung Europas gezählt, und bis in den Beginn der neunziger Jahre hinein blieb, zumal in Deutschland, die staatsnamenanaloge Kennzeichnung »Vereinigte Staaten von Europa« ein Standardelement europapolitischer Grundsatzreden.[3] Inzwischen wird auch von maßgebenden deutschen Politikern die Vorstellung, für die künftige institutionelle Verfassung der EU seien die Vereinigten Staaten und damit ein Großstaat das geeignete Muster, ausdrücklich als missweisend zurückgewiesen, und das hat gute Gründe (Lübbe 1994). Gewiss: Am staatstheoretisch zentralen Souveränitätsrecht der Gesetzgebung fehlt es der EU nicht. Europäisches Recht gilt in den Mitgliedsländern der Gemeinschaft längst in einem Umfang, der die Bürger dieser Länder regelmäßig in Erstaunen versetzt, wenn sie davon erstmalig explizit Kenntnis gewinnen. Umso auffälliger wird dann zugleich, dass die Legitimität des europäischen Rechts eine wesentlich andere als die Legitimität des Rechts demokratisch verfasster Staaten ist. Das müsste noch nicht viel besagen, wenn dieser Bestand, der gern als »Demokratiedefizit« der EU qualifiziert wird,[4] in absehbarer Zeit

3 Der Text der Ansprache Churchills ist u. a. abgedruckt bei Sauter 1976, S. 77-79: »[...] we must re-create the European Family in regional structure called, it may be, the United States of Europe«, so Churchill wörtlich, S. 79.

4 Zum Legitimitätsproblem der EU vgl. Kluth 1995.

durch Erhebung des Europäischen Parlaments zu einem uneingeschränkt gesetzgebungskompetenten Voll-Parlament sich ausgleichen ließe. Eben damit ist aber nicht zu rechnen, und das nicht aus kontingenten Gründen noch andauernder Wirksamkeit von Relikten nationalstaatlicher Traditionen, vielmehr aus Gründen der Funktionsbedingungen demokratisch legitimierter staatlicher Ordnung (Kielmansegg 1995). Ein vollkompetentes europäisches Parlament hätte ein europäisches Staatsvolk zu repräsentieren, und diese Repräsentation setzt voraus, dass die repräsentierte Entität, eben das Volk, über seinen Charakter als ein staatstheoretisches Konstrukt hinaus auch eine empirisch identifizierbare, erlebbare, ja demoskopisch vermessbare soziale, kulturelle und politische Realität wäre. In diesem anspruchsvolle Sinne gibt es kein europäisches Staatsvolk, und noch gibt es auch die europäische Öffentlichkeit kaum, innerhalb derer sich europapolitisch relevante öffentliche Meinungen bilden könnten, die von europäischen Parteien aufgenommen, organisiert und aktionsfähig gemacht werden würden. Die europapolitisch herrschenden öffentlichen Meinungen sind unverändert primär national gebundene Meinungen, die von nationalen Parteien formiert und in nationalen politischen Systemen zur Geltung gebracht werden, was selbstverständlich im modernen Europa sich verdichtende internationale Kooperationen einschließt.

Es war daher ebenso realistisch wie staatstheoretisch konsequent, dass im strikten Gegensatz zu residualen deutschen Vorstellungen eines demokratisch verfassten, parlamentarisch vollkompetent präsenten und somit staatsanalog souveränen europäischen Gemeinwesens der französische Staatspräsident im Vorlauf zur Reihe der Konferenzen für die Revision des Maastrichter Vertrages statt einer funktionalen Aufwertung des europäischen Parlaments die Errichtung einer Körperschaft, die aus Vertretern der nationalen Parlamente zu bilden sei, vorschlug. »Une participation des Parlements nationaux pourrait être organisée. En particulier, le haut conseil parlementaire pourrait être associé à la préparation des textes qui intéressent les droits civils ou pénal [...].«[5] Die Vorstellung, dass das Parlament von Westminster auf staatstheoretisch zentrale Rechte zu Gunsten eines

5 »Avant la conférence intergouvernementale de Turin. Europe: le texte confidentiel qui fixe les grandes orientations françaises«, in: *Le Figaro*, 20. 2. 1996, S. 6.

europäischen Parlaments in Straßburg verzichten könnte, wäre ohnehin sonderbar. Auch Churchill hatte ja bei seinem Aufruf, die »United States of Europe« zu errichten, an eine europäische Gemeinschaft gedacht, der Großbritannien selber selbstverständlich nicht angehören würde. Churchill sah vielmehr Großbritannien auch weiterhin als Dominanzmacht im Commonwealth als einem gegenüber dem geeinten (West-)Europa sowie der mit dem Ausgang des Zweiten Weltkriegs zur Weltmacht aufgestiegenen Sowjetunion unabhängigen und eigenständigen politischen Großraumordnung.

Die tatsächliche Entwicklung verlief in der zweiten Hälfte unseres Jahrhunderts überwiegend in entgegengesetzter Richtung. Die Pluralisierung der Staatenwelt, die schon in der ersten Hälfte des Jahrhunderts mit dem Zerfall des Osmanischen Reiches sowie der österreichisch-ungarischen Doppelmonarchie ihren Anfang nahm, hat sich fortgesetzt. Seit den Pariser Vorortverträgen hat sich in nur sieben Jahrzehnten die Zahl souveräner Staaten in den riesigen Räumen Ostmitteleuropas, des Balkans und des vorderen Orients versiebenfacht, und etliche Anzeichen sprechen dafür, dass dieser Prozess noch keineswegs abgeschlossen ist. Aus westeuropäischer Perspektive gesehen liegt es nahe, diesen Vorgang für einen Rückfall in Vergangenheiten zu halten, denen gegenüber dann die Integration der traditionellen Klein- und Mittelstaaten in supranationale staatsanaloge Institutionen nach Art der EU die Zukunft repräsentiere. Indessen: Die Attraktion, die die EU in der Tat alsbald nach dem Zerfall des Ostblocks gerade auch für die ostmitteleuropäischen Länder gewonnen hat, beruht ja gerade nicht auf einer unausgesprochenen Sehnsucht nach neuerlicher Entlastung von den Mühseligkeiten der soeben neu gewonnenen staatlichen Selbständigkeit. Attraktiv ist vielmehr die Wohlfahrtsverheißung eines politisch organisierten freien Marktes von kontinentaler Weite einschließlich des in dieser Marktorganisation inzwischen üblich gewordenen Gießkannensegens durch Umverteilung von Subventionsmitteln. Attraktion hat ein suprastaatliches Gebilde, das im Unterschied zu den nationalstaatlichen Einigungen des 19. Jahrhunderts die integrationswilligen Kleinstaaten gerade nicht schwächt oder gar aufhebt, vielmehr relativ stärkt. Exemplarisch heißt das: Nach seiner Einwohnerzahl repräsentiert Luxemburg ein halbes Prozent des deutschen politischen Potenzials. Im Europäischen Rat aber hat seine Stimme immerhin das Gewicht eines Fünftels der Stimme seines 200-mal größeren Nachbarn. Der Staatsbürger Luxemburgs ist somit in der EU um das 40fache stärker repräsentiert als der Staatsbürger Deutschlands.

3. Supranationale Kooperation als Voraussetzung (klein)staatlicher Eigenständigkeit

Diese immerhin vertraglich festgeschriebenen Relationen haben nicht den Charakter politischer Kuriositäten. Sie gehören zu den Erfolgsvoraussetzungen der europäischen Einigung. Deren Sinn ist somit die Sicherung der Bedingungen der staatlichen Eigenständigkeit selbst noch der Kleinsten im Kontext zivilisationsevolutionär großräumig expandierender wechselseitiger Abhängigkeiten.

Zu dieser Entwicklung passt, dass in weltwirtschaftlichen Zusammenhängen auch der nationalökonomische Erfolg mit der Staatsgröße keineswegs korreliert. In Europa sind es gerade die kleinen Staaten, die im internationalen wirtschaftspolitischen Vergleich am besten dastehen – Dänemark und neuerdings wieder die Niederlande, Luxemburg und die Schweiz, vom Sonderfall Liechtenstein ganz zu schweigen. Kleinstaatliche Organisationsformen scheinen Kräfte der Selbstorganisation zu stimulieren. Generalisiert bedeutet das: Die internationalen und supranationalen Zusammenschlüsse gleichen in ihrer Pragmatik gerade nicht den Staatseinigungsvorgängen des 19. Jahrhunderts. Es bilden sich nicht neue Großstaaten, an die ihre Vorgängerstaaten ihre Staatseigenschaft verlieren. Die passende Analogie scheint eher die der Bildung von Zweckverbänden zu sein, in die die Körperschaften, die sich in ihnen vereinigen, gerade nicht aufgehen, in denen sie vielmehr, um ihre Selbständigkeit zu erhalten, auf vertraglicher Basis gemeinschaftlich erledigen, was jenseits der Möglichkeiten eines jeden Einzelnen liegt.[6] Je funktionstüchtiger die in der Tat aus Gründen fälliger Kompensation modernisierungsabhängig unvermeidlicher faktischer Souveränitätsverluste nötigen internationalen Organisationen sind, desto größer werden die

6 So nach der konzeptbildungsträchtigen Analogievermutung von Ipsen 1972, S. 19ff. Vgl. auch Isensee 1996, S. 90ff.

Chancen der Konservierung staatlicher, ja kleinstaatlicher Eigenständigkeit. Das scheint die Pragmatik zu sein, die den skizzierten Vorgängen staatlicher Pluralisierung Rationalität verleiht. Sogar separatistische Bewegungen könnten diese Raison für sich in Anspruch nehmen. Und in der Tat: Wenn schließlich sogar das souveräne Malta Mitglied der EU geworden sein sollte, dürfte den Angehörigen der separatistischen Bürger-Minorität Korsikas, auch wenn ihr Scheitern politisch programmiert wäre, erst recht nicht mehr plausibel zu machen sein, wieso nicht auch ihre relativ große Insel im Genuss der Zweckverbandsvorzüge des geeinten Europas staatlich eigenständig verfasst sein könnte.

Um es zu wiederholen: Wachsende internationale Abhängigkeiten, faktische Souveränitätsverluste also, Souveränitätsteilung schließlich und damit Verlust derjenigen Staatsqualität, die früher einmal an der einen, für unteilbar gehaltenen Souveränität hing (Quaritsch 1986) – das alles und die Anerkennung dessen und überdies die produktive politische Umsetzung dieser Anerkennung in supranationale und internationale Kooperation bleibt die Voraussetzung erfolgreicher Konservierung staatlicher Eigenständigkeit. Aber um diese ist es im politischen Hauptzweck unverändert zu tun, und die Zahl der informellen Kommunitäten, die staatliche Souveränität erstreben, nimmt im Prozess der politischen Organisation sehr großer Räume zu und nicht etwa ab.

Angemerkt sei schließlich noch, dass zu den internationalen Organisationen, von deren Wirksamkeit inzwischen sogar größere Staaten partiell abhängig geworden sind, nicht nur staatsvertraglich gebildete Organisationen gehören, vielmehr in etlichen Fällen auch private international operierende Organisationen, Greenpeace z. B. oder Amnesty International. Die Antwort auf die Frage nach den Effizienzbedingungen dieser privaten Gruppierungen verlangt, die so genannte Weltöffentlichkeit, über die die totalitären Repräsentanten verspäteter Autarkie-Ideale zu spotten pflegten, als einen Faktor der internationalen Politik ernst zu nehmen. In einer medial integrierten Welt kann »Rainbow Warrior« publizitätsgeschützt operieren, und ihre Versenkung wird zu einer Affäre, aus der die Schiffseigner ihren Nutzen zu ziehen wissen.[7]

7 Zur völkerrechtlichen Handhabung dieser Affäre vgl. Ipsen 1972, S. 968.

4. Wachstum zivilisatorischer Komplexität als Motor politischer Dezentralisierung

Es sei jetzt noch die These erläutert, dass die zivilisatorische Komplexität moderner Lebenswelten die politische Selbstorganisation kleiner Einheiten erzwinge und innerstaatlich Tendenzen der Dezentralisierung begünstige und verfassungsrechtspolitisch die Herausbildung föderaler Strukturen. – Auch schon die in den Erläuterungen zur zweiten These skizzierte Pluralisierung der Staatenwelt fügt sich zur modernitätserzwungenen Tendenz politischer Selbstorganisation kleinerer Kommunitäten. Das hat sich zunächst überwiegend unter der Legitimation irresistibel wirkender Selbstbestimmungsansprüche vollzogen. Das Selbstbestimmungsrecht gehört bekanntlich zu den völkerrechtsgeschichtlich jungen Rechten (Thürer 1984), und es ist historisch plausibel, dass zur pragmatischen Theorie des Selbstbestimmungsrechts in der Spätphase der österreichisch-ungarischen Doppelmonarchie in herausragender Weise österreichische Wissenschaftler und Politiker beigetragen haben (Renner 1918). Das Selbstbestimmungsrecht der Völker ist ersichtlich ein Recht mit großem Konfliktpotenzial. In unserem eigenen Jahrzehnt demonstrieren uns das, in Europa, v. a. die Ereignisse in der Kaukasus-Region sowie im Vorgang der Auflösung Jugoslawiens. Entsprechend wird das Selbstbestimmungsrecht auch in der Politik der Mitgliedsländer der EU, z. B. im Rahmen ihrer Mitgliedschaft in der OSZE, nicht an die große Glocke gehängt.[8] Indessen: Volksgruppenkonflikte werden sich modernisierungsabhängig verschärfen, soweit Selbstbestimmungsansprüche der fraglichen Gruppen unbeachtet bleiben. Wer die Entschärfung dieser Konflikte durch Bagatellisierung des Selbstbestimmungsrechts der Völker für aussichtsreich hält, neigt entsprechend dazu, den Volksbegriff für einen Atavismus zu halten. In der Tat würde jeder Versuch, aus der historisch kontingenten Vielfalt faktisch vorliegender politischer Volkszugehörigkeitserfahrungen einen normativ brauchbaren und zugleich inhaltlich sei es kulturell, sei es ethnisch gefüllten Volksbegriff zu destillieren, in Willkür enden.

8 Eindrucksvoll zeigt sich das in der Zurückhaltung der Teilnehmerstaaten an der Kopenhagener Konferenz der KSZE 1990. Vgl. dazu »Das Dokument des Kopenhagener Treffens über die menschliche Dimension der KSZE«, Kopenhagen 1990.

Erst recht lässt sich freilich die Existenz oder Nichtexistenz von Völkern als völkerrechtlichen Selbstbestimmungssubjekten in der gegenwärtigen Welt nicht mehr machtpolitisch bei Gipfeltreffen, in Friedenskonferenzen oder durch Diplomatenrunden am Grünen Tisch dekretieren. Das Selbstbestimmungsrecht der Völker bedarf heute der Positivierung durch völkerrechtlich anerkannte Verfahren, in denen die Selbstkonstitution eines Volkes als Staatsvolk sich vollzieht – auf der Basis welcher faktischen Zusammengehörigkeitserfahrungen auch immer.[9]

Einforderung von Selbstbestimmungsrechten, die auf staatliche Separation drängen, sind in den Mitgliedsländern der EU primär, wenn auch nicht exklusiv, Sache von marginalen Gruppen, die, wie schon erwähnt, in Extremfällen sich radikalisieren und zu terroristischen Mitteln greifen. Aber auch moderat wirkende Kräfte gibt es, die gegenwärtig in Europa, statt Großstaatsbildung, gebietskörperschaftliche Pluralisierung und schließlich Föderalisierung begünstigen. So lässt sich gegenwärtig v. a. die gemeineuropäisch beobachtbare Bewegung des so genannten Regionalismus (Lübbe 1989, S. 30-45) charakterisieren. Kritiker haben im Regionalismus Formen modernitätsverweigernder Vergangenheitszugewandtheit erkennen wollen. Man vermutet »Provinzialismus« und Defizite fälliger Orientierung an den Herausforderungen der Zukunft einschließlich der Zukunft europäischer Einigung. In Wahrheit ist diese Vermutung unbegründet. Es ist gerade die Aufgeschlossenheit gegenüber demjenigen, was uns alle in der modernen Zivilisation großräumig miteinander verbindet, die komplementär dazu Interessen kultureller und politischer Selbstbehauptung herkunftsgeprägter Besonderheiten weckt sowie den Willen, für diese Besonderheiten Selbstbestimmungsrechte in Anspruch zu nehmen. Man vergegenwärtige sich diesen Zusammenhang exemplarisch am Phänomen des Sprachengebrauchs. In der Wissenschaft wie in der Wirtschaft und selbstverständlich auch in der Politik vollzieht sich die sich globalisierende Kommunikation zumeist im Medium eines überwiegend freilich nur rudimentär beherrschten Englisch, und sogar in

9 Wie sich, nämlich unter den hochföderalen verfassungsrechtlichen Bedingungen der Schweiz, die Selbstkonstitution eines Staatsvolks im Vorgang einer Staatskonstitution vollzieht, mag man exemplarisch am Fall der Separation des Jura von Bern studieren. Vgl. dazu den politisch-historischen Bericht von Schwander 1977.

der Europapolitik bedienen sich Kontinentaleuropäer, wenn sie auf Dolmetscher verzichten möchten, der Sprache des europäischen Inselvolkes. Genau komplementär zu diesem Prozess der Herausbildung einer neuen Lingua franca revitalisieren sich überall jene Regionalsprachen, die man schon für Relikte der Vormodernität gehalten hatte. Vom niederländischen Friesland über Südtirol bis zum Nordrand der Karawanken nimmt die Häufigkeit zweisprachiger Ortstafeln zu. Schweizer Banknoten werden nicht mehr, wie noch vor einem Vierteljahrhundert, dreisprachig, vielmehr viersprachig beschriftet. In Barcelona hat man den spanischen Kronprinzen in offizieller Rede bereits katalanische Sätze sprechen hören. Okzitanen und Kelten, Ladiner und Basken treten aus ihrer Marginalität heraus und demonstrieren so, dass im Horizont einer zivilisatorischen Evolution von kontinentaler, ja globaler Reichweite die alten Polaritäten von metropolitan geprägter hoch- und nationalsprachlich privilegierter Kultur einerseits und volkssprachlich marginalisierter Provinz andererseits sich aufzulösen beginnen. Stattdessen bringen sich, komplementär zur herkunftsindifferent erwerbbaren zivilisatorischen Kompetenz, Ansprüche auf Geltungsgleichheit beliebiger kultureller Herkunftsprägungen zur Geltung. Soweit diese Prozesse politisch bis in ihre rechtlichen Konsequenzen hinein erfolgreich verlaufen, bewirken sie schließlich, dass Bevölkerungsgruppen, die früher einmal als »Minderheiten« gekennzeichnet wurden, statt sich aufzulösen, sich der Subsumtion unter die Kategorie »Minderheit« überhaupt entziehen.

Dabei wäre es falsch, zumindest einseitig, zu finden, die regionalistischen Bewegungen seien eben nichts als ein Kompensationsphänomen – nützlich für den emotionalen Ausgleich der belastenden Seiten zivilisatorischer Modernisierungsvorgänge, im Übrigen aber politisch irrelevant, nämlich für die Zwecke der politischen Selbstorganisation moderner Gesellschaften, die ihre Kleinstaatlichkeit zu überwinden und in großstaatliche Organisationsformen sich einzufügen hätten, die der Großräumigkeit moderner zivilisatorischer wechselseitiger Abhängigkeiten gewachsen sind. Die Sache verhält sich grundsätzlich anders, und man erkennt das, wenn man sich vergegenwärtigt, dass in eins mit der wachsenden regionalen und sozialen Reichweite unserer wechselseitigen Abhängigkeiten auch die Komplexität unserer modernen Lebensvoraussetzungen anwächst, und zwar dramatisch. Wachsende zivilisatorische Komplexität, gewiss, mehrt auf der einen Seite auch den Bedarf an gewissen zentralen Steuerungskapazitäten, und die neuen internationalen und supranationalen Institutionen sind funktional auf diesen wachsenden zentralen Regelungs- und Steuerungsbedarf bezogen.

Aber in eins mit diesem Vorgang wächst zugleich der Anteil zivilisatorischer Lebensvoraussetzungen, die zentraler Regulierung gar nicht mehr fähig sind.

Der entscheidende Sachgrund dieser relativ abnehmenden Steuerungspotenz politischer Zentralen von der Art der alten Einheitsstaaten ist informationsverarbeitungstechnischer Natur. In modernen, komplexen Zivilisationen sind Zentralen – nationale wie internationale – sowohl erhebungspraktisch wie verarbeitungspraktisch der dramatisch anwachsenden Menge der Informationen, die zur Selbsterhaltung und Fortentwicklung der Systeme erhoben und verarbeitet sein wollen, immer weniger gewachsen. Der klassische Zentralstaat wird als eine historisch überlebte, nicht zukunftsfähige politische Organisationsform erkennbar, und im Rückblick lässt sich sagen, dass der real existent gewesene Sozialismus nicht zuletzt an seinem modernitätswidrigen planungspraktischen »demokratischen« Zentralismus gescheitert ist. Aus dieser Erfahrung ergeben sich auch Konsequenzen für die Organisation der EU.

Man vergegenwärtige sich die relativ abnehmende Administrationskompetenz ortsferner großstaatlicher Zentralen am Exempel des Straßenbaus. Jeder Pkw-Reisende, der heute durch die einmal napoleonisch beherrscht gewesenen Regionen Europas fährt, kennt die Landstraßen, die heute noch den damals auf dem Reißbrett gezogenen Trassen folgen – über mehr als ein Dutzend Kilometer schnurstracks von Kirchturm zu Kirchturm führend und hier und da noch mit den inzwischen denkmalpflegerisch konservierten Alleen ausgestattet, die einst marschierenden Militärkolonnen Schatten zu spenden hatten. Dergleichen war damals möglich. Das flache Land bot sich als ein Raum dar, in welchem die infrastrukturbeschädigenden Eingriffe straßenbautechnischer Art gering waren. Handelte es sich um Bauernland, so konnten die Einsprüche der allenfalls Geschädigten ohnehin als unbeachtlich gelten. Aufklärend ließ sich, und zwar zu Recht, nötigenfalls sagen, die administrativ von oben verfügte Straßenbaumaßnahme komme gesamthaft doch der Wohlfahrt des Landes und damit langfristig gesehen auch den aktuell unangenehm Betroffenen zugute.

Es bedarf nur geringer technischer und politischer Fantasie, um zu sehen, dass solche Rationalität, die einst in der Tat zentral optimal exekutierbar war, bei der höchst komplex gewordenen Flächennutzung in hochentwickelten Industriegesellschaften nicht mehr möglich ist. Ferngasleitungen durchziehen das Gelände. Wasserversorgungsnetze binden Siedlungen zusammen, auf den Versorgungs- und Entsorgungsbedarf höchst unterschiedlicher Industrien ist Rücksicht zu nehmen. Baugebiete, die sich in der Entwicklung befinden, haben Anschluss- oder Lärmschutzinteressen. Ökonomisch höchst relevante Nutzungserwartungen von Grundeigentümern sind zu beachten. Naturschutzgebiete sind zu verschonen, und Kommunen oder Ortsteile konkurrieren im Geltendmachen ihrer nachteiligen oder auch vorteilhaften Betroffenheiten etc.

Organisationstechnisch bedeutet das: Mit der Komplexität und Großräumigkeit moderner zivilisatorischer Lebensverhältnisse wächst zugleich der Bedarf an sektoraler, aber eben auch regionaler und lokaler Selbstorganisation beliebiger Kommunitäten einschließlich gebietskörperschaftlicher Kommunitäten. Eben das setzt sich in Selbstbestimmungs- und Selbstverwaltungsansprüche um. Die Impulse, denen diese Ansprüche sich verdanken, sind insoweit nicht Impulse der Modernitätsflucht hinein in die Pseudoidyllik kleiner Räume. Es handelt sich vielmehr um Impulse aus der Erfahrung organisationstechnischer Notwendigkeiten (Mayntz 1995, S. 57-70), das heißt aus der Erfahrung, dass die eigenen Angelegenheiten sich zentral nur in einigen wenigen, freilich sehr wichtigen Bereichen handhaben lassen, im Übrigen aber und zum weitaus größeren Anteil selbstbestimmt erledigt sein wollen (Halblützel et al. 1995).

Blumenberg, H.: *Die Genesis der Kopernikanischen Welt*, Frankfurt/M. 1975

Halblützel, P./T. Haldemann/K. Schedler/K. Schwaar (Hg.): *Umbruch in Politik und Verwaltung. Ansichten und Erfahrungen zum New Public Management in der Schweiz*, Bern/Stuttgart/Wien 1995

Ipsen, H. P.: *Europäisches Gemeinschaftsrecht*, Tübingen 1972

Ipsen, K.: *Völkerrecht. Ein Studienbuch*, in Zusammenarbeit mit V. Epping/H. Fischer/C. Gloria/W. Heintschel v. Heinegg, München 1990

Isensee, J.: »Europäische Union – Mitgliedstaaten im Spannungsfeld von Integration und nationaler Selbstbehauptung, Effizienz und Idee«, in: Konferenz der deutschen Akademien der Wissenschaften, Akademie der Wissenschaften und der Literatur, Mainz (Hg.): *Europa – Idee, Geschichte, Realität. 2. Symposion der deutschen Akademien der Wissenschaften*, Mainz am Rhein 1996, S. 71-106

Kielmannsegg, P. Graf: »Lässt sich die Europäische Union demokratisch verfassen?«, in: W. Weidenfeld (Hg.): *Reform der Europäischen Union. Materialien zur Revision des Maastrichter Vertrages. Strategien für Europa*, Gütersloh 1996, S. 229-242

Kluth, W.: *Die demokratische Legitimation der Europäischen Union. Eine Analyse vom Demokratiedefizit der Europäischen Union aus gemeineuropäischer Verfassungsperspektive*, Berlin 1995

KSZE: *Das Dokument des Kopenhagener Treffens über die menschliche Dimension der KSZE*, Kopenhagen 1990

Le Figaro: Nr. 16021, 20. 2. 1996, S. 6

Lübbe, H.: *Die Aufdringlichkeit der Geschichte. Herausforderungen der Moderne vom Historismus bis zum Nationalsozialismus*, Graz/Wien/Köln 1989, S. 30-45

Lübbe, H.: *Abschied vom Superstaat. Vereinigte Staaten von Europa wird es nicht geben*, Berlin 1994

Lübbe, H.: »Globalisierung. Zur Theorie der zivilisatorischen Evolution«, in: R. Biskup (Hg.): *Globalisierung und Wettbewerb*, Bern/Stuttgart/Wien 1996, S. 39-63

Lübbe, H.: *Politik nach der Aufklärung*, München 2001

Mayntz, R.: »Gesellschaftliche Modernisierung und die veränderte Rolle des Staates«, in: Max-Planck-Gesellschaft: *Jahrbuch 1995*, S. 57-70

Nerlich, U./T. Rendtorff (Hg.): *Nukleare Abschreckung – politische und ethische Interpretation einer neuen Realität*, unter Mitwirkung von L. Waas, Baden-Baden 1989

Quaritsch, H.: *Souveränität. Entstehung und Entwicklung eines Begriffs in Frankreich und Deutschland vom 13. Jahrhundert bis 1806*, Berlin 1986

Renner, Dr. K.: *Das Selbstbestimmungsrecht der Nationen, in besonderer*

Anwendung auf Österreich. 2. vollständig umgearbeitete Aufl. von Dr. K. Renner: *Der Kampf der österreichischen Nationen um den Staat*, Leipzig/Wien 1918

Sauter, M.: *Churchills Schweizer Besuch 1946 und die Zürcher Rede. Ein dokumentarischer Bericht*, Herisau 1976, S. 77-79

Schwander, M.: *Jura – Konfliktstoff für Jahrzehnte*, Zürich/Köln 1977

Thürer, D.: »Das Selbstbestimmungsrecht der Völker. Ein Überblick«, in: H.-J. Schluchauer/J. v. Münch/O. Kimminich/W. Rudolf (Hg.): *Archiv des Völkerrechts*, 22. Band, 1984, S. 113-137

Michael Zürn
Regieren im Zeitalter der Denationalisierung

1. Ziele des Regierens

Regieren ist die zielgerichtete Regelung problematischer gesellschaftlicher Beziehungen und der ihnen zu Grunde liegenden Konfliktlagen mittels verlässlicher und dauerhafter Regelungen und Institutionen statt durch unvermittelte Macht- und Gewaltanwendung. Regieren ist wünschenswert, wenn das ungeregelte Verhalten Auswirkungen hat, die entweder die Interessen der Mehrheit der beteiligten Akteure oder die Interessen von Dritten beeinträchtigen. Das Regieren zielt heute im Wesentlichen auf vier Ziele, die sich in demokratischen Wohlfahrtsstaaten in historischer Abfolge herausgebildet haben: auf den inneren und äußeren Frieden sowie die Eindämmung von kollektiven Risiken (Sicherheit), auf die Durchsetzung und institutionelle Absicherung der Rechtssicherheit (Recht), auf die Sicherung von Entscheidungsverfahren, welche die Partizipation der Betroffenen einer politischen Entscheidung ermöglicht (Partizipation), und auf eine für alle Seiten akzeptable Balance von wirtschaftlicher Effizienz und Verteilungsgerechtigkeit (soziale Wohlfahrt). Die vier genannten Ziele sind »normative Güter«, da sie in unserem Kulturraum von den meisten Menschen als wertvoll und wünschenswert angesehen werden; sie sind gleichzeitig »funktionale Güter«, da die dauerhafte Nichterreichung eines oder mehrerer dieser Ziele die Krise der Politik anzeigen würde.

1. Die Entstehung des modernen Territorialstaates geht ganz wesentlich auf Auseinandersetzungen über die *Sicherheitsfrage* zurück. Im 12. und 13. Jahrhundert erreichte der Fragmentierungsprozess, der sich aus dem Zerfall des römischen Reichs ergab, einen Höhepunkt. Die Konkurrenz zwischen politischen Einheiten, die unterschiedlichen Organisationsprinzipien folgten und deren Herrschaftsansprüche sich auf dasselbe Territorium bezogen, verschärfte sich und wurde in wahrhaft barbarischer Weise ausgetragen. Dabei konnten mittelfristig nur die Herrscher bestehen, die eine Monopolisierung der Gewaltmittel auf ihrem Territorium durchsetzten. Es gab somit eine enge Beziehung zwi-

schen Kriegen, der Notwendigkeit, Mittel für die Kriegsführung einzutreiben, und der Einrichtung eines Verwaltungsapparats zu diesem Zweck. Die sukzessive Durchsetzung eines Gewaltmonopols gegenüber internen Rivalen verbesserte im Ergebnis den *inneren Frieden*. Die Wahrscheinlichkeit, eines unnatürlichen Todes (durch Raub, Mord, Totschlag etc.) zu sterben, war beispielsweise in England im 13. Jahrhundert noch um das zehnfache höher als im 18. Jahrhundert (Tilly 1990, S. 69).

Der Westfälische Frieden formalisierte im Jahre 1648 ein Staatensystem, das sich einer umfassenden Anarchie annäherte. Die Außenpolitik der europäischen Mächte war durch eine weitgehende Handlungsfreiheit gekennzeichnet, nachdem sich das mittelalterliche Konzept der *res publica Christiana* aufgelöst hatte. Diese Struktur übersetzte sich in blankes Machtstreben nach außen und kulminierte nicht selten im diplomatischen Verrat. Kriegskoalitionen wurden ohne Rücksicht auf Tradition, Religion oder dynastische Ehen gebildet. Mit Ausnahme der Vereinigten Provinzen kämpfte beispielsweise während der Herrschaft Ludwigs XIV. (1643-1715) jeder europäische Staat sowohl mit als auch gegen Frankreich. Erst ganz langsam gelang es den Staaten, die Anzahl zwischenstaatlicher Kriege im Rahmen der internationalen Diplomatie zu senken. Nach den Napoleonischen Kriegen kam es unter Führung von Fürst Metternich zum so genannten Wiener Kongresssystem, welches das Gleichgewicht der Mächte vorübergehend institutionalisieren konnte und eine längere kriegsarme Phase einläutete. Der Völkerbund und die Vereinten Nationen sind weitere Etappen in dieser immer wieder durch schreckliche Kriege unterbrochenen Entwicklung, welche die Bereitstellung von Sicherheit vor externen Bedrohungen als wichtiges Ziel des Regierens etablierte.

2. Infolge absolutistischen Regierens wurden zunehmend institutionelle Rahmenbedingungen geschaffen, die im Ergebnis zu wachsender *Rechtssicherheit* im ökonomischen Bereich führten. Dabei ging es, absolutistisch gedacht, zunächst darum, »der Regierung die Mittel zu geben, ihre Anweisungen über eine große Entfernung in der kürzestmöglichen Zeit zu übertragen« (Claude Chappe, Erfinder des Telegrafen). In der Verwirklichung dieses Ziels begann der Staat jedoch auch, die infrastrukturellen Grundlagen einer überregionalen Verkehrswirtschaft zu legen, beispielsweise in Form von neuen Verkehrswegen, der Verbesserung

der landesweiten Kommunikationsmöglichkeiten sowie der Vereinheitlichung von Maßen und Normen. Parallel zur Ausbildung der Verkehrswirtschaft stieg dann das wirtschaftliche Bürgertum auf.

Dieses Bürgertum setzte die *bürgerlichen Freiheitsrechte* durch, deren formgebende Phase *grosso modo* das 18. Jahrhundert war. Dabei handelt es sich um jene Rechte, die notwendig sind, um die individuelle Freiheit zu sichern, wie die »Freiheit der Person, Redefreiheit, Gedanken- und Glaubensfreiheit, Freiheit des Eigentums, die Freiheit, gültige Verträge abzuschließen, und das Recht auf Gerichtsverfahren« (Marshall 1992, S. 40). In der Folge entsprang die Dynamik des wirtschaftlichen Wachstums und der sozialen Entwicklung zunehmend direkt aus der Gesellschaft heraus und war nicht mehr nur staatlich induziert wie noch in der Blütezeit des Merkantilismus. Der agrarische Kapitalismus, der den Weg für die industrielle Revolution und mithin für eine schnelle Ausbreitung der kapitalistischen Wirtschaftsform bereitete, ergab sich nicht nur zufällig in dem Land, in dem die bürgerlichen Freiheitsrechte am weitestgehenden etabliert waren: in Großbritannien.

3. Nachdem die bürgerlichen Rechte in den meisten europäischen Ländern im Laufe des 19. Jahrhunderts an Substanz gewannen, kamen zunehmend die so genannten *politischen Rechte*, also Rechte auf die Teilnahme und Teilhabe an der politischen Macht, auf die Tagesordnung. 1789 erlangte die Französische Revolution Symbolkraft für das demokratische Recht auf Beteiligung am Prozess der staatlichen Entscheidungsfindung. Insoweit staatliche Herrschaft die Befugnis der zwangsförmigen Durchsetzung ihrer Anordnungen einschließt, bedarf sie seitdem einer Rechtfertigung, die auch auf die ausreichende Beteiligung der Regelungsadressaten verweist. Der Forderung nach Demokratisierung des Staates und später im 20. Jahrhundert der Gesellschaft konnten sich die Herrschenden nicht mehr länger entziehen. Freilich war der Kreis derjenigen, die als Staatsbürger angesehen wurden und im 19. Jahrhundert Beteiligungsrechte erhielten, stark eingeschränkt. Das Wahlrecht war zunächst das Privileg einer kleinen Schicht wohlhabender Männer. Der Prozess der Ausweitung der politischen Teilhabe auf die gesamte Bevölkerung eines Landes war langwierig. Das allgemeine Wahlrecht für Männer wurde erstmals 1848 in Frankreich, in den meisten heutigen OECD-

Ländern inklusive Großbritanniens aber erst nach dem Ersten Weltkrieg eingeführt. Das allgemeine Wahlrecht für Frauen fand noch später Eingang in die Wahlgesetze, in Großbritannien beispielsweise 1928, in Belgien, Frankreich und Italien nach dem Zweiten Weltkrieg und in der Schweiz gar erst 1971.

4. *Soziale Rechte* in Form einer staatlich getragenen Sozialpolitik, mit der die Marktergebnisse aus sozialen Erwägungen heraus korrigiert werden sollen und die Gesellschaft Verantwortung für den Einzelnen übernimmt (Kaufmann 1997, S. 21), entwickelten sich ab dem Ende des 19. Jahrhunderts. Zu dieser Zeit gewann die Arbeiterklasse auf Grund des erweiterten Wahlrechts erstmals einen (allerdings mittelbaren) Einfluss auf die staatliche Politik. Zur Jahrhundertwende wurde in Deutschland ein Betrag von ungefähr einem Prozent des Bruttosozialprodukts (BSP) für Sozialleistungen ausgegeben. Damit hatte Deutschland zu jener Zeit den höchsten Sozialanteil am BSP, wie auch noch 1960, als die Sozialleistungsquote in den westeuropäischen Demokratien zwischen acht und 18 % lag. Heute (1993) hingegen besitzt Deutschland eine Sozialleistungsquote von 24,7 %, und Schweden liegt mit 38 % an der Spitze. Sozialpolitik im demokratischen Wohlfahrtsstaat zeichnet sich im Wesentlichen dadurch aus, dass sie im Falle der Erwerbslosigkeit oder Krankheit greift, national organisiert ist, ein individueller Rechtsanspruch besteht und sie daher nicht mit einer politischen Diskriminierung einhergehen kann.

Die wohlfahrtsstaatlichen Maßnahmen vermengten sich nach dem Zweiten Weltkrieg zunehmend mit der makroökonomischen Globalsteuerung. In diesem Zusammenhang wird häufig vom »keynesianischen Wohlfahrtsstaat« gesprochen, der eine gewisse soziale Kompetenz entfaltete und den »kurzen Traum immerwährender Prosperität« (Lutz 1984) nährte. Das vierte Ziel des Regierens – die soziale Wohlfahrt – ist also erst mit der vollständigen Ausbildung des demokratischen Wohlfahrtsstaates nach dem Zweiten Weltkrieg institutionalisiert worden. Damit war der »glückliche historische Augenblick« (Jürgen Habermas) erreicht, der den Maßstab unseres Denkens über eine gute politische Ordnung entscheidend mitprägte.

2. Die nationale Konstellation als Grundlage der Verwirklichung dieser Ziele

Der glückliche historische Augenblick ist in engster Weise mit der Blütezeit der nationalen Konstellation verbunden. Die Ziele des Regierens wurden in dieser nationalen Konstellation durch mächtige Nationalstaaten erbracht, die selbst Teil einer Gesellschaft (der Staatengesellschaft [Bull 1977]) waren. Der Begriff der nationalen Konstellation (vgl. Habermas 1998) ist treffend, weil die drei zentralen Dimension der Staatlichkeit in dieser historischen Phase in einer politischen Organisation, eben dem Nationalstaat, zusammenliefen.

1. *Anerkennung*: Die normative Grundlage moderner Staatlichkeit ist das Prinzip der *Souveränität*, »die oberste legale Autorität des Staates, innerhalb eines bestimmten Territoriums Recht zu setzen und durchzusetzen und, als Konsequenz davon, die Unabhängigkeit von der Autorität anderer Staaten sowie die Gleichstellung mit ihnen im internationalen Recht« (Morgenthau 1967, S. 305). Historisch betrachtet war es mithin die externe Anerkennung als völkerrechtliches Subjekt durch andere Staaten, die eine politische Organisation *letztlich* zum Staat machte. Die Zuerkennung von Souveränität bringt also einen Status zum Ausdruck: die Ernennung zum Mitglied in der internationalen Staatengesellschaft. Obwohl sich das Prinzip der Souveränität de facto schon seit dem 15. Jahrhundert abzeichnete und dann 1648 im Westfälischen Frieden formalisiert wurde, dauerte es noch mehr als 300 weitere Jahre, bis die Welt komplett in Nationalstaaten unterteilt war und Bedrohungen für das Prinzip der Souveränität wie beispielsweise das Piratentum auf hoher See oder nichtstaatliche Söldnerheere zur Bedeutungslosigkeit reduziert wurden.

Diese externe Anerkennung wurde erst später durch eine *interne* Anerkennung ergänzt. Mit dem Aufstieg von nationalen Kulturen und der damit verbundenen Konstruktion von politischen Gemeinschaften entwickelte sich das Prinzip des Nationalismus (Gellner 1991), wonach eine Nation sich politisch in einem Staat zu organisieren hat. Halb gewollt, halb ungewollt führte somit das absolutistische Regieren neben der Konsolidierung innerer und äußerer Sicherheit auch zu einer nationalen Identität und machte den Territorial- zum Nationalstaat. Zusätzlich zu den landesweiten Vereinheitlichungen und der Entwicklung überregionaler Kommunikationsmittel wurde die Bildung zentralisiert, sodass die Nationalkultur die lokale Kultur zunächst ergänzte und bald dominierte. In diesem Kontext konnte sich dann in der Literatur, in der bildenden Kunst, in der Musik und in der Architektur eine Symbol- und Gefühlswelt ausbilden, die zur Entstehung einer nationalen Kultur und zum Kulturnationalismus führte. Mit anderen Worten: Der Territorialstaat schaffte die infrastrukturellen, die kulturellen und die politischen Grundlagen für die Bildung von Nationen. Nicht die Nationen sind es gewesen, die die Staaten hervorbrachten, sondern umgekehrt entwickelten sich Nationen aus den (frühen) Staaten heraus. Gleichwohl sind die Staaten heute vom Vorhandensein einer politischen Gemeinschaft, die sich politisch organisieren möchte, abhängig.

2. *Ressourcen*: Die Anerkennung von politischen Organisationen als souveräne Nationalstaaten war schon immer voraussetzungsreich. Ohne eine materielle Ressourcenbasis hätten sich die Staaten bestimmt nie durchsetzen können. Die Anerkennung als Staat hängt im Prinzip davon ab, dass er in der Lage ist, seine Souveränität nach innen und nach außen zu verteidigen. Zentral in diesem Zusammenhang ist zum einen der Prozess der Gewaltmonopolisierung, der parallel mit der Herausbildung von Territorialstaaten verlief. Zum anderen bildet die Fähigkeit, Steuern und Abgaben einzutreiben, die wichtigste Ressourcengrundlage des Staates.

3. *Ziele des Regierens*: Die dritte Dimension moderner Staatlichkeit besteht schließlich in der Realisierung der genannten Ziele des Regierens. Insofern sind die Ziele des Regierens moderner Staatlichkeit nicht extern, sie bilden einen integralen Bestandteil davon. Die Erfüllung einer Reihe von gemeinwohlorientierten Leistungen war nämlich eine zentrale Voraussetzung für die Etablierung eines Systems souveräner Staaten. Der Staat setzte sich gegenüber alternativen politischen Organisationsformen – wie Imperien, Stadtstaaten und Städteverbindungen – durch, weil er sich bei der Erfüllung bestimmter Aufgaben als überlegen erwies. Dass Staatlichkeit anhand der erforderlichen Zielerreichung definitorisch an eine minimale Gemeinwohlorientierung gebunden wird, heißt nicht, dass die Agenten, die im Namen der Organisation handeln – das politisch-administrative System oder die politische Klasse –, durchweg Altruisten sein müssen. Sie sind es natürlich nicht. Die endlosen Geschichten über Amtsmiss-

bräuche der Würdenträger in allen Staaten belegen dies. Neben der politischen Klasse hat aber auch die übergeordnete institutionelle Struktur ein Eigeninteresse, die das Handeln der Agenten mitbeeinflusst: das Interesse des Staates an sich selbst (Offe 1975). Das Interesse des Staates an sich selbst ist in der Regel durch gemeinwohlorientierte Politiken befördert worden.

Die drei Dimensionen von Staatlichkeit sind zwar analytisch unterscheidbar, bilden aber gleichzeitig eine Konstellation oder Konfiguration, da die drei Dimensionen enge Wirkungsbeziehungen zueinander aufweisen. Ohne die Ressourcen, bestimme Politiken durchzusetzen, können die Ziele des Regierens kaum erreicht werden. Die Ressourcen der Staatlichkeit lassen sich ohne innere und äußere Anerkennung nicht langfristig halten. Die innere und äußere Anerkennung hängt von der Realisierung bestimmter Ziele des Regierens ab etc. Kurzum: Es ist zwar richtig, dass – wie von vielen betont wird – legale Souveränität als juristisches Konzept *de facto* unabhängig von der Zielerreichung nationalstaatlicher Politiken besteht. Formale Souveränität in Abwesenheit von realer Steuerungsfähigkeit und entsprechenden Ressourcen ist jedoch eine äußerst prekäre Angelegenheit. Die Existenz eines Systems von Staaten, die allesamt nur auf Grund der Hilfe anderer Staaten existieren, ist ein unhaltbares Konstrukt. Insofern ist es erst das Zusammenspiel der drei Dimensionen von Staatlichkeit – Anerkennung, Ressourcen und Zielerreichung –, das die nationale Konstellation funktionstüchtig machte und gleichzeitig charakterisierte.

3. Gesellschaftliche Denationalisierung als neuer Kontext der Staatlichkeit

Die nationale Konstellation bezeichnet eine spezifische Form, in der sich die Dimensionen der Staatlichkeit allesamt in einer politischen Organisation vereinigten und sich dabei gegenseitig abstützten und verstärkten. In diesem Sinne erwies sich die nationale Konstellation als außerordentlich stabil und dauerhaft. Gleichzeitig ist die nationale Konstellation an eine Rahmenbedingung gebunden, die als Kontext der Staatlichkeit von zentraler Bedeutung ist: Die Kongruenz von sozialen und politischen Räumen. Schon die Dreielementenlehre des Völkerrechts geht bei den

Definitionselementen »Volk«, »Gebiet« und »Staatsgewalt« davon aus, dass diese in einem entsprechenden Zusammengehörigkeitsverhältnis stehen müssen. Nach dieser Vorstellung erstreckt sich die Staatsgewalt auf das Gebiet, in dem das Volk lebt. Derartig konstituierte territoriale Einheiten haben in den Worten Carl Schmitts »mathematisch scharf« voneinander abgetrennt zu sein. Soziologischer formuliert: Der Raum, in dem sich gesellschaftliche Austauschbeziehungen und Handlungszusammenhänge verdichtet haben, darf nicht größer sein als der Raum, der durch politische Regelungen erfasst wird. Solange also die wirtschaftlichen Aktivitäten, der Brief- und Telefonverkehr, die Verschmutzung der Umwelt, die Herstellung und der Gebrauch von Kultur sich größtenteils im Rahmen nationaler Grenzen vollzogen, konnten derartige Aktivitäten durch Maßnahmen des Nationalstaates geregelt werden.

Es ist nun genau diese Kongruenz von sozialen und politischen Räumen, die im Zuge der so genannten Globalisierung in Frage gestellt wird. Durch die Herausbildung globaler Märkte – so hören wir allerorts – können sich die Unternehmen der politischen Kontrolle entziehen und somit die nationalstaatliche Politik entmachten. Es wird also angenommen, dass die grenzüberschreitenden ökonomischen (und sozialen) Austauschprozesse rapide anwachsen, während der politische Zugriff auf das nationale Territorium beschränkt bleibt. Demnach steht uns ein Zeitalter der globalen Marktbeziehungen bevor, in dem – je nach Lesart – die Führungsetagen multinationaler Unternehmen das Sagen haben oder das globale Konsumentenparadies geschaffen wird. Diese »hyperglobalistischen« Weissagungen sind jedoch gerade in den letzten Jahren auf ein gerüttelt Maß an sozialwissenschaftlicher Skepsis gestoßen. So wird beispielsweise in Frage gestellt, ob denn unser Zeitalter tatsächlich so global ist wie gemeinhin angenommen. Als Zeuge für diese Position kann Milton Friedman dienen, der sie freilich in seiner gewohnten Radikalität vertritt: »Die Welt ist in jedem unmittelbaren, relevanten, einschlägigen Sinne weniger internationalisiert, als sie es 1913 oder 1929 war.«

Es ist also notwendig, das Ausmaß der Globalisierung im Detail zu betrachten und zu analysieren (vgl. hierzu Beisheim et al. 1999, Held et al. 1999). Dabei zeigt sich zum einen, dass Globalisierung in der Tat ein unangemessener Begriff ist: Obwohl sich viele grenzüberschreitende Austausch- und Produktionsprozesse

v. a. in den letzten zwei Jahrzehnten signifikant ausgeweitet haben, sind die meisten weit von der Globalität entfernt. Auch ist ein Prozess hin zur Globalität nicht überall erkennbar. Die verdichteten sozialen Handlungszusammenhänge weiten sich zwar aus und überschreiten meist die Grenzen des Nationalstaates, nicht selten aber entstehen neue Grenzen. Der Begriff der *gesellschaftlichen Denationalisierung* ist daher dem der Globalisierung vorzuziehen. Zum Zweiten zeigt sich, dass Friedman ökonomistisch reduziert denkt und deshalb irrt. Die heutige Welt ist in vielerlei Hinsicht denationalisierter als 1913. Während vor dem Ersten Weltkrieg einige wenige spezifische wirtschaftliche Indikatoren einen sehr hohen Denationalisierungswert aufwiesen, handelt es sich heute um eine breite Entwicklung, die nicht nur Waren und Kapital, sondern auch Umweltschadstoffe, Kulturgüter, Menschen und militärische Bedrohungen umfasst. Zudem werden heute viele dieser *goods and bads* nicht mehr zuerst national hergestellt und dann über nationale Grenzen hinweg ausgetauscht, sondern in vielen Fällen ist bereits der Produktionsprozess selbst grenzüberschreitend – die meisten Autos, das Ozonloch oder das Internet sind Beispiele für grenzüberschreitend produzierte Dinge. Drittens zeigt sich schließlich, dass Denationalisierung ein vielfältig gebrochener Prozess ist, der sich je nach Sachbereich und je nach betroffenem Land sehr unterschiedlich darstellt.

Allgemein formuliert: Technologische und politische Entwicklungen haben in den letzten zwei bis drei Jahrzehnten in unvorhergesehener Weise dazu geführt, dass die Bedeutung des Raumes als Hindernis sozialer Interaktion abgenommen hat. In dem Maße, wie sich Ortsbindungen auflösen, entpuppt sich die Gleichung von räumlicher und sozialer Entfernung als falsch. Folglich liegen heute die Grenzen sozialer Handlungszusammenhänge in vielen Bereichen jenseits der politischen Grenzen des Nationalstaates. Die gegenwärtigen politischen Institutionen und Regelungen, also die Instrumente des Regierens, beziehen sich demgegenüber in ihrer Mehrzahl nach wie vor auf den Nationalstaat. Noch immer werden »Gesellschaft und Staat deckungsgleich gedacht, organisiert, gelebt« (Beck 1997, S. 115). Im Ergebnis führt dies zu einer reduzierten Fähigkeit, die Ziele des Regierens durch nationale Politiken zu erreichen. Dabei lassen sich vier Typen von Problemen, gleichsam vier Denationalisierungsherausforderungen, unterscheiden.

1. *Effizienzproblem*: Viele nationale Regelungen stellen Barrieren für den freien internationalen Austausch von Gütern dar und behindern deren effiziente Allokation. Da sich die Entwicklungskosten für technologiehaltige Produkte in den letzten Jahrzehnten vervielfacht haben, während die Produktzyklen immer kürzer werden, benötigen Unternehmen immer größere Absatzmärkte und die Möglichkeit zur Entwicklungskooperation mit anderen Unternehmen, um die F&E-Kosten zu kompensieren bzw. zu senken. Dieser Effizienzdruck übersetzt sich in Forderungen nach einem Abbau von nationalen Handelsbarrieren aller Art. So sind die Hersteller von Endprodukten daran interessiert, dass die hierfür notwendigen so genannten Halbfertigwaren zollfrei und mit möglichst geringen Transaktions- und Transportkosten bezogen werden können, um das Endprodukt chancenreich auf dem Weltmarkt vertreiben zu können.

2. *Externalitätenproblem*: Angesichts der Ausweitung sozialer und ökonomischer Handlungszusammenhänge sind marktkorrigierende Eingriffe auf der nationalen Ebene ineffektiv, wenn sie nur einen Teil des betroffenen Handlungszusammenhangs abdecken, da dann die Wirkung einer nationalen politischen Regelung durch Externalitäten von sozialen Aktivitäten anderswo gleichsam unterlaufen wird. In der Bundesrepublik Deutschland beispielsweise gibt es aus guten Gründen striktere Verbote für rechtsradikales Propagandamaterial als in anderen Ländern. Wenn nun aber ein Anbieter von solchem Material seinen Wohnsitz in den USA hat und es dort in das Internet einspeist, so laufen die deutschen Verbote ins Leere. Selbst wenn das Material von Fahndern ausgemacht würde und auf allen Mainframe-Rechnern sowie von allen Online-Anbietern in Deutschland gesperrt werden könnte (was schon sehr unwahrscheinlich ist), kann der Anbieter nicht strafrechtlich verfolgt werden.

3. *Problem des Politikwettbewerbs*: Nationalstaatliche Regelungen, die Kosten für die wirtschaftliche Produktion zur Folge haben, sind angesichts der Denationalisierung u. U. nicht nur untauglich, um das gewünschte Ziel zu erreichen, sie können auch ein Land als attraktiven Wirtschaftsstandort schwächen und damit in die Falle der *race to the bottom*-Logik geraten. Wer kennt sie nicht, die Klage über den Standort Deutschland, der auf Grund zu hoher Lohnnebenkosten und überzogener Umweltregelungen

an Wettbewerbsfähigkeit verliere. Die Logik der Klage ist klar: Überzogene sozialpolitische Regelungen erhöhen die Produktionskosten in einer Weise, dass die Produkte im Ausland mit geringeren Lohnnebenkosten billiger produziert werden können. Das hat dann zum Ergebnis, dass man sich die anspruchsvolle Sozialpolitik erst recht nicht mehr leisten kann. Das gleiche Argument kann auch auf produktionsbezogene Umweltvorschriften angewendet werden. Leider sticht das Argument in gewisser Weise. Das Problem ist nur, dass in anderen Ländern genauso gedacht wird. Es besteht also die akute Gefahr einer Deregulierungsspirale, eines »Wettbewerbs der Besessenen« (Krugman 1998).

4. *Demokratieproblem*: Effektive Selbstbestimmung setzt die Kongruenz von Herrschern und Beherrschten voraus. Im Zuge der gesellschaftlichen Denationalisierung wird aber auch diese Komponente der Kongruenz vermindert, was im Ergebnis die normative Dignität politischer Grenzen untergräbt (Schmalz-Bruns 1999). Ohne diese Kongruenz sind Menschen von Entscheidungen betroffen, ohne dass sie ein entsprechendes Mitspracherecht hätten. So führten beispielsweise die politischen Entscheidungen in England und Deutschland, die sich abzeichnenden Probleme der Luftverschmutzung über den Industriestädten durch die Politik der »hohen Schornsteine« und nicht durch teure Filteranlagen zu bekämpfen, im Ergebnis zum »sauren Regen« und zum Massensterben der Fische in den übersäuerten Seen in Skandinavien. Die unmittelbar betroffenen skandinavischen Fischer hatten dennoch keine Gelegenheit, an der Willensbildung und Entscheidungsfindung in der Bundesrepublik oder Großbritannien teilzuhaben. Sie waren »fremdbestimmt«.

Diese vier Herausforderungen unterminieren v. a. die Fähigkeit der Nationalstaaten, die Ziele des Regierens durch unilaterale Politiken zu erreichen. Während das Externalitätenproblem v. a. im Sicherheitsbereich und in der Umweltpolitik greift und der Standortwettbewerb insbesondere für die nationalen Sozial- und Wirtschaftspolitiken von Bedeutung ist, haben das Effizienz- und Demokratieproblem einen übergreifenden Charakter. Im Ergebnis sind jedenfalls alle vier Ziele des Regierens in Frage gestellt.

4. Die postnationale Konstellation

Diese Herausforderungen für das nationalstaatliche Regieren übersetzen sich nicht unmittelbar in eine nachlassende Fähigkeit, erwünschte politische Zielsetzungen zu erreichen. Die Herausforderungen sind heftig, doch das Ergebnis wird von politischen Entscheidungen und Auseinandersetzungen vermittelt. Letztlich wird also die Gestalt des Regierens in der postnationalen Konstellation nicht durch die gesellschaftliche Denationalisierung bestimmt, sondern durch ihre politische Verarbeitung. Dabei spricht manches dafür, dass die Bildung internationaler Institutionen, mit dem Ziel, die Gültigkeitsreichweite politischer Regelungen auszudehnen, die dominante Reaktionsform politischer Eliten in der westlichen Welt ist. In der Folge dieses Wachstums internationaler Institutionen scheint sich die politische Konstellation in Gänze zu verändern. Es schält sich zusehends eine postnationale Konstellation heraus, in der die drei Dimensionen der Staatlichkeit anders zueinander geordnet sind als in der nationalen Konstellation.

1. *Zielerreichung*: Internationale Institutionen beinhalten Normen, Regeln und Entscheidungsprozeduren, mit denen die Politiken unterschiedlicher Staaten harmonisiert und koordiniert werden. Ohne internationale Institutionen wie das internationale Ozonregime oder das Welthandelsregime wären die Probleme des Regierens in einer denationalisierten Welt kaum zu bewältigen. In der Tat ist die Anzahl und die Bedeutung solcher internationaler Institutionen in den letzten zwei Dekaden rapide angewachsen. In vielen Sachbereichen verlief das Wachstum internationaler Institutionen – also die politische Denationalisierung – mehr oder weniger parallel zur gesellschaftlichen Denationalisierung. So wuchs beispielsweise die Anzahl multilateraler Abkommen, die bei den Vereinten Nationen hinterlegt worden sind und häufig die Grundlage solcher internationaler Institutionen darstellen, gleichsam linear von ca. 150 im Jahre 1960 auf ca. 400 heute (Hirschi et al. 1999, S. 40). Bei der Betrachtung einzelner Sachbereiche fällt auf, dass insbesondere die Abkommen im Umwelt- und im Wirtschaftsbereich stark zugenommen haben (Beisheim et al. 1999, S. 343-353). Das Wachstum internationaler Institutionen wird durch eine Zunahme von transnationalen Nichtregierungsorganisationen, die auf den Foren, die durch die

neuen Institutionen geschaffen werden, eine bedeutende Rolle zu spielen beginnen. Organisationen wie Greenpeace im Umweltbereich oder Amnesty International im Menschenrechtsbereich sind sowohl bei der internationalen Normentwicklung als auch bei der Überwachung der Regeleinhaltung längst bedeutsame Akteure.

Man mag nun einwenden, dass derartige Formen der internationalen Kooperation schon in der nationalen Konstellation bekannt und üblich waren. Seit Mitte des 19. Jahrhunderts sind internationale Organisationen geschaffen worden, um Interdependenzprobleme besser in den Griff zu bekommen und um die Ziele des Regierens besser verwirklichen zu können. Ein derartiger Einwand übersieht jedoch einige grundlegende Veränderungen. Zum einen ist bereits die schiere Anzahl und Wachstumsgeschwindigkeit eine Anomalie für die nationale Konstellation. Zum anderen veränderte sich gerade in den letzten zwei Jahrzehnten der Charakter solcher internationaler Institutionen zwar still und leise, aber doch mit weit reichenden Auswirkungen. Traditionelle internationale Institutionen beinhalten Vorschriften für staatliche Verhaltensweisen. Beispielsweise verpflichteten sich Staaten in internationalen Vereinbarungen darauf, bestimmte Rüstungsmaßnahmen nicht zu ergreifen (Rüstungsabkommen) oder bestimmte Zölle (Wirtschaftsabkommen) nicht zu erheben. Bei den heutigen Abkommen haben sich jedoch sowohl die Adressaten als auch die Art der Verpflichtung verändert: Die letztlichen Regelungsadressaten sind zunehmend gesellschaftliche Akteure (im Gegensatz zu Staaten), und diese müssen zunehmend etwas tun (im Gegensatz zu unterlassen), wenn beispielsweise eine internationale Umweltvereinbarung eine Reduktion der Schadstoffemissionen von 30% vorsieht. Darüber hinaus haben heutige internationale Regelungen eine ganz andere Eingriffstiefe. Während beispielsweise im Handelsbereich lange Zeit primär an der Grenze auftretende *Schnittstellenprobleme* wie etwa Zollregelungen durch internationale Institutionen geregelt worden sind, geraten nun zunehmend so genannte *behind the border issues* wie etwa Subventions- oder Produktsicherheitsregelungen in das Blickfeld.

Die Verpflichtung, an der Grenze die Zölle für bestimmte Waren nicht zu erhöhen, ist in vielerlei Hinsicht denkbar simpel: Der Adressat ist glasklar der Staat. Und dieser potente Regelungsadressat soll nur etwas unterlassen – was üblicherweise wenig Umsetzungsschwierigkeiten hervorruft. Auch die Überwachung der Regeleinhaltung bereitet in diesem Fall wenig Sorgen – die Firmen, die die Zölle zu entrichten haben, würden eine regelwidrige Zollerhöhung recht schnell bemerken. Die Verpflichtung hingegen, die CO_2-Emissionen um 30% zu senken, hat ein anderes Kaliber: Wer ist der eigentliche Regelungsadressat? Der Staat, die Gesellschaft, die Unternehmen oder die Autofahrer? Die Senkung der CO_2-Emission um 30% ist zudem nicht einfach Willenssache. Im Gegensatz zu den meisten Unterlassungsverpflichtungen kann man beim Versuch, die CO_2-Emissionen zu reduzieren, scheitern, selbst wenn man guten Willens ist. Es bedarf nämlich erheblicher finanzieller, administrativer und technologischer Kapazitäten, um die Verpflichtung erfüllen zu können. Und wie soll eigentlich die Überwachung der Regeleinhaltung bei einer solchen, Regelung aussehen? Wer prüft wie nach, ob die CO_2-Emissionen sinken, und falls nicht, ob dies das Resultat bösen Willens oder mangelnder Kapazitäten ist?

Angesichts dieser frappierenden Probleme bei der Gestaltung und Umsetzung neuer internationaler Normen und Regeln kann es nicht überraschen, dass die gute alte internationale Diplomatie längst um weitere institutionelle Aspekte des Regierens jenseits des Nationalstaates ergänzt worden ist. Neben der zunehmenden Bedeutung, die transnationale Nichtregierungsorganisationen bei der Bewältigung solcher Schwierigkeiten zugewiesen bekommen, ist hier v. a. auf die Supranationalisierung der Institutionen zu verweisen. Supranationale Institutionen entwickeln Normen und Regeln, die gegenüber der nationalen Gesetzgebung als vorrangig anerkannt werden – beispielsweise sticht Europarecht deutsches Recht –, und beschäftigen Bedienstete, die eine relativ hohe Unabhängigkeit von den entsendenden nationalen Regierungen haben. Supranationale Institutionen waren zunächst lange Zeit auf die EU beschränkt und damit auf den Raum, der am dichtesten jenseits des Nationalstaates verregelt ist. Im Bereich der internationalen Handelspolitik und partiell auch der internationalen Menschenrechtspolitik haben inzwischen die dort agierenden Institutionen zu einem gewissen Maß gleichfalls einen supranationalen Charakter angenommen. Supranationale Institutionen scheinen sich also zum einen v. a. dort zu entwickeln, wo internationale Institutionen so dicht sind, dass Regelungskollisionen mit anderen internationalen oder nationalen Institutionen auftreten. Dann bedarf es einer unabhängigen Schiedsgerichtsbarkeit, die oberhalb des Nationalstaates angesiedelt ist. Zum anderen wächst die Bedeutung unabhängiger supranationaler Institutionen, je mehr Bereiche und Probleme geregelt werden, die eher als *behind the border issues* denn als Schnittstellenprobleme angesehen werden können. Je schwieriger die Regeleinhaltung und Regelüberwachung wird, desto wichtiger werden supranationale Agenturen, die sich dieser Aufgaben annehmen.

Kurz und gut: Jenseits von und oberhalb des Nationalstaates hat sich ein dichtes Geflecht von Regelungen und Organisationen entwickelt, das internationale Foren zum vorrangigen Platz für die Formulierung von Politiken macht, die den *Zielen des Regierens* dienen. Die Zielerreichungsdimension der Staatlichkeit scheint sich also von der nationalen auf die internationale Ebene, sei es im Rahmen von Großregionen wie Europa oder im Rahmen quasi-globaler Institutionen wie der WTO oder der UN-Menschenrechtskommissionen, zu verlagern.

2. *Ressourcendimension*: Aus den konstatierten Veränderungen in der nationalstaatlichen Fähigkeit zu regieren sollte man das Ende des Nationalstaates weder vorschnell ableiten noch wünschen. Erstens handelt es sich beim Verlust der Effektivität nationalstaatlicher Politiken nicht um einen absoluten Prozess, sondern um eine relative Gewichtsverschiebung. Es gibt nach wie vor Sachbereiche, in denen die gesellschaftliche Denationalisierung *keinen* signifikanten Einfluss auf die Effektivität nationalstaatlicher Politiken hat. Es ist zum Zweiten nicht zu erkennen, dass sich die Ziele des Regierens *ohne* den Nationalstaat besser erreichen lassen. Eine sinkende Leistungsfähigkeit einer Institution erweist sich aber nur dann als Vorzeichen ihres Absterbens, wenn konkurrierende Institutionen in Sicht sind, die eine bessere Funktionserfüllung versprechen und die veraltete Institution ablösen können. Kaum vorstellbar, dass der Terrorismus, das Organisierte Verbrechen, die Risiken globaler Umweltschädigungen oder die sozialen Ungleichheiten ohne Hilfe der Nationalstaaten ausgeräumt werden. Der Nationalstaat bzw. Territorialstaat ist notwendig, um die Politiken umzusetzen, die jenseits des Nationalstaates formuliert worden sind. Von zentraler Bedeutung sind dabei seine Ressourcen, die er wie seinen Augapfel zu hüten scheint. Ohne ein Gewaltmonopol und die finanziellen Ressour-

cen, die sich durch Steuereinnahmen ergeben, kann die Um- und Durchsetzung internationaler Politiken schwerlich gelingen. Daraus folgt: Der Nationalstaat wird nicht nur bleiben, es gibt auch gute Gründe, sein Bleiben zu begrüßen.

3. *Anerkennung*: Gleichzeitig – und das wird in der gegenwärtigen Diskussion häufig übersehen – verändern sich auch die Bedingungen, unter denen die äußere Anerkennung als Staat erfolgt. Traditionell erlangte man die Anerkennung des Selbstbestimmungsrechtes einmal und unterlag danach keiner substanziellen äußeren Kontrolle mehr. Aber auch hier zeichnet sich ein grundlegender Wandel ab, auf den der Völkerrechtler Thomas M. Franck (1992, S. 50) frühzeitig aufmerksam gemacht hat: »Wir erleben einen Zeitenwechsel des internationalen Rechts, als dessen Resultat die Legitimität jeder Regierung eines Tages definitiv anhand internationaler Regeln und Prozesse gemessen wird.« So setzt die internationale Anerkennung eines Staates zunehmend dessen Anerkennung der individuellen bürgerlichen Freiheitsrechte voraus, die inzwischen durch die Individuen selbst beim Europäischen Gerichtshof und unter bestimmten Auflagen auch bei der VN-Menschenrechtskommission eingeklagt werden können. Weiterhin deutet die zunehmende Einsetzung von Beobachtern bei Wahlen auf einen Trend zu bestimmten »kritischen Wahlen« als globales Ereignis (Rosenau 1997, S. 259) hin. Zunehmend wird unter dem Label von *good governance* sogar über Evaluationen nationaler Politiken im Wirtschafts- und Umweltbereich durch internationale Institutionen nachgedacht. Statt einer einmaligen und unbefristeten internationalen Anerkennung von Staaten zeichnet sich also eine *permanente Legitimationskontrolle* für Staaten ab.

Hinzu kommt, dass die Instanzen, welche die Kontrollen vornehmen und somit die Gütesiegel für legitime Staatswesen zuteilen, eben nicht mehr nur andere Staaten, sondern zunehmend auch nichtstaatliche transnationale Akteure und internationale Institutionen mit supranationalem Charakter sind. Zu solchen nichtstaatlichen Organisationen gehören beispielsweise Greenpeace im Umweltbereich oder Amnesty International im Bereich der Menschenrechte (NGOs), aber auch privatwirtschaftliche *credit rating agencies* wie Moody's oder Poor's und supranationale Institutionen wie der IWF, der Europäische Gerichtshof u. a. Die »Verurteilung« eines Staates durch derartige »autoritätszuweisende« Organisationen (AZOs) bringt Staaten deshalb in Schwierigkeiten, weil sie Auswirkungen auf die Verhaltensweisen von transnational agierenden Individuen und Gruppen hat. Die Kritik von Greenpeace oder Amnesty International kann zu Konsumentenboykotten führen, die durch Moody's oder Poor's oder den IWF zur Investorenflucht. Damit unterliegen die Nationalstaaten externen Legitimationskontrollen durch nichtstaatliche oder supranationale Akteure, welche die Vorstellung der Souveränität unterlaufen. Die Ressource, durch die derartige AZOs Folgebereitschaft erlangen, ist im Wesentlichen ihre Glaubwürdigkeit. Nur die AZOs, die allgemein als Quelle zuverlässiger und hochwertiger Informationen gelten, können nämlich dauerhaft Folgebereitschaft erlangen.

Im Zeitalter der Denationalisierung driften also die bisher im Nationalstaat eng miteinander verflochtenen Dimensionen der Staatlichkeit auseinander. Während die Staaten ihre Ressourcen bewahren und hüten können, wandert die Politikformulierung zur Erreichung der Ziele des Regierens zunehmend auf die internationale Ebene ab. Zudem wandeln sich die Bedingungen und die Subjekte der Anerkennung als autoritätsberechtigte politische Organisation: Die Bedingungen der Autoritätszuweisung ähneln einem permanenten TÜV für Staaten statt einer einmaligen Anerkennung auf Ewigkeit, und die Subjekte, die den TÜV vornehmen, sind zunehmend trans- und supranationale Akteure statt der internationalen Staatengesellschaft. Zugespitzt formuliert könnte man sagen, dass sich die Art und Weise der Zuweisung von Kompetenz-Kompetenz verändert, es ändert sich in dieser dritten Dimension also die Kompetenz-Kompetenz-Kompetenz. Im Ergebnis lässt sich also die Hypothese wagen, dass in der postnationalen Konstellation die Dimensionen der Staatlichkeit sich ausdifferenzieren und nicht mehr in einer politischen Organisation – dem Nationalstaat – zusammenlaufen. Postnationale Staatlichkeit ist in diesem Sinne ausfransende Staatlichkeit. Staatlichkeit zerfasert.

5. Probleme und Fragen

Im Zuge der neuen Staatlichkeit findet Regieren zunehmend durch das Zusammenspiel verschiedener Entscheidungsebenen statt, wobei die einzelnen Ebenen nicht mehr ohne die anderen voll funktionsfähig sind. Die verschiedenen politischen Systeme verbinden sich zu einem Gesamtarrangement von *governance by, with and without government*, ohne dass Nationalstaaten spezifische Merkmale wie das Steuerprivileg und das Gewaltmonopol deshalb verlören. Ein idealtypisches Modell der neuen Staatlichkeit könnte sich durch drei Elemente auszeichnen: Als erstes Element legen internationale Regelungen, die zwischen Staaten letztlich vereinbart, aber unter einer fairen und gleichen Beteiligung von transnational organisierten Interessengruppen entwickelt werden, die Zielvorgaben in Form von Rahmenrichtlinien fest (Zieldimension). Zweitens setzen entweder nationale oder auch subnationale politische Einheiten diese Rahmenrichtlinien dank ihrer Ressourcenhoheit um (Ressourcendimension). Drittens schließlich kontrollieren AZOs die nationalstaatliche Umsetzung der internationalen Richtlinien auf der internationalen Ebene und die Einhaltung grundlegender Rechte (Anerkennungsdimension). Die drei Dimensionen der Staatlichkeit, die sich in der nationalen Konstellation im Nationalstaat vereinten, verteilen sich in der postnationalen Konstellation auf unterschiedliche Ebenen.

Schon alleine die Formulierung eines solchen Idealtyps mag als die Verkündung einer Verheißung verstanden werden. Das wäre allerdings ein Missverständnis. Meine Ausführungen stellen einen Versuch dar, die Entwicklungen in der Veränderung der Staatlichkeit im Zuge der Denationalisierung mit angemessenen Konzepten und Begriffen *deskriptiv* zu erfassen. Dabei muss manches notwendigerweise spekulativ bleiben, zumal die Entwicklung eines Idealtyps von Staatlichkeit in der postnationalen Konstellation auf Grund einer Extrapolation von Trends erfolgte. Niemand kann aber mit Sicherheit sagen, ob Trends wie die gesellschaftliche Denationalisierung, die zunehmende Verlagerung von politischen Grundsatzentscheidungen in internationale Institutionen und die Stärkung trans- und suprastaatlicher Akteure langfristig anhält. Ganz unabhängig davon ist aber die Rede von der *postnationalen Konstellation* nicht der Ausdruck einer normativen Präferenz und der Hoffnung auf eine bessere Welt. Es gibt gute

Gründe, die Zukunft der Politik in einer postnationalen Konstellation kritisch zu sehen. Einige wenige Fragen mögen verdeutlichen, dass in der postnationalen Konstellation die Ziele des Regierens möglicherweise weniger gut erreicht werden, als dies in der Blütezeit der nationalen Konstellation der Fall war.

- Wie gelingt die Regelbefolgung? Sind Ordnung und Recht überhaupt noch möglich? Kann postnationale Politik in Abwesenheit eines übergeordneten Gewaltmonopols auf der weltstaatlichen Ebene überhaupt effektiv sein?
- Wie lässt sich das Prinzip der Demokratie in der postnationalen Konstellation verwirklichen? Scheitert die notwendige Demokratisierung internationaler und supranationaler Institutionen nicht zwingend an den mangelnden soziokulturellen Voraussetzungen einer solchen Demokratisierung?
- Ist das Regierensziel der sozialen Wohlfahrt in der postnationalen Konstellation denkbar? Sind nicht umfangreiche Solidaritätspotenziale und demokratische Mehrheitsentscheidungen notwendig, um umverteilende Politik über nationale Grenzen hinweg zu ermöglichen?

Ganz sicher – das zeigen uns diese Fragen und Probleme – wird die postnationale Konstellation nicht nur Gutes bringen. Ob national gedachte Staatlichkeit in der Zukunft ausreichend geeignet ist, um die Ziele des Regierens in einer denationalisierten Welt zu erlangen, ist freilich mindestens genauso zweifelhaft.

Literatur

Altvater, E./B. Mahnkopf: *Grenzen der Globalisierung. Ökonomie, Ökologie und Politik in der Weltgesellschaft*, Münster 1996

Beck, U.: *Was ist Globalisierung? Irrtümer des Globalismus – Antworten auf Globalisierung*, Frankfurt/M. 1997

Beisheim, M./S. Dreher/G. Walter/B. Zangl/M. Zürn: *Im Zeitalter der Globalisierung? Thesen und Daten zur gesellschaftlichen und politischen Denationalisierung*, Baden-Baden 1999

Bull, H.: *The Anarchical Society. A Study of Order in World Politics*, Basingstoke/London 1977

Czempiel, E.-O.: *Kluge Macht. Außenpolitik für das 21. Jahrhundert*, München 1999

Franck, T. M.: »The Emerging Right to Democratic Governance«, in: *American Journal of International Law* 86:1 (1992), S. 46-91
Gellner, E.: *Nationalismus und Moderne*, Berlin 1991
Habermas, J.: *Die postnationale Konstellation. Politische Essays*, Frankfurt/M. 1998
Held, D./A. McGrew/D. Goldblatt/J. Perraton: *Global Transformations: Politics, Economics and Culture*, Cambridge 1999
Hirsch, J.: *Der nationale Wettbewerbsstaat. Staat, Demokratie, Politik im globalen Kapitalismus*, Berlin/Amsterdam 1995
Hirschi, Ch./U. Serdült/T. Widmer: »Schweizerische Außenpolitik im Wandel«, in: *Schweizerische Zeitschrift für Politikwissenschaft* 5:1 (1999), S. 31-56
Höffe, O.: *Demokratie im Zeitalter der Globalisierung*, München 1999
Kaufmann, F.-X.: *Herausforderungen des Sozialstaates*, Frankfurt/M. 1997
Krugman, P.: *Der Mythos vom globalen Wirtschaftskrieg. Eine Abrechnung mit den Pop-Ökonomen*, New York/Frankfurt/M. 1999
Lutz, B.: *Der kurze Traum immerwährender Prosperität. Eine Neuinterpretation der industriell-kapitalistischen Entwicklung im Europa des 20. Jahrhunderts*, Frankfurt/M. 1984
Marshall, T. H.: »Staatsbürgerrechte und soziale Klassen«, in: T. H. Marshall: *Bürgerrechte und soziale Klassen. Zur Soziologie des Wohlfahrtsstaates*, übers. u. hg. v. Elmar Rieger, Frankfurt/M. 1992, S. 33-94
Morgenthau, H. J.: *Politics among Nations. The Struggle for Power and Peace*, New York [4]1967
Münch, R.: *Globale Dynamik, lokale Lebenswelten. Der schwierige Weg in die Weltgesellschaft*, Frankfurt/M. 1998
Offe, C.: *Berufsbildungsreform. Eine Fallstudie über Reformpolitik*, Frankfurt/M. 1975
Rosenau, J. N.: *Along the Domestic-Foreign Frontier. Exploring Governance in a Turbulent World*, Cambridge 1997
Schmalz-Bruns, R.: »Deliberativer Supranationalismus: Demokratisches Regieren jenseits des Nationalstaats«, in: *Zeitschrift für Internationale Beziehungen*, 6: 2 (1999), S. 185-244
Tilly, C.: *Coercion, Capital, and European States, AD 990-1990*, Oxford 1990
Zürn, M.: *Regieren jenseits des Nationalstaates. Globalisierung und Denationalisierung als Chance*, Frankfurt/M. 1998

Susanne Lütz

Globalisierung und die Regulierung von Finanzmärkten im politischen Mehrebenensystem

Nirgendwo sind Prozesse ökonomischer Entgrenzung so weit fortgeschritten wie im Finanzsektor. Seit Mitte der achtziger Jahre zeichnen sich fundamentale Strukturverschiebungen auf internationalen Finanzmärkten ab, die auf politische Deregulierungsprozesse, Fortschritte in der Informations- und Kommunikationstechnik sowie geändertes Verhalten von Marktteilnehmern zurückgehen. An die Stelle längerfristig angelegter Beziehungen zwischen Gläubigern und Schuldnern treten im internationalen Finanzgeschäft zunehmend anonyme, teils spekulative und kurzfristige Varianten des Kapitalaustausches in Form spezifischer Produkte, die weltweit und ganztägig handelbar sind. Mit den Handelsaktivitäten werden auch Finanzrisiken unterschiedlicher Marktsegmente und Zeitzonen miteinander vernetzt.

Der hochgradig mobile und eigendynamische Charakter von Finanztransaktionen ist es, der in aller Regel für die Kapitulation der Politik gegenüber der Ökonomie verantwortlich gemacht wird (vgl. etwa Strange 1996, 1998). Immer wiederkehrende Krisen internationalen Ausmaßes wie die lateinamerikanische Verschuldungskrise der frühen achtziger Jahre oder der Zusammenbruch einiger asiatischer Volkswirtschaften im Jahr 1997/1998 scheinen diese Einschätzung zu bestätigen. Ihre gewachsene Mobilität erlaubt es den regulierten Marktakteuren im Prinzip, sich hohen und für sie damit teuren Sicherheitsauflagen durch Abwanderung aus dem heimischen Territorium (*exit*) zu entziehen oder auf deren Absenkung zu drängen (*voice*) (vgl. hierzu Hirschman 1970). Nationalstaaten und deren Zentralbanken agieren im Krisenfall allenfalls als letzte Refinanzierungsinstanz (*lender-of-last-resort*), die die offenen Rechnungen des »globalen Casinos« mit Hilfe von Steuergeldern zu begleichen haben.

Dieser sowohl von Marxisten als auch von Realisten im Lager der internationalen politischen Ökonomie vertretenen These einer »Ökonomisierung der Politik« im Bereich des Finanzsektors soll in diesem Beitrag nicht völlig widersprochen werden. Am Beispiel der Finanzmarktregulierung wird gleichwohl aufgezeigt, dass sich die Globalisierung von Finanzmärkten nicht losgelöst vom nationalstaatlichen Zugriff vollzieht. War der Nationalstaat in den achtziger Jahren in erster Linie Implementeur international vereinbarter Sicherheitsstandards, welche nationale Regulierungskulturen weitgehend unangetastet ließen, so ist er in den neunziger Jahren Teil von *public-private partnerships* der Regulierung von Bankengeschäften, welche wiederum in pluralisierte Abstimmungsnetzwerke auf internationaler Ebene eingebunden sind. Nicht der Rückzug des Nationalstaates ist die Folge, sondern eine Redefinition regulativer Staatlichkeit, welche sich in den Dienst der Stabilisierung des internationalen Finanzsystems stellt.

1. Bankenregulierung – Norm und Realität auf nationaler Ebene

Im Finanzsektor ist der Umgang mit ökonomischen Risiken eine Frage, die auch die Politik interessieren muss. Weil Kreditinstitute eine Vermittlungsfunktion zwischen Kapitalnehmern und Kapitalgebern einnehmen, kann die Zahlungsunfähigkeit einer Bank auch Unternehmen anderer Branchen und Nationalitäten in deren Möglichkeiten zu Investitionen und zur Schaffung neuer Arbeitsplätze behindern. Die aus solch weit reichenden Kettenreaktionen resultierenden *Systemrisiken* werden im Allgemeinen als normative Begründung für eine staatliche Regulierung des Finanzgeschehens angeführt.

Rechtliche Auflagen zur Bildung finanzieller Sicherheitspolster und Sanktionsmaßnahmen für den Fall der Missachtung solcher Pflichten sind Instrumente, mit denen der Staat ein regulatives Sicherheitsnetz aufspannen könnte. Sicherheitsstandards sollen verhindern, dass im Krisenfall die nationale Zentralbank oder der Staat als Refinanzier (*lender-of-last-resort*) einspringen müssen und die Lasten privat erzeugter Risiken am Ende dem Steuerzahler aufgebürdet werden (vgl. zu Problemen der Finanzmarktregulierung Goodhart et. al. 1998).

Entgegen normativer Wünsche zeigt ein historischer Überblick, dass der Staat oftmals erst im Zuge einer größeren Finanzkrise Regulierungsaufgaben übernahm. Für die Vereinigten Staaten war die Weltwirtschaftskrise des Jahres 1929 der Ausgangspunkt einer Neuordnung des amerikanischen Bankwesens. In Deutschland wurden zentralstaatliche Aufsichtskompetenzen über das private Bankwesen nach der Bankenkrise 1932 aufgebaut. In Großbritannien sollte es noch bis 1979 dauern, bevor die Beaufsichtigung des Bankensektors gesetzlich festgeschrieben wurde. Zudem war das Instrumentarium zur Eindämmung von Finanzrisiken zunächst unterentwickelt – Bankenaufsicht beschränkte sich entweder auf die restriktive Vergabe von Banklizenzen (USA), auf informelle Konsultationen über Geschäftspraktiken zwischen Zentralbank und großen Banken (Großbritannien) oder auf die Durchsicht von Quartalsberichten der privaten Kreditinstitute (Deutschland). Hierfür gab es im Wesentlichen zwei Gründe:

Zum einen spiegelten Regulierungsstruktur und Regulierungsniveau vielfach Elemente der Staatsstruktur, allgemeine Konfliktmuster zwischen Staat und Kapitalseite und auch nationale Kulturen der Regulierung oder Nichtregulierung bestimmter Sachverhalte wider. Regulierungsstrukturen garantieren insofern nicht unbedingt Effizienz im Regulierungsalltag. In den USA sind die zwischen Bund und Einzelstaaten teils überlappenden, teils getrennten Regulierungskompetenzen Spiegelbild eines föderalistischen Staates. Die für Großbritannien charakteristische Kultur der Nichteinmischung in private Belange prägte lange Zeit auch die Bankenregulierung. In Deutschland wiederum beherrschten korporatistische Muster weitgehender Delegation von Regulierungsaufgaben auf die Bankenverbände die nationale Regulierungspraxis und bewirkten eine relative Unkenntnis staatlicher Aufsichtsbehörden der tatsächlichen Probleme des Bankengeschäftes (vgl. Coleman 1996 zu den unterschiedlichen nationalen Regulierungsstrukturen und -traditionen).

Ein zweiter zentraler Grund für die Unterentwicklung des regulativen Instrumentariums zur Eindämmung von Finanzrisiken liegt darin, dass die im Kreise westlicher Industriestaaten vereinbarte Nachkriegsordnung von *Bretton-Woods* (1944) den Wettbewerb auf Finanzmärkten und damit auch die Möglichkeiten risikoreicher Engagements beschränkte. Durch die Festschreibung stabiler Wechselkurse unterblieb die Möglichkeit, auf Zins- oder

Wechselkursdifferenzen zu spekulieren oder Finanzinnovationen zu entwickeln, um sich gegen diese abzusichern. Auf heimischen Märkten fungierten funktional segmentierte Bankensysteme (etwa die Trennung zwischen dem Kredit-/Einlagengeschäft und dem Geschäft mit dem Wertpapierhandel) wie in den USA, Zinsbindungen und Kapitalsteuern (Deutschland) oder hochregulierte Börsenmärkte (Großbritannien) gewissermaßen als Ertrags- und damit auch als »Risikopuffer« – ein breit gefächertes Instrumentarium der Risikoabsicherung erschien daher zunächst überflüssig. Diese Situation sollte sich mit der Expansion des Marktes über nationale Grenzen hinweg ändern.

2. Die Befreiung des Marktes – Von nationalen Märkten zur Internationalisierung

Gleichsam »im Schatten« des Nachkriegskonsenses wechselseitiger Abschottung nationaler Finanzmärkte kam es in den sechziger Jahren zu ersten Schritten der Internationalisierung von Wirtschaft und damit auch von Finanzgeschäften. Deutsche Banken folgten ihren multinationalen Firmenkunden ins Ausland, bauten Repräsentanzen an den wichtigsten Finanzzentren auf und gingen Minderheitsbeteiligungen an Geschäftsbanken in Entwicklungsländern ein.

In den siebziger Jahren bereiteten politische Maßnahmen den Boden für die weitere Marktexpansion. Der Zusammenbruch des Bretton-Woods-Systems und der Übergang zu flexiblen Wechselkursen im Jahre 1973 bildeten den Auftakt zu einer Welle der Liberalisierung von Finanzmärkten. Die USA trieben den Deregulierungsschub erheblich voran, um ihre durch Vietnamkrieg und umfangreiche staatliche Förderprogramme massiv anwachsenden Haushaltsdefizite mit ausländischem Kapital zu finanzieren. 1974 wurden Kapitalkontrollen abgebaut und Preiskartelle an der New Yorker Börse aufgehoben. 1979 folgte Großbritannien mit der Aufhebung des 40 Jahre alten Systems von Kapitalverkehrskontrollen und 1986 mit der Liberalisierung der Londoner Börse (*Big Bang*) (vgl. zum Liberalisierungsprozess Helleiner 1994).

Die Liberalisierung des Kapitalverkehrs wurde in Europa Teil des Binnenmarktprogramms und im Rahmen der »Einheitlichen

Europäische Akte« (EEA) als bis Ende 1992 zu erreichendes Ziel im EWG-Vertrag fixiert. Die europäischen Staaten verpflichteten sich dem Abbau aller Kapitalverkehrsbarrieren (Richtlinie 88/361/EWG) und erlaubten europäischen Kreditinstituten, Wertpapierhandelsunternehmen und Börsen, sich europaweit zu betätigen. Im Rahmen der *Zweiten Bankrechtskoordinierungsrichtlinie* (89/646/EWG) und *Wertpapierdienstleistungsrichtlinie* (93/22/EWG) erhielten europäische Finanzinstitute mit der Erteilung ihrer Geschäftslizenz durch die heimatliche Aufsichtsbehörde automatisch den *Europa-Pass*.

Banken nutzten ihre neugewonnenen Freiheiten dazu, sich neue Geschäftsfelder zu erschließen, die höhere Renditen versprachen, aber auch Geschäftsrisiken neuer Art darstellten. Zunächst lagen diese wesentlich im internationalen Kreditgeschäft mit anderen Staaten, insbesondere mit Schwellenländern. Zudem nutzten Kreditinstitute ihr ausgebautes Netz an Auslandsniederlassungen dazu, sich regulativen Auflagen ihrer heimischen Aufsichtsinstanzen zu entziehen: Deutsche Institute (*Bankhaus Herstatt*) bauten etwa Kreditpyramiden in Luxemburg auf, um gegenüber der deutschen Aufsicht das wahre Ausmaß ihrer Geschäftsrisiken zu verschleiern und auf diese Weise Kapitalrücklagen einzusparen.

Im Zuge der lateinamerikanischen Verschuldungskrise wurden Regulierungsdefizite offensichtlich. Als sich zu Beginn der achtziger Jahre Brasilien, Mexiko, Argentinien und Venezuela für zahlungsunfähig erklärten, waren davon vorwiegend amerikanische Banken betroffen. Zusammen mit anderen Regierungen initiierten die USA eine Finanzhilfe des Internationalen Währungsfonds (IWF), welche auf heimischem Boden jedoch heftig umstritten war (Reinicke 1995, S. 143). Die internationale Staatengemeinschaft fungierte somit als *lender-of-last-resort* und übernahm zumindest einen Teil der Kosten privat erzeugter Risiken. Damit war eine Situation entstanden, die gemäß allgemeiner Regulierungsphilosophie immer verhindert werden sollte.

3. Internationalisierung und Regimebildung auf zwischenstaatlicher Ebene

Mit zunehmender Internationalisierung des Finanzgeschäftes bildete sich seit Mitte der siebziger Jahre ein internationales Kooperationsnetzwerk zwischen Notenbankgouverneuren und nationalen Organen der Bankenregulierung heraus. Multilaterale Kooperation im Kreise westlicher Industrieländer zielte darauf, die *Reichweite* von Regeln der Risikobegrenzung über das jeweilige nationale Territorium hinaus auszudehnen und Banken auf diese Weise die Möglichkeit zu nehmen, sich regulativen Auflagen zu entziehen.

Diese Überlegungen führten 1974 zur Einrichtung des *Basler Ausschusses für Bankenaufsicht* (nach seinem damaligen Vorsitzenden Peter Cooke auch *Cooke-Komitee* genannt). Hierbei handelt es sich um ein Expertengremium von Notenbankgouverneuren und Aufsichtsorganen der G10-Länder sowie der Schweiz, welches der Bank für Internationalen Zahlungsausgleich (BIZ) in Basel angelagert ist. Der Ausschuss lässt sich als internationales »Regime« (i. S. von Krasner 1983) oder auch als Kern einer sich herausbildenden »epistemic community« (Haas 1992) in der internationalen Bankenregulierung charakterisieren, denn die im Kreise von Fachleuten erarbeiteten Empfehlungen werden von den beteiligten Staaten umgesetzt und dienen zudem als Vorgaben für die Richtlinien der Europäischen Union in diesem Feld – als solche erfordern sie dann zwingend eine Umsetzung in nationales Recht.

Bis in die achtziger Jahre hinein folgte jeder Finanzkrise internationalen Ausmaßes eine Verfestigung zwischenstaatlicher Kooperation, die mit immer weitergehenden Standards der Risikobegrenzung einherging: Im *Basler Konkordat* von 1975 legte man die Zuständigkeit der Heimatbehörde als Aufsichtsmaxime fest, ergänzte dies aber durch die Verpflichtung zum regelmäßigen Informationsaustausch mit der Aufsicht des Gastlandes. 1979 wurde verfügt, dass multinational tätige Banken in ihrer Bilanz auch die im Ausland getätigten Geschäfte zu berücksichtigen und deren Risiken abzusichern hatten (*konsolidierte Überwachung*) (Kapstein 1994).

Europäische Richtlinien vollzogen Basler Prinzipien der Heimatlandkontrolle und der Kooperation von Aufsichtsorganen

1977 nach. In der *Ersten Bankenkoordinierungsdirektive* aus dem Jahre 1977 (77/780/EWG) wurde zudem die Gründung eines Ausschusses gefordert, der die weitere Harmonisierung von Regeln der Risikoabsicherung vorbereiten sollte. Nationale Zentralbanken, Aufsichtsbehörden und Finanzministerien forderten gegenüber der Europäischen Kommission ein Mitspracherecht bei der Vorbereitung weiterer Harmonisierungsschritte. Daraus ging die Gründung des *Beratenden Bankenausschusses* als intergouvernementalem Gremium hervor (siehe auch Cordewener 1990). Nach und nach entwickelte sich dieser Ausschuss zum zentralen Beratungs- und Entscheidungsgremium in Fragen der europäischen Bankrechtsharmonisierung, von dem Gesetzesinitiativen ausgingen oder Kommissionsvorschläge in einem sehr frühen Stadium diskutiert werden. 1983 folgte die EU mit der *Ersten Konsolidierungsrichtlinie* (83/350/EWG) dem Basler Vorstoß zur konsolidierten Überwachung und legte damit ausländischen Tochterbanken die »Zügel« der heimatlichen Aufsicht an.

Die lateinamerikanische Verschuldungskrise rückte zu Beginn der achtziger Jahre das Problem der Absicherung internationaler Banken gegen den Ausfall großer Schuldner in den Mittelpunkt der Regulierungsaktivitäten. Nicht nur amerikanische Banken waren unterkapitalisiert und von der Krise betroffen; auch im Ausland sanken die Kapitalrücklagen international tätiger Banken stetig ab. Die heterogenen nationalen Regulierungskulturen erschwerten zunächst internationale Standardisierungsmaßnahmen. Nach mehrjährigen konfliktreichen Beratungen auf Basler Ebene und einem drohenden Alleingang der USA und Großbritanniens wurde im Jahre 1988 die *Basler Eigenkapitalempfehlung* beschlossen. Damit bestand erstmals eine internationale Vereinbarung zur Risikobegrenzung im Finanzsektor, die das bisherige Regulierungsniveau zumindest einiger Mitgliedsstaaten (USA, Japan) überstieg und deshalb als der bislang größte Erfolg der Komiteegeschichte gilt (vgl. zur Geschichte dieser Eigenkapitalempfehlung Lütz 1999). Wie auch in den siebziger Jahren folgte die EU den Basler Vorgaben und unternahm mit der *Eigenmittel-Richtlinie* (89/299/EWG) und der *Solvabilitätskoeffizienten-Richtlinie* (89/647/EWG) vom Dezember 1989 eigene Schritte in Richtung risikobasierter Kapitalunterlegung.

Der Vorteil eines internationalen Standards der Risikobegrenzung lag darin, die Autonomie der nationalen Ebene weitgehend zu schonen und nationale Regulierungspraktiken unangetastet zu lassen – so wurde die Kapitalquote in Großbritannien nach wie vor zwischen der *Bank of England* und einzelnen Banken informell festgelegt, während in Deutschland Aufsichtsamt und Bankenverbände in korporatistischer Manier eine branchenweite Norm bestimmten. Voraussetzung einer standardisierten Form des Risikomanagements war jedoch eines – Risiken mussten berechen- und quantifizierbar und ihre kapitalmäßige Absicherung daher *verhandelbar* sein. In den neunziger Jahren erodierten diese Bedingungen zusehends.

4. Die Expansion des Marktes – Von der Internationalisierung zur Globalisierung

Seit Mitte der achtziger Jahre zeichnet sich eine schrittweise Globalisierung des Finanzgeschäftes ab. Hierbei handelt es sich um mehr als um eine bloße territoriale Ausweitung finanzwirtschaftlicher Aktivitäten. Die Besonderheit dieser neuen Entwicklungsphase liegt in Strukturveränderungen im internationalen Finanzgeschäft, die neue Herausforderungen für Regulierungsaktivitäten bedeuten.

Zu den wichtigsten Strukturveränderungen zählt die Aufwertung des Geschäftes mit dem Handel von Wertpapieren gegenüber dem klassischen Kreditgeschäft (= *Verbriefung* oder *Securitization* von Finanzbeziehungen, siehe hierzu OECD 1995). Großunternehmen, die als kreditwürdig gelten, ziehen es vor, sich durch die Ausgabe von Wertpapieren (Aktien, Anleihen) selbst an internationalen Kapitalmärkten zu finanzieren, statt sich auf die für sie eher teure Kreditbeziehung zu ihrer Hausbank zu verlassen. International tätige Banken agieren eher als Wertpapierhändler denn als Kreditgeber und erzielen einen immer größeren Teil ihrer Erträge mit Provisionseinnahmen statt mit Zinsgewinnen. Finanzbeziehungen auf internationalen Kapitalmärkten sind immer weniger standardisiert, eher kurzfristig angelegt und anonymisiert.

Institutionelle Anleger wie Pensions-, Investmentfonds und Versicherungen avancierten Ende der achtziger Jahre zu den treibenden Kräften dieses Strukturwandels (Huffschmid 1999, S. 82-88). Ihre Anlagetätigkeit besteht darin, eine Mischung (*Portfolio*) aus Vermögenswerten zusammenzustellen, deren Rendite (etwa Dividenden) möglichst hoch ist. Daraus ergibt sich eine prinzipiell eher kurzfristige Anlagestrategie als die der Banken. Institutionelle Anleger sind bestrebt, ihre Wertpapierbestände nach Ländern, Regionen und Branchen zu diversifizieren. Auf ihrer weltweiten Suche nach den renditeträchtigsten Anlagemöglichkeiten sind sie zudem an immer neuen Produktinnovationen interessiert, die es erlauben, auf Zins- oder Wechselkursdifferenzen zu spekulieren oder sich gegen diese abzusichern.

Das Interesse von Anlegern, Unternehmen und Banken, sich gegen Wechselkursrisiken zu wappnen, ließ den Devisenhandel im letzten Jahrzehnt rapide anwachsen (ebd., S. 43-48). Immer neue Finanzinnovationen, die allein auf Erwartungen von Preisänderungen einzelner Devisen basieren, also wie im Fall von Derivaten im Kern »Wetten auf die Zukunft« sind, erhöhen den ausschließlich spekulativen Anteil der weltweiten Kapitalflüsse und entkoppeln die internationalen Finanzströme zunehmend von der Realwirtschaft. Weil man bei geringem Kapitaleinsatz große Geschäfte abschließen kann, steigen die im Krisenfall betroffenen Kapitalvolumina erheblich.

Fortschritte in der Informations- und Kommunikationstechnik erlauben einen ganztägigen weltweiten Handel von Finanzprodukten. Dieser findet statt an regulierten Börsenmärkten, in privaten, elektronischen Netzwerken von Banken und Wertpapierhändlern und mittelfristig zunehmend im Internet. Elektronische Vernetzung steigert die Interdependenzen zwischen unterschiedlichen Marktsegmenten und Regionen über den Kreis der westlichen Industrieländer hinaus und lässt die Ansteckungsgefahr, die von lokalen Krisenherden ausgeht, erheblich anwachsen.

Unter Regulierungsgesichtspunkten sind zwei Veränderungen von besonderer Bedeutung: *Erstens*, der Kreis möglicher Risikoträger hat sich über den Bankensektor hinaus erweitert. Mit Wertpapierfirmen, Versicherungen, aber auch Unternehmen und institutionellen Anlegern sind es nicht nur Akteure anderer Marktsegmente, sondern auch zunehmend Private, denen sich ebenfalls die Frage angemessenen Risikomanagements stellt. Zudem hat sich der Bereich betroffener Regionen über das Spektrum entwickelter Industrieländer hinaus ausgedehnt.

Zweitens, Finanzrisiken ergeben sich immer weniger aus Formen der klassischen, eher längerfristig angelegten Kreditbeziehung. Risiken neuer Art sind unmittelbar an die Volatilität von Marktzuständen gebunden, schwanken damit je nach Zins- oder Wechselkursentwicklung und sind insofern nicht mehr einfach berechenbar. In der zurückliegenden Asienkrise schätzten alle Beteiligten die Risiken ihrer dortigen Engagements falsch ein. Banken vergaben, kurz vor Ausbruch der Krise, noch umfangreiche Kredite zur Finanzierung von Immobilienprojekten, und dies in einer Situation spekulativ angeheizten Baubooms. Rating-Agenturen wiederum stuften die Bonität von Schuldnerländern wie Korea bis kurz vor dessen Zahlungsunfähigkeit als gut ein.

Für die internationale Staatengemeinschaft stellt sich der Umgang mit Systemrisiken damit anders dar als noch in den achtziger Jahren: Ging es damals vornehmlich darum, Marktakteuren durch Vereinbarung kollektiver Regeln Arbitragemöglichkeiten zu entziehen, so ist es nun außerdem die *Komplexität* und *Volatilität d*es Marktgeschehens, auf die eine neue regulative Antwort gefunden werden muss.

5. Globalisierung und Regulierung im internationalen Mehrebenensystem

Seit Beginn der neunziger Jahre differenziert sich die internationale Regulierungsarchitektur zweifach aus: Das Spektrum der an der Finanzmarktregulierung Beteiligten erweitert sich über den Kreis von Notenbanken und Regulatoren der G7-Staaten hinaus (*horizontale Dimension*). Überdies zeichnet sich ein intensiveres Zusammenwirken von Akteuren unterschiedlicher Handlungsebenen (national, international, global) ab (*vertikale Dimension*).

Für die Weiterentwicklung von Regulierungsstandards im Kreise westlicher Industrieländer ist in Zukunft die verstärkte *Kooperation staatlicher und privater Akteure* von zentraler Bedeutung. Diese ist Reaktion auf eine Situation allgemeiner Unsicherheit bei der Risikobegrenzung, in der insbesondere der Staat auf die Regulierungspraxis der Marktteilnehmer angewiesen ist, um möglichst »treffsichere« Regulierungswege zu finden (vgl. Lütz 1999). Zudem versucht eine international immer schlagkräftiger organisierte Bankenlobby, regulative Belange selbst in die Hand zu nehmen. Gruppen wie die *Group of Thirty* (G30) oder das *Institute of International Finance* (IIF) schlugen vor, doch einen Ständigen Ausschuss auf globaler Ebene einzurichten, in dem *global players* zusammen mit Aufsichtsvertretern Leitlinien für die weit gehende Selbstregulierung des internationalen Finanzgeschäftes entwickeln – bislang blieben diese Vorschläge ohne Resonanz auf der staatlichen Seite.

In der Bankenregulierung zeichnet sich jedoch der Übergang zu einem eher qualitativen, auf die Vorgabe von Verfahren und Kontrolle von deren Ergebnissen ausgerichteten Regulierungsansatz ab, welcher im Jahre 2002 den »Basler Akkord« von 1988 formal ablösen soll (Basler Ausschuss für Bankenaufsicht 1999). International tätigen Banken wird erlaubt, ihre Geschäftsrisiken unter Rückgriff auf eigene, mathematische Modelle bzw. interne oder externe Ratings zu spezifizieren und die zur Risikoabsicherung erforderlichen Kapitalrücklagen selbst zu berechnen. Man verspricht sich von diesem Vorgehen eine größere Genauigkeit der Risikoerfassung und -absicherung. Die Rolle der staatlichen Aufsicht wird zukünftig in der permanenten »Evaluation der Selbstevaluation« global tätiger Banken bestehen. Prinzipiell könnte dies im Einzelfall auch höhere Anforderungen an die Bildung von Kapitalpuffern bedeuten. Der Nationalstaat in Gestalt der nationalen Bankenaufsicht wandelt sich insofern vom bloßen Überwacher der Einhaltung einmal gesetzter Regeln hin zum »Bankbetreuer«, welcher Prozeduren und Ergebnisse privaten Risikomanagements »abzunehmen« hat.

Zur Pluralisierung des Akteursspektrums zählt auch der Versuch der G7-Staaten, bestehende Aufsichtsstandards auf die aufstrebenden asiatischen und lateinamerikanischen Märkte zu übertragen und enger mit den dortigen Aufsichtsbehörden zu kooperieren, denen es oftmals an der politischen Unabhängigkeit zur Ausübung ihrer Aufsichtstätigkeit, an Ressourcen wie auch an der erforderlichen Qualifikation fehlt. Neue Kooperationsbeziehungen wurden auch mit Aufsichtsbehörden des Wertpapier- und Versicherungssektors aufgebaut, deren Märkte und Risiken zunehmend zusammenwachsen.

In *vertikaler Richtung* ist ein intensiveres Zusammenwirken unterschiedlicher politischer Handlungsebenen in Regulierungsfragen zu beobachten. Fragen finanzwirtschaftlicher Systemstabilität wurden erheblich politisiert, was sich in wachsenden Aktivitäten der G7-Gruppe äußert. Auf den regelmäßigen Gipfeltreffen der Finanzminister und ihrer Referenten werden von den Aufsichtsinstanzen Berichte über Fortschritte ihrer Aufsichtstätigkeit angefordert und neue Aufgabenstellungen formuliert. Seit 1998 rückt die Suche nach institutionellen Pfeilern einer stabilen internationalen Finanzarchitektur in den Mittelpunkt des Interesses der G7-Gruppe. Auf dem Gipfel in Washington im Oktober 1998 beauftragte man den ehemaligen Bundesbankchef Tietmeyer, institutionelle Antworten auf die jüngsten Finanzkrisen zu erarbeiten. Dies war der Hintergrund für die Gründung des *Forums für Finanzstabilität* im Februar 1999 (vgl. hierzu Tietmeyer 1999).

Hierbei handelt es sich um einen dauerhaften Roundtable von Vertretern der an der Stabilität von Finanzmärkten mitwirkenden Instanzen. Das Gremium unterscheidet sich von bestehenden Foren, als es nationale Aufsichtsinstanzen und Zentralbanken mit Repräsentanten internationaler Organisationen (IWF, Weltbank, BIZ und OECD) und Regulierungsgremien (Basler Komitee, Wertpapier- und Versicherungsaufsicht) zusammenführt und den Kreis beteiligter Staaten über den G7-Klub hinaus erweitert (so sind auch Hongkong, Singapur und Australien dort repräsentiert). Private Akteure sind nicht vertreten, sollen jedoch zu Regulierungsfragen konsultiert werden. Ziel der Aktivitäten ist letztlich die Formulierung eines flexiblen Ordnungsrahmens für den globalen Finanzmarkt, die *Schaffung einer internationalen Finanzmarktverfassung »von unten«*.

6. Schlussfolgerungen

Seit der Entstehung erster Finanzkrisen hat der Staat regulativ in das Geschehen auf nationalen Finanzmärkten eingegriffen. Daran hat sich auch unter Globalisierungsbedingungen nichts geändert. Nicht der Rückzug des Nationalstaates, sondern die Redefinition seiner Interventionsformen ist die Folge (vgl. auch Lütz 1997 zur Situation in der Kapitalmarktregulierung).

Mit der Internationalisierung von Finanzgeschäften veränderte sich jedoch die Regulierungssituation insofern, als Krisenvorbeugung jetzt ein transnationales Gemeinschaftsgut darstellt, welches nur durch kollektives Handeln der internationalen Staatengemeinschaft bereitgestellt werden kann. In den achtziger Jahren zielte diese kollektive Strategie auf Verhandlung eines Standards, welcher international tätigen Banken Arbitragemöglichkeiten entzog und sich auf nationaler Ebene als »implementationsfreundlich« erwies. Zumindest im Kreis der westlichen Industrieländer kam es seitdem zu einer Anhebung der Eigenkapitalquoten internationaler Banken.

In den neunziger Jahren wurde die Komplexität und Volatilität der jetzt stärker vermarktlichten und anonymisierten Formen von Finanzbeziehungen zu einem zentralen Problem der Finanzmarktregulierung. Nationalstaaten reagierten darauf mit einem flexiblen Regulierungsansatz, der private Selbstregulierung mit stetiger Überwachung und Evaluation durch den Nationalstaat koppelt und diese interaktive Beziehung in internationale, jetzt pluralisierte Netzwerke der Abstimmung einbettet. Institutionen an der Schnittstelle von politischen Ebenen und unterschiedlichen Akteursgruppen wie das *Forum für Finanzstabilität* übernehmen neue Koordinationsaufgaben.

Prinzipiell erscheinen solch offenen und auf Diskurs mit allen betroffenen Akteursgruppen setzenden Institutionen dazu geeignet, sich in schnell wandelnden Umwelten zu behaupten und kollektive Unsicherheit zu reduzieren. Umso aufwendiger erscheint jedoch ihr *Management*: In der Finanzmarktregulierung geht es darum, heterogene Kulturen der Regulierung unterschiedlicher Regionen und Marktsegmente in Prozesse der Standardisierung einzubeziehen. Im Umgang mit Schwellenländern kann dies den Ausgleich eines Entwicklungsgefälles bei der Entwicklung von Markt und Aufsichtsinfrastruktur erfordern. Die Kooperation mit privaten Akteuren birgt für die Staatenseite zudem die Gefahr, sich in Ermangelung besseren Wissens allzu leicht auf ein niedrigeres Regulierungsniveau zu begeben und auf diese Weise für private Zwecke instrumentalisiert zu werden (*capture*).

Ein *bottom up*-Ansatz, welcher die Spielregeln einer neuen globalen Finanzmarktverfassung von unten her aufbauen will, stellt neue Anforderungen an die heimische Aufsichtsverwaltung. Eine in den westlichen Industriestaaten mehr und mehr interaktive und know-how-intensive Form der Bankenaufsicht fordert vom Aufsichtspersonal Qualifikationen, die es erlauben, das Bankengeschäft und dessen Risiken zu *verstehen* – dies ist für die durch das Juristenmonopol und eine formale Kultur gekennzeichnete deutsche Verwaltung eine besondere Herausforderung.

Abschließend sei einem übertriebenen »Steuerungsoptimismus« vorgebeugt – die Gefahr von Finanzkrisen kann auch durch ein regulatives Sicherheitsnetz nicht völlig unterbunden werden. Finanzmärkte sind gewissermaßen strukturell instabil, denn sie basieren auf Erwartungen über zukünftige Verlust- oder Gewinnentwicklungen, deren tatsächliches Eintreten naturgemäß ungewiss ist (vgl. Soros 1998). Betont sei außerdem, dass Regulierung nur ein Teilelement einer zukünftigen internationalen Finanzarchitektur sein kann. Eine *adäquate Währungspolitik* und gegebenenfalls auch *Maßnahmen zur Beeinflussung spekulativer Devisenströme* sowie *Prozeduren der Krisenbewältigung* müssen weitere Pfeiler dieser internationalen Architektur sein. Hierbei gilt es, eine Vielzahl unterschiedlicher Interessen – die der westlichen Industriestaaten, der Schwellenländer und die privater Marktteilnehmer – politisch auszubalancieren.

Literatur

Basler Ausschuss für Bankenaufsicht: *Konsultationspapier zur Neuregelung der angemessenen Eigenkapitalausstattung*, Nr. 23, Basel 1999

Coleman, W. D.: *Financial Services, Globalization and Domestic Policy Change: A Comparison of North America and the European Union*, London 1996

Cordewener, K.-F.: »Internationale Gremien für Bankaufsichtsfragen«, in: *Die Sparkasse* 11, 1990, S. 505-511

Goodhart, Ch. et al.: *Financial Regulation. Why, how and where now?* London 1998

Haas, P. M.: »Introduction: Epistemic Communities and International Policy Coordination«, in: *International Organization* 1, 1992, S. 1-36

Helleiner, E.: *States and the Reemergence of Global Finance. From Bretton Woods to the 1990s*, Ithaca/London 1994

Hirschman, A. O.: *Exit, Voice and Loyalty*, Cambridge, MA 1970

Huffschmid, J.: *Politische Ökonomie der Finanzmärkte*, Hamburg 1999

Kapstein, E. B.: *Governing the Global Economy. International Finance and the State*, Cambridge, MA/London 1994

Krasner, St. D. (Hg.): *International Regimes*, Ithaca, NY 1993

Lütz, S.: »Die Rückkehr des Nationalstaates? Kapitalmarktregulierung im Zeichen der Internationalisierung von Finanzmärkten«, in: *Politische Vierteljahresschrift* 3, 1997, S. 475-498

Lütz, S.: »Zwischen ›Regime‹ und ›kooperativem Staat‹ – Bankenregulie-

rung im internationalen Mehr-Ebenen-System«, in: *Zeitschrift für Internationale Beziehungen* 1, 1999, S. 9-40
Organisation for Economic Cooperation and Development (OECD): *Securitization. An International Perspective*, Paris 1995
Reinicke, W. H.: *Banking, Politics and Global Finance. American Commercial Banks and Regulatory Change 1980-1990*, Aldershot/Brookfield 1995
Soros, G.: *Die Krise des globalen Kapitalismus*, Berlin 1998
Strange, S.: *The Retreat of the State*, Cambridge/New York 1996
Strange, S.: *Mad Money. When Markets Outgrow Governments*, Manchester 1999
Tietmeyer, H.: »Internationale Zusammenarbeit und Koordination auf dem Gebiet der Aufsicht und Überwachung des Finanzmarktes«, in: *Deutsche Bundesbank. Monatsbericht*, Mai 1999, S. 5-14

Claus Leggewie

Das Erasmus-Programm

Gibt es eine transnationale Bürgergesellschaft?

»Me velle civis totius mundi non civis oppidi«: Nicht Bürger dieser Stadt, sondern Bürger der ganzen Welt wolle er sein, beschied der Philosoph Erasmus von Rotterdam dem Reformator Zwingli, als ihm die Bürgerschaft der Stadt Zürich angetragen wurde. *Weltbürger* zu sein, dieser uralte Menschheitstraum der *Kosmopolis*, gilt als ebenso nobler wie blauäugiger Wunsch. Für »Realisten« hat der nationale Staat Ewigkeitswert; er stellt eine Grenze dar, jenseits derer die Anarchie beginnt und bürgerliche Betätigung unmöglich wird. Die Einheit von Nation und Demokratie ist ein modernes Axiom (vgl. Scharpf 1998).

Aber die Moderne hatte stets eine offene Flanke. »Ultramontan« waren bereits die katholische Kirche und die Latein sprechende Gelehrtenrepublik, auch die Vaterlandslosigkeit des Kapitals war vorbereitet durch den Wirtschaftsverbund der Hansestädte oder chinesische Familienbetriebe quer durch Südasien. Das moderne Denken definierte sich dann selbst in den weltumspannenden Dimensionen von Rationalität und Bürokratie, doch der Nationalstaat wurde und blieb die zentrale Denkfigur und Analyseeinheit des Politischen. Und bei aller Weltoffenheit war auch der Raum der *civil society* verfassungspatriotisch borniert.[1]

Die unverkennbare Empirie grenzüberschreitender Interaktionen scheint den überkommenen Begriffsrahmen nun aber zu sprengen. Fernverkehr und Tele-Kommunikation, Wirtschaft und Wanderung haben »transnationale soziale Räume«[2] und Lebenswelten eröffnet, deren Akteure, oftmals vorrangig, Interessen verfolgen, die sie selbstverständlich über Staats- und Kulturgrenzen hinausführen. Exemplarisch sind die Nichtregierungsorganisationen, deren Zahl und Themenvielfalt seit einigen Jahren exponentiell steigt. Erfüllen solche raumgreifenden Organisationen und Bewegungen den alten Traum des Erasmus von Rotterdam,

1 Dazu und zum Unterschied von funktionaler und kultureller Differenzierung vgl. Alexander 1998, Leggewie 1994.

2 Vgl. Faist 2000, Pries 2001. Zur Kategorie der Weltgesellschaft siehe auch Luhmann 1997.

Bürger der ganzen Welt zu sein? Gibt es eine transnationale Bürgergesellschaft?

Um diese Frage wenigstens ansatzweise beantworten zu können, muss ich im Folgenden etwas ausholen und einen scheinbaren Umweg machen. Ich gehe davon aus, dass die unterstellte Kongruenz von Nation und Demokratie und damit die üblichen Analyseeinheiten der Politik- und Sozialwissenschaften kritisch zu befragen sind. Dazu beginne ich mit einem begriffsgeschichtlichen Exkurs zum Terminus »transnational«, lasse dann einige Facetten der »Weltgesellschaft« Revue passieren und wende mich schließlich neuen Akteuren der transnationalen Politik »von unten« zu.

1. Transnationales Amerika

Die Begriffsgeschichte weist bekanntlich auf sozialhistorische Brüche und »Sattelzeiten« hin: ›Transnational‹ ist bereits ein »Plastikwort« geworden, für das man in Wörterbüchern wie in den meisten sozial- und politikwissenschaftlichen Fachlexika vergeblich nach Erklärung sucht. Die jüngste Ausgabe des *Oxford Dictionary* verlegt seine Entstehung auf die Zeit um 1920 und zitiert eine nationalökonomische Abhandlung, die Europa nach dem Kriege von seiner »internationalen oder korrekter: transnationalen Wirtschaft« geprägt sieht. Eine weitere Belegstelle ist interessanterweise eine Abhandlung zu Religionsfragen, wonach die christliche Kirche die einzige Kraft sei, die Bedingungen für ein »transnationales, nichtrassengebundenes demokratisches Gemeinwesen« schaffen könne (vgl. Angell 1921, S. 63; Macmurray 1922, S. 39).

Nicht erwähnt wird Randolph Bourne, der 1916 das »transnationale Amerika« vor Augen hatte. Während in Europa die Nationen feindlich aufeinander schlugen, strich der New Yorker Publizist eine besondere Entwicklungspotenz der Vereinigten Staaten von Amerika heraus, die seiner Meinung nach den Kern und Keim der künftigen Weltgesellschaft darstellten. Die USA, als erste Nation von Einwanderern und Nationalstaat neuen Typs, konnten nicht auf ethnisch-kulturelle oder staatlich-bürokratische Vorlagen kollektiver Identität zurückgreifen, und genau wie sein Mitstreiter Horace Kallen lehnte Bourne auch die gängige Vorstellung vom ›Schmelztiegel‹ ab, in dem sich angeblich die aus allen Himmelsrichtungen eingewanderten Amerikaner zu einer Quasi-Ethnie assimilieren sollten. »Wir sind allesamt im Ausland geboren oder Kinder von Ausländern; wenn man also schon Unterschiede zwischen uns machen will, müssen diese auf anderem beruhen als auf ›Eingeborensein‹.«

Die Grundlagen der kollektiven Identität der USA suchten die Kulturpluralisten nicht, wie die europäischen Nationalisten, in einer mystifizierten Vergangenheit: »[...] wir müssen an dem Paradox festhalten, dass unsere kulturelle Tradition in der Zukunft liegt.« Mit dem Fehlen einer aus einer dominanten Gruppe abgeleiteten »Leitkultur« war für Bourne die Politik der Amerikanisierung keineswegs gescheitert, allerdings ein Amerikanismus neuen Typs gefordert: »Amerika wird keine Nation, sondern eine Transnation sein, etwas, das hin und her verwoben ist mit vielen Ländern, aus zahlreichen Fäden jeder Größe und Farbe« (Bourne 1916). Diese Offenheit findet sich programmatisch im Motto der imperialen Republik »E Pluribus unum«, das auf die ganze Welt übertragen wurde. Nicht von ungefähr geschah dies in der Ära Theodore Roosevelts, als die USA freihandels- und kulturimperialistisch die Bühne der Weltpolitik betraten, und ebenso wenig zufällig war dieser Auftritt begleitet von der grenzüberschreitenden Aktivität philanthropischer Privatvereine und internationaler Organisationen, die man als Prototypen heutigen Transnationalismus betrachten kann.

Schon vor 1914 lagen damit Begriffsrepertoire und Analysekategorien der Globalisierung vor. Jenseits der »westfälischen« Ordnung der Staatenwelt und an den üblichen, meist bilateralen Beziehungen zwischen souveränen Nationalstaaten vorbei expandierte nicht allein der kapitalistische Welt*markt*. In Gestalt von Einwanderergemeinschaften, grenzüberschreitenden sozialen Bewegungen, künstlerischen Avantgarden und Vorläufern des Massentourismus entstand die »Weltgesellschaft« – nicht mehr als Utopie, sondern als ein realer Topos. Dennoch blieben räumliche Zentralisierungen in den Sozial- und Kulturwissenschaften wie im Denken politischer Akteure und im Alltagsbewusstsein vorherrschend, obwohl Souveränität, diese Bastion des neuzeitlichen Staatsdenkens, »anachronistisch« wurde, wie man um 1970, parallel zur Ausdehnung »transnationaler Unternehmen«, in der Lehre von den internationalen Beziehungen anerkennen musste (vgl. Czempiel 1969, Kaiser 1969, Vernon 1971). Jenseits von Staatlichkeit war ein Kommunikationsraum entstanden, der als interdisziplinärer Gegenstand in den postmodern und nachkolonial ausgerichteten Kulturwissenschaften eine ganze Forschungsindustrie sozusagen »ins Trans versetzt« hat.[3] Einige Aspekte des Transnationalen sollen jetzt unter der Fragestellung beleuchtet werden, ob sich mit der ökonomischen und kulturellen Globalisierung nicht nur Staatlichkeit relativiert hat, sondern jenseits davon auch eine *politische* Sphäre transnationalen Regierens und faktischer »Weltbürgergesellschaft« (vgl. Habermas 1998, Beck 1996) restituiert.

2. Glokalisierung: Funktionaler Standard und kulturelle Differenz

2.1 Weltmarkt: Transnationale Konzerne

Die mächtigsten und auffälligsten Relativierer von Nationalstaatlichkeit waren stets die *transnationalen Konzerne*, Unternehmen also, die in mehreren Staaten gleichzeitig aktiv sind und nicht bloß gelegentlich weltumspannende Transaktionen tätigen. Einen Weltmarkt gab es schon, seit Fortschritte der Navigationstechnik Seefahrt und Handel, Geldverkehr und Investitionen über die Kontinente hinweg erlaubten. Die »postmoderne« Unterwanderung nationaler Grenzen hatte also ihre vormodernen Vorläufer, und die weltwirtschaftliche Verflechtung vor 1914 war schon ähnlich hoch wie in den siebziger Jahren. Dazwischen lagen die gescheiterten Versuche, sich durch nationale oder supranationale Abschottung von Wirtschaftsräumen der Mobilität des Kapitals entgegenzustemmen. Diese »Vaterlandslosigkeit« reicht mittlerweile über den üblichen Verkehr zwischen Mutterhäusern und ausländischen Töchtern hinaus; es sind Firmen- und Banken-Konglomerate, die (außer vom Gerichtssitz her) nicht mehr in einem Nationalstaat verankert sind und deren Umsätze und Profite die Staatshaushalte reicher OECD-Länder und sogar das Sozial-

3 Als Beispiel zitiert sei der vom britischen *Economic & Social Research Council* geförderte Verbund von Kulturwissenschaftlern in Oxford und dessen Zeitschrift *Global Networks, A Journal of Transnational Affairs* (Blackwell) (www. transcomm. ox. ac. uk), vgl. auch Bamyeh 1993.

produkt gehobener Schwellenländer übertreffen. Der noch in den Anfängen befindliche elektronische Handel, darunter »Business-to-Business«-Geschäfte, wird diese Enträumlichung noch radikalisieren (vgl. u. a. Dunning 1998, Buckley 2000, Tolentino 2000, Doremus 1999).

Transnational agieren nicht allein die famosen *dot-com*-Firmen, sondern v. a. die ins Zentrum des Wirtschaftsgeschehens gerückte, zugleich von ihm abgekoppelte Finanzwirtschaft. Gewiss muss man die Zukunftsaussichten der *New Economy* mit Vorsicht betrachten, aber bei ihren Leitbranchen Telekommunikation und Biotechnologie spielen staatliche und kulturelle Grenzen kaum noch eine Rolle. Was Steuern und Zölle, Haupteinnahmequellen von Nationalstaaten und supranationalen Wirtschaftsgemeinschaften betrifft, hat diese Entgrenzung des »digitalen Kapitalismus« dramatische Folgen. Zu den globalen Standards bei Management und Dienstleistungen trat die Harmonisierung des Handels- und Wirtschaftsrechts durch weltweit tätige Anwaltssozietäten, Wirtschaftsprüfungsgesellschaften und Consulting-Firmen. Diese haben nicht wirklich globale Reichweite, zu beobachten ist eher eine insulare Regionalisierung (im Sinne von »Kontinentalisierung«) der Wirtschafts- und Sozialräume (vgl. Katzenstein 2000, Hettne 1999, Junne 1999). Die nordamerikanische Freihandelszone NAFTA, der lockere Zusammenschluss der asiatischen »Tigerstaaten« und die politisch-institutionell am stärksten verflochtene Europäische Union sind Anhaltspunkte dieser Rekonfiguration, welche auch noch die geografische Unterteilung im ICANN-Direktorium kennzeichnet. Exemplarisch zeigt sich hier, wie transnationale Räume »emergent«, d. h. zwischen den Nationen und über die alte Staatenwelt hinweg, entstanden sind. In den Zwischenräumen bewegt sich eine »Business-Klasse«, die zahlenmäßig begrenzt, aber strategisch bedeutsam ist und weltweit als Rollenmodell gilt, ein lockeres Konglomerat aus Managern, Beratern und Dienstleistern, die sich – am Beispiel der »Apple-Culture« oder der »Linux-Bewegung« (vgl. Garsten 1994) – stärker mit Firmen oder Konzepten assoziieren als mit Vaterland und Muttersprache und patriotische Gefühle eher einem nostalgisch verklärten Ort der Kindheit oder Sportvereinen widmen, in denen ähnlich gut bezahlte Nomaden antreten.

Grenzüberschreitende Mobilität der Arbeitskraft ist dabei nicht allein auf den obersten Etagen des Arbeitsmarktes gefragt. Dass beispielsweise bei der Deutschen Lufthansa Mitarbeiter des Reinigungspersonals gehalten sind, Englisch zu sprechen, belegt über das Vordringen dieser neuen *lingua franca* als Metakommunikationsmedium der Weltgesellschaft hinaus, wie mobil und multikulturell selbst Hilfsarbeiter mit prekärem Aufenthaltsstatus mittlerweile geworden sind. V. a. diese Völkerwanderung, die durch ein Heer von Ferntouristen, Pendlern und Pensionären im sonnigen Süden ergänzt wird, hat die Erforschung »transnationale soziale Räume« (Faist) angeregt. Die Migrationforschung, einst eine randständige Teildisziplin, ist ins Zentrum gerückt und spricht hier von »Transmigranten«. Sie unterscheiden sich von den altbekannten Vorbildern, etwa den Polen im Ruhrgebiet zu Beginn des 20. Jahrhunderts und Emigranten in klassische Einwanderungsgesellschaften (USA, Kanada, Australien, Frankreich) dadurch, dass Herkunftsregion und Niederlassungsort wesentlich stärker miteinander verwoben sind. Dazwischen sind dichtere Netzwerke entstanden, welche die Wanderer an zwei oder mehr Gesellschaften zugleich binden. Die transnationalen Netzwerke von Haitianern und Filipinos, das Hin und Her mexikanischer Pendler in den USA, der Sikhs in Großbritannien und vieler weiterer »Diaspora-Gruppen« wie das nahe liegende Beispiel von Türken und Kurden in Deutschland belegen diese neue Qualität im globalen Wanderungsprozess (vgl. Bauböck 1994, Laguerre 1998, Leggewie 1999, Ong 1999; vgl. auch das Themenheft von *Ethnic and Racial Studies: Transnational Communites*). Billige Transporte und im wahrsten Sinne des Wortes kinderleichte Kommunikation lassen eine permanente Ansiedlung, wie sie für klassische Immigrationsprozesse typisch war, nicht mehr geboten erscheinen, sondern erlauben das ständige Kommen und Gehen zwischen »Heimat« und »Gastland«. Früher blieben Remigration und periodische Heimatbesuche von Auswanderern episodisch und quantitativ begrenzt, v. a. aber ohne jene Auswirkung auf die Strukturierung ganzer Gesellschaften, die transnationale Gemeinschaften heute haben.

Transmigranten leben *dauerhaft* an zwei und mehr Orten, sie sprechen *ständig* zwei und mehr Sprachen, besitzen *massenhaft* zwei und mehr Pässe (oder einen »gefestigten Aufenthaltsstatus«) und durchwandern anfangs tastend, dann mit wachsender emotionaler Routine Familienhaushalte, Beziehungsnetze und Kommunikationsräume *kontinuierlich* in beide Richtungen. Der Fall des Eisernen Vorhangs verstärkt analoge Wanderungsbewegungen in Ost-West-Richtung, und die Kommunikations- und Transportrevolution erlaubt außer Ferngesprächen und Billigflügen weltweiten Empfang »heimischer« TV- und Radioprogramme per Kabel und Satellit. Das alles zusammen, eventuell kombiniert und gekrönt durch das World Wide Web, ein Medium der Transnationalisierung *par excellence*, führt eine Enträumlichung herbei, die anders als die klassische Emigration »virtuelle Nähe« und bloß temporäre Abwesenheit gestattet. Dadurch können sich Gemeinschaften auch ohne dauernde Begegnung von Angesicht zu Angesicht erhalten, und mit der sukzessiven Dauerpräsenz »daheim« *und* »in der Fremde« werden beide Pole der transitorischen Existenz am Ende fast austauschbar.

Als transnational können wir nun genauer ein soziales Feld jenseits nationaler Zugehörigkeiten definieren, in dem eine wachsende Zahl von Menschen eine Art chronisches Doppelleben führen. Räumliche und soziale Mobilität waren stets Voraussetzung und Begleiteffekt der Modernisierung. Doch dem einstigen »Bauernlegen«, das die Agrarbevölkerung von der Scholle losriss und in die Industriestädte trieb, entspricht heute eine Art »Grenzenlegen«. Damit steht der »Container-Blick« der Soziologie in Frage; ihre auf nationale Gesellschaften bezogenen Raum- und Ordnungsmetaphern sind verbraucht. Für die Kultursoziologie zählen unter diesem Gesichtspunkt stärker die »routes«, die Routen der Migration, als die »roots«, die Wurzeln personaler Identität in nationalen Kollektiven (vgl. Clifford 1992, Hannertz 1992).

Der Virtualisierung des Raums und der Synchronisierung der Zeiterfahrung steht freilich die elementare Körperlichkeit des Menschen entgegen. Beharrungskraft und Rhythmus der leiblichen Existenz kann eine ebenfalls transnationale Stilisierung der Lebensführung nicht überspielen; die darin angelegte Beschleunigung und Zeitverleugnung akzentuiert sogar die Leiblichkeit, darunter die *prima facie*-Wahrnehmung des fremden Anderen in seiner rein physischen »Abweichung«. Bequem sind solche Existenzweisen also nicht unbedingt, aber ein pauschales Mitleid mit dem Leben »zwischen den Kulturen« ist nicht angebracht. Gerade Angehörige der zweiten und dritten Generation von Einwanderern haben in permanenten Szenewechseln mittlerweile eine Routine, mitunter Virtuosität entwickelt und dabei im Übrigen so viel materielles und kulturelles Kapital akkumuliert, dass sie den unbeweglicheren Mehrheiten bisweilen sogar überlegen wirken.

2.3 Weltreligionen: Von der Diaspora zum religiösen Supermarkt?

Wanderer zwischen den Welten führen in der Regel heimische Gottheiten und Riten im Gepäck, denn gerade Menschen, die Bindungen verloren haben, suchen »Rück-Bindung«, wie die wörtliche Übersetzung von Religion lautet. Kulturelle, in Sonderheit religiöse Gemeinschaften bewegten sich schon immer über nationale Grenzen hinaus. Spiritueller Gemeinsamkeitsglaube lässt sich besonders gut »strecken« und in der seit der Zerstreuung jüdischer und frühchristlicher Gemeinden so genannten Diaspora rekonstruieren. Auch an der überlokalen Verbreitung religiöser Ideen und Gemeinschaften ist nichts prinzipiell Neues – die katholische Kirche haben wir bereits als erste Agentur der Globalisierung überhaupt identifiziert. Transnationalisierung der Religion ist aber weder, wie in kolonialen Zeiten, identisch mit Verchristlichung und Verkirchlichung, noch hat sich das Säkularisierungsmuster, das für die christlichen Gesellschaften Europas typisch war, weltweit durchgesetzt (vgl. Hoeber Rudolph/Piscatori 1997, Casanova 1994).

Obwohl die auf parochialer Lebensführung gegründeten »Leitkulturen« durch transnationale Migration relativiert werden, kann Auswanderung religiöse Wir-Gefühle wiederbeleben. Religion wirkt damit im Bezug auf die Weltgesellschaft gleichzeitig anti- und prosystemisch: Sie treibt die Globalisierung voran, gerade indem sie sich ihren gleichmacherischen und profanen Effekten widersetzt – durch Bildung betont partikularer Gemeinschaften und Gemeinden. Diaspora, einst eine katastrophal empfundene Erfahrung, ist im religiösen Pluralismus dieser Tage keine Ausnahme mehr; und da zugleich der Schutz religiöser Freiheit weltweit verbessert ist, werden importierte religiöse Symbole auch im öffentlichen Raum säkularisierter Gesellschaften sichtbar. Daraus ergeben sich Gelegenheiten, die Gemeinsamkeiten religiöser Überzeugungen gegen säkulare und atheistische Weltanschauungen herauszustellen, eventuell auch als »interfaith activities« zu ökumenischen Wert- und Zweckgemeinschaften zu bündeln. Aber ebenso stellt sich erneut die Frage der ein- oder wechselseitigen Mission von Un- und Andersgläubigen. Jedenfalls ergibt sich im religiösen Feld und im Spannungsgebiet zwischen Laizismus und Integrismus, Zentrum und Peripherie ein potenzieller Konflikt, auf den weder laizistische Republiken noch mehr oder weniger ausgeprägte Staatskirchensysteme eingestellt sind. Dabei zeigt sich, dass auch die etablierten »Welt-Religionen«, deren Wirkung nie an diesem oder jenem Ort festzumachen war, de facto Gemeinschafts- und Gruppenkulturen sind, die sich in der »westfälischen« Staatenwelt intensiv mit »ihrer« jeweiligen sozialen Ordnung und politischen Herrschaft verschränkt haben.

Die transnationale Öffnung bewirkt einen allseitigen Relativierungsschock. Religionsgemeinschaften verkünden nicht mehr aus dem jeweiligen kulturellen Kontext selbstevidente Wahrheiten, sie stehen mit anderen Deutungen des Heiligen und Absoluten im Wettbewerb. Was das für die Religion selbst, in ihrer Doppelbedeutung als Funktion der Gesellschaft und als Performanz kultureller Gruppen, bedeutet, kann hier nicht erörtert werden; jedenfalls ist eine Art »Amerikanisierung« der religiösen Struktur moderner Gesellschaften zu beobachten: Mit der in der amerikanischen Verfassung vorgegebenen strikten Trennung von Staat und Kirche geht eine ungeniertere Präsenz des Religiösen im öffentlichen Raum einher, und religiöse Oligopole, welche die beiden christlichen Kirchen in Europa genießen, müssen einer horizontalen, eher sekten- als kirchenförmigen Koexistenz weichen. Möglich ist, dass in diesem »religiösen Supermarkt« die Volksfrömmigkeit wieder zunimmt, wie das in den USA parallel zur sozialen und ökonomischen Modernisierung exemplarisch der Fall war.

Globalisierung beschränkt sich mithin nicht auf Unternehmensfusionen, Internet-Kommunikation und Finanztransaktionen. Auch »Humankapital« unterschiedlicher Qualifikation und Entlohnung wandert um den Globus, und darunter sind nicht nur durchsäkularisierte »Wissensarbeiter«, sondern (auch unter diesen) religiös orientierte Einzelne und Gruppen, die sich in der Diaspora zu spirituellen Gemeinschaften verbinden. Sie tun dies nicht allein in der organisations- und apparatgestützten Weise großer Weltkirchen, sondern v. a. als dezentrale, inoffizielle und heterodoxe religiöse Zivilgesellschaft. Auch diese Bewegung, die sich politisieren und »fundamentalistische« Züge annehmen kann, trägt zur Relativierung des Nationalstaats bei, sofern darin die Kongruenz einer Leitkultur mit dem politischen System impliziert ist. Sie darf aber nicht als per se »unpolitisch« missverstanden werden. Der amerikanischen *civil society* und *civic culture* lagen stets lokale Gemeinschaften zu Grunde, die ihrerseits religiös fundiert waren.

2.4 *Weltkulturen: Amerikanisierung oder Kreolisierung?*

Was sich für den »religiösen Supermarkt« behaupten lässt, trifft generell für die Diffusion und Vermischung multikultureller Gesellschaften zu, und ebenso wenig wie religiöse Begegnungen per se friedlich verlaufen, darf man vom kulturellen System a priori Integrationsleistungen erwarten. Schon seit den Zeiten Goethes und Herders fechten auf kulturellem Gebiet zwei Denkschulen und Tendenzen miteinander: die universalistische Idee der Weltliteratur mit der Vorstellung partikularer Kulturnationen. Man ist gut beraten, sie im Hinblick auf die Diffusionsprozesse populärer Massenkultur im 20. Jahrhundert als komplementär anzusehen und die »unreine« Vermischung als eigentliches Charakteristikum kultureller Entwicklung aufzufassen. Wie die deutsche Sprache von Goethes Weltliteratur über Hegels Weltgeist bis zu Luhmanns Weltgesellschaft ein großes Repertoire »welthaltiger Begriffe« kennt, lässt sich das englische *world* gut verknüpfen. In *world music* klingt eine besondere Eigenschaft dieser Bindestrichwelten an: Weltmusik im Stile eines Peter Gabriel oder von Putumayo ist eine Collage disparaten Materials, in der oft völlig konträre, aber auch untergründig verbundene Stilrichtungen (»from Mali to Memphis«) fusioniert werden. In solchen in Anspielung auf biologische Kreuzungen »hybride« genannten Mischungen wächst zusammen, was im Ohr von Puristen auf keinen Fall zusammengehört. Doch Befürworter musikalischer und anderer Mixturen können auf durchaus erfolgreiche Kombinationen seit den frühesten Ursprüngen der schönen Künste verweisen, und allgemein lässt sich feststellen, dass die Kreativität von Kulturen zu keiner Zeit auf Fernhaltung des Fremden, sondern stets auf »außerordentlichen« Anleihen beruhte, d. h. auf mimetischer Aneignung und ständigem Austausch von Erfundenem, auf Innovation von den Rändern aus und Anverwandlung von scheinbar Unassimilierbarem. So gesehen, stellen Phänomene der »Weltkultur« eine weitere Stufe der ständigen »Hybridisierung« hybrider Kulturen dar, und alle Bemühungen um kanonische Restauration zeugen davon, dass insofern der Kulturrelativismus gesiegt hat, ebenso wie die Barrieren zwischen Hoch- und Niedrigkultur geschleift sind (vgl. Appadurai 1996, Hannertz 1996, Tomlinson 1999).

Begonnen hat die »wilde« Verbindung von Artefakten, Symbolen und Identitäten mit dem primären Ausdrucks- und Kommunikationsmittel also, mit der Sprache selbst, wo es im Kontakt zwischen zwei und mehr Sprechergruppen häufig zur »Kreolisierung« kam. Die Wechselwirkung war in der Regel asymmetrisch und häufig auch gewaltsam, und die aktuelle Interdependenz der Weltgesellschaft kennt ebensolche Ausschlüsse. Dabei lösen sich gleichwohl Elemente *aller* Kulturen aus ihren lokalen Wurzeln und Kontexten, was häufig als »Standardisierung« und, da die Ursprünge der hegemonialen Populärkultur in den USA anzusiedeln sind, als »Amerikanisierung« gedeutet worden ist. Für diese Annahme sprechen Selektivität und Wirkungsweise der Kulturindustrie selbst, die bisweilen ein kulturelles »Artensterben« bewirkt hat; andererseits erzeugt gerade die strukturelle Angleichung der Weltgesellschaft nicht durchgängig Uniformität. Kultur ist in kulturanthropologischer Sicht stets als »bounded and embedded« zu denken und damit als ein Feld anzusehen, das jeweils nur an einem bestimmten Ort und zu bestimmter Zeit zu bestellen und zu pflegen ist. Während Wirtschaft und Technik im Weltmaßstab universale Medien wie das Geld und standardisierende Expertensysteme benötigen und hervorbringen, die von lokalen Ursprüngen absehen müssen, weil erst diese Abstraktion Kommunikation zwischen Fremden erlaubt und Vertrauen schafft, sträuben sich kulturelle Akteure gegen Vereinfachung und Vereinheitlichung und übertragen dieses Bestreben auch auf den ökonomischen Sektor.

Nur noch selten erreicht die daraus resultierende Absonderungstendenz die Kraft eines »fundamental« auf (Rein-)Erhaltung der eigenen Kultur zielenden Widerstands, wie dies beispielgebend für die (ebenfalls erstmals um 1910 tätig gewordenen) protestantischen Fundamentalisten in den USA und antimodernistische Bewegungen in ihrem Gefolge galt. So sehr sich im »Kampf der Kulturen« gegenseitige Distinktionsbedürfnisse aufstacheln und politisieren lassen, sie bleiben letztlich auf eine »Struktur gemeinsamer Unterschiede« (Marshall Sahlins) bezogen. Da Standardisierung und Distinguierung miteinander einhergehen, ist die Hypothese der Kreolisierung überzeugender als die Gegenthesen vom Kulturkampf und der McDonaldisierung (vgl. Ritzer 1998, Breidenbach/Zukrigl 1998, Leggewie 2000) – es sei denn, man erkennt im Anschluss an Bourne gerade in der Kreolisierung den Motor der Selbstamerikanisierung Amerikas im vergangenen Jahrhundert wieder, die sich der erzwungenen Assimilation in eine Mono- oder Leitkultur ebenso verweigert hat wie kosmopolitischer Zerstreuung und Gesichtslosigkeit.

Aus intendierter Amerikanisierung wäre demnach eine ungesteuerte Selbstamerikanisierung des großen Rests der Welt geworden. Für den hier behandelten Eventualfall, die Herausbildung einer transnationalen Zivilgesellschaft, stellt der kulturelle Pluralismus insofern eine Herausforderung dar, als bisher die »politische Gesellschaft« stets national-staatlich homogen gedacht war, idealtypisch die dritte französische Republik. Eine Kreolisierung jedweden Typs sah sie als Quelle sozialer Anomie und politischer Desintegration an, während der amerikanische Patriotismus, der in Wirklichkeit weit »substanzieller« ist als die Abstraktion des Verfassungspatriotismus, kulturelle Differenz zu absorbieren und sie als Ressource kollektiver Identitäten zu nutzen verstand.

3. Vom Weltgewissen zur transnationalen Politik

3.1 Weltöffentlichkeit: eine echte Appellationsinstanz?

Auf die ominöse Völkergemeinschaft und das Weltgewissen haben Opfer von Unterdrückung ihre Hoffnungen gesetzt, wenn sie im eigenen Land schutzlos blieben und keine Gerechtigkeit erfuhren. Nur selten wurde dieser Anspruch eingelöst: dass die Vernichtung der europäischen Juden geschehen konnte, ist ein krasses Gegenbeispiel, das in der Folge freilich, ausgehend von den Nürnberger Kriegsverbrecherprozessen, eine tiefgreifende Korrektur des auf nationaler Souveränität basierenden Völkerrechts ausgelöst und das ihm inhärente Nichteinmischungsgebot erheblich eingeschränkt hat. Wie intrikat so begründete humanitäre Interventionen sein können, haben brisante Fälle von (Nicht-)Einmischung in der jüngsten Vergangenheit offenkundig gemacht. Hinzu trat die »nachkoloniale« Forderung, kulturelle Sonderwege zu respektieren und dieses Recht auf Differenz selbst universal zu verankern. Immerhin werden Menschenrechtsverletzungen durch Gewaltregime heute in der Regel breit publik und ohne Rücksicht auf politische oder kulturelle Autonomieansprüche wirksam angeprangert. Grund- und Bürgerrechte sind in internationalen Konventionen so bindend kodifiziert worden, dass daraus, wenigstens in Ansätzen, eine internationale Gerichtsbarkeit erwachsen ist.

Befördert, zugleich aber auch manipuliert werden solche universalen Ansprüche durch eine Medienöffentlichkeit, die sich thematisch wie von ihrer Organisation und Reichweite her ebenso globalisiert hat. Die populäre Massenkultur erlaubt Reisen durch Zeit und Raum, ohne dass Zuschauer und Zuhörer ihren jeweiligen Standort verlassen müssen. Massenmedien wie beispielsweise CNN und MTV können mit Berichten über »Großereignisse« wie kriegerische Konflikte, Sportwettkämpfe, Auftritte von Stars der Unterhaltungsbranche und dergleichen Auditorien von einem Umfang und in einer Gleichzeitigkeit erreichen, wie das vorher noch nie der Fall war. Es gibt dadurch Themen, die buchstäblich »die ganze Welt« in den Bann schlagen, und es gibt wachsende Publika für globale Inszenierungen von Medienereignissen. Mit dieser thematischen Konzentration geht jedoch eine Zerfaserung in Teilöffentlichkeiten einher, die erneut die Dialektik von Globalisierung und Lokalisierung illustrieren kann.

Unter diesem Gesichtspunkt kann man ein erstes Resümee zu den Konsequenzen von ökonomischer Globalisierung, Massenwanderung und Kommunikationsrevolution für die Herausbildung transkultureller Räume und Gemeinschaften ziehen. Erstens hat sich, quer zur herkömmlichen Differenzierung der Weltgesellschaft nach Funktionsbereichen, eine kulturelle, der herkömmlichen Modernisierungstheorie gemäß »traditionale« *Segmentierung* eingestellt. Zweitens entterritorialisieren oder *virtualisieren* sich soziale Räume, und weniger denn je kann man die perfekte Deckungsgleichheit von kulturellen Gemeinschaften mit Staatsgrenzen oder auch die Übereinstimmung zwischen politisch-administrativen und sozialen Systemen unterstellen. Damit bilden sich drittens »emergent« Gemeinschaften und Identitäten *durch Nationen und Nationalstaaten hindurch*. Gerade diese Diversifikation und Multiplikation sozialer Zugehörigkeiten haben den Nationalstaat als Leitidee kollektiven Handelns und als politisch-kulturelles Leitmotiv in Frage gestellt, was nun ein erhebliches demokratiepolitisches Problem aufwirft: War die Nation seit dem 19. Jahrhundert, in Verbindung mit dem bürokratischen Anstaltsstaat und demokratischer Repräsentation, Fixpunkt personaler Identität und Bedingung sozialer Zugehörigkeit – und sein Fehlen die Hauptursache unerwünschter Staatenlosigkeit –, so entstehen heute, jenseits des Nationalstaates, flexible Formen von Zugehörigkeit und Gemeinschaft, welche die Repräsentativität und Legitimation demokratischer Herrschaft herausfordern.

3.2 Weltpolitik: Transnationales Regieren und Bürgerschaft

Im Vorgang der Globalisierung reproduziert sich, *cum grano salis*, der Prozess der Nationsbildung der USA auf globaler Ebene, und es entfaltet sich – wie von Bourne vorhergesagt, aber ambivalenter, als von ihm gedacht – die Entwicklungspotenz von ›Transnational America‹. Kultureller Pluralismus steht nicht im Widerspruch zur »verfassungspatriotischen«, in der populären Massenkultur verankerten Vergemeinschaftung von mehr als 240 Mio. Amerikanern. Hat auf diese Weise – zwischen Lokalpatriotismus und abstraktem Weltbürgertum – der *homo politicus* doch eine Chance? Über den Politisierungsgrad der amerikanischen Bürger und die Qualität der öffentlichen Deliberation in den USA braucht man sich keine Illusionen zu machen. Zunächst sei also unterstrichen, was aus kontinentaleuropäischer Sicht mit der Relativierung des Nationalstaates *verloren* gegangen ist: die historische Koppelung von Nation und Demokratie, in welcher auch die Zivilgesellschaft gedeihen konnte. Nationen stellten und stellen den Rahmen von Gemeinschaft und Gesellschaft, begrenzen den Kommunikationsraum von öffentlicher Meinung und Medien, von politischen Parteien und Interessengruppen, und geben so die Voraussetzungen für politische Repräsentation und Partizipation. In diesem Rahmen ist auch definiert, mit wem soziale und politische Solidarität geübt werden und wer davon ausgeschlossen bleiben sollte.

In diesem Zusammenhang muss man unerwartete Wirkungen des Erfolgs der europäischen Wohlfahrtsstaaten betrachten. Das ihnen eigene Prinzip universalistischer Inklusion trug nämlich dazu bei, dass auch Immigranten, ohne formell Staatsbürger zu sein, als »Wohnbürger« über einen hochwertigen Aufenthaltsstatus verfügen. Damit entkoppelten sich jedoch allmählich die Staatsangehörigkeit einer Person von ihrem Recht, Rechte zu haben, zumal internationales Recht, hier v. a. zum Schutz von Wanderarbeitern, sowie Menschenrechtskonventionen regionalen bzw. globalen Zuschnitts eigenständige Quellen individueller und kollektiver Rechte wurden. Damit wurde die soziale Grundlage von Staatsbürgerschaft anspruchsvoller und schwieriger (vgl. Cesarani/Fulbrook 1996, Kleger 1997).

Die in der universalen Rechtsfiktion der Nationalität (oder Staatsangehörigkeit) postulierte Differenzblindheit stößt sich mit den im transnationalen Raum gewachsenen und gewollten Unterschieden. Mobilität über die Grenzen hinaus ließ das Verlangen nach zwei und mehreren Pässen steigen, v. a. als Voraussetzung oder auch Resultat von Familiengründungen und -zusammenführungen in der Fremde. Wenn der »flexible Mensch« (Richard Sennett) ein allseits geschätzter Operateur der Weltwirtschaft geworden ist, war nicht einzusehen, wieso Flexibilisierung vor den Sphären von Recht und Politik Halt machen sollte. Und weil soziale Rechte, die *allein* mit dem Besitz *einer* Staatsangehörigkeit erreichbar sind, und damit verbundene Pflichten, etwa der Wehrdienst, zunehmend obsolet werden, finden immer weniger (und meist gerade kulturell assimilierte) Einwanderer den Erwerb der Staatsbürgerschaft so bedeutsam, dass sie dafür familiäre und herkunftskulturelle Bindungen aufzugeben bereit wären. Man gewinnt höchstens noch, woran die meisten Einwanderer – und auch viele Einheimische – nicht sonderlich interessiert sind, nämlich an Wahlen teilzunehmen und eventuell Beamter zu werden. Derzeit machen Berufsarmeen die allgemeine Wehrpflicht und den »Staatsbürger in Uniform« überflüssig; außerparlamentarisch und gewerkschaftlich betätigen darf man sich auch ohne inländischen Pass.

In den USA, wo der Nexus der Wohnungsnahme mit sozialen Leistungen des Wohlfahrtsstaates lockerer ist, blieb die Staatsangehörigkeit attraktiver. Aber auch dort ist kulturell begründete Zugehörigkeit wichtiger geworden, weshalb beispielsweise Mexikaner – genau wie hierzulande eine große Zahl von Deutsch-Türken – den »Doppelpass« anstreben. Angesichts dessen ist bei Einheimischen das Misstrauen gewachsen, »Parallelgesellschaften« würden sich herausbilden und Zweisprachigkeit überhand nehmen. Und es wächst, hüben wie drüben, die Sorge, von solchen transnationalen Nomaden seien Verfassungsloyalität und bürgerschaftliches Engagement kaum noch zu erwarten.

Allein globale Mobilität und Betroffenheit, etwa von Umweltkatastrophen oder Verstößen gegen Grund- und Bürgerrechte, erzeugen noch keine grenzüberschreitende Politisierung, diese Form der »Zeitgenossenschaft« begründet per se kein politisches Kapital. Partizipation im transnationalen Rahmen ist gleichwohl nicht von vornherein zum Scheitern verurteilt. Kollektiv verbindliche Entscheidungen außerhalb der gewohnten Arena des Nationalstaates nehmen zu, wie man an den multilateralen Regimen von Weltbank, IWF und Welthandelsorganisation (WTO) sowie an der »Mehrebenenpolitik« der EU illustrieren kann. Effektiv sind deren Entscheidungen auch, oft zum Leidwesen nationaler Regierungen und Bevölkerungen, und zunehmend werden sie nach Mehrheitsentscheid getroffen. Supra- und transnationalen Institutionen, etwa dem Ministerrat der EU, sind allerdings sehr lange Legitimationsketten eigen; für die von ihren Entscheidungen betroffenen Bürger ist kaum nachvollziehbar, wodurch sie im Heimatstaat einmal demokratisch legitimiert worden sind. Internationale Regime stehen deshalb im Verdacht, wesentliche demokratiepolitische Voraussetzungen zu missachten, nämlich die Zurechenbarkeit und Kongruenz repräsentativer Entscheidungen (vgl. Zürn 1998, Schmidt 1995).

Versuche, diesen Mangel etwa mit der Parlamentarisierung der EU zu beheben, unterstreichen nur die Schwierigkeiten transnationaler Bürgerbeteiligung, die sich einstweilen auf Auswege verlegt hat. Zu erwähnen sind v. a. international tätige Nichtregierungsorganisationen (INGOs) und neue Protestbewegungen von globaler Reichweite, die politischen Willen an Konferenztischen oder auf den Straßen, bisweilen in Kombination beider Arenen, bündeln und artikulieren. Problematisch ist allerdings, dass deren *innere* Willensbildung in der Regel ebenso wenig demokratisch kontrolliert und legitimiert ist; auch mangelt es am Resonanzboden einer Weltöffentlichkeit, die komplexe Gegenstände transnationalen Regierens austauschen und erörtern kann. Experimente wie die weltweite Wahl zum Direktorium von ICANN, der Namensverwaltung des Internet, im Herbst 2000 zeigen, dass es ein Bedürfnis nach weltweiter Mitwirkung und Mitentscheidung gibt, aber auch, wie schwierig eine solche Mitwirkung jenseits des Nationalstaates zu organisieren ist. Nur wenige Tausend aus Millionen von Internetbenutzern haben daran teilgenommen, sodass man allenfalls von einem »erfolgreichen Scheitern« sprechen kann (vgl. Ahlert 2001).

4. Ausblick: Weltbürgertum in Aktion

Wo also bleibt der Weltbürger im Zeitalter globaler Märkte und Information? Offenbar ist dies kein gesetzlicher Status mit Rechten und Pflichten nach dem Vorbild des deutschen Staatsangehörigen oder des amerikanischen Citizen. Unverkennbar ist aber, dass analog zum Übergang vom mittelalterlichen Stadtbürgertum zur modernen Staatsbürgerschaft jenseits der nationalen Sphäre ein *Kommunikationsraum* gewachsen ist, in dem sich Menschen nicht nur individuell wirtschaftlich und wissenschaftlich austauschen oder kulturell und religiös vereinigen, sondern auch politisch betätigen können. Insbesondere die Nichtregierungsorganisationen füllen diesen Raum mittlerweile in ganzer Breite aus, indem sie globale Themen wie Umweltschutz und nachhaltige Entwicklung, Menschenrechte und die Gleichstellung von Frauen artikulieren und kompetent behandeln (vgl. Willetts 1996, Weiss/Gordenker 1996, Hudock 1999). Sie bewegen dabei mittlerweile erhebliche personelle, finanzielle und kognitive Ressourcen und organisieren weltweite Kampagnen, womit sie sich bei Vertretern von Staaten und internationalen Organisationen Respekt und, wo nicht Sitz, so doch wenigstens Stimme verschafft haben. Solche transnationalen Aktivitäten können inhaltliche Impulse geben und Tagesordnungen beeinflussen, erstrecken sich aber auch in die Sphäre der Problemlösung und Entscheidung hinein.

Hier, in einem weiten, noch undefinierten Feld, wo die Grenzen des Politischen variabel sind, kristallisiert sich eine politische Arena heraus, die sich, in Ermangelung eines europäischen oder Weltstaates, nicht auf eine politische Zentralmacht und homogene Nation bezieht, sondern subpolitisch und transnational um diese herum bewegt. Damit stellt sich für die Nichtregierungsakteure dringend das bereits angesprochene Legitimationsproblem, indem sie die in Anspruch genommene Sprecherrolle nicht repräsentativ begründen und verankern können, sondern auf informell übermittelte Sympathie und mediale Aufmerksamkeit beschränkt sind. Gemeinnützigkeit, transparente Öffentlichkeitsarbeit und Integrität des Führungspersonals sind keine hinreichenden Äquivalente.

Realisten, immer noch die führende Schule der Internationalen Beziehungen, verwerfen solche Aktivitäten ohnehin weiter als kosmopolitische Utopien. Recht haben sie insofern, als Nationalstaaten die effektivste Akkumulation politischer Macht geblieben sind. Und Recht bekommen sie auch immer wieder durch die Außen(wirtschafts)politik der Vereinigten Staaten, die jedem »komplexen Multilateralismus« einen Riegel vorschieben, sobald ihre Autonomie und Hegemonie angetastet wird. So war es eine schöne Ironie, aber auch kein Zufall, dass (wie schon in den sechziger Jahren) eine Bewegung von der amerikanischen Westküste ausging, die den Mangel an demokratischer Bürgerbeteiligung in internationalen Regimen ausdrücklich kritisiert und mittlerweile unter dem Stichwort »Seattle« um den Globus gegangen ist (vgl. Smith 1994, Keck/Sikkink 1998, Waterman 1998, O'Brien et al. 2000).

Im Dezember 1999 tagte in Seattle die Welthandelsorganisation (WTO), um Routinefragen der weiteren Liberalisierung des Welthandels zu behandeln. Weit mehr Ärger als die mangelhafte Vorbereitung dieses Gipfeltreffens bereitete den angereisten Regierungsvertretern, dass ihnen Tausende von Demonstranten den Weg ins Konferenzgebäude versperrten. Die Stafette des gleichgerichteten Protestes wurde unterdessen an andere Gipfeltreffen in Davos, Washington, Prag und Seoul weitergereicht und kehrte zur Amtseinführung des US-Präsidenten auch in die USA zurück, wo die Bewegung über zahlreiche Aktivisten und Anhänger verfügt. »Seattle« ist mittlerweile zum Mantra einer transnationalen Bewegung neuen Typs geworden, die sich neuester Kommunikationstechnologien bedient und damit auch als Erste virtuelle Protestaktion dieses Zuschnitts gelten darf.

Mit ihr hat die ökonomische Globalisierung ihr Pendant gefunden, nämlich eine ebenso enträumlichte Opposition von unten, die z. T. protektionistisch und nationalpopulistisch argumentiert, überwiegend aber eine alternative Form inklusiver Globalisierung reklamiert und mit dem ehrwürdigen Slogan »No Globalization without Representation!« die Autokratie internationaler Organisationen in Frage stellt. Die lange vor Seattle gebildete Koalition ist sehr heterogen und weist damit alle Risiken von Kurzlebigkeit und Spaltung auf, denen soziale Bewegungen ausgesetzt sind: Umweltschützer und Gewerkschaftler, Christen und säkulare Menschenrechtler, Arbeiter und Akademiker, Reformer und Revolutionäre, Libertäre und Antikapitalisten sind weltanschaulich und organisatorisch nur punktuell zusammenzubringen, und während Umweltschützer die zerstörerische Wirkung der industriellen Produktionsweise anprangern, verachten Gläubige den menschenverachtenden Materialismus, attackieren Sozialisten aller Schattierungen Ausbeutung und Privateigentum, lehnen Konsumkritiker Ketten wie *McDonald's*, *Starbucks* und *Coca-Cola* ab.

Zwischen diesen Gruppen tun sich im Zweifel ebenso scharfe Gegensätze auf, wie sie zum gemeinsamen Gegner der internationalen Organisationen bestehen: Protektionistische Gewerkschaftler wollen Grenzen schließen, die eingefleischte Kosmopoliten gerade wegräumen möchten, Entwicklungshelfer des Südens geißeln die Umweltauflagen des Nordens als Öko-Imperialismus usw. Entscheidend für die Bewertung der INGOs und der sozialen Bewegung ist, ob sie als politische Akteure so stark werden, dass sie nach innen hinreichend kollektive Identität und Zugehörigkeitsgefühle entwickeln, dass sie als strategische Koalitionen politisch allianzfähig bleiben und damit sowohl die Vertreter der transnationalen Unternehmen zur Berücksichtigung ihrer Agenda zwingen als auch die Tagesordnungen und Verhandlungsgegenstände multilateraler Entscheidungsgremien beeinflussen können.

Unter diesen Voraussetzungen ist die transnationale Bürgergesellschaft keine Phrase oder bloße Metapher. Was aus solchen Frontstellungen resultiert, also wie zu Ende des 19. Jahrhunderts eine antikapitalistische Opposition gegen die Globalisierung oder eine »progressive« Reformbewegung in ihrem Inneren, muss offen bleiben. Doch klar ist schon, dass es in transnationalen sozialen Räumen keine »inneren Angelegenheiten« mehr gibt.

Ahlert, Ch.: »Democr@tic-Global-Governance. net. ICANN als Paradigma neuer Formen internationaler Politik«, in: *Internationale Politik und Gesellschaft* 1, 2001, S. 66-77

Alexander, J.: *Real Civil Societies: Dilemmas of Institutionalization*, London/Thousand Oaks 1998

Angell, N.: *Fruits of Victory*, London 1921

Appadurai, A.: *Modernity at large. Cultural Dimensions of Globalization*, Minneapolis 1996

Bamyeh, M. A.: »Transnationalism«, in: *Current Sociology*, Bd. 41, H. 3, 1993

Bauböck, R.: *Transnational Citizenship. Membership and Rights in International Migration*, Aldershot 1994

Beck, B.: »Weltrisikogesellschaft, Weltöffentlichkeit und globale Subpolitik«, in: *Kölner Zeitschrift für Soziologie und Sozialpsychologie*, SH 36 (1996), S. 119-147

Bourne, R.: »Trans-National America«, in: *Atlantic Monthly*, Juli 1916, S. 86-97

Breidenbach, J./I. Zukrigl: *Tanz der Kulturen. Kulturelle Identität in einer globalisierten Welt*, München 1998

Buckley, P. J.: *Multinational Firms, Cooperation and Competition in the World Economy*, Basingstoke 2000

Casanova, J.: *Public Religions in the Modern World*, Chicago 1994

Cesarani, D./M. Fulbrook (Hg.): *Citizenship, Nationality and Migration in Europe*, London 1996

Clifford, J.: »Travelling Cultures«, in: L. Grossberg u. a. (Hg.): *Cultural Studies*, London 1992, S. 96-116

Czempiel, E.-O. (Hg.): *Die anachronistische Souveränität*, *PVS*-Sonderheft 1, Opladen 1969

Doremus, P. N.: *The Myth of the Global Corporation*, Princeton 1999

Dunning, J. H.: *Multinational Enterprises and the Global Economy*, Harlow 1998

Ethnic and Racial Studies, SH 2, 1999, Bd. 22: *Transnational Communities*

Faist, Th.: *The Volume and Dynamics of International Migration and Transnational Social Spaces*, Oxford 2000

Garsten, Ch.: *Apple World. Core and Periphery in a Transnational Organizational Culture*, Stockholm 1994

Habermas, J.: *Die postnationale Konstellation*, Frankfurt/M. 1998

Hannertz, U.: *Cultural Complexity*, New York 1992

Hannertz, U.: *Transnational Connections: Culture, People, Places*, London/New York 1996

Hettne, B. (Hg.): *Globalism and the New Regionalism*, Basingstoke 1999

Hoeber Rudolph, S./J. Piscatori (Hg.): *Transnational Religion and Fading States*, Boulder/Col. 1997

Hudock, A. C.: *NGOs and Civil Society: Democracy by Proxy?*, Cambridge 1999

Junne, G.: »Global Cooperation or Rival Trade Blocs?«, in: V. Bornschier/Ch. Chase-Dunn (Hg.): *The Future of Global Conflict*, London 1999

Kaiser, K.: »Transnationale Politik«, in: E.-O. Czempiel (Hg.): *Die anachronistische Souveränität*, *PVS*-Sonderheft 1, Opladen 1969, S. 78-109

Katzenstein, P. u. a.: *Asian Regionalism*, Ithaca 2000

Keck, M. E./K. Sikkink: *Activists Beyond Borders. Advocacy Networks in International Politics*, Ithaca 1998

Heinz Kleger (Hg.): *Transnationale Staatsbürgerschaft*, Frankfurt/New York 1997

Laguerre, M. S.: *Diasporic Citizenship. Haitian Americans in Transnational America*, New York 1998

Leggewie, C.: »Ethnizität, Nationalismus und multikulturelle Gesellschaft«, in: Helmut Berding (Hg.): *Nationales Bewusstsein und kollektive Identität. Studien zur Entwicklung des kollektiven Bewusstseins in der Neuzeit*, Bd. 2, Frankfurt/M. 1994, S. 46-65

Leggewie, C.: »Turcs, Kurdes et Allemands. Histoire d'une migration: de la stratification sociale à la diffenciation culturelle, 1961-1990«, in: *Le Mouvement Social*, H. 188, 1999, S. 103-118

Leggewie, C.: *Amerikas Welt. Die USA in unseren Köpfen*, Hamburg 2000

Luhmann, N.: *Die Gesellschaft der Gesellschaft*, Frankfurt/M. 1997

Macmurray, J.: *A Challenge to the Churches: Religion and Democracy*, London 1922

O'Brien, R. et al.: *Contesting Global Governance. Multilaterial Economic Institutions and Global Social Movements*, Cambridge 2000

Ong, A.: *Flexible Citizenship. The Cultural Logics of Transnationality*, Durham/London 1999

Pries, Ludger (Hg.): *New Transnational Social Spaces. International Migration and Transnational Companies in the Early 21st Century*, London 2001

Ritzer, G.: *The McDonaldization Thesis: Explorations and Extensions*, London/Thousand Oaks 1998

Scharpf, F. W.: »Demokratie in der transnationalen Politik«, in: U. Beck (Hg.): *Politik der Globalisierung*, Frankfurt/M. 1998, S. 228-253

Schmidt, Manfred G.: *Demokratietheorien*, Opladen 1995

Smith, J. (Hg.): *Transnational Social Movements and Global Politics: Solidarity beyond the State*, Syracuse 1994

Tolentino, P. E.: *Multinational Corporations. Emergence and Evolution*, London 2000

Tomlinson, J.: *Globalization and Culture*, Chicago 1999

Vernon, R.: *Sovereignty at Bay*, New York 1971
Waterman, P.: *Globalization, Social Movements, and the New Internationalism*, London 1998
Weiss, Th. G./L. Gordenker (Hg.): *NGOs, the UN, and Global Governance*, Boulder 1996
Willetts, P. (Hg.): »*The Conscience of the World*«. *The Influence of Non-Governmental Organisations in the UN system*, Washington D. C. 1996
Zürn, M.: *Regieren jenseits des Nationalstaates. Globalisierung und Denationalisierung als Chance*, Frankfurt/M. 1998

Die Autoren

Albert, Mathias, Dr. phil., geb. 1967, vertritt gegenwärtig eine Professur für Politikwissenschaft an der Universität Bielefeld. Die aktuellen Arbeitsschwerpunkte liegen in den Bereichen Internationale Beziehungen und Gesellschaftstheorie, transnationale Rechtsentwicklung und internationale Risikopolitik. Neuere Arbeiten: (Hg. mit L. Brock und K. D. Wolf): *Civilizing World Politics. Society and Community Beyond the State*, Lanham 2000; (Hg. mit D. Jacobson und Y. Lapid): *Identities, Borders, Orders: Reconsidering IR Theory*, Minneapolis 2001; *Zur Politik der Weltgesellschaft. Identität und Recht im Kontext globaler Vergesellschaftung* (Habilitationsschrift, Veröffentlichung i. V.).

Benz, Arthur, Prof. Dr., geb. 1954, Professor für Politikwissenschaft an der FernUniversität Hagen. Publikationen u. a.: (mit Fritz W. Scharpf und Reinhard Zintl) *Horizontale Politikverflechtung. Zur Theorie von Verhandlungssystemen*, Frankfurt/New York 1992; *Kooperative Verwaltung. Funktionen, Voraussetzungen und Folgen*, Baden-Baden 1994; (mit Dieter Fürst, Heidrose Kilper und Dieter Rehfeld) *Regionalisierung. Theorie, Praxis und Perspektiven*, Opladen 1999.

Betz, Hans-Georg, Prof. Dr., geb. 1956, Associate Professor of Political Science am Canadian Centre for German and European Studies, York University Toronto. Publikationen: *Radical Right-Wing Populism in Western Europe*, New York 1994; (Hg. mit Stefan Immerfall) *The New Politics of the Right*, New York 1998. Zahlreiche Aufsätze zum Thema Rechtsradikalismus und Rechtspopulismus in westlichen Demokratien.

Braunmühl von Claudia, Prof. Dr., geb. 1944, studierte Politikwissenschaft am Otto-Suhr-Institut der FU Berlin, 1968-1979 wissenschaftliche Mitarbeiterin am Fachbereich Gesellschaftswissenschaften der J. W. G.-Universität Frankfurt, 1976/77 Gastprofessorin am Department of Politics der University of Edinburgh, 1980-1984 Beauftragte des Deutschen Entwicklungsdienstes in Jamaika, seit 1984 unabhängige entwicklungspolitische Gutachterin und Lehrtätigkeit v. a. in Berlin, seit 1996 Honorarprofessorin für Internationale Politik am Fachbereich Politik- und Sozialwissenschaften.

Engelhard, Johann, Prof. Dr., geb. 1950, Professor für Betriebswirtschaftslehre, insbes. Internationales Management an der Otto-Friedrich-Universität Bamberg; seit Oktober 2000 Mitglied des Rektorkollegiums der Otto-Friedrich-Universität Bamberg. Publikationen: (Hg. mit W. A. Oechsler) *Internationales Management* –

Auswirkungen globaler Veränderungen auf Wettbewerb, Unternehmensstrategie und Märkte. Festschrift für Prof. Dr. Klaus Macharzina, Wiesbaden 1999; (Hg.) *Interkulturelles Management – Theoretische Fundierung und funktionsbereichsspezifische Konzepte*, Wiesbaden 1997; (Hg.) *Strategische Führung internationaler Unternehmen – Paradoxien, Strategien und Erfahrungen*, Wiesbaden 1996.

Hamm, Brigitte, geb. 1946, Dr., Wissenschaftliche Mitarbeiterin am Institut für Entwicklung und Frieden (INEF), Gerhard Mercator-Universität Duisburg; Dissertation: »Empirische Analysen über politische Menschenrechte – Perspektiven für den internationalen Schutz der Menschenrechte«; Forschungsschwerpunkte Messung von Menschenrechtsverletzungen, wirtschaftliche und soziale Menschenrechte, Prävention von Menschenrechtsverletzungen und Universalität der Menschenrechte.

Hein, Silvia, Dr., geb. 1969, Studium der VWL an der Otto-Friedrich-Universität Bamberg, Dipl.-Prüfung 1993; November 1993-Oktober 1998 wissenschaftliche Mitarbeiterin, November 1998-August 2000 wissenschaftliche Assistentin am Lehrstuhl für BWL, insb. Internationales Management an der Otto-Friedrich-Universität Bamberg. Seit September 2000 Personalreferentin bei der Robert Bosch GmbH. Publikation: *Internationaler Einsatz von Führungskräften – Gestaltung – Konfigurationen – Erfolg*, Wiesbaden 1999 (Dissertation).

Helm, Carsten, Dr., geb. 1966, ist wissenschaftlicher Mitarbeiter an der wirtschaftswissenschaftlichen Fakultät der Humboldt-Universität zu Berlin. Neuere Veröffentlichung: *Economic Theories of International Environmental Cooperation*, Cheltenham 2000. Seine homepage ist http://www.wiwi.hu-berlin.de/organisation/Helm-Dateien/helm.

Holland-Cunz, Barbara, Prof. Dr. phil., Jg. 1957, Professorin für Politikwissenschaft mit dem Schwerpunkt Frauenforschung an der Justus-Liebig-Universität Gießen. Arbeitsschwerpunkte: Politische Theorie; Frauenbewegung/Gleichstellungspolitik/Partizipation. Neuere Publikationen: *Feministische Demokratietheorie*, Opladen 1998; (Hg. mit Uta Ruppert) *Frauenpolitische Chancen globaler Politik*, Opladen 2000.

Krause, Skadi, M. A., Jg. 1970, wissenschaftliche Mitarbeiterin am Lehrbereich Theorie der Politik an der Humboldt-Universität Berlin. Veröffentlichung: *Michael Walzer zur Einführung*, Hamburg 1998.

Leggewie, Claus, geb. 1950, Professor für Politikwissenschaft an der

Justus-Liebig-Universität Gießen, 1995-1997 Max Weber-Chair an der New York University, Veröffentlichungen zu Fragen der multikulturellen und transnationalen Gesellschaft sowie zur politischen Kommunikation in neuen Medien, zuletzt: *Amerikas Welt. Die USA in unseren Köpfen*, Hamburg 2000.

Leibfried, Stefan, Prof. Dr., geb. 1944, Professor für Sozialpolitik der Universität Bremen, Ko-Direktor des Zentrums für Sozialpolitik und des Sonderforschungsbereichs »Statuspassagen und Risikolagen« der Universität Bremen. Veröffentlichungen zuletzt: (mit E. Rieger) *Grundlagen der Globalisierung. Perspektiven des Wohlfahrtsstaates*, Frankfurt/M. 2001; (Hg.) *Welfare State Futures*, Cambridge 2001; (mit Lutz Leisering) *Time and Poverty in Western Welfare States. United Germany in Perspective*, Cambridge 1999.

Lemke, Christiane, Prof. Dr., geb. 1951, Professorin für Politische Wissenschaft an der Universität Hannover, Jean Monnet-Chair, Gastprofessuren an der University of North Carolina at Chapel Hill und an der Harvard University. Veröffentlichungen u. a.: *Internationale Beziehungen. Grundkonzepte, Theorien und Problemfelder*, München/Wien 2000; »Europa als politischer Raum. Konzeptionelle Überlegungen zur aktiven Bürgerschaft und zur Demokratie in der Europäischen Union«, in: *Kritische Justiz* 1/1999, S. 1-14; »Protestverhalten in Transformationsgesellschaften«, in: *Politische Vierteljahresschrift* 1, 1997, S. 50-78.

Lübbe, Herrmann, Prof. Dr. Dr. h. c., geb. 1926, Honorarprofessor für Philosophie und Politische Theorie an der Universität Zürich. Veröffentlichungen u. a.: *Modernisierung und Folgelasten. Trends kultureller und politischer Evolution*, Heidelberg/Berlin/New York etc. 1997; *Eine europäische Nation gibt es nicht. Unionsbildung und staatliche Pluralisierung*, Ermatingen 1999.

Lütz, Susanne, Dr., Jg. 1963, wissenschaftliche Mitarbeiterin am Max-Planck-Institut für Gesellschaftsforschung in Köln. Veröffentlichungen u. a.: (Hg. mit Roland Czada) *Die politische Konstitution von Märkten*, Wiesbaden 2000; (Hg. mit Roland Czada und Stefan Mette) *Regulative Politik. Zähmungen von Markt und Technik*. Reihe Grundwissen Politik, Opladen (i. E.); »Die Rückkehr des Nationalstaates? Kapitalmarktregulierung im Zeichen der Internationalisierung von Finanzmärkten«, in: *Politische Vierteljahresschrift* 3, 1997, S. 475-498.

Meyer, Berthold, Prof. Dr., geb. 1944, Projektleiter (Schwerpunkt: Militär und demokratische Gesellschaft) und Leiter des Akademieprogramms der Hessischen Stiftung Friedens- und Konfliktforschung (HSFK), Frankfurt am Main, Honorarprofessor für Friedens- und

Konfliktforschung an der Philipps-Universität Marburg. Veröffentlichungen (u. a.): *Formen der Konfliktregelung. Eine Einführung mit Quellen*, Opladen 1997.

Münch, Richard, Prof. Dr. phil., geb. 1945, Professor für Soziologie an der Universität Bamberg; 1985, 1986, 1988 und 1989 jeweils für drei Monate Gastprofessor an der University of California, Los Angeles. Veröffentlichungen u. a.: *Die Kultur der Moderne*, 2 Bde., Frankfurt/M. 1986; *Dialektik der Kommunikationsgesellschaft*, Frankfurt/M. 1991; *Risikopolitik*, Frankfurt/M. 1996; *Das Projekt Europa*, Frankfurt/M. 1993; *Globale Dynamik, lokale Lebenswelten*, Frankfurt/M. 1998; *Offene Räume*, Frankfurt/M. 2001.

Münkler, Herfried, Dr. phil., Jg. 1951, Professor für Theorie der Politik an der Humboldt-Universität Berlin. Veröffentlichungen u. a.: *Machiavelli. Die Begründung des politischen Denkens der Neuzeit aus der Krise der Republik Florenz*, Frankfurt/M. 1981; *Hobbes*, Frankfurt/M. 1993; (mit K. Mayer und H. Grünberger) *Nationenbildung. Die Nationalisierung Europas im Diskurs humanistischer Intellektueller*, Berlin 1998; (mit Marina Münkler) *Lexikon der Renaissance*, München 2000.

Nuscheler, Franz, Prof. Dr., geb. 1938, Professor für Vergleichende und Internationale Politik an der Gerhard Mercator-Universität Duisburg, Direktor des dortigen INEF (Institut für Entwicklung und Frieden). Veröffentlichungen: Neben dem achtbändigen *Handbuch der Dritten Welt* (zusammen mit Dieter Nohlen) zahlreiche Bücher und Artikel zu Entwicklungspolitik, Nord-Süd-Beziehungen, Globalisierung und Global Governance.

Rucht, Dieter, geb. 1946, Dr. rer. pol., Professor für Soziologie, Wissenschaftszentrum Berlin für Sozialforschung: Forschungsschwerpunkte: Politische Soziologie, Partizipation, soziale Bewegungen, Protest. Ausgewählte Publikationen: *Modernisierung und neue soziale Bewegungen*, Frankfurt/M. 1994; (mit Barbara Blattert und Dieter Rink) *Soziale Bewegungen auf dem Weg zur Institutionalisierung*, Frankfurt/M. 1997; (Hg. mit Donatella della Porta und Hanspeter Kriesi) *Social Movements in a Globalizing World*, London 1999.

Schmidt, Manfred G., Prof. Dr., geb. 1948, Professor für Politikwissenschaft am Zentrum für Sozialpolitik der Universität Bremen (ab April 2001: Professor für Politische Wissenschaft an der Universität Heidelberg), zahlreiche Buch- und Zeitschriftenpublikationen zur vergleichenden Sozialforschung, zur Politik in der Bundesrepublik Deutschland und zur Demokratietheorie, u. a. *Wörterbuch zur Politik*, Stuttgart 1995; *Sozialpolitik in Deutschland. Historische Ent-*

wicklung und internationaler Vergleich, Opladen 1998; *Demokratietheorien* (3. Überarbeitete und erweiterte Aufl.), Opladen 2000.

Simonis, Udo E., Prof. Dr., geb. 1937, Professor für Umweltpolitik am Wissenschaftszentrum Berlin und Mitglied des Committee for Development Policy, United Nations. Zahlreiche Veröffentlichungen zum Thema Umwelt und Entwicklung.

Theisen, Heinz, Prof. Dr., geb. 1954, Professor für Politikwissenschaft an der Katholischen Fachhochschule Nordrhein-Westfalen in Köln. Neuere Veröffentlichungen: (Hg. mit K. Erdmann) *Zukunftspolitik. Langfristiges Handeln in der Demokratie*, München 2000; *Der west-östliche Hörsaal. Interkulturelles Lernen zwischen Ost und West*, Berlin 2000; Aufsätze zum politischen System der Bundesrepublik Deutschland und zur Zusammenarbeit mit Osteuropa.

Vester, Michael, Prof. Dr., geb. 1939, lehrt Politische Soziologie und Sozialstrukturanalyse am Institut für Politische Wissenschaft der Universität Hannover; Forschungen und Veröffentlichungen über Arbeiterbewegung und soziale Bewegungen und ihre Theorien seit der industriellen Revolution sowie den Wandel sozialer Milieus, Mentalitäten und Bewegungen nach 1945. Letzte Veröffentlichungen: (mit Peter A. Berger) *Alte Ungleichheiten – Neue Spaltungen*, Opladen 1998; (mit Wolfgang Vögele) *Kirche und die Milieus der Gesellschaft*, Loccum 1999; (mit P. v. Oertzen u. a.) *Soziale Milieus im gesellschaftlichen Strukturwandel*, Frankfurt/M. 2001.

Waldmann, Peter, Prof. Dr., geb. 1937, Professor für Soziologie an der Universität Augsburg. Publikationen: *Ethnischer Radikalismus. Ursachen und Folgen gewaltsamer Minderheitenkonflikte*, Opladen 1989; *Terrorismus. Provokation der Macht*, München 1988; (Hg. mit Fernando Reinares) *Sociedades en Guerra Civil. Conflictos armados en Europa y América Latina*, Barcelona 1999.

Weizsäcker von, C. Christian, Prof. Dr., geb. 1938, Ordinarius der Volkswirtschaftslehre der Universität zu Köln. Veröffentlichung: *Logik der Globalisierung*, Göttingen ^{2}2000.

Wewer, Göttrik, Jg. 1954, Dr. phil., Staatssekretär im Niedersächsischen Kultusministerium in Hannover. Veröffentlichungen u. a.: *Bilanz der Ära Kohl*, Opladen 1998; *Demokratie in Schleswig-Holstein*, Opladen 1998; *Handbuch zur Verwaltungsreform*, Opladen 1998; »Regieren in Bund und Ländern 1948-1998«, in: *PVS*-Sonderheft 30, 1999.

Zürn, Michael, Prof. Dr., Professor für internationale Politik und transnationale Beziehungen am Institut für Politikwissenschaft der Universität Bremen, Ko-Direktor des Instituts für Interkulturelle und Internationale Studien (InIIS) und geschäftsführender Herausgeber der *Zeitschrift für Internationale Beziehungen* (ZIB). Veröffentlichungen u. a.: *Gerechte internationale Regime*, Frankfurt/M. 1987; *Interessen und Institutionen in der internationalen Politik*, Opladen 1992; *Regieren jenseits des Nationalstaates*, Frankfurt/M. 1998; Beiträge in zahlreichen Zeitschriften und Sammelbänden über Themen wie internationale Institutionen, Globalisierung und Denationalisierung sowie Theorien zu internationalen Beziehungen.

Ute Frevert. Frauen-Geschichte. Zwischen bürgerlicher Verbesserung und Neuer Weiblichkeit. es 1284. 357 Seiten

Immanuel Geiss. Geschichte des Rassismus. es 1530. 375 Seiten

Dieter Grimm. Deutsche Verfassungsgeschichte 1776-1866. es 1271. 270 Seiten

Ludolf Herbst. Das nationalsozialistische Deutschland. 1933-1945. Die Entfesselung der Gewalt: Rassismus und Krieg. es 1285. 495 Seiten

Karl Holl. Pazifismus in Deutschland. es 1533. 275 Seiten

Hans Jaeger. Geschichte der Wirtschaftsordnung in Deutschland. es 1529. 292 Seiten

Konrad H. Jarausch. Deutsche Studenten 1800-1970. es 1258. 255 Seiten

Gotthard Jasper. Die gescheiterte Zähmung. Wege zur Machtergreifung Hitlers 1930-1934. es 1270. 271 Seiten

Hubert Kiesewetter. Industrielle Revolution in Deutschland 1815-1914. es 1539. 351 Seiten

Ulrich Kluge. Die deutsche Revolution 1918/1919. Staat, Politik und Gesellschaft zwischen Weltkrieg und Kapp-Putsch. es 1262. 248 Seiten

Kurt Kluxen. Geschichte und Problematik des Parlamentarismus. es 1243. 302 Seiten

Magret Kraul. Das deutsche Gymnasium 1780-1980. es 1251. 248 Seiten

NF 317/2/11.00

Dieter Langewiesche. Deutscher Liberalismus. es 1286. 381 Seiten

Detlef Lehnert. Sozialdemokratie zwischen Protestbewegung und Regierungspartei 1848-1983. es 1248. 261 Seiten

Karl-Egon Lönne. Politischer Katholizismus im 19. und 20. Jahrhundert. es 1264. 339 Seiten

Peter Marschalck. Bevölkerungsgeschichte Deutschlands im 19. und 20. Jahrhundert. es 1244. 203 Seiten

Michael Mitterauer. Sozialgeschichte der Jugend. es 1278. 276 Seiten

Horst Möller. Vernunft und Kritik. Deutsche Aufklärung im 17. und 18. Jahrhundert. es 1269. 354 Seiten

Eckart Pankoke. Die Arbeitsfrage. Arbeitsmoral, Beschäftigungskrisen und Wohlfahrtspolitik im Industriezeitalter. es 1538. 346 Seiten

Detlev J. K. Peukert. Die Weimarer Republik. es 1282. 313 Seiten

Jürgen Reulecke. Geschichte der Urbanisierung in Deutschland. es 1249. 232 Seiten

Klaus Schönhoven. Die deutschen Gewerkschaften. es 1287. 290 Seiten

Hans-Christoph Schröder. Die Revolutionen Englands im 17. Jahrhundert. es 1279. 290 Seiten

NF 317/3/11.00

Winfried Schulze. Deutsche Geschichte im 16. Jahrhundert. es 1268. 312 Seiten

Reinhard Sieder. Sozialgeschichte der Familie. es 1276. 360 Seiten

Wolfram Siemann
- Die deutsche Revolution von 1848/49. es 1266. 256 Seiten
- Gesellschaft im Aufbruch. Deutschland 1849-1871. es 1537. 355 Seiten

Dietrich Staritz. Geschichte der DDR 1949-1989. es 1260. 350 Seiten

Dietrich Thränhardt. Geschichte der Bundesrepublik Deutschland. 1949-1989. es 1267. 387 Seiten

Hans-Peter Ullmann. Das Deutsche Kaiserreich 1871-1918. es 1546. 308 Seiten

Hans-Ulrich Wehler. Grundzüge der amerikanischen Außenpolitik 1750-1900. Von den englischen Küstenkolonien zur amerikanischen Weltmacht. es 1254. 222 Seiten

Albert Wirz. Sklaverei und kapitalistisches Weltsystem. es 1256. 256 Seiten

Gilbert Ziebura. Weltwirtschaft und Weltpolitik 1922/24-1931. Zwischen Rekonstruktion und Zusammenbruch. es 1261. 230 Seiten

Personen, Ereignisse, Soziale Bewegungen. Gesamtregister zur ›Modernen Deutschen Geschichte‹. Redaktion: Bernd Holtwick und Claus Kröger. es 1280. 160 Seiten

NF 317/4/11.00

Geschichte und Politik in der edition suhrkamp Eine Auswahl

Hannah Arendt revisited. »Eichmann in Jerusalem« und die Folgen. Herausgegeben von Gary Smith. es 2135. 320 Seiten

Stephen Bronner. Augenblicke der Entscheidung. Übersetzt von Petra Willim. es 1981. 247 Seiten

Marie-Janine Calic. Der Krieg in Bosnien-Hercegovina. Ursachen – Konfliktstrukturen – Internationale Lösungsversuche. es 1943. 256 Seiten

Lorraine Daston. Vom Nutzen und Nachteil der Historie für die Wissenschaften. es 2199. 80 Seiten

Kurt Eisner. Zwischen Kapitalismus und Kommunismus. Herausgegeben und mit einer biographischen Einführung versehen von Freya Eisner. Mit Abbildungen. es 1982. 311 Seiten

Europa im Krieg. Die Debatte über den Krieg im ehemaligen Jugoslawien. es 1809. 157 Seiten

Richard J. Evans. Im Schatten Hitlers? Historikerstreit und Vergangenheitsbewältigung in der Bundesrepublik. Übersetzt von Jürgen Blasius. es 1637. 283 Seiten

Fluchtpunkt Europa. Migration und Multikultur. Herausgegeben von Martina Fischer. es 2062. 248 Seiten

NF 315/1/11.00

Juan Goytisolo
- Ein algerisches Tagebuch. Übersetzt von Thomas Brovot. Mit Abbidungen. es 1941. 120 Seiten
- Landschaften eines Krieges: Tschetschenien. Übersetzt von Thomas Brovot. es 1768. 110 Seiten
- Notizen aus Sarajewo. Mit zahlreichen Abbildungen. Übersetzt von Maralde Meyer-Minnemann. es 1899. 140 Seiten
- Weder Krieg noch Frieden. Palästina und Israel heute. Übersetzt von Thomas Brovot. Mit Fotos. es 1966. 108 Seiten

Ludolf Herbst. Das nationalsozialistische Deutschland. Herausgegeben von Hans-Ulrich Wehler. 1933-1945. Die Entfesselung der Gewalt: Rassismus und Krieg. NHB. es 1285. 495 Seiten

Alfred Herzka. Kuba. Abschied vom Kommandanten? es 2061. 258 Seiten

Die Hexen der Neuzeit. Studien zur Sozialgeschichte eines kulturellen Deutungsmusters. Herausgegeben von Claudia Honegger. Mit 15 Abbildungen. es 743. 393 Seiten

Wolfgang Hoffmann-Riem
- Kriminalpolitik ist Gesellschaftspolitik, es 2154. 240 Seiten
- Modernisierung von Recht und Justiz. Eine Herausforderung des Gewährleistungsstaates. es 2188. 368 Seiten

Dick Howard. Die Grundlegung der amerikanischen Demokratie. Übersetzt von Ulrich Rödel. es 2148. 450 Seiten

Konrad H. Jarausch. Die unverhoffte Einheit. 1989-1990. es 1877. 416 Seiten

NF 315/2/11.00

NF 315/3/11.00

Politik ohne Projekt? Nachdenken über Deutschland. Herausgegeben von Siegfried Unseld. es 1812. 494 Seiten

Schattenseiten der Globalisierung. Rechtsradikalismus, Rechtspopulismus und separatistischer Regionalismus in westlichen Demokratien. Herausgegeben von Dietmar Loch und Wilhelm Heitmeyer. es 2093. 544 Seiten

Bernhard Schlink. Heimat als Utopie. es-Sonderdruck. 48 Seiten

Alessandro Silij. Verbrechen, Politik, Demokratie in Italien. Übersetzt von Ulrich Hausmann. es 1911. 389 Seiten

Der Spanische Bürgerkrieg. Eine Bestandsaufnahme von Manuel Tuñón de Lara, Julio Aróstegui, Angel Viñas, Gabriel Cardona, Joseph M. Bricall. es 1401. 708 Seiten

Standort Europa. Europäische Sozialpolitik. Herausgegeben von Stephan Leibfried und Paul Pierson. es 2021. 400 Seiten

Dietrich Staritz. Geschichte der DDR. 1949-1989. Aktualisierte Neuausgabe. NHB. es 1260. 350 Seiten

Hans-Peter Ullmann. Das Deutsche Kaiserreich 1871-1918. NHB. es 1546. 308 Seiten

Paul Veyne. Foucault: Die Revolutionierung der Geschichte. Übersetzt von Gustav Roßler. es 1702. 84 Seiten

Vom Ewigen Frieden und vom Wohlstand der Nationen. Dieter Senghaas zum 60. Geburtstag. Herausgegeben von Ulrich Menzel. es 2173. 640 Seiten

NF 315/4/11.00

Von der Risikogesellschaft zur Chancengesellschaft. Herausgegeben von Erwin Teufel. es 2209. 300 Seiten

Was hält die moderne Gesellschaft zusammen? Herausgegeben von Erwin Teufel. es 1977. 340 Seiten

Der Zusammenbruch der DDR. Soziologische Analysen. Herausgegeben von Hans Joas und Martin Kohli. es 1777. 325 Seiten

Eine kleine Geschichte ...

Eine kleine Geschichte Brasiliens. Von Walther L. Bernecker, Horst Pietschmann und Rüdiger Zoller. es 2150. 368 Seiten

Kleine Geschichte Haitis. Von Walther L. Bernecker. Unter Mitarbeit von Sören Brinkmann und Patrick Ernst. Mit Abbildungen. es 1994. 220 Seiten

Eine kleine Geschichte Polens. Von Rudolf Jaworski, Christian Lübke. Michael G. Müller. es 2179. 384 Seiten

Eine kleine Geschichte der Schweiz. Der Bundesstaat und seine Traditionen. Von Manfred Hettling, Mario König, Martin Schaffner, Andreas Suter, Jakob Tanner. es 2079. 322 Seiten

Eine kleine Geschichte Ungarns. Von Holger Fischer und Konrad Gündisch. es 2114. 302 Seiten

NF 315/5/11.00